秦始皇帝陵博物院學術叢書

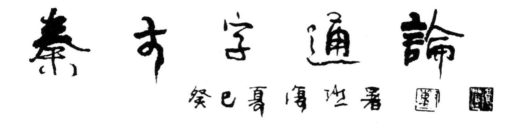

# 秦文字通論

王輝　陳昭容　王偉　著

中華書局

**圖書在版編目（CIP）數據**

秦文字通論/王輝,陳昭容,王偉著. —北京:中華書局,
2016.1（2017.5重印）
ISBN 978-7-101-09950-8

Ⅰ.秦… Ⅱ.①王…②陳…③王… Ⅲ.漢字-古文字-
研究-秦代 Ⅳ.H121

中國版本圖書館 CIP 數據核字（2014）第 014385 號

| | |
|---|---|
| 書　　名 | 秦文字通論 |
| 著　　者 | 王　輝　陳昭容　王　偉 |
| 出版發行 | 中華書局 |
| | （北京市豐臺區太平橋西里 38 號　100073） |
| | http://www.zhbc.com.cn |
| | E-mail:zhbc@zhbc.com.cn |
| 印　　刷 | 北京市白帆印務有限公司 |
| 版　　次 | 2016 年 1 月北京第 1 版 |
| | 2017 年 5 月北京第 2 次印刷 |
| 規　　格 | 開本/710×1000 毫米　1/16 |
| | 印張 37¾　插頁 2　字數 648 千字 |
| 印　　數 | 2001－4000 冊 |
| 國際書號 | ISBN 978-7-101-09950-8 |
| 定　　價 | 136.00 元 |

# 目　録

# 第一章　緒　論

## ——秦族源、秦文化與秦文字的時空界限

關於秦之先祖，秦、楚文字多有提及。

陝西鳳翔秦公一號大墓殘磬銘文 85 鳳南 M1∶300 與 1982 年出土另一殘磬銘文可以綴合，共 37 字。末尾云：“天子匽喜，龏（共）趄（桓）是嗣。高陽有靈，四方以鼏（宓）平。”①殘磬作於秦景公四年（前 573）。景公親政祭祀，説其繼承秦共公、桓公君位，得到周天子的認可。我們曾指出高陽即顓頊，“在器物銘文中提到一位遠古傳説中的偉人，一般説就是器主以之爲先祖或始生帝並乞求其神靈保佑的”②。

磬銘的説法同《史記·秦本紀》的記載是一致的。《秦本紀》：“秦之先，帝顓頊之苗裔。”正義：“黃帝之孫，號高陽氏。”《秦本紀》又云：“孫曰女脩。女脩織，玄鳥隕卵，女脩吞之，生子大業。大業取少典之子曰女華，女華生大費。”索隱：“女脩，顓頊之裔女，吞鳦子而生大業，其父不著……此則秦趙之祖，嬴姓之先，一名伯翳，《尚書》謂之伯益。”正義：“《列女傳》云：‘陶子生五歲而佐禹。’曹大家注云：‘陶子者，皋陶之子伯益也。’”伯益亦見出土楚文字：

九店楚簡③《日書》簡 38～39：

　　凡五卯不可以作大事，帝以命𡐤（益）淒堣（禹）之火。

郭店楚簡④《唐虞之道》簡 10：

　　墨（禹）幻（治）水，脳（益）幻（治）火，后稷幻（治）土，足民奴（養）。

上海博物館藏戰國楚竹書⑤《容成氏》簡 33～34：

　　墨（禹）又（有）子五人，不以其子爲逡（後），見咎（皋）咎（陶）之殹

---

① ②　王輝、焦南峰、馬振智《秦公大墓石磬殘銘考釋》（凡附錄二已收的論著出版信息略去，下同）。

③　湖北省文物考古研究所、北京大學中文系《九店楚簡》，中華書局 2000 年。

④　荆門市博物館《郭店楚墓竹簡》，文物出版社 1998 年。

⑤　馬承源主編《上海博物館藏戰國楚竹書（二）》，上海古籍出版社 2002 年。

（賢）也，而欲以爲遂。咎（皋）秀（陶）乃五壤（讓）以天下之殹（賢）者，述（遂）再（稱）疾不出而死；鼄（禹）於是虖（乎）壤（讓）益，啓於是虖（乎）攻益自取。

益之事見《尚書·舜典》："帝曰：'疇若予上下草木鳥獸？'僉曰：'益哉！'帝曰：'俞！咨益。汝作朕虞。'"又《孟子·滕文公上》："舜使益掌火，益烈山澤而焚之，禽獸逃匿。"饒宗頤説："益被認爲'虞人'一官肇始之人物，合於楚簡，《尚書》所記，絶非嚮壁之談。"①

禹傳位給益的記載也見於《史記·夏本紀》："禹乃遂與益、后稷奉帝命，命諸侯、百姓興人徒以傅土，行山表目，定高山大川……（禹）而後舉益，任之政十年。帝禹東巡狩，至于會稽而崩，以天下授益。三年之喪畢，益讓帝禹之子啓，而辟居箕山之陽。禹子啓賢，天下屬意焉。及禹崩，雖授益，益之佐禹日淺，天下未洽。故諸侯皆去益而朝啓，曰：'吾君帝禹之子也。'於是啓遂即天子之位，是爲夏后帝啓。"馮時説："禪讓制作爲部落聯盟的一種古老的君位繼承制度，在豐公盨銘文中已有所反映。因此至少在西周中期人們似乎並不懷疑禹禪位給益的事實是確實存在的。至於禹以上的歷史，目前還缺乏有價值的早期史料的印證。"②益即大費。《史記·秦本紀》："（大費）與禹平水土。已成，帝錫玄圭，禹受曰：'非予能成，亦大費爲輔。'帝舜曰：'咨爾費，贊禹功！其賜爾皂游。爾後嗣將大出。乃妻之姚姓之玉女。'大費拜受，佐舜調訓鳥獸，鳥獸多馴服，是爲柏翳，舜賜姓嬴氏。"

説秦先世出自帝顓頊，這是否史實？饒宗頤説："所可知者，益決非神話人物。秦、楚俱以顓頊高陽爲共祖，事非虛妄，諸子若墨子、孟子以及《世本》之言伯益，均有根據。"③不過，這種説法值得推敲，不能遽作定論。

第一，這些傳説産生的時代較晚。秦景公大墓石磬的時代爲春秋中晚期，幾種楚簡的時代多在戰國中期以後。保利博物館藏豳公盨銘"天令（命）

---

① ③　饒宗頤《秦出土文獻編年序》，《選堂序跋集》第 257 頁，中華書局 2006 年；又見拙著
　　《秦出土文獻編年·饒序》。
②　馮時《"文邑"考》，《考古學報》2008 年第 3 期。

禹尃(敷)土,陸(隨)山濬川"①,與《尚書·禹貢》"禹敷土,隨山刊木"語例
相近。這篇銘文説禹遵循四德(監德、明德、懿德、好德),是王者行爲的典
範,但未提到益及禪讓之事。由此可見,直至西周,甚至春秋早、中期,秦的
先祖傳説並未完全形成。

　　第二,黃帝傳説形成的時期更晚。戰國中期齊器陳侯因齊(即齊威王,
前 356～前 320)敦銘:"其雖(惟)因齊(齊)揚皇考,叟(紹)練(申)高祖黃帝
(帝)。"這已是戰國時期,黃帝又被説成田齊先祖。"黃帝"之"黃"指黃土,
與五行觀念有關。《淮南子·天文》:"東方木也,其帝太皞,其佐句芒,執規
而治春……南方火也,其帝炎帝,其佐朱明(高誘注:舊説云祝融),執衡而治
夏……中央土也,其帝黃帝,其佐后土,執繩而制四方……西方金也,其帝少
昊,其佐蓐收,執矩而治秋……北方水也,其帝顓頊,其佐玄冥,執權而治
冬。"此將黃帝與炎帝、顓頊並列,更可見傳説之分歧。袁珂以爲:"黃帝……
是稍後於炎帝出現的一個大神,古書上也寫作'皇帝',它的意思實在就是
'皇天上帝'。"②袁先生舉例説,《吕氏春秋·貴公》:"丑不若黃帝。"畢沅校
注云:"黃帝劉本(按指明劉如龍本)作'皇帝'。皇、黃古通用。"③按:皇、黃
固多通用例④,但從古書及古文字的實例看,"皇帝""黃帝"還是截然有別,
袁先生以偏概全,不足取。

　　王家臺秦簡《歸藏》182、189:"同人曰:昔者黃帝(帝)與炎帝戰☐〔涿鹿
之野,而枚占〕巫咸,〔巫〕咸占之曰:果哉而有斉☐。"⑤此條亦見於《太平御
覽》卷七九引《歸藏》佚文:"昔者黃帝與炎帝爭鬥涿鹿之野,將占,筮於巫
咸。曰:果哉而有咎。"《史記·五帝本紀》:"軒轅之時,神農氏世衰。諸侯
相侵伐,暴虐百姓,而神農氏弗能征。於是軒轅乃習用干戈,以征不享,諸侯
咸來賓從。而蚩尤最爲暴,莫能伐。炎帝欲侵陵諸侯,諸侯咸歸軒轅。軒轅
乃修德振兵,治五氣,藝五種,撫萬民,度四方,教熊羆貔貅貙虎,以與炎帝戰
於阪泉之野。三戰,然後得其志。蚩尤作亂,不用帝命。於是黃帝乃徵師諸

①　裘錫圭《豳公盨銘文考釋》,《中國歷史文物》2002 年第 6 期。
②③　袁珂《中國古代神話》第 98、104 頁,中華書局 1960 年。
④　高亨《古字通假會典》第 276 頁,齊魯書社 1989 年。
⑤　王明欽《王家臺秦墓竹簡概述》;王輝《王家臺秦簡〈歸藏〉校釋(28 則)》。

侯,與蚩尤戰於涿鹿之野,遂禽殺蚩尤。"又説黄帝與蚩尤戰於涿鹿,不知炎帝與蚩尤是兩人還是一人?亦可見黄帝事迹戰國時仍未定型。

　　秦早期活動地區的考古發掘及其出土器物,無法證實秦文字關於秦早期傳説的真實性。

　　關於秦的族源,古史學家、古文字學家多年來聚訟不已,没有定論。概括起來,主要有"東來説"與"西來説"兩種説法。

　　東來説代表人物有傅斯年①、衛聚賢②、徐旭生③、顧頡剛④、林劍鳴⑤、鄒衡⑥等。筆者原來也是相信東來説的⑦。其主要理由是:

　　(1)秦人始祖"玄鳥降生"的傳説與殷人、東夷如出一轍,反映他們有共同的鳥圖騰崇拜;(2)秦爲嬴姓,而嬴姓族多居於東方,如西周至春秋時的徐、郯、江、黄、奄等國;(3)《史記》稱秦是"帝顓頊之苗裔",秦襄公又自以爲主少昊之神。顓頊、少昊爲傳説中東夷部落首領。顓頊墟在今河南濮陽,少昊墟在今山東曲阜,均在東方;(4)秦人祖先和殷關係密切,如費昌、孟戲、中衍、蜚廉、惡來都曾爲殷臣⑧。

　　這幾條理由,看似極有道理,其實不大經得起推敲。史黨社説:"'秦人'自認爲嬴姓正宗,表明的其實是一種自我認爲東方族群的意識,隱喻了與其所處的西方戎狄的不同和差異。秦人卑賤的時候,是不可能有姓的。秦爲嬴姓,很可能是西周中期以來至於春秋時代'秦人'上層的主觀造作,目的是向東方靠攏,以與西方戎狄有别。"⑨

　　費昌、孟戲、中衍、蜚廉不見於殷墟甲骨文,中衍且"鳥身人言",更像神

①　傅斯年《夷夏東西説》,《史語所集刊》外編第一種《慶祝蔡元培先生六十五歲論文集》,1933 年。
②　衛聚賢《中國民族的來源》,《古史研究》第 3 集,上海商務印書館 1934 年。
③　徐旭生《中國古史的傳説時代》(增訂本),文物出版社 1985 年。
④　顧頡剛《鳥夷族的圖騰崇拜及其氏族集團的興亡——周公東征史事考證四之七》,《史前研究》,三秦出版社 2000 年。
⑤　林劍鳴《秦史稿》,上海人民出版社 1981 年。
⑥　鄒衡《論先周文化》,《夏商周考古學論文集》,文物出版社 1980 年。
⑦　王輝、焦南峰、馬振智《秦公大墓石磬殘銘考釋》。
⑧　王學理、梁雲《秦文化》第 123 ~ 124 頁。
⑨　史黨社《秦關北望——秦與"戎狄"文化的關係研究》第 39 頁。

話人物,其真實性頗可疑。

　　鄒衡曾指出傳世商代折肩銅罐上有"亞隻"銘文者 10 件,這是以捕鳥爲職的氏族族徽,"很可能是秦的先祖費、蜚、非了"①。張天恩也説:"卜辭中有'𪅀'、'𪇰'字,𪇰的聲符'匕'與費、蜚、非可以通假……故卜辭之𪇰氏族和金文之隻氏族,很可能就是秦的祖先費、蜚、非之類了。"②這一説法,有不少學者信從。其理由主要是讀音,但"隻、𪅀"是否讀音近"費、蜚",學術界並無定論。𪅀字《甲骨文字典》釋"𫇴",即畢字初文③;又釋"隻"爲"離"④。張亞初釋"隻"爲"離"⑤。饒宗頤、姚孝遂釋"𪇰、隻"爲"禽"⑥。可見鄒説的立論基礎並不牢靠。

　　西來説的代表人物有王國維⑦、蒙文通⑧、俞偉超⑨、劉慶柱⑩、趙化成⑪。其主要理由是:

　　(1)秦之先祖世襲較連貫,可信度較大是自中潏之後,已"在西戎,保西垂";(2)秦爲西戎族,其遠祖戎胥軒稱戎,並與申戎通婚;(3)秦墓葬多洞室墓,葬式多爲屈肢,葬品多鏟形袋足鬲,這些特徵多見於甘、青地區羌戎文化,而不見於中原文化。

　　當代主張秦先祖西來的學者,多爲考古學家,其例證多經得起考驗。

　　約公元前 1400～前 700 年,在黃河上游洮水、大夏河流域、湟水流域,以及長江上游西漢水流域存在辛店文化與寺窪文化兩種考古學文化。據考古

①　鄒衡《論先周文化》,《夏商周考古學論文集》,文物出版社 1980 年。

②　張天恩《關於中西部商文化的族屬問題》,《考古與文物》2002 年增刊《先秦考古》第 209 頁;又《關於西部商文化的族屬討論》,《周秦文化研究論集》第 107 頁,科學出版社 2008 年。

③④　徐中舒主編《甲骨文字典》第 437～438、395～396 頁,四川辭書出版社 1998 年。

⑤　張亞初《殷周金文集成引得》第 1096 頁,中華書局 2001 年。

⑥　于省吾主編《甲骨文字詁林》第 2822～2829 頁,中華書局 1996 年。

⑦　王國維《觀堂集林·秦都邑考》,中華書局 1959 年。

⑧　蒙文通《秦爲戎族考》,《禹貢》六卷七期,1936 年;《秦之社會》,《史學月刊》一卷一期,1940 年;《周秦少數民族研究》,龍門聯合書局 1958 年。

⑨　俞偉超《古代"西戎"和"羌"、"胡"考古學文化歸屬問題的探討》《關於"卡約文化"和"唐汪文化"的新認識》,《先秦兩漢考古學論集》,文物出版社 1985 年。

⑩　劉慶柱《試論秦之淵源》,《先秦史論文集》(《人文雜誌》叢刊),1982 年。

⑪　趙化成《尋找秦文化淵源的新綫索》,《文博》1987 年第 1 期;《甘肅東部秦和羌戎文化的考古學探索》,《考古類型學的理論與實踐》,文物出版社 1987 年。

學家謝端琚説,寺窪文化是氐羌文化,其文化特點爲:陶器以鞍口雙耳陶罐
爲代表,流行長方形豎形土坑墓,葬式有仰身直肢葬、二次擾亂葬等;辛店文
化的特徵是:陶器主要以彩陶罐、袋足鬲、腹耳壺、單耳杯爲代表,墓葬有豎
穴坑墓、豎穴偏洞室墓,葬式流行仰身直肢葬和二次葬,少數爲屈肢葬等①。

　　俞偉超曾指出:"秦國的文化,最遲從西周晚期以後,也許就從西周中期
穆王時的'造父'開始,就受到了周文化的强烈影響;但秦人在很長的時間内
仍保留了她自身的文化特徵。這種特徵,據現有資料,至少知道有三點是很
突出的:一點是盛行蜷屈特甚的屈肢葬,蜷屈程度就跟甘肅永靖的辛店墓一
樣……秦人和永靖的辛店墓都流行極爲相似的屈肢葬,正表明了族源上的
密切關係,即都是戎人的一支。第二點是秦人在其根據地,即汧、渭之間的
寶鷄和甘肅東部一帶,直到戰國時代還使用一種雙耳高領袋足鬲,其特徵是
足端扁平,過去蘇秉琦先生叫做'鏟形袋足鬲'。這種'鏟形袋足'也是甘肅
辛店文化陶鬲中所特有的,而周文化本身的陶鬲,足端則是尖的,二者即使
其他外形相似,足尖的形態却明顯地不同……這種遺存同卡約、寺窪、安國
式、唐汪式、辛店這個系統的文化,存在着親密的血緣關係……秦人不斷使
用具有'戎式鬲'作風的陶鬲,至少暗示了秦人和戎人的長期密切關係,而這
是有歷史上的親緣關係爲基礎的。第三是洞室墓。在黄河中、下游,無論是
仰韶、龍山、二里頭、二里崗以及殷墟、周原等地的商、周文化,都没有洞室墓
的傳統,而是一種豎穴土坑墓。但洞室墓在甘青地區起源很早。它初見於
馬廠,最遲到卡約時期就很流行。在陝西地區,東周的秦墓也流行洞室墓。
那些秦墓,除了豎穴墓以外,横穴和豎穴的洞室墓也都很多,這顯然同羌戎系
統的文化有聯繫,説明了秦人的文化傳統,同羌人是有特殊關係的。"②

　　俞先生的文章寫於上世紀70年代末至80年代初③,此後的考古發現對
其説有所補充、訂正,但其説的主要觀點是經得起歷史考驗的。

　　1982年至1983年,甘肅省文物考古工作隊與北京大學考古系聯合發掘

①　謝端琚《甘肅地區史前考古》,文物出版社2002年。

②　俞偉超《古代"西戎"和"羌"、"胡"考古學文化歸屬問題的探討》,《先秦兩漢考古學論
　　集》第187～188頁,文物出版社1985年。

③　同上。據文末注,該文爲1979年9月19日在青海省考古學會所講,1983年又加修改。

了甘谷縣毛家坪周、秦文化遺存。該遺址墓葬一、二期的年代可能早到西周,其最大收穫是首次在隴山以西地區發現了商末周初的秦早期文化。"毛家坪三期的Ⅳ式鬲、Ⅲ式和Ⅴ式大喇叭口罐與八旗屯、寶雞西高泉春秋早期鬲、大喇叭口罐相似……毛家坪墓葬三至五期的年代約當春秋早期至戰國早期。那麼,毛家坪墓葬一、二期的年代則可能早至西周"①。"考古發現和文獻記載都表明,秦人至遲在商代末年已經活動於甘肅東部"②。

考古材料有利於秦人西來説,這在一定程度上否定了秦先祖爲顓頊的説法。

秦興起於甘隴戎狄間,與周有密切的關係,秦的族源傳説,應溯源於周。從西周至春秋,很多戎、狄、蠻、夷民族或國家都有強烈的脱離戎、狄、蠻、夷而靠攏華夏的意識,杜撰、宣揚其有華夏色彩的先世故事,也是政治與外交的需要。

秦在商、周之際,已與周人發生了密切關係。《史記・秦本紀》:"其玄孫曰中潏,在西戎,保西垂(陲)。"學者大多以爲"西垂"指今甘肅天水地區,是周的西部邊疆③。毛家坪遺址周、秦文化遺址發掘後,發掘者之一的趙化成也説:"西周時期秦人的基本生活用品即陶器已經周式化了。"

周原甲骨文 H11:132:"王禽(飲)秦。"傳寶雞戴家溝出土[票]方鼎銘:"隹(惟)周公于征伐東尸(夷)、豐白(伯)、尃(薄)古(姑)。咸[戈],公歸[票]于周廟。戊辰,禽(飲)秦禽(飲)。"李學勤、王宇信曾將二辭加以比較,説:"'禽秦禽'也許是飲至一類慶祝凱旋的禮儀,此禮不見於殷墟卜辭,H11 本辭中的王很可能是周王,不是商王。"④辛怡華曾推測"秦飲當是秦地的清酒"⑤,

---

① 甘肅省文物工作隊、北京大學考古系《甘肅甘谷毛家坪遺址的發掘報告》,《考古學報》1987 年第 3 期。
② 趙化成《尋找秦文化淵源的新綫索》,《文博》1987 年第 1 期;《甘肅東部秦和羌戎文化的考古學探索》,《考古類型學的理論與實踐》,文物出版社 1987 年。
③ 衛聚賢主張《秦本紀》所説"西垂"在山西,是商人的西疆,林劍鳴也説"中潏不可能超過周而守商之西垂"。不過,既然秦人並非東來,則其本在隴西一帶。又商代晚期,商人勢力已達今關中西部,在今甘肅東部還存在商的方國密須,則早期秦人曾爲商守"西垂",也是能説通的。
④ 李學勤、王宇信《周原卜辭選釋》,《古文字研究》第 4 輯,中華書局 1980 年。
⑤ 辛怡華《早期嬴秦與姬周的關係》,《秦俑秦文化研究——秦俑學第五屆學術討論會論文集》,陝西人民出版社 2000 年。

可能也有某種道理。

　　詢簋:"今余令(命)女(汝)啻官嗣(司)邑人,先虎臣後庸:西門尸(夷)、秦尸(夷)、京尸(夷)、鼻尸(夷)……成周走亞、戍秦人、降人、服尸(夷)……"又師西簋:"嗣(司)乃祖啻官邑人、虎臣:西門尸(夷)、秦尸(夷)、京尸(夷)……"二簋皆西周中期器①。周王命詢、師西管理的虎臣(王之侍衛)、傭(僕役)中有秦夷、秦人,秦人地位不高,但其忠心事周,灼然可見。師西簋秦字作"秦",與上海博物館藏秦公鼎秦字同。但師西簋秦字中間所從的臼字上下開口,不成全形。我曾指出:"西周中期,秦先祖'造父爲穆王御',爲王室所知,其後非子爲周孝王養馬,孝王封土爲附庸,邑之秦。但其時秦勢力弱小,周大臣皆以'秦夷'目之,不加重視。"庸、附庸,意義應該有某種關係。

　　西周末,秦人與周的關係更加密切。不其簋蓋:"白(伯)氏曰:'不其,駿方嚴允(獫狁)廣伐西俞,王命我羞追于西,余來歸獻禽(擒)。余命女(汝)御追于䣊,女(汝)以我車宕伐嚴允于高陶……'""不其"即秦莊公其。《史記·秦本紀》:"秦仲立三年,周厲王無道,諸侯或叛之。西戎反王室,滅犬丘大駱之族。周宣王即位,乃以秦仲爲大夫,誅西戎。西戎殺秦仲。秦仲立二十三年,死於戎。有子五人,其長者曰莊公。周宣王乃召莊公昆弟五人,與兵七千人,使伐西戎,破之。於是復予秦仲後及其先大駱地犬丘并有之,爲西垂大夫。"李學勤説:"不其簋所記是周宣王時秦莊公破西戎的戰役。""不其和他所稱的伯氏(長兄)就是《本紀》的莊公昆弟,不其的'皇祖公伯'就是《本紀》所載莊公昆弟的祖父公伯。"②我曾對李説稍加修正,以爲不其簋作於秦仲後期,即周宣王六年(前 822)之前數年內③。簋銘提到的"西",原爲西戎所居,即今甘肅禮縣。"䣊"陳漢平讀爲"略",晉泰始中置略陽郡,轄今甘肅靜寧、莊浪、張家川、清水及天水、秦安、通渭部分地區④;張修桂則説即

---

① 唐蘭《西周青銅器銘文分代史徵》定詢簋爲共王時器;郭沫若《兩周金文辭大系考釋》定爲宣王時器。殆以唐説爲近是。

② 李學勤《秦國文物的新認識》。

③ 王輝《秦銅器銘文編年集釋》第 6 頁。

④ 陳漢平《金文編訂補》第 561 頁,中國社會科學出版社 1993 年。

《漢書·地理志》天水郡的“略陽道”①。簋銘提到公伯夫人“孟姬”乃周王之女,秦、周通婚,此爲首見。

蕭春源藏秦子簋蓋銘末尾:“秦子姬用享。”“秦子姬”董珊説即出子之母魯姬子②,李學勤讀爲“秦子、姬”,説爲文公太子静公及其姬姓妻③。我則懷疑是憲公及其姬姓妻④。不管怎麽説,秦周此時聯姻,關係肯定很好。寶鷄太公廟出土秦公及王姬鎛鐘銘:“我先祖受天命商(賞)宅受(授)或(國)……公及王姬曰……”公爲秦武公,王姬爲其母或妻,此亦秦周聯姻。“先祖”指秦始封爲諸侯之君襄公,他“被授以國”,“被賞以宅”,賞、授之主體爲周。《史記·秦本紀》:“西戎、犬戎與申侯伐周,殺幽王酈山下。而秦襄公將兵救周,戰甚力有功。周避犬戎難,東徙雒邑,襄公以兵送周平王,平王封襄公爲諸侯,賜之以岐西之地。曰:‘戎無道,侵奪我岐、豐之地。秦能攻逐戎,即有其地。’與誓,封爵之。襄公於是始國,與諸侯通使聘享之禮。”與鎛鐘銘文相合。

秦景公大墓殘磬銘文:“天子匽(燕)喜,龔(共)趄(桓)是嗣。”秦景公繼承祖父共公、父親桓公君位,他宴樂周天子,得其認可,可見其繼位是合法的。《石鼓文·而師》:“天子□來,嗣王始□。”《吾水》:“天子永寧,日佳(惟)丙申。”“天子、王”均指周王,“嗣王”指初即位之王。石鼓文據我與徐寶貴的考證,亦作於秦景公時。景公所作田獵詩幾處提到周天子,可見周王曾到秦地,其關係密切自不待言。

周人尊崇夏禹,保利博物館藏西周中期銅器𫑡公盨銘文記禹治水之事功、德政:“天命禹敷土,墮山濬川……”此與《尚書·禹貢》文例接近。劉雨曾推測𫑡公即周孝王稱王前的稱呼,“他説應以大禹配享於天,告誡時王要重民敬德,號召一切貴族要遵崇四德等。銘文的口氣,既教訓一般貴族,也

---

① 張修桂《當前考古所見最早的地圖——天水〈放馬灘地圖〉》,《歷史地理》第 10 輯。轉引自徐日輝《秦早期發展史》第 119 頁,中國科學文化出版社 2003 年。

② 董珊《秦子姬簋蓋初探》。

③ 李學勤《論秦子簋蓋及其意義》。

④ 王輝《秦子簋蓋補釋》,又見《高山鼓乘集——王輝學術文存二》,在“追記”中,我曾引梁雲説,以爲“依其説,‘秦子’仍有可能是出子”。

教訓在位的時王（我王），完全是一個自命不凡的第三者的樣子"①。可見在西周中期以前，禹的事迹早已廣泛流傳。西周中期以後，大禹治水、禪讓的故事被添枝加葉，更加豐富，也更富有傳奇色彩。上博楚竹書《容成氏》簡17～27："堯（舜）乃五壤（讓）以天下之賢者，不得已，然句（後）敢受之，禹聖（聽）正（政）三年，不折（製）革，不釛（刃）金，不銘（銎）矢，田無剗（踐），宅不工（空），闢（關）市無賦。禹乃因山陵坪（平）隰（隰）之可坯（封）邑者而緐（繁）實之……四海之内羕（及）四海之外皆青（請）訌（貢）……禹親執朌〈枌（耒）〉耜（耜），以波（陂）明者（都）之澤，決九河之柒（阻），於是乎夾（兗）州、㳠（徐）州始可凥（居）……"説禹"田無踐，宅不空，關市無賦"，顯然是以戰國之"今"以例禹時之"古"，出於後人"累加"②。但即使此時，禹仍然是半人半神的人物，不能完全落實。上博楚竹書《子羔》簡9～11："其莫（暮）身（妊）而劃於伓（背）而生，生而能言，是禹也。"《香港中文大學藏簡牘》簡3："三息（妊）而畫於雁（膺），生而虖（呼）曰……"禹之事迹見於多種古籍，如《尚書》《山海經》《楚辭》《詩經》《呂氏春秋》等，但不見於殷墟甲骨文，所以極可能出於周人杜撰。

　　周人宣揚大禹治水，分別九州，是華夏國土的奠基者。周人因之也尊夏，自稱"有夏"。《尚書·康誥》："用肇造我區夏，越我一二邦，以修我西土。"《君奭》："惟文王尚克修和我有夏。"皆周人自稱"有夏"，與"我有周"是同義語③。

　　周人與夏有共同的祖先崇拜。《國語·魯語》："夏后氏禘黄帝而祖顓頊，郊鯀而宗禹……周人禘嚳而郊稷，祖文王而宗武王。"《周語上》："昔我先后稷，以服事虞夏。"周人每稱周之國土爲"禹迹"。《詩·大雅·韓奕》："奕奕梁山，維禹甸之。"叔尸（夷）鎛鐘："咸有九州，處禹之堵。"此點爲秦人所繼承。秦公簋："不（丕）顯朕皇祖受天命，鼏（宓）宅禹賣（迹）。"

① 劉雨《𣆟公考》，《第四届中國古文字學研討會論文集》，香港中文大學2003年；又收入劉雨《金文論集》第333頁，紫禁城出版社2008年。
② 王輝《讀上博楚竹書〈容成氏〉札記（十則）》，《古文字研究》第24輯，中華書局2004年；又見《高山鼓乘集——王輝學術文存二》。
③ 詹子慶《周人自稱"有夏"原因探析》，《周秦社會與文化——紀念中國先秦史學會成立二十周年學術研討會論文集》，陝西師範大學出版社2003年。

　　《史記·夏本紀》:"禹之父曰鯀,鯀之父曰帝顓頊,顓頊之父曰昌意,昌意之父曰黄帝。禹者,黄帝之玄孫,而帝顓頊之孫也。"夏代有無文字没有定論,與夏時代相當的二里頭文化後期僅發現個别近於刻劃符號的字,所以即使夏代有文字,也不會有世系的記載。殷墟甲骨文没有黄帝、顓頊、禹的記載。《夏本紀》關於夏之先世的記載,是周人(包括春秋戰國時人)的構擬。

　　春秋秦人以顓頊爲始祖,當是接受周人構擬的古夏、周先世系統,是秦人向華夏系統靠攏。

　　秦早先是不是戎狄,學術界没有定論。從考古資料看,秦商、周居於甘隴戎狄間,與其無别。從西周人及春秋、戰國時姬周人(三晉、齊、魯)人的角度看,秦也是戎狄。詢簋、師西簋稱秦人爲"秦夷"。《史記·商君列傳》:"商君曰:始秦戎翟之教,父子無别,同室而居。"《史記·秦本紀》:"(申侯曰)昔我先酈山之女,爲戎胥軒妻,生中潏,以親故歸周,保西垂。"王國維曰:"秦之祖先,起於戎狄。當殷之末有中潏者,已居西垂。大駱、非子以後,始有世系可紀,事迹亦較有據。"①說大駱、非子以後,事迹有據,則此前多可疑,其說甚是。

　　春秋秦人有强烈的脱離戎狄、靠攏華夏(周)意識。秦公及王姬鎛鐘:"剌剌(烈烈)卲(昭)文公、静公、憲公不家(墜)于上,卲(昭)合(答)皇天,以虩事縊(蠻)方。"說秦武公時秦人小心謹慎對待"蠻方"(西戎)。秦公簋:"十又(有)二公,才(在)帝之坏,嚴龏(恭)夤天命,保纛(乂)乓(厥)秦,虩事縊(蠻)夏。"簋爲秦景公器,時代已至春秋中晚期之交。隨着秦勢力逐步向東發展,纔與華夏諸國接觸日多……"蠻方"與"蠻夏"一字之差,反映了秦外交政策的重大轉變。《秦本紀》記載,秦襄公二年,"戎圍犬丘世父,世父擊之,爲戎人所虜";十二年"伐戎而至岐,卒";文公十六年,"以兵伐戎,戎敗走",與戎的矛盾日益尖銳,更加快了秦向周及華夏文化靠攏的速度。《史記·秦本紀》記秦穆公與由余的一段對話,頗能説明這一問題:

　　　　戎王使由余於秦。由余,其先晉人也,亡入戎,能晉言。聞繆公賢,

────────────

①　王國維《觀堂集林·秦都邑考》,中華書局 1959 年。

故使由余觀秦。秦繆公示以宫室積聚。由余曰："使鬼爲之,則勞神矣;使人爲之,亦苦民矣。"繆公怪之,問曰:"中國以《詩》《書》、禮、樂、法度爲政,然尚時亂,今戎夷無此,何以爲治,不亦難乎?"由余笑曰:"此乃中國所以亂也! 夫自上聖黄帝,作爲禮、樂、法度,身以先之,僅以小治。及其後世,日以驕淫。阻法度之威,以責督於下。下罷極,則以仁義怨望於上,上下交爭怨,而相篡弑,至於滅宗,皆以此類也。夫戎夷不然,上含淳德以遇其下,下懷忠信以事其上,一國之政,猶一身之治。不知所以治,此真聖人之治也。"

這段話可能經過後人修改,但大體能反映春秋秦統治者的想法。穆公把秦放在"中國",亦即華夏的範圍内,以求自别於"戎夷"。説"黄帝"乃"中國"的上聖,也接近於把他看作先祖。延續這一思維模式,約60年後,秦景公磬銘稱"高陽有靈,四方以鼏(宓)平",也就是很自然的事。對此我曾指出:"秦人之所以宣稱自己是帝顓頊高陽氏之後,主要是證明秦是華夏族,而非戎狄,戎狄是當時的劣等民族,自爲秦人所不齒……傳説夏與秦均顓頊之後,可見秦景公也自詡是華夏族。春秋中、晚期幾代秦君宣揚此事,除了歷史真實性之外,不排除秦人自我攀附的成分,恐怕也是外交的需要。"①

綜上所述,可知秦人始祖並非顓頊,對出土文字中的古史傳説,要加以分析,不能一概認定。過分疑古不對,一味信古也不可取。司馬遷接受春秋、戰國秦人關於顓頊爲其先祖的傳説,淵源有自,並非嚮壁虚造,但也不能證明其爲信史。

去戎狄化,融入華夏,在西周、春秋間,是一股歷史潮流,楚和很多小國都有這一傾向②,而尤以秦國表現最爲突出。

隨着疆域的不斷擴大,秦的經濟也在快速發展。

秦人較早使用鐵器。1987年甘肅靈臺縣景家莊一號墓出土一把春秋前

---

① 王輝、焦南峰、馬振智《秦公大墓石磬殘銘考釋》。

② 王明珂《論攀附:近代炎黄子孫國族建構的古代基礎》,《史語所集刊》第73本第3分,2002年;王輝《古文字所見的早期秦、楚》、陳昭容《從青銅器銘文看兩周夷狄華夏的融合》,以上二文皆收入《古文字與古代史》第二輯,2009年,臺北。

期的銅柄劍①,李學勤指出:"類似的青銅短劍在西安等地也有出土,劍的國別無疑屬於秦國。"②此外,陝西隴縣邊家莊春秋早期墓出土一件銅柄鐵劍③,寶雞市益門二號春秋墓出土二件金柄鐵劍④,長武縣春秋早期墓出土鐵匕首一件⑤,鳳翔縣秦景公大墓出土鐵鏟、鐵舌等,均係鑄件⑥。張天恩指出:"以春秋時期的發展而言,秦國的鐵器從早期到晚期,都明顯超過了東方國家。"⑦戰國時期鐵製農具在鳳翔、臨潼、藍田、大荔及西安市郊多有出土⑧。

　　秦有發達的冶鐵業。睡虎地秦簡《秦律雜抄》:"……右采鐵、左采鐵課殿,貲嗇夫一盾。"《史記·太史公自序》:"(司馬)靳孫昌,昌爲秦主鐵官,當始皇之時。"《貨殖列傳》:"蜀卓氏之先,趙人也,用鐵冶富。秦破趙,遷卓氏。""秦冶鐵手工業的興起,鐵農具在生產領域中的廣泛出現,有力地促進了社會經濟的發展,給農業生產提供了精耕細作的方便"⑨。春秋,特別是戰國時期秦國農業的發展,完全稱得上突飛猛進。《左傳·僖公十三年》:"冬,晉薦饑,使乞糴於秦……秦於是乎輸粟於晉,自雍及絳相繼,命之曰汎舟之役。"秦救晉災,送糧車隊從秦都到晉都絡繹不絕,可見秦儲糧甚足。秦在春秋初實行爰田制,土地國有。秦簡公七年(前408),"初租禾"(《史記·六國年表》),承認土地私有。秦孝公用商鞅,屬行變法,獎勵耕戰,"大小僇力,本業耕織。致粟帛多者,復其身;事末利及怠而貧者,舉以爲收孥……爲田開阡陌封疆"(《史記·商君列傳》)。何謂"爲田開阡陌封疆"?日人瀧川資言說:"開阡陌,許民墾田也。井田之制,至此全壞。"⑩林劍鳴說:"(這是)把標誌着土地國有的阡陌封疆去掉,徹底廢除奴隸社會的土地國有。"⑪張金光說:"商鞅田制改革……打開采邑主和貴族們所獨佔有的封疆,奪取他們對

①　劉得楨、朱建唐《甘肅靈臺縣景家莊春秋墓》,《考古》1981 年第 5 期。
②　李學勤《東周與秦代文明》第 261 頁。
③⑦　張天恩《秦器三論》;又收入氏著《周秦文化研究論集》,科學出版社 2008 年。
④　張天恩《秦器三論》,圖一,3,5。
⑤　袁仲一《從考古資料看秦文化的發展和主要成就》,《文博》1990 年第 5 期。
⑥　韓偉等《秦都雍城考古發掘研究綜述》,《考古與文物》1988 年第 5、6 期合刊。
⑧　雷從雲《戰國鐵農具的發現及其意義》,《考古》1980 年第 3 期。
⑨　王學理等《秦物質文化史》第 38 頁,三秦出版社 1994 年。
⑩　(日)瀧川資言、水澤利忠《史記會注考證附校補》第 1355 頁,上海古籍出版社 1986 年。
⑪　林劍鳴《秦國發展史》第 86 頁,陝西人民出版社 1981 年。

土地的壟斷權,把土地所有權高度集中於國家手中,重新按照新的'家次' '名'佔田宅……改變村社土地所有制……由國家疆理土田,統籌'制土分 民','任地待役',以確定官社經濟體制。"①不管怎麼説,耕者得到自己的耕 地,必然極大地解放了生產力。《戰國策·趙策一》趙豹對趙王説:"秦以牛 田,水通糧,其死士,皆列之於上地,令嚴政行,不可與戰。"秦昭王時,蜀守李 冰父子修建了大型水利工程都江堰,使成都平原"水旱從人,不知饑饉,時無 荒年,謂之天府"(《華陽國志·蜀志》)。戰國末,秦築鄭國渠,"渠就,用注 闃闐之水,溉澤鹵之地四萬餘頃……於是關中爲沃野,無凶年。秦以富強, 卒并諸侯"(《史記·河渠書》)。

　　農業的發展在秦文字中有充分的反映。四川青川縣出土秦更修爲田律 木牘:"二年十一月己酉朔朔日,王命丞相戊(茂)、内史匽氏□更修爲田律: 田廣一步,袤八則爲畛……以秋八月修封捋(埒),正疆畔……"這是秦武王 二年(前309)頒布的田間規劃制度。睡虎地秦簡《田律》:"百姓居舍者毋敢 酤酒,田嗇夫、部佐謹禁御之,有不從令者有罪。"②對酤酒而不努力耕田者加 以處罰。《廄苑律》:"以四月、七月、十月臚田牛,卒歲,以正月大課之……殿 者誶田嗇夫。"一年四次評比田牛,養牛差者,亦受處罰。睡虎地秦簡有《倉 律》多條。傳世秦印有"銍將粟印",是銍地管理米粟之官印。又有"蜀邸倉 印",是蜀郡邸(京城辦事處)倉廩之官印,新出土秦封泥有"泰(太)倉",是 京師之倉③,足見儲糧之多。傳世秦印有"官田臣印、公主田印、泰上寢(秦始 皇追尊其父莊襄王爲太上皇)左(佐)田",傳世秦封泥有"趙郡(?)左(佐) 田"⑥,新出土封泥有"郎中左(佐)田",足見秦中央、地方、陵寢均有主田之 官。湖北雲夢縣龍崗出土統一前後秦簡198:"黔首皆從千(阡)佰(陌)彊 (疆)畔之其田。"④與青川更修爲田律"互爲發明,相得益彰"⑤,又有"盜田、 匿田、行田"等條文,皆與田制、田租等相關。

---

① 張金光《秦制研究》第89頁,上海古籍出版社2004年。
② 睡虎地秦墓竹簡整理小組《睡虎地秦墓竹簡》(綫裝本)。
③⑥ 王輝、程學華《秦文字集證》第173~174、208~212頁。
④ 劉信芳、梁柱《雲夢龍崗秦簡》;中國文化研究所、湖北省文物考古研究所《龍崗秦簡》。
⑤ 張金光《秦制研究》第42頁,上海古籍出版社2004年。

　　春秋、戰國時期,秦的製造業有飛速的發展。周平王東遷,"留給秦國相當的青銅製造手工業生產技術和勞動力"[①]。在此基礎上,秦春秋早期青銅器製造業極爲興盛,甘肅禮縣大堡子山秦公陵園 1993~2006 年盜掘及考古出土大批精美的青銅器,有鼎、簋、壺、盤、鐘、鎛、盂、甗、盉、劍、車馬器等[②]。其中的鎛有鏤空龍紋扉棱,器形與 1977 年寶鷄太公廟出土秦武公鎛相近,壺耳飾有龍形角的獸首,腹面飾大蟠龍紋,與西周晚期重器頌壺、山西北趙村出土晉侯斯壺相近,體現了高超的鑄造技術。1998~2000 年距大堡子山不遠的圓頂山也出土銅禮器多件,有鼎、簋、壺、盉、匜、盤、方盒、盨、劍、車形器等[③]。98LDM1、98LDM2 所出兩件圓盉長方形圈頂式高蓋正中飾臥鳥,旁有 4 隻小鳥,蓋沿四角各飾一隻上行小鳥,近鋬一側飾一前體附蓋的大虎,虎尾與鋬上的熊前肢相連,流與口之間飾顧首行虎,足爲頭頂行虎的 4 隻坐熊,其精美在春秋銅器中極爲罕見。98LDM1 所出車形器亦復如此。

　　當然,在春秋中期直至戰國晚期,秦國較少出土大型青銅禮器。對此,《秦物質文化史》曾有中肯的分析:"首先是由於秦國的地轄範圍僅限於關中地區,使銅的來源受到了限制;其次是秦國連綿不斷的戰爭,迫使它祇能小規模地生產青銅器來應付少量的需要。"[④]戰國秦青銅兵器出土甚多,即爲明證。秦統一後,兵器需要量大減,"收天下兵,聚之咸陽,銷以爲鐘鐻、金人十二,重各千石"(《史記·秦始皇本紀》)。秦金人雖已不存,但 1999 年秦始皇陵園出土 $K990T_1G_2$ 大銅鼎重 212 公斤,通高 61 釐米,口徑 71 釐米,精美厚重,爲此前秦器所未見[⑤]。至於秦始皇陵西側車馬坑出土兩乘銅車馬,更是裝飾華麗、結構複雜,體現了中國青銅製造工藝的最高水平。

---

①④　王學理等《秦物質文化史》第 29 頁,三秦出版社 1994 年。

②　李朝遠《上海博物館新獲秦公器研究》;李學勤、艾蘭《最新出現的秦公壺》,《中國文物報》1994 年 10 月 30 日;戴春陽《禮縣大堡子山秦公墓地及有關問題》,《文物》2000 年第5 期;禮縣博物館、禮縣秦西垂文化研究會《秦西垂陵區》,文物出版社 2004 年;早期秦文化聯合考古隊《2006 年甘肅禮縣大堡子山祭祀遺迹發掘簡報》,《文物》2008 年第11 期。

③　甘肅省文物考古研究所、禮縣博物館《禮縣圓頂山春秋秦墓》,《文物》2002 年第 2 期。

⑤　陝西省考古研究所、秦始皇兵馬俑博物館《秦始皇陵園考古報告(1999)》第 171 頁。該鼎國別不無爭論,但多數學者視爲秦器。

　　秦的黄金製造業在列國間極爲突出。大堡子山秦公陵園出土而流散到海外的鷙鳥形金飾片有 4 對 8 片，又小型金飾件 34 片①。此外，甘肅省博物館徵集金飾件 20 片、甘肅省文物考古研究所藏金飾件 7 片、禮縣博物館徵集小型金飾件 7 片②。鷙鳥形金片鈎喙、環目、突胸、屈爪，高 52 釐米；小飾件有口唇紋羽形、雲紋圭形、獸面紋盾形、目雲紋竊曲形等，皆極精美。巴黎和日本 MIHO 博物館還展出過禮縣所出金虎各一對，通長 41 釐米，殊屬罕見③。春秋中、晚期之交的秦景公墓出土有金虎、金戴勝等④，精美絕倫。秦陵一號銅車馬、二號銅車馬構件有金銀繮、金銀勒、金節約、金當盧等⑤，這些構件皆重實用而輕紋飾，則反映了其時秦人的審美觀。

　　秦人在陶器、玉器、皮革、漆木器製造上也有非凡的成就。

　　秦有很多工官璽印、封泥與製造業有關，兵器、竹簡也有這方面的内容。《漢書·百官公卿表》少府屬官有"考工室"令丞，"主作器械"（顏師古注引臣瓚曰）。出土秦封泥有"咸陽工室、櫟陽右工室"，寶鷄出土二十六年戈有"西工室"，可見秦中央及地方均有工室。傳世秦印有"工師之印"，工師見《吕氏春秋·季春紀》："是月也，命工師，命百工，審五庫之量，金鐵、皮革筋、角齒、羽箭幹、脂膠丹漆，無或不良。百工咸理，監工日號，無悖於時。"《禮記·月令》有同樣的話，鄭玄注："於百工皆理治其事之時，工師則監之，日號令之。"工師爲工之長，中央及地方均有，或省稱工。秦兵器銘文有"邦工師、咸陽工師田、雍工師葉、漆垣工師乘"等⑥。澳門蕭春源珍秦齋藏印"革工"，爲治皮革之工官。戰國晚期秦還有工官"寺工、詔事"。董珊將秦工官劃分爲公、私兩大系統。據袁仲一統計，出土秦陶文達 4000 餘件，有中央官府製陶作坊陶文、官營徭役性製陶作坊陶文、市亭製陶作坊陶文、民營製陶作坊

①　韓偉《論甘肅禮縣出土的秦金箔飾件》，《文物》1995 年第 6 期。
②　禮縣博物館、禮縣秦西垂文化研究會《秦西垂陵區》第 12 頁，文物出版社 2004 年。
③　禮縣博物館、禮縣秦西垂文化研究會《秦西垂陵區》第 12 頁，圖版一～一一。
④　王學理等《秦物質文化史》第 38～39 頁。
⑤　秦始皇兵馬俑博物館、陝西省考古研究所《秦始皇陵銅車馬發掘報告》彩版一一、二六，圖版三九、四〇、八六～八九，文物出版社 1998 年。
⑥　董珊《戰國題銘與工官制度》第 205～245 頁；王偉《秦璽印封泥職官地理研究》第 132～141 頁。

陶文,秦始皇陵兵馬俑出土的陶俑、陶馬上的文字,其他類陶文共 6 類①,可見秦製陶業之發達。

　　秦在西周、春秋時,雖然有強烈的去戎狄化、融入華夏傾向,其在文化上也極力向周文化靠攏,但整個春秋、戰國時的秦文化,却不等同於周文化。隨着秦國自身不斷發展、壯大,秦文化也在不斷充實、完善。

　　我們知道,所謂"秦人",是一個動態的概念,其内涵、外延都不是固定不變的。秦在立國之前,居甘肅東部,其時勢力弱小,其成分基本是嬴性部族,較爲單一。周平王東遷,秦襄公率兵護送,平王封襄公爲諸侯,"賜之岐以西之地"。襄公十二年(前 766),"伐戎而至岐"。秦文公三年(前 763),"以兵七百人東獵;四年,至汧渭之會";十六年"文公以兵伐戎,戎敗走。於是文公遂收周餘民有之"。這時的"秦人",便包括了原居於關中西部的一部分周人。其後,秦國土不斷向東延伸。秦憲公二年(前 714),"遣兵伐蕩社"。秦武公元年(前 697),"伐彭戲氏,至於華山下";"十一年,初縣杜、鄭"。秦穆公十五年(前 645),晉君夷吾"獻其河西地……是時秦地東至河";二十年,"秦滅梁、芮"。這時,秦人勢力達關中東部。對西邊、北邊的戎狄,秦人也不斷攻伐。穆公三十七年,"秦用由余謀伐戎王,益國十二,開地千里,遂霸西戎"。這樣,"秦人"中又加入了大量戎人。戰國中期,特別是商鞅變法以後,秦在國力上遠遠超過了東方六國。秦惠文王七年(前 331),"公子卬與魏戰,虜其將龍賈,斬首八萬";十年,"魏納上郡十五縣";十一年,"縣義渠";惠文王後元八年,"司馬錯伐蜀,滅之";後元十三年,"庶長章擊楚於丹陽,虜其將屈匄,斬首八萬。又攻楚漢中,取地六百里,置漢中郡"。至此,"秦人"又逐漸融入了一些原屬三晉人及楚人。這些陸續加入秦版圖的非秦族人,與原先的秦族人經過較長時間互相融合,逐漸成爲一個整體。

　　秦惠文王之後,終秦武王、昭襄王二世約 60 年間,秦與東方六國進行了長期的拉鋸戰。戰爭中,雙方互有勝負,總的看,秦佔有上風。但在這些戰爭中,秦的主要目的是消滅對方的有生力量,而不僅僅在於一城一地的得

① 　袁仲一《從考古資料看秦文化的發展和主要成就》,《文博》1990 年第 5 期;又收入《秦文化論叢》第 1 輯,西北大學出版社 1993 年;又《中華秦文化辭典·序一》,西北大學出版社 2000 年。

失,如秦昭王四十年(前260),秦大勝趙軍於長平,白起坑趙卒40萬;昭王四十八、四十九年,秦復攻趙邯鄲,魏信陵君竊符救趙,魏、楚夾擊,秦軍統帥鄭安平降,結果秦其至還失掉了原先攻佔的河東、太原二郡。在這段時間內,"秦人"的範圍基本上沒有擴大。

秦大規模的統一戰爭主要在秦莊襄王和秦王嬴政二十六年以前的30年間,特別是在秦王政親政以後的十餘年間。秦王政十七年(前230),秦滅韓;十九年,秦滅趙;二十二年,秦滅魏;二十四年,秦滅楚;二十五年,秦滅燕;二十六年,秦滅齊。秦人統一天下以後,全國實行統一的政治、經濟、文化制度,"一法度量衡石丈尺,車同軌,書同文字",這在中國歷史上是破天荒的第一次,對後世的影響巨大。秦始皇以取天下之道治天下,嚴刑峻法,剛戾自用,修馳道,築長城,建離宮別館、麗山陵寢,百姓苦不堪言;用李斯策,焚書坑儒,箝制言論。凡此,都激化了社會矛盾。秦二世胡亥以陰謀繼位,誅殺始皇諸子、大臣,縱情狗馬、禽獸之樂,橫徵暴斂,終於激起民變。陳勝、吳廣揭竿而起,項羽、劉邦繼以滅秦,一座大廈,轟然坍塌。從六國相繼歸秦,到秦王朝滅亡,前後不過30年。在此期間,關東六國雖歸於秦,其遺民名義上算"秦人",但一則六國皆立國數百年,其思想、文化、風俗影響深遠;二則戰爭停歇的時間極短(大約祇有十二三年),所以原六國遺民遠未與秦本土人融爲一體,他們自己多不自認爲是"秦人",西漢人也不把他們看作"秦人"。《史記·秦始皇本紀》九年提到"齊人茅焦",三十一年提到"燕人盧生"。《陳涉世家》:"陳勝……已爲王,王陳。其故人嘗與傭耕者聞之,之陳……入宮見殿屋帷帳。客曰:'夥頤,涉之爲王沉沉者!'楚人謂多爲夥。"陳勝"故人"當是秦民,而司馬遷目爲"楚人"。《項羽本紀》:"故楚南公曰:'楚雖三戶,亡秦必楚。'"文中所説的"楚",也是秦人治下的楚國故地。秦統一前及稍後,發兵攻佔原先的百越地區。《秦始皇本紀》:"二十五年……王翦遂定江南地,降越君,置會稽郡……三十三年,發諸嘗逋亡人、贅壻、賈人略取陸梁地,爲桂林、象郡、南海,以適遣戍。"《南越列傳》:"秦時已并天下,略定楊越,置桂林、南海、象郡,以謫徙民,與越雜處十三歲。"百越文化與中原文化差異較大,入秦後雖與秦人雜處,但也不可能與秦人完全融合。

所謂秦文化,顧名思義就是秦國及秦王朝的文化。因爲秦王朝祇有短短的 15 年,其文化與戰國晚期秦國文化没有質的差別,所以秦國文化、秦王朝文化應是一個統一的整體。同時,如同秦人的概念一樣,秦文化也是一個不斷發展、完善的文化,其在春秋至戰國中期、戰國晚期至秦王朝兩段既有聯繫,又各有特點。

對秦文化,學術界已有很深入的研究。總的看,秦文化有如下特點:

## 一、大量吸收周文化

秦早期居周之西陲,後入關中周人王畿之地,秦人又有強烈的華夏化傾向,故早期秦文化大量吸收周文化,是很自然的事。袁仲一指出:"秦人西周時期的居址出土的陶器,與周文化同類器物的器型相似。"[1]在春秋及戰國初期"在宮殿、宗廟建制方面,秦人承襲了周人的一套禮儀制度。如鳳翔秦都雍城發現的一號宗廟及三號宮殿建築群遺址的建築布局,具體地説明了這個問題。""在喪葬制度方面,秦人保存原有的一些葬俗外,亦大量吸收了殷周的葬儀制度。"黃留珠謂:"(秦人)建國後,在農業、青銅器製造、文字以及禮儀制度等方面,更是全面的'拿來'周文化。"[2]黃氏説:"秦人吸收高水平的周文化,是理所當然的。這當中,自然包括吸收周的禮制文化……秦禮制文化的淵源,周禮應是最主要的方面。"[3]戰國中期以後,秦的國勢已遠遠超過了周,但它吸收周文化的進程仍在繼續。黃氏以《秦會要》禮部 5 卷內容與《周禮·大宗伯》相比較,指出"商鞅變法後的秦禮制文化,基本上仍不離周禮的窠臼"[4]。這在出土文字中亦有反映,《史記·十二諸侯年表》:"秦襄公七年,始列爲諸侯。八年,初立西時,祠白帝。"珍秦齋藏秦子簋蓋銘:"時。又(有)柔孔嘉……"[5]"時"前當有文字,器、蓋銘文連讀。《秦本紀》:"襄公於是始國,與諸侯通使聘享之禮。"聘禮見於商鞅方升:"十八年,齊遣卿大夫眾來聘。"方升作於秦孝公十八年(前 344),其時商鞅新法已推行 12 年,秦國勢日強,此時齊卿大夫來聘,證明秦内政安定,外交勝利,是統一度量衡的

① 　袁仲一《從考古資料看秦文化的發展和主要成就》。
② 　黃留珠《秦文化概説》,《秦文化論叢》第 1 輯,西北大學出版社 1993 年。
③④　黃留珠《秦禮制文化述論》,《秦俑秦文化研究》第 45~58 頁,陝西人民出版社 2000 年。
⑤ 　董珊《秦子姬簋蓋初探》;王輝《秦子簋蓋補釋》。

大好時機①。

《周禮·大宗伯》：“大宗伯之職，掌建邦之天神、人鬼、地示之禮，以佐王建保邦國。以吉禮事邦國之鬼神示，以禋祀祀昊天上帝，以實柴祀日月星辰，以槱燎祀司中、司命、飌師、雨師，以血祭祭社稷、五祀、五嶽，以貍沉祭山林川澤，以疈辜祭四方百物，以肆獻祼享先王……”周人尊崇祭祀上帝。瘨鐘：“上帝降懿德大甹（屏）。”秧鐘：“隹（唯）皇上帝百神，保余小子。”秦人亦祭上帝，《史記·封禪書》：“或曰雍州積高，神明之隩，故立畤，郊上帝。”詛楚文：“求蔑廢皇天上帝及大神厥湫之卹祠、圭玉、犧牲。”“敢用吉玉、宣（瑄）璧，使其宗祝邵鼛，布憝（憝）告于丕顯大神巫咸……”秦景公大墓出土殘磬銘86鳳南 M1：84：“上帝是瞷，佐以靈神。”秦景公大墓出土一件漆筒，爲笙、竽類樂器之殘，上書“紫之寺（持）簧”4字。我曾指出，這是紫祭天神所持用的笙或竽，“春秋晚期，（秦人常將賵賻）器物之名直接寫在器物之上”②。又秦曾孫駰告華大山明神文：“欲事天地、四極、三光、山川、神示、五祀、先祖，而不得厥方。”③《史記·秦始皇本紀》：“三十七年十月癸丑，始皇出遊……至雲夢，望祀虞舜於九疑山……上會稽，祭大禹，望於南海。”

周禮有冠禮。《儀禮》有《士冠禮》，鄭玄注：“童子任職，居士位，年二十而冠。”《禮記·冠義》：“冠者，禮之始也，是故古者聖王重冠。”《周禮·大宗伯》：“以昏冠之禮親成男女。”《大戴禮記》有《公冠》篇。《史記·秦本紀》記惠文君“三年，王冠”。《秦始皇本紀》記秦王政九年，“四月，王宿雍，己酉，王冠，帶劍”。秦景公大墓殘磬銘85鳳南 M1：300：“天子匽喜，龔（共）趄（桓）是嗣。”85鳳南 M1：547＋578＋514：“鼺（申）用無疆，乍（作）䢍配天。”86鳳南 M1：548：“宜政，不廷鈗（鎮）□（靜）。”我曾指出：“磬銘主要談的是秦新君行冠禮親政祭祖之事，目的在於説明其繼承君位、治理臣民曾得到周天子的認可，是合法的。”“‘宜政’即‘宜於主持、過問國家大事’，也就是‘宜於親政’。”“‘鼺’讀爲申，‘鼺用無疆’與《詩·商頌·烈祖》之‘申錫無疆’、

①　王輝《秦出土文獻編年》第54頁。

②　王輝《秦文字釋讀訂補（八篇）》；王輝《從考古與古文字的角度看〈儀禮〉的成書年代》，《傳統文化與現代化》1999年第1期。

③　李零《秦駰禱病玉版研究》；王輝《秦曾孫駰告華大山明神文考釋》。

《漢書·韋玄成傳》之'陳錫亡疆'意近,是秦景公祈求上天以無境界之國祚重賜於秦,而同類嘏辭亦多見於《禮儀·士冠禮》祝詞。"①

周禮賓客助主人送葬有賵賻禮。《儀禮·既夕禮》:"公賵玄纁束、馬兩……知死者贈,知生者賻。書賵於方,若九,若七,若五。書遣於策。"鳳翔高莊秦墓 M47 出土陶缶多件,一刻"北園呂氏缶",一刻"北園王氏缶";西安潘家莊秦墓 M19 出土缶一刻"易,九斗三升",一刻"南陽趙氏,十斗"。袁仲一指出:"同一墓中出現不同物主的器物,是助喪的賵賻禮俗的反映。"②

"儒家思想産生在魯國,魯爲周公之後,其文化多保留周文化的精髓"。"孔子憲章文武,對周文化禮樂極爲向往"。"儒家文化植根於周文化,秦人又繼承了周文化,故秦國必然存在儒家思想傳播的氣候與土壤"。我曾指出:"秦在春秋、戰國時期,乃至秦代,一貫提倡德治,重視忠信、敬事等道德教育。"③舉秦公及王姬鎛鐘"翼受明德",秦公簋"穆穆帥秉明德",琅邪臺刻石"皇帝之德,存定四極",會稽刻石"德惠脩長",秦簡《爲吏之道》"以此爲人君則鬼(懷),爲人臣則忠,爲人父則慈,爲人子則孝",秦有成語印"交仁必可、忠仁思士、棲仁"等爲例,證明"春秋晚期至戰國,儒家思想已深入秦人生活的各個方面"。

秦的詩歌、音樂,深受周文化的影響。《詩·秦風》十首、石鼓文十篇,與周、齊、鄭、衛、三晉詩風格完全相同。秦樂端直、嚴正、敬和、厚重,與周樂同。秦公及王姬鎛鐘:"霝(靈)音鐋鐋雍雍。"55 鳳南 M1:517 磬銘:"厥音鐋鐋鎗鎗。""鐋"讀爲"端",與"肅"義近;或釋"鐋"爲鉥,讀爲"肅"。《詩·召南·何彼襛矣》:"曷不肅雍,王姬之車。"

職官制度屬於上層建築,是政治、文化之直接體現。秦官制對周官制多有繼承。我曾指出,周實行世卿制,秦人承之。秦公及王姬鎛:"鰲鰲胤士,咸畜左右。"④陳直說"胤士"爲"父子承襲之世官"。周初承商人之制,設立

①　王輝《𩁹字補釋兼論春秋公冠禮》,《第二屆國際中國古文字學研討會論文集》,香港中文大學 1993 年。
②　袁仲一《從考古資料看秦文化的發展和主要成就》;袁仲一《秦陶文綜述》第 28~29 頁。
③　王輝《儒與秦文化》,《秦文化論叢》第 3 輯,西北大學出版社 1993 年。
④　王輝《周秦職官異同論》,《秦俑秦文化研究》,陝西人民出版社 2000 年。

三監,秦“郡置守、尉、監……始皇長子扶蘇監蒙恬軍於上郡”。西周中期,出現“公族”一職,秦子戈、矛銘:“秦子乍(作)造公族元用。”公族權力甚大。《周禮·春官·宗伯》有“大祝”,“掌六祝之辭,以事鬼神示,祈福祥,求永貞”。石鼓文《吳人》有“大祝”,秦封泥有“祝印”,詛楚文有“宗祝”。《周禮·夏官·大司馬》“虞人萊所田之野爲表”賈公彥疏:“虞人者,若田在澤,澤虞;若田在山,山虞。”《禮記·月令》:“樹木方盛,乃命虞人入山行木,毋有斬伐。”虞人是掌山澤之官。石鼓文有《吳人》篇,“吳人”即虞人①。此官漢初仍有,張家山漢簡遣册 16:“虞人男女七人。”整理小組注:“虞人,《孟子·滕文公下》注:‘守宛囿之吏也。’此處指俑。”②

**二、極力吸收六國文化**

　　春秋戰國,特别是戰國時期,隨着國土、勢力逐步向東擴展,秦與關東六國也發生了極爲密切的關係,除戰爭外,秦或派宗室子弟作質子於他國,或秦人在他國做官,秦景公同母弟后子鍼奔晉;昭襄王曾爲質於燕,歸時已 19 歲;昭襄王太子曾爲質於魏;莊襄王異人曾爲質於趙,娶趙豪家女,生秦始皇;昭襄王同母弟涇陽君曾爲質於齊。秦與諸侯國互通婚姻,秦憲公有妻魯姬子,爲魯女;穆公娶晉太子申生姊穆姬;晉太子圉爲質於秦,秦妻以宗女懷嬴;哀公時,楚使費無忌來爲楚太子建迎娶秦女,後楚平王自取,生楚昭王;惠文王時,“齊來迎婦”;惠文王娶楚女芈八子,即後來的宣太后,生昭襄王;武王娶魏女。秦人重用六國客卿,亦派公卿兼他國官職。秦穆公重用虞人百里奚;孝公用衛庶孽公子公孫鞅爲相;惠文王重用魏氏餘子張儀爲相,儀又曾相魏;武王用楚人甘茂、屈蓋爲相;昭襄王重用母舅楚人魏冉、向壽、魏人范雎,燕人蔡澤,齊君宗族孟嘗君田文、趙人樓緩等爲相;莊襄王、始皇用趙人呂不韋,楚人李斯、昌平君爲相。宗室子弟爲質,長期受六國薰陶,必對六國文化的優點有所吸收。入秦爲相或居要職者爲實現政治抱負,必以其所學六國文化的先進成分改造秦文化。所以,秦對六國文化的吸收是很自然的事。

---

① 　王輝《〈石鼓文·吳人〉集釋——兼再論石鼓文的時代》。

② 　張家山二四七號漢墓竹簡整理小組《張家山漢墓竹簡(二四七號墓)》第 190 頁,文物出版社 2006 年。

　　秦對六國官制多有學習與借鑒。拙文《周秦職官異同論》曾指出,秦相邦最早出現於惠文王時(相邦樛斿),而齊在齊景公(前 547~前 490)時已有相,趙簡子時,解狐推薦其仇爲相,韓在韓康子時已用段規爲相,"秦相邦之設在三晉之後,其承襲之迹是明顯的"。"早期的郡縣制行於三晉邊地"。"如魏有上郡十五縣,是爲了對付秦的……商鞅變法,'併諸小鄉聚,集爲大縣,縣一令',纔是真正郡縣制的縣……秦郡縣制之完善及其職官之設置,也受到三晉的影響"。趙、燕及兩周兵器銘文屢見工官機構"得工"。《殷周金文集成》11329 著録王何立事鈹:"王何立(莅)事得工=□。""王何"即趙惠文王(前 298~前 266)。《集成》2482 四年昌國鼎:"四年昌國得師=(工師)。""昌國君"原爲燕將樂毅封號,後爲其子樂閒襲封,此器或説爲燕器,但採用的是趙國的制度。樂閒與燕惠王、趙惠文王同時。秦工官機構有"寺工",最早見於秦莊襄王二年(前 248)的寺工師初壺:"二年寺工師初。"① 董珊説:"秦、趙之間的這種高層次人質交往,對於兩國工官制度的交流也應該會有影響,最可能的情況是秦國學習自趙。寺工(見於《漢書·百官公卿表》中尉屬官訛寫爲'寺互',此據黄盛璋先生説)可能是承襲趙國的得工而來('寺'跟'得'聲音相近,可以通假),從年代上看也應該如此。"② 董説甚是。珍秦齋藏三十二年相邦冉戈内正面銘:"三十二年相邦冉造。"此戈作於秦昭襄王三十二年(前 275),戈内上套一錯銀銅鳥柲冒,銘:"二十三年旱(得工)冶□。"西安市文物考古研究所亦藏一件同形鳥柲冒,除編號不同外,年、工官全同。柲冒"二十三年"爲趙惠文王二十三年(前 276),早於戈作年一年③。這件鳥柲冒可能是秦的戰利品,也可能來自其他途徑。但有趣的是,秦戈用趙柲冒作附件,可見秦人早就知道趙有工官機構"得工",這對探討秦工官機構"寺工"的設立時間不無啓發。

　　戰國秦漢,方術盛行,占卜、擇日、煉丹、導引、行氣、房中術、醫學等,《漢書·藝文志》屬數術、方技,在這方面,秦人向六國多有學習。

　　抗日戰爭期間長沙子彈庫出土戰國楚帛書,其外層繪有 12 個神像,爲

---

①　王輝《秦銅器銘文編年集釋》第 74~75 頁。

②　參看董珊《戰國題銘與工官制度》第 205~245 頁。

③　王輝《珍秦齋藏秦銅器銘文選釋(八篇)》;又見《高山鼓乘集——王輝學術文存二》。

一至十二月之神,神旁各附有文字,"講帛書十二神所主的各月宜忌"①。李零以爲楚帛書是"現已發現年代最早的日者之書"②。湖北江陵九店楚墓出土《日書》簡有"建除、叢辰"等内容,其時代爲戰國中期晚段,"是目前發現最早選擇時日吉凶的數術著作"③。秦《日書》簡較完整者有兩種(關沮、王家臺《日書》簡比較零散),一爲甘肅天水放馬灘所出,一爲湖北雲夢睡虎地所出,二者有很多内容與楚《日書》相同。睡虎地簡《日書》甲、乙本有《除》《秦除》兩篇,前者即楚之建除,二者内容略有出入。兩種秦《日書》簡抄寫年代晚於楚《日書》簡,可見秦在這方面對楚有所借鑒。

《三代吉金文存》20.49.1 著録有行氣玉銘:"行氣,吞則蓄,蓄則神(伸)……巡(順)則生,逆則死。"此銘"字體方正規整,與韓國銅器屬羌鐘銘文風格十分接近,當出晚周三晉人之手"④。戰國時,行氣、導引風行於關東。《莊子·刻意》:"吹呴呼吸,吐故納新,熊經鳥申,爲壽而已矣。此道引之士養形之人,彭祖壽考者之所好也。"莊子,宋國人。馬王堆帛書有《導引圖》,有學者以爲帛書中的醫書時代是秦。張家山 247 號墓漢簡有《引書》,該墓主人去世在西漢呂后二年(前186),上距秦亡僅 20 年,很多簡文極可能抄寫於秦代流行書籍。張良是戰國韓人,漢初封侯"願棄人間事,欲從赤松子遊耳。乃學辟穀道引輕身"(《史記·留侯世家》)。可見導引亦在秦地流行。

道家學説創立於楚人老子。老子"修道而善養壽"(《史記·老子韓非列傳》)。後繼者莊子,"與梁惠王、齊宣王同時"。道家清静自正,推崇真人,秦始皇晚年,對此篤信不疑。《史記·秦始皇本紀》:"盧生説始皇曰:'臣等求芝奇藥仙者,常弗遇,類物有害之者。方中人主時爲微行,以辟惡鬼,惡鬼辟,真人至。人主所居而人臣知之,則害於神。真人者,入水不濡,入火不爇,陵雲氣,與天地久長。今上治天下,未能恬倓。願上所居宮,毋令人知,然後不死之藥殆可得也。'於是始皇曰:'吾慕真人。'"日人瀧川資言《考證》曰:"《莊子·大宗師》云:'古之真人,登高不慄,入水不濡,入火不熱,是其知之能登假於道也若此。'……盧生神仙之説,蓋自道家一變。"始皇

①② 李零《中國方術正考》第 154、142 頁,中華書局 2006 年。
③ 湖北省文物考古研究所、北京大學中文系《九店楚簡·出版説明》,中華書局 2000 年。
④ 湯餘惠《戰國銘文選》第 194 頁,吉林大學出版社 1993 年。

晚年，"悉召文學方術士甚衆，欲以興太平，方士欲練以求奇藥"。由此可見道家對秦影響之深。

墨子是宋人，後長期住在魯國。墨子主張非攻、天志、明鬼、尚同、兼愛。墨學曾在秦國流傳。《呂氏春秋·去私》説秦惠文王時，墨家鉅子腹䵍居秦，其子殺人，惠王弗誅，腹䵍"行墨者之法，不許惠王而遂殺之"。馬非百《秦集史·人物傳十五》按語云："居秦之墨，雖不免有排斥秦以外諸墨之事實，而其所具有之宗教精神，與秦之立法精神，根本上不唯不冲突，而且適足以相反相成。秦人之所以保持其一貫的勇武輕死之風尚，數世有勝者，此種宗教精神之傳布於關中，未始非其一極重要之原因也……墨學在秦，直至吕不韋當政時期，猶未稍衰矣。"這是極深刻的見解。

陰陽五行思想的鼻祖爲齊人騶衍，衍"深觀陰陽消息而作怪迂之變……其語閎大不經……稱引天地剖判以來，五德轉移，治各有宜，而符應若兹"（《史記·孟子荀卿列傳》）。騶衍生前，其學説已大行於魏、趙、燕。他"適梁，惠王郊迎，執賓主之禮。適趙，平原君側行撇席。如燕，昭王擁彗先驅，請列弟子之座而受業，築碣石宫身親往師之"，頗類今日之明星。秦始皇崇信騶説，《史記·秦始皇本紀》："始皇推終始五德之傳，以爲周得火德，秦代周德，從所不勝。方今水德之始，改年始，朝賀皆自十月朔，衣服旄旌節旗皆上黑。數以六爲紀，符、法冠皆六寸，而輿六尺，六尺爲步，乘六馬。更名河曰德水，以爲水德之始。剛毅戾深，事皆決於法，刻削毋仁恩和義，然後合五德之數。"張强説："五德終始學説成爲秦統一中國後的官方學術，是中國思想文化史上的一件大事。"[1]秦丞相吕不韋也是陰陽思想的崇信者。陳奇猷校釋《吕氏春秋》，深感"吕不韋之指導思想爲陰陽家，其書之重點亦是陰陽家説"[2]。陰陽五行思想在秦出土文字中亦多有反映。睡虎地秦簡《日書·除》提到選擇"陽日、外陰日、外陽日"之事，《稷辰》也記選擇"正陽、危陽、陽日"之事。出土秦封泥有"弄陰御印、弄陽御印"[3]，周曉陸以爲"蓋指

---

① 張强《秦漢神學政治與陰陽五行的文化意義》，《秦文化論叢》第 9 輯，西北大學出版社 2002 年。

② 陳奇猷《吕氏春秋校釋》第 1890 頁《補論》，學林出版社 1984 年。

③ 周曉陸、路東之、龐睿《西安出土秦封泥補讀》第 51 頁圖 28、29。

爲皇帝御弄陰陽者"①,我也以爲其職責是"致力推求陰陽",大概相當於《後漢書・張衡傳》的"研覈陰陽",或唐代職官"陰陽侍詔"②。

戰國晚期法家思想在秦文化中居統治地位。照通行的説法,法家學説源於三晉。《漢書・藝文志》法家著作首列"《李氏》三十二篇",顔師古注:"名悝,相魏文侯,富國彊兵。"王先謙補注:"《晉書・刑法志》律文起自李悝,撰次諸國法,著《法經》。以爲王者之法,莫急於盜賊,故其律始於盜賊……商君受之以相秦。今按李悝爲律家之祖,三十二篇則其自著書。"與李悝同事魏文侯的吳起,後到楚國,曾爲楚悼王"明法審令"(《史記・孫子吳起列傳》)。商鞅衛人,曾事魏相公叔痤,後入秦助孝公變法,其學承自李悝而大有發展。張金光説秦律"自成體系,不是移自《法經》",是對的,但説"李悝著《法經》六篇之説是《晉書・刑法志》作者僞造的",則未免偏頗。

**三、保持特色,勇於開拓,創建全新型文化**

全面考察秦文化,我們可以發現,秦人無論對周文化,還是對六國文化,都不是簡單照搬,而是對之融合、整合,並根據秦國的實際加以發展,創造出富有秦國特色的與時俱進的全新型文化。

趙世超曾指出:"秦人在接受華夏文化時,並沒有簡單地生吞活剝,更沒有將自己的傳統棄若敝屣。洞室墓、屈肢葬和袋足鬲等三大文化現象,不僅繼續保持,甚至還影響到了華夏族,而强悍的民風和豐富的養馬經驗更在戰爭形勢下進一步得到發揚。"③

周人祭祀上帝,秦人承之,創立時。襄公作西時,《史記・秦本紀》説"祠上帝"。其後文公作鄜時,《史記・封禪書》説"祭白帝";宣公作密時,"祭青帝";獻公作畦時。瀧川資言云:"五帝五行之説,始行於戰國,春秋之前,未之有也。秦之西時、鄜時、密時,亦上爲壇祭神,猶中土諸侯祭社稷耳。其曰'祠上帝,祠白帝、黃帝'者,蓋後來附會之説,何必問其異同。"此説不無道理,但秦時之多,爲六國少見。德公"以犧三百牢祠鄜時"(《史記・秦本

---

① 周曉陸、路東之、龐睿《西安出土秦封泥補讀》第 55 頁。

② 王輝《秦印考釋三則》,《中國古璽印學國際研討會論文集》。

③ 趙世超《秦國用人的得失和秦文化》,《文史知識》1992 年第 10 期;又見《瓦缶集》第 287 頁,人民出版社 2003 年。

紀》),連後世史家也難於理解①。泰山封禪,《史記·封禪書》據《管子·封禪篇》列舉古帝無懷氏至周成王十二家,皆後世附會,不足信。首次舉行封禪大典的秦始皇,其事備記於《史記·秦始皇本紀》及《封禪書》。興師動衆,"立石刻頌秦德"。封禪要達到的目的,其實是要證實秦得天下是合於天命的,是一種政治宣傳。

秦對周的官制有改造,有發展,在此基礎上建立了自己的完整體系。西周的官制系統是公(周、召二公)之下爲大史寮(大卜、大祝、大史)、卿事寮(三事大夫:司土、司工、司馬)兩大系統。秦在戰國時期有三公(丞相、太尉、御史大夫)之名而無其實,其實行的基本上是丞相之下的九卿制度②,比如祝卜類官西周祇有大祝、祝、司卜,秦祝卜於九卿屬奉常,屬官有大祝(石鼓文)、泰宰、大史、泰卜、泰醫、樂府、左樂、雍祠(以上均見秦封泥)等。宮庭宿衛官西周僅守宮一職,秦則有衛尉、衛士、宮均人、南宮郎、郎中令五職。工官西周僅有司工,秦從中央到地方則有諸多工官,僅璽印、封泥所見即有工師、寺工、詔事、水、工室、大匠、左右司空、寺水、宮水、都船等。內史一職西周金文多見,爲史官,職責是協助王册命賞賜官吏。秦內史在春秋時期也是史官,戰國晚期則成爲"掌治京師"(《漢書·百官公卿表》)的地方行政長官,又有治粟內史,掌穀貨,權力也極大。

秦二十等爵:一公士、二上造、三簪裹、四不更、五大夫、六官大夫、七公大夫、八公乘、九五大夫、十左庶長、十一右庶長、十二左更、十三中更、十四右更、十五少上造、十六大上造、十七駟車庶長、十八大庶長、十九關內侯、二十徹侯。馬非百説:"爵名,其來源亦不一。有采自東方各國者,如五大夫,初爲官名,入戰國後,始確成爵制。趙、魏及楚皆有之(《戰國策·趙策》及《楚策》)。關內侯亦見於齊(《呂氏春秋》齊景公時有關內侯)、魏(《呂氏春秋·貴信篇》及《戰國策·魏策》)。徹侯即通侯,亦即列侯。通侯見於楚(《戰國策·楚策》)。列侯見於趙(《戰國策·趙策》張孟談對趙襄子語)。"③商鞅變法,"有軍功者,各以率受上爵;爲私鬥者,各以輕重被刑"

---

① 同樣記載又見《史記·封禪書》,唐司馬貞索隱疑"百"當爲"白",恐僅是一種推測。

② 王偉《秦璽印封泥職官地理研究》第68頁。

③ 馬非百《秦集史》第876頁。

（《史記·商君列傳》）。商鞅取六國及秦官名、爵名，創立爵名，獎勵軍功，對秦統一六國發揮了巨大的作用。但商鞅時，秦爵僅有其九，至昭襄王時，始具備二十之名①，可見有一個發展完善的過程。

　　法家學説雖源自三晉，但真正理論化、系統化，成爲治國綱領並付諸實踐的，祇有秦國。

　　商鞅在魏國揣摩法家學説，且已嶄露頭角。魏相公叔痤知其賢，臨終薦於魏惠王，但不被信用。鞅入秦之後，“説孝公變法修刑，内務耕稼，外勸戰死之賞罰”（《史記·秦本紀》），“公與語，不自知膝之前於席也，語數日不厭”，可謂一拍即合。“秦孝公對當時關東諸國流行的各派政治思想進行了一定程度的了解與探討，對秦國的政治現狀及政治思想所須補充的新因素有比較客觀的認識……可以説，秦孝公的政治思想核心即法家思想”②。韓非“喜刑名法術之學”，是法家思想的集大成者。韓非“數以書諫韓王，韓王不能用”（《史記·老子韓非列傳》），而秦王政讀韓非書，説“寡人得見此人，與之遊，死不恨矣”，急發兵攻韓，可見心之相通。

　　商鞅之法令見於《史記·商君列傳》《商君書》。睡虎地秦簡律名，有田律、廄苑律、倉律、金布律、關市、工律、徭律、置吏律、軍爵律、傳食律、除吏律、遊士律、中勞率、除弟子律、捕賊律、戍律、屯表率等二十餘種，“它大體上是商鞅以後經過歷代秦國君主的發展、補充和逐步積累而成”。《法律答問》對盜、盜徙封、擅殺子、人奴妾笞子、臣強與主奸、亡久（記）書等種種法律條文、術語加以解釋。又有《封診式》，列舉種種案例，以供官吏學習。睡虎地秦簡抄於秦始皇三十年之前，此後一直施行，並爲漢律所借鑒。張家山二四七號漢墓出土竹簡《二年律令》很多律名甚至内容與睡虎地秦簡相同或相近③。

　　林劍鳴曾指出秦文化“唯大，尚多”“重功利，輕倫理”，又説：“秦文化是

<hr />

① 　張金光《重估秦文化的歷史地位》，《周秦漢唐文化研究》第 3 輯，三秦出版社 2004 年；又見《秦制研究·自序》，上海古籍出版社 2004 年。

② 　徐衛民、賀潤坤《秦政治思想述略》第 30 頁，陝西人民出版社 1995 年。

③ 　張家山二四七號漢墓竹簡整理小組《張家山漢墓竹簡〔二四七號墓〕》（釋文修訂本），文物出版社 2006 年。

一種積極的、向上的、外傾開放型文化系統。"①這是對秦文化特點的高度概括。

　　文字是記錄語言的符號,而語言是人類互相交際的工具。秦文字是秦族、秦國、秦王朝政治、經濟、軍事、文化的載體,是秦人成長、壯大的記錄,秦的族源、文化特徵必然在秦文字中有所體現。

　　秦人在商代及西周早中期曾否使用文字,資料不足,無法確知。周原甲骨 H11:123,西周初期銅器𤉹方鼎,西周中期銅器詢簋、師酉簋提到了"秦",可見其時秦、周關係密切,推測其時秦人即使使用文字,也應是周文字。

　　西周宣王時銅器不其簋敘述玁狁入侵,王命不其"羞追于西",結果不其"多禽(擒),折首執訊",王賞賜不其"臣五家、田十田"。陳夢家最早指出:"西周金文不其毀爲秦人之器。"②稍後復從三個方面詳加論述③。李學勤更進一步指出,"不其"即秦莊公"其","不"字用爲無義詞頭。不其簋器形、紋飾皆與周銅器同,文字風格也極近於周厲王時銅器多友鼎、𤉹攸比鼎,以及宣王銅器兮甲盤、吳虎鼎、毛公鼎。不其簋可以看作最早的一件秦青銅器,其文字可以看作迄今所知最早的秦人文字,也可以看作西周銅器、西周文字。由此可知,秦早期文字與周文字無別,秦文字脫胎於周文字。秦文字的上限,爲西周末或春秋初,不能絕對判定。

　　甘肅禮縣大堡子山秦公墓出土秦子鐘銘:"秦子乍(作)寶龢鐘,以其三鎛。"④同出而流散於美國、日本、中國香港等處的鼎、簋、壺、鐘、盉等有銘文:"秦公乍(作)寶用鼎""秦公乍(作)鑄用鼎""秦公乍(作)鑄用毀""秦公乍(作)鑄𦶎壺""秦公乍(作)寶龢鐘""秦子乍(作)鑄用盉"⑤。蕭春源藏戈

---

①　林劍鳴《從秦人價值觀看秦文化的特點》,《歷史研究》1987 年第 3 期;《幾回魂夢與君同》,《中華秦文化辭典·序二》,西北大學出版社 2000 年。

②　陳夢家《殷虛卜辭綜述》第 283 頁,科學出版社 1956 年。

③　陳夢家《西周銅器斷代》(上冊),《陳夢家著作集》第 318 頁,中華書局 2004 年。

④　早期秦文化聯合考古隊《2006 年甘肅禮縣大堡子山祭祀遺迹發掘簡報》,《文物》2008 年第 11 期。

⑤　李朝遠《上海博物館新獲秦公器研究》;李學勤、艾蘭《最新出現的秦公壺》;首陽齋、上海博物館、香港中文大學文物館《胡盈瑩、范季融藏中國古代青銅器》;祝中熹、李永平《遥望星宿——甘肅文化考古叢書·青銅器》;張光裕《新見〈秦子戈〉二器跋》。

銘:"秦子乍(作)造左辟元用。"簋蓋銘:"秦子之光,卲(照)于夏四方。"①一般認爲應出土於大堡子山。大堡子山秦公墓主人學界看法不一,有襄公、文公、憲公、出子、文公太子静公等,要皆春秋早期。這些秦早期文字風格與周末銅器虢季子白盤、虢季子毁鼎、宗婦簋文字如出一轍。寶鷄太公廟出土秦公及王姬鑄鐘,學術界多以爲是秦武公(前697~前678)器②,銘文字體是典型的秦文字風格,與虢季子白盤、大堡子山秦公、秦子器文字風格一脈相承。

至今爲止,時代明確的春秋中期秦有銘文器物幾乎没有出土過。宋代陝西華陰縣出一鼎,薛尚功《歷代鐘鼎彝器款識法帖》稱"穆公鼎",理由是"鼎得於華陰,乃秦故地也"。此鼎後人又稱"成鼎",實際上應名"禹鼎",器主爲周厲王時貴族禹,"穆公"爲其"皇祖";再説,秦穆公時,華陰也不屬秦。這一階段,秦宣公、成公、穆公皆德公子,宣公、成公在位時間短,少作爲。穆公在位39年,國勢强盛,東攻晉,西伐戎,是春秋時期最有作爲的秦君。穆公時傳世文獻有《尚書·秦誓》《詩·秦風·黄鳥》,而出土文字迄未一見,殊不可解。或許古器物出土有其偶然性,穆公墓未發掘,其時高等級貴族墓也少有發掘;或許穆公較爲重視民的作用③,不奢侈,不作歌功頌德之文,《秦誓》用意僅是"作此誓,令後世以記余過"(《史記·秦本紀》),《黄鳥》也僅是其死後時人對殉葬的批評,可見他還是較開明的。穆公以後,其子康公在位12年,批評他的人更多,《秦風》中的《晨風》《權輿》,據《詩序》説,都是"刺康公""忘穆公之業,始棄其賢臣""忘先君之舊臣與賢者,有始而無終"的。如此,則歌功頌德之銘更不大容易出現了。

春秋中晚期之交秦文字主要有秦景公大墓殘磬銘文。殘磬年代(前573)上距秦武公鑄時代已晚百餘年,文字風格漸趨方整、規範。如"疆"字武公鑄作"彊",磬文作"疆";"静"字鑄作𤨿,磬作𧇽。但總體風格二者一致。如"商"字鐘、磬均作𣂤,《説文》"商"字籀文爲其省文。磬銘"瀘(湯)、龗(靈)、𣠽(秦)"字皆較繁複,應爲籀文。此外還有籀文"殸(磬)、竉"等。

---

① 王輝、蕭春源《新見銅器銘文考跋二則》;李學勤《論秦子簋蓋及其意義》;王輝《秦子簋蓋補釋》。

② 王輝《秦銅器銘文編年集釋》第13~18頁;《秦出土文獻編年》第31~33頁。

③ 林劍鳴《秦國發展史》第39~40頁,陝西人民出版社1981年。

"甲"字作🔲,也接近於西周末的兮甲盤。"秦景公繼承了自秦穆公以來,特別是秦共公、桓公所執行的方針路綫,對內重用世族賢能,鞏固中央政權;對外尊重周王室,加强與楚的軍事聯盟,對蠻戎及較遠的華夏諸國采取變和安撫政策,以集中力量對付主要敵國晉。秦景公在位期間,秦的國力逐漸强盛起來,在軍事活動中屢屢取勝。秦景公是一個有作爲的君主,他的歷史功績是應當予以適當肯定的"①。

宋人著録的遣磬(懷后磬)"窀"字寫法與秦景公磬銘接近,李學勤以爲二者"年代相距不是很遠","器主乃是春秋時期一代秦公的夫人""懷后","指懷念賜器主以福的周王后"②,這也反映了周、秦關係的密切。

宋人著録的盄和鐘、民國初年天水發現的秦公簋,二器銘文諸多相同,其爲同一秦公所作,可以無疑。這位秦公是誰? 有德公、成公、穆公、桓公、景公、哀公諸説,而以景公説最爲可信③。鐘、簋銘文提到"不(丕)顯朕皇且(祖)受天命,窀(肇)又(有)下或(國),十又(有)二公,不豕(墜)在上","皇祖"指始稱公的襄公,"十二公"包括文、静、憲、出、武、德、宣、成、穆、康、共、桓,作器者爲景公。鐘、簋銘同磬銘句例有相同或相似者,如簋、鐘有"鋄(鎮)静不廷",磬有"□廷鋄静";鐘、磬俱有"端端雍雍孔煌";簋有"鼏(宓)宅禹迹",磬有"四方以鼏(宓)平"。鐘、簋、磬文字亦如出一人手筆。

石鼓文的年代自唐至今,没有定論。近年,研究秦文字的學者多以爲石鼓爲春秋晚期秦物④。我主張其年代爲秦景公時⑤,此説得到徐寶貴的支持⑥。盄和鐘、秦公簋、景公磬、石鼓文文字風格、結構多相同,拙文曾列表對此加以比較,徐先生更是作了全面、仔細的考察,令人信服。易越石以爲石

① 王輝《論秦景公》,《史學月刊》1989 年第 3 期。
② 李學勤《秦懷后磬研究》,《文物》2001 年第 1 期。
③ 郭沫若《兩周金文辭大系考釋·秦公簋》,上海書店出版社 1999 年;楊樹達《積微居金文説·秦公簋再跋》第 44 頁,科學出版社 1959 年;王輝《秦器銘文叢考》;陳昭容《秦公簋的時代問題:兼論石鼓文的相對年代》。
④ 徐寶貴《石鼓文整理研究·石鼓文的年代》第 606～704 頁。
⑤ 王輝《由"天子""嗣王""公"三種稱謂説到石鼓文的時代》。
⑥ 徐寶貴《石鼓文整理研究》第 623～626 頁。不過,徐氏從裘錫圭説以爲石鼓詩作於秦襄公時,而刻寫則在秦景公時。

鼓文作於秦哀公時。易先生説《吴人》詩的"吴人"指春秋吴國人或吴國軍隊,前506年,伍子胥率吴軍攻楚,楚昭王派申包胥向秦哀公求救,哀公命子虎、子蒲率兵救援,秦楚聯軍獲勝,秦人作詩以記其事。徐暢對此説加以引申①。無論是景公説,還是哀公説,目前都還不是定論,但石鼓爲春秋晚期物,似乎可以肯定。

戰國早期至中期前段,秦出土文字資料極少。鳳翔縣八旗屯墓 M9 出土一柄劍,劍身近莖端脊兩側各有錯金銘文 5 字(《文物資料叢刊》第 3 輯圖版 13.5):"吉爲乍(作)元用。"該劍與山西渾源縣李峪村出土"吉日壬午,乍(作)爲元用"劍形制相同,文例相似。李峪劍郭沫若考爲戰國早期趙物(《兩周金文辭大系考釋·吉日劍》)。這段時間(前475～前346)近130年,祇有一件有銘器物,大概也同其時秦國勢較弱有關。

從戰國中期晚段的秦孝公時起直至秦王朝滅亡的 140 年間,秦出土文字數量呈現井噴現象,幾乎是此前 470 餘年(前 822～前 346)出土文字的數十乃至上百倍②。其特點是:

(1)有銘器物種類大爲增加,除金文、石刻外,又有符節、陶文、簡牘、璽印封泥、錢幣、帛書、漆木器文字等。

(2)出土文字地域大爲擴展,北至内蒙敖漢旗(鐵權),西至甘肅天水(放馬灘秦簡、木板地圖),東至遼寧寬甸(石邑戈),南至廣州(廣州秦漢造船遺址出土漆柲殘片文字)。除秦都雍、咸陽、秦始皇陵外,湖北雲夢(睡虎地簡、龍崗簡)、荆州(關沮簡)、湖南龍山(里耶簡)、長沙(帛書《五十二病方》等)、山西、河南、四川、山東、江蘇都有大量秦文字資料出土。

(3)銘文内容多注重實用。銅器中銘功烈、昭明德的禮器文字大爲減少,"物勒工名,以考其誠"的短銘成爲主流。石刻文字除詛楚文詛咒楚懷王、秦曾孫駰告華大山明神文因病祭禱外,泰山、嶧山、琅邪臺、之罘、碣石、會稽諸

---

① 易越石《石鼓文通考》;徐暢《石鼓文刻年新考》。

② 這祇是粗略的估計。《〈秦出土文獻編年〉續補(四)》已匯集秦出土文字資料至 3493 條,其中秦孝公十六年(前 346)之前的祇有 70 餘條。這還未包括當時未公布的里耶秦簡(有字約 17000 餘枚)和嶽麓書院所藏秦簡(據《文物》2009 年第 3 期陳松長《嶽麓書院所藏秦簡綜述》説有 2098 枚)。如加上這兩批簡,後期文字數量肯定超過前期百倍以上。

刻石文字是歌功頌德文的進一步發展，但其内容多雷同。簡牘文字多法律文書、日書、曆譜、公文、吏員譜、物資登記轉運、里程書、病方等，内容切近民生。陶文、璽印封泥多職官名、地名，是研究其時官制、地理的重要資料。

（4）文字風格繼續向規整、匀稱的方向發展，筆畫追求粗細均匀，圓潤婉轉。詛楚文之工整已近乎板滯。嶧山、泰山諸刻石爲統一後官方文字的代表，習稱小篆（近人或稱秦篆）。小篆是戰國中期以來秦文字發展的結果，在嶧山等刻石之先，已有很多陶文、璽印封泥同於小篆。

（5）文字書寫者除李斯、趙高等少數高官外，兵器、簡牘、陶文大多是刀筆吏如程邈等，甚至是普通工匠。這些人並非知識分子，因而書寫草率、苟簡、錯訛，不一而足。但正因爲如此，反而催生了小篆之外的另一種字體——隸書。在睡虎地秦簡中，圓轉筆道多已分解或改變成平直、方折的筆畫，與後期的隸書幾乎無别。爲了便利，隸書對偏旁字形每每有所改變，與單體字字形不同，如"水"單體作氺，偏旁作三。

與六國文字比較，戰國秦文字有很多優點：

（1）對周文字繼承多，變化小，因而穩定性强；（2）地域特色少，通行地域更廣闊；（3）異體字少，可减輕學習負擔；（4）裝飾性筆畫少，簡潔明快，樸實無華，便於應用與學習；（5）不過分簡化，避免歧義；（6）不過分繁化，避免疊床架屋；（7）與時俱進，隸書産生①。

可以説，在秦統一之前，秦文字已逐漸取代六國文字，成爲通行文字。統一之後，"車同軌，書同文"，秦始皇用秦文字統一六國文字，是順理成章、水到渠成之事。

應該看到，因爲秦王朝時間短，因爲六國文字在各地域内仍有一定影響，因而"書同文字"不可能完全徹底。陳昭容曾列舉戰國中山國文字有7個、楚帛書有5個、鄂君啓節有2個與秦文字異形者留存至秦代與漢初文字中②。李學勤在討論馬王堆帛書時也説："秦代寫本《篆書陰陽五行》，文字含有大量楚國古文的成分。例如卷中'稱'字的寫法，就和楚國'郢稱'金幣

① 王輝《秦文字在漢字發展史中的相對位置》，《高山鼓乘集——王輝學術文存二》第200～203頁。

② 陳昭容《秦系文字研究》第95～100頁。

（舊稱郢爰）的‘稱’完全相同。‘劍’字作‘魯’，也是古文的寫法……這位抄寫者顯然是還未能熟練掌握秦朝法定統一字體的人。”又説：“可能寫於秦始皇二十五六年的帛書《式法》（舊題《篆書陰陽五行》），保存了大量楚國古文的寫法，又兼有篆、隸的筆意，大約是一位生長於楚，不大嫻熟秦文的人的手迹。”①但個別反證，影響甚微，總的來説，“書同文字”是成功的。

　　漢承秦制，漢初完全繼承秦文字。因爲這個原因，有些出土或傳世秦漢之際文字便難於判定究竟屬秦還是屬漢，如部分傳世秦印，無法僅據文字風格斷代。張家山漢簡與睡虎地秦簡文字風格完全相同，有些律令標題、内容也一樣，如張家山簡《二年律令》中“田廣一步，袤二百四十步”一條，與青川秦更修田律木牘内容極爲接近。後者衹是因爲有“王命丞相戊（茂）、内史匽氏”，纔得以判定爲秦武王時物，張家山簡也衹是因爲同墓出土有漢高祖五年至吕后二年曆譜，簡文中又有優待吕宣王的規定，纔得以判定屬漢。從這個角度説，秦文字的下限便難於確定。在難於確定（如璽印封泥“皇帝信璽、清河大守、交仁必可”）的情況下，寬泛一點説，可以稱此類文字爲秦文字；籠統一點，也可以稱之爲秦漢之際文字。

　　狹義的秦文字下限到秦王朝滅亡（前206），而廣義的秦文字下限則包括秦漢之際文字。

---

① 李學勤《〈馬王堆簡帛文字編〉序》，見陳松長《馬王堆簡帛文字編》，文物出版社2001年。

# 第二章 秦金文

秦金文是指秦銅器上的文字。

秦銅器主要有禮樂器、兵器(附虎符)、度量衡器、車馬器、雜器(盉、盒、杯、鋪首、庫鑰等)。金銀器、鐵器數量較少,亦歸入此章,如銀盤等歸入禮樂器,鐵權歸入度量衡器,金泡、金節約歸入車馬器,金飾牌、銀蟾蜍歸入雜器。

## 第一節 禮樂器

1. 秦禮樂器最早爲秦莊公未即位(前822)前數年内的不其簋。傳世簋蓋藏中國國家博物館,新出器、蓋藏山東省滕縣(今滕州市)博物館。銘曰:

> 唯九月初吉戊申,白(伯)氏曰:"不娶(其),駿(朔)方厰(獫)允(狁)廣伐西俞(隅),王令(命)我羞追于西。余來歸獻禽(擒)。余命女(汝)御(馭)追于醫。女(汝)以我車宕伐敵允(獫狁)于高陶。女(汝)多折首執訊。戎大同枀(永)追女(汝),女(汝)及戎大覃(敦)戟(搏)。女(汝)休,弗以我車函(陷)于囏(艱)。女(汝)多禽(擒),折首執訊。"伯氏曰:"不娶(其),女(汝)小子,女(汝)肇(肇)誨(敏)于戎工(功)。易(賜)女(汝)弓一、矢束、臣五家、田十田,用枀(永)乃事。"不娶(其)拜頴(稽)手休,用乍(作)朕皇且(祖)公白(伯)、孟姬障毀,用匃多福,釁(眉)壽無彊(疆),永屯(純)需(令)冬(終),子子孫孫其永寶用享。

此器陳夢家已斷爲秦人之器,李學勤以爲"不其"是秦莊公之名(《史記·十二諸侯年表》秦莊公名"其"),"伯氏"爲其兄,"公伯"爲秦仲之父。王輝《秦銅》以爲"伯氏"爲不其長輩,當即秦仲。簋銘"伐獫狁"即《史記·秦本紀》"周宣王乃召莊公昆弟五人,與兵七千人,使伐西戎"之事。"羞追于西"之"西"即今甘肅禮縣,西周末至春秋初爲秦都。地名"醫"翁祖庚、王國維疑即虢李子白盤之"洛",在陝西渭南地區的北洛河流域;陳漢平讀"略",説即晉太始中所置略陽郡之"略";徐日輝説即《漢書·地理志》天水郡略陽道。此地名亦見天水放馬灘一號秦墓出土木板地圖。不其簋的地名多在隴西，可以肯定。

2. 禮縣大堡子山秦公諸器

大堡子山位於甘肅禮縣縣城東 13 公里，上有秦公陵園。1993 年前後，陵園被盜掘，出土銅器流散到倫敦，巴黎，紐約，日本，中國香港、臺灣等地。1994 年 3 月至 11 月，甘肅省文物考古研究所、禮縣博物館對陵區作了清理，發掘中字形大墓（M2、M3）兩座，車馬坑（M1）一座。出土"秦公"銘文青銅器有：

（1）上海博物館新獲秦公鼎三、四，銘："㸑公乍（作）寶用鼎。"①

（2）上海博物館新獲秦公簋一、二，銘："㸑公乍（作）寶殷。"②

（3）上海博物館新獲秦公鼎一、二，銘："㸑公乍（作）鑄用鼎。"③

（4）甘肅省博物館藏秦公鼎 7 件（其中含禮縣公安局繳獲秦公鼎 2 件），銘："㸑公乍（作）鑄用鼎。"④

（5）甘肅省博物館藏秦公簋 4 件（其中含甘肅省文物考古研究所采獲一件），銘："㸑公乍（作）鑄用殷。"⑤

（6）紐約古董店拉利行（James Lally & Co）藏秦公壺一對，銘："㸑公乍（作）鑄䵼壺。"⑥

（7）倫敦 Chrsitie's 拍賣行藏秦公壺一件，銘："㸑公乍（作）鑄䵼壺。"⑦

（8）臺灣劉雨海藏秦公壺一件，銘："㸑公乍（作）鑄䵼壺。"⑧

（9）美國范季融首陽齋藏秦公簋一、二，銘："㸑公乍（作）鑄用殷。"⑨

（10）美國范季融首陽齋藏秦公鼎一、二、三，銘："㸑公乍（作）寶用鼎。"⑩

---

①②③　李朝遠《上海博物館新獲秦公器研究》。

④⑤　戴春陽《禮縣大堡子山秦公墓地及有關問題》，《文物》2000 年第 5 期。

⑥　李學勤、艾蘭《最新出現的秦公壺》。

⑦　李朝遠《倫敦新見秦公壺》。

⑧　吳鎮烽《近年新出現的銅器銘文》。

⑨⑩　上海博物館、香港中文大學文物館《首陽吉金——胡盈瑩、范季融藏中國古代銅器》，2008 年。

（11）上海博物館新獲（購自巴黎）秦公鎛一件，銘："龘公乍（作）鑄□鐘。"①

（12）日本 MIHO 美術館藏秦公鐘 4 件，銘："龘公乍（作）鑄龢鐘。"②

以上共 31 件。此外私人所藏未刊布者據聞還有數件。

秦公器銘文"秦"字有兩種寫法：龘、秦。前者銘文爲"秦公作寶用某"，後者銘文爲"秦公作鑄用某"或"秦公作鑄障某"。據戴春陽説，繳交的七鼎四簋"龘公器都出自 M3"③。早先學者多認爲"龘公"器早於"秦公"器，前者器主爲秦襄公，後者器主爲秦文公④，因爲除了大堡子山這幾件器物寫作有"臼"的"龘"字之外，以後的秦文字資料都祇有"秦"字這一種寫法。不過正如李朝遠所説，這樣的看法也無法完全落實⑤，字形的結構和書寫風格的差異，可能由於書手的不同，也可能同一秦公作器而時代有早晚之別。陳昭容最近則推論兩種字體的秦公器都是文公器⑥。

在大堡子山秦公器發現之初，也有學者認爲器主爲秦莊公⑦。白光琦⑧、陳昭容⑨則指出，莊公稱公，是襄公稱公後對其父親的追謚，"莊公説"此後幾乎無人信從。

盧連成認爲秦公器爲文公及憲公之器，文公與獻公同葬西山，即隴西之西縣一帶⑩。但憲公是否葬於西縣，仍有異説。《史記·秦始皇本紀》後附《秦記》明確記載葬於西垂（西縣）的僅襄、文二公。《秦本紀》記憲公葬於"西山"，正義引《括地志》云："秦寧〈憲〉公墓在岐州陳倉縣西北三十七里秦陵山。"《秦記》説憲公"葬衙"，梁雲説"衙"即大堡子山⑪，也僅是一種説法，無法完全肯定。大堡子山兩座大墓，梁雲説爲憲公夫婦合葬墓，戴春陽則説

---

① ⑤　李朝遠《上海博物館新藏秦器研究》。

② ⑥　陳昭容《秦公器與秦子器——兼論甘肅禮縣大堡子山秦墓的墓主》，《中國古代青銅器國際研討會論文集》（上海博物館、香港中文大學文物館 2010 年）。

③　戴春陽《禮縣大堡子山秦公墓地及有關問題》，《文物》2000 年第 5 期。

④　王輝《也談禮縣大堡山秦公墓地及其銅器》；陳昭容《談禮縣大堡子山秦公墓地及文物》；張天恩《試説西山陵區的相關問題》，《考古與文物》2003 年第 3 期。

⑦　李學勤、艾蘭《最新出現的秦公壺》。

⑧　白光琦《秦公壺應爲東周初期器》。

⑨　陳昭容《談新出秦公壺的時代》。

⑩　盧連成《秦國早期文物的新認識》。

⑪　梁雲《西新邑考》，《古代文明研究通訊》第 31 期，2006 年。

爲襄公夫婦合葬墓,不過這兩種説法似乎也很難證明。若 M2 爲公墓,M3 爲其夫人墓,一般説,公墓應大於夫人墓,現在所知 M2 連墓道長 80 米,M3 連墓道長 115 米,夫人墓大於公墓,是説不過去的。秦自德公徙雍,到獻公遷櫟陽,共 19 位秦公,一位太子。已鑽探的秦雍城陵園共 18 座中字形大墓,爲秦公墓的可能性較大,這説明秦公夫人不能享用中字形墓的規格。

陳昭容説:"雖然秦公器器主的討論,憲公可能應該被排除,夫婦墓的説法較少被學界接受,目前看來是以襄公、文公的説法爲主流。但是論者仍然有各種不同的推測,原因就在於没有決定性的因素出現。"應該説,這是比較公允的説法。

3. 秦子諸器

秦子器既有禮樂器,也有兵器。兵器著録較早,上世紀 80 年代,即引起學者討論。禮樂器多爲近年發現,其中有的(如鎛、鐘)爲考古出土物,引起了更加熱烈的討論。

秦子禮樂器有:

(1)澳門蕭春源藏秦子簠蓋一件,銘:"時。又(有)嬰(柔)孔嘉,保其宫外。昷(温)龔(恭)□(穆?)秉德,受命屯魯,義(宜)其士女。秦子之光,卲(昭)于夏四方。子子孫孫,秦子、姬用享。""秦"字從二禾。

"時"見於出土文字,以此簠蓋爲最早。《史記·秦本紀》:"襄公於是始國,與諸侯通使聘享之禮,乃用騮駒、黄牛、羝羊各三,祠上帝西時。"《史記·封禪書》:"於是作鄜時,用三牲郊祭白帝焉。""受命"或説爲受天命;或説與瘝鐘"受(授)余(屯)純魯、通禄、永命",伯康簠"施施受兹永命,無疆純祐"等句例相同,是"祈求祖先授與生命的縣長與美善"[1]。"秦子姬"或以爲是秦子與其姬姓夫人,或説是一人。

(2)禮縣大堡子山青銅樂器坑(K5)出土 3 件鎛和 8 件鐘[2],最大的一件鎛銘:"秦子乍(作)寶龢鐘以其三鎛,乎(厥)音鏘鏘雍雍,秦子眈黔才(在)立(位),覍(眉)壽萬人〈年〉無疆。""秦"字從三禾。

---

① 李學勤《論秦子簠蓋及其意義》;又上頁注②陳昭容文。

② 梁雲《甘肅禮縣大堡子山青銅樂器坑探討》;早期秦文化聯合考古隊《2006 年甘肅禮縣大堡子山祭祀遺迹發掘簡報》,《文物》2008 年第 11 期。

（3）日本 MIHO 博物館購藏秦子鐘 4 件，銘：“秦子乍（作）寶龢鐘，乓（厥）音鏘鏘雍雍，秦子眈龥才（在）立（位），譽（眉）壽萬人〈年〉無疆。”①“秦”字從三禾。

（4）香港某氏藏秦子盉一件，銘：“秦子乍（作）鑄用盉，其邁（萬）壽子子孫孫永寶用。”②“秦”字從二禾。

以上共 17 件。

以上諸器“秦”字從二或三禾，無臼，時代較從臼者應略晚。

秦子器“秦子”是誰，是學術界討論的熱點問題。上世紀 80 年代，陳平對傳世秦子戈、矛作了討論，並引孫貫文的話“春秋時列國諸侯未即位時往往稱某子”，認爲秦子應是春秋早期未享國而死的文公太子靜公③。王輝則認爲，秦子是春秋早期某位初即位的秦國幼君，憲公、出子（出公）、宣公都有可能，出子可能性最大④。後來陳平采納王輝的部分看法，認爲秦子是憲公、宣公、出子中的一位，宣公的可能性尤大⑤；王輝仍堅持原來的主張⑥。後來又陸續有秦子兵器出現（詳後），李學勤認爲大堡子山的兩座大墓應如戴春陽所説爲秦襄公夫婦合葬墓，秦子爲襄公未稱公前的稱呼⑦。

秦子簋蓋出現後，又引起了熱烈討論。銘文有“秦子姬”，李學勤以爲是秦子及其姬姓夫人，秦子是靜公⑧。董珊説“秦子姬”是一人，是秦子（出子）的母親魯姬子⑨，梁雲有近似説法⑩。王輝則改變看法，認爲“秦子姬”是秦憲公及其姬姓夫人（亦即秦武公鎛中的“王姬”），而秦子兵器中的“秦子”仍

---

①　《中國戰國時代的靈獸》，轉引自陳昭容文，見第 37 頁注②。
②　梁雲《“秦子”諸器的年代及有關問題》；李學勤《秦子盉與秦子之謎》，《周秦文明論叢》第 2 輯，2009 年。
③　陳平《秦子戈、矛考》。
④　王輝《關於秦子戈、矛的幾個問題》。
⑤　陳平《〈秦子戈、矛考〉補議》。
⑥　王輝《讀〈秦子戈、矛考補議〉書後》；王輝、蕭春源《新見銅器銘文考跋二則》。
⑦　李學勤《“秦子”新釋》。
⑧　李學勤《論秦子簋蓋及其意義》。
⑨　董珊《秦子姬簋蓋初探》。
⑩　梁雲《“秦子”諸器的年代有關問題》。

是出子①。

2006 年大堡子山秦公陵園樂器坑出土秦子鎛、鐘,2008 年發表。楊惠福等對此加以討論,仍主張秦子是出子②。而趙化成等則主張秦子爲静公③。陳昭容重點討論秦子簋蓋的"秦子姬"、秦子器"受命""在位"的意義、"秦子"是泛稱還是專稱等,結論與趙化成等相同④。程平山則指出,秦子器時代晚於大堡子山秦公器,秦子應是德公太子宣公⑤。

4. 秦公及王姬編鐘、鎛鐘

這組銅器有 5 件編鐘,3 件鎛鐘,出土於陝西寶雞縣太公廟村⑥。甲、乙二鐘銘文相連,共 135 字。丙、丁、戊三鐘銘文相連,未完,尚缺一鐘。3 件鎛鐘銘文各自獨立,與甲、乙二鐘相連銘文同。銘曰:

秦公曰:"我先且(祖)受天命商(賞)宅受(授)或(國),剌=(烈烈)卲(昭)文公、静公、憲公不家(墜)于上,卲(昭)合(答)皇天,以虩事蠻(蠻)方。"公及王姬曰:"余小子,余夙夕虔敬朕祀,以受多福,克明又〈氒(厥)〉心。叡(戾)穌胤士,咸畜左右,嚭=(藹藹)允義,翼受明德,以康奠協朕或(國)。盜(盜)百蠻(蠻),具即其服。乍(作)氒(厥)穌鐘,憲(靈)音鎗=(鎗鎗)雍=(雍雍),以匽(宴)皇公,以受大福,屯(純)魯多釐,大壽萬年。"秦公娶(其)暩黏才(在)立(位),雁(膺)受大令(命),賚(眉)壽無疆(疆),匍(尃)有三(四)方,娶(其)康寶。

"賞宅授國"爲被動式,即被賞以宅,被授以國,賞授之主體爲周王。"先祖",盧連城、楊滿倉以爲指秦開國之公襄公。"先祖"下緊接文公、静公、憲公,亦與秦之世系相合。作器"秦公"在憲公之後,必是憲公子武公、德公、出子中之一人,學界一般認爲應是武公,或稱器爲秦武公鐘、鎛。武公元年,"伐彭戲氏";十年,"伐邽、冀戎,初縣之";十一年,"初縣杜鄭,滅小虢",頗有武功,與銘文"盜百蠻,具即其服","尃(讀溥或撫)有四方"所説相合。

---

① 王輝《秦子簋蓋補釋》。

② 楊惠福、侯紅偉《禮縣大堡子山秦公墓主之管見》,《考古與文物》2007 年第 6 期。

③ 趙化成、王輝(甘肅考古所)、韋正《禮縣大堡子山秦子"樂器坑"相關問題探討》。

④ 陳昭容《秦公器與秦子器——兼論甘肅禮縣大堡子山秦墓的墓主》,同第 37 頁注②。

⑤ 程平山《秦子器主考》,《文物》2014 年第 10 期。

⑥ 盧連城、楊滿倉《陝西寶雞縣太公廟村發現秦公鐘、秦公鎛》。

《史記·秦本紀》說"武公卒,葬雍平陽",平陽即今寶雞縣太公廟地區,地在鳳翔縣南,古屬雍(鳳翔),可見器出於武公陵園。德公"居大鄭宫",在鳳翔北部,距平陽甚遠。出子葬"衙",不明所在。"虩",小心謹慎。《說文》:"虩,《易》'履虎尾虩虩',恐懼也。""蠻方"指西戎。秦在立國之初,周圍有很多戎人部落,慎重處理與西戎的關係,是秦能否存在與發展的關鍵。"王姬"乃周王之女下嫁於秦者,這反映了周、秦關係是很密切的,王姬或說是武公之母。《秦本紀》云:"武公弟德公,同母。魯姬子生出子。"武公、德公之母爲王姬,出子之母爲魯姬子。武公初即位時年僅十一二歲,"由母后臨朝也是很自然的"。也有人認爲王姬爲武公夫人。"胤士",陳直以爲"爲父子承襲之世官",林劍鳴以爲這反映了"秦的世卿世禄制"[①]。

5.秦公簋

秦公簋民國初年出土於甘肅省秦州,即今天水地區。張維云:"按此敦(今按:即簋)初在蘭州商肆,置厨中用盛殘漿,有賈客以數百金購之,其名乃大著。後爲合肥張氏所得,携往北平,故王靜安得觀而跋之。"[②]銘文器蓋連讀,共105字(其中合文一,重文四),另刻款18字,曰:

　　秦公曰:"不(丕)顯朕皇且(祖)受天命,鼏(宓)宅禹賣(迹)。十又二公,在帝之坏,嚴龏(恭)夤天命,保鷬(乂)厇(厥)秦,虩事緐(蠻)夏,余雖孚(小子),穆=(穆穆)帥秉明德,剌=(烈烈)趄=(桓桓),萬民是敕。(以上蓋銘)咸畜胤士,蠿=(藹藹)文武,鎮(鎮)靜不廷,虔敬朕祀。乍(作)盄宗彝,以邵皇且(祖),其嚴襐個,以受屯(純)魯多釐,贒(眉)壽無疆,眕(駿)叀才(在)天,高引又(有)慶,竈(肇)囿(有)三(四)方。宜。"(以上器銘)

蓋外刻:西一斗七升大半升蓋。　　　器外刻:西元器一斗七升奉毁。

王國維《秦公敦跋》已指出:"年代之說,歐趙以下,人各不同,要必在德公徙雍以後……西者,漢隴西縣名,即《史記·秦本紀》之西垂及西犬邱。秦自非子至文公,陵廟皆在西垂,此敦之作,雖在徙雍以後,然實以奉西垂陵廟,直至秦漢猶爲西縣官物,乃鑿款於其上。"

---

① 　林劍鳴《秦公鐘、鎛銘文釋讀中的一個問題》。

② 　張維《隴右金石録》,甘肅省文獻徵集委員會刊本,1943年。

銘“皇祖”即秦公及王姬鐘之“先祖”，指襄公。“禹迹”指華夏，下文提到“蠻夏”，即“華夷”之同義語。《史記·秦本紀》載秦穆公對戎王使者由余説“我中國以詩書禮樂法度爲政”，可見春秋秦公自認秦爲華夏之國①。“十二公”指十二位秦公，但自何公至何公，無有定論。自秦公及王姬鐘發現後，十二公起自文公，已是多數人的意見。王輝認爲十二公應包括文、静、憲、出、武、德、宣、成、穆、康、共、桓十二位先公，作器者爲秦景公②。張天恩説法同③。其他學者有不同的計算法，如孫常敘説十二公起自襄公，終於共公，作器者爲桓公④；吴鎮烽説十二公起自文公，計入静公，不計出子，終於景公，作器者爲哀公⑤；李學勤説十二公起自秦侯，終於成公，計入静公，不計出子，作器者爲穆公⑥。“在帝之坏”的“坏”字從土，不聲，應讀同大坏山之“坏”，山丘。“鎮静不廷”是説國家文臣武將，能成文治武功，使遠方夷狄賓服。

6. 盄（淑）和鎛鐘（又稱秦公鐘或秦公鎛鐘）

此鐘著録於宋代吕大臨《考古圖》及薛尚功《歷代鐘鼎彝器款識法帖》，銘 142 字（其中合文 2，重文 6），曰：

秦公曰：“不（丕）顯朕皇且（祖）受天命，窀（肇）又（有）下國，十又（有）二公，不荩（墜）丄（才或于之殘）上，嚴龏夤天命。保毲（乂）乑（厥）秦，虩事繸（蠻）夏。”曰：“余雖半（小子），穆₌（穆穆）帥秉明德，叡尃（敷）明井（型），虔敬朕祀，以受多福。協和萬民，唬夙夕，剌₌（烈烈）趄₌（桓桓），萬生（姓）是敕。咸畜百辟胤士，藙₌（藹藹）文武，鋚（鎮）静不廷，醽（柔）燮百邦，于秦執事，乍（作）盄（淑）和□（鐘？），乑（厥）名曰枼（叶）邦。其音鍴₌（鍴鍴）雍₌（雍雍）孔煌，以卲（昭）畧（各）孝享，以受屯（純）魯多釐，賚（眉）壽無疆，眈（駿）疐才（在）立（位），高引又（有）慶，匍又（有）霁（四）方。永寶。宜。”

---

① 王輝《古文字中所見的早期秦、楚》，《古文字與古代史》第 2 輯，臺灣史語所 2010 年。

② 王輝《秦器銘文叢考》；《論秦景公》，《史學月刊》1989 年第 3 期。

③ 張天恩《對〈秦公鐘考釋〉中有關問題的一些看法》。

④ 孫常敘《秦公及王姬鎛、鐘銘文考釋》。

⑤ 吴鎮烽《新出秦公鐘銘考釋與有關問題》。

⑥ 李學勤《秦公簋年代的再推定》。

　　盄和鎛鐘"盄(淑)和"2 字是形容鐘音美好和諧的,並非器主,嚴格説,此鎛鐘應稱秦公鎛鐘,但爲與其他秦公器相區别,今人或仍從吕大臨説稱盄和鎛鐘。

　　鐘銘與秦公簋銘諸多相同,作器者爲同一位秦公,殆可肯定。《考古圖》所載秦盄和鎛鐘器形與宋《博古圖》所載叔夷鎛形制完全相同,李學勤曾推測圖爲秦公鎛鐘而非叔夷鎛鐘。從器形看,秦公鎛鐘與秦(武)公及王姬鎛鐘一脈相承。作器秦公,宋楊南仲、歐陽修、趙明誠已指爲景公。近人郭沫若、于省吾、楊樹達從之。郭先生指出,秦公鎛鐘"銘文格調多與晉邦盦相同"。郭先生考定晉邦盦爲晉襄公時器,"此殷(按:指秦公簋)與盄龢鐘必約略同時,可以遠後於晉邦盦而不能遠先於晉邦盦。蓋嬴秦後起,其文化稍落後於中原。銘文之與晉邦盦相類似者乃采仿中原風格"。從晉襄公向後推四十餘年,就是秦景公初年。

　　"厥名曰晢邦","晢邦"是鎛鐘的别名。"晢"徐中舒釋"叶",讀爲"協"。

　　7. 仲滋鼎

　　鼎出土於陝西永壽縣渠子鄉永壽坊村,銘(《考古與文物》1990 年第 4期):"仲滋正衍,罶良鈇黄。盛(?)旨羞,不□□□。"

　　王輝《周秦器銘考釋》第三小節"仲滋鼎"説鼎爲春秋中晚期秦國銅器,器主爲仲滋。"正衍"讀爲"征行",史免壺:"史免作旅匝,遾(從)王征行,用盛稻粱。"征行器猶旅器。"罶"讀爲"鐈","鈇"讀爲"鐪",指兩種合金。多友鼎:"易(賜)女(汝)鐈鋚百鈞。"曾伯匝:"擇其吉金黄鐪。""羞",進獻,亦指美味食物,《周禮·天官·膳夫》:"掌王之食飲膳羞。"

　　8. 高陵君鼎

　　陝西隴縣博物館藏高陵君鼎一件,銘 19 字,曰:"十五年高陵君丞趌,工師游,工□。一斗五升大半。"

　　高陵君是秦昭襄王同母弟公子悝。昭襄王初即位,母宣太后臨朝專政,"高陵君進退不請""私家重於王室"(《史記·范睢蔡澤列傳》)。此鼎爲高陵君家丞作器。洛陽出土有十九年高陵君弩機,可見封君亦可製造兵器。

　　此鼎作於昭襄王十五年(前 292)。

9. 宜陽鼎

2006 年歐洲保護中華藝術協會高美斯、西安美都房地產公司經理黃新蘭捐此鼎給秦俑博物館。鼎腹近口沿處橫刻 34 字,曰:"臨晉厨鼎一合,容一斗四升。蓋重一斤十四兩,下重十斤八兩,并重十二斤六兩。名冊(四十)九。"筆畫深刻,文字樸拙雄茂,明顯爲漢代風格。腹左與上銘相接刻 9 字:"宜陽。咸一斗四升。一上。"筆畫較細,自然秀麗,接近兵器刻銘,時代稍早。腹部稍遠刻"黽倉"2 字。

鼎之形制與高陵君鼎及河北平山縣中山王𧊒墓出土鼎同①,故器可能爲三晉器,亦可能爲秦器。但"宜陽"之"宜"字作𡩌,下邊封口,與臨潼新豐鄉南杜村秦遺址采集陶文"宜陽工武"等"宜"字接近②,而三晉器如陳邦懷舊藏宜陽右蒼(倉)鼎,"宜"字作𡩊,下不封口;又"宜"中肉旁三晉多作𠁣,上角作銳角,秦多作𠯅、𠯀,作鈍角或半圓形。由此可見"宜陽……"爲秦刻。

《史記·秦本紀》云:"(武王)四年,拔宜陽。"此鼎製作時間上限爲秦武王四年(前 307)。《史記·樗里子甘茂列傳》:"宜陽,大縣也,上黨、南陽積之久矣。名曰縣,其實郡也。"宜陽地處交通要道,上黨、南陽二郡物資都在此積散,故秦於此設立工官造器③。"黽"讀爲"澠",爲"澠池"之省。

"臨晉"即今陝西大荔縣,原爲魏地,入秦後更名"臨晉"。鼎傳至漢,爲臨晉供厨器,又加刻銘文。"名某"爲戰國秦至漢初人慣用語,表示器之別名或編號。

10. 三十四年工師文𧊒

𧊒爲 1993 年西安市公安局繳獲,現藏陝西歷史博物館。銘 17 字,曰:"卅(三十)四年工帀(師)文,工安,正二十七斤十四兩,四斗。"銘有"正"字,不避秦王政諱,爲秦昭襄王三十四年(前 273)物。

此與上鼎時代已至戰國中晚期,銘文已不再是"銘功烈",而是"物勒工

---

① 河北省文物管理處《河北平山縣戰國時期中山國墓葬發掘簡報》,《文物》1979 年第 1 期。

② 王望生《西安臨潼新豐南杜秦遺址陶文》。

③ 王輝《新見秦宜陽鼎跋》。

名”，即刻記工師、工匠名以考核質量。銘文乏文采，求實用。

11. 三十六年私官鼎

鼎出土於陝西咸陽塔兒坡，器沿刻銘 20 字：“卅（三十）六年工帀（師）痕，工疑，一斗半正，十三斤八兩十四朱（銖）。”蓋刻“厶（私）官”2 字。

“私官”見三晉、中山、秦、西漢器及新出秦封泥，朱德熙、裘錫圭説“私官應是皇后食官”[①]。器主極可能是昭襄王之母宣太后。《史記·穰侯列傳》：“昭王即位，羋八子號爲宣太后。魏冉既誅季君之亂，昭王少，宣太后自治，任魏冉爲政。”在昭襄王前期，宣太后一直專秦之政，故作器甚多。至於昭王皇后，也無法完全排除是器主，衹是可能性較小。“正”用爲形容詞，指度量衡器準確無誤。

12. 三十六年邦工師扁壺

湖北隨州市博物館藏扁壺，銘 14 字，曰：“四斗大半斗。卅（三十）六年邦工帀（師），工室□。”左得田《湖北隨州市發現秦國銅器》説此壺形制與太原揀選土均鍏、三門峽出土鑲嵌羽狀紋銅壺同，定爲昭襄王時器。《史記·秦本紀》：“（昭襄王）三十五年，初置南陽郡。”隨州爲南陽郡縣，“邦”即國，“邦工師”爲國家工師，與地方工師不同。《漢書·百官公卿表》少府屬官有“考工室”。太原揀選五年相邦吕不韋戈有“少府工室”，寶鷄出土二十六年戈有“西工室”。

13. 私官鼎

1956 年臨潼縣斜口地窯村出土一鼎，腹、蓋均有銘文，腹銘鑲銅，蓋銘磨損。腹銘“厶（私）官□”3 字。私字作“厶”，與三十六私官鼎同，時代應相近。

14. 邵宮私官盉

傳世器，銘 21 字，曰：“邵宮私官。四斗少半斗。私工工感。二十三斤十兩，十五。”

“私”字從禾，不作“厶”，時代顯較上私官鼎、三十六年私官鼎晚。醴泉縣出土刻有秦始皇二年詔版及秦二世元年詔版的北私府銅橢量“私”字亦從禾，則邵宮私官盉時代下限爲二世元年。“私工工感”殆“私官工室工師感”

---

① 朱德熙、裘錫圭《戰國銅器銘文中的食官》。

之省，私官有工室，可見其備辦皇后飲食外，亦設官造器。

15. 二年寺工壺

咸陽市塔兒坡出土，腹部刻 15 字，曰："二年寺工師初，丞拑，廩人莽。三斗，北寢（寢）。"圈足刻"茜府"2 字。

王輝以爲秦昭襄王時器物銘文皆有"工師"，始皇以後鑄或刻"寺工"者均不加工師。"寺工師初"兼有"寺工、工師"，爲昭王至始皇過渡時期器物特點，其時代爲莊襄王二年（前 248）①。"茜府"大約相當《周禮·天官》的"酒府"。黃盛璋則説"茜"讀爲"曹"②。"廩人莽"黃先生釋"廩入器"。王輝説廩人爲倉庫出納管理人員，器銘刻廩人之名，"在於説明壺之容量曾經過廩人校驗、校核，具有標準器的性質"。裘錫圭則懷疑"廩人"意即廩取糧食之人，廩食於公之人，詞例與後世所謂'廩生'相似③。不過秦出土文字未見能明確作此解釋者，裘説無法證實；"廩人"作爲倉庫管理人員則屢見於里耶秦簡。"北寢"殆北園之寢，鼎乃陵園寢廟之物。

16. 雍工啟壺

咸陽博物館藏壺，腹刻銘 7 字："雍工啟。三斗。北寢（寢）。"圈足刻"茜府"2 字。此與上壺皆北寢之器，容量亦同，時代應同。

17. 工啟鼎

此鼎亦咸陽塔兒坡出土，唇上一側刻"工啟□鼎"4 字，另一側刻"六斗"2 字。鼎與上壺工師名同，必同時所作。

18. 樂府鐘

1976 年出土於秦始皇陵封土西北一地面建築遺址内，鈕一側刻"樂府"2 字。距離此鐘不遠出土"麗山飤（食）官"陶片多件，可見樂府製造樂器，用於祭祀奏樂。始皇陵在麗（驪）山，"飤官"乃陵園食官。此鐘銘文證明秦代已有樂府④。鐘出始皇陵園，時代在秦二世元至三年（前 209～前 207）間。

---

① 王輝《秦銅器銘文編年集釋》第 74～75 頁。
② 黃盛璋《試論戰國秦漢銘刻中從"酉"諸奇字及其相關問題》。
③ 裘錫圭《"廩人"別解》，《人文雜誌》1988 年第 1 期。
④ 寇效信《秦漢樂府考略——由秦始皇陵出土的秦樂府編鐘談起》，《陝西師範大學學報》（哲社版）1978 年第 1 期。

19. 高奴篕

陝西銅川博物館藏器。口沿刻"高奴一斗名(？)一"。高奴,上郡縣名。

20. 筍鼎

鼎與上篕同出於旬邑縣轉角鄉石室墓中。一耳鏨刻"筍廿(二十)"2字。"筍"即漢右扶風栒邑縣,長安縣下泉村出土多友鼎銘有"戎伐筍";長安縣張家坡又出土有筍侯篕,"筍、栒"通用。以上二器時代爲戰國晚期。

21. 平鼎

著録於《文物》1976 年第 5 期。一耳外側刻一"平"字。器之形制與工㪚鼎同,時代亦應相當。

22. 半斗鼎

與上鼎同出。口沿近蓋處刻銘二處,共 3 字,右爲"半斗"2 字,乃鼎之容量;左爲"四"字,乃編號。

23. 靰字繭形壺

甘肅省文物考古研究所藏器。底鑄一"靰"字。戰國晚期器。

24. 左工銀盤二器

1978 年山東淄博市臨淄區大武鄉窩村西漢齊王墓出土 3 件銀盤。其一腹壁刻"左工,一斤六兩",其二腹壁刻"左工,一斤一兩"6 字。二器外底另有西漢刻銘。"左工"爲"左工室"之省。

25. 大官盉

咸陽市窰店鎮黄家溝出土。器底銘"大官四升"4 字,流右側銘"四斤"2字,下腹銘"樛大"2 字。"大官"爲宫庭食官,《漢書·百官公卿表》少府屬官有太官。"樛大"爲人名,姓樛名大。樛究竟是製器者還是大官令丞,則不可知。

26. 府字鍪

河南宜陽縣文化館藏。肩部刻銘:"府。二斤十一兩,半斗。"秦有各種名目的府。國家有少府;地方有府,如"修武府"耳杯。睡虎地秦簡《内史雜》:"勿敢以火入臧(藏)府、書府中。"《秦律雜抄》:"右府、左府……"鍪爲某府之用器。

27. 北鄉武里鼎

安徽六安市發現,銘:"北□武里□九,容二斗,重十六斤。"第二字疑爲鄉字。第五字劉傑《安徽六安所出"畢九鼎"釋文補正》①釋"畢",説"畢九"爲姓名,我則疑爲"鼎"字。

28. 信宮罍

澳門蕭春源珍秦齋藏。肩刻銘:"四斗,古(故)西共左,今左般。信宮左般。"底部刻銘:"西共二十左,十九斤。"

"西共"或説乃西縣供厨。《史記·秦始皇本紀》:"二十七年……作信宮渭南,已更命信宮爲極廟,象天極。"器置用於信宮,作於秦始皇二十七年(前220)之後至西漢初。"般"爲盤樂。"左"讀爲"佐",助也。一説"般"讀爲"班","左"讀如本字。

29. 咸陽壺

珍秦齋藏器。腹部中間偏右刻:"重十九斤四兩,咸陽,四斗少半升。"左上刻:"咸四斗少半升,名唐。""咸"爲咸陽之省。

30. 咸陽鼎

1967年寧夏固原縣出土一鼎,近口沿處鑿刻"咸陽一斗三升"6字。"陽"字作陽,接近隸書。鼎之形制與秦始皇陵出土鼎相似,爲秦代之物。

31. 雕陰鼎

陝西歷史博物館藏鼎,據云1990年前後徵集於陝西黄龍縣。鼎耳側有"雕陰"2字。"雕陰",秦上郡縣,今陝西富縣,富縣與黄龍縣相鄰,鼎出土地殆亦在秦雕陰縣境。

32. 蕡陽鼎

西安某氏藏鼎。銘文48字,分爲6段,皆在子口下方。第一段"李卿",刻得細淺,字體在篆、隸之間;第二段在第一段之下:"蕡共,六斤十二兩。過。"亦細淺,字體在篆、隸之間;第三段在第四段之下:"六斤十一兩。"刻得較深,字體爲小篆;第四段在第一段之下、第三段之上:"槐里,容一斗一升。"刻得較深,字體小篆;第五段位於一耳側,竪刻:"百廿七。"字工整,爲小篆;第六段位於第五段上方,兩行:"鄠蕡陽共鼎,容一斗一升,重六斤七兩,第百卅七。"刻得深刻,字迹工整,字體爲隸書。

---

① 《中國歷史文物》2009年第1期。

　　周曉以爲鼎銘分 4 次鎸刻,第一、二段時間最早,當爲初銘;三、四、五段次之,但均應早於二十六年詔書銘;第六段銘文屬西漢初期①。王輝則以爲第六段銘文時代最早,約在秦漢之際,第一段銘文時代最晚,約在東、西漢之交②。"蒚陽"爲地名或宮室名。《漢書・地理志》右扶風鄠縣條下云:"有蒚陽宮。"王先謙補注:"錢坫曰:'《東方朔傳》作倍陽。'……吳卓信曰:'《説苑》秦始皇遷太后於蒚陽宮。'先謙曰:'《黄圖》:宮在鄠縣西南二十三里。'""槐里",地名,周説在此爲鄉名,漢以後爲縣名。

　　以上秦禮樂器共 86 件,銘文重要者多爲春秋早期與晚期器,戰國中晚期器器形精美者少,文字也多草率、苟簡,但對研究秦歷史文化、文字演變皆具重要意義。秦公、秦子諸器對大堡子山秦公陵園墓主的確定及春秋早期秦史研究極爲重要,"憲公"《史記・秦本紀》作"寧公",《秦記》作"憲公",秦公及王姬鎛證明"寧"爲"憲"之誤。由秦公簋"鼏(宓)宅禹迹"知春秋中晚期之交周、秦關係密切。由高陵君鼎知戰國時秦封君亦可鑄器。

## 第二節　兵器(附虎符)

　　《左傳・成公十三年》:"國之大事,在祀與戎。"秦從立國到建立秦王朝,軍事一直是其最重要的活動。秦孝公以後,隨着統一戰爭的進展,軍事更是壓倒一切的事務。長期的戰爭製造了大量的兵器,因而秦出土兵器的數量便相當可觀。據不完全統計,出土及傳世秦有銘兵器(包括鐓、鏃、弩機)約 400 件,遠多於春秋、戰國時其他國家。歷年以來,有多位學者對秦有銘兵器作過研究。對個別兵器作研究者不論,作系統研究且影響較大者有李學勤的《戰國時代的秦國銅器》《戰國題銘概述》,二文有開創之功;袁仲一《秦中央督造的兵器刻辭綜述》重視制度方面的研究;陳平《試論春秋型秦兵的年代及有關問題》《試論戰國型秦兵的年代及有關問題》,對春秋、戰國兩段秦兵器形制、銘文有系統而獨到的研究;王輝《秦銅器銘文編年集釋》《秦文字集證》《秦出土文獻編年》《珍秦齋藏王八年内史操戈考》《珍秦齋藏元年相邦疾戈跋》《珍秦齋藏王二十三年秦戈考》《珍秦齋藏秦銅器銘文選

①　周曉《蒚陽鼎跋》,《文物》1995 年第 11 期。
②　王輝、程學華《秦文字集證》第 77 ~ 78 頁。

釋（八篇）》對一系列秦兵器年代、背景作了深入分析；黃盛璋《秦兵器分國、斷代與有關制度研究》從制度史的角度討論秦兵器銘文，見解獨到；董珊《戰國題銘與工官制度》第六章《秦國題銘》對百餘件秦兵器及其反映的工官制度加以研究，在前人的基礎上有所前進。

　　春秋時秦兵器皆由中央（公或執政大臣）監造，戰國時監造者則有中央（大良造、相邦、丞相、寺工、詔事、屬邦、少府、私官）與地方（郡）兩大系統。監造系統的擴大，反映了兵器需求量的增加。

　　秦兵器有戈、矛、戟、劍、鈹、殳、鏃、鐏、弩、符節，種類多，數量大，下文祇是舉例説明，無法全部列舉。

**一、中央監造**

1. 秦君或太子、封君監造

（1）秦子兵器

《三代吉金文存》19.53 著録秦子戈一件，銘：“秦子乍（作）造（造）公族元用，左右帀□用逸宜。”故宮博物院藏秦子戈一件，銘：“秦子乍（作）造（造）中辟元用，左右帀鮭用逸宜。”《三代》20.40.3 著録秦子矛一件，銘：“秦子□□公族元用，□右帀鮭用逸宜。”蕭春源珍秦齋藏秦子戈一件，銘：“秦子乍（作）造（造）左辟元用，左右帀鮭用逸宜。”香港某氏藏秦子戈二件，其一銘：“秦子乍（作）造（造）左辟元用，左右帀鮭用逸宜。”其二銘：“秦子乍（作）造（造）公族元用，左右帀鮭逸宜。”①又西安市公安局繳獲秦子戈一件，銘“秦子元用”4 字②。

　　以上 7 件秦子戈、矛，形制皆屬春秋早期。陳平最早指出，“秦子”指秦文公太子靜公，王輝則以爲指秦憲公之子出子（出公），説已見上節。秦子簋蓋發現後，王輝以爲“秦子”是一種泛稱，禮樂器的“秦子”指憲公，而兵器的“秦子”仍指出子。近年主張“秦子”爲靜公者漸多，但仍有不同意見。“公族”本指諸侯同族，《左傳·文公七年》：“公族，公室之枝葉也。”在氏族社會裏，軍隊也以氏族爲單位，所以後來公族又引申爲軍旅之稱。

　　“中辟、左辟”之“辟”爲官吏，盄（淑）和鎛鐘：“咸畜百辟胤士。”黃盛璋

---

① 　張光裕《新見〈秦子戈〉二器跋》。
② 　吳鎮烽《秦兵新發現》。

説"中辟"爲公族中將官帥,較有道理。秦子作造兵器,歸公族、中辟、左辟或秦子本人使用。公族統帥,除左辟、中辟外,可能還有右辟。"币鉌"陳平隸作"市鉌",倒讀爲"旅賁";王輝隸作"币(師)鉌",讀爲"師旅",《詩·大雅·常武》:"左右陳行,戒我師旅。"左右師,強調的是軍隊的組織形式;李學勤讀爲"匝夾"。董珊讀爲"披甲"。還有其他説法,未能定論。"用逸宜"也是這樣,説法甚多,但沒有一種説法令人滿意。

(2)高陵君弩機

洛陽理工學院徵集一件弩機,銘:"十九年高陵君工起、金。"[1]此爲秦昭襄王同母弟高陵君工師所作兵器,作於昭王十九年(前288)。

(3)珍秦齋藏王二十三年戈

珍秦齋藏王二十三年秦戈一件,銘:"王廿(二十)三年家丞禺(?)造,左工丞闌,工老。"王輝《珍秦齋藏王二十三年秦戈考》説"家"爲卿大夫食邑、采地,太后、太子、公主亦可稱"家"。此戈時代屬秦昭襄王二十三年(前284),器主可能爲昭王母宣太后,昭王同母弟高陵君、涇陽君,而最大可能爲昭王舅穰侯魏冉。"禺、闌"之名見於魏冉監造的十四年相邦冉戈、二十年相邦冉戈。戈銘文首加一"王"字,表明作器封君奉行王室正朔,不敢僭越。

2.卿監造

珍秦齋藏二戈,援鋒呈圭首形,時代屬春秋早期,銘:"秦政(正)白喪,戮政(征)西旁(方),乍(作)遣(造)元戈喬(鐈)黄,竆尃(撫)東方。币鈺用逸宜。"又有二矛,銘:"又(有)嗣白喪之車矛。"又北京某氏藏同銘戈二件。

董珊《珍秦齋藏秦伯喪戈、矛考釋》説"政"讀爲"正",泛指諸侯官長,"有嗣(司)"泛指主管具體事務的官員,二者所指大體相當秦之正卿、執政大臣。董氏又云"伯喪"即《史記·秦本紀》憲公死後立出子的大庶長弗忌,忌爲名,"伯喪"爲字。弗忌等三庶長執政時間在憲公初年(前715)至武公三年(前695)之間。不過也有可能"白"指秦武公之子白。《史記·秦本紀》:"武公卒,葬雍平陽……有子一人,名曰白。白不立,封平陽。"依後説,白亦封君。"鐈黄"指優質合金。多友鼎:"易(賜)女(汝)鐈鋈百鈞。"曾伯匠:

---

① 劉餘力、周建亞、潘付生《高陵君弩機考》。

"擇其吉金黃鏽。"仲滋鼎："仲滋正(征)衒(行)，囂(鐈)良鈇(鏽)黃。"

3. 相邦、丞相監造

（1）商鞅六兵

《雙劍誃吉金文存》下 50 大良造鞅戈鐓，銘："十六年大良造庶長鞅之造。雍竈。"咸陽塔兒坡出土十九年大良造鞅殳鐏（或稱鐓）銘："十九年大良造鞅之造殳。犛鄭。"《貞松堂集古遺文》2.6 十三年大良造鞅戟銘："十三年大良造鞅之造戟。"又國家博物館藏大良造鞅殳鐏（或稱鐓），銘："☐造庶長鞅之造殳。雍鐈☐。"又吳鎮烽《商周青銅器銘文暨圖像集成》18549 范炳南藏十七年大良造鞅殳鐏（或稱鐓），銘："十七年大良造庶長鞅之造殳。"又《首陽吉金——胡盈瑩、范季融藏中國古代青銅器》67 十六年大良造庶長鞅鈹，銘："十六年大良造庶長鞅之造。畢湍侯之鑄。"

以上六器皆商鞅監造。《史記·秦本紀》："（秦孝公）六年，拜鞅爲左庶長……十年，衛鞅爲大良造。"諸器皆作於孝公十年（前 352）商鞅被授以大良造爵之後，大良造是秦爵的第十六級，左庶長爲第十級，是很高的級別。《後漢書·百官志》五注引劉劭《爵制》："自左庶長以上至大庶長，九卿之義也。"《史記·商君列傳》："（孝公）以衛鞅爲左庶長，遂定變法之令。"王輝《十九年大良造鞅殳鐏考》（《考古與文物》1996 年第 5 期）說："（商鞅）任左庶長而變祖宗成法，非專國柄，位極人臣者不能爲。故鞅之地位，約與相邦相當。"《商君列傳》又云："商君相秦十年。"馬非百《秦集史》於"十"後補一"八"字。可見司馬遷也認爲"大良造庶長"即事實上的相邦。殳爲一種儀仗兵器，多爲王、諸侯所用，其形略與後世之杖、棒相當，其末端爲鐏。鐏爲殳之部件，故亦稱殳。"雍、犛、畢"皆製器地名，其後"鐈"等字殆工匠名。

（2）四年相邦樛斿戈

《集成》11361 戈銘："四年相邦樛斿之造，櫟陽工上造閒。吾。"此戈作於惠文君前元四年（前 334）。陳直說"樛斿"即秦封宗邑瓦書之"大良造庶長游"，此戈最早見稱"相邦"。"吾"爲置用地，或即衙。

（3）相邦張儀戈戟

《商周金文錄遺》584 十三相邦張儀戈，銘："十三年相邦義(儀)之造，咸陽工師田，工大人耆，工積。"張儀在惠文君十年（前 328）初爲秦相，故此戈

年代有惠文王前元十三年、後元十三年（前312）兩種可能。"工大人"處於
"工師"與"工"之間，乃工師副手，約與工師丞地位相當。

　　洛陽文物收藏學會2010年徵集的王二年相邦儀戈，銘："王二年相邦義
（儀）之造，西工封。"劉餘力《王二年相邦義戈》（《文物》2012年第8期）考
定爲秦惠文王後元二年（前323）相邦張儀監造之物。"西"，西縣。

　　又廣州南越王墓出土有王四年相邦張儀戟，銘："王四年相邦張義（儀）
内史操□之造□界戟，□〔工師〕賤，工卯。錫。"此戟乃惠文君稱王改元後四
年（前321）所作。惠文君改元稱王，得周天子重視，故規定兵器刻銘前加一
"王"字。但惠文稱王後不幾年，戰國七雄全部稱王，"王號也就失去了它的
尊隆地位而流於一般了"（陳平語），後來這一習慣遂自行廢止。"内史"爲
京師行政長官，轄今關中地區。"内史操□"可能是二人，也可能是一人。
"操"之名見《史記·六國年表》，曾將兵平定義渠内亂。"錫"爲秦縣，今陝
西白河。

　　（4）相邦疾二戈

　　珍秦齋藏元年相邦疾戈，銘："元年相邦疾之造，西工師誠，工戊疵。"背
銘："明。"王輝《珍秦齋藏元年相邦疾戈跋》説"疾"即惠文王弟樗里疾，又稱
嚴君疾。"明"爲"葭明"之省，秦廣漢郡縣，在今四川廣元市附近。器作於
昭襄王元年（前304）。

　　又董珊藏六年相邦疾戈銘文摹本，云："六年相邦疾之造，西工師迭，丞
寬，工賈。西，西。"

　　（5）七年丞相冉、殳戈

　　加拿大華人蘇致準藏七年丞相冉、殳戈，銘："七年丞相冉、殳造。咸□
工市（師）□，工游。公，沙羨。"梁雲《秦戈銘文考釋》説"冉"見於《史記·秦
本紀》："（昭襄王）六年……庶長冉伐楚，斬首二萬……九年，冉攻楚，取八
城，殺其將景快。""殳"見於2010年10月秦東陵被盜漆高柄豆的一條銘文：
"八年丞相殳造，雍工師效，工大人申。"王輝等《八年相邦薛君、丞相殳漆豆
考》説"殳"即見於《史記·秦本紀》的"金受"，亦即見於《戰國策·東周》的
"金投"。《秦本紀》："（昭襄王）十年……薛文以金受免，樓緩爲丞相。"正
義："金受，秦丞相姓名。""受"爲"殳"字之訛。《戰國策·東周》："或爲周最

謂金投曰。"鮑彪注:"金投,蓋趙人之不善齊者。""殳、投"通用,金投"不善齊",孟嘗君(薛君)又是齊人,時任秦相邦,故金投時任秦丞相,説孟嘗君的壞話,是完全可能的。

(6)丞相觸戈

《貞續》下 22.2 丞相觸戈,銘:"□□年丞相觸造,咸□□帀(師)葉,工武。"

《史記·穰侯列傳》:"(昭襄王十五年)魏冉謝病免相,以客卿壽燭爲相。其明年,燭免,冉復相。"陳邦懷説"觸"即"壽燭"。此戈作於秦昭襄王十五年(前 292)或十六年。

(7)相邦、丞相冉七戈

相邦冉即穰侯魏冉,秦昭襄王之舅。他曾在昭王十二~十五年、十六年、十九~二十四年、二十六~四十二年這四段時間内爲秦相。《雙劍古》48 十四年相邦冉戈,銘:"十四年相邦冉造,樂(櫟)工帀(師)□,工禹。"湖南博物館藏二十年相邦冉戈,銘:"廿(二十)年相邦冉造,西工師□,丞愄(?),隸臣□。"珍秦齋藏二十一年相邦冉戈銘:"廿(二十)一年相邦冉造,雍工帀(師)葉,工秦。武。"此戈工師名"葉",與上丞相觸戈同。國家博物館藏二十一年相邦冉戈,銘:"廿(二十)一年相邦冉造,雍工師葉。雍,懷德。"此與上戈工師名相同,可見爲同時製造,"廿"或釋"卅",現在看來不確,雍工師任職十年而不變動,不大可能。珍秦齋藏三十二年相邦冉戈,銘:"卅(三十)二年相邦冉造,雛(雍)工帀(師)齒,工兒。武,北廿。""武"爲"武庫"之省,應是中央武庫。此戈内上套一錯銀鳥柲冒(帽),銘:"廿(二十)三年旲(得工),冶□,廿(二十)二。"爲趙國兵器附件,秦人俘獲後重新使用。河南博物院藏三十三年相邦冉戈,銘:"卅(三十)三年相邦冉造,右都工師首,工固。"

又宛鵬飛《飛諾藏金(春秋戰國篇)》第 15~17 頁著録一戈,内正面刻銘上部爲鏽所掩,可識文字爲:"□丞相冉造,雍工師廣,隸臣騫。"工師名"廣"又見於寶雞鳳閣嶺二十六年丞相守戈同出之丞廣弩機,其爲昭襄王時器殆可肯定。此戈稱丞相,不稱相邦,疑爲魏冉初次爲相時器,應在昭襄王十二至十三年間。

(8)相邦吕不韋諸器

　　呂不韋在秦莊襄王時任丞相。秦王政即位，“尊呂不韋爲相國，號稱仲父”（《史記·呂不韋列傳》）。秦王政十年（前237），呂不韋免相。今所見相邦呂不韋監造戈、矛、戟（戈有刺者爲戟，秦俑坑出有戈、刺配置的戟，但一般情況下僅出戈、矛者不易判斷是否爲戟，我們稱戈、矛，祇有自名“戟”者纔稱爲戟）13件，皆始皇時器。呂不韋諸器除監造者相邦外，多有製器機構寺工、詔事、少府等。又有相邦呂不韋與郡守共同監造之器，如內蒙古烏蘭察布盟出土及旅順博物館藏三年相邦呂不韋、上郡假守定二矛，則歸入地方監造兵器條。

　　秦俑坑出土三年相邦呂不韋戟，銘：“三年相邦呂不韋造，寺工聾，丞義，工池。寺工左。寺工。”又三年相邦呂不韋戈，銘：“三年相邦呂□□[不韋]造，寺工。”又四年相邦呂不韋戟之戈，銘：“四年相邦呂不韋造，寺工聾，丞我，工可，戟。寺工。”矛銘“寺工”。“丞我”即“丞義”。又國家博物館藏四年相邦呂不韋戈銘同。珍秦齋藏某年相邦呂不韋戈，銘：“□年相邦呂不韋造，□□聾，丞義，工豫。寺工。”此與秦俑坑出三年、四年相邦呂不韋戟寺工工師、丞名相同，殆亦同時器。內蒙古烏蘭察布盟文化館藏四年相邦呂不韋矛，銘：“四年相邦呂不韋造，高工侖，丞申，工地。”國家博物館藏五年相邦呂不韋戈，銘：“五年相邦呂不韋造，詔事圖，丞蘦，工寅。詔事。屬邦。”“屬邦”是管理少數民族事務的機構，戈之使用者。《小校》10.58著録同銘戈一件。山西博物館藏五年相邦呂不韋戈，銘：“五年相邦呂不韋造，少府工室陰，丞冉，工九。武庫。少府。”此戈由少府工室製造，“工室”即《漢書·百官公卿表》少府屬官“考工室”。“武庫”爲儲藏兵器之庫。秦俑坑出土五年相邦呂不韋戟，戈銘：“五年相邦呂不韋造，寺工聾，丞義，工成。午。”“午”爲器物編號。矛僅銘“寺工”二字。又秦俑館藏七年相邦呂不韋二戟，戈、矛銘與上條略同，祇是寺工名爲“周”，工名爲“競、同”，編號一爲“壬”，一爲“子”。又寶雞青銅器博物館藏八年相邦呂不韋戟銘亦同，唯工名爲“奭”。

　　（9）丞相啓、顚、狀二戈

　　彭適凡《秦始皇十二年銅戈銘文考》説某氏藏一戈，銘：“十二年丞相啓、顚造，詔事成，丞逪，工印。詔事。屬邦。”此戈與五年、八年相邦呂不韋銘文格式相同，作於秦王政十二年（前235）。彭氏謂“丞相啓、顚”爲二人，“啓”

即昌平君，"顛"即昌文君。《史記·秦始皇本紀》："九年……長信侯毐作亂而覺，矯王御璽及太后璽以發縣卒及衛卒、官騎、戎翟君公舍人，將欲攻蕲年宮爲亂。王知之，令相國昌平君、昌文君發卒攻毐，戰咸陽。"索隱："昌平君，楚之公子，立以爲相。後徙於郢，項燕立爲荆王。史失其名。昌文君名亦不知也。"據《本紀》，昌平君徙郢，在始皇二十一年，此事亦見睡虎地秦簡《編年記》，則始皇九至二十一年昌平君爲秦丞相。

又天津歷史博物館藏十七年丞相啓、狀戈，銘："十七年丞相啓狀造，郃陽嘉，丞兼，工邪。郃陽。"田鳳嶺、陳雍《十七年丞相啓狀戈》説"啓"爲昌平君，"狀"即見於秦始皇二十六年詔版及琅邪刻石的丞相"隗狀"。

（10）元年丞相斯戈

1975 年遼寧寬甸縣出土元年丞相斯戈，銘："元年丞相斯造，櫟陽左工去疾，工上。武庫。石邑。"戈作於秦二世元年（前 209）。"石邑"，趙地，在今河北石家莊西南。

4. 中央機構——寺工、詔事、少府

寺工、詔事、少府都是戰國晚期出現的秦國王室、宮庭製器機構，屬中央系統。上文已指出，有些相邦監造的兵器由寺工、詔事、少府製造。但大多由這些機構製造的兵器，僅署機構名，無相邦或丞相名，可見這些機構已逐漸取代相邦或丞相，成了實際上的監造者。

（1）寺工

寺工器最早者爲秦莊襄王二年的二年寺工師初壺，已見上文。上文亦提到三十二年相邦冉戈内上套趙惠文王二十三年鳥柲帽，該銘有製器機構"得工"。王輝《珍秦齋藏秦銅器銘文選釋（八篇）》已指出"寺、得"均可讀爲"置"，秦寺工源自三晉得工。寺工兵器主要有：

A. 1974 ～1978 年秦俑一號坑出土十五、十六、十七、十八、十九年寺工銅鈹 16 件。如十五年寺工鈹："十五年寺工敏，工池。寺工。十六子。寺工。"十七年寺工鈹："十七年寺工敏造，工池。寺工。子五九。寺工。"十九年寺工鈹："十九年寺工邦，工目。左八。寺工。"

B. 寺工矛

北京文物商店藏矛，銘："寺工。武庫受（授）屬邦。咸陽。戊午。"

故宮博物院藏矛,銘:"寺工。武庫受(授)屬邦。"

秦俑坑出土寺工矛三件,骹上皆刻"寺工"2字。又秦俑坑出土銅鏃、鐏約80件,其中多有刻"寺工"2字者。

C. 寺工戈

秦俑坑出土十年寺工戈,銘:"十年寺工丞楊,工□,工薦(?)。寺工。"此有寺工丞名,而無寺工名。蔣文孝、劉占成《秦俑坑新出銅戈、戟研究》以爲戈作於秦王政十年(前237)。

(2)詔事

英國牛津大學亞士摩蘭博物館藏一戈,銘:"卅(三十)三年,詔事。予。""予"即"予道",漢隴西郡地。張光裕、吳振武《武陵新見古兵三十六器集録》著録五十年詔事戈,銘:"五十年詔事宕,丞穆,工中。冀。"此戈祇能是秦昭襄王五十年(前257)器。亞士摩蘭戈時代有昭王三十三年、始皇三十三年二説,王輝以爲是昭襄王三十三年。又珍秦齋藏三十年詔事戈。銘:"卅(三十)年,詔事。卅(三十)。武庫受(授)屬邦。中陽。""中陽",漢西河郡縣,此戈時代有昭王三十年與始皇三十年兩種可能。上海博物館藏一矛,骹上刻"詔使"2字,"使"與"事"通。

(3)少府

河北省博物館藏戈,銘:"二年,少府□。"矛銘:"少府。武庫受(授)屬邦。"又國家博物館藏十三年少府矛,銘:"十三年少府工詹。武庫受(授)屬邦。"又《集成》11106國家博物館藏少府戟,銘:"少府,邦之□。"又珍秦齋藏三件少府戈、十六年少府戈銘:"十六年少府工師乙,工毌。少府。"戈作於秦王政十六年。少府有工師,與寺工同。二十三年少府戈,銘:"廿(二十)三年少工爲。少府。"又一戈内背面穿下側刻"少府"2字。

湖北襄陽王坡東周秦漢墓出土一戈,内上横刻"少府",竪刻"卅(三十)四年少工樗",戈鐏刻"少府,少"3字。發掘報告以爲"三十四年"是昭襄王三十四年,董珊説是秦始皇三十四年,以後説爲近是。"少工"乃"少府工室"或"少府工師"之省文。

《漢書·百官公卿表》:"少府,秦官,掌山海池澤之税,以給供養。"少府乃宫庭機構。

　　屬邦本是管理少數民族事務的機構,一般情況下,屬邦所需兵器由寺工、詔事、少府製造,再由武庫授於它。但在個別情況下,屬邦亦自造兵器,如廣州文管會藏十四年屬邦戈,銘:"十四年屬邦工□,□蕺,丞□。屬邦。"蕺在五年、八年相邦呂不韋戈中任"詔事丞",而在廣州戈中作"屬邦工□□(師丞?)",或有可能也是由詔事借調給屬邦的。

## 二、地方監造

　　所謂地方監造,即由郡守監造。

### 1.内史

　　珍秦齋藏王八年内史操戈,銘:"王八年内史操□之造,咸昜(陽)二〈工〉帀(師)屯(?)。"

　　又宛鵬飛飛諾藝術品工作室藏一件同銘戈,云:"王八年内史操□之造,咸陽工帀(師)□。"宛氏以爲"工師"後一字爲"幸"。

　　"王八年"爲秦惠文王後元八年(前317)。"内史"本史官,又稱"作册内史",職掌册命、賞賜。因其常在王之左右,權力越來越大,後來成爲首都行政長官。《漢書·百官公卿表》:"内史,周官,秦因之,掌治京師。""内史"亦見上文廣州南越王墓出土王四年相邦張儀戈,該戈由相邦張儀與内史操共同監造,而王八年内史操戈則僅由内史操監造。王輝《珍秦齋藏王八年内史操戈考》《秦封泥等出土文字所見内史及其屬官》①結合秦封泥"内史之印",嶽麓書院秦簡"内史、郡二千石官共令第甲",里耶秦簡"今洞庭兵輸内史及巴、南郡",張家山漢初簡《置吏律》"其受恒秩氣(餼)稟,及受財用年輸,郡關其守,中關内史",認爲"内史與郡皆爲一級行政單位",但"内史與郡不完全相同","内史與郡的關係大體如今日首都、直轄市與省、自治區的關係,在行政級別上它們都屬省級,但直轄市特別是首都,因其地理位置的特殊,故地位略高於一般的省"。

### 2.上郡

　　上郡原爲魏地。秦惠文王前元十年(前328),魏納十五縣予秦。陳平《試論戰國型秦兵的年代及有關問題》認爲"秦上郡與三晉相接,北邊又有强

---

① 西泠印社、中國印學博物館編《青泥遺珍——戰國秦漢封泥文字國際學術研討會論文集》。

敵匈奴,故爲軍事重鎮,所造兵器數量在諸郡中居首"。

（1）王年三戈

陝西歷史博物館藏王五年上郡疾戈,銘:"王五年上郡疾造,高奴工蓐。"《癡盦》前 61 王六年上郡守疾戈,銘:"王六年上郡守疾之造,□□□□。"《貞松》中 66 王七年上郡守疾戈,銘:"王七年上郡守疾之造,□豊。""疾"即樛里疾,三戈作於惠文王後元五至七年。"高奴"爲上郡縣。

（2）十四年上郡守匽氏戈、戟

珍秦齋藏一戟,銘:"十四年□平匽氏造戟。平陸。"王輝《珍秦齋藏銅器銘文考釋（八篇）》説十四年爲惠文王後元十四年,"□"疑爲"上"字,爲"上郡"或"上郡守"之省。"平匽氏"有可能即青川木牘的"内史匽"。吳鎮烽《新見十四年上郡守匽氏戈考》①則説"平"爲"守"字之誤。

無錫博物館藏一戈,銘:"十四年上郡守匽氏造。工毘。洛都。博望。"吳鎮烽謂"匽氏"極可能是私名,"氏"也不排除是姓氏的可能性。"洛都""當與洛水有關,很有可能就在今陝北北洛河流域的志丹吳起縣一帶"。

（3）六年、七年上郡守間戈

河南登封八方村出土六年上郡守間戈,銘:"六年上郡守間之造,高奴工币（師）蕃,鬼薪工臣。陽城。⊠。博望。"此戈紀年前不加"王"字,應爲秦昭襄王六年（惠文王子武王在位四年,無六年）。"鬼薪"是刑徒之名,"陽城"是戈之置用地,即今河南登封縣。"博望"亦後來戈之置用地。山西屯留縣出土七年上郡守間戈,銘:"七年上郡守間造,桼（漆）垣工師嬰,工鬼薪帶。高奴。平周。平周。""漆垣"亦上郡縣。戈先置用於"高奴",後置用於"平周",平周在今山西介休縣西。

（4）上郡守壽四戈

内蒙古準格爾旗發現十二年上郡守壽戈,銘:"十二年上郡守壽造,漆垣工師乘,工更長犄。洛都。□□廣衍。"香港坊肆所見十三年上郡守壽戈,銘:"十三年上郡守壽造,桼（漆）垣工師乘,工更長犄。"陳平説"壽"即"秦昭王十三年率兵伐韓取武始"的向壽。"廣衍、洛都"皆上郡縣。故宮博物院藏

---

① 《秦陵博物院院刊》總貳輯,三秦出版社 2012 年。

一戈,銘:"□□年上郡守□造,漆垣工師乘,工更長觭。定陽。"由上二戈知此亦向壽戈。"定陽",上郡縣,在今陝西洛川西北。内蒙古伊克昭盟博物館藏十五年上郡守壽戈,銘:"十五年上郡守壽之造,漆垣工師乘,丞□,冶工隸臣觭。中陽。西都。""隸臣",刑徒名。

(5)上郡守錯五戈

安徽桐城出土十九年上郡守錯戈,銘:"十九年上郡守遣造,高工師竈,丞道,工隸臣渠。"安徽潛山出土二十四年上郡守錯戈銘:"廿(二十)四年上郡守瘔造,高奴工師竈,丞申、工隸臣渠,徒淫。洛都。"河南登封出土二十五年上郡守錯戈銘:"廿(二十)五年上守厝造,高奴工師竈,丞申,工隸臣渠。陽城。図(?)。上□□南。平周。"《集成》11406 二十五年上郡守錯戈,銘:"廿(二十)五年上郡守厝造,高奴工師竈,丞申,工鬼薪訕,上郡武庫。洛都。"故宫博物院藏二十七年上郡守錯戈,銘:"廿(二十)七年上郡守趞造,漆工師道,丞恢,工隸臣積。□陽。"上郡守名或作"遣、趞、瘔、厝",實爲一人,即秦之名將司馬錯。《龍龕手鑒》:"瘔,俗,正作厝。""走、辵"義近通用,"趞、遣"一字之異。《説文》:"遣,迒道也。""迒道"今作"交錯"。司馬錯歷秦惠文、武、昭三王,伐蜀、攻魏,戰功卓著。五戈皆作於昭襄王時。

(6)上郡守起二戈

國家博物館藏四十年上郡守起戈,銘:"卅(四十)年上郡守起[造],□工帀(師)耤(?),丞秦,工隸臣庚。□陽。"遼寧博物館藏四十年上郡守起戈,銘:"卌(四十)年上郡守起造,漆工師(?)□,丞絡,工隸臣突。平周,周。"守名原有各種隸定,陳平據後戈隸定作"起",謂即秦昭襄王時名將白起。白起在昭王四十七年時"大破趙於長平",前此七年(前267)可爲上郡守。

(7)上郡守慶二戈

陝西歷史博物館藏三十七年上郡守慶戈,銘:"卅(三十)七年上郡守慶造,柒(漆)工盤,丞秦,工隸臣貴。"山西高平縣博物館藏三十八年上郡守慶戈,銘:"卅(三十)八年上郡守慶造,柒(漆)工盤,丞秦,工隸臣于。"此亦秦昭襄王時器,"慶"名文獻失載。

(8)上郡假守壘戈

珍秦齋藏四十八年上郡假守壘戈,銘:"卌(四十)八年上郡叚(假)守壘造,漆工平,丞冠。上郡武庫。廣武。"董珊推測"曡"即《史記·秦本紀》、《穰侯列傳》所見之"客卿竈"。"假",代理。戰國末年秦君,衹有昭襄王有四十八年。

（9）上郡守暨二戈

珍秦齋藏元年上郡假守暨戈:"元年上郡叚(假)守暨造,柒(漆)工壯,丞圂,工隸臣□。平陸。九。"王輝《珍秦齋藏秦銅器銘文考釋(八篇)》説"暨"即秦昭襄王後期至秦始皇初年秦之名將王齮(齕),"元年"乃秦莊襄王元年(前249)。"平陸",今山西縣名。又《集成》11362 二年上郡守暨戈,銘:"二年上郡守暨造,柒(漆)工壯(?),丞圂,工隸臣□。"守名原隸作"廟",王輝疑爲"暨",丞名王輝隸作"圂"。此戈與上戈守、工師、丞名皆同,可見王齮在莊襄王元年代理上郡守,至元年末或二年初已正式任郡守,二年下半年則由李冰代替,見下文。又二年上郡守戈守名蔣文《二年上郡守錡戈的銘文年代及相關問題》①隸作"錡",説即王齮。

（10）上郡守冰三戈

內蒙古準格爾旗出土二年上郡守冰戈,銘:"二年上郡守冰造,高工丞沐□,工隸臣徒。上郡武庫。"上海博物館藏三年上郡守冰戈,銘:"三年上郡守冰造,柒(漆)工師□(壯?)、丞□,工城旦□。"《集成》11362 戈,銘:"二年上守□造柒(漆)工□,丞□,〔工〕隸臣□。"守名已殘,但文例與二年、三年上郡守冰戈同,推測應是"冰"字。"冰"即李冰,《華陽國志·蜀志》及《水經注·江水》云秦昭王以李冰爲蜀守,但其任上郡守不見記載。三戈時代應爲莊襄王時。"城旦"亦刑徒名。

（11）上郡守定一矛二戈

遼寧撫順博物館藏一矛,銘:"三年相邦呂不韋造,上郡叚(假)守定,高工龠,丞申,工□,徒淫。"內蒙古烏蘭察布盟博物館藏一戈,銘:"三年相邦呂□□,□郡假守定,高工□,丞申,工地。"銘字多殘缺,但據上矛銘文可補足。遼寧博物館藏一戈,銘:"三年上郡□守□造,高〔工〕□,丞申,徒□(淫)。"守名或隸作"高",或隸作"定"。黃盛璋以爲此皆秦王政三年(前244)時兵

---

① 《中國文字研究》第 18 輯,上海書店出版社 2013 年。

器,該年上郡守位空缺,僅有代理之守,故或加上相邦呂不韋監造,而遼博戈則僅由上郡守定監造,去掉相邦。内蒙古烏蘭察布盟博物館又藏一矛,銘:"四年相邦呂不韋造,高工龠,丞申,工地。"此與上烏盟博戈同出一地,工師、丞、工名同,"高"爲"高奴"之省,故亦上郡兵器。此後上郡所造兵器,不署相邦或丞相名,亦不署上郡守名,如河北省博物館藏十八年上郡戈銘:"十八年㯟(漆)工句、丞巨造、工正。上郡武庫。"内蒙古清水河縣出土二十年上郡戈銘:"廿(二十)年漆工師攻、丞巨造、工□。上郡武庫。"二戈亦秦王政時器。之所以出現這一情況,是因爲上郡造兵器多,由相邦或上郡守監造,早已徒具空名,僅署實際監造者工師、丞,反倒符合實際。

3. 漢中郡

湖北荊州博物館藏六年漢中守戈,銘:"六年漢中守趣(運)造,左工師齊,丞䣭,工牪。公。""六年"最有可能爲秦昭襄王六年(前301)。

《集成》10938~10940 長胡四穿戈,内上刻"成固"二字,殆秦始皇時漢中郡成固縣造或置用戈。

4. 蜀郡

湖南大庸縣出土二十七年蜀守若戈,銘:"廿(二十)七年蜀守若,西工市(師)乘,丞□禺。工。武庫。""若"爲張若。《華陽國志·蜀志》:"周赧王元年(秦惠文王十一年),惠文王既滅蜀,貶蜀王號爲侯,而以張若爲蜀守。"《史記·秦本紀》:"(昭襄王)三十年,蜀守若取巫郡及江南,爲黔中郡。"可見張若在昭襄王二十七年(前280)爲蜀守。陝西歷史博物館藏三十四年蜀守戈,銘:"卅(三十)四年蜀守□造,西工師□,丞□,工□。成,十。邛(邛),陝。"三十四年應爲昭襄王三十四年。"成"爲成都之省,"邛"爲蜀郡縣臨邛之省,"陝"爲陝縣,今河南三門峽市。宛鵬飛《飛諾藏金(春秋戰國篇)》著録一戈,銘:"十三年蜀守顛造,西工昌,丞背,工是。"疑顛即見於十二年丞相啓顛戈之顛,十三年改任蜀守。原四川涪陵縣(今屬重慶市)出土二十六年蜀守戈,銘:"廿(二十)六年蜀守武造,東工師宜,丞末,工□。"戈長胡四穿,童恩正等斷此戈時代爲秦始皇二十六年,也有學者説爲昭襄王二十六年。張光裕、吳振武《武陵新見古兵三十六器集録》著録一戈,銘:"廿(二十)四年□□□□丞□庫□,工□。葭明。""葭明"即"葭萌",漢廣漢郡縣,秦應屬蜀郡。此戈缺字多,郡名不明,推測應屬蜀郡。

　　5. 河東郡

　　江西遂川縣出土二十二年臨汾守暉戈,銘:"廿(二十)二年臨汾守暉,庫係(?),工歐造。"從戈之形制及銘文字體看,應是秦物。《漢書·地理志》河東郡有臨汾縣。江西省博物館、遂川縣文化館《記江西遂川出土的幾件秦代銅兵器》以爲秦代河東郡治所有可能在臨汾。但《史記·秦本紀》記昭襄王二十一年,"錯攻魏河內,魏獻安邑。秦出其人,募徙河東,賜爵,舍罪人遷之"。《水經注·涑水》也説河東郡治安邑,不在臨汾。王輝原以爲"臨汾"應爲郡名,爲《漢書·地理志》所漏載①,亦不確切。董珊説"守"爲守令,主管武庫,殆一家言。《地理志》云:"河東郡,秦置。"王先謙補注:"錢大昕曰:凡言'秦置',因其名不改。吴卓信曰《秦紀》昭襄王二十一年置。先謙曰:高帝二年虜魏豹,置郡,見《高紀》。"出土秦封泥有"河內、河間"郡②,而無"河東"郡封泥。此暫置河東郡,以待後考。

　　6. 上黨郡

　　《集成》11054 戈鑄"上黨武庫"4 字。遼寧建昌縣出土一戈,鑄"屯留"2字。山西臨縣出土一戈,鑄"關於"2 字。"屯留、關於"皆秦上黨郡地。董珊説:"以鑄銘的方式表現製造機構,是在秦王政時期纔出現的現象。目前來看,大概是到了秦始皇時代,有反使用鑄銘而廢除刻銘的現象。"依其説,以上三戈時代當在秦代。又《集成》11500 國家博物館藏矛,銘:"武庫,上黨武庫。"

　　7. 邯鄲郡

　　故宫博物院藏一戈,鑄一"涉"字。"涉"爲今河北涉縣,秦時應屬邯鄲郡。《漢書·地理志》魏郡有"沙"縣,王先謙補注以爲"沙"爲涉字之誤。一説涉秦時屬上黨郡。

　　8. 南陽郡

　　臺北古越閣藏一戈,鑄"魯陽"2 字。"魯陽"爲秦南陽郡縣。

　　9. 北地郡

　　故宫博物院藏一矛,骹上有"泥陽"2 字;陝西省考古研究院藏一戈,銘

---

①　王輝《秦銅器銘文編年集釋》第 103～104 頁。

②　楊廣泰編《新出封泥彙編》第 16 頁;傅嘉儀《秦封泥彙考》第 173 頁。

"郁郅"2字。"泥陽、郁郅"皆秦北地郡縣。

10. 九原郡

《文物》1987年第8期著録一矛,脊側有"武都"2字。"武都"爲秦九原郡縣。九原郡始置於秦始皇時,漢武帝時改五原郡。又秦漢時隴西郡有"武都道",與九原郡"武都"非一地。張家山漢簡《二年律令·秩律》"武都"與"平周、平都、陽周、原都"等上郡、西河郡縣並列;"武都道"則與"辨道、予道"等隴西郡縣並列。

11. 琅邪郡

山東沂南縣出土一銅斧,銘:"廿(二十)四年莒傷(陽)丞寺,庫齊,佐平、職。""莒陽"應爲秦琅邪郡地,漢屬城陽國。十七年丞相啓狀戈有"庫胅",二十二年臨汾守戈有"庫係",與此戈"庫齊"文例同。戈作於秦王政二十四年。

秦兵器常見祇刻地名者。故宮博物院藏二矛,骹上皆刻"高望博",可能是兩次所刻。這類地名,可能是製造地,也可能是置用地。

秦還有在繳獲的他國兵器上加刻置用地的習慣。《集成》11313魏兵器九年邨丘令戈,内正面有魏刻銘文"九年弍(邨)丘令癰,工師鵑,冶得",内背有秦刻"高望"2字。

秦末,有些兵器上僅刻編號、數字,不刻監造者、製造者,秦俑館藏46件銅弩機刻文多如此,如T10G5:0535號弩機懸刀刻"五十五文",牛刻"五十五";T10G7:0655號弩機鈎牙刻一"壬"字等。

虎符是調遣軍隊的信物,有左、右二半,右半在君王手中,左半在將軍手中,二剖面有榫卯,可以套合。虎符與兵器有關,故附於此節。

今所見時代最早的秦虎符是1975年發現於西安南郊北沈家橋村的杜虎符。該符爲立虎形,自頭起右行有銘文40字:"兵甲之符,右才(在)君,左才(在)杜。凡興士被(披)甲,用兵五十人以上,必會君符,乃敢行之。燔燧之事,雖母(毋)會符,行殹。"此符作於秦惠文君元至十三年間(前337～前325),"君"爲惠文君。"杜"爲秦杜縣,今西安南郊杜城村,距虎符發現地北沈家橋村不遠。

國家博物館藏陽陵虎符,符爲臥虎形。銘在虎脊兩側,各12字,曰:"甲兵之符,右才(在)皇帝,左才(在)陽陵。"符稱"皇帝",時代必在秦統一之後,"陽陵"爲始皇父莊襄王之陵。此符每側銘文 12 字,可看作杜虎符 40 字銘文的省略。40 字銘文沿用至秦代,已百餘年,後段的意思人所共知,故省略之,祇須列出皇帝及將軍所在之地即可。

吳大澂原藏櫟陽虎符,1941 年倫敦富士比拍賣行拍賣,後著録於《近出金文集録》1256。銘在虎脊兩側,曰:"[甲兵之符,右才(在)]皇帝,左才(在)櫟(櫟)陽。"

《秦金文録》1.41 著録有新郪虎符(今歸巴黎陳氏),符爲卧虎形,銘在虎脊兩側,曰:"甲兵之符,右才(在)王,左才(在)新郪。凡興士被(披)甲,用兵五十人以上,必會王符,乃敢行之。燔隊事,雖母(毋)會符,行殹。"從形制看,此符接近陽陵虎符,從文例看,此符接近杜虎符,總體上看,此符具有由杜虎符向陽陵虎符過渡的特點,故其時代應在秦惠文君之後,秦始皇之前,銘稱"王",不稱"君"或"皇帝",也説明了這一點。王國維《觀堂集林·秦新郪虎符跋》説此符"敢、殹"與詛楚文同,因定爲秦符。又云:"新郪本魏地……在舞陽之東,其間又隔以楚之陳邑,時楚正都陳,秦不能越魏、楚地而東取新郪明矣。至昭王五十四年,楚徙鉅陽,始皇五年,又徙壽春,新郪入秦,當在此前後。然則此符當爲秦併天下前二三十年間物也。"唐蘭《懷鉛隨録——新郪虎符作於秦王政十七年滅韓後》則説新郪符年代爲"在秦始皇十七年滅韓置潁川郡之後,廿六年稱皇帝之前"。陳昭容認爲王國維、唐蘭的理由皆非"必然",但並不反對他們的結論,因爲"楚徙鉅陽,再徙壽春,秦滅韓置潁川,都有利於秦國長驅直入今安徽地區"。總之,新郪虎符的年代宜在戰國末期至秦統一天下之間①。

韓自強《記新見淮南王劉安浚遒虎符》第三節爲"'秦新郪虎符'質疑"②。韓文指出阜陽市某收藏家藏有浚遒虎符,形如卧虎,尾上曲,與新郪虎符大小相同;二器除地名外,文字風格、字數都是一樣的;浚遒爲漢高祖封少子劉長爲淮南王後置縣,據《漢書·地理志》"汝南郡"下應劭注"秦伐魏取郪丘,漢興爲新郪",新郪亦爲漢縣。韓先生據此認爲浚遒、新郪二虎符皆

①　陳昭容《秦系文字研究》第 261 頁。
②　安徽阜陽《志鑒》2008 年第 1 期。

漢淮南王劉安謀反時鑄造的,因要與朝廷唱反調,故銘文内容、文字風格皆仿秦文字。韓先生的分析有其道理,但仍有討論餘地,不能遽作定論:

浚遒虎符未見原物,即令如韓先生所説屬真,也未必能肯定它是漢物。浚遒在《漢書·地理志》中屬九江郡。《志》云:“九江郡,秦置。高帝四年更名爲淮南國,武帝元狩元年復故。”九江爲秦郡,已由出土秦封泥①、嶽麓書院藏秦簡②所證明。九江既爲秦郡,則浚遒無法肯定不是秦縣。漢高祖四年設立淮南國,衹是改郡爲國,並不須要改變原有的縣名,也没必要重新設縣。據《水經注·江水》,九江郡置於秦王政二十四年,在統一之前二年,若其時秦在浚遒駐軍,製作虎符,形制、文字與新郪虎符相同,是合乎情理的(王國維、唐蘭都認爲新郪虎符作於統一前不久)。

新郪見於《戰國策·魏一》:“大王之地,南有鴻溝、陳、汝南,有許、鄢、昆陽、邵陵、舞陽、新郪。”《史記·蘇秦列傳》引這句話,“舞陽”之後又多了“新都”一地。韓先生推測“新郪”爲“新都、郪丘”誤省“都、丘”2 字,但這僅是一種可能性,而非必然。《列傳》原作“南有……舞陽、新都、新郪”,不作“新都、郪丘”,難説誤省“都、丘”2 字。“新郪”之名已見新出秦封泥,楊廣泰編《秦封泥彙編》0980 爲“新郪丞印”,證明秦代確有“新郪”,並非如應劭所説“漢興爲新郪”。新郪或郪丘入秦時間上限無法確定。《史記·魏世家》記“(魏安釐王)十一年,秦拔我郪丘”,魏安釐王十一年即秦昭襄王四十一年,《秦本紀》此年則記“夏,攻魏取邢丘,懷”,證明其時秦所取者是邢丘,不是郪丘,此點亦爲睡虎地秦墓竹簡《編年記》所證實,但其下限在魏亡之年(秦王政二十二年,前 225),則是肯定的。郪丘入秦,改名新郪,至少在秦統一前四年。

新郪西漢時屬汝南郡,在其東北部,與淮南國(原九江郡)並不相連,中間隔有汝南郡的富波、慎、女陰、細陽數縣,淮南王劉安謀反時如何能徵調該地駐軍? 可能有人會説劉安是假借漢朝廷的名義製作虎符,徵調軍隊。《史記·淮南衡山王列傳》説:“於是王乃令官奴入宫,作皇帝璽,丞相、御史、大將軍軍吏、中二千石、都官令丞印,及旁近郡太守、都尉印,漢使節法冠。”又劉安謀反失敗後,膠西王劉端等查抄其宫中物,“見其書、節、印、圖”,可見劉

────────────

① 　周曉陸,路東之編著《秦封泥集》第 254 頁有“九江守印”封泥。

② 　陳松長《嶽麓書院藏秦簡中的郡名考略》。

安確曾製作過符節。問題是，劉安製作皇帝璽、符節、印等，是爲了預備謀反成功後用的，照理應依照漢之制度，而不能依照秦之制度。劉安曾説："上無太子，宮車即晏駕，廷臣必徵膠東王，不即常山王，諸侯並爭，吾可以無備乎？且吾高祖孫親，行仁義，陛下遇我厚，吾能忍之，萬世之後吾寧能北面臣事豎子乎？"劉安謀反，袛是想作漢皇帝，絶不是要滅漢復秦。劉安謀反時，徵求伍被的意見，伍被開始時勸他不要謀反，以秦因暴虐亡國爲喻，説明漢得民心；劉安"好讀書，……亦欲以行陰德，拊循百姓，流譽天下"，一位熟諳歷史、以行"仁義"爲號召的諸侯王，怎麼可能僅是爲了與朝廷唱反調，就要仿照秦的文字風格與内容製作虎符呢？真要那樣，豈不是暴露了其野心，同時授人以柄嗎？《漢書·文帝紀》："（二年）九月，初與郡守爲銅虎符、竹使節。"顔師古注引應劭曰："銅虎符第一至第五。國家當發兵，遣使者至郡合符，符合乃聽受之。竹使節皆以竹箭五枚，長五寸，鐫刻篆書第一至第五。"漢代銅虎符、竹使節皆發至郡，不發至縣，銘文皆作"與某郡太守爲虎符"。劉安僞作虎符若依秦制，不發至郡能調動駐軍嗎？

由以上三點，我們仍認定新郪虎符爲秦虎符。

## 第三節　度量衡器

度爲長度，量爲容量，衡爲稱重。度量衡器在國家和百姓的日常生活中具有極其重要的作用，田地丈量、倉儲積容、物資發放、賦税收取、錢幣流通、市場交易、器物製造、工程修建，皆與之相關。秦自商鞅變法後，逐步統一度量衡，統一天下後，更將這一政策推行到全國，是國家的重大舉措。這些在度量衡器銘文中都有所反映。

1. 商鞅方升

上海博物館藏商鞅方升。右壁銘："十八年，齊遣卿大夫衆來聘。冬十二月乙酉，大良造鞅爰積十六尊（寸）五分尊（寸）壹爲升。"前壁刻"重泉"2字，右壁刻一"臨"字，内底刻秦始皇二十六年統一度量衡詔書。

《史記·商君列傳》説秦孝公"以鞅爲左庶長，卒定變法之令"，又云："鞅相秦十八年。"商鞅自秦孝公六年（前356）爲左庶長，至十八年（前344），變法推行已12年，秦之國勢日強，故齊派遣卿大夫衆來行聘問之禮。

此時秦内政安定,外交勝利,正是統一度量衡之時機,"積"乃容積,"寸"爲立方寸。商鞅方升容積爲十六立方寸又五分之一立方寸,今測爲 202.15 立方釐米,推算秦時一寸合公制 2.32 釐米。"重泉"爲方升之置用地,今陝西蒲城縣。"臨"爲第二次置用地,今河北臨城。在"臨"置用時,已至秦統一之後,故對方升重新校定,確定無誤,又加刻秦始皇二十六年詔書。睡虎地秦簡《工律》:"縣及工室聽官爲正衡石贏(累)、斗用(桶)、升,毋爲歲壺〈壹〉。"可見秦時縣的官府每年都校正衡器的權(累)及斗桶、升等量器。

2. 高奴禾石權

陝西歷史博物館藏一銅權,正面鑄陽文銘文:"三年漆工配,丞詘造,工隸臣牟。禾石,高奴。"背面加刻秦始皇二十六年詔書及"高奴石"3 字,稍後加刻秦二世元年詔書。"二年"爲秦昭襄王三年(前 304)。王輝指出:"昭王時銘多稱'造',少稱'之造',工師或省稱工;另外,有刑徒身份如'隸臣''鬼薪'的器物多爲昭王時。""禾石"説明其主要用途是徵收、儲存和分配糧草。《説文》:"秅,百二十斤也。"權重 30750 克,折合每斤 256.25 克,與秦制相合。建國後單獨發現的秦權多爲石權,如山東文登、山西左雲縣出土鐵權,江蘇盱眙出土銅權皆是。

3. 宜工權

陝西歷史博物館藏權,半球形,鼻鈕,刻銘"宜工重卅(三十)斤"5 字,"宜"爲宜陽之省。宜陽入秦在秦武王三年(前 308),爲此權年代之上限,其下限則到秦統一前。權銘接近高奴禾石權而更省略。

4. 秦始皇二十六年詔書量器、衡器

秦王政二十六年(前 221),秦統一全國,稱始皇帝,統一後的一項重大政策,是"一法度衡石丈尺,車同軌,書同文字"(《史記・秦始皇本紀》)。爲統一度量衡發布的秦始皇二十六年詔書,多鑄或刻於量器或衡器之上,今所見者有方升、橢量、銅權、鐵權等;也有的作成詔版,發往全國各地,釘在經過校驗的衡器或量器之上。這種詔版,1962 年在陝西咸陽市長陵車站北沙坑、1982 年在甘肅鎮原縣都有發現,羅振玉《秦金石刻辭》、容庚《秦金文録》①等

---

①　1931 年印本。

書也多有著録。有些量器在刻二十六年詔書的同時還加刻該器容量、置用地，如 1982 年陝西禮泉縣出土銅量加刻"半斗一，北私府"。"半斗"爲容量，"一"爲編號；"北私府"爲北宮私府之省，北宮，秦宮名，私府，太后或皇后之藏物機構。國家博物館藏一銅橢量，柄上刻"武城"2 字①，即今山西武城縣，一説在今陝西華縣北。有些衡器在刻二十六年詔書的同時加刻重量，如國家博物館藏銅權，鈕下刻"十六斤"3 字，旅順博物館藏銅權身鑄"八斤"2 字。

　　詔書從秦始皇二十六年至三十七年（前 210）一直製作，也可以加在秦統一之前使用的標準度量衡器如商鞅方升、高奴禾石銅權上。秦二世元年（前 209）之後，製作度量衡器時，在二世元年詔版之前，仍加刻始皇二十六年詔書，稱兩詔。兩詔一手所刻者，是二世元年以後器；非一手所刻者，是始皇時器，是在原二十六年詔書後加二世元年詔書。

　　今所見秦二十六年詔版或有此詔書的量器、衡器已有七十餘件。

　　二十六年詔書40 字，曰："廿"（二十）六年，皇帝盡并兼天下諸侯，黔首大安，立號爲皇帝。乃詔丞相狀、綰：灋（法）度量則，不壹歉疑者，皆明壹之。"詔書文字多爲標準的小篆，也有少數比較草率，多有異體，詔版大量製造，很多出自低級官吏或一般工匠，草率是必然的。

　　二十六年詔書，最先見於《顔氏家訓·書證》，顔子推在隋開皇二年（582）見到長安出土秦鐵權，上有二十六年詔書，顔氏被敕讀之，指出"丞相狀"即《史記·秦始皇本紀》二十八年的"丞相隗狀"，有的本子"狀"作"林"是不對的，此後研究者代不乏人，但詔書斷句、釋讀，學人意見並不統一。

　　郭沫若《十批判書·吕不韋與秦王政的批判》"諸侯"與"黔首"連讀，指臣下；張文質《秦詔版訓讀異議》則説"諸侯"指被滅的六國之君，"黔首"指民，也稱黎民，二者應分讀。

　　前人對"法度量則"的理解分歧最大。商承祚《秦權使用及辨僞》斷句作"法度量，則不壹，歉疑者，皆明壹之"；林劍鳴《秦史稿》②、孫常敍《則、灋度量則、則誓三事試解》斷句作"法度量則不壹，歉疑者，皆明壹之"；張明華

① 　《中國古代度量衡圖集》圖版一〇〇。
② 　第 376 頁，上海人民出版社 1981 年。

《秦始皇時的丞相應是隗狀》①斷句作“法度量則不壹,歉疑者皆明壹之”;駢宇騫《始皇廿六年詔書則字解》斷句作“法度量則,不壹歉疑者,皆明壹之”。我們傾向於最後一種斷句,“則”作爲名詞用,是標準器。“法”,效法。“法度量則”,就是提供天下效法、參照的度量衡的標準器。

歉疑,嫌疑。不壹,不統一,不符合標準。明,明確。壹,統一。

5. 秦二世元年詔書量器、衡器

秦二世即位後,秦中央決心貫徹原定統一度量衡的政策,於是在二世元年製作新的詔書。二世元年詔書凡 60 字,曰:“元年制詔丞相斯、去疾:灋(法)度量,盡始皇帝爲之,皆有刻辭焉。今襲號而刻辭不稱始皇帝,其於久遠也,如後嗣爲之者,不稱成功盛德。刻此詔故刻左,使毋疑。”此詔書最早亦見於《顏氏家訓·書證》,惟“皆有刻辭焉”句缺“有”字。“刻此詔故刻左”缺“故刻”2 字。

前“稱”爲稱説義,後“稱”爲副義。

二世元年詔書同始皇二十六年詔書一樣,有的作成詔版,分發各地,有的則與始皇二十六年詔書同刻於量器、衡器上,稱兩詔器。

今所見兩詔器十餘件,元年詔版十餘件。

有些兩詔器上刻置用地名,《考古圖》著録平陽斤權兩詔之間刻“平陽斤”3 字,平陽在今山西臨汾附近。上海博物館藏美陽銅權,鼻鈕左右刻“美陽”2 字,美陽,秦縣,今陝西武功縣北。西安某氏藏一銅權,權面刻兩詔,近鈕處有二長方框,框内一刻“右六廄”,一刻“宮廄”②,此爲秦某宮馬廄所用權。

陝西華縣出土一鈞權,權身刻兩詔,近鈕處刻一“樂”字,另一面下沿刻“左樂”2 字。“左樂”已見新出秦封泥,是“樂府”的分支機構,權之置用地。

6. 咸陽亭半兩銅權

上海博物館藏一小權,重 7.55 克,一面刻“咸陽亭”3 字,一面刻“半兩”2 字。這是迄今所見最小的銅權。亭是秦漢時期掌管貿易的機構。秦貨幣稱“半兩”,此權可能是用來校準的。

---

① 《文史》第 11 輯,中華書局 1981 年。
② 吳鎮烽《商周金文資料通鑒》(2012 年版光盤)18926。

7. 戲量

陝西歷史博物館藏一銅量,柄上刻"戲參(三)分"3 字。"戲"爲置用地,在今西安市臨潼區東。"三分"殆指容積,約三分之一斗。

8. 垔鋫量

山西運城市博物館藏一銅鋫,腹刻"垔,一升半升"5 字。垔在今山西霍縣東北,原屬魏,入秦在秦昭襄王二十一年"魏獻安邑"之後,"一升半升"指容積爲一升又半升。

9. 麗山園鍾

臨潼博物館藏一銅鍾,銘刻:"麗山園容十二斗三升,重二鈞十三斤八兩。""麗山"指臨潼南面之山,秦始皇陵在其北,故亦稱麗山。《史記·秦始皇本紀》:"太子胡亥襲位,爲二世皇帝。九月,葬始皇酈山。""麗山園"即始皇陵園,此鍾作於二世時。趙康民説鍾出土於秦始皇陵園北安溝水庫工地[1],始皇陵附近出土陶文有"麗山飤(食)官"多種[2],鍾或爲始皇陵園食官所用量器。鈞爲 30 斤,"二鈞十三斤八兩",折合秦 73.5 斤,鍾重 19.75 公斤,折合每斤 268 克,略大於一般石權,實測器容 24570 毫升,折合每升 199. 75 毫升。

# 第四節　車馬器

秦車馬器既有實用器,也有殉葬用器如秦始皇陵園所出銅車馬。後者雖祇有真車真馬的二分之一大小,但每個構件的製作皆一絲不苟,是研究秦車制的絶好資料。

1. 太后車軎

咸陽博物館藏一車軎,鑄一"公"字,刻"大(太)后"2 字。"大后"又見長沙出土二十九年漆盍(或稱卮),裘錫圭説盍爲秦器[3],李學勤説器作於秦昭襄王二十九年,是宣太后器[4]。此器亦當爲宣太后物。"宣太后是一位聽

① 趙康民《秦始皇陵原名麗山》,《考古與文物》1980 年第 3 期。
② 袁仲一《秦代陶文》第 69～70 頁,拓片號 1466～1470。
③ 裘錫圭《從馬王堆一號漢墓遺策談關於古隸的一些問題》,《考古》1974 年第 1 期。
④ 李學勤《論美澳收藏的幾件商周文物》,《文物》1979 年第 12 期。

政的女主,權力又極大,故以太后的名義設立機構製造器物,或爲她專造器物,都是合乎情理的"①。"公"表示器物屬公家。

2. 二十一年寺工車軎

1959 年西安三橋後圍寨村出土三件車軎,首端作羊首形,或稱羊頭車軎,刻銘:"廿(二十)一年寺工獻,工上造旦。"銘有"寺工",時代必在昭襄王之後,"二十一年"爲秦王政紀年(前 226)。

3. 秦陵二號銅車馬當顱

秦始皇陵園出土二號銅車馬當顱背面銅墊片上刻有文字,其中右驂馬當顱刻文"鞔右一",左驂馬當顱刻文"鞔四",右服馬當顱刻文"道二",左服馬當顱刻文"道三"。"鞔右一、道二、道三、鞔四"適與四馬排列順序——右驂、右服、左服、左驂——相合,袁仲一、程學華説這"恐非偶然的巧合,似與馬名有關",又以爲"鞔"與"幔"通,《説文》:"幔,幕也。""驂馬在服馬之旁,故可稱爲鞔"②。孫機以爲"鞔"與"輓"通③,《説文》:"輓,引車也。"孫説是。"道"讀爲"導",先也。"服馬導之於先,驂馬輓之於後,當顱刻文正反映了服馬與驂馬的作用不同"④。

銅車馬爲隨葬之物,必作於秦始皇末年。

4. 秦陵二號銅車馬彎繩

秦陵二號銅車馬彎繩末端有朱書文字"鑞八、鑞三、□車第一"。王輝以爲"鑞此處殆指塗飾白色金屬","銅車馬俑衣白色,手外層白色,馬通體塗白色,車輿亦以白爲底色,這是否象徵鑞,值得研究"⑤。"□"疑爲安字。《後漢書·輿服志》注引徐廣曰:"立乘曰高車,坐乘曰安車。"秦漢時車的名目繁多,有安、立、輜、軿、軺、輈、輨、輬等,孫機説這些車的分類標準各不相同,其中有些名稱是互相交叉的。安車是一個大的類別,可以包括好幾種車。二號銅車馬屬於駟馬安車類型,一號銅車馬屬於立乘類型的軺車,"安車第一"正是二號銅車馬名。

---

① 王輝《秦銅器銘文編年集釋》第 73 頁。

② 袁仲一、程學華《秦陵二號銅車馬》,《考古與文物》叢刊第一號,1983 年。

③ 孫機《始皇陵二號銅車馬對車制研究的新啓示》,《文物》1983 年第 7 期。

④⑤ 王輝《秦銅器銘文編年集釋》第 73、136、137～138 頁。

5. 秦陵二號銅車馬右軎

秦陵二號銅車馬右軎内側刻一"丙"字,應是編號。

6. 秦陵二號銅車馬御官俑

秦陵二號銅車馬御官俑右臂鑄"丁八"2 字,編號。

7. 秦陵二號銅車馬車後室内方壺

秦陵二號銅車馬車後室内出上方壺鑄一"丙"字,編號。

8. 秦陵二號銅車馬左服馬左蹄刻文

秦陵二號銅車馬左服馬左蹄刻"戊九"2 字,編號。

9. 一號兵馬俑坑車馬器

秦陵一號兵馬俑坑東端 5 個探方内出土銅車馬器甚多,有轄、䡄、節約、絡飾管、環、方策、亞腰形帶扣等,其中 16 件上有刻文。如 T2G:01171 䡄正面刻一"甲"字;T2G2:1186 環刻"丁九"2 字;T2G2:1187 管内壁刻一"中"字;T10G7:01264 方策正面刻"八、下"2 字;T2G201176 帶扣刻一"壬"字,刻文多爲編號。編號既有干支字"甲、乙、丙、丁",又有區别字"中、下",干支字後更繫以數字,車馬器多達數百件,光飾管即出現了"六十一"的編號,可見隨葬車馬之多,令人驚歎。

10. 秦陵木車馬金銀泡

1978 年 11 月,秦始皇陵西邊陵道車馬陪葬坑清理出土兩乘髹漆彩繪木車馬,車馬朽毁,僅存漆皮彩繪。車馬靰具、車飾金屬構件保存完好,約 3000件。其中小金銀泡 496 件,129 件上上有刻文。刻文中 ⚇ 45 件,應爲出字;⿰大 17 件,應爲文字;凵 18 件,疑爲口字;中 一件,疑爲仲字;十 17 件,疑爲七字;丁 25 件、卩 15 件、⿱⿻ 3 件,不能確識,推測這些文字或符號衹是把金銀泡分作若干組,而非其編號①。

11. 秦陵木車馬銀環

秦陵木車馬構件有銀環一件,上刻一"丙"字,應爲編號。

①　王輝、程學華《秦文字集證》第 342～345 頁。

# 第五節　雜器

不屬於以上四類者爲雜器。

1. 寺工庫鐘

黄盛璋《寺工新考》説,海豐吳氏舊藏一器,後歸孫壯,今不知流落何處,但有拓本傳世,刻“廿(二十)一年寺工”5 字。黄氏以爲拓本所見器形、刻銘位置與《夢郼草堂吉金圖續編》44 之雍庫鐘全同,後者刻銘:“雍庫鐘重一斤一兩,名百一。”黄氏説“寺工”2 字與西安三橋出土二十一年寺工車專“寺工”同,因定爲秦器。王輝則説漢初高祖、惠帝、高后均無二十一年,文帝十七年後更元,景帝僅十六年,武帝以後有年號,寺工庫鐘銘文既有“二十一年”,肯定是秦器①。此應爲秦王政二十一年器。

2. 四十年左工銀耳杯

《臨淄商王墓地》第 47 頁圖三八著録一銀耳杯,刻 16 字:“卅(四十)年左工重一斤十二兩十四朱(銖)。名曰三。”②董珊説此爲較量刻辭③。按:“四十年”應爲秦昭襄王紀年(前 267)。

3. 修武府耳杯

《文物》1975 年第 6 期 74 頁圖一一爲一耳杯,平面呈橢圓形,下有四馬蹄形足,下部爲溫酒器底盤,各有四足。在耳杯一耳陰面及同側底盤上各刻“修武府”3 字,“府”字爲秦文字風格,與三晉作“廥”不同。修武本趙地,入秦在秦昭襄王四十七年之後,在今河南修武縣東。此杯時代在戰國晚期至秦代。

4. 北庫鋪首

陝西歷史博物館藏一鋪首,出土於陝西咸陽長陵車站附近,該地屬秦咸陽宮故城遺址範圍。鋪首背刻“北庫”2 字。“北庫”應爲北宮私庫之省,陝西禮泉縣出土“北私府”銅橢量,與此同類。北庫爲置用地。鋪首時代爲戰國晚期。

---

① 王輝《秦銅器銘文編年集釋》第 103 頁。
② 齊魯書社 1997 年。
③ 董珊《戰國題銘與工官制度》。

5. 少府銀蟾蜍

秦兵馬俑博物館藏一銀蟾蜍，刻"少府"2 字。少府爲製器機構。

6. 虎豕咬鬥紋金飾牌

內蒙古準格爾旗出土金飾牌二件，有虎豕咬鬥紋。飾牌出於墓主腰側，殆腰飾物。一件刻有："一斤二兩廿（二十）朱（銖）少半"，"故寺虎豕三"。另一件刻文："一斤五兩四朱（銖）少半。"黃盛璋説二器銘文和衡制、衡值都屬於秦，有可能爲秦少府工匠所造，賜給屬邦君長，時代爲統一前十餘年。

7. 右游銀盒

廣州南越王墓博物館藏一銀盒，蓋刻銘："三。一斤四兩，右游，私官壹。三斗大半。"圈足刻銘文兩處，字數不詳。私官爲皇后食官，此殆秦漢之際器。

# 第三章　秦石刻

秦人素重刻石,春秋至戰國間有秦公一號大墓(秦景公墓)編磬殘銘、懷后磬、石鼓文、詛楚文,滅六國後有嶧山、泰山、琅邪臺、之罘、東觀、碣石、會稽諸刻石,影響深遠。嶧山刻石云:"刻此樂石。"秦二世即位後,東行郡縣,盡刻始皇所立刻石旁,曰:"金石刻盡始皇帝所爲也。"秦人頗以長於石刻自詡。

## 第一節　秦公大墓編磬　懷后磬

陝西鳳翔縣南指揮村秦公一號大墓出土殘編磬 26 枚,上皆刻有銘文。銘文均殘,有的且互相重複,推測編磬原來最少有三套。

85 鳳南 M1:300 殘磬與 1982 年出土另一殘磬根據斷碴可以綴合,現存銘文 37 字,曰:

　　瀗=(湯湯)丕(厥)商。百樂咸奏,允樂子〈孔〉煌。敓虎(鉏鋙)龖(載)入,又(有)蟻(䜣)龖(載)羕(漾)。天子匽喜,龔(共)趄(桓)是嗣。高陽又(有)霝(靈),四方以㡀(宓)平。

又 85 鳳南 M1:299、253 兩條殘銘與以上銘文略同,衹是殘缺更甚。"湯湯"本指水盛大貌,後來常用以借指樂音之洪亮。《吕氏春秋·本味》:"伯牙鼓琴,鍾子期聽之。方鼓琴而志在太山,鍾子期曰:'善哉乎鼓琴,巍巍乎若太山。'少選之間,而志在流水,鍾子期又曰:'善哉乎鼓琴,湯湯乎若流水。'""商"爲音階名,七音之一,音節高亢。"百樂"指種類繁多的樂器。"奏",演奏。"煌"形容樂音洪亮、和諧,字或作"皇、諻、喤"。"敓虎"孫常敘讀爲"鉏鋙",是一種節齒狀物,可以止樂①。"蟻"讀爲"䜣"。《説文》:"䜣,訖事之樂也。"朱駿聲《説文通訓定聲》引或説云:"訖事,猶言樂成也。"照孫

---

① 孫常敘《"敓虎"考釋》,《孫常敘古文字學論集》。

先生的説法,"殳虎飤人,又(有)攳飤粜"意思是説:以鉏鋙"入樂"發聲,"致使那正在演奏的'訖事之樂',戛然而止(餘音在漾)"。

"天子",指周天子。"匽"讀爲"宴"。"龏"讀爲"共",指秦共公。"趄"讀爲"桓",指秦桓公。"共桓是嗣"是一個賓語提前的倒裝句,是説作器者亦即秦公一號大墓墓主繼承了秦共、桓二公的基業,他顯然就是在秦史上有較大影響的秦景公①。"天子匽喜"的主語是周天子還是被省略的秦公?僅從銘文尚難判斷。不過王孫遺者鐘銘"用匽以喜,用樂佳賓父兄及我朋友",沇兒鐘銘"敔以匽以喜",匽喜者都是器主本人,推測此句也是説秦景公宴喜周天子,得到他的認可,繼承秦共、桓二公大統,是合法的。拙文《論秦景公》②説秦景公是一位有作爲的秦君,在内政、外交、軍事上都很有成就。景公初即位,雄心勃勃,企圖有一番作爲,故有意突出他繼承共、桓這一點。編磬作於景公四年(前573),有可能是新君在行冠禮親政時祭祀宗廟所作,死後以之隨葬。之所以要用這些編磬隨葬,大概同他晚年君位不很鞏固,須要特別強調其合法性這一歷史背景有關。景公的父母寵愛其弟后子鍼,而鍼無時不在窺伺君位,成爲他的政敵。《左傳·昭公元年》:"秦后子有寵於桓,如二君於景。"直至景公三十六年,其母還要后子鍼奔晉,説:"弗去,懼選。"所謂選,就是景公晚年想要讓后子鍼爲己殉葬,以此爲借口,行打擊之實,以免他在自己身後作亂。景公三十六年,其母尚健在,估計此時景公四十餘歲,四年後他即死去,可見身體不好,在這種背景下,景公以行冠禮所作之磬隨葬,以見其即位治民的合法性,其心情是不難理解的。

"高陽"是古帝顓頊的號。《史記·五帝本紀》:"黃帝崩,葬橋山,其孫昌意之子立,是爲帝顓頊也。帝顓頊高陽者,黃帝之孫而昌意之子也。""有靈",有神靈。"高陽有靈",是説高陽氏在天之神有靈,可以保佑秦景公吉康壽考,國祚綿延。《史記·秦本紀》:"秦之先,帝顓頊之苗裔。"磬銘與《秦本紀》都説秦人始祖是顓頊高陽氏,這爲探討秦族源提供了重要的資料。近年清華楚簡《繫年》也提到西周初秦人先祖飛廉"東逃於商蓋",被周公西遷於

---

① 王輝、焦南峰、馬振智《秦公大墓石磬殘銘考釋》。

② 《史學月刊》1989年第3期。

“邾虘”,李學勤等説“邾虘”即甘肅甘谷縣之朱圉山,東來説已爲多數學者所認可。

“四方”泛指宇内。“鼏”讀爲“宓”或“謐”,安静。

殘磬銘 85 鳳南 M1:543 + M1:186:“隹(惟)四年八月初吉甲申。”同樣殘銘還有兩條。秦景公四年爲公元前 573 年,據張培瑜《中國先秦史曆表·冬至合朔時日表、春秋朔閏表》,此年八月癸未朔,甲申爲初二①。“初吉”月相術語,定點説主張爲每月的初二或初三②。

殘磬銘 85 鳳南 M1:547 + M1:578 + M1:514:“𩐋用無疆。乍(作)疐(極)配天……寍(寢)龔雍。四方穆穆,□珊霝……”同樣的殘銘還有三條。“𩐋”字讀爲“申”,“申用無疆”與《詩·商頌·烈祖》“申錫無疆”,《漢書·韋玄成傳》“子孫本支,陳錫亡疆”意近,是秦景公祈求上天以無境界之國祚重賜於秦。“配天”指祭天時以先祖配享,《詩·周頌·思文》:“思文后稷,克配彼天。”“寢”指宗廟,師遽方彝“王在周康寢”,“康寢”即周康王之廟。“龔雍”,敬和;“穆穆”,肅敬,指宗廟祭祀時肅穆敬和之氣氛。“珊霝(靈)”,禮神之吉玉。

殘磬銘 82 鳳南 M1:082:“……百生(姓),□□寍(寢)宫。”“百姓”指來宗廟祭祀的異姓貴族。

殘磬銘 86 鳳南 M1:884:“宜政,不廷鋘□。上帝是(寔)睽,左(佐)以靁(靈)神。”“宜政”,宜於主持國家大事,亦即宜於親政。“不廷”,背叛不來王庭的異姓諸侯。“鋘”讀爲“鎮”,□爲“静”,“鎮静”,討伐。“睽”,集中視綫同視一物,“上帝寔睽”爲倒裝句,即上帝專注地看着(秦公)。

殘磬銘 85 鳳南 M1:495 + 549 + 517:“□圞(紹)天命,曰:竈(肇)専(敷或撫)緣(蠻)夏,極(亟)事于秦,即服。”此與秦公簋銘文相近。“圞”前一字殆爲“𩐋”,“申紹”爲重繼意。

殘磬銘 85 鳳南 M1:550 + 579:“煌龢盄(淑),氒(厥)音鍴=鎗=;允龢又(有)靁殸(磬)。”此條説的是編磬音聲和諧、優美、洪亮。

---

① 張培瑜《中國先秦史曆表》第 79、149 頁,齊魯書社 1987 年。

② 陳夢家《西周銅器斷代》(二),《考古學報》第 10 册,1955 年;劉啓益《西周金文中月相詞語的解釋》,《歷史教學》1979 年第 6 期。

　　秦景公大墓殘編磬的發現,對中國音樂史和刻石史研究,也有相當重要的意義。磬出現於新石器時代,皆爲特磬。編磬出現於商代晚期,殷墟婦好墓所出鴟鴞紋小石磬上有刻銘"妊冉入石"4字。周代磬已作磬折的形式,鼓、股折角分明。北京故宮藏東周編磬有銘文"古(姑)先(洗)右六""介(夾)鐘右八"等,爲十二律名及編號。河南淅川縣春秋楚墓出編磬三套,每套13枚。同墓又出有王子午鼎,王子午乃楚莊王子,死於前533年前。秦景公大墓所出石磬有的形制巨大,爲此前所未見;磬銘雖衹有殘文,但語句整齊,音韻和諧,内容典雅,長短也超過了此前的所有磬銘,在編磬刻銘史上可以説是前無古人的。湖北隨縣曾侯乙墓出土石磬32枚,其完好者上均有刻銘或朱書文字,内容一律爲音律、音階名或編號,如一層二號磬鼓博刻編號"十六",磬的一面刻"濁劓(姑)靽(洗)之宫"等。曾侯乙墓年代在前433年之後,晚於景公磬年代約140年,但該墓磬銘唯記音名,毫不涉及其他内容,遠没有景公磬銘的雄偉氣勢。在這個意義上,我們甚至可以説景公大墓殘磬銘文在石磬刻銘史上是後無來者的。

　　宋吕大臨《考古圖》卷七、薛尚功《歷代鐘鼎彝器款識法帖》卷八著録一磬,原稱"遣磬"。此磬有57字,在傳世磬銘中文字最多,歷來爲研究古磬及音樂史的學者所重視。常任俠《古磬》説:"宋人所著的《考古圖》,著録有遣磬,又稱懷后磬,時代約當西周後期至春秋,上有刻文,這在先秦的磬里也是少見的。"[1]李純一《中國上古出土樂器綜論》將此磬列入他分的IV3b式,以爲此類磬始見於西周晚期,盛行於東周。李先生指出此磬與秦公一號墓磬,"此二例出土地點相近,值得注意"[2]。磬銘爲摹本,多有訛誤,釋讀不易,因之我先前曾疑其爲僞作[3]。後李學勤《秦懷后磬研究》以爲"懷后磬可能出自秦公夫人墓内","器主乃是春秋時期一代秦公的夫人","所謂'懷后',即指懷念賜器主以福的周王后",對人極有啓發[4];徐寶貴《懷后磬年代考》,對懷后磬的文字、語言風格作了仔細考察,定其時代爲春秋中晚期之際。

----

① 　《文物》1978年第7期。
② 　第52頁,文物出版社1996年。
③ 　王輝《"遣磬"辨僞》。
④ 　王輝《一粟集——王輝學術文存》收入《"遣磬"辨僞》所加按語。

懷后磬銘文:"□之配,氒(厥)益曰鄭。子〈孔〉聖盡巧,唯敏□寵,以虔夙夜才(在)立(位)。天君賜之釐,澤(擇)其吉石,自乍(作)逜(造)殷(磬),氒(厥)名曰懷后。其音鎗鎗鉈鉈,□允異,以□辟公。王始(姒)之釐,樂又(有)馘(聞)于百□。"

劉昭瑞指出,懷后磬是聯銘編磬中的一件①,故"□之配"前尚有銘文。"配"李學勤讀"妃",是器主自敘先世。"益曰鄭","益"字前人皆讀爲"謚",但謚法沒有義。李先生説:"這裏提出一種猜想,供讀者參考。'鄭'字從'邑',應該是地名。'益'在此疑讀爲世系的'系','益'古音影母錫部,'系'匣母錫部,音近可通。'厥益曰鄭',是説器主的女性先世出自鄭地。按《説文》:'鄭,臨淮徐地。'不過古地名相同者多,鄭也可能是距秦更近的所在。"但文獻未見"益、系"通用之例,前人説其先世,似也未見"厥系曰某(地)"的説法,故此句的意思仍不明白。"孔",甚。"巧",善。"寵",李先生疑讀爲"淑",殆是。"以虔夙夜在位",是國君夫人的口吻。"天君"屢見於西周金文,陳夢家説爲"君后之稱"②。"釐",福。"天君賜之釐"李先生説"是周王后賜祭胙給秦公夫人"。"作造"見於秦子戈、矛,是秦銘文的特色。"允異"見《石鼓文·鑾車》,其在磬銘中的意思是"此磬發出之樂音不同凡響,非常之美"③。"以□辟公",奉事秦公。"王姒",姒姓周王后。

# 第二節　石鼓文

石鼓,共十枚,唐代初年(約 627～649)發現於天興縣(今鳳翔)。因其頂圓底平,略近鼓形,故名石鼓。刻文爲獵祭的四言詩,字體用籀文大篆,故又名獵碣、石碣、秦刻石。唐天興縣即秦都雍城,地近陳倉、岐陽,故石鼓又名秦雍邑刻石、陳倉石鼓、陳倉十碣、岐陽石鼓等。

石鼓文爲刻於石鼓上的四言詩,共十首。原無標題,後人或取每首詩首二字或前邊比較清晰而意義明確的二字作爲標題,有:《吾車》《汧沔》《田車》《鑾車》《霝雨》《作原》《而師》《馬薦》《吾水》《吳人》。

---

① 　劉昭瑞《宋代著録商周青銅器銘文箋證》,中山大學出版社 2000 年。

② 　陳夢家《西周銅器斷代(二)》,《考古學報》第 10 册,1955 年。

③ 　徐寶貴《懷后磬年代考》。

以下摘録其主要内容：

《吾車》：避（吾）車既工（攻），避（吾）馬既同。避（吾）車既好，避（吾）馬既駍。君子員（云）邋（獵）、員（云）邋（獵）員（云）斿（遊）。麀鹿趚趚，君子之求。特特角弓，弓兹以寺（持）。避（吾）歐（驅）其特，其來趯趯……

《汧沔》：汧殹沔沔，丞（承）皮（彼）淖淵。鰋（鰋）鯉處之，君子漁之。漫有小魚，其斿（游）趣趣……其魚隹（惟）可（何）？隹（惟）鱮隹（惟）鯉。可（何）以橐之？隹（惟）楊及柳。

《田車》：田車孔安，鑾勒馬馬，四介既簡（閑）。左驂旛旛，右驂騝騝……秀（摺）弓寺（持）射，麋豕孔庶，麀鹿雉兔……多庶趫趫，君子逌（攸）樂。

《鑾車》：□□鑾車……四馬其寫，六轡鶩□……𦙝車载术，□徙如章（障），原濕（隰）陰陽……

《霝雨》：□□□癸，霝雨□□……汧殹泊泊，薄薄□□。舫舟囟逮，□□自鄜……

《作原》：□□□戟，乍（作）原乍（作）□……□□□草，爲卅（三十）里。□□□栗，柞棫其□。□□橪楛……

《而師》：……□□而師，弓矢孔庶……□□來樂，天子□來。嗣王始□，古（故）我來□。

《吾水》：避（吾）水既瀞（清），避（吾）導（道）既平。避（吾）□既止，嘉樹則里，天子永窜（寧）。日隹（惟）丙申，昱昱薪薪……公謂大□，金（今）及如□□……

《吴人》：吴人憐亟（極），朝夕敬（警）□。𫐐（載）西𫐐（載）北，勿竆勿代……□□大祝……中圉孔□，□鹿□□……

《馬薦》：□□□天□虹□□□走，驕驕馬薦……

石鼓文爲漁獵詩。《吾車》或標題《車工》，描寫秦君駕車畋獵的情景。“工”通“攻”，堅。《詩·小雅·車攻》：“我車既攻，我馬既同。”“同”，齊同，指駕車之馬用力均衡，車行平穩。“駍”，《詩·小雅·車攻》作“阜”，云“四牡孔阜”，肥大。“君子云獵，君子云遊”，實即“君子獵遊”。“麀鹿”，母鹿。

“趏趏”,衆多貌。“粹”或作“騨”,《詩·小雅·角弓》:“騨騨角弓。”毛傳:“騨騨,調利也。”句意即“角弓不松不緊,調理得正合適”①。“弓兹”,兹弓。“驅”,驅趕。“特”,公獸。“趨(chì)趨”,象聲詞,獸奔走時發出的聲音。

《汧沔》描寫在汧(今作千)水流域捕魚的情景。汧,水名,發源於陝西隴縣西北汧山,東南經隴縣、千陽、鳳翔、寶鷄縣入渭河。春秋時秦都雍,即今鳳翔縣,距汧河不遠。“沔沔”,河水充盈貌,猶“瀰瀰”。“淖淵”,水澤。“鰋”又名鮎,一種黏滑的魚。“漁”,捕魚。“㳠”,同“瀰”,淺水。“趣趣”,猶“汕汕”,魚游水中的樣子。“鰱”,白鰱。“橐”,音 fǎo,段玉裁讀如苞苴之“苞”。“何以橐之,惟楊及柳”,是説用楊柳枝編的筐盛魚。

《田車》描寫秦君駕車射獵。“田”即“畋”,射獵。“安”,安穩。“鑾勒”,馬轡頭。“騝騝”,或説是象聲詞,形容“彎首銅鈴在馬行時發出的聲響”②;或説與《詩·小雅·蓼蕭》“鞗革沖沖”之“沖沖”同,“當是描寫繫在馬駱頭銜環上的馬彎搖蕩貌,用以顯示馭者駕馭車馬之術的嫻熟和高超”③。“四”讀爲“駟”,駕車的四匹馬。“介”,馬甲。“駟介”,四匹披甲之馬。“簡”,嫻熟。“驂”,古時四匹馬拉的車子,在内的兩匹叫服,在外的兩匹叫驂。“旛(bō)旛”,猶“頵頵”,勇舞貌。“騂騂”,猶“腱腱”,動作輕捷貌。“揂(抽)弓”,抽出弓箭,下二句謂射到不少麋鹿、野猪、雉、兔。“多庶”,衆人。“趚趚”,郭沫若説:“《説文》云‘動也’,此言從獵之衆庶欣欣然喜躍。”④

《鑾車》亦寫秦君車獵。“鑾車”,有鑾鈴之車,人君所乘者。“碩”,大。“彤矢”,紅色的箭。“四馬其寫(瀉)”,駟馬之奔馳如流水。“六彎”,六條彎繩。“眚”即“省”,强運開説:“田獵之有省車,蓋以省察不安,亦猶警蹕之意也。”⑤“衍”,行。“徒”,戎徒。“障”,堵。馬敘倫説:“如障猶今言如堵耳,明戎徒之衆也。”⑥“原隰陰陽”與《詩·大雅·公劉》“相其陰陽,度其隰原”意近。“迪”讀爲“陳”,陳列。

————————————

①②　湯餘惠《戰國銘文選》第 185、187 頁,吉林大學出版社 1993 年。

③　徐寶貴《石鼓文整理研究》(上)第 811 頁。

④　郭沫若《石鼓文研究》總第 77 頁。

⑤　强運開《石鼓釋文》,商務印書館 1935 年。

⑥　馬敘倫《石鼓文疏記》。

　　《霝雨》描寫天降大雨,人馬在雨中行進的情景。"霝",落雨。"泊泊",水流湍急。"淒淒",徐寶貴以爲與《詩·小雅·大田》"有渰萋萋,興雨祁祁"意近,毛傳:"雲行貌。"[1]"舫舟",併舟,是一種兩船相連的大船。"囪"字先前學者多釋"西",劉心源改釋爲"囪",郭沫若從之,説意爲囪遽[2]。"舫舟囪遽",併連的大船在雨中囪遽行進。"鄜",許莊説爲鄜字初文[3],學者多從之。鄜,地名。

　　《作原》石曾流落民間,鑿爲臼,故拓本上部缺字較多,大意不明。"原",《爾雅·釋地》:"廣平曰原。""柞",櫟。"棫",白桵,一説棫即柞之別名,古詩中柞、棫常連用。"檖"即櫢字繁文,亦即棕櫚。今關中地區少有棕櫚,由石鼓文看,春秋秦地有棕櫚,氣候應比現在温潤。"楰",烏臼。

　　《而師》文字殘缺甚多。"而",爾,《尚書·文侯之命》:"其歸視爾師。""天子、嗣王"指初即位的周王,詳下。

　　《吾水》述出獵擇日、修道。"瀞",清。"道",路。"吾□即止","吾"後一字郭沫若疑爲時字。"嘉樹",美善之樹。古時道旁植樹,《國語·周語中》:"周制有之曰:'列樹以表道。'""天子永寧",周王永遠安寧。"丙申",此次畋獵所擇之日。徐寶貴説丙爲剛日,是利於征戰或畋獵等外事活動的日子[4]。"昱昱",明。"公",秦公。

　　《吴人》殘泐已甚,完整的意思很難了解。"吴人",鄭樵、唐蘭説爲吴山之人,易越石、徐暢説爲吴國之人,王厚之、吴廣霈、郭沫若説即虞人,掌山澤苑囿、畋獵之官,三説以後説爲是[5]。"憐亟",敬愛。"朝夕",早晚。"敬"下一字不清,郭沫若疑爲戒字,楊慎補爲"惕"字,"警戒"與"警惕"義近。"載西載北",時西時北。"勿宨勿代"句意不明,郭沫若説:"勿讀爲忽。宨字《邿鐘》'其宨四堵'假爲'箊',此殆假爲'牿'。"又云:"審其詩意,乃秦公將祠於時,虞人敬戒不忍,慎於選牲,故時而跑東,時而跑西,忽焉牿此,忽焉代彼,即《駉驖》詩'奉時辰牡,辰牡孔碩'之意。"[6]亦一家言。"大祝"即太祝,《周

---

①④　徐寶貴《石鼓文整理研究》(上)第 778、800 頁。
②⑥　郭沫若《石鼓文研究》總第 35、123 頁。
③　　許莊《石鼓考綴》第 2～3 頁,許學嵓印行,1947 年。
⑤　　王輝《〈石鼓文·吴人〉集釋——兼再論石鼓文的時代》。

禮·春官·大祝》："大祝掌六祝之辭,以事鬼神示,祈福祥,求永貞。"《吳
人》有"大祝",證明其爲反映魚獵結束後祭祀的詩篇。"中囿",囿中。此囿
在秦都雍城附近,或説即北園,《詩·秦風·駟驖》："遊于北園,駟馬既閑。"
詩序："美襄公也,始有田狩之事,園囿之樂焉。"

《馬薦》缺字更多,詩意不易把握。"虹",雨後天晴,天現彩虹。"驕"字
書未見,郭沫若云:"驕驕猶濟濟,蓋言草之豐盛。"①《説文》:"薦,獸之所食
草。""馬薦",馬所食草。

唐代之前石鼓一直散落荒野。石鼓的發現轟動朝野,韋應物作《石鼓
歌》,杜甫作《贈李潮八分小篆歌》,韓愈作《石鼓歌》,都曾加以詠讚,認爲石
鼓是周宣王時物。書法大家虞世南、褚遂良、歐陽詢等對石鼓文的書法"共
稱古妙"。由此,石鼓逐漸爲世人關注。唐貞觀年間蘇勖"打本"石鼓《敘
記》是關於石鼓文的最早文獻記録;李吉甫《元和郡縣圖志》云:"石鼓文在
(天興)縣南二十里許。貞觀中,吏部侍郎蘇勖記其事。"這是入載地理志書
的開始。唐代書畫大家李嗣真《書後品讚》、張懷瓘《書斷》、竇蒙《述書賦
注》等都認爲石鼓爲宣王時物。另外,章懷太子李賢《後漢書·鄧騭傳》注、
徐浩《古迹記》等書對石鼓均有記述。唐肅宗至德二年(757)石鼓由荒野遷
至天興縣衙,元和八年(813)被移至雍城近郊,元和十三年(818),鳳翔隴右
節度使鄭餘慶遷石鼓於雍城夫子廟内。唐末到五代十國時期(907~960),
社會動蕩,戰亂不息,石鼓也散失到民間。

宋代初年,司馬池出任鳳翔知府,查訪石鼓下落,尋得九石。至宋皇祐
四年(1052)向傳師又從民間將失去的一枚石鼓找回(即《作原》石),但其上
端已被鑿成石臼。嘉祐六年(1061)任鳳翔簽判的蘇軾見到了這些流散百年
失而復得的石鼓,有感而發,作《鳳翔八觀並敘·石鼓》長詩一首。宋徽宗大
觀二年(1108),石鼓從鳳翔遷往汴京,置於辟雍講堂。宣和元年(1119)石鼓
入皇宫内府保和殿稽古閣存放,並用金泥填塗字口,不允許再摹拓。靖康二
年(1127),金人攻入汴京,將石鼓運往燕京,後又將剔去嵌金的石鼓抛棄在
荒野之中。

---

① 　郭沫若《石鼓文研究》總第78~79頁。

北宋時期研究石鼓的主要有：楊文昺《周秦刻石釋音》、歐陽修《集古録跋尾》、薛尚功《歷代鐘鼎彝器款識法帖》、董逌《廣川書跋》、徐浩《古迹記》等。

石鼓被發現的唐初至北宋是石鼓文研究的第一個階段。這一時期對石鼓的研究主要是著録和記敘石鼓的發現、石鼓文書法特點、石鼓的真偽以及對石鼓年代的推測等，而對石鼓文字本身的考證未引起重視。韓愈《石鼓歌》云"張生手持石鼓文""公從何處得紙本"，可見唐時有拓本，但未留存於世。北宋時期最大的貢獻是留存下來一些目前最好的石鼓文拓本，如范氏天一閣藏北宋拓本和安國十鼓齋藏北宋拓本。

南宋時期，石鼓文研究側重於從文字學角度進行考證，主要的著作有：程大昌《雍録》、趙明誠《金石録》、翟耆年《籀史》、葛立方《韻語陽秋》、王厚之《復齋碑録》等。另外據《金史·馬定國傳》，金人馬定國著有《石鼓考論》，認爲石鼓是"宇文周時所造"。

從南宋開始，石鼓文研究的重心逐漸轉移到年代考證。翟耆年《籀史》開始懷疑前代盛行的石鼓文年代周宣王説。鄭樵《石鼓文考》雖然未能傳世，但據南宋陳思《寶刻叢編》（《四庫全書》第 682 冊）卷一所載《石鼓音序》可知，鄭樵已經據"丞、殹"二字的寫法確定石鼓爲秦物，是惠文王之後始皇之前所作。另據明代楊慎《丹鉛續録》（《四庫全書》本）卷十一"石鼓文"條説：稍後鄭樵的鞏豐也認爲石鼓是秦"獻公之前襄公之後"物。

元初，石鼓被重新找回，放置在廟學廡下。皇慶元年（1312），石鼓又被遷往元大都城東新建的國子學大成殿門左右。明清兩代，石鼓均存國子監。元代研究石鼓文的主要有潘迪《石鼓文音訓》，該書是集宋代考釋大成之作；另吾丘衍所著《周秦石刻釋音》亦爲清代學者所推重。

明代研究石鼓文的專著主要有：李中馥《石鼓文考》、陶滋《石鼓文正誤》、楊慎《石鼓文音釋》、沈鐵《石鼓詩》、郭宗昌《周岐陽石鼓文》等，都對石鼓文字的點畫、字句訓釋、地望等加以考證。另外楊慎《丹鉛續録》、顧炎武《金石文字記》、都穆《金薤琳琅》卷一《周石鼓文》以及王世貞、宋濂等人都對石鼓文有過討論。

清代的石鼓文研究和討論進入空前繁榮階段，有關石鼓文字、音訓、章句、考釋、通釋等方面的研究均取得了豐碩的成果。研究石鼓的學者衆多，

著作頗豐,主要有:朱彝尊《石鼓考》、沈梧(古華山農)《石鼓文定本》、武億
《周石鼓文》、吳東發《石鼓讀》、鄭業斆《石鼓文定本》、張燕昌《石鼓文釋
存》、楊世春《石鼓文鈔》、尹彭壽《石鼓文音訓集證》、震鈞《石鼓文集注》、王
昶《金石萃編》、劉心源《奇觚室樂石文述》、莊述祖《石鼓然疑》、任兆麟《石
鼓文考釋》、趙烈文《石鼓文釋篆》、吳廣霈《石鼓文考證》、吳大澂《愙齋縮寫
石鼓文》、馮承輝《石鼓文音訓考證》、劉凝《周宣王石鼓文定本》等。

　　民國初年,國子監成爲故宮博物院分院,石鼓原地保存。抗戰時期,石
鼓隨古物南遷上海,輾轉數地,費盡周折,後入重慶等地保存。抗戰勝利後
由南京運回北京,現藏故宮博物院舊箭亭。

　　民國時期石鼓文研究的主要有:羅振玉、王國維、馬衡、郭沫若、張政烺、
楊壽祺、羅君惕、馬敍倫、沈兼士、唐蘭等人①。其中羅振玉《石鼓文考釋》是
歷代釋文成果的總結;王國維首先提出石鼓年代"德公説";馬衡《石鼓爲秦
刻石考》論定了石鼓爲秦物,定石鼓爲穆公時物;郭沫若《石鼓文研究》考定
石鼓時代爲秦襄公八年;唐蘭先主張石鼓爲靈公三年,後改主獻公十一年。
羅君惕主張石鼓時代爲惠文王之後、始皇帝之前。

　　建國後至80年代初,由于"文革"的干擾,大陸地區石鼓文研究處於停
滯狀態,論文僅數篇②,研究石鼓文的主力軍是臺灣學者③。80年代以後,大
陸的石鼓文研究逐漸復蘇,研究成果有專著三部④,《石鼓文研究》和《詛楚

---

①　羅振玉《石鼓文考釋》;王國維《明拓石鼓文跋》《與友人論石鼓書》《與馬叔平論石鼓書》;
　　馬衡《石鼓爲秦刻石考》《明安國藏拓獵石碣跋》《跋郭沫若〈石鼓文研究〉》《北宋拓石鼓
　　文跋》;郭沫若《石鼓文研究》;張政烺《獵碣考釋》;楊壽祺《石鼓年代研究》;羅君惕《秦刻
　　十碣時代研究》;馬敍倫《石鼓文疏記引辭》《石鼓爲秦文公時物考》《石鼓釋文序》《石鼓
　　文疏記》《跋石鼓文研究》;任熹《石鼓文概述》;沈兼士《石鼓文研究三事質疑》;唐蘭《石
　　鼓文刻於秦靈公三年考》《關於石鼓文的時代答童書業先生》《論石鼓文用"避"不用
　　"朕"——再答童書業先生》《關於石鼓文用"避"字問題答文史編者的一封公開信》。
②　唐蘭《石鼓年代考》;段颺《論石鼓乃秦德公時遺物及其他》;商承祚《〈石刻篆文編〉字
　　説》(27則),《中山大學學報》1980年第1期。
③　那志良《石鼓通考》;張光遠《先秦石鼓存詩考》《石鼓詩之文史論證》;蘇瑩輝《石鼓文刻
　　於秦靈公三年説補正》;戴君仁《石鼓文的時代文辭及其字體》《重論石鼓的時代》《石鼓
　　文偶箋》《石鼓文偶箋之二》;嚴一萍《吳人——讀石鼓文小記》。
④　羅君惕《秦刻十碣考釋》;鄧散木《石鼓斠釋》;周鼎《石鼓文》。

文考釋》再版,研究論文數篇①。

　　上世紀90年代至今,石鼓文研究逐漸深入、細致、理性,涉及石鼓文年代、内容、次序、字數、出土地等②。

　　石鼓文研究的最新成果是徐寶貴《石鼓文整理研究》。該書分爲研究篇和資料篇,主要内容包括:石鼓發現及發現後的遭遇,石鼓的質地、材料來源及其形制,石鼓及十篇詩的命名,石鼓文的次序,石鼓文的拓本、摹刻本、影印本、摹寫本,石鼓文的字數,石鼓文的年代,石鼓文的漁獵内容,石鼓文的學術及藝術價值,石鼓文字考釋,歷代有關石鼓文研究資料,論著目録及引書目録,每字在各鼓中出現次數統計表,石鼓文偏旁排譜等。裘錫圭爲該書所寫的序説:"我當然不敢保證此書中所有的意見全部正確無誤(恐怕這樣的專著世上未必會有),但我敢説這是迄今爲止關於石鼓文的最全面、最深入的一部研究著作。凡是學習和研究石鼓文的人,都應該閱讀、參考這部著作。"評價甚高。

　　石鼓文的時代問題,是學界公案之一。拙文《由"天子""嗣王""公"三種稱謂説到石鼓文的時代》及其《補記》《〈石鼓文·吴人〉集釋——兼再論石鼓文的時代》主張石鼓文作於秦景公五年後數年内。裘錫圭早先主張石鼓詩作於秦襄公時,而其刻石則在春秋晚期或戰國早期③。徐寶貴主張石鼓作於襄公時,而其刻石則在景公時④。裘錫圭後來也同意徐寶貴的意見。

　　以下撮述景公説的理由:

　　(1)從文字風格看,石鼓文與秦公大墓石磬殘銘極爲接近。

　　拙文曾列一表,舉磬、鼓共見的31字作比較。其中"隹、用、戲、不、是、

①　李仲操《石鼓最初所在地及其刻石年代》;韓偉《北園地望及石鼓詩之年代小議》;黄奇逸《石鼓文年代及相關諸問題》。

②　徐寶貴《石鼓文詩句"四介既簡"試解》《〈石鼓文·車工篇〉"弓兹以寺"考釋》《石鼓文的次序》《石鼓文〈作原〉石的佚失及成曰俱在唐時》;李仲操《石鼓出土及其在唐宋的聚、散、遷》;胡建人《石鼓和石鼓文考略——兼論郭沫若的襄公八年説》;賴炳偉《石鼓文年代再研究》《石鼓文字數考》;徐自強《唐蘭對石鼓文的研究及其相關問題》;楊宗兵《石鼓製作緣由及其年代新探》;王輝石鼓文年代再討論諸文;易越石《石鼓文通考》。

③　裘錫圭《關於石鼓文的時代問題》。

④　徐寶貴《石鼓文年代考辨》。

左、方、申、陽、或、以、作、于、孔、子、即、允、虎、又、鼺、宫、樂、天、嗣、瀞、竈、
自"等 27 字文字結構、安排布局,甚至運筆方法幾乎全同,如出一人手筆。
如"于"字竪筆向左彎曲的程度,"或"字戈旁横筆向右下弧折,"以"字上邊
小鈎的開口大小都毫無二致。此類情況占 87.1% 。衹有少數字,磬、鼓有差
別,如鼓文"湯"字磬作"瀗",稍涉繁複;磬銘"霝(靈)"字亦如此。又如"受、
竈"二字石鼓稍規整,磬文稍自由。總的看,二者的相同點是根本的,差别極
小,也不反映時代特徵。其後徐寶貴文又對磬、鼓共見的偏旁,如"弓、金、
雨、宀"等作了更爲仔細的比較,其結論與拙文同。

　　(2)從内容來看,以置於景公時爲宜。

　　石鼓文《而師》云:"天子□來,嗣王始□。"《吾水》云:"天子永寧,日隹
(惟)丙申。"鼓文"天子"與"王"同見,與周金文同。如道曹鼎:"唯七年十一
月既生霸,王在周般宫……道曹拜稽首,敢對揚天子休。"故鼓文"天子、嗣
王"皆指周王。"嗣王"指初即位之王,"公"則指秦公。鼓文"嗣王"與秦
"公"同時出現。裘錫圭《關於石鼓文的時代問題》認爲其年代必須合乎兩
個條件:在當時秦與周應有相當密切的關係;當時的周王應該剛即位不久。
裘氏的兩個條件是對的,但他據此認爲石鼓文衹能如郭沫若所説作於秦襄
公八年或稍後,則有些片面。我認爲在春秋時期乃至戰國早期,周、秦關係
一直很好,其時秦爲向東擴張,需要"尊王"這面招牌。上文提到秦公大墓石
磬殘銘"天子匽喜,龏桓是嗣",乃景公親政時燕喜周天子,裘先生則認爲是
景公即位時遣使告周天子,由周天子燕喜秦使,儘管理解不同,但以此證明
景公時周、秦關係很好,則可以成立。

　　至於第二個條件,秦景公五年(前572),周簡王崩,子靈王即位;景公三
十二年(前545),周靈王崩,子景王即位,這兩年或其稍後,周天子都可稱
"嗣王",石鼓文應作於其中之一年或稍後。景公之後,哀公十七年,周景王
崩,子敬王立,也可稱"嗣王"。但景王晚年,諸子爭奪王位,王室不寧。景王
愛王子朝,未立而崩。國人擁立景王長子猛,爲子朝所殺。晉人攻子朝而立
王子匄,是爲敬王,子朝亦自立爲王。敬王四年,始被晉人送入周城,王位始
鞏固。敬王四年前王室不寧,周王不可能遠遊秦地,四年後則又不能稱"嗣
王"了。此後秦惠公、悼公兩代,周無新王即位。由此可知,在整個春秋晚

期，衹有秦景公作石鼓一種可能。

秦悼公之後，厲共公在位三十四年，此時已入戰國。厲共公元年（前476），周敬王崩，子元王立；八年，元王崩，子貞定王立，這兩年都有“嗣王”。厲共公在戰國早期秦公中，也比較有作爲，有邀請周嗣王來秦遊獵的可能性。不過戰國早期，秦國勢較弱，所以可能性雖有，但不是很大。另外，從秦系文字演變的觀點看，石鼓文與商鞅方升、杜虎符等戰國中期秦文字差距較大，將其置於戰國亦較困難。

（3）從語彙上看，“遊、殹”等都有春秋晚期的特點。

唐蘭《石鼓年代考》最先注意到石鼓文第一人稱代詞用“遊”字較多，“余”字、“我”字各二例，而“朕”字絕不見，但他由此認定石鼓文作於戰國中期則欠妥。陳昭容《先秦古文字材料中所見的第一人稱代詞》指出與“遊”同音的“盧、虞、歔、魚、吳”等在春秋晚期東土器銘中已出現，則秦春秋晚期用“遊”，本不足怪。

“殹”作爲語助詞，與“也”意義相同。“也”已見於春秋晚期的陳常陶釜，那麽，秦景公時用“殹”字也是很正常的。

（4）石鼓詩與《詩經》中之《秦風》、《小雅》格調甚爲接近。

上文提到，《秦風·駟驖》有“遊于北園，四馬既閑”句，即石鼓文《田車》之“四介既簡”。《小雅·車攻》有“我車既攻，我馬既同”句，即石鼓文《車工》之“遊車既工，遊馬既同”。李學勤曾指出，石鼓詩類於《詩經》，而戰國時已無賦詩風尚，故石鼓詩不可能作於晚周。依此説，將石鼓詩置於秦景公時，也極爲洽適。陳昭容説：“《左傳》賦詩、引詩風氣於魯襄（572～542B.C.）、昭（541～510B.C.）之世最盛，此最能突顯《詩經》影響之深遠。”我也以爲秦景公與魯襄、昭二公同時，其時秦人作詩之風亦盛。秦景公大墓殘磬銘是詩，即是明證。磬銘“龘（申）用無疆”即《詩·商頌·烈祖》之“申錫亡疆”；磬銘“作虘配天”即《詩·周頌·思文》之“克配彼天”；磬銘“□寝龏雍”即《詩·周頌·清廟》之“於穆清廟，肅雝顯相”；磬銘“上帝是睽”，即《詩·大雅·文王》之“上帝臨女（汝）”。石鼓詩雅近《詩經》，亦近於磬銘，體現了相同的時代風氣。

## 第三節　詛楚文

　　詛楚文是戰國中晚期秦楚交惡時,秦人向巫咸、大沈厥湫、亞駞三位神靈禱告,以詛楚王的告神之文。詛楚文共三石,北宋中葉先後出土。《巫咸》石於宋嘉祐年間(1056～1063)鳳翔開元寺(今陝西鳳翔縣)出土,宋嘉祐六年置於鳳翔府便廳,徽宗時移至御府(開封),原刻326字,現存323字;《湫淵》石於宋治平年間(1064～1067)得之於朝那(今甘肅平凉市)湫旁,宋熙寧元年移置平凉郡廨,後歸臨安(今杭州)樞副蔡敏肅,紹興八年移置郡廨,刻318字;《亞駞》石出土情況不詳,原藏洛陽劉忱,刻325字。此三石,除神名各異外,其餘文句相同。北宋之後,三石均佚。《湫淵》釋文如下:

　　　　又(有)秦嗣王,敢用吉玉宣(瑄)璧,使其宗祝邵鼛布憿(檄),告于不(丕)顯大神巠(厥)湫,以底(詆)楚王熊相之多辠(罪)。昔我先君穆公及楚成王是(寔)繆(戮)力同心,兩邦若壹(一),絆(縫)以婚姻,衶(申)以齋盟,曰:"葉(世)萬子孫,毋相爲不利。"親卬(仰)大沈巠(厥)湫而質(誓)焉。今楚王熊相康(庸)回無道,淫市(忕)甚(耽)亂,宣奓(奢)競從(縱),變輸(渝)盟剌(約)。内之則虣(暴)虐(虐)不(無)姑(辜),刑戮孕婦,幽剌(約)敊(親)戚,拘圍其叔父,真者(諸)冥室櫝棺之中;外之則冒改巠(厥)心,不畏皇天上帝及大神巠(厥)湫之光列(烈)威神,而兼倍(背)十八世之詛盟,率者(諸)侯之兵以臨加我。欲剗伐我社襪(稷),伐威(滅)我百姓,求蔑濾(廢)皇天上帝及大神巠(厥)湫之卹(恤)祠、圭玉、羲(犧)牲。述(循)取㤣(吾)邊城新郢及郍(於)、長、敊(莘)。㤣(吾)不敢曰可。今又悉興其衆,張矜意(布)怒(弩),飾(飭)甲底(砥)兵,奮士盛師,以偪(逼)㤣(吾)邊競(境),將欲復其𣢑(兇)迹。唯是秦邦之贏衆敝賦,鞈(鞈)輪(輸)棧輿,禮使介老,將之以自救殹。亦應受皇天上帝及大神巠(厥)湫之幾(機)靈德賜,克劑(剗)楚師,且復略我邊城。敢數楚王熊相之倍(背)盟犯詛,箸(書)者(諸)石章(璋),以盟(明)大神之威神。

　　嗣王,繼嗣之王。"宣"讀爲"瑄",《説文新附》:"瑄,璧六寸也。"宗祝,宗廟祭祀之祝禱官。邵鼛,人名,一説指擊鼛鼓祭神。《説文》:"鼛,大鼓也。”布檄，宣布詛文。厥湫，即湫淵，又名朝那湫，在今寧夏回族自治區固原縣，是一個方圓四十里的大湖。楚王熊相，熊爲楚姓氏，楚人自稱曰酓，“熊、酓”音近，秦人讀爲“熊”。“熊相”即楚懷王熊槐，《史記·楚世家》作“槐”，乃“相”字之誤。穆公，秦穆公任好。楚成王，名惲，前 671～前 626 年在位，約與秦穆公同時。絑，疑爲縫字之省，合。“袗”讀爲“申”，《左傳·成公十三年》晉侯使吕相絶秦，云：“逮我獻公及穆公相好，戮力同心，申之以盟誓，重之以昏姻。”“卬”讀爲“仰”，仰承。“贊”讀爲“誓”，盟誓。庸，凡庸。回，邪。淫志，淫欲之志。《史記·老子韓非列傳》：“去子之驕氣與多欲、態色與淫志。”“夛”同“奢”，“宣奢競縱”，盡情奢侈，恣意而爲。虣，象以手持戈搏虎，“暴”之本字。幽約，囚禁，與“拘圉”意近。冥室，暗室。櫝，棺。“冒”讀爲“昧”，昧心。十八世，自秦穆公起十八代秦公或秦王，包括穆、康、共、桓、景、哀、惠、悼、厲共、躁、懷、靈、簡、惠、出子、獻、孝、惠文。或説十八世是指楚成王至懷王十八代。臨加，來犯，湯餘惠説此指“楚懷王十一年，蘇秦約六國軍合縱攻秦”[1]。恤祠，謹慎的祭祀。新郪，地名，所在不詳。郔，即商於，《史記·楚世家》：“王爲儀閉關而絶齊，今使使者從儀西取故秦所分楚商於之地方六百里。”瀧川資言《史記考證》：“商、於二邑名。商今陝西商州故商城是，於今河南内鄉縣故於城是。”長，郭沫若説即敔簋“至於伊、長、榜”之長，在今河南西部丹水流域[2]。莘，在今河南盧氏縣境内。張，設。羚，戟柄。敝賦，劣等武器。鞈，革製的胸甲。褕，同“褕”，短衣。棧輿，棧車，《説文》：“棧，棚也，竹木之車曰棧。”禮使，派遣。介老，一個大夫。幾，讀爲“機”，祭鬼神以求福。克劗楚師，能戰勝消滅楚軍。略，經略，巡視。箸，讀爲“書”，書寫。章，讀爲“璋”，詛楚文是書寫在石璋上的。威神，神威。

　　詛楚文問世之後，蘇軾作《鳳翔八觀詩·詛楚文詩並序》，可以看作是最早的研究。

　　據《金石録》記載，元祐年間（1086～1093），張舜民、黄庭堅都曾對《詛楚文》做過釋文。宋哲宗紹聖元年（1094），方勺在《泊宅篇》卷二《秦詛楚文跋尾》中，對朝那湫《詛楚文》成文時間、祭祀的目的都作了考證，認爲詛楚文

①　湯餘惠《戰國銘文選》第 192 頁，吉林大學出版社 1993 年。
②　郭沫若《石鼓文研究·詛楚文考釋》總第 285 頁。

作於秦惠文王二十六年（前 312）①。此外，楊文昺《周秦刻石釋音》、姚寬《西溪叢話》、歐陽修《集古録跋尾》、趙明誠《金石録》、董逌《廣川書跋》等對《詛楚文》皆有記述。米芾也在其《自敘帖》中説：“篆便愛《詛楚》《石鼓文》。”

　　詛楚文從一發現就有人懷疑其僞。最早向詛楚文獻疑的是蘇軾，他認爲：“秦之不道，諸侯詛之，蓋有不勝其罪者，楚不詛秦而秦反詛之，凡數其罪，考其世家亦無其實，豈有聰明正直之神而甘受給於爾之浮詞，而甘受諛於爾之牲幣乎？”②王之望認爲：古人祭不越望，亞駝在晉地，秦不可能越境祭祀，從而懷疑詛楚文爲僞③。章樵説：“盟石告神當於其地，巫神在解州鹽池，告文不應遠在古雍。”④也有從地望等方面力證詛楚文不僞者，如《古文苑》引王厚之音釋及跋：“亞駝即呼沱河，顧野王考其地在靈丘，《竹書紀年》穆公十一年取靈丘，故亞駝自穆公以來爲秦境也。”董逌認爲“亞駝”即“惡池、烏池”，也就是起北地東入河，周代又名滱水的漚夷水。

　　由於對詛楚文中所述史實和“兼倍十八世之詛盟”句理解的分歧，宋代對於詛楚文作於秦惠文王還是秦昭王時代，存在着激烈的論爭。歐陽修《集古録跋尾》卷一《秦祀巫咸神文》從楚世系出發，以爲“自成王十八世爲頃襄王”，後又從秦、楚兩國“當秦惠文王及昭襄王時，秦、楚屢相攻伐”的形勢出發，認爲“此文所載，非懷王則頃襄王也”，詛咒對象是楚懷王熊槐，《詛楚文》作於秦惠文王時。王厚之主張作於秦惠文王時，並提出十八世當以秦爲本位，從穆公算起，至惠王時恰好十八世。後人多從其説。但董逌和王柏都主張作於秦昭王時代。南宋王柏《詛楚文考辭》明確提出詛楚文作於秦昭王九年（楚頃襄王元年，前 298）。他認爲秦稱王自惠文王始，秦惠文王不可能自稱“嗣王”，那麽詛楚文中的“嗣王”肯定不會是惠文王，自稱“嗣王”者必定爲秦昭王。

　　經過宋金戰爭之後，詛楚文三塊刻石都不知下落。南宋刊刻的《絳帖》《汝帖》所收巫咸、湫淵兩石已經是拼湊而成的翻刻本。

---

① 　方勺《泊宅編》，中華書局 1983 年。

② 　轉引自《魯齋王文憲公文集》卷四，金華叢書本。

③ 　王之望《漢濱集》卷一五，四庫全書本。

④ 　《古文苑》卷一，四部叢刊本。

詛楚文佚失之後,僅有摹刻本流傳。元代至正年間(1335~1340)周伯琦刊印的摹本即爲中吳刊本。元代學者多認爲詛楚文爲僞作,如吾丘衍在所著《學古編》裏説詛楚文"迺後人假作先秦之文,以先秦古器比較其篆,全不相類,其僞明矣"①。明代都穆《金薤琳琅》從情理方面懷疑其爲僞作。

清代學者對詛楚文的研究仍處於真僞的爭論上。歐陽輔認爲詛楚文爲僞作,云"詳審其字體","非古文、非大小篆,與鐘鼎文尤不類……斷非周秦間物……唐人所作而宋人刻文"②;也有學者認爲不僞,如王澍《虛舟題跋》將詛楚文所述事與楚懷王時秦楚關係對比,認爲"此詛正在懷王與秦戰藍田時"③。

民國時期,1913年林泰輔撰《秦詛楚文考》,1934年容庚將《絳帖》《汝帖》收入《古石刻零拾》,並撰《詛楚文考釋》④,做了綜合考釋,指出詛楚文"絶似《左傳·成公十三年》晉侯使吕相絶秦書"。此後十年,吳公望又影印元至正中吳刊本,鄭振鐸把它編入《中國歷史參考圖譜》。1947年郭沫若又據以作《詛楚文研究》,承清代王澍的説法,將《詛楚文》的年代定在惠文王後元十三年,並認爲《巫咸》和《大沈厥湫》爲真刻,而《亞駝》爲宋人仿刻。後楊樹達撰《詛楚文跋》(1948)云:"此文辭多襲自成公十三年《左傳》所載晉吕相絶秦書……試取兩文對勘,可知其絶非偶然矣。"⑤建國以來,特別是改革開放以來,研究詛楚文的有姜亮夫、孫作雲、陳世輝、陳偉等人⑥。陳煒湛從文字、情理、史實、詞語四個方面論《詛楚文》出於唐宋間好事之徒所僞作⑦。

---

① 吾丘衍《周秦刻石釋音》,《叢書集成初編》1515,中華書局1985年。
② 歐陽輔編《集古求真續編》卷八,1873年,開智書局本,收入《石刻史料新編》(第一輯)第11冊,臺灣新文豐出版公司1982年第2版。
③ 王澍《虛舟題跋》,光緒十三年(1887)刻本。
④ 容庚《古石刻零拾》,北京琉璃廠來薰閣本,1934年。
⑤ 楊樹達《積微居小學述林·詛楚文跋》,中華書局1987年。
⑥ 姜亮夫《秦詛楚文考釋——兼釋亞駝大沈久湫兩辭》;孫作雲《秦〈詛楚文〉釋要——兼論〈九歌〉的寫作年代》;陳世輝《〈詛楚文〉補釋》;潘嘯龍《從〈詛楚文〉看楚懷王前期的朝政改革》;施蟄存《秦刻石文·詛楚文》;吳郁芳《〈詛楚文〉三神考》;陳偉《〈詛楚文〉時代新證》。
⑦ 陳煒湛《詛楚文獻疑》。

另外,趙平安、裘錫圭、陳昭容先後撰文,討論詛楚文的時代及真偽問題,認爲詛楚文不僞,陳煒湛之説不可信,將其時代定爲戰國中晚期[1]。

## 第四節　秦駰禱病玉版

秦駰禱病玉版有甲、乙二種,約 1999 年初出現於坊間,據説最初來自陝西,後爲北京某氏收藏,欲售於國家博物館而未果。幾經輾轉,玉版最終收藏於上海博物館。

1999 年末,北京大學《國學研究》第六卷刊發李零《秦駰禱病玉版研究》。李文發表了玉版銘文摹本,以及甲版正面、乙版背面的放大照片,並對其定名、時代、内容做了深入的研究。

玉版甲、乙兩種行款不全相同,皆有殘字,尤以甲版爲多。甲版正面刻文,背面朱書,乙版兩面皆朱書。玉版文字正面 6 行,背面 5 行,行正面 26 ~ 32 字,背面 24 ~ 30 字。

釋文以乙版爲主,而據甲版以括號補其殘文。二版互補共存 299 字,如下:

> 又(有)秦曾孫斈(小子)駰曰:孟冬十月,氒(厥)氣[寱(戕)]周(凋)。余身曹(遭)病,爲我感憂。患患反屄(側),無間無瘳。衆人弗智(知),余亦弗智(知),而靡又(有)息休。吾竆(躬)而無柰(奈)之,可(何)永鸞憂薒。周世既殳(没),典瀍(法)蘇(散)亡。惴惴斈(小子),欲事天地、四亟(極)、三光、神示(祇)、五祀、先祖,而不得氒(厥)方。羛(犧)殺既美,玉帛既精,余毓子氒(厥)[惑],西東若惷。東方又(有)士,姓(生)爲刑瀍(法),氏(是)亓(其)名曰陘(經)。潔可以爲瀍(法),□(清?)可以爲正。吾敢告之,余無辠(罪)也,使明神知吾情。若明神不□其行,而無辠□友□。堅堅(擊擊)柔(柔)民之事明神,孰敢不精(甲簡作清)? 斈(小子)駰敢以芥(介)圭、吉璧、吉叉(璋),以告于嶧(華)大山。大山又(有)賜,肙(八月)己酉(?),匋(腹)心以下,至于足骱之病,能自復如故。請□祠(?)用牛羛(犧)貳(二),亓(其)齒七,絜

① 趙平安《詛楚文辨疑》;裘錫圭《詛楚文"亞駝"考》;陳昭容《從秦系文字演變的觀點論詛楚文的真僞及其相關問題》《論詛楚文的真僞及其相關問題》。

(潔)之。□及羊、豢。路車四馬,三人(?)壹(一)家。壹(一)璧先之,□□用貳(二)義(犧)、羊、豢。壹(一)璧先之,而𣈆(覆)𡵳(華)大山之陰陽,以□□咎□咎□□,亓(其)□□里。枼(葉)萬子孫,以此爲尚(常)。句(苟)令𡥈(小子)駰之病日復,故告大(?)壹(?)大將軍,人壹(一)[家]里〈室〉,王室相如。

"有秦"即秦。"駰"爲"有秦曾孫"之名,現在多數學者認爲即秦惠文王。《史記·秦本紀》:"孝公卒,子惠文君立。"索隱:"名駟。""駟"爲"駰"之誤。"孟冬"爲冬季的第一個月,見於《禮記·月令》《吕氏春秋·孟冬紀》。"𡪞"字从宀,頫聲,頫又以爿爲聲,拙文《秦曾孫駰告華大山明神文考釋》疑"𡪞"讀爲"戕",殘壞。"戕周(凋)",即殘凋、凋殘,是暮冬的景象。"忠忠"讀爲"申申"。《楚辭·離騷》:"女媭之嬋媛兮,申申其詈予。"王逸注:"申申,重也。""厡"李零隸作"廛",讀爲"側"。實際上"厡"从厂,昊聲,而昊甲骨文作,日在人側,即昃字。包山楚簡有"厡府",何琳儀疑讀爲"側府"①。《詩·周南·關雎》:"輾轉反側。"孔穎達疏:"反側,猶反覆。""申申反側,無間無瘳",是説駰之病反覆發作,無有間歇、好轉。"智"讀爲"知",病愈。"竆"即窮字,讀爲"躬",自身。《爾雅·釋詁》:"慹,懼也。""盩"有周旋、折旋義。"永慹憂盩",久爲憂懼所困擾。"周世既叏(没)",周世既滅。"典法",典章、法令。"鮮",少,或説讀爲"散"。"惴惴",憂懼不安之貌。"四極",四方極遠之地,或説指四極之神。"三光",日、月、星。"神祇",天神、地祇。"五祀",爲古祭禮中的五種神,但其含義諸説不同。《禮記·月令》以户、竈、中霤、門、行爲五祀神;睡簡《日書》乙簡42貳:"祀五祀日,丙丁竈,戊己内中土,[甲]乙户、壬癸行,庚辛□(門?)。"其中"土"即"中霤",中霤即中室,土主中央。"豭",牡豕。犧豭、玉帛皆祭祀諸神祇所用之物。《廣雅·釋言》:"毓,稚也。"王念孫疏證:"《豳風·鴟鴞》篇'鬻子之閔斯',毛傳云:'鬻,稚也。'正義云:'《釋言》:鞠,稚也。郭璞曰:鞠一作毓,毓、育、鞠古亦同聲。'""毓子",稚子,可見駰其時尚年幼,是否即位不可知。《説文》:"惷,愚也。""東方",關東六國。"士",刑官。"姓"讀爲"生",製作。"刑

① 何琳儀《戰國古文字典》第96頁,中華書局1998年。

法"，懲罰罪犯的法律。"陘"疑讀爲"經"，指刑典，如李悝所創刑法稱法經。以上幾句亦有學者斷爲"東方又（有）士姓，爲刑法氏，其名曰陘"，亦通。"潔可以爲法，□（清）可以爲正"，是説執法士吏廉潔無私，執法正直不阿。"蜇蜇"意不明，疑讀如《詩·豳風·狼跋》"赤舄几几"之"几几"（《説文》引作"掔掔"），安重貌。"烝民"，衆民。"精"，虔誠。"芥"讀爲"介"，大，字又作"玠"。《説文》："玠，大圭也。从玉，介聲。《周書》曰'稱奉介圭'。""吉璧"，吉祥美好之璧，詛楚文祭神之物有"吉玉宣璧"。"叉"疑讀爲"璪"，《説文》："璪，石之似玉者。""崋"爲華山之華的專用字。《説文》："崋，山，在弘農華陰。从山，華省聲。""崋"即"崋"字。"華大山"應即太華山。《漢書·地理志》京兆尹華陰條下云："華陰，故陰晉，秦惠文王五年更名寧秦，高帝八年更名華陰。太華山在南，有祠，豫州山。"王先謙補注："齊召南曰：'《秦紀》惠文王六年魏納陰晉，更名寧秦。非五年，當是傳寫之訛。'"華山在秦晉界上，是名山，歸秦後秦人常祭之，此次秦駰有疾，故禱祠於華大山之明神。"齒七"，七歲之牛牲，牛、馬幼時歲生一齒，七歲正當壯年。"絜"讀爲"潔"，古人祭祀物品常求其潔净。"豢"，豕牲。華山之北曰華陰，南曰華陽，秦時已有其名，玉版"崋大山之陰陽"應指此。"枼"後世孳乳作"葉"，世。"尚"讀爲"常"。"大壹"，泰一，天皇大帝。"大將軍"不知是生人還是神名，以神名的可能性爲大。駰因祭告華大山，蒙其賜福，使病一日日好轉，故告天帝、大將軍。"家室"，家庭。"相如"，古常見人名，湯餘惠説"蓋謂行貌像其父，非不肖子"①。"王室相如"，殆駰自謂病體康復，能繼承先祖大業，非不肖子孫。

　　玉版爲秦惠文王駰因病祭禱華大山所作。華山在惠文君六年（前332）始歸秦，是玉版年代的上限。駰自稱"毓子"，可見年齡不大，不過此亦不宜過於執著地理解。《史記·秦始皇本紀》後附《秦記》："惠文王享國二十七年。"索隱："十九而立。"六年後已二十五歲。玉版又稱"周世既殳（没）"，没有終、盡、滅義。筆者原先認爲秦昭襄王五十二年（前249）"周君王赧卒"，爲"周亡之日"，現在看來似乎過晚。《秦本紀》記秦獻公十一年（前374），周

---

① 湯餘惠《戰國銘文選》第88頁，吉林大學出版社1993年。

太史儋見獻公曰：“周故與秦國合而別，別五百歲復合，合七十七歲而霸王出。”至秦孝公十九年（前343）“天子致伯”，正義：“伯音霸，又如字。孝公十九年，天子始封爵爲霸，即太史儋云‘合七十七歲而霸王出’之年，故天子致伯。”惠文君四年，“天子致文武胙，齊、魏爲王。”瀧川資言考證：“《館本考證》六：‘齊威二十六年，自稱爲王，以令天下，於秦爲孝公九年。此因魏而連言之耳。’”至秦惠文君十三年，秦惠文、韓宣惠王皆稱王。當時的形勢，周早已名存實亡。文末稱“王室相如”，則玉版應作於惠文稱王之後。

　　玉版反映的祭神儀節與詛楚文有若干相似之處。詛楚文祭巫咸、湫淵、亞駝等水神，玉版祭華山之神，皆屬四望之列。《周禮·春官·大宗伯》：“國有大故，則旅上帝及四望。”鄭玄注：“故，謂凶裁。旅，陳也，陳其祭事以祈焉……玄謂四望五嶽四鎮四瀆。”“大故”即凶疫災禍，“四望”即境內名山大川。詛楚文所詛者爲兵禍，玉版所祈神去除者則爲疾疫。詛楚文祭神之物有“吉玉、宣璧”，玉版祭神之物則有“介圭、吉璧、吉璋”。玉版與詛楚文皆言“告”，玉版告華大山明神，詛楚文告大神巫咸等。詛楚文告者爲“宗祝”，玉版未明言，依理亦應爲祝官。祝畢，詛楚文將文辭“箸（書）者（諸）石章（璋）”，沉於淵，玉版則“覆”，也就是埋於“華大山之陰陽”。

　　學術界對秦駰禱病玉版或稱玉牘，或稱玉簡，沒有本質差別。詛楚文云“箸（書）者（諸）石章（璋）”，石今不存，推測應爲璋形。玉版則近圭形，爲禮神之玉。從內容著眼，也可稱作“秦曾孫駰告華大山明神文”。

　　學人對玉版曾有熱烈的討論，主要文章有李學勤《秦玉牘索隱》、連劭名《秦惠文王禱祠華山玉簡文研究》《秦惠文王禱祠華山玉簡文研究補正》、曾憲通等《秦駰玉版文字初探》、周鳳五《〈秦惠文王禱祠華山玉版〉新探》、李家浩《秦駰玉版文字研究》、徐筱婷《秦駰玉版研究》、洪燕梅《秦曾孫駰玉版研究》、呂佩珊《秦駰玉版與秦詛楚文文字研究》等。侯乃峰《秦駰禱病玉版銘文集釋》、王美傑《秦駰玉版研究》則是對上述研究的階段性總結。

## 第五節　秦始皇刻石

　　據《史記·秦始皇本紀》，秦始皇二十八年（前219）東行郡縣之時，曾先後在嶧山、泰山、之罘、琅邪臺等處立石頌德紀功。二十九年始皇東遊之時，曾先後在之罘、東觀、碣石等處刻石紀功。三十七年十一月，始皇出遊至會稽，刻石頌德。這七種刻石現僅存《泰山》《琅邪臺》殘石，以及《嶧山》《會稽》的宋人重刻本。秦代石刻世傳爲李斯手筆，字體勁秀圓潤，端莊凝重，堪稱小篆的典範。

　　1. 嶧山刻石。又稱秦嶧山篆碑。《秦始皇本紀》未載嶧山刻石原文。今按：秦嶧山篆碑，原立於嶧山書門。唐封演《封氏聞見記》云："始皇刻石紀功，其文字李斯小篆。後魏太武帝登山，使人排倒之，然而歷代摹拓，以爲楷則。邑人疲於供命，聚薪其下，因野火焚之，由是殘缺不堪摹寫，然猶上官求請，行李登陟，人吏轉益勞弊。有縣宰取舊文勒於石碑之上，凡成數片，置之縣廨，須則拓取，自是山下之人，邑中之吏，得以休息。今人間有《嶧山碑》，皆新刻之碑也。其文云'刻此樂石'。學者不曉樂石之意。顏師古云：謂以泗濱磐石作此碑。始皇於琅琊、會稽諸山刻石，皆無此語，惟《嶧山碑》有之，故知然也。"①由《封氏聞見記》所説可知，到唐代已經有人將《嶧山碑》重新摹刻上石。因此，杜甫《李潮八分小篆歌》中有"嶧山之碑野火焚，棗木傳刻肥失真"句。

　　《嶧山刻石》現存兩種版本：宋代淳化四年（993）鄭文寶以南唐徐鉉摹本重刻於長安，稱長安本，今藏西安碑林博物館。元代至元二十九年（1292）的《嶧山刻石》本，又稱元摹《嶧山秦篆碑》。據《鄒縣志·古迹卷》記載："宋元祐八年（1093），鄒令張文仲於北海王君向獲李斯小篆，刻諸廳嶧陰堂，迨至元二十九年（1292）縣令宋德，乃夏津人也，歎是碑殘缺，恐致泯絕，乃命工礱石纂刻於其側。"此石原立於鄒縣城縣衙大堂，民國初年移入孟廟致敬門內，1973年移入啓聖殿，現存於鄒城市博物館。刻石呈豎長方形，水成岩石質，四面刻字。碑高1.9米，寬0.48米，四面皆同。正面、左側面刊刻頌揚秦始皇功績文字，背面刻秦二世詔書。小篆體，每面5行，共222字。該碑刻文今已泐毀37字，尚存185字。左側面以行書刊刻跋語，記述摹刻經過。碑文釋文爲：

　　　　皇帝立國，惟初在昔，嗣世稱王。討伐亂逆，威動四極，武義直方。

────────

①　封演撰，趙貞信校注《封氏聞見記校注》第八卷第73頁，中華書局2005年。

戎臣奉詔,經時不久,滅六暴強。廿有六年,上薦高號,孝道顯明。既獻
泰成,乃降專惠,親(親)軖(巡)遠方。登于嶧山,群臣從者,咸思攸長。
追念亂世,分土建邦,以開爭理。功(攻)戰日作,流血于野。自泰古始,
世無萬數,陀及五帝,莫能禁止。迺今皇帝,壹家天下。兵不復起,熸
(災)害滅除。黔首康定,利澤長久。群臣誦略,刻此樂石,以著經紀。
皇帝曰:金石刻盡始皇帝所爲也,今襲號而金石刻辭不稱始皇帝。其於
久遠也,如後嗣爲之者,不稱成功盛德。丞相臣斯、臣去疾、御史大夫臣
德昧死言:臣請具刻詔書,金石刻因明白矣。臣昧死請。制曰:可。

2. 泰山刻石。據《秦始皇本紀》,泰山刻石三句爲韻,凡十二韻,其
辭曰:

皇帝臨位,作制明法,臣下脩飭。二十有六年,初并天下,罔不賓
服。親巡遠方黎民,登兹泰山,周覽東極。從臣思迹,本原事業,祗誦功
德。治道運行,諸産得宜,皆有法式。大義休明,垂于後世,順承勿革。
皇帝躬聖,既平天下,不懈於治。夙興夜寐,建設長利,專隆教誨。訓經
宣達,遠近畢理,咸承聖志。貴賤分明,男女禮順,慎遵職事。昭隔内
外,靡不清净,施于後嗣。化及無窮,遵奉遺詔,永承重戒。

以下爲二世詔書。

今按:泰山刻石原分爲兩部分:前半部係前219年秦始皇東巡泰山時所
刻,共144字;後半部爲二世元年(前209)刻,共78字。刻石四面廣狹不等,
刻字22行,每行12字,共222字。兩刻辭均爲李斯所書。據清道光八年
(1828)《泰安縣志》載,宋政和四年(1114)刻石在岱頂玉女池上,可認讀的
有146字,漫滅剥蝕了76字。明嘉靖年間,北京許莊將此石移置碧霞元君宮
東廡,當時僅存二世詔書4行29字,即"臣斯臣去疾御史夫臣昧死言臣請具
刻詔書金石刻因明白矣臣昧死請"。清乾隆五年(1740)碧霞祠毀於火,刻石
遂毀失。至嘉慶二十年(1815)春,泰安縣令蔣因培於玉女池訪得,僅殘石2
塊10字,爲"斯臣去疾、昧死、臣請、矣臣",俗稱"十字石",屬秦二世詔文。
刻石現存岱廟東御座院中,除"斯、昧死"3字各殘存半字外,餘字尚完整。
原文見《史記·秦始皇本紀》,有北宋拓本165字本傳世。

《泰山刻石》宋時存222字,元拓本存50餘字,明時存29字,今存7字;

以 29 字拓本、10 字拓本較爲常見,傳世拓本當以明人無錫安國所藏宋拓本爲最早,計存 165 字,此藏本於日本昭和十五年(1940),由中村不折(1866～1943)購自晚翠軒。另一本存 53 字,亦流至日本,上海藝苑真賞社,日本《書苑》、二玄社《書迹名品叢刊》等均有影印,秦刻石中,僅此與《琅邪臺刻石》爲真,餘皆後人摹刻。

泰山刻石具有重要的藝術價值。其書法嚴謹渾厚,平穩端莊;字形工整勻稱,修長宛轉;綫條圓健似鐵,愈圓愈方;結構左右對稱,橫平竪直,外拙内巧,疏密適宜。元赫經云:"拳如釵股直如筋,曲鐵碾玉秀且奇。千年瘦勁益飛動,回視諸家肥更癡。"《岱史》稱:"秦雖無道,其所立有絶人者,其文字、書法世莫能及。"魯迅也認爲秦泰山刻石"質而能壯,實漢晉碑銘所從出也"。

《泰山刻石》的書體是秦統一後的標準字體小篆。其結構特點直接繼承了《石鼓文》的特徵,比《石鼓文》更加簡化和方整,並呈長方形,綫條圓潤流暢,疏密勻停,給人以端莊穩重的感受。唐人稱頌李斯的小篆是"畫如鐵石,字若飛動""骨氣豐勻,方圓妙絶"。

3. 琅邪臺刻石。二句爲韻,其辭曰:

維二十八年,皇帝作始。端平法度,萬物之紀。以明人事,合同父子。聖智仁義,顯白道理。東撫東土,以省卒士。事已大畢,乃臨于海。皇帝之功,勤勞本事。上農除末,黔首是富。普天之下,摶心揖志。器械一量,同書文字。日月所照,舟輿所載。皆終其命,莫不得意。應時動事,是維皇帝。匡飭異俗,陵水經地。憂恤黔首,朝夕不懈。除疑定法,咸知所辟。方伯分職,諸治經易。舉錯必當,莫不如畫。皇帝之明,臨察四方。尊卑貴賤,不逾次行。奸邪不容,皆務貞良。細大盡力,莫敢怠荒。遠邇辟隱,專務肅莊。端直敦忠,事業有常。皇帝之德,存定四極。誅亂除害,興利致福。節事以時,諸産繁殖。黔首安寧,不用兵革。六親相保,終無寇賊。驩欣奉教,盡知法式。六合之内,皇帝之土。西涉流沙,南盡北戶。東有東海,北過大夏。人迹所至,無不臣者。功蓋五帝,澤及牛馬。莫不受德,各安其宇。維秦王兼有天下,立名爲皇帝,乃撫東土,至于琅邪。列侯武城侯王離、列侯通武侯王賁、倫侯建成侯趙亥、倫侯昌武侯成、倫侯武信侯馮毋擇、丞相隗狀、丞相王綰、卿李斯、卿王戊、五大夫趙嬰、五大夫楊樛從，與議於海上。曰：古之帝者，地不過千里，諸侯各守其封域，或朝或否，相侵暴亂，殘伐不止，猶刻金石，以自爲紀。古之五帝三王，知教不同，法度不明，假威鬼神，以欺遠方，實不稱名，故不久長。其身未殁，諸侯倍叛，法令不行。今皇帝并一海內，以爲郡縣，天下和平。昭明宗廟，體道行德，尊號大成。群臣相與誦皇帝功德，刻于金石，以爲表經。

以下爲二世詔書。

4. 二十九年之罘刻石。三句爲韻，凡十二韻，其辭曰：

維二十九年，時在中春，陽和方起。皇帝東游，巡登之罘，臨照于海。從臣嘉觀，原念休烈，追誦本始。大聖作治，建定法度，顯箸綱紀。外教諸侯，光施文惠，明以義理。六國回辟，貪戾無厭，虐殺不已。皇帝哀衆，遂發討師，奮揚武德。義誅信行，威燀旁達，莫不賓服。烹滅彊暴，振救黔首，周定四極。普施明法，經緯天下，永爲儀則。大矣哉！宇縣之中，承順聖意。群臣誦功，請刻于石，表垂于常式。

5. 東觀刻石。三句爲韻，凡十二韻，其辭曰：

維二十九年，皇帝春游，覽省遠方。逮于海隅，遂登之罘，昭臨朝陽。觀望廣麗，從臣咸念，原道至明。聖法初興，清理疆內，外誅暴彊。武威旁暢，振動四極，禽滅六王。闡并天下，甾（災）害絕息，永偃戎兵。皇帝明德，經理宇內，視聽不怠。作立大義，昭設備器，咸有章旗。職臣遵分，各知所行，事無嫌疑。黔首改化，遠邇同度，臨古絕尤。常職既定，後嗣循業，長承聖治。群臣嘉德，祗誦聖烈，請刻之罘。

以下爲二世詔書。

6. 碣石刻石。始皇三十二年之碣石，刻碣石門，三句爲韻，凡九韻，其辭曰：

遂興師旅，誅戮無道，爲逆滅息。武殄暴逆，文復無罪，庶心咸服。惠論功勞，賞及牛馬，恩肥土域。皇帝奮威，德并諸侯，初一泰平。墮壞城郭，決通川防，夷去險阻。地勢既定，黎庶無繇，天下咸撫。男樂其疇，女修其業，事各有序。惠被諸產，久並來田，莫不安所。群臣誦烈，請刻此石，垂著儀矩。

以下爲二世詔書。

7. 會稽刻石。始皇三十七年十一月出遊至會稽,刻石頌德紀功,三句爲韻,凡二十四韻,其辭曰:

　　　　皇帝休烈,平一宇内,德惠脩長。三十有七年,親巡天下,周覽遠方。遂登會稽,宣省習俗,黔首齋莊。群臣誦功,本原事迹,追首高明。秦聖臨國,始定刑名,顯陳舊章。初平法式,審別職任,以立恒常。六王專倍,貪戾慠猛,率衆自彊。暴虐恣行,負力而驕,數動甲兵。陰通間使,以事合從,行爲辟方。内飾詐謀,外來侵邊,遂起禍殃。義威誅之,殄熄暴悖,亂賊滅亡。聖德廣密,六合之中,被澤無疆。皇帝并宇,兼聽萬事,遠近畢清。運理群物,考驗事實,各載其名。貴賤並通,善否陳前,靡有隱情。飾省宣義,有子而嫁,倍死不貞。防隔内外,禁止淫泆,男女絜誠。夫爲寄豭,殺之無罪,男秉義程。妻爲逃嫁,子不得母,咸化廉清。大治濯俗,天下承風,蒙被休經。皆遵度軌,和安敦勉,莫不順令。黔首脩絜,人樂同則,嘉保太平。後敬奉法,常治無極,輿舟不傾。從臣誦烈,請刻此石,光垂休銘。

以下爲二世詔書。

最早著録秦石刻文字的著作見於班固《漢書·藝文志》,其六藝略春秋類下著録"《奏事》二十篇",顏師古注:"秦時大臣奏事及刻石名山文也。"王先謙補注:"王應麟曰:'七國未變古式,言事於王,皆稱上書,秦初改書曰奏。'沈欽韓曰:'泰山刻石一,琅邪刻石二,之罘刻石三,東觀刻石四,刻碣石門五,會稽刻石六。二世元年東行郡縣,到碣石南至會稽,而盡刻始皇所立刻石之旁,著大臣從者名,以章先帝成功盛德焉。丞相斯請具刻詔書。刻石凡七也。《本紀》二十八年上鄒嶧山,立石,不載其辭。'"

宋代,歐陽修《集古録》著録有秦泰山刻石、之罘山秦篆遺文、秦嶧山遺文等;趙明誠《金石録》著録有秦泰山刻石、琅邪臺刻石、之罘山刻山、嶧山刻石等。二書也記有刻石之發現、收藏者、流傳經過等,也有簡單的考證。

秦始皇刻石,主要是爲了頌秦德,其文字訓詁,《史記》三家注及瀧川資言考證所引諸家説已多有涉及,查閱甚易,本節不再一一徵引。

鶴間和幸《試復原秦始皇東巡刻石文》指出:"關於這七通刻石,宋代開始因其作爲秦代篆書體的珍貴金石史料而聚集了特别的關心。因原石有大部分在宋代已不存在，遂據舊傳的模本重刻復原。但因原石大部不存，復原刻石時相當程度地添加了後世人們的判斷，據此，將宋代重刻全部作爲秦代史料使用時必須慎重……七通刻石中嶧山刻石未見於《史記》，是後世傳抄時誤脱，抑或司馬遷自己因何理由未加收録？另碣石刻石欠缺前半部分，這些都可推測當時刻石已遭破壞，不可能收集完整史料。"

　　鶴間和幸説秦始皇刻石一般可分爲四個部分：開頭、序文、主文、末文。開頭敘述始皇二十六年統一天下，如嶧山刻石"皇帝立國……乃降專惠"；泰山刻石"皇帝臨位，作制明法，臣下修飭。廿有六年，初并（併）天下，罔不賓服"；會稽刻石"皇帝休烈，平一宇内，德惠修長"；琅邪臺刻石"維廿八年，皇帝作始……聖智仁義，顯白道理""維秦王兼有天下，立名爲皇帝"。之罘、東觀、碣石刻石無開頭文句。序文述始皇巡狩，登鄒嶧山、泰山、之罘山、會稽山，觀察黔首習俗，如泰山刻石"親巡遠黎，登兹泰山，周覽東極。從臣思迹，本原事業，祗誦功德"；會稽刻石"卅有七年，親巡天下，周覽遠方。遂登會稽，宣省習俗，黔首齋莊。君臣誦功，本原事迹，追首（道）高明"。

　　主文是刻石的主體部分，内容主要是隨行群臣稱頌始皇統一天下的功德，如嶧山刻石"追念亂世，分土建邦，以開爭理。攻戰日作，流血于野。自泰古始，世無萬數，陀及五帝，莫能禁止。廼今皇帝，壹家天下。兵不復起，災害滅除"；之罘刻石"六國回辟，貪戾無厭，虐殺不已。皇帝哀衆，遂發討師，奮揚武德。義誅信行，威燀旁達，莫不賓服。烹滅彊暴，振救黔首，周定四極"。

　　主文以大段文字宣布秦王朝的政令，要黎民遵照執行，如琅邪臺刻石"上農除末，黔首是富。普天之下，搏心揖志。器械一量，同書文字"；會稽刻石"秦聖臨國，始定刑名，顯陳舊章。初平法式，審别職任，以立恒常"。

　　主文也談到整飭風俗，如碣石刻石"男樂其疇，女修其業，事各有序。惠被諸産，久並來田，莫不安所"；琅邪刻石"匡飭異俗，陵水經地……尊卑貴賤，不逾次行。奸邪不容，皆務貞良。細大盡力，莫敢怠荒"；會稽刻石"皇帝并宇，兼聽萬事，遠近畢清。運理群物，考驗事實，各載其名。貴賤並通，善否陳前，靡有隱情。飾省宣義，有子而嫁，倍死不貞。防隔内外，禁止淫泆，男女絜誠。夫爲寄豭，殺之無罪，男秉義程。妻爲逃嫁，子不得母，咸化廉

清。大治濯俗，天下承風，蒙被休經。皆遵度軌，和安敦勉，莫不順令。黔首
脩絜，人樂同則，嘉保太平"。顧炎武云："秦始皇刻石凡六，皆鋪張其滅六王
并（併）天下之事。其言黔首風俗，在泰山則云'男女禮順，慎遵職事。昭隔
內外，靡不清净'；在碣石則云'男樂其疇，女修其業'，如此而已。惟會稽一
刻，其辭曰'飾省宣義……咸化廉清'，何其繁而不殺也？考之《國語》，自越
王勾踐棲會稽之後，惟恐國人之不蕃，故令壯者無取老婦，老者無取壯妻，女
子十七不嫁，其父母有罪，丈夫二十不取（娶），其父母有罪……《吳越春秋》
至謂勾踐以寡婦淫泆過犯，皆輸山上，士有憂思者，令遊山上以喜其思。當
其時，蓋欲民之多，而不復禁其淫泆。傳至六國之末，而其風猶在。故始皇
爲之厲禁，而特著於刻石之文……然則秦之任刑雖過，而其防民正俗之意，
固未始異於三王也。漢興以來，承用秦法，以至今日多矣。世之儒者，言及
於秦，即以爲亡國之法，亦未之深考乎！"[1]其實，當時淫泆之風不獨流行於越
地，楚地亦復如此，睡虎地秦簡《語書》："古者，民各有鄉俗……或不便於民，
害於邦。是以聖王作爲法度，以矯端民心，去其邪避（僻），除其惡俗……今
法律令已具矣，而吏民莫用，鄉俗淫失（泆）之民不止，是即法（廢）主之明法
殹，而長邪避（僻）淫失（泆）之民，甚害於邦，不便於民。"睡虎地秦簡《法律
答問》："同父異母相與奸，可（何）論？棄市。""甲取（娶）人亡妻以爲妻，不
智（知）亡，有子焉。今得，問安置其子？當畀。或入公，入公異是。"可見整
治淫泆民俗，是針對原六國地區普遍而言。法家思想曾長期在秦地居於統
治地位，但儒家學説亦在較長時間和較大範圍對秦人的思想文化產生過重
大影響，拙文《儒與秦文化》對此已有説[2]。秦刻石強調整治淫泆風俗，重視
道德倫理，宣揚忠、信、誠、義，也説明了這一點。

　　末文爲結語，如嶧山刻石"群臣誦略，刻此樂石，以著經紀"；會稽刻石
"從臣誦烈，請刻此石，光垂休銘"；琅邪臺刻石"群臣相與誦皇帝功德，刻于
金石，以爲表經"。

　　對秦始皇刻石作專題研究的有康寶文《秦始皇刻石題銘研究》[3]、吳福

---

①　　顧炎武《日知錄》卷十三《秦紀會稽山刻石》，嶽麓書社 1996 年。

②　　《秦文化論叢》第 3 輯，西北大學出版社 1994 年。

③　　香港中文大學碩士學位論文，1988 年。

助《秦始皇刻石考》，也有多篇論文研究始皇刻石或其一種，如李錦山《泰山無字碑考辨》、馮佐哲、楊昇南、王宇信《秦刻石是秦始皇執行法家路綫的歷史見證》、王景芬《我國現存最早的碑刻——泰山刻石》、琦楓《秦刻石及其拓本的流傳》、雒長安《秦"嶧山刻石"》、林劍鳴《秦始皇會稽刻石辨析》、金其楨《秦始皇刻石探疑》、臧知非《秦始皇會稽刻石與吳地社會新論——林劍鳴先生〈秦始皇會稽刻石辨析〉補正》等。

　　李學勤《通向文明之路·記秦廿二年石臼》説北京某氏藏一石臼，乃其先世自關中携來。原中國歷史博物館（今國家博物館）石志廉有拓本。拓本題跋云："秦相里臼拓本，道光年出土。磚祖齋世藏之品。文曰：'秦廿二年，相里作臼。'臼形與旬邑權倒置，狀爲八面。四面有▢半月式乳。兩面有文字二行，行四字，計八字。中上大下小，圓底。臼槽口殘缺不齊。考第一字 艸 當爲 森 之下半部分。其書法與秦公殷、雍邑、琅琊刻石同，洵至寶也。此始皇稱帝之前五年，冠'秦'因七雄例。吕不韋載作'相邦'，此作'相里'，殆秦之邦里所謂歟？博琴手拓並識。"李先生以爲臼銘摹本"字體頗近於石鼓文"，"（石鼓文時代）總不出春秋晚期。秦廿二年石臼的時代距此也不會太遠"。原拓本跋則定爲"始皇稱帝之前五年"。二説不同。李先生以"相、里、乍、臼"4 字與石鼓文同字或偏旁比對，以爲"全同"或"相類"；但又指出："不過'作原'的'卅'上部小橫是分開的，石臼的'廿'上橫則系通貫。"可見石臼文字與石鼓文仍有差距。"廿"字西周金文作"ʊ"，睡虎地秦簡作"廿"；"秦"字從二禾，如李先生説，"從禮縣大堡子山墓葬青銅器直到秦惠文王的詛楚文都是如此"，我們還可以補充西安北郊秦封泥"寧秦丞印"亦是如此，"寧秦"原名"陰晉"，惠文王五年入秦後更名寧秦；"臼"字與《湖南璽印集》85"公臼（咎）敓"之"臼"字接近。"里"字與惠文王器秦騊玉版"▢里"、里耶秦簡 J1(9)4"陽陵孝里"之"里"字接近。由此而論，在沒有更充分的證據之前，我們實在無法對石臼的年代做出判斷，乃至是秦秋晚期還是戰國中晚期都説不清。石臼圖形未見，據拓本跋説與旬邑權接近，旬邑權作八棱形，相同者僅 19 世紀末發現的大騊權，而與他權迥異。二權真僞頗多爭論，至今未決。此石臼紀年前加一"秦"字，秦出土文字未見先例。我們注意到，在秦統一前幾年，秦、楚之民常逃亡至對方，而其身份未變，如《嶽麓書院藏秦簡（叁）》簡 33：“冶等曰：‘秦人，邦亡荆。’閭等曰：‘荆邦人，皆居京州。相與亡，來入秦地，欲歸羛（義）。’”簡 88：“故秦人邦亡荆者男子多。”南郡入秦，在秦昭王二十九年（前 278），至秦王政二十二年、二十五年（嶽麓簡《多小未能與謀案》《癸、瑣相移謀購案》紀年）前不久，南郡居民秦、楚身份仍涇渭分明。製作石臼的“相里”氏有無可能是居楚的原秦人，故在紀年前加一“秦”字，表明是秦王紀年？這當然僅是猜想，難於坐實。若依此猜想，臼爲秦王政二十二年（前 225）物，可能性還是很大的。“相里”應爲器作者之姓氏。林樹臣輯《璽印集林》（1991 年上海書店影印本）收有秦“相里疠”複姓私印。《元和姓纂·十陽》：“咎陶之後爲理氏。殷末，理微孫仲師，遭難去王姓里。至晉大夫里克，爲惠公所滅。克妻司成氏攜少子李連逃居相城，因爲相里氏。李連玄孫里勤，見《莊子》。《韓子》云：‘相里子，古賢也。著書七篇。’”

# 第四章　秦簡牘

　　簡指竹簡,牘指木牘。簡牘在紙發明以前及其初始使用階段,曾長期用來書寫文字。其時代上起於商,下迄東晉。從出土實物來看,戰國、秦、漢是簡牘使用最多的時期。當代出土戰國簡牘,以楚、秦爲大宗。

　　秦系簡牘資料(包括戰國秦國、秦代,以及秦漢之際)主要有:

　　(1)湖北雲夢縣睡虎地秦簡牘

　　(2)湖北雲夢縣龍崗秦簡牘

　　(3)湖北江陵縣(今荆州市)岳山秦簡

　　(4)湖北江陵縣(今荆州市)王家臺秦簡

　　(5)湖北沙市(今荆州市)關沮周家臺秦簡牘

　　(6)四川青川縣郝家坪秦牘

　　(7)甘肅天水市放馬灘秦簡及木板地圖

　　(8)湖南龍山縣里耶秦簡牘

　　(9)湖南大學嶽麓書院藏秦簡牘

　　另江陵縣楊家山出土簡、湖南長沙市馬王堆漢墓出土帛書《篆書陰陽五行》(或稱《式法》)《五十二病方》《足臂十一脈灸經》《陰陽十一脈灸經》《脈法》《陰陽脈死候》等篇有學者認爲是秦物,也有學者認爲是漢代或秦漢之際物,本書暫不加論述。

## 第一節　睡虎地秦簡牘

　　1975 年 12 月,湖北省博物館、孝感地區亦工亦農考古訓練班、孝感地區和雲夢縣文化部門共同發掘了雲夢縣睡虎地 12 座戰國末至秦代的墓葬,其中 11 號墓出土簡 1155 枚(另殘片 80 片)。簡長 23 ~ 27.8 釐米,寬 0.3 ~ 0.7 釐米。由簡文《編年記》可知,11 號墓墓主名喜,生於秦昭襄王四十五年(前 262),曾任安陸御史、安陸令史、鄢令史等。喜卒於秦始皇三十年(前 217),年 46 歲。簡文共 10 種,有:

（1）《編年記》（初稱《大事記》）　　（2）《語書》（初稱《南郡守騰文書》）

（3）《秦律十八種》　　　　　　　（4）《效律》

（5）《秦律雜抄》　　　　　　　　（6）《法律答問》（初稱《法律問答》）

（7）《封診式》（初稱《治獄程式》）　（8）《爲吏之道》

（9）《日書》甲種　　　　　　　　（10）《日書》乙種

《語書》《效律》《封診式》《日書》乙原有標題，其餘各篇標題是整理者據內容擬定的。

睡虎地秦簡出土之後，《文物》1976 年第 6 期發表了孝感地區第二期亦工亦農文物考古訓練班《湖北雲夢睡虎地秦墓發掘簡報》，同年《文物》第 6、7、8 期發表了雲夢秦墓竹簡整理小組《雲夢秦簡釋文》（一）（二）（三），第 9 期又發表了考古訓練班《湖北雲夢睡虎地十一座秦墓發掘簡報》。1977 年，綫裝本《睡虎地秦墓竹簡》出版，有竹簡圖版、釋文及簡注，《日書》甲、乙種未收。1978 年，32 開平裝本《睡虎地秦墓竹簡》出版，無竹簡圖版，有釋文、簡注，其中 6 種並附有語譯，《日書》甲、乙種未收。1981 年，《雲夢睡虎地秦墓》出版，對睡虎地 11 座秦墓的情況做了全面介紹，文物皆有照片。1990 年，8 開精裝本《睡虎地秦墓竹簡》出版，竹簡有完整的圖版、釋文、注釋，其中 6 種有語譯。

睡虎地秦簡發現後，迅速引起了廣泛關注及熱烈討論。1976 年，正是“文革”的最後一年，受當時政治形勢的影響，最初的研究文章多有“評法批儒”以及“以階級鬥爭爲綱”的色彩，如田昌五《秦國法家路綫的凱歌——讀雲夢出土秦簡札記》①、吳樹平《〈秦律〉是新興地主階級反復辟的銳利武器》、北京第二機牀廠《一篇反擊復辟派的戰鬥檄文——讀〈南郡守騰文書〉》②。1977 年以後，睡虎地秦簡研究開始走上學術坦途，不斷深入、細化。據沈頌金《二十世紀簡帛學研究》及騈宇騫、段書安《二十世紀簡帛綜述》二書的不完全統計，截至 2005 年，有關睡虎地秦簡的研究專著、論文已有數百種。其中重要者有：中華書局編《雲夢秦簡研究》，高敏《雲夢秦簡初探》，李

① 《文物》1976 年第 6 期。

② 《考古》1976 年第 5 期。

學勤《簡帛古書與學術源流》①，饒宗頤、曾憲通《雲夢秦簡〈日書〉研究》，王子今《睡虎地秦簡〈日書〉甲種疏証》，栗勁《秦律通論》，于豪亮《于豪亮學術文存》②，吴小强《秦簡〈日書〉集釋》，高恒《秦漢法制論考》，劉樂賢《睡虎地秦簡〈日書〉研究》等。這些論著涉及秦的政治、思想文化、民族政策、土地制度、生產關係、階級、户籍、傅籍、兵役制度、行政區劃、職官體系、爵位、刑罰、訴訟、刑徒、律令、史料、賦税徭役、方術、民俗、會計管理、糧倉管理、度量衡制、手工業、商業，也有相關文字編③。

　　港臺特别是臺灣，多位學者對睡虎地秦簡有深入的研究。1981 年，臺灣簡牘學會《簡牘學報》第 10 期爲《秦簡研究專號》。吴福助有《睡虎地秦簡論考》，徐富昌有《睡虎地秦簡研究》，還有相關的碩士、博士論文。

　　《編年記》共有竹簡 53 枚，原卷成一卷。竹簡分上、下二欄抄寫，書體爲秦隸。簡文上起秦昭襄王元年，中經孝文王、莊襄王，下迄今（王）三十年，逐年記載該年所發生的重大事件，同時記墓主喜的生平，類似後代的年譜。李學勤説，《編年記》是“《秦記》一類秦人編的史書”④。編寫小組認爲：“從昭王元年到秦王政（始皇）十一年的大事，大約是一次寫成的；這一段内關於喜及其家事的記載，與秦王政（始皇）十二年以後的簡文，字迹較粗，可能是後來續補的結果。”據此則前者抄寫年代較早，大約在秦王政十二年以前，後者在其後。

　　整個睡虎地秦簡的抄寫年代，約爲戰國末至秦始皇三十年（前 217）之前不久。《編年記》内容摘録：

　　　　昭王元年。二年，攻皮氏。三年。四年，攻封陵。五年，歸蒲反（坂）。六年，攻新城。七年，新城陷。八年，新城歸……十七年，攻垣、枳……卅（三十）三年，攻蔡、中陽……卌（四十）五年，攻大墼（野）王。十二月甲午鷄鳴時，喜產。卌（四十）六年，攻□亭。卌（四十）七年，攻長平。十一月，敢產……五十六年，後九月，昭死。正月，遬（速）產。孝

①　臺北時報文化出版企業有限公司 1994 年。
②　中華書局 1985 年。
③　陳振裕、劉信芳《睡虎地秦簡文字編》；張守中《睡虎地秦簡文字編》。
④　李學勤《簡帛佚籍與學術史》第 16 頁。

文王元年,立即死。莊王元年。莊王二年。莊王三年,莊王死。今元年,喜傅。二年。三年,卷軍。八月,喜揄史……六年,四月,爲安陸令史……十九年,□□□□南郡備敬(警)。廿(二十)年,七月甲寅,嫗終。韓王居□山。廿(二十)一年,韓王死。昌平君居其處,有死□屬。廿(二十)二年,攻魏梁(梁)。廿(二十)三年,興,攻荊,□□守陽□死。四月,昌文君死……廿(二十)七年,八月己亥廷食時,産穿耳。〔廿(二十)八〕年,今過安陸。……

《編年記》年份之下,有的有記事,有的則沒有,可見是先列出一個年份表,然後隨時記事,有大事則記,無大事則不記。凡國之大事,多有年而無月,祇有一條例外:“(昭王)五十六年,後九月,昭死。”《史記·秦本紀》:“五十六年秋,昭襄王卒,子孝文王立。”“後九月”即“秋”。《編年記》緊接一條是:“孝文王元年,立即死。”秦以十月爲歲首,昭襄王死在“後九月”(閏月),不到一月後,孝文王“十月己亥即位”(《秦本紀》),已是第二年,即“孝文王元年”。孝文王立後“三日”即死。不到一月之内,新、老二王皆卒,而事在兩年,故有必要記明月份。先秦時大事,多祇記年,《史記》有《十二諸候年表》《六國年表》,即以表的形式按年記載春秋十三諸候、戰國七國大事,所謂《年表》,實即《年歷表》。到漢代亦然,《史記》有《漢興以來諸侯王年表》《高祖功臣侯者年表》《惠景間侯者年表》《建元以來王子侯者年表》。特定歷史階段,則按月記事,如《史記·秦楚之際月表》,所謂《月表》,實即《月歷表》。《年表》《月表》省“歷”字,但其核心仍是歷。《六國年表》開首云“太史公讀《秦記》”,索隱:“即秦國之《史記》也。故下云:‘秦燒《詩》《書》,諸侯《史記》尤甚,獨有《秦記》,又不載日、月。’是也。”所謂《秦記》即《秦歷史記》,其核心仍是“歷、史”。司馬遷作《史記》,猶沿其例。值得注意的是,對墓主喜的出生、喜父(公)母(嫗)的去世、其家庭成員(“敢、速”疑爲喜弟,“獲”疑爲喜子,“穿耳”疑爲喜女)出生,以及喜的進用爲史(揄史)、除官(“□安陸□史、爲安陸令史、鄢令史、治獄鄢”)等,不但記明月份,有的還記有該日干支(“正月甲寅、四月癸丑、七月丁巳、七月甲寅”),甚或時辰(“十二月甲午雞鳴時”,雞鳴即丑時;“八月己亥廷食時”,廷食,正值食時,辰時),可見在某種程度上,《編年記》就是喜的家譜,其對秦大事祇是摘抄。此篇原稱《大事記》，後稱《編年記》可能都不十分準確，如果改稱《歷記》，顯示其按年、月、日記秦之大事、喜之家事，可能更好。《史記·十二諸侯年表》："太史公讀春秋《曆》《譜》《諜》，至周厲王，未嘗不廢書而歎也。"所謂《曆》《譜》《諜》應都是按年、月記録歷史事件的書，側重點不同，但屬同一大類。《編年記》則兼有《曆》《譜》二者内容。

　　《編年記》是研究戰國晚期秦國歷史的重要資料，可以印證、補充、訂正《史記》中《六國年表》《秦本紀》《秦始皇本紀》以及相關《列傳》的内容，例如《六國年表》記魏哀（襄）王十六年："秦拔我蒲坂、晉陽、封陵。"十七年："與秦會臨晉，復我蒲坂。"魏襄王十六、十七年相當於秦昭襄王四、五年，其四年云："彗星見。"五年云："魏王來朝。"不記攻伐事。《編年記》昭王四年記"攻封陵，"五年記"歸蒲坂"，較《六國年表》魏欄爲簡，秦欄爲詳。《編年記》五年僅記蒲坂之"歸"，不記其前之"拔"，令人摸不着頭腦，尤見其爲大事摘抄。

　　《史記·秦本紀》："（昭襄王）六年……庶長奐伐楚，斬首二萬……七年，拔新城……十三年，向壽拔韓取武始，左更白起攻新城。"《編年記》則云："（昭襄王）六年，攻新城。七年，新城陷。八年，新城歸。""新城"或説爲河南襄城，因爲《六國年表》楚欄記該年（楚懷王二十九年）"秦取我襄城，殺景缺"，《楚世家》同。《秦本紀》正義："按《括地志》云：'許州襄城縣即古新城也。'《世家》《年表》則新字誤作襄字。"實際上襄城爲楚地，新城爲韓地，二者非一地，"新城"即《漢書·地理志》河南郡新成縣，今河南伊川縣。可能昭王六年秦伐楚，順便攻韓新城，至七年而拔，八年，秦韓修好，昭王於是將新城歸還給韓，十三年秦重新攻取新城，由簡文我們得知秦攻取新城的曲折經過。

　　《史記·六國年表》："（魏安釐王三年，秦昭襄王三十三年）秦拔我四城，斬首四萬。"《秦本紀》記該年"客卿胡傷攻魏卷、蔡陽、長社，取之"，祇有三城。《編年記》："（昭襄王）卅（三十）三年，攻蔡、中陽。"整理小組疑《本紀》"蔡陽"爲"蔡、中陽"之誤，加上卷、長社，則胡傷該年攻取魏地，實有四城。

　　簡文有些年份，同《史記》記載相差一或二年，如《六國年表》魏欄記魏哀（襄）王十三年"秦擊皮氏，未拔而解"，簡文則記（昭襄王）"二年，攻皮氏"，"二年"相當魏襄王十四年。簡文記"（昭襄王）二十年，攻安邑"，《六國年表》："（昭襄王）二十一年，魏納安邑及河內。"可能二十年秦攻安邑，二十一年魏始獻納之。

《史記·秦始皇本紀》："（九年四月）長信侯毐作亂而覺，矯王御璽及太后璽，以發縣卒及衛卒、官騎、戎翟君公舍人，將欲攻蕲年宮爲亂。王知之，令相國昌平君、昌文君發卒攻毐，戰咸陽……二十一年……新鄭反，昌平君徙於郢……二十三年……秦王遊至郢陳，荊將項燕立昌平君爲荆王，反秦於淮南。二十四年，王翦、蒙武攻荆，破荆軍，昌平君死，項燕遂自殺。"索隱："昌平君，楚之公子，立以爲相，後徙於郢，項燕立爲荆王，史失其名。昌文君，名亦不知也。"《史記·韓世家》："九年，秦虜王安，盡入韓地，爲潁川郡，韓遂亡。"韓王安九年即秦王政十七年。《編年記》："廿（二十）年，七月甲寅，嫗終。韓王居□山。廿（二十）一年，韓王死。昌平君居其處，有死□屬……廿（二十）三年，興，攻荆，□□守陽□死。四月，昌文君死。"由簡文看，韓亡後，韓王安並未被立即處死，曾"居□山"，到了秦王政二十一年，因爲"新鄭（韓故都）反"，纔將韓王處死。江西某氏藏十二年丞相啓顛戈，彭適凡説丞相"啓"即昌平君，丞相"顛"即昌文君（見本書第二章第二節）。《編年記》記錄了秦王政二十一年昌平君的居處，二十三年昌文君之死，是對舊史料的補充。

《語書》簡 14 枚，是秦王政二十年四月初二日南郡守騰發給本郡各縣、道的一篇文告。所謂語書，就是教戒的文告。整理小組説文告分爲前、後兩段，前段論禁絕惡俗，後段記懲治惡吏。《語書》摘録：

> 廿（二十）年四月丙戌朔丁亥，南郡守騰謂縣、道嗇夫：古者，民各有鄉俗，其所利及好惡不同，或不利於民，害於邦。是以聖王作爲灋（法）度，以矯端民心，去其邪避（僻），除其惡俗……今灋（法）律令已具矣，而吏民莫用，鄉俗淫失（泆）之民不止，是即灋（廢）主之明灋（法）殹，而長邪避（僻）淫失（泆）之民，甚害於邦，不便於民。故騰爲是而修灋（法）律令、田令及爲間私方而下之，令吏明布，令吏民皆明智（知）之，毋巨（距）於罪……今且令人案行之，舉劾不從令者，致以律，論及令、丞……凡良吏明灋（法）律令，事無不能殹；有（又）廉絜（潔）敦慤而好佐

上……惡吏不明灋（法）律令……緰（偷）隨（惰）疾事，易口舌，不羞辱，輕惡言而易病人，毋（無）公端之心，而有冒柢（抵）之治，是以善斥（訴）事，喜爭書……發書，移書曹，曹莫受，以告府，府令曹畫（過）之。其畫最多者，當居曹奏令、丞，令、丞以爲不直，志千里使有籍書之，以爲惡吏。

整理小組認爲，《語書》前、後兩段似乎原來是分開編的，後段有“發書、移書曹”等語，可能是前段的附件。

《語書》是一篇法制教育文告。南郡包括今湖北江漢地區大部，是楚的核心區域。秦昭襄王二十八年（前279），白起伐楚，拔鄢、鄧五城。其明年，攻楚，拔郢，燒夷陵，遂東至竟陵，設立南郡。至秦王政二十年（前227），秦佔領南郡已五十餘年，但當地楚人仍保留很多不好的傳統與習慣，詭詐取巧，干擾法令的貫徹。南郡守發布文告，教導百姓，“去其邪僻，除其惡俗”。

法令的貫徹，要依靠各級官吏。當時法令雖已公布，但官吏、百姓犯法有奸私行爲的並未停止，“從令、丞以下知而弗舉論”，縱容包庇惡人。官吏不稱職、不明智、不正直，這些都是大罪。騰決定派員屬案行，“舉劾不從令者”，依法論處。

《語書》對良吏和惡吏的能力、操守、品德作了對比，提出了當時的官吏考核標準：良吏明法律令，善於辦事，能力強；廉潔、忠誠；辦事不獨斷專行，團結同事，有公正之心；能糾正自己，謙虛、謹慎，不爭競。惡吏則反是，不明法律，不通習事務，不廉潔，遇事推脫，搬弄事非，爭功邀寵，表現自己。德、勤、能、廉這些標準，即使對今天的幹部考核、獎懲，也仍然有參考價值。

《秦律十八種》共201簡，律文每條末尾都記有律名或其簡稱。《十八種》包括《田律》《廄苑律》《倉律》《金布律》《關市》《工律》《工人程》《均工》《徭律》《司空》《軍爵律》《置吏律》《效》《傳食律》《行書》《內史雜》《尉雜》《屬邦》。整理小組曾將《十八種》中的《效》與同墓出土的《效律》加以對照，發現二者有一部分相同，因而推測《十八種》的每一種大約都不是該律的全文。抄寫人祇是按其需要摘録了十八種秦律的一部分律文。

《語書》提到南郡守騰曾“修法律令、田令及爲間私方”，“爲間私方”是懲辦有盜竊等“間私”行爲的法令，“田令”即田律。南郡在秦昭襄王二十九年入秦,但秦文化在該地徹底取代楚文化,秦律在該地普遍推廣,需要一段時間,故《秦律十八種》的抄寫時間,大約在昭襄王晚年至秦始皇三十年。

《田律》是有關農田水利、山林保護的法律。"稼已生後而雨,亦輒言雨少多,所利頃數。早〈旱〉及暴風雨、水潦、螽(蟊)蟲、群它物傷稼者,亦輒言其頃數。近縣令輕足行其書,遠縣令郵行之"。禾稼生後下雨,要報告雨量及受雨頃數。旱、潦、蟲、暴風雨等災害,也要及時報告。在農業社會,農業是立國之本,及時掌握農業生產情況,應是國之大事。"春二月,毋敢伐材木山林及雍(壅)隄水。不夏月,毋敢夜草爲灰……毋……毒魚鱉、置穽罔(網),到七月而縱之"。春二月不准入山砍伐木材,不准堵塞水道。不到夏季,不准燒草做肥料,不准毒殺魚鱉,不准設置陷阱網罟,到了七月則開禁。秦人早已懂得在一定時間内禁止砍樹、捉魚、保護資源。"百姓居田舍者毋敢酤(酤)酉(酒),田嗇夫、部佐謹禁御之,有不從令者有罪"。居田舍者禁止賣酒,違反者要治罪,其目的主要還是要節約糧食。

《廄苑律》是關於牛馬飼養的法律,廄是牛、馬飼養棚,苑是養禽獸之所,後引申指園林。公馬牛苑畜養馬、牛,以供軍國之用,故苑多與廄及馬、牛並提。《爲吏之道》:"苑囿園池,畜產肥胔。"《廄苑律》亦稱《廄律》,見《内史雜》。"以四月、七月、十月、正月膚(臚)田牛。卒歲,以正月大課之,最,賜田嗇夫壺酉(酒)束脯……殿者,誶田嗇夫,罰冗皂者二月"。每年四次評比耕牛,正月大考核,成績優秀者賞賜田嗇夫酒肉,低劣者申斥田嗇夫,罰飼牛者勞資兩個月。"將牧公馬、牛,馬、[牛]死者,亟謁死所縣,縣亟診而入之,其入之其弗亟而令敗者,令以其未敗直(值)賞(償)之"。率領放牧官有馬、牛,有死亡的,應急向死時所在縣呈報,由縣上迅速檢驗後上繳,如因不及時使馬、牛腐敗,令按未腐敗時價格賠償。

《倉律》是關於糧食、籽種、芻槁貯藏、加工、保管、配給的律文。"入禾倉,萬石一積而比黎之爲户。縣嗇夫若丞及倉、鄉相雜以印之,而遣倉嗇夫及離邑倉佐主稟者各一户以氣(餼),自封印,皆輒出,餘之索而更爲發户"。禾,穀物,入倉時以一萬石作爲一積,隔以荆笆,設置倉門。由縣嗇夫或丞和鄉、倉主管人員共同封緘,而給倉嗇夫和鄉主管稟給的倉佐各一門,由他們自己封緘,可以出倉,到倉中没有餘糧時纔再給他們開另一倉門。倉中糧食出入都有幾個主管者在場,而不是個人單獨行動。"縣上食者籍及他費大(太)倉,與計偕。都官以計時讎食者籍"。"計",賬簿。"讎",校對。各縣每年給太倉上報領取口糧人員的名冊、賬簿,且要加以核對。"隸臣妾其從事公,隸臣月禾二石,隸妾一石半,其不從事,勿稟"。隸臣妾是刑徒,刑徒隸臣爲官府服役,每月發放口糧二石,隸妾爲一石半,如不服役,則不發放。

《金布律》是關於貨幣、布帛貯存、流通、市場交易、器物修繕、發放衣物等的律文。"官府受錢者,千錢一畚,以丞令印印"。官府收入錢幣,一千錢裝爲一畚,用令、丞的印封緘。"布袤八尺,福(幅)廣二尺五寸。布惡,其廣袤不如式者,不行"。布在古時也作爲一種貨幣流通,其質量要好,長八尺,寬二尺五寸,不合標準者,不能流通。"縣、都官以七月糞公器不可繕者,有久(記)識者靡(磨)蚩(徹)之"。各縣、都官在七月處理不可修繕的官有器物,有標識的應加磨除。"受(授)衣者,夏衣以四月盡六月稟之,冬衣以九月盡十一月稟之,過時者勿稟"。發放衣物,夏衣從四月到六月發放,冬衣從九月到十一月發放,過期不發。

《關市》律是市場、關卡稅收的律文,僅一條。"爲作務及關府市,受錢必輒入其錢缿中,令市者見其入,不從令者貲一甲"。"作務",從事手工業和爲官府出售產品,收錢必須投入缿裏,使買者看見,違反者罰一甲。

《工律》與《工人程》《均工》是關於器物質量、驗收、度量衡器校正、手工業生產定額、工匠調度考核等的律文,三者的界限不是很清楚。"爲器同物者,其小大、短長、廣亦必等"。製作同一種器物,大小、長短、寬度必須相等,這大概就是其時的標準化。"縣及工室聽官爲正衡石贏(累)、斗用(桶)、升,毋過歲壺〈壹〉"。縣和工室官員校正衡器權、斗桶、升,每年最少一次,由此足見秦時統一度量衡政策執行之嚴格。"公甲兵各以其官名刻久(記)之,其不可刻久(記)者,以丹若鬃書之。其叚(假)百姓甲兵,必書其久(記),受之以久(記)"。官有兵器刻記官府名稱,無法刻的用丹或漆書寫。百姓借用兵器,應登記標記,按標記歸還。"冗隸妾二人當工一人,更隸妾四人當工〔一〕人,小隸妾可使者五人當工一人"。不同技能的人折算不同,做雜活的隸妾做活,二人相當工匠一人,輪番更代的隸妾四人相當工匠一人,未成年的小隸臣妾五人相當工匠一人。"新工初工事,一歲半紅(功),其後歲賦紅

(功)與故等"。新工匠工作,第一年要達到規定產額一半,第二年與過去作過工的人相等。對新工的訓練,秦人有嚴格的標準。

《徭律》是關於徭役的律文。秦代有各種名目的徭役,對徭役的徵發、工程期限、質量都有嚴苛的要求,達不到的,即要嚴處。"御中發徵,乏弗行,貲二甲。失期三日到五日,誶;六日到旬,貲一盾;過旬,貲一甲"。爲朝廷徵發徭役,耽擱者應罰二甲。遲到者三到五天,斥責;六到十天,罰一盾;超過十天,罰一甲。"縣葆禁苑、公馬牛苑,興徒以斬(塹)垣離(籬)散及補繕之,輒以效苑吏,苑吏循之。未卒歲或壞陜(決),令縣復興徒爲之,而勿計爲縣(徭)"。縣維修禁苑及牧養公馬牛的苑圍,徵發徒眾爲苑圍修築壕塹、牆垣藩籬並加補修,修好上交苑吏,由其巡視。未滿一年而有毀壞,由縣上重徵徒眾建造,不計入服徭役的時間。

《司空》是關於工程的律文,工程與徭役多相關。工程多用刑徒,後來司空也成爲主管刑徒的官名。"有罪以貲贖及有責(債)於公,以其令日問之,其弗能入及賞(償),以令日居之,日居八錢;公食者,日居六錢。居官府公食者,男子參,女子駟(四)"。有罪應貲贖及欠官府債務的,從判決日起訊問,無力繳納賠償,以勞役抵償,服役一日抵八錢;官府供其伙食的,每日抵六錢。官府給予飲食,男子每頓三分之一斗,女子每頓四分之一斗。"城旦舂衣赤衣,冒赤幰(氈),枸櫝櫦(縲)杕之。仗城旦勿將司;其名將司者,將司之"。城旦舂穿紅色囚服,頭著紅氈巾,施加木械、黑索和脛鉗。老年城旦不監管,指名要監管的監管。囚犯帶刑具服役,可見秦法之酷。

《軍爵律》是關於軍爵賜受及歸爵以免刑徒罪名的律文。秦孝公用商鞅,獎勵耕戰,民"有軍功者,各以率受上爵","明尊卑爵秩等級,各以差次"(《史記·商君列傳》),後君承之。"軍爵"一詞,見《商君書·境內》。"欲歸爵二級以免親父母爲隸臣妾者一人,及隸臣斬首爲公士,謁歸公士而免故妻隸妾一人者,許之,免以爲庶人。工隸臣斬首及人爲斬首以免者,皆令爲工。其不完者,以爲隱官工"。退還兩級爵位,可免父母一人的隸臣妾刑徒身份,本人退還公士爵,可以贖免其妻隸妾身份,贖免者得爲庶人。工隸臣斬獲敵首或他人斬獲敵首贖免他的,可作工匠。刑徒肢體殘缺,可作隱官工,在不易被人看見的處所工作。

　　《置吏律》是關於任用官吏的法律。"縣、都官、十二郡免除吏及佐、群官屬,以十二月朔日免除,盡三月而止之"。在十二月初一日起的三個月内任免縣、都官、十二郡的吏、佐和官府屬員。"都官"見《漢書·昭帝紀》,顏師古注説爲"京師諸官府",于豪亮説:"都官是中央一級機關,中都官是在京師的中央一級機關。中央機關大部分在京師,因此稱爲中都官,也有相當一部分不在京師,就祇能稱爲都官。"①王輝對此有引申②。秦有十二郡的時間,大約在莊襄王元至三年間③。"除吏、尉,已除之,乃令視事及遣之;所不當除而敢先見事,及相聽以遣之,以律論之"。任用吏或尉,在正式任命後,纔能赴任行使職權;不應任用而先行使職權,以及私相謀劃派往就任的,依法論處。這條律文強調任用吏員的嚴肅性,杜絶私相謀劃,保證了置吏的廉潔。

　　《效》與《效律》内容相同,前者祇是後者的部分内容。《效律》是關於核驗縣、都官物資、財産的律文。"實官佐、史被免、徙,官嗇夫必與去者效代者"。貯藏穀物官府的佐、史離職或調任,主官須同離職者一同核驗,向新任者交代。"倉扁(漏)朽(朽)禾粟,及積禾粟而敗之,其不可食者不盈百石以下,誶官嗇夫;百石以上到千石,貲官嗇夫一甲;過千石以上,貲官嗇夫二甲;令官嗇夫、冗吏共賞(償)敗禾粟"。因管理不善致糧倉漏雨或堆積使糧食腐敗,無法食用的不足百石,要斥責主管官員;超過的視情況處罰,還要令主管官員及衆吏共同賠償敗壞的糧食。"衡石不正,十六兩以上,貲官嗇夫一甲;不盈十六兩到八兩,貲一盾。甬(桶)不正,二升以上,貲一甲;不盈二升到一升,貲一盾"。衡器、量器有誤差,視誤差程度處分該官府嗇夫。這些措施,保證了統一度量衡制度的推行。"官府臧(藏)皮革,數煬(煬)風之。有蠹突者,貲官嗇夫一盾"。皮革可製甲衣,是重要的軍用物資,要常曝曬風吹,有被蟲咬者,官嗇夫受罰。"計用律不審而贏、不備,以效贏、不備之律論之,而勿令賞(償)"。計,會計。贏,超出。不備,不足。會計不合法律規定而有

①　于豪亮《雲夢秦簡所見職官述略》。
②　王輝《"都官"顏注申論》,《人文雜誌》1993 年第 6 期;又收入《一粟集——王輝學術文存》。
③　王輝《秦史三題·秦十二郡》,《陝西歷史博物館館刊》第 6 輯,陝西人民教育出版社1999 年;又收入《一粟集——王輝學術文存》。

出入，按核驗實物有差額的法律論處。“司馬令史掾苑計，計有劾，司馬令史坐之，如令史坐官計劾然”。縣司馬令史管理苑囿會計，會計有罪，司馬令史應承擔罪責。由以上兩條可見秦會計制度之嚴格、完縝。

《傳食律》是關於驛傳供給飯食的法律。“御史卒人使者，食粺米半斗，醬䭜（四）分升一，采（菜）羹給之韭葱。其有爵者，自官士大夫以上，爵食之”。郡御史屬員出差，在驛傳每餐伙食米、醬、菜都有規定，有官大夫以上爵位的，按爵級規定供給。“上造以下到官佐、史毋（無）爵者，及卜、史、司御、寺、府，糲（糲）米一斗，有采（菜）羹，鹽廿（二十）二分升二”。對上造（秦爵第二級）以下到官府中無爵的佐、史，以及卜、史、司御、侍、府，每餐僅糲米一斗，有菜羹，鹽也僅二十二分之二升，這可能就是最低的待遇了。

《行書》是關於文書傳送的法律。秦中央政府各部門與郡縣之間，郡縣相互之間多有文書傳遞。《語書》是南郡守騰頒發給本郡各縣道的勸戒文書，要求：“以次傳，別書江陵布，以郵行。”“以次傳”即依次傳送各縣道。郵，即驛站。《漢書·薛宣傳》顏師古注：“郵，行書之舍，亦如今之驛及行道館舍也。”湖南里耶出土秦封泥匣文字也有“洞庭泰（太）守府尉曹發，以郵行、遷陵以郵行洞庭郡、軑以郵行河內”的話[1]。“行傳書、受書，必以其起及到日月夙莫（暮），以輒相報殹。書有亡者，亟告官”。傳送或收到文書，必須登記其日月朝夕，以便及時回覆，此點已爲里耶秦簡所證實。里耶簡8.157：“正月丁酉旦食時，隸妾冉以來。”指明該份文書接收時間是正月丁酉日旦食時，是由名冉的隸妾送來的。8.156：“二月壬寅水十一刻刻下二。”刻是漏壺刻度。秦時漏刻分爲十一刻，每一刻再分爲十小刻，每大刻爲 2 小時 10 分多，每小刻爲 13 分多。收文精確到時分[2]，可見《行書》律執行之認真。

《內史雜》是關於掌治京師的內史職務的法律。秦時內史主要掌管首都及畿內縣事務，內史與郡並列，不在三十六郡之內，因其在畿內，經濟事務更多一些。《漢書·百官公卿表》有“掌治京師”的“內史”，也有“治粟內史”，

---

①　湖南省文物考古研究所《里耶發掘報告》彩版二十四，5～8。

②　湖南省文物考古研究所《里耶發掘報告》第 216～217 頁。

二者秦時統稱"内史"①。《内史雜》條文多與經濟事務有關,包括物資、金錢、苑囿,因爲"京師是直屬國君之地,軍政大權並不在内史,内史祇不過代國君掌管京師地區的賦稅和與之相關的户口、手工業及其藏穀、養牲事項"②。"都官歲上出器求補者數,上會九月内史"。中央機構在京師各縣有分支機關,每年應報已注銷而要求補充的器物數量,在年末(九月)把賬目上報内史。"侯(候)、司寇及群下吏毋敢爲官府佐、史及禁苑憲盗"。官府的佐、史及禁苑憲盗要嚴加選用,候、司寇和下級吏不能充任。"有實官高其垣墻。他垣屬焉者,獨高其置芻廥及倉茅蓋者。令人勿紤(近)舍"。貯藏穀物的官府墻垣要高。有其他墻垣連接的,可單獨加高貯芻草的倉和茅草覆蓋的糧倉,令人不得靠近居住。這些措施,都是爲了防火。

《尉雜》之"尉",整理小組説指廷尉,"掌刑辟"(《漢書·百官公卿表》)。"歲讎辟律於御史"。廷尉要每年到御史處核對刑律,是工作的需要。

《屬邦》僅一條:"道官相輸隸臣妾、收人,必署其已稟年日月,受衣未受,有妻毋(無)有,受者以律續食衣之。"屬邦即漢代的屬國,主管少數民族聚居的道的事務。各道官府輸送隸臣妾和收捕的人,必須寫明領口糧的年月日,領衣没有,有無妻子。如係領受者,依法續給。

《秦律雜抄》簡42枚,27條,其中有的有律名,有的没有。已見的律名有《除吏律》《遊士律》《除弟子律》《中勞律》《藏律》《公車司馬獵律》《牛羊課》《傅律》《敦(屯)表律》《捕盗律》《戍律》等11種,與《秦律十八種》甚少重複。内容涉及吏員特別是軍官的免除、遊説之士的居留限制、對弟子的管理、國有牲畜的飼養、官營手工業産品質量的評比處罰、礦産的開發、出車出獵的規程、牛羊的畜養、傅籍、邊防、緝捕盗賊、行戍補葺城墻等,十分豐富。

《除吏律》:"任灋(廢)官者爲吏,貲二甲。有興,除守嗇夫、叚(假)佐居守者,上造以上不從令,貲二甲。""廢官"指受撤職處分永不敍用的人,保舉

---

① 　王輝《秦封泥等出土文字所見内史及其屬官》,《青泥遺珍——戰國秦漢封泥文字國際學術研討會論文集》。
② 　彭邦炯《從新出秦簡再探秦内史與大内、少内和少府的關係》,《考古與文物》1987年第3期。

這樣的人爲吏,罰二甲。有戰爭,地方官吏須服軍役,任命代理嗇夫和佐留守,上造以上人員不聽命令,罰二甲。《除吏律》與《秦律十八種》的《置吏律》名稱接近,但二者内容並不重複,説明《秦律雜抄》《秦律十八種》,都祇是秦律的摘抄,秦律的種類和内容遠比今天看到的繁多和複雜。

《遊士律》:"遊士在,亡符,居縣貲一甲;卒歲,責之。"遊説之士無證居留,所在縣應罰一甲;居留滿一年,要誅責。秦人重耕戰,對專事遊説者加以種種限制。

《除弟子律》:"當(倘)除弟子籍不得,置任不審,皆耐爲侯(候)。"整理小組説:"秦以吏爲師,本條是關於吏的弟子的規定。"不恰當地將吏弟子除名,或任用保舉不當,皆耐爲候。

"駑馬五尺八寸以上,不勝任,奔摰(縶)不如令,縣司馬貲二甲,令、丞各一甲"。駑馬是供乘騎的軍馬,這種馬應體高五尺八寸以上,如不堪使用,主管的縣司馬罰二甲,縣令、丞各罰一甲,由此可見秦人對飼養軍馬的重視。

《中勞律》:"敢深益其勞歲數者,貲一甲,棄勞。"整理小組説:"中勞律,應爲關於從軍勞績的法律。"擅自增加勞績年數,罰一甲,取消其勞績。官吏升遷,重視績效、資歷,但虛報勞績,則應受罰。

"采山重殿,貲嗇夫一甲,佐一盾;三歲比殿,貲嗇夫二甲而灋(廢)"。采山,采礦。殿,下等。采礦評比,兩年居下等,要罰主管者一甲,助手一盾。三年連續評爲下等,罰主管者二甲,永不敘用。

《公車司馬獵律》:"虎失(佚),不得,車貲一甲。虎欲犯,徒出射之,弗得,貲一甲。"公車司馬是朝廷衛隊,隨皇帝出獵,虎逃走,沒有獵獲,每車罰一甲。虎要進犯,出車徒步射虎而未獵獲,應罰一甲。

《牛羊課》:"牛大牝十,其六毋(無)子,貲嗇夫、佐各一盾。羊牝十,其四毋(無)子,貲嗇夫、佐各一盾。"飼養成年母牛、母羊,生育率低,罰主管者、佐各一盾,可見對牛、羊飼養要求很嚴。

《傅律》:"百姓不當老,至老時不用請,敢爲酢(詐)僞者,貲二甲;典、老弗告,貲各一甲;伍人,户一盾,皆遷之。"秦人對户籍極爲重視,百姓不應免老,以及免老而不申報,公然詐僞者,要罰二甲;里典、伍長不告發,各罰一甲;同伍的人,每户罰一盾,犯罪者流放。免老不服勞役、從軍,杜絶免老的欺詐行爲，纔能保證勞役、從軍人數的充足。

《敦(屯)表律》："戰死事不出(屈)，論其後。有(又)後察，不死，奪後爵，除伍人；不死者歸，以爲隸臣。"戰爭中英勇不屈，以致犧牲，應將爵位予其後人。後知其人未死，褫奪其子爵位懲罰同伍人；未死者回來，爲隸臣。

《捕盜律》："捕人相移以受爵者，耐。求盜勿令送逆爲他，令送逆爲他事者，貲二甲。"秦時盜賊甚多，求盜是亭的捕盜者，其職責明確，不能命令他作迎送一類事務。求盜轉移捕到的罪犯給他人，(使他人)騙取爵位，處以耐刑。

《戍律》："戍者城及補城，令姑(嫭)堵一歲，所城有壞者，縣司空署君子將者，貲各一甲。"戍守邊疆者築城或修補城墻，要擔保一年不壞，有毀壞者主管縣司空、署君子各罰一甲。類似的話又見《秦律十八種·徭律》，可見戍邊在一定程度上也是服徭役。

《法律答問》簡210枚，187條，采用問答形式，對秦律某些條文、術語及律文的意圖作出解釋。整理小組認爲，《答問》所解釋的應是秦法律的主體部分，即刑法。《答問》所引用的律文多形成於秦稱王(惠文王後元元年)以前，極可能是秦孝公時商鞅以李悝《法經》爲藍本製訂的。《答問》中很多地方引用參考以往判案成例以處理新案，稱"廷行事"，可見當時已成爲慣例。《答問》是官方對秦法律條文的解釋，具有法律效力。

"或盜采人桑葉，臧(贓)不盈一錢，可(何)論？貲繇(徭)三旬"。偷摘他人桑葉，贓值不到一錢，問如何論處，服徭役三十天。一錢是很小的數目，偷價值一錢的桑葉，罰服徭役却不輕，是爲了保護養蠶業。

"'盜及者(諸)他罪，同居所當坐'。可(何)謂'同居'？户爲'同居'，坐隸，隸不坐户謂殹"。律文規定盜竊和類似犯罪，同居應連坐，本條解釋什麽叫"同居"，即同户就是"同居"，奴隸犯罪，主人連坐，因其有管理之責，主人犯罪，奴隸不連坐，因爲主人的行爲奴隸無權過問。

"'府中公金錢私貸用之，與盜同法'。可(何)謂'府中'？唯縣少内爲'府中'，其他不爲"。本條解釋"府中"，縣上的少内主管財貨，所以會有人私自向它借錢。少内中央也有，但律文的"府中"指縣少内，故須特別加以説明。

“‘僑（矯）丞令’可（何）殹？爲有秩僞寫其印爲大嗇夫”。下級官吏僞造丞的官印，冒充大嗇夫，就是“假冒丞令”。

“廷行事吏爲詛（詐）僞，貲盾以上，行其論，有（又）廢之”。官吏講信用，是最重要的。成例，官吏弄虛作假，罰盾以上，永不録用。

“‘盜徙封，贖耐’。可（何）如爲‘封’？‘封’即田千（阡）佰（陌）”。封是田間道路，亦即田界。田界關乎土地私有權，不能私自移動，移動者應重罰。

“甲謀遣乙盜殺人，受分十錢，問乙高未盈六尺，甲可（何）論？當磔”。甲唆使未成年人（身高不滿六尺）盜劫殺人，分到十錢，應重判車裂，比一般教唆犯判決要重。

“‘擅殺子，黥爲城旦舂。其子新生而有怪物其身及不全而殺之，勿罪’。今生子，子身全殹，毋（無）怪物，直以多子故，不欲其生，即弗舉而殺之，可（何）論？爲殺子”。秦時人口少，獎勵生育，小兒是殘疾人，因而殺死，不予治罪，但健康孩子，如不加養育，把他殺死，仍作殺子論處，黥爲城旦舂。

“論獄〔何謂〕‘不直’？可（何）謂‘縱囚’？罪當重而端輕之，當輕而端重之，是謂‘不直’。當論而端弗論，及傷其獄，端令不致，論出之，是謂‘縱囚’”。判案不公正，放縱罪犯，是嚴重的執法問題，本條對此作出解釋。

“免老告人以爲不孝，謁殺，當三環之不？不當環，亟執勿失”。環，整理小組讀爲“原”，寬囿從輕。六十歲以上老人控告子不孝，要求判處死刑。法律解釋説這種罪不寬宥立即拘捕，勿令逃走。

“夫、妻、子十人共盜，當刑城旦，亡，今甲捕得其八人，問甲當購幾可（何）？當購人二兩”。捕獲逃亡罪犯，應加獎勵，每捕獲一人獎黃金二兩。

“‘夫有罪，妻先告，不收’。妻媵（縢）臣妾、衣器當收不當？不當收”。丈夫有罪，妻先告發，不受牽連，其陪嫁奴婢、衣物不應没收。

“可（何）謂‘甸人’？‘甸人’守孝公、灅（獻）公冢者殹”。“甸人”守孝公、獻公墓冢，此條屬術語解釋。

《封診式》簡98枚，25節，是各類案例的匯編。案例可供有關官吏學習，參照執行。《封診式》各節都有小標題，有《治獄》《訊獄》《有鞫》《封守》《覆》《盜自告》《□捕》《盜馬》《爭牛》《群盜》《奪首》《告臣》《黥妾》《遷子》

《告子》《癘》《賊死》《經死》《穴盜》《出子》《毒言》《奸》《亡自出》,還有兩節標題殘缺。每個案例有調查、檢驗、審訊,文書程式相當完備。

"治獄,能以書從(縱)迹其言,毋治(笞)諒(掠)而得人請(情)爲上,治(笞)諒(掠)爲下,有恐爲敗"。"凡訊獄,必先盡聽其言而書之,各展其辭,雖智(知)其訑,勿庸輒詰。其辭已盡書而毋(無)解,乃以詰者詰之……詰之極而數訑,更言不服,其律當治(笞)諒(掠)者,乃治(笞)諒(掠)"。"治獄、訊獄"是處理、訊問案件,這兩條是辦案的總原則,因而居前。在訊問中,要平静地記錄犯人的口供,記錄完發現有疑點,再加追問。一般情況下,不要拷打人犯;恐嚇犯人,更是失敗。祇有犯人多次欺騙、翻供,纔施行拷打。辦案杜絕逼供,這在今天也是應遵守的原則。

"群盜　爰書:某亭校長甲、求盜才(在)某里曰乙、丙縛詣男子丁,斬首一,具弩二、矢廿(二十),告曰:'丁與此首人強攻群盜人,自晝甲將乙等徼循到某山,見丁與此首人而捕之……'〔訊〕丁,辭曰:'士五(伍),居某里。此首某里士五(伍)戊殹,與丁以某時與某里士五(伍)己、庚、辛,強攻群盜某里公士某室,盜錢萬,去亡。己等已前得,丁與戊去亡,流行毋(無)所主舍。自晝居某山,甲等而捕丁戊,戊射乙,而伐殺收首,皆毋(無)他坐罪。'診首毋診身可殹"。此條是一則完整的聚衆盜竊案例,記錄了某亭主管盜竊事務的校長、求盜乙捕捉及射殺盜賊丁、戊、己及所得罪人凶器,以及丁的供詞。罪犯供其姓名、身份、籍貫、犯罪事實、有無前科,最後還記錄了對罪犯戊首級的驗視。秦時盜多,所以案例中有關於盜牛、盜馬、盜錢、盜衣物等多條。案例中人名皆隱去,代以甲、乙、丙、丁、戊、己,可見祇是舉例性質。

"出子　爰書:某里士五(伍)妻甲告曰:'甲懷子六月矣,自晝與同里大女子丙鬥,甲與丙相捽,丙僨庍(屏?)甲……甲到室即病復(腹)痛,自宵子變出。今甲裹把子來詣自告,告丙。'即令令史某往執丙。即診嬰兒男女,生髮及保(胞)之狀。有(又)令隸妾數字者,診甲前出血及癰狀……丞乙爰書:令令史某、隸臣某診甲所詣子,已前以布巾裹,如衃(衃)血狀,大如手,不可智(知)子。即置益水中搖(搖)之,衃(衃)血子殹。其頭、身、臂、手指、股以下到足、足指類人,而不可智(知)目、耳、鼻、男女……其一式曰:令隸妾數字某某診甲，皆言甲前旁有乾血，今尚血出而少，非朔事殹……""出子"即流産。孕婦甲因與同里大女子丙鬥殿，相互撕打，丙將甲摔倒，致其腹痛流産。甲包裹胎兒來控告丙。案情調查做得極爲仔細，縣廷命令令史某、隸臣某檢驗嬰兒性別、頭髮和胞衣；由有生育經歷的隸妾對甲作體檢，並各寫有檢驗報告。丞乙報告說：胎兒用布巾包裹，形如血塊，大小如手，無法判斷是胎兒，但將其放入水盆中搖動，即可確認血塊是胎兒，其頭、身、臂、手指、大腿以下到腳、腳趾都像人，但看不清眼睛、耳朵、鼻子、性別。另一份報告說：甲陰部旁邊有乾血，現仍少量出血，不是月經。由男性檢驗胎兒，由女性檢驗女主告，可見秦時的案情調查、檢驗制度已相當完善。

此外，《賊死》談到對屍體的檢驗。"男子死（屍）在某室南首，正偃。某頭左角刃痏一所，北（背）二所，皆從（縱）頭北（背），衺各四寸，相奏（湊），廣各一寸，皆臽（陷）中類斧，腦角出（顄）皆血出，柀（被）污頭北（背）及地，皆不可爲廣衺"。對男屍刃傷的處所（左額角、背）、方向（縱）、寬度（一寸）、狀況（陷下），腦、額、眼眶污血情況，都有詳細的記錄，這在法醫史研究上也有重要價值。

"黥妾　爰書：某里公士甲縛詣大女子丙，告曰：'某里五大夫乙家吏。丙，乙妾殿。乙使甲曰：丙悍，謁黥劓丙。'"丙是五大夫乙的婢女（妾），衹是因爲強悍，就被乙派其家吏公士甲送到官府，請求對之施加黥（臉上刻字）劓（割鼻）之刑。可見秦時奴隸處境的悲慘。

中國法律起源於商周，西周金文中的儧匜、曶鼎等都有審訊、刑罰的内容，《尚書》中也有《湯刑》《吕刑》等。春秋時，鄭子產鑄刑書於鼎上。戰國魏李悝著《法經》，今僅存篇名。商鞅入秦，屬行變法，推行一系列法令，如《墾草令》等，重農抑商，這在秦律中即有體現。睡虎地秦簡法律條文抄於戰國晚期，是對商鞅所製定的秦律的補充和發展，其律名繁多，内容豐富，涉及面廣，是研究秦法律的第一手資料。

秦法律既有律（《秦律十八種》《效律》《秦律雜抄》），又有法律解釋（《法律答問》）、各類案例（《封診式》），其法律文書調查、檢驗、審訊、記錄程序完整，已是一種較爲完善的法律體系。

學界對秦律的研究，成果豐碩。

　　1985 年,栗勁《秦律通論》出版。如沈頌金所説:"全書通過對秦律和秦司法實踐的大量新資料的分析,系統地闡述了先秦法家學派關於法的一般理論基礎和有關刑法、訴訟法、經濟法以及民事法律關係的基本原則,全面論述了秦代法學理論和具體實踐。書中對罪刑法定、隸臣妾的性質、徒刑的刑期、耐髠完等具體問題,和商鞅、韓非在法家學派的地位、法制與禮治、法治與人治等理論原則問題,作了較爲詳細的闡述,頗有新意。"①

　　李學勤、于豪亮、劉海年、高恒曾參加睡虎地秦墓竹簡的整理、注釋工作,並對秦律作了很多極爲深入的研究。李學勤有《秦律與〈周禮〉》②,對秦律、漢律與《周禮》的關係作了深入討論,如説秦律《田律》"春二月,毋敢伐材木山林"一條是對《周禮·地官·山虞、迹人》相關内容的補充與完善。于豪亮寫有《秦律叢考》《秦王朝關於少數民族的法律及其歷史作用》《從雲夢秦簡看西漢對法律的改革》等文,後收入其論文集《于豪亮學術文存》,對"廷行事、券右、辨卷、盜賊、入芻稾、罷癃守官府、假門逆旅、群盜、作務、不死者歸、以爲隸臣"等法律術語作了考釋。劉海年有《從雲夢出土的竹簡看秦代的法律制度》③《秦律刑罰析辨》④《秦代法吏體系研究》⑤《秦律刑罰適用原則》⑥《秦的訴訟制度》⑦《關於中國罪刑的起源》(上、下)⑧等文。他認爲秦刑罰分死刑、肉刑、徒刑、笞刑……誶、連坐、收等類,名目繁多,手段殘酷。秦施刑時注意犯罪者的責任、年齡、故意、過失、累犯加重,二罪從重,自首減免,誣告反坐等,對後世執法影響很大。他還認爲秦的司法機構分朝廷、郡、縣三級,訴訟有自訴、自首、舉發、官訴 4 種,秦人在審理案件中重視證據等,都是很深刻的見解。高恒有《秦律中"隸臣妾"問題的探討》⑨《秦律中的徭、

---

① 　沈頌金《二十世紀簡帛學研究》。
② 　李學勤《簡帛佚籍與學術史》。
③⑤ 　《學習與探索》1980 年第 2 期。
④ 　《雲夢秦簡研究》,中華書局 1981 年。
⑥ 　《法學研究》1983 年第 1、2 期。
⑦ 　《中國法學》1985 年第 1、3、4 期。以上劉文又收入《戰國秦代法制管窺》。
⑧ 　《法學研究》1985 年第 5、6 期。
⑨ 　《文物》1977 年第 7 期。

成問題——讀雲夢秦簡札記》①《秦律中的刑徒及其刑期問題》②等文,後收
入其論文集《秦漢法制論考》③。探討了秦的刑罰制度,提出城旦舂、鬼薪、白
粲、隸臣妾、司寇、候皆係終身服勞役的官奴隸;也分析了傅籍、徭役、戍役等
問題。

　　高敏有《論〈秦律〉中的"嗇夫"一官》④《秦漢徭役制度辨析》⑤《從〈秦
律〉的刑罰類別看地主階級法律的實質》《見於秦律中的訴訟、審訊與量刑制
度》等文,後收入其專著《雲夢秦簡初探》。他討論了秦律的王權性質、治獄
承命於官府、不許嚴刑拷打和反對逼供的不徹底性等。

　　林劍鳴作爲秦史專家,對秦律也有很多研究,有《從雲夢秦簡看秦代的
法律制度》⑥《"隸臣妾"並非奴隸》⑦《以君主意志爲法權的秦法》⑧等文,認
爲隸臣妾僅是一種刑徒,並非奴隸。

　　此外,張金光《關於秦刑徒的幾個問題》⑨也説隸臣妾與城旦、鬼薪、司寇
等處在一個系列中,是刑徒,須終身服刑。張氏《秦制研究》一書也對睡簡秦
律多有討論。

　　臺灣學者研究秦律,成果豐碩。主要論文有:邢義田《從安土重遷論秦
漢時代的徙民與遷徙刑》⑩、馬先醒《簡牘本秦律之律名、條數及其簡數》⑪
《睡虎地秦簡刑律律文集錄》⑫、杜正勝《從肉刑到徒刑——兼論睡虎地秦簡
所見古代刑法轉變的信息》⑬、勞榦《論"家人言"與"司空城旦書"》⑭,專著

---

① 《考古》1980 年第 6 期。
② 《法學研究》1983 年第 6 期。
③ 廈門大學出版社 1994 年。
④ 《社會科學戰綫》1979 年第 1 期。
⑤ 《鄭州大學學報》(哲社版)1985 年第 3 期。
⑥ 《西北大學學報》(哲社版)1979 年第 3 期。
⑦ 《歷史論叢》總第 3 期,齊魯書社 1983 年。
⑧ 《學術月刊》1987 年第 2 期。
⑨ 《中華文史論叢》1985 年第 1 期。
⑩ 《史語所集刊》第 57 本,1986 年。
⑪⑫ 《簡牘學報》睡虎地秦簡研究專號,1981 年。
⑬ 《食貨月刊》復刊 15 卷第 5、6 期,1985 年。
⑭ 《陶希聖先生九秩榮慶祝壽論文集》,食貨出版社 1987 年。

有傅榮珂《睡虎地秦簡刑律研究》[①]等。

海外對秦簡牘特別是秦法律文書的研究,以日本爲最盛,有多位研究秦漢史、法制史、社會經濟史的學者參加。1978 年,日本中央大學秦簡研讀會譯注了《田律》《廐苑律》《倉律》《金布律》《關市律》《工律》《工人程》《均工》《徭律》《司空》等;1980 年,又譯注了《效律》《秦律雜抄》等。大庭修有論文《雲夢出土秦律的研究》[②],對秦律分類、性質、律名都有深入分析。堀毅《雲夢秦簡的基礎研究》分析了律、令的區別[③]。此外,江村治樹《關於雲夢睡虎地出土秦律的性質》[④]、池田雄一《湖北雲夢睡虎地秦墓發見》[⑤]討論秦律。佐竹靖彦《秦國的家族與商鞅的分異令》討論秦編户[⑥],堀敏一《中國的律令和對農民的統治》討論秦鄉里地方統治制度[⑦],也卓有見解。

《爲吏之道》共 51 簡,7 條,是爲吏者應遵守的原則。《史記·秦始皇本紀》記秦統一後,采納李斯的建議,“史官非《秦記》,皆燒之。非博士官所職,天下有敢藏《詩》《書》、百家語者,悉詣守、尉雜燒之。有敢偶語《詩》《書》者,棄市。以古非今者,族。吏見知不舉者,黥爲城旦。所不去者,醫藥、卜筮、種樹之書。若欲有學法令,以吏爲師”。《爲吏之道》就是官吏學習的教材。吏是法令的執行者,所以《爲吏之道》與法律條文抄在一起。文末還抄有兩條魏國法律,內容爲嚴格限制“假門逆旅,贅婿後父”和“率民不作,不治室屋”之人,與秦法相近,可供參考,因而附抄。

簡文要求爲吏者,“必精(清)絜(潔)正直,慎謹堅固,審悉毋(無)私,微密纖察,安靜毋苛,審當賞罰。嚴剛毋暴,廉而毋刖,毋復期勝,毋以忿怒夬(決)”。這些都是執法者應有的素質。簡文列舉吏之五善:“一曰中(忠)信敬上,二曰精(清)廉毋謗,三曰舉事審當,四曰喜爲善行,五曰龔(恭)敬多讓。”“吏之五失”列舉吏之十五種過失,其中有“不察所親”,包庇親屬,不知

① 臺北高鼎文化出版社 1992 年。
② 關西大學《文學論集》第 27 卷第 1 號,1977 年。
③ 《史林》第 99 卷,1977 年。
④ 《東洋史研究》第 40 卷第 1 號。
⑤ 《中央大學文學部紀要史學科》第 26 期,1981 年。
⑥ 《史林》第 63 卷 1 期,1980 年。
⑦ 《歷史學研究》別冊,1978 年。

避嫌,這樣就會"怨數至"即引起民憤。

"興利除害"一節四字一句,是官吏常用的詞語,即職業用語。"均繇(徭)賞罰"是處理徭役的原則。"根(墾)田人(仞)邑",開墾田地,充實人口,是基本國策,與《吕氏春秋·勿躬》"墾田大邑"意同。"命書時會,事不且須","命書"又見《秦律十八種·行書》,即皇帝的制書。"時會"見《周禮·大行人》,指朝見典禮。"事不且須",辦事不要苟且拖延。"命書、時會、事不且須"這些語句之間並無聯繫,文意不聯貫。整理小組推測這類詞語"是供學習做吏的人使用的識字課本。這種四字一句的格式,和秦代的字書《倉頡篇》《爰歷篇》《博學篇》相似"。

"處如資(齋),言如盟……既毋(無)後憂,從政之經。不時怒,民將姚(逃)去"一段,亦見王家臺秦簡《政事之常》,後者末尾云:"地修城固,民心乃殷。不時而怒,民將逃去。百事既成,民心乃寧。〔既毋〕後憂,從正(政)之經。""常、經"義近,此段所説是處理政事的原則。

簡文第五欄有韻文八首,類似《荀子·成相》,語句整齊,音韻和諧,采用民間文學的形式,規範官吏言行,極有特色。如:"操邦柄,慎度量,來者有稽莫敢忘。賢鄙溉(既)辟(乂),禄立(位)有續孰敢上?……將發令,索其政(正),毋發可異史(使)煩請。令數囚(究)環,百姓揺(摇)貳乃難請。"這些通俗易懂、便於記住的話,有很好的宣傳效果。

《爲吏之道》的很多語句有濃厚的儒家色彩。"以此爲人君則鬼(懷),爲人臣則忠;爲人父則兹(慈),爲人子則孝……君鬼(懷)臣忠,父兹(慈)子孝,政之本殹"。忠、孝、慈、懷是儒家提倡的道德。《爲吏之道》宣揚的爲人處世的原則是"中不方,名不章;外不圓","怒能喜,樂能哀,智能愚,壯能衰,惠(勇)能屈,剛能柔,仁能忍",符合儒家提倡的中庸之道。《爲吏之道》有些話則與道家思想相通,"强良不得"與《老子》所説"强梁者不得其死"意同;"君子不病殹,以其病病殹"與《老子》所説"聖人不病,以其病病"若合符契。高敏《秦簡〈爲吏之道〉中所反映的儒法融合傾向——兼論儒法諸家思想融合的歷史傾向》以爲這反映了當時儒法道思想的融合。王輝《儒與秦文化》對此亦有分析。

《日書》有甲、乙兩種。《日書》甲共 166 枚,正、背面皆有文字,共 50 大節,每一大節又分爲若干小節。大節有的有標題,有的没有。標題共30個,有《除》《秦除》《稷(叢)辰》《衣》《玄戈》《歲》《星》《病》《啻(帝)》《室忌》《土忌》《作事》《毀棄》《直(置)室門》《行》《歸行》《到室》《生子》《人字》《取(娶)妻》《作女子》《吏》《夢》《詰》《盜者》《衣》《土忌》《門》《反枳(支)》《馬禖》,其中《衣》《土忌》出現兩次。《日書》乙共260枚,僅正面有文字,且字較大,因而字數少於甲種。乙種共66大節,有的大節又分爲若干小節。標題49個,有《除》《秦》(即甲種的《稷(叢)辰》)、《木日》《馬日》《牛日》《羊日》《豬日》《犬日》《雞日》《正月》《官》《三月》《四月》《五月》《六月》《七月》《八月》《九月》《十月》《十二月》《人日》《男子日》《室忌》《蓋屋》《蓋忌》《除室》《裂(製)》《初寇〈冠〉》《寄人室》《行日》《行者》《入官》《行忌》《行祠》《行行祠》《□祠》《祠》《亡日》《亡者》《見人》《有疾》《病》《夢》《家(嫁)子□》《入官》《生》《失火》《盜》。甲、乙種《日書》標題相同的有《除》《秦除》《室忌》《夢》,内容也接近。有些標題接近,甲種《病》與乙種《有疾》《病》二篇内容基本相同。有些標題不同,但内容相同,如乙種《正月》《官》《三月》《四月》《五月》《六月》《七月》《八月》《九月》《十月》《十二月》11篇甲種標題爲《星》,列舉二十八宿當值時娶婦、嫁女、生子、祠祭、出行、爲室、入禾粟、出獵諸事的吉凶,前者祇是把二十八宿分配到各月。乙種《人日》《男子日》《蓋屋》《蓋忌》《除室》《裂(製)》《初寇〈冠〉》《寄人室》《行日》《行者》《入官》《行忌》《行祠》《行行祠》《祠》《亡日》《亡者》等篇内容簡略,多數是甲種相關篇的摘抄,但也有不少不見於甲種的内容。

《日書》是占驗之書,以時、日推斷吉凶禍福,在《漢書·藝文志》中屬五行。李零《中國方術正考·擇日和曆忌》説:"擇日和曆忌是從式法派生,都屬於古代的'日者'之説。它們與曆法的關係有點類似《周易》和筮法的關係,也是積累實際的占卜之辭而編成。但它與後者又有所不同。《周易》雖然也被古今研究易理的人當獨立的書來讀,可是作爲供人查用的占書,它却始終結合着筮占,離開筮占,也就失去了占卜的意義。而擇日之書或曆忌之書是把各種舉事宜忌按曆日排列,令人開卷即得,吉凶立見,不必假乎式占,即使没有受過訓練的人也很容易掌握。"①李學勤説:"《日書》是當時民間用以推斷時日吉凶的一種數術書。對這類信仰的迷信性質,東漢王充的《論衡》已經有所譏評。不過《日書》在古代流行很廣,除睡虎地外,在其他好幾處秦漢墓葬中也陸續有所發現。《日書》裏的不少數術一直流傳到後世,例如建除、人字等等,甚至在現代的曆書裏仍保存着。《日書》又廣泛地反映了當時社會的許多現象和思想,因此非常值得深入分析和研究。"②李先生還認爲從《日書》裏可以了解秦、楚社會,説:"如果《日書》所反映的楚、秦在奴隸制關係上的不同確實代表了兩國社會的差別,很可能楚國的奴隸制在晚周已經衰落了,而公元前279年秦命白起攻楚以後,楚境被秦人逐步佔領,又把奴隸制帶進了這一地區。"③

　　《日書》在發表之初,研究者甚少。1982年,饒宗頤、曾憲通《雲夢秦簡〈日書〉研究》出版,有開創之功。1986年,林劍鳴在西北大學組織了《日書》研讀班,每周兩個半天,持續數月。研讀班結束時,有集體論文《日書:秦國社會的一面鏡子》④。林先生及其弟子此後在《日書》研究上多有建樹。林先生《從秦人價值觀看秦文化的特點》⑤認爲《日書》反映出的秦人價值觀有"外傾"和"重功利,輕倫理"的特點。其《秦漢政治生活中的神秘主義》⑥分析了秦漢墓葬中律文與《日書》共存的現象,指出:"通《日書》者與執法的官吏在秦漢時代往往兩者集於一身。"張銘洽重點研究《日書》中的天文、曆法,有《秦簡〈日書·玄戈〉篇解析》⑦《〈日書〉中的二十八宿問題》⑧《雲夢秦簡〈日書〉占卜術初探》⑨等文。吳小强重點研究《日書》反映的社會學,特別是婚姻、家庭、生育諸問題,有《試論秦人婚姻家庭生育觀念》⑩《秦人生育意願

①　李零《中國方術正考》第32頁,中華書局2006年。
②　李學勤《簡帛佚籍與學術史·〈日書〉中的〈艮山圖〉》。
③　李學勤《睡虎地秦簡〈日書〉和楚、秦社會》。
④　《文博》1986年第5期。
⑤　《歷史研究》1987年第3期。
⑥　《歷史研究》1991年第4期。
⑦　《秦漢史論叢》第4輯,西北大學出版社1989年。
⑧　《秦陵秦俑研究動態》1992年第2期。
⑨　《文博》1988年第3期。
⑩　《中國史研究》1989年第3期。

初探》①《從雲夢秦簡看戰國秦代人口再生產類型》②等文；吳氏還有《秦簡日書集釋》一書，對睡虎地及天水放馬灘兩種《日書》校勘、詮釋、今譯、論述，爲《日書》的整理與普及提供了一種新模式。賀潤坤重點研究《日書》反映的秦政治、經濟，有《從〈日書〉看秦國的穀物種植》③《中國最早的相馬法——雲夢秦簡〈日書·馬〉篇》④《從雲夢秦簡〈日書〉看秦國的林業、桑麻業》⑤《從雲夢秦簡〈日書〉看秦民間的災變與救災》⑥《雲夢秦簡〈日書·門〉圖初探》⑦等系列論文。

　　于豪亮是睡虎地簡《日書》的整理者與注釋者，其《秦簡〈日書〉記時記月諸問題》⑧對秦的十二時、十六時記時法、楚國紀月、十二生肖作了討論。關於楚月名，曾憲通《秦簡〈日書〉歲篇疏證》⑨有更深入的分析。

　　李學勤研究《日書》的文章，除上文提到的外，還有《〈日書〉盜者章研究》⑩。劉樂賢有一系列重要論文，如《睡虎地秦簡〈日書·詰咎篇〉研究》《睡虎地秦簡〈日書〉“反支篇”及其相關問題》《睡虎地秦簡〈日書〉中的“往亡”與“歸忌”》⑪，其博士論文《睡虎地秦簡〈日書〉研究》⑫，長於文字訓詁、校正，卓有成就。王子今《睡虎地秦簡〈日書〉甲種疏證》分章、釋義亦多有新見。

　　臺灣學者的《日書》研究，以林富士、蒲慕州爲代表。林氏有論文《試釋睡虎地秦簡〈日書〉中的夢》⑬，蒲氏有論文《睡虎地秦簡〈日書〉的世界》⑭。

---

①　《江漢論壇》1989 年第 11 期。
②　《西北大學學報》(哲社版)1991 年第 2 期。
③　《文博》1988 年第 3 期。
④　《西北農業大學學報》1989 年第 3 期。
⑤　《江漢考古》1992 年第 4 期。
⑥　《江漢考古》1994 年第 2 期。
⑦　臺灣《簡牘學報》第 15 期,1993 年。
⑧　《雲夢秦簡研究》,中華書局 1981 年；又收入《于豪亮學術文存》第 157～161 頁,中華書局 1985 年。
⑨　《古文字學與語言學論文集》,中山大學出版社 1986 年。
⑩　《簡帛佚籍與學術史》。
⑪　《容庚先生百年誕辰紀念文集》,廣東人民出版社 1998 年。
⑫　臺北文津出版社 1994 年。
⑬　《食貨》復刊第 17 卷第 3～4 期,1987 年。
⑭　《史語所集刊》第 62 本第 4 分,1993 年。

蒲文認爲:"《日書》所反映的不但不能説是'秦文化',甚至不能説是秦人中下階層的文化,而應該是當時中國社會中中下階層共同的文化的一部分。"

日本學者的《日書》研究以工藤元男爲代表。工藤氏有《論睡虎地秦墓竹簡〈日書〉》①《雲夢睡虎地秦墓竹簡〈日書〉所見秦楚二十八宿占——先秦社會文化的地域性和普遍性》②《雲夢睡虎地秦墓竹簡〈日書〉和道教的習俗》③等一系列論文,認爲《日書》與法律及原始道教皆有密切的關係,思路開闊,對人深有啓發。

據《日書:秦國社會的一面鏡子》説,《日書》的内容可分爲正文、表、圖三個部分。

正文是《日書》的基本内容,可分作總綱和行事吉凶兩組。據《鏡子》統計,《日書》甲、乙不重出的標題共 62 個,總綱組有《除》《秦除》《稷(叢)辰》《歲》《星》《毀棄》,内容主要是曆法、天象與人事的關係,"在整個《日書》中起着工具和原則、綱領的作用……整個《日書》所談到的具體的行事吉凶實際上是它們的順推"。第二組的内容分作土木建築、出門歸家、娶嫁生育、六畜飼養、日常生活、疾病災異、其他七類行事吉凶,"是對第一組總綱的解釋",如土木建築類有《啻(帝)》《室忌》《土忌》《作事》《直(置)室門》《宇》《反枳(支)》《蓋屋》《蓋忌》《垣墻日》《除室》《穿户忌》。

表有 6 個,其中《日書》甲有《除表》《秦、楚月份對照表》《五行表》;《日書》乙有《地支表》《十六時分表》《建除表》。

圖有 3 個,僅見《日書》甲,即《艮山圖》(原稱《朔初日圖》)、《門圖》《人字圖》。

正文、表、圖都是《日書》的有機組成部分,互爲經緯,相得益彰。正文是《日書》的主體,圖、表是其解釋,簡明而直觀。如《門圖》標高門、貨門、東門、獲門、刑門(以上東方)、則光門、大伍門、辟門、南門、倉門、寡門(以上南方)、徙門、起門、雔門、北門、曲門、食過(禍)門(以上北方)、不周門、雲門、失行門、大吉門、屈門(以上西方)二十二門,各門的位置一目了然。

---

① 日本早稻田大學東洋史懇話會《史滴》第 8 號,1987 年。
② 《古代》第 88 號,1989 年。
③ 《東方宗教》第 76 號,1990 年。

　　《日書》把星辰的運行、四季的變遷、日月的交替,直接與人間的福禍相聯繫,如甲種開首即列《除表》,將建除十二直(值)(濡、贏、建、陷……成、甬)與二十八宿(斗、須、營、奎……氏、心)及一年十二月(十一月、十二月、正月……九月、十月)經緯相織,組成一個表格,日子則爲地支(子、丑、寅、卯……戌、亥),如此,何日爲濡,何日爲建,一查即得。又《秦除》:“正月:建寅、除卯,盈辰,平巳……開子,閉丑……建日,良日也。可以爲嗇夫,可以祠。利棗(早)不利莫(暮)。可以入人,始寇〈冠〉、乘車。有爲也,吉。”《除》爲楚國建除,《秦除》則爲秦國建除,二者十二直日名、所指具體日子及所執掌的吉凶亦不同,如楚建除正月建日在辰,秦除則正月建日在寅。但如饒宗頤所説(《雲夢秦簡日書研究·建除家言》):“建除在當日亦非一家,名稱間有出入,而以配十二辰則無二致。”

　　《日書》反映了秦人對農業、畜牧業的重視,如《日書》甲《秦除》:“禾良日,己亥,癸亥,五酉,五丑。禾忌日,稷龍寅,秫丑,稻亥,麥子,菽、荅卯,麻辰,葵葵亥……”《日書》乙:“羊良日,辛巳、未,庚寅、申、辰,戊辰,癸未。忌日,甲子、辰,乙亥、酉,丙寅,丁酉,己巳。”

　　秦人對婚姻生育有很多禁忌,從中可以看出秦人的擇偶觀與夫妻關係、生育觀與對子女的期望等,如《日書》甲《生子》:“甲戌生子,飲食急。乙亥生子,穀(穀)而富。丙丁生子,不吉……乙未生子,有疾,少孤,後富……戊午生子,耆(嗜)酉(酒)及田邋(獵)……庚午生子,貧,有力,先〈无〉冬(終)。”《人字》:“其日在首,富難勝殹。夾頸者貴。在奎者富。在掖(腋)者愛。在手者巧,盜。在足下者賤。在外者奔忙。”又仿人形繪製圖標明首、頸、腋、手、足及髀間、外側的地支字,即生子的日子。《取(娶)妻》:“取(娶)妻龍日,丁巳,癸丑,辛酉……丁丑、己丑取(娶)妻,不吉。戊申、己酉,牽牛以取(娶)織女,不果,三棄。”棄即棄婦,可見秦人有棄婦之俗。《日書》乙《家(嫁)子口》:“正月、五月、〔九月〕,正冬盡,東南夬(決)麗(離),西南執辱,正西郤(郤,讀爲‘隙’)逐,西北續(睦?)光,正北吉富,東北〔反(返)鄉〕。”以月份、出嫁方位推斷出嫁後婚姻的長久、分離、受辱等。

　　《日書》甲、乙皆有《夢》,乙種:“甲乙夢被黑裘衣寇〈冠〉,喜,入水中及谷,得也。丙丁夢口,喜也,木金得也……凡人有惡夢,覺而擇(釋)之,西北鄉（嚮），擇（釋）髮而駬（呬），祝曰：‘緜（皋）！敢告壐（爾）宛奇。某有惡夢，老來□之。宛奇強飲食，賜某大畐（富），不錢則布，不壐（繭）則絮。’”古人不理解作夢的原理，故有占夢之術。開首幾句以夢與天干、五行相配，占其吉凶。後邊一段祈禱夢神“宛奇”（甲種作“豸骑”，《後漢書·禮儀中》稱“伯奇食夢”），求其吃喝好，賜給自己富裕，以及錢財、絲帛；甲種此段後有“則止矣”，表示如此禱告，則惡夢可以停止。

《日書》甲《夢》後附有相宅之術，云：“凡宇最邦之高，貴貧。宇最邦之下，富而瘝（癃）……宇東方高，西方下，女子爲正……垣東方高西方之垣，君子不得志……圂居西北匿，利豬，不利人。圂居正北，吉。圂居東北，妻善病。圂居南，宜犬，多惡言。”吳小強説此篇“兩次提到‘女子爲正’，這説明戰國及秦代婦女地位在家庭中並非絕對低下，至少在某些秦人家庭裏，婦女是掌大權的”。又説：“‘圂居正北，吉。’圂是與猪圈合一的厠所，漢墓出土了具有明器性質的陶製圂模型，至今北方某些鄉村的厠所中仍圈着猪。又如‘屏居宇後，吉。屏居宇前，不吉。’厠所位於住宅背後比較衛生、雅觀。前宅後厠的建築布局從戰國一直沿用至今。”

《詰》談如何防治、驅除鬼魅。其中對鬼魅危害人的行爲的描述形象生動，頗有藝術性。“人毋（無）故而鬼取爲膠（摎，糾結），是是哀鬼，毋（無）家，與人爲徒，令人柏（白）然毋（無）氣，喜契（潔）清，不飲食。以棘椎桃秉（柄）以意（敲）其心，則不來……鬼恒召（詔）人曰：‘壐（爾）必以莫（某）月日死。’是祔鬼僞爲鼠，入人醯、醬、澮、將（漿）中，求而去之，則已矣”。哀鬼無緣無故糾纏人，找人作伴，使人臉色慘白，沒精打采，有潔癖，厭食；祔鬼僞裝成老鼠，告訴人死期，又鑽進醋、醬、酒、泔水中，足見鬼變化多端，善於害人。

《日書》甲有《盜者》，乙有《盜》，後者内容較爲簡略。“子，鼠也。盜者兑（銳）口、希（稀）須（鬚），善弄，手黑色，面有黑子焉，疵在耳，臧（藏）於垣内中糞蔡下。多〈名〉鼠鼹孔年郢……酉，水（雉）也。盜者閻（臠）而黃色，疵在面，臧（藏）於圂中草下，且啓夕閉，夙得莫（莫）不得……甲盜名曰耤鄭壬饒強當良……癸名曰陽生先智丙”。此節所述爲相盜法，即按十二地支所配動物屬相，推斷盜賊長相、身體、性格特徵、藏匿之處，告訴人如何防盜，盜賊名中有哪幾個字。子日屬鼠，盜賊尖嘴，少鬍鬚，正是鼠的特徵，名中有鼠、鼷,與鼠相關。用十二種動物配十二地支,以《日書》此篇爲最早。以子配鼠、丑配牛、寅配虎、卯配兔、巳配蟲(蛇)、申配環(猿猴)、酉配水(雉)、亥配豕(豬),與後世相同,祇有以午配鹿、未配馬、戌配老羊有異。乙種《盜》:"丙亡,爲間者不寡夫乃寡婦,其室在西方,疵而在耳,乃折齒。"指出盜的方位、性別。女子爲盜,亦見《法律答問》。

睡虎地4號秦墓出土兩塊木牘,是士卒黑夫、驚寫給中(衷)的信,三人爲同胞兄弟,後者應爲墓主人。11號木牘云:"二月辛巳,黑夫、驚敢再拜問中、母毋(無)恙也? 前日黑夫與驚別,今復會矣。黑夫寄走就書曰:'遺黑夫錢,毋操夏衣來。'……黑夫等直(值)佐淮陽,攻反城久,傷未可智(知)也。願母遺黑夫用勿少……爲黑夫、驚多問姑姊……驚多問新負(婦)□得毋恙也? 新負(婦)勉力,視瞻丈人……"6號木牘云:"驚敢爲問衷、母得毋(無)恙也? 室家外內同以衷、母得毋恙也。與從軍,與黑夫居,皆毋(無)恙也。☒錢衣願母幸遺錢五六百,繻(緹、緰)布謹善者毋下二丈五尺,☒用枲柏錢矣,室弗遺即死矣,急……驚多問新負(婦)□皆得毋(無)恙也,新負(婦)勉力,視瞻兩老☒。驚遠家故,衷教詔□,令毋敢遠就,若取薪。衷令☒,聞新地城多空不實者,且令故民有爲不如令者實。☒爲驚□□,若大發□,以驚居反城中故……新地多盜,衷唯毋方行新地,☒。"

黑夫與驚是普通士卒,文化程度不高,這兩封信是他們自寫還是請人代寫不清楚,即使代寫,寫者可能也是低級軍吏,所以信的語言接近口語,是當時的白話,也是研究中國語言學史的珍貴資料。

前信中提到"黑夫等直(值)佐淮陽,攻反城久",應指秦王政二十三年(前224)楚將項燕擁立昌平君反秦於淮陽事。反叛堅持一年之久,至二十四年二月辛巳(十九日)黑夫寫信時,仍未攻下反城,到寫第二封信時纔攻下不久,故"驚居反城中"。

在前信中,黑夫、驚向母親和衷(可能是其兄)要錢和夏衣,告訴母親,如老家安陸絲布價賤,就買布作成夏衣襌、裙、襦,與錢一同捎來;如布貴,就祇送錢來,黑夫在當地買布裁衣。在後信中,驚提出要錢的數目是五六百,細布不少於二丈五尺。驚與黑夫在前信中說,他們長期攻打反城,傷亡隨時會發生;在後信中說,由於未及時收到家中的錢,處境窘迫,再不送來,恐會死去,十分火急。湯餘惠説:"從兩件家書可以看出秦代士兵衣服日用皆仰給於家庭,由於兵役頻仍,使得廣大民衆處於水深火熱之中。"①分析深刻。

驚在兩封信中一再問候自己的新婚妻子,要她多作家務,照顧公婆。驚囑咐衷照看新婦,不要讓她遠走,幹重活,如外出打柴之類。

信中提到老家安陸(入秦後稱新地)"城多空不實",秦準備讓觸犯法令的楚人遷居其中,其地又"多盗",足見秦統一前夕南郡地方治安不好。南郡守騰在四年前發布的《語書》中説當時南郡"法律令已布,聞吏民犯法爲間私者不止,私好、鄉俗之心不變",四年過去了,情況仍未根本改觀。

## 第二節　放馬灘秦簡牘

1986 年,甘肅省文物考古研究所在天水市東南 70 公里的放馬灘發掘秦漢墓葬 14 座,其中大型一棺一槨秦墓 MI 棺内死者頭側出土竹簡 461 枚、木板地圖 6 塊,同出有算籌、毛筆、筆套、磬槌等。竹簡内容爲《日書》甲、乙兩種,以及一篇志怪性質的故事。據發掘者説,13 座秦墓出土器物"有早也有晚,但都在戰國中期至晚期這一段之内"。"出土陶器中的罐、壺、釜三種器形,與陝西西安大白楊、清澗李家崖、鳳翔高莊、臨潼上焦村等地戰國秦墓的同類器物非常相像。銅帶鈎、銅璜、毛筆、筆管、博局圖等與雲夢睡虎地第三、四、五、九、一一號墓所出完全相同……因此,放馬灘秦墓時代早至戰國中期,晚至秦始皇統一前。其中一號墓的下葬時代約在公元前 239 年以後"。公元前 239 年爲秦王政八年,是由志怪故事的紀年决定的,下文將略加討論。

《文物》1989 年第 2 期刊發《甘肅天水放馬灘戰國秦漢墓群的發掘》及何雙全《天水放馬灘秦簡綜述》《天水放馬灘秦墓出土地圖初探》,概述了一號秦墓發掘及出土簡牘内容。1989 年 12 月,《天水放馬灘秦簡甲種〈日書〉釋文》、何雙全《天水放馬灘秦簡甲種〈日書〉考述》,公布了《日書》甲的釋文、初步研究,但對字數最多的《日書》乙則未公布完整釋文。此後,學者紛紛著文,對這批簡牘有所討論,如李學勤《放馬灘簡中的志怪故事》、鄧文寬

---

① 　湯餘惠《戰國銘文選》第 176 頁,吉林大學出版社 1993 年。

《天水放馬灘秦簡"月建"應名"建除"》、劉信芳《〈天水放馬灘秦簡綜述〉質疑》、饒宗頤《論天水秦簡中之"中鳴、後鳴"與古代以音律配合時刻制度》、曾憲通《秦漢時制芻議》①、曹婉如《有關天水放馬灘秦墓出土地圖的幾個問題》、朱玲玲《放馬灘戰國地圖與先秦時期的地圖學》、張修桂《當前考古所見最早的地圖——天水放馬灘地圖研究》②、雍際春《天水放馬灘地圖注記及其内容初探》《天水放馬灘木板地圖研究》等。2009 年,《天水放馬灘秦簡》(以下簡稱《放秦簡》)出版。此書編著者吸收了部分學者的意見,對早先的釋文有所訂正,並有簡短的説明;書出之前,中華書局又約請相關專家對部分釋文會審,提出修訂意見。但是這批竹簡長期浸泡在積水中,質地松軟,纖維分裂,出土後又經清洗,因而文字除《日書》甲種外,多有模糊不清處;竹簡内容多無標題,現有標題是整理者擬加的,簡文抄寫者對内容多有删簡,文字或有訛誤。由於以上原因,該書在很多方面仍不無可議。已有多篇簡帛網上論文對該書釋文加以訂正,如復旦大學出土文獻與古文字研究中心研究生讀書會《天水放馬灘秦簡〈日書·盜篇〉研讀》,方勇《讀〈天水放馬灘秦簡〉小札》(一)(二)(三),曹方向《讀〈天水放馬灘秦簡〉小札》,吕亞虎《讀〈天水放馬灘秦簡〉小札》《〈放簡〉簡序重排二則》《〈天水放馬灘秦簡〉殘簡綴合二則》《〈天水放馬灘秦簡〉識小》《〈天水放馬灘秦簡〉缺、誤字訂補幾則》《〈天水放馬灘秦簡〉識小一則》,晏昌貴《天水放馬灘秦簡〈日書〉乙種分篇釋文(稿)》、馮先思《讀放馬灘秦簡〈日書〉筆記二則》③,趙岩《放馬灘秦簡日書札記二則》,程少軒、蔣文《放馬灘簡〈式圖〉初探(稿)》④《略談放馬灘簡所見三十六禽(稿)》《試説放馬灘簡所見三合卦》⑤,程少軒《讀放馬灘簡小札四則》⑥,宋華强《〈放馬灘秦簡《日書》〉識小録》⑦,王輝《〈天水放馬灘秦簡〉標題小議》《〈天水放馬灘秦簡〉校讀記》,對其標題、釋文有

① 1991 年中國簡牘學國際學術研討會論文。
② 《歷史地理》第 10 輯,上海人民出版社 1992 年。
③ 復旦大學出土文獻與古文字研究中心網站,2010 年 1 月 17 日。
④ 同上,2009 年 11 月 6 日。
⑤ 同上,2010 年 11 月 28 日。
⑥ 同上,2010 年 1 月 4 日。
⑦ 同上,2010 年 3 月 5 日。

所訂補。2010 年 12 月,張顯成主編《秦簡逐字索引》由四川大學出版社出版,相關釋文更趨準確。

　　木板地圖出土時共 6 塊,均出土於 M1 秦墓頭箱内,編號 M1. 7、8、9、11、12、21。據發掘者説,其 7、8、11 等 3 塊原爲一塊,因壓裂分爲 3 塊,所以實際上爲 4 塊木板,其中 1 塊一面繪圖,3 塊兩面繪圖,實有地圖 7 幅。

　　第一塊即原 7、8、11 塊,長 22.7 釐米,寬 18.1 釐米。A 面(木板地圖一)繪有山、水系、溝谿等,注明地名 10 處:邽丘、略、中田、廣堂、南田、邸、漕、楊里、真里、邚,使用方框爲圖標。

　　"邽丘"一名最大,何雙全認爲應爲邽縣,其餘小地名應爲邽縣里名,明確反映了其不同的行政級別,因而木板地圖一是中心區域。何先生説:"(這)基本上可以説是戰國時秦國邽縣的部分政區地理圖,其範圍大致位於現今天水市麥積區之位置。"不過,"邽丘"之"邽"李學勤隸作"封",封丘所在未加解釋,曹婉如、徐日輝從李説。徐日輝《邽丘辨——讀天水〈放馬灘秦墓出土簡圖〉札記》①對邽、封二字加以考辨。因爲原圖模糊,此字究竟是"封"還是"邽"已難於分辨。又志怪故事有"□丞赤敢謁御史"的話,首字何氏亦隸作"邽",但該字較清楚,明顯是邸字,李學勤有此説,拙文《〈天水放馬灘秦簡〉校讀記》也將此字與秦封泥"郡左邸印、郡右邸印",包山楚簡"邸陽君"諸邸字加以比對,認爲應是邸字,木版地圖邸字何氏原釋"鄅"、《放秦簡》已改釋"邸",是。李學勤説即氐道,在天水西南,屬隴西郡。曹婉如從李説,認爲氐在今嘉陵江上源花廟河與高橋會合的谷地②,即今隴南徽縣的太白鎮。藤田勝久《戰國秦的領域形成和交通路綫》③則説氐與西縣相鄰,在西漢水上游。按《漢書·地理志》隴西郡有"氐道",王先謙補注引錢坫云:"故城今清水縣西南,縣在上邽之東南,下辨之東北。"則氐道與邽(上邽)鄰。曹婉如説,這幾幅地圖所指地區皆與氐道有關。

　　略,何雙全、張修桂説即不其簋所見之地名"嚳",亦即晉太元中所置的略陽郡,在今秦安縣與張家川縣交界處的略陽川水流域,今秦安縣隴城鎮,

①　《歷史地理》第 14 輯,上海人民出版社 1998 年。
②　《有關天水放馬灘秦墓出土地圖的幾個問題》。
③　《秦文化論叢》第 6 輯,李淑萍譯,西北大學出版社 1998 年。

“邿”讀爲“柯”，即今東柯河①。

　　第一塊 B 面(木板地圖二)注明地名 7 處:廣堂,中田、光(或説爲永字之訛)城、山格、明谿、故西山、故東谷;又用醒目的標誌(❫❪)標出關隘位置,注爲“閉”。圖中有一亭形建築標識,但無名稱,何雙全説“可能表示該地爲一處重要駐地”。圖下方寫一“上”字,表示圖之正讀方向。

　　廣堂、中田又見上圖,則地圖一、二可拼接,閉,閉塞,引申指關隘,圖中“閉”圖標在河流之間,當指峽谷形成的關隘。雍際春説:“2 號圖 9 個文字注記可分三類,一是表示地圖正讀方向的讀圖注記,二是表示居民點的帶框地名(共兩個,與 1 號圖相同),三是不帶框的 6 個文字注記……在 6 個未帶框的注記中,所示內容分爲:谷—(故草谷)、山—(故西山)、谿—(明谿)、關—(閉),另外兩個即‘山格’與‘光成’,大致屬河流名。”雍先生考證“2 號圖所繪關隘,位於原圖渭河水系北岸自東向西第 3 條支流上游。這條支流按地域組合與水系形態關係,它是今葫蘆河……其中的石峽即是《水經注》記載的‘僵人峽’”。亭形建築相當今何地不明。何雙全説指秦亭,在今葫蘆河鄭川一帶,曹婉如説指秦西縣,今禮縣楊家寺一帶,張修桂説指女媧祠,在今秦安縣與甘谷縣交界的王鋪,雍際春則以爲“上述三説均有可疑之處,難以妄下結論”。

　　第二塊(木板地圖三)即原 9 塊,長 26.6 釐米,寬 15 釐米。一面繪山、水系、溝谿、關隘。文字注記 16 處:上臨、苦谷、冗到口二十五里、燔夬谷、燔夬閉、大松、松休、大松休、楊谷休、大桯、相谷、大□、松休十五里、松休十三里、多休木八里、卅里。

　　夬,何雙全釋“史”,李學勤釋“夬”,當以後者爲是。“夬”疑當讀爲“決”。《説文》:“決,行流也。”《尚書·益稷》:“予決九川距四海。”地名、水名加決字,表示水加疏通。

　　休字應爲地名標識字,多用在松、楊、楠等木名之後。此字何雙全最早釋“利”,李學勤、曹婉如釋“刊”,《放秦簡》釋“材”,字形皆有距離。王輝《校讀記》釋“休”,義爲息止,“‘松休’即該地多鉅松,便於止息。‘楊休’‘楠

---

①　張修桂説見其《當前考古所見最早的地圖——天水放馬灘地圖研究》,《歷史地理》第 10 輯,上海人民出版社 1992 年。

休'同意"。墓主丹是一位日者,如祝中熹所説:"木板地圖置於頭箱中,應當
是墓主生前繪製以備自用的。圖中許多河谷注明了里數,除大量標示地名
外,還多處標有'松刊'……等字,顯然是爲曾經其地的提示語。以占卜術和
堪輿術謀生的術士們……須要周遊各地,深入民間,在聚居人口比較稀少而
河流山林衆多的地域,使用地圖來輔助記憶,是十分必要的。"①除仍釋"休"
爲"刊"外,對這些地名的作用已説得很清楚了。

　　第三塊即原 12 塊,長 26.5 釐米,寬 18.1 釐米。A 面(木板地圖四)繪有
山、水系、溝豁、關隘、道路、地形等。有注記 19 處:北谷口(或釋"下")道冗
(或釋"最、宛")、虎谷、苦谷、上臨、陽有劍木、九員、下臨、北有灌夏(或釋
"憂")百錦(或釋"録")、陽盡柏木、上楊谷、下楊谷、上辟磨、去谷口可五里、
楠(或釋"櫹")休、下辟磨、陽盡柏木、去谷口可八里、大□休、輿豁。其中
"陽盡柏木"出現兩次,"上臨、苦谷"亦見木板地圖三。

　　楠字李學勤隸爲"蕭",就是艾蒿,《放秦簡》釋"楠",圖版模糊,不易確
定。劍,李學勤讀爲"薊",多年生菊科植物。

　　全圖中間有兩條中軸綫,一條彎曲,一條較直,《放秦簡》説:"中軸爲兩
條綫段,一條彎彎曲曲,從左至右延伸向前與北谷綫相接。讀其意,表示河
流順深切割山溝流去。而另一條綫不與其合,且交直,但沿同一方向延伸,
特別是在下臨一地段用黑寬符號標記,在虎谷河流多彎曲處,又用橢圓符號
標記。讀其意,表示道路的走向和關隘的位置。很明顯,這兩條綫所標示的
是河流和道路以及重要關卡。從地理地形周圍關係看,這一區域是高山深
谷,有重要河流和道路,重要地點和森林以及駐守地。"

　　第三塊 B 面(木板地圖五)是一幅未繪成的地形圖,僅繪出部分山脈及
河流,無文字。

　　第四塊即原 21 塊,長 16.8 釐米,寬 16.9 釐米。

　　第四塊 A 面(木板地圖六)繪有山脊、水系、溝豁、關隘。有文字注記 20
處:東盧、西盧、韭園、有薊木、下芶思、有薊木、上芶思、輿豁、下辟磨、上辟磨、
下楊、上楊、下臨、九員、上臨、苦谷、虎豁、鬱豁、侖豁、井(或釋"丹")豁。

---

① 　祝中熹《甘肅通史·先秦卷》第 455 頁,甘肅人民出版社 2009 年。

　　此圖與上圖基本相同,地名也多有重複,新出現的僅有東盧、西盧、韭園、上茘思、下茘思、侖谿、井谿。

　　《放秦簡》認爲此圖與上圖差異之處是:"去掉了東北界綫和河流狀態圖綫,延長了西部範圍,新增了幾處地名,意在突出中軸綫兩側的小地點。"又認爲此圖虎谿與上圖虎谷爲一地。

　　第四塊B面(木板地圖七)主圖位於版面中左,繪有山脊、溝谿等。文字注記9處:苦夬、夾(或釋夜)比、夾比端谿、泰桃(或釋析,或釋相)端谿、盂谿、泰桃、中桃、小桃、廣堂夬。

　　端字何雙全釋"鋪",曹婉如釋"端"。從字形看,此字左旁明顯非金,字肯定非"鋪"。睡虎地秦簡《語書》"以矯端民心"端字作𤮰,與此字同。端,首也。《大戴禮記·武王踐阼》:"於席之四端爲銘焉。"由地圖看,"夾比"在一條小支流旁,"夾比端谿"在此小支流匯入的主流(或較大支流)旁,即在該小支流的一頭(末端);"泰桃"與"泰桃端谿"的關係也是這樣。

　　桃字作𣏾,何雙全釋"樕"(大柴〈泰〉樕)或"杺"(中杺、小杺)皆不確。樕字見《古璽匯編》2393,作𣓉,與此字全然不類;杺字從木心聲,此字右旁雖與秦文字心作𢖻接近[1],但戰國文字中前此並未見杺字,杺作爲木名首見於《廣韻》,云"其心黃",杺非常見樹木,不會在地圖中幾條溝谿皆用作地名字。李學勤、曹婉如釋"析",析字從木斤聲,秦文字作𣏵[2],字形亦有差距。此字實應釋"桃"。桃字秦篆作𣏃,見秦封泥"左礜桃枝"[3];秦隸作𣏾,見睡虎地秦簡《日書》甲《詰》"人毋(無)故而鬼取爲膠(摎),是=(是是)哀鬼……以棘椎桃秉(柄)以憙(敲)其心,則不來"[4]。同篇又有"桃丈(杖)",桃字寫法同。桃樹常見,故地名有"泰(大)桃、中桃、小桃",皆據山間桃林面積大小言之。

　　此圖"廣堂夬"與地圖一"廣堂"應爲一地,則二者應可相接。"苦谷"又見地圖四、六,亦應可相接。7幅地圖除地圖五無文字外,其餘6幅據地名、

①　湯餘惠主編《戰國文字編》第699頁,福建人民出版社2001年。
②　《戰國文字編》第374頁。
③　王輝《秦文字集證》圖版160.433。
④　陳振裕、劉信芳《睡虎地秦簡文字編》第90頁。

方位應可拼接,但因對各圖横豎、方向及地名理解的不同,何雙全、曹婉如,張修桂、藤田勝久、雍際春各有拼接方案。6 幅地圖涉及的地域範圍,何雙全持"天水市渭河流域"説,曹婉如持"嘉陵江上游地域"説,張修桂持"天水市渭河流域與嘉陵江上游"説,藤田勝久持"耤河流域與西漢水流域"説。雍際春則説可分爲兩個圖組:第一圖組爲渭河上游甘肅段,含今散渡河、葫蘆河、牛頭河流域,並説地圖一邡即今東柯河;第二圖組有兩條水系,即渭河南的耤河水系及齊壽山(嶓冢山)南的西漢水水系。短時間内,這一問題恐難取得共識。

M1 墓出土一則有志怪故事色彩的記事,《放秦簡》以爲共 7 枚簡,現存約 260 字,曰:

卅(?)八年八月己巳,邸丞赤敢謁御史:大梁人樊野曰丹□:今七年,丹束(刺)傷人垣雍里中,因自刺殹,棄之于市。三日(1)葬之垣雍南門外。三年,丹而復生,丹所以得復生者,吾犀武舍人,犀武論其舍人尚(掌)命者,以丹(2)未當死,因告司命史公孫强。因令白狗穴屈(掘)出丹,立墓上。三日,因與司命史公孫强北出趙氏,之北(3)地柏丘之上,盈四年,乃聞犬呋(吠)鷄鳴而人食。其狀類(顂)益(嗌),少糜(眉),墨,四支(肢)不用。丹言曰:死者不欲多衣(4),死人以白茅爲富,其鬼賤於它而富。丹言:祠墓者毋敢殽,殽,鬼去敬(警)走。已收馭而釐(鎣?)之,如此鬼終身不食殹(5)。凡日者□殹,辰者,地殹,星者,游變殹。□□者,□。受武者,富。得游變者,其爲事成,三游變會□(6)。丹言:祠必謹騷(掃)除,毋以注洒祠所,毋以羹沃腏上,鬼弗食殹(7)。

何雙全初命名此篇爲《墓主記》,説:"内容爲一名丹的人,因傷人而棄於市,後又死而復活,同時記述了丹的簡歷和不死的原因。"何氏初定此篇有 8 枚簡,並公布了 4 枚簡的釋文,説:"這些簡文不能連貫,當有缺失。"何氏釋文多誤,如"邸"誤作"邽","大梁"誤作"九嵏","垣雍"誤作"垣離","犀武"誤作"屋圭","舍人"誤作"舍、卜","而人食,其狀類益"誤作"而卜會其狀頭蓋",又以簡 4 置簡 1、2 之間。第 8 枚爲殘簡,長度僅爲完簡的三分之一,文字爲:"見兵寇,其祟原死者,卜,見人不吉。"

　　1990 年,李學勤《放馬灘簡中的志怪故事》説:原簡報中稱作《墓主記》的幾支簡……所記故事頗與《搜神記》等書的一些内容相似。因稱此篇爲志怪故事。李先生以爲"寫有這則故事的,是放馬灘 M 一:一四·墓一、二、三、四、五、七各簡",删去了第 6 枚簡。李先生對簡報釋文多有糾正,對詞語的考釋也多可信。如説大梁爲魏都,是丹的原籍;王里(按:今釋"野")是氐道的里名,丹的居住地;"今七年"爲今王七年;北地爲秦北地郡;司命有二説,一指文昌第四星,一指上臺二星,少司命主災咎,文昌第四星。

　　經過李先生的分析,全篇文字大體可以貫通,大意是:三十八年八月己巳日,邸丞赤謹向御史報告:大梁人現居王里的……名叫丹的[自述]:今王七年,丹在垣雍城間里中將人刺傷,隨即自刺,被棄市。三日後,被埋葬在垣雍南門以外。過三年,丹得到復活,是由於本來是犀武的舍人,犀武審議他的舍人……命的,認爲丹罪不應死,便向司命史公孫强禱告。公孫强就叫白狗把丹從地下掏掘出來,在墓上停了三天,於是隨司命史公孫强向北經過趙國,到了北地郡的柏丘上面。滿四年以後,纔能聽見狗叫鷄鳴,吃活人的飯食。丹的狀貌是喉部有疤,眉毛稀落,膚色黑,四肢不能動轉。丹説道:死去的人不願多穿衣服,人間認爲祭品用白茅包襯是富有的表現,而鬼祇要有所得(?)於他人就是富了。丹説:進行墓祭的人千萬不要嘔吐,一嘔吐,鬼就嚇跑了。祭飯撒下後一下子吃掉,這樣……丹説:祭祀時必須細心掃除,不要用……冲洗祭祀的地方,不要把羹湯澆在祭飯上,鬼是不肯吃的。

　　《放秦簡》删掉了第 8 簡,將其移爲《日書》乙第 276 簡,屬《音律貞卜》簡之一枚,是完全對的,但却保留了第 6 簡。第 6 簡首字不清晰,《放秦簡》隸作"丹",不無疑問,該簡説到"辰者,地殹。星者,游變殹",與全篇關係若即若離,不能完全肯定其與丹的故事有關聯;開頭"丹曰者",含意也不清楚。王輝《校讀記》懷疑"丹"應改釋"凡","曰"應改釋"日"。第 6 簡提到日、辰、星,疑亦應歸入《音律貞卜》章或《雜占》章。第 293 簡"婦有壬(妊)者而欲智(知)其男女,投日、辰、星而參(三)合之,奇者男殹,禺(偶)者女殹,因而參之,即以所中鐘數爲卜□",又《雜占》第 321 簡"及者參合日、辰罙星",第 327 簡"以日、辰、星而各有主數,而各三合",皆與第 6 簡内容相近。

　　《放秦簡》云:"全文現存二百六十餘字。内容似不能連貫,當有殘損缺佚,據現有文字,記述了一位名叫丹的人死而復生的故事。全文以謁書形式陳述,似上呈文書,有紀年,有職官,有事由。我們原定名《墓主記》,視故事内涵情節,現定爲《志怪故事》,但它仍與一號墓主有内在聯繫,不能完全視爲與其毫無關係的傳説神話,因爲它的葬俗也比較特殊,必有緣故。"王輝《校讀記》説:"李(學勤)先生所説的'志怪小説'或'志怪故事'衹是這類小説、故事的特點,是一個大的類別。至於志怪小説故事的每一則具體故事,仍可據事主或内容命名,如舊題陶潛《搜神後記》第一則'丁令威,本遼東人,學道於靈虚山……'後人或標題《丁靈威》……李先生稱這則故事爲'志怪故事',但並未加書名號。《放秦簡》給'志怪故事'加上書名號,顯然不妥。若據事主命名,我以爲這則故事以《丹》或《丹記》作爲標題,纔比較確切。"又説:"多數學者認爲,丹即放馬灘一號墓的墓主,一位日者……墓主日者丹自記其經歷,不用實録,而故作神異離奇,不是没有原因的。《史記·日者列傳》:'世皆言曰:夫日者多言誇嚴,以得人情。'……王念孫曰:'……此謂卜者多言誇誕以惑人。'以誇誕的話迷惑人,這是秦漢時人對日者的觀感。編造荒誕身世,當是丹向世人自抬身價的手段。"

　　此篇的年代,簡報定爲秦王政八年(前239)。李學勤定爲昭襄王三十八年(前269),説:"卅八年",'卅'一字寫得比較高,超過其他各簡首字,而且壓在組痕下面,但由簡文所列年數推算,這個字是應有的。"又説:"簡文有'今七年',與此三十八年屬於同王。丹在七年刺傷人,被棄市後掩埋,三年復活,又過四年而有聞能食,這加在一起,已到十四年,所以簡文開頭曆朔不可能是八年。同時,秦昭王八年即公元前299年,秦王政八年即公元前239年,八月均無己巳朔,其間孝文、莊襄兩王又没有八年,八年自可排除。細看簡文組痕下這個字,下端較寬,上端露三竪筆,應該是'卅',而不是'十'或者'廿'。至于'卌'即四十,也是不可能的,秦昭王雖有四十八年即公元前259年,該年八月庚寅朔,並没有己巳日。"《放秦簡》説:"張修桂先生提出是'秦昭王八年'。2002年雍際春先生又提出爲'秦惠文王後元八年'。2008年6月得以有機會使用紅外綫儀再次察看原簡,確證'卅'爲污點,非文字,所以'八年八月己巳'是正確的。"我們未見原簡,無法否定其説,但既有污點,即黑痕,怎麼就一定能肯定不是模糊不清的文字呢?犀武見《戰國策·西周策》及《魏策》，《西周策·秦攻魏將犀武於伊闕》："秦攻魏將犀武於伊闕，進兵而攻周。"又《蘇厲謂周君》："敗韓、魏，殺犀武，攻趙，取藺、離石、祁者，皆白起。"《魏策·秦敗東周》："秦敗東周，與魏戰於伊闕，殺犀武。"此事《史記·秦本紀》列在昭襄王十四年（前293），其時犀武爲主帥，此前家中有舍人是正常的。如果説紀年是"惠文王後元八年（前317），則丹刺傷人在此前14年（李先生説"今七年"加"三年"再加"盈四年"），即前331年，距犀武被殺年（前293）已38年，即使減去丹復生前的三年，也已有35年，其時犀武是否已爲將軍，有舍人，不無疑問。秦王政八年（前239），犀武已死54年，減去11年，亦有43年，若説丹在43年前刺傷人，犀武爲之向司命史説情，而此時丹即使還活着，也已是垂垂老翁了（丹刺傷人時已爲犀武舍人，少説也有二十多歲），恐也不大可能到處活動爲人貞卜了。

　　雍際春以爲"犀武"之"武"應是"首"字，"己巳"之"己"應是"乙"字[①]。據《史記·秦本紀、張儀列傳》《戰國策·秦策二、齊策二》，犀首名公孫衍，曾在魏、秦兩國擔任要職。秦惠文君五年（前333），"犀首爲大良造"。七年"與魏戰，虜其將龍賈，斬首八萬"。張儀入秦後，與犀首不合，犀首回到魏國，曾任魏相，策動魏國聯合趙、韓、燕、楚、義渠伐秦。《張儀列傳》説："張儀已卒之後，犀首入相秦，嘗佩五國之相印爲約長。"雍先生説："根據犀首的經歷，其舍人丹的生平至少有三點即可確定：首先，丹是大梁人，他與犀首同屬魏國，易於建立'親近左右'之主從關係，故其舍人的身份是真實的；其次，犀首主要活動於秦、魏兩國，而丹也是先在魏，後入秦，兩人的經歷與活動範圍基本一致，説明丹由魏至秦亦屬可信；第三，犀首主要活動在秦惠文王時期，則丹生活的時間或者説丹的主要經歷亦當在秦惠文王時期。"雍先生的説法有其道理，問題在於細看圖版，"犀"下一字無法肯定是"首"，而更接近於"武"，"巳"上一字則明確是"己"而非"乙"。又所謂犀首入相秦，也未必是事實。瀧川資言《史記考證》引梁玉繩云："案繼張儀而爲相者，樗里疾、甘茂、薛文、樓緩、魏冉，不聞公孫衍相秦之事。考《國策》秦王愛公孫衍，欲以爲相，甘茂入賀，王怒其泄而逐之，蓋因是而誤傳。"由上所説，則此篇作於惠

①　　雍際春《天水放馬灘木板地圖研究》第27～28、32～34頁。

文王後元八年之説亦很難成立。

　　李學勤的秦昭王三十八年説相對來説,道理較充分,但因"八"上是否有字,即使有,是否一定是"卅",尚無法肯定,所以其説也僅是一種推測而已。

　　鑒於種種理由,我們目前祇能籠統地説,此篇約作於前239年前的40年間(昭王三十八年至秦王政八年共32年)。此篇既是一篇志怪性質的故事,很多情節都出於編造和追述,其紀年、人物、職官有些不與歷史真實相合,也是情理中事,大可不必絞盡腦汁去索解。

　　晏昌貴《放馬灘簡〈邸丞謁御史書〉中的時間與地點》説"邸"是趙地,"八年"爲趙惠文王紀年(前291),這篇文書不一定屬於秦國。此説極新穎,有待進一步討論。

　　《日書》分甲、乙兩種。甲種73枚,原無章題。何雙全《綜述》分爲8章,有《月建》《建除》《亡盗》《人月吉凶》《男女日》《生子》《禹須臾臾臾行》《忌》。《放秦簡》改《月建》爲《〈月建〉表》、《建除》爲《〈建除〉書》、《人月吉凶》爲《吉凶》,並改釋"人"爲"入"、《男女日》爲《人日》、《禹須臾行》爲《禹須臾》、《忌》爲《禁忌》。吳小强《秦簡日書集釋》分爲《建除》《男女日》《生子》《盗》《土忌》《禹須臾行日》《禹須臾所以見人日》《禹須臾行》《衣》《塞穴》《犬忌》《目(引者按:目實應是田)龍日》等12章。將《月建》表、《建除》書合爲《建除》是有道理的,因爲二章在睡簡《日書》甲中合稱《秦除》即秦之建除,在乙種合稱《除》,即楚之建除,鄧文寬已稱《月建》爲《建除》。《男女日》《人日》二者均可,無所謂優劣,不改亦可。吳氏以"入月一日,旦,西吉……昏,東吉,南吉"至"入月三十日……中夜,南吉"爲《禹須臾行日》,以"子,旦吉。安食吉……亥,旦,有美言……晝,夕,有求,後見之"爲《禹須臾所以見人日》,説後者與睡簡日書甲《吏》、《日書》乙《見人》內容相似,依其説,則何氏所謂《人月吉凶》或《吉凶》不能成立;何況吉凶之事,《日書》屢見,以此作爲章題,不倫不類。何氏將此二章合爲一章,有失混淆。吳氏所謂"禹須臾臾臾行",第6簡下欄原作"禹須臾行,不得擇日出邑門……"吳氏隸定有誤,此實應爲《禹步》。《塞穴》《犬忌》《田龍日》不全爲禁忌,有的説的是"良日",何氏統名《禁忌》不妥,宜分別名章。

　　《建除》簡21枚,包括月建表及建除書,排列正月至十二月各月建除十二直與十二地支相配,以及每一直日的吉凶,作事利弊。如簡1:"正月,建寅,除卯,盈辰,定午,平巳,執未,彼(破)申,危酉,成戌,收亥,開子,閉丑。"又簡14:"'建日'良日殹,可爲嗇夫,可以祝祠,可以畜六生(牲),不可入黔首。"

《亡盜》簡20枚,共22條,其中2條抄於25、29兩簡下欄,内容與睡虎地簡《日書》甲《盜者》、乙《盜》相近,以天干、地支、十二生肖相配爲序,推測盜賊逃亡的方向,以及盜賊的性別、長相、能否被抓獲等。如簡22:"甲亡盜在西方一于(寓)中。食者五口,疵在上。得,男子殹。"簡23:"乙亡盜青色,三人,其一人在室中。從東方入,行有迹。不得,女子殹。"簡30:"子,鼠殹。以亡盜者中人,取之臧(藏)穴中、糞土中。爲人鞀(鋭)面小目,目□□。"

《男女日》(或名《人日》)在簡1~4下欄,記男日、女日應注意之事,云:"男日:卯、寅、己、酉、戌。女日:午、未、申、丑、亥、辰。以女日病,以女日廖(瘳),必女日復之。以女日死,以女日葬,必復之。男日亦如是。謂岡楺之日。"岡楺,何雙全原隸定爲"旵隸",張顯成《秦簡逐字索引》(附原文及校釋)已改正。"岡楺"應讀爲"剛柔"。《禮記·曲禮上》:"外事以剛日,内事以柔日。"疏謂十日有五剛五柔,甲丙戊庚壬爲剛日,乙丁己丑癸爲柔日。簡文則據地支別之。

《生子》簡3枚(簡16、17、19),列一日十六時(平旦、日出、夙食、暮食、日中、日過中、日則[昃]、日未入、日入、昏、夜暮、夜未中、夜中、夜過中、鷄鳴)何時生男,何時生女。李零以爲"即後世術家所謂的'推産'、'求子'"①。何雙全則説:"依此來看,所謂唐宋以後性命理學家的四柱八字法中,時辰一柱早在戰國時期即見端倪,並非後來所發明。"按:"四柱"指人出生的年、月、日、時,配以干支,合爲八字,據以推算人之命運,見唐李虛中《命書論》,與《生子》以生時推算男女性別似非一事。

《禹須臾行日》抄於簡43~72上欄,爲出行擇日。列每月一至三十日旦、日中、昏、中夜往何方向(東、西、南、北)吉利。如簡43:"入月一日,旦西吉,日中 北吉,昏東吉,〔中夜〕南吉。"簡60:"入月十八日,旦東吉,日中南吉,昏西吉,中夜北吉。"

---

① 李零《中國方術正考》第157頁,中華書局2006年。

《禹步》在簡 66、67 下欄,云:"禹須臾行,不得。擇日出邑門,禹步三,鄉（嚮）北斗,質畫地,祝之曰:禹有直五橫,今得行=（行,行）毋咎,爲禹前除道。"李零以爲"是既擇行日之後的一種禁祝之術"。《抱朴子·登陟》:"禹步法:立正,右足在前,左足在後,次復前右足,以左足從右足併,是一步也。次得前右足,以左足從右足併,是三步也。如此,禹步之道畢矣。"後世禹步多是一種巫步。

其他有《土忌》,在簡 24 下欄,云:"凡甲申、乙酉,絕天氣,不可起土攻（功）,不死必亡。"這是動土的禁忌。

《衣》或稱《衣良日》在簡 69、70 下欄:"衣新衣良日,乙丑、丁卯、庚午、辛酉、己巳、壬子。材（裁）衣良日,丁丑、丁巳、乙巳、己巳、癸酉、乙亥、乙酉、己丑、己卯、辛亥。"這是穿新衣、裁衣的良日。

《塞穴》在簡 71、73 下欄,云:"正月壬子塞穴,鼠弗居……凡可塞穴置（窒）鼠溉（塈）囷日,雖十二月子,五月、六月辛卯,皆可以爲鼠。"講塞鼠穴。囷是圓形糧倉,爲防漏雨及鼠害須用泥仰涂屋頂。堵塞鼠穴,也是爲了防鼠。"爲鼠"當是滅鼠。

《犬忌》一條,在簡 72 下欄,講養犬忌,云:"犬忌:癸未、酉,庚申、戌、己,燔園中犬矢,犬弗居。"

又簡 73 上云:"田龍日,秉不得。"田字原隸作"目"。吳小強解"龍"爲禁忌,又說"秉"通"柄",指權秉,譯其意爲:"眼睛禁忌之日,權柄是抓不住的。"難於理解。《秦簡索引》改隸"目"爲"田",不將該句單列一條,而歸入《禹步》(該書並無此標目)一條。此句含義不清楚。

《日書》乙共 381 簡,《綜述》分爲 20 章,其中 7 章與甲種同,其餘有《門忌》《日忌》《月忌》《五種忌》《入官忌》《天官書》《五行書》《律書》《巫醫》《占卦》《牝牡月》《晝夜長短表》《四時啻》。《放秦簡》所定篇名有《月建》《建除書》《亡盜》《置室門》《門忌》《方位吉時》《地支時辰吉凶》《吏聽》《晝夜長短》《臽日長短》《五行相生及三合局》《行》《衣良日》《牝牡月日》《人日》《四廢日》《行忌》《五音日》《死忌》《作事》《六甲孤虛》《生子》《衣忌》《井忌》《畜忌》《卜忌》《六十甲子》《占候》《五種忌》《禹步》《正月占風》《星度》《納音五行》《律書》《五音占》《音律貞卜》《雜忌》《問病》《其他》,凡 39

章。《放秦簡》云:"乙種《日書》的内容,較之甲種,不但篇章增多,而且内容極爲豐富和複雜。通讀全書,其中有完整的篇章,也有不完整者,有獨立成篇者,也有互爲聯繫者,有整篇者,也有摘抄部分段落者。不管怎樣,提供了極其珍貴的文化典籍。如《五行相生及三合局》《六甲孤虛》《五音占》《六十甲子表》《占候》《星度》《納音五行》《律書》《音律貞卜》《問病》等篇,不僅爲我們提供了時代最早的版本,而且對研究它的發展傳承變化提供了依據,更爲研究戰國時期的文化面貌、文化史、社會狀況提供了重要史料。"王輝《〈天水放馬灘秦簡〉校讀記》認爲《月建》《建除書》應合稱《建除》,《方位吉時》應改名《禹須臾行日》,《地支時辰吉凶》《吏聽》應合稱《禹須臾所以見人日》,《晝夜長短》應改名《歲》,《四廢日》應改名《帝》或《帝爲室》,《死忌》應改名爲《遠行凶》,《畜忌》又可分爲《雞日》《羱日》《羊日》《□日》,《衣忌》應改稱《衣日》,《井忌》應改稱《井日》,《卜忌》應改稱《卜日》。王輝《秦出土文獻編年訂補》吸收已有研究成果,分爲《建除》《置室門》《禹須臾行日》《禹須臾所以見人日》《門忌》《亡盜》《行》《裁衣良日》《牝牡月日》《人日》《歲》《五行相生及三合局》《晝日長短》《蓋屋》《帝爲室》《遠行凶》《行忌》《五音日卜》《死不利日》《剛柔日》《垣日》《室忌》《六甲孤虛》《鼠》《入官忌》《反支》《土忌》《伐木日》《生子》《毋毒之方》《衣》《井日》《畜日》《六十甲子》《占候》《五種忌》《禹步》《雷》《犬忌》《納音五行》《律曆》《四時五音占》《星度》《音律貞卜》《音律占病》《五音》《音律占卦》《雜占》《其他》,共49章。

　　《置室門》原無標題,其内容與睡簡《日書》甲《直(置)室門》略同,祇是後者有圖,此章僅有説明文字。《置室門》是置立室門的宜忌,與後世的看風水有關。如簡2～3貳:"倉門,是=(此是)富門,井居西南,困居西北,宿必南鄉(嚮)。毋絶縣(懸)肉,絶之必有經焉。"睡簡作:"倉門,富,井居西南,困居北鄉(嚮)宿,宿毋絶縣(懸)肉。"放簡内容豐富,且未提到宿"南嚮"。又如18肆+19叁:"徙門,數實數=(數虛),并黔首家,六歲更。"睡簡作:"徙門,數富數虛,必并人家,五歲更。"相對簡單,二者更建年亦不同。放簡、睡簡門的名稱不盡相同,如放簡"財門"應即睡簡"貨門",財、貨義近,前者云"財門所利唯利賈市,入財大吉,十二(?)月(歲?)更",後者云"貨門所利賈市,入貨吉,十一歲更",文亦略同。有些門的名稱《放秦簡》隸定有誤,如

“徙門”原隸“徵門”，“高門”原隸“奪門”，《秦簡逐字索引》已改正，改正後的門名有寡門、倉門、南門、辟門、大伍門、則光門、屈門、大吉門、失行門、雲門、顧門、北門、不周門、東門、食氊（過）門、曲門、起門、徙門、高門、刑門、財門、獲門，共 22 個，與睡簡大體相同，袛是排列順序不全同。簡文的綴接，《索引》有調整，但仍有可推敲者，如簡 21 肆“刑門，主必富，不爲興□”，下似應接簡 20 叁“爲左吏，十二歲不更，不耐乃刑”，如此方與睡簡“刑門，其主必富，十二歲更，弗而耐乃刑”相合；而《索引》仍依《放秦簡》原序。孔家坡漢簡《日書》亦有《直（置）室門》，有圖，有文字説明，内容有同有異，有些可糾正《放秦簡》釋文。簡 14 貳原釋文：“雲門，其主富，三渫（世）之後，乃宜畜生（牲），利祝祠。”孔家坡簡 284 貳：“雲門，其主必富，三渫（世）貧。宜六畜，宜毋（無）爵者。”睡簡 122 正貳：“雲門，其主必富，三世，八歲更，利毋（無）爵者。”三者對照，知放簡“之後”當釋“貧”，睡簡“三世”後佚一“貧”字，放簡“利祝祠”當釋“利毋爵者”。又簡 16 貳～17 貳原釋文：“其主富殹，邦政。八歲更，弗更必凶，死夫。”孔家坡簡 285 貳：“不周門，其主必富，臨端，八歲弗更，必休。”睡簡 123 正貳：“不周門，其主富，八歲更。”比對後知，放簡釋文“邦”字當改釋“臨”，“臨政”即治理政務，見《左傳·襄公二十六年》及《管子·正第四十三》，“端”爲避秦王政諱，孔簡整理者一説及劉樂賢都曾指出①。不過，“臨端”的端字是否應解爲政，學者意見不一，放簡“端”作“政”，使避諱説得到佐證，也是有價值的。又孔家坡簡“八歲”原釋作“八十歲”，由放簡、睡簡可知“八十”乃“八”之誤。也有些難定是非。如放簡 4 貳：“南門，是=（此是）將軍門，可聚邦，使客。八歲更。”孔家坡簡 277 貳：“南門，將軍門，冣（聚）衆，使國，八歲如虛。”“聚衆”與“聚邦”、“使客”與“使國”難於判斷何者爲是，袛是覺得“聚衆”與“使邦（國）”習見。睡簡 116 正貳云：“南門，賤人弗敢居。”極爲簡略。幾種常見的秦漢《日書》大概都是節抄本，又極草率，所以會有異文、訛誤。放簡時代較早，睡簡次之，孔簡則已到西漢文、景帝時。

---

① 湖北省文物考古研究所、隨州市考古隊《隨州孔家坡漢墓簡牘》第 165～166 頁，文物出版社 2006 年；劉樂賢《孔家坡漢簡〈日書〉“直室門”補釋》，《簡帛》第 4 輯第 291 頁，上海古籍出版社 2009 年。

《門忌》記築門良日、忌日。如簡 48 貳:"築南門良日,壬申、午、甲申。"簡 52 貳:"門已成即壞,祠之。"簡 18 叄:"申不可爲西門。"《放秦簡》以爲此章含簡 48~53、133~135。《索引》以簡 133~135 爲另一章,而又加入簡 18叄、21 叄。諸簡内容雖有"築門"與"啓門"之别,但皆與門有關,無須細分。

《行》共 5 條,抄於簡 78~82 壹,記六十甲子日内夕、日昳、日中、暮食、平旦出行有喜事。如簡 79 壹:"戊辰、己巳、壬午、癸未……庚申、辛酉,日失(昳)行,七憙(喜)。"此與睡簡《日書》甲《到室》内容相近,如放簡 82 壹:"庚午、辛未、戊寅、己卯、丙戌、丁亥、庚子、辛丑、戊申、己酉、丙辰、丁巳,平旦行,二憙。"睡簡 135 正:"戊、己、丙、丁、庚、辛旦行,有二喜。"二者天干喜數皆同。

《裁衣良日》記裁衣及冠良日。簡 83 壹云:"材(裁)衣良日,丁丑、丁巳……己卯、辛亥。"《秦簡索引》又加簡 362 壹:"入月十四日……十三日,不可裂(製)衣冠帶□☒。"《放秦簡》原缺釋材(裁)字,因而説此章"記述穿衣良日"。王輝《校讀記》已指出此爲裁製衣服良日,"穿衣是每天都要做的事,無所謂良日、忌日"。孔家坡簡相似内容,整理者擬題《裁衣》。

《牝牡月日》記何爲牝月,何爲牡月,何爲牝日,何爲牡日,娶妻、喪葬須按牝牡月日行事。云:"正月、二月……十二月爲牡月。三月、四月……十一月爲牝月。卯、巳、酉、戌、子、寅爲牡日。丑、辰、午、未、申、亥爲牝日。牡日死,必以牝日葬;牝日死,必以牡日葬,不然,必復之。""九月牝日、牡月牝日,娶妻皆吉。"牝、牡指陰陽、男女。揚雄《太玄·摛》:"一晝一夜,陰陽分索。夜道極陽,牝牡群貞,以摛吉凶。"孔家坡簡有《牝牡月》《牝牡日》(後者爲整理者擬題),内容略同。

《人日》抄於簡 91 壹~93 壹,記男日、女日病葬之事。"男日,子、卯、寅、巳、酉、戌。女日,午、未、申、丑、亥、辰……以女日瘳。必女日復之;以女日死,以女日葬,必復之。男日亦如是。是謂岡(剛)〔柔之日〕"。與睡簡《日書》甲《葬日》(原無標題)及《日書》乙《人日》《男子日》内容相近,皆與男、女生病、葬有關,似當以《葬日》或《男女葬日》爲題,《人日》《男子日》皆其省略。

《歲》章,《放秦簡》原名《晝夜長短》,共 12 條,講一年十二個月中各月晝夜長短。如:"正月,日七夜九。二月,日八夜八。三月,日九夜七……十月,日六夜十。十一月,日五夜十一。十二月,日六夜十。"將一日分爲十六時。《論衡·説日》:"歲日行天十六道。"此在睡簡《日書》甲中名《歲》,云:"十月楚冬夕,日六夕七〈十〉。十一月楚屈夕,日五夕十一……六月楚九月,日十夕六……"前邊云:"刑夷、八月、獻馬、歲在東方,以北大羊(祥),東旦亡,南遇英(殃),北數反(返)其鄉……紡月、十月、屈夕,歲在西方,以南大羊(祥),西旦亡,北遇英(殃),東數反(返)其鄉……"所謂"晝夜長短"衹是摘抄《歲》篇的部分内容。

《五行相生及三合局》5 條,抄在簡 73 貳~77 貳。以十二地支配五行金、木、水、火,取生、老、壯以合局,云:"火,生寅,壯午,老戌。金,生巳,壯酉,老丑。水,生申,壯子,老辰。木,生亥,壯卯,老未。土生木,木生火,火生土。"相似内容見孔家坡簡,簡 103 首端有篇題《口生》。也見《淮南子·天文》,其五行三合局增加了土。後世生、壯、老稱爲生、旺、墓。

《臽日長短》10 條,抄於 78 貳~86 貳,《秦簡索引》補簡 362 貳一條。云:"正月壬臽,日七夜九……十二月己臽,日六夜十。"缺四月、六月、八月。臽,即"陷",陷阱,陷日是凶日。此章記各月陷日天干及該月晝夜長短。

《蓋屋》抄於簡 94 壹,《放秦簡》未歸類,簡云:"三月庚辛、六月壬癸、九月甲乙、十二月丙丁,不可興垣、蓋屋、上材、爲祠、大會,兇(凶)。雖得壤利,是=(此是)日衝。"睡簡《日書》甲《吏》章後附簡背有相似内容,云:"春三月季庚辛,夏三月季壬癸,秋三月季甲乙,冬三月季丙丁,此大敗日,娶妻,不終;蓋屋、燔;行傅(痛),毋可有爲,日衝。"亦無標題。孔家坡簡《日書》有《垣》《蓋屋》《築室》,内容相近,因暫名此。

《帝爲室》抄於簡 95 壹~103 壹,如:"啻(帝)以春一月爲室亥,利卯,殺辰,四廢庚辛……凡四時,啻(帝)爲室日殹,不可築大室内,大人死之……四廢日,不可以爲室屋内、爲囷倉及蓋。"此章《放秦簡》稱《四廢日》。睡簡《日書》甲相似内容,標題《啻(帝)》,孔家坡簡稱《四季日》,但内容衹有 21 字:"四季日爲廢日,廢日不可有爲也。以有爲也,其事必廢。"没有説四季爲何日,範圍遠不如放簡、睡簡大。此章記四季中上帝築室、殺生及四廢日之禁忌。放簡、睡簡文字並不完全相同,如"春三月,帝爲室日"睡簡爲申,放簡爲亥;又"築右序"序睡簡作"圩"(原隸作"圲"),"圩"爲"序"之異體。

《遠行凶》抄於簡 104 壹～106 壹、103 叁、104 貳～106 貳、108 叁～109 叁、110 貳～114 貳。云:"遠行到邑,遠不肯行者,以轂(繫)中外,入其囗中……正月壬子死亡。二月癸丑喪……甲乙毋東行,丙丁毋南行。"標題在簡 108 貳～109 貳。《放秦簡》原分作《死忌》《五音日》二章。此章内容近於睡簡《日書》甲《歸行》、《日書》乙《行》《行者》,孔家坡簡類似内容整理者則定名《歸行》《到室》。放簡又有《行忌》,與此章内容類同。《後漢書·郭陳列傳》:"桓帝時,汝南有陳伯敬者,行必矩步,坐必端膝,呵叱狗馬,終不言死,目有所見,不食其肉,行路聞凶,便解駕留止,還觸歸忌,則寄宿鄉亭。年老寢滯,不過舉孝廉。"李賢注引《陰陽書》《曆法》曰:"歸忌日,四孟在丑,四仲在寅,四季在子,其日不可遠行歸家及徙也。"遠行、行、歸室、遷徙統言之,屬同類;析言之,則有差別。諸《日書》分章、定名不盡同,内容有區別,也有重疊。

《行忌》抄於簡 94 貳～99 貳、101 貳～103 貳、95 叁～102 叁、123 貳～126 貳、314－312－313－315－316、301－319－317。《放秦簡》僅收 94 貳～103 貳、95 叁～102 叁、123 貳～126 貳,其餘諸簡則歸入《雜忌》。《秦簡索引》將 123 貳～126 貳與 314～342……諸簡聯爲一章,有其道理。簡 123 貳云:"行忌:春三月己丑,不可〔東行〕。"簡 126 貳＋314:"冬三月戊戌,不可北行。百里大兇(凶),二百里外必死將,三百里不復迹。"綴接後語義連貫。簡 301"正月丑酉……十二月巳亥,此日不可以"下接簡 319"徙居九落,有所遠使,千里外顧復還。不可以壬癸到家,以壬癸到家,必死"亦密合無間。因其本無標題,也可能原先不一定是《行忌》,而是《到家》或《行》《歸行》,但大體與行有關,是肯定的。

《五音日卜》抄於簡 107 壹～111 壹及 108 貳。五音是宫、商、角、徵、羽,此章卜五日内父、母、兄、子、女死等事。如簡 109 壹:"羽日卜,父死,取長男。母死,取長女。長子死,母(無)後害。"

《死不利日》抄於簡 112 壹,云:"凡建日死不利父,除日死不利母,開日死不利子,盈日死家不居。"《放秦簡》原無標題,是我們擬定的標題,此章主要講在建、除、開、盈之日人死對父母子及家居的影響。

《剛柔日》抄於簡113 壹~114 壹,《放秦簡》未定標題,此爲我們所擬。云:"凡甲、丙、戊、庚、壬、子、寅、〔卯〕、己、酉、〔戌〕是胃(謂)岡(剛)日,陽〔日〕,牡日殹,女子之吉日殹……"以干日甲、丙、戊、庚、壬、支日子、寅、卯、巳、酉、戌爲剛日,也是陽日,牡日;反之以干日乙、丁、己、辛、癸、支日丑、辰、午、未、申、亥爲柔日,也是陰日、牝日。此與前邊《牝牡月日》《人日》所説牡、牝日干支及《人日》干支全同,與睡簡《日書》乙《人日》《男子日》内容亦大體相同,祇是側重點稍有差異。

《垣日》抄於簡115 壹~116 壹,云:"丙子,不可壞垣,鼃(?)谷,妻必死。丁巳,不可卒垣,必死不久。"《放秦簡》原定名《作事》,不妥。孔家坡簡《日書》簡269~274 相似内容,簡269 首端有標題《垣日》,因改此名。

《室忌》抄於簡117 壹~122 壹,記不可壞垣、爲室、卒垣之日,如簡117壹:"丁未,啻(帝)築丹宫而不成。"簡119 壹:"庚申,不可垣室、廡門。"《放秦簡》原定名《作事》且包含不祇這幾枚簡。睡簡《日書》甲的《作事》,云:"二月利興土西方……九月北方。"又有《毀棄》,云:"四月、八月、十二月之辰,勿以作事。"與放簡此章内容並不相同。睡簡《日書》乙有《室忌》云:"春三月庚辛……冬三月丙子,勿築室,大主死,痒,弗居。"與放簡此章相近,因改此標題。

《六甲孤虛》抄於簡115 貳~120 貳,記六甲(六十干支)孤虛日所遇之事,如簡115 貳~116 貳:"甲子旬,辰巳虛,戌亥孤,失六,其虛在東南,孤在西北。若有死,各六,不出一歲。甲戌旬,寅卯虛,申酉孤,失,虛在正東,孤在正西。若有死者,各四,兇(凶)不出一月。"古人以十干配十二支爲一旬,所餘兩地支爲孤,與之相對者爲虛。《史記·龜策列傳》:"日辰不全,故有孤虛。"裴駰集解:"甲乙謂之日,子丑謂之辰。《六甲孤虛法》:甲子旬中無戌亥,戌亥即爲孤,辰巳爲虛。甲戌旬中無申酉,申酉爲孤,寅卯即爲虛。"劉歆《七略》有《風后孤虛》二十卷。漢趙曄《吳越春秋·勾踐陰謀外傳》:"必察天地之氣,原於陰陽,審於存亡,乃可量敵。"孔家坡簡《日書》有《孤虛》,云:"甲子旬,辰巳虛,虛在東南,戌亥孤,孤在西北。凡取(娶)妻嫁女,毋從孤之虛,出不吉。從虛之孤,殺夫。"與放簡略同。孤虛與方位相配,方位指十二支在式圖上的位置。

《鼠》抄於簡122 貳＋121 貳,云:"大禹言曰:曰:鼠德日以衰,其室空虚,取土地以連之,得財及肉……"含意不很清楚。

《入官忌》抄於簡123 壹～125 壹,又簡320、302、366,是做官上任的禁忌。簡125 壹云:"入官遠役,不可到室之日,庚午、丙申、丁亥、戊戌、壬戌,此六旬龍日,忌入官。"睡簡《日書》甲有"入官良日",《日書》乙有《入官》。孔家坡簡有《入官》,爲"不可入官"之日。

《反支》抄於簡127、128,《放秦簡》歸入《作事》不妥。云:"子朔巳亥,丑朔子午……亥朔巳亥,是謂反支。以徙官,十徙;以得憂者,十喜……不可冠帶、見人、取(娶)婦、嫁女、入臣妾及田。"睡簡《日書》甲《反枳(支)》云:"子丑朔,六日反枳(支)。寅卯朔,五日反枳(支)……戌亥朔,一日反枳(支)。"孔家坡簡《日書》有《反支》,云:"□寅朔,午子反支……戌朔,戌辰反支……求反支日,先道朔日始,數其雌也。從亥始數,右行雄也。"三種《反支》表述不一,但實際上是一回事。睡簡"子丑朔,六日反支",是説某月朔日地支日是子或丑,則第六、十二、十八、二十四、三十日是反支,即巳日、亥日或子日、午日反支;放簡"子朔巳亥,丑朔子午",正是同意。孔家坡簡"寅朔午子反支",與放簡"寅朔子午"亦合。《後漢書・王符傳》:"明帝時,公車以反支日不受章奏。"李賢注:"凡反支日,用月朔爲正。戌亥朔一日反支,申酉朔二日反支,午未朔三日反支……子丑朔六日反支。見《陰陽書》。"三簡都對反支日的吉凶有説明,但所舉事項不盡同。

《土忌》抄於簡129 壹～135 壹,137～140,又306、308 壹、363。《放秦簡》原定名《作事》,不妥。此章與睡簡《日書》甲《土忌》略同。孔家坡簡《日書》相近内容原有標題《土功》,又有編者自擬標題《司空》《穿地》《土忌》。此章所説爲動土功、築垣、穿地等的良日、忌日。此章内容較豐富,如簡306:"土良日癸巳、乙巳、甲戌。"睡簡、孔家坡簡同。簡133 壹:"寅、巳、申……戌、丑,凡是=(此是)土禁,不可垣=(垣,垣)一版,貲;三版,耐;成垣,父母死。"孔家坡簡207 貳～212 貳則云:"□□□月所在,爲室,主死。垣二版,□□;垣三版,弗居;四版,賤人死之;六版,母死之;七版,父死之。"稍繁。簡134 壹:"卯、丑、寅……戌、亥,凡是=(此是)地司空,不可操土攻(功),不死必亡。"睡簡《土忌》有兩篇,前篇簡104 正壹:"土徼正月壬、二月癸、三月甲……十二月乙,不可爲土攻(功)。"孔家坡簡218:"二月司空在酉,大徼在巳。"土,土地神;徼,巡察。司空即司工,本爲主管土建之事的職官,後轉爲土建神。簡130壹:"春乙卯、夏丙午……是=(此是)咸池日,牛晨弁日殹,不可垣其鄉,必死亡。"咸池本是星名,又爲天神名。簡文提到咸池日,"牛(牽牛星)晨弁日",此日不可築垣。睡簡《日書》甲137背提到"正月乙卯,四月丙午……是胃(謂)召(招)繇(搖)合日,不可垣",招搖則是北斗七星的第七顆星。

《伐木日》抄於簡129貳~131貳,《秦簡索引》又加簡100貳、305。此章列不可伐木之日,云:"春三月甲乙,不可伐大榆,東方,父母死。夏三月丙丁,不可伐大棘,南,長男死。戊己,不可伐大桑,中,災,長女死之。"睡簡《日書》乙《木日》:"木忌,甲乙榆,丙丁棗,戊己桑,庚辛李,壬辰〈癸〉漆。""不可伐"即"木忌",榆甲乙日不可伐,桑戊己日不可伐,睡簡、放簡同。孔家坡簡《伐木日》則云:"甲子、乙丑伐榆,父死。庚辛伐桑,妻死。丙寅、丁卯、己巳伐桑棗□母死。壬癸伐□□少子死。"夏三月丙丁不可伐者,睡簡、孔家坡簡爲"棗",放簡爲"棘",查睡簡圖版,字作棗,放簡圖版不清。《説文》:"棘,小棗叢生者。從並朿。"段玉裁注:"棘庳於棗,而朿尤多,故從並朿會意。"王均釋例:"棗從重朿,棘從並朿,其木同,而高卑不同也。"棘即酸棗,枝幹弱小,棗爲喬木,多年生者枝幹粗大,以此而論,可伐不可伐者皆指棗而言,放簡"棘"或爲"棗"訛誤。

《毋毒之方》抄於簡144壹,云:"毋毒之方,歕(飲)必審睡栖(杯)中,不見童子,勿歕。言酉(酒)甘味,稚子之惡,主□杞,毒殹。""毒"字原隸作"𡱐",不妥,"𡱐"爲"毒"之俗省字。

《衣》一條,記裁衣吉日與忌日,云:"衣忌:丁酉、丁亥、丙午、辰、戊戌、壬寅。吉日:辛巳、辛丑、丁丑、丁巳、癸丑。"與睡簡《日書》甲《衣》、《日書》乙《裚(製)》及放簡《日書》甲《材(裁)衣良日》内容相近。

《井日》一條,爲鑿井之吉日與忌日,云:"井忌:己巳、庚申、壬戌。吉日:乙丑、乙未……辛巳。"孔家坡簡《日書》有《井》。但吉日、忌日與放簡有同有異。

《畜日》5條,爲鷄、彘、羊及兩條不知名家畜(疑爲犬、馬、牛中二種)的吉日、忌日,與睡簡《日書》乙之《羊日》《猪日》《鷄日》有同有異。

簡153壹"□忌",《放秦簡》將□隸作"卜",《秦簡索引》定爲"人",因圖版不清晰,無法確定。頗疑所缺字是牛或犬字。睡簡《日書》乙畜日有六畜,以上明確的有鷄、彘、羊三種,應缺牛、馬、犬三種。再說人的活動有各種各樣的忌與吉,以《人忌》記其忌、吉稍嫌籠統。此條宜併入《畜日》。

《六十甲子》10 條,抄於 144 貳～153 貳,此表現存 9 行,缺 151 貳,該簡下截殘。由中間 2 行起,上爲"甲子、乙丑、丙寅、丁卯、戊辰","甲寅、乙卯、丙辰、丁巳、戊午。"間隔以"－"號,下爲"己巳、庚午、辛未、壬申、癸酉","己未、庚申、辛酉、壬戌、癸亥"。以此爲中心,向左、右每行各低 2 字,遍列六十干支。此表可能衹是《日書》抄寫者録備參考的,不是《日書》的一部分,猶《甲骨文合集》37986 片有干支表。江蘇連云港尹灣漢墓出土木牘九正面有六十干支表,下有"占雨"2 字,當是利用六甲占雨。陳偉則以爲此圖應與簡 322"占盜以亡辰爲式,投得其式爲有中間"相配,是投擲占卜失盜。

《占候》抄於簡 154～163,《秦簡索引》又併入簡 166 原先《放秦簡》定名爲《正月占風》的一條,及簡 162。此章占卜雨、風、水、旱年成。如:"正月甲乙雨,禾不孰(熟),邦有木攻(功);丙丁雨,大旱,鬼神北行,多疾;戊己雨,大有年,邦有土攻(功);庚辛雨,有年,大作邦……入正月一日天有雨,正月旱;二日雨,二月旱……入正月一□而風不利鷄,二日風不利豕……七日風不利人。"

《五種忌》一條,列麥、黍、稷、菽、麻、秫、稻等下種的忌日,云:"五種忌:子麥,丑黍……未秫,亥稻。"睡簡《日書》甲有《禾忌日》,所列稷、稻、麥、菽荅、麻忌日同,由放簡知其所謂"忌日"乃下種忌日。睡簡《日書》乙有《五穀龍日》內容略同,唯菽龍日爲申,又多出"壬辰瓜,癸葵"。

《雷》原無標題,此以內容定。云:"弗居軍:丙丁晶(雷),軍後徙;戊己晶(雷),軍收;庚辛晶(雷),軍前徙,爲雨不徙;壬癸纍(雷),戰。"雷爲異常天氣,遇雷軍隊徙居乃吉。《初學記》卷一《雷第七》引《雜兵書》曰:"雷電霹靂破軍中樹木屋舍者,急徙去,吉也。雷電風所以來,不可逆而擅伐,宜慎之。"[1]

《納音五行》抄於簡 180～191 壹～伍,爲納音之法。云:"甲九木,乙八木,丙七火,丁六火……壬六水,癸五水。子九水,丑八金……戌五火,亥四

―――――――――

[1]　徐堅《初學記》第 21 頁,中華書局 1962 年。

木……平旦九,徵水。日出八,宮水……昏時九,徵□。安食大辰八……夜半後鳴五。"

在"甲九木"一段與"子九水"一段間有一圖,如下:

風(182叄)

五音　八　二地(183叄)

申　酉　戌(184叄)

未⌐｜∟亥(185叄)

七星　午 ──┼── 子　四时(186叄)

【巳⌐｜⌐丑】(187叄)

辰　卯　寅(188叄)

三人　六　一天(189叄)

律(190叄)

"一天、二地、三人、四時、五音、六律、七星、八風"見《大戴禮記·易本命》《素問·鍼解》《靈樞·九針論》等。

此章以十干、十二支配五行(金、木、水、火、土)、五音(宮、商、角、徵、羽)、時辰(平旦、日出……)、律數,爲納音之芻形。後人以五音配十二律(黃鐘、太蔟、姑洗、蕤賓、夷則、無射、大吕、夾鐘、中吕、林鐘、南吕、應鐘),合六十音,以六十甲子相配合,按金、木、水、火、土五行之序旋相爲宮,稱爲納音。古人以五音占人事吉凶,《納音五行》與此同類。

《律曆》,《放秦簡》稱《律書》,不確。此章記十二律相生及律數,如:"黃鐘下生林鐘,林鐘生大族(蔟)……夾鐘生毋射,〔毋射生中吕〕。""黃鐘八十一,蒙山;大吕七十六,□山……,毋射卌(四十)五,昏陽;應鐘卌(四十)三,并閡。""黃〔鐘〕十七萬七千一百卌(四十)七,下林鐘;大吕十六萬五千〔八〕百八十八,下夷則……毋射九萬八千三百四,上中吕;應鐘九萬三千三百一十二,上蕤〔賓〕。""彼日辰時數并而三之以爲母。下八而生者,三而爲二;上北(八?)而生者,三而爲四……直倍之二,二倍之四,三以三倍之,到三止。四以四倍之,至於四取。""黃鐘以至姑先,皆下生三而二。從中吕以至應鐘,皆上生三而四……凡忌黃鐘不合音數者,是謂天絶紀殹。數者六十六,旦從六十八,夕從六十四;數七十五,占七十六;數有卌(四十)四,占卌(四十)二。眼陽。"《吕氏春秋》有《音律》篇,云:"黃鐘生林鐘,林鐘生太蔟,太蔟生南吕,南吕生姑洗,姑洗生應鐘,應鐘生蕤賓,蕤賓生大吕,大吕生夷則,夷則生夾鐘,夾鐘生無射,無射生仲呂。三分所生,益之一分以上生;三分所生,去其一分以下生。"相似記載還見《説苑・修文》。《淮南子・天文訓》:"一生二,二生三,三生萬物……以三參物,三三如九,故黃鐘之律九寸,而宮音調。因而九之,九九八十一,故黃鐘之數立焉。黃者土德之色,鐘者氣之所種也。日冬至德氣爲土,土色黃,故曰黃鐘。律之數六,分爲雌雄,故曰十二鐘,以副十二月。十二各以三成,故置一而十一三之,爲積分十七萬七千一百四十七……黃鐘位子,其數八十一,主十一月。下生林鐘,林鐘之數五十四,主六月。上生太蔟,太蔟之數七十二,主正月……"相關内容亦見《史記・律書》《漢書・律曆志》。

《四時五音》抄於簡 195 壹~205 壹,《放秦簡》原定名《五音占》。如簡197 壹:"角立(位),甲乙卯、未、辰,主東方。時平旦,色青。主人旬,所執者規殹,司木。"簡 204 壹:"商:庚辰、庚戌、辛巳、辛亥、壬寅……乙丑、乙未。"此記五音屬日及所占諸事。開頭幾條五音所對應的干支、方位、色、五行與《吕氏春秋》春、夏、秋、冬十二《紀》同,如《吕氏春秋・孟春紀》:"孟春之月,日在營室,昏參中,旦尾中。其日甲乙……其音角……天子居青陽左個,乘鸞輅,駕蒼龍,載青旂,衣青衣,服青玉……先立春三日,太史謁之天子曰:'某日立春,盛德在木。'天子乃齋。立春之日,天子親率三公、九卿、諸侯、大夫以迎春於東郊。"高誘注:"甲乙,木日也。"《孟冬紀》:"孟冬之月,……其日壬癸……其音羽……天子居玄堂左個,乘玄輅,駕鐵驪,載玄旂,衣黑衣,服玄玉……先立冬三日,太史謁之天子曰:'某日立冬,盛德在水。'天子乃齋。立冬之日,天子親率三公、九卿、諸侯、大夫以迎冬於北郊。"此章記四時五音,無占卜事項,故改此篇名。孔家坡簡有相似内容,曰:"天不足西方,天柱乃折。地不足東方,地維乃絶。於是名東方而尌(樹)之木,胃(謂)之青……名北方而尌(樹)之水,胃(謂)之黑……於是紀胃(謂)而定四鄉(鄕),和陰陽,雌雄乃通。於是令日當月,令月當歲,各十二時,東方青,南方赤,西方白,北方黑……西方飴(苦),北方齊(辛),中央甘,是五味。東方徵,南方羽,西方商,北方角,中央宮,是〔胃(謂)〕五〔音〕。"該篇五音與方位的搭配與放簡不同,簡 458 首端有標題《歲》,歲即年。《尚書・堯典》:"朞三百有六旬有六日,以閏月定四時,成歲。"歲含四時。睡簡《日書》甲亦有《歲》,但該章"歲"指歲星(木星)。同題而含義不同。

《星度》抄於簡 167~178,記各月二十八宿之宿度。如:"八月:(167 貳)角十二,(167 壹)亢十二。(174 壹)九月:(168 貳)氐十七,(168 壹)房五。(173 壹)……七月:(172 肆)張□□,(172 叁)翼十三,軫十五。(178 貳)。"原抄寫順序比較凌亂。《秦簡索引》加以調整。睡簡《日書》甲《星》記各星宿當月的人事吉凶,如:"角,利祠及行,吉。不可蓋屋……亢,祠、爲門、行,吉。可入貨。生子,必有爵。"但未列月份。睡簡《日書》乙《官》各月宿名列吉凶事項,如:"三月;胃,利入禾粟及爲囷倉,吉。以取(娶)妻,妻愛。生子,使人。卯(昴),邋(獵)、賈市,吉……八月,角,利祠及行。出入貨。吉。取(娶)妻,妻妬。生子,子爲吏。亢,祠、爲門、行,吉。可入貨。生子,必有爵……"關沮簡《日書》有相似內容,云:"八月:角,亢。九月:抵(氐),房……七月:張,翼,軫。"無標題,起八月,終七月,與放簡同,但無度數。孔家坡簡《日書》亦有相似內容:"〔八月角〕……〔蓋〕屋。取(娶)妻,妻妬……五月東井,百事凶。以死,必五人……"無標題,整理者擬題《星官》。放簡僅列月份、宿名、度數,宜名《星度》。學者或以爲,十二月名與各月所值的星宿的排列法,"與西漢占術中式之天盤上的十二月將表示法基本相同……所謂月將,是古代星占家出於星占術發展的需要,用來標定太陽在一年十二個月份裏運行的十二個方位。它是根據古代二十八星宿分赤道周圍的宿度推算出來的。這十二個方位,由於其位置上的特殊,星占家將其附會天意,加以神化,視其爲日神、月神之巡所,並配有十二神護守,這便定格成了十二月將。這裡的十二月將是用十二月份名來表示的"[①]。

《音律貞卜》自簡 260 至 281,中間除去簡 262,加簡 311 貳。《放秦簡》原定包括簡 206~300,過於寬泛。此章以十二聲配投時辰,貞卜事君、獄訟、行道、病、賈市、見人、祠祀諸事宜忌。如:"黃鐘,音殹,貞在黃鐘,天下清明,以視陰陽,啻(帝)乃誂之,分其短長,比于宮聲,以爲音尚,久乃處之,十月再唐(?),復其故所,其奈上商、先陽,卜疾人,三禺黃鐘,死;卜事君,吉……中呂,利殹,材殹,市販事殹,有合某殹,曰:貞在中呂,是謂中澤,有水不豚

<hr/>

[①] 《關沮秦漢墓簡牘》第 105 頁注二。

（沌），有言不惡，利以賈市，可受田宅，擅受其利，人莫敢若，其奈田及皋、桑、炊者，卜賈市，有利。”

《音律占病》自簡 206 至 240，又加簡 360 貳。本章以某時辰至某時辰投十二律，象徵某種動物，述其病狀。如：“黃鐘：平旦至日中投中黃鐘，鼠殹，兌（銳）顏，兌（銳）頤，赤黑，免（俛）僂，善病心腸……旦至日中投中大吕，牛殹，廣顏，恒鼻緣，大目，肩婁，惡行，微微男土，色白黑，善病□痹……日中至日入投中應鐘，虎殹，長目，大噭，長寬肩，僂行任殹，色黃黑，善病要（腰）庫（脾）。”

《五音》有 5 枚簡，爲簡 353 + 352 + 354 + 289 貳 + 375。此章記五音（宮、商、角、徵、羽）特徵及與之相配的畜、器、種、事、處、病。如：“宮之音，弇如扁窖，中宮腸殹，囷倉殹。宮音貴，其畜牛，其器弇之，其□重，其土地□，其事貴，其室安，其除日，其病中……羽之音，如野鳴，肩手面宇囚殹。羽音得，其畜彘，其器光□，其種禾黍賤，其……”弇，本指器物上下狹小而中部寬大，引申指此類器發出的聲音。《周禮·春官·典同》：“侈聲筰，弇聲鬱。”鄭玄注：“弇，謂中央寬也。弇則聲鬱勃不出也。”窖是地窖，宮是五音中的第一音，音低而濁，大約像是扁的地窖中發出的聲。羽音是五音中的第五音，音高而清，像在空曠的郊野鳥的長鳴聲。

《音律占卦》抄於簡 244～255。《放秦簡》原歸入《音律貞卜》章。此章開首“參”即叁，表示以十二調中的三種按一定順序組成一卦，以貞卜諸事。如：“參：黃鐘、古（姑）先（洗）、夷則之卦曰：是=（此是）大贏，以實三，以子爲貞，不失水火，安愳大敬，不駃不要，□室有言，啓有□……夷則、黃鐘、古（姑）先（洗）之卦曰：是=（此是）可亡不復，可求弗得，中聞不樂，又若席舞，上下行往，莫中吾步。”

《雜占》包括《放秦簡》原定《雜忌》《問病》及其他内容相近簡，所占卜事項較雜，有疾病、市旅、事君、居家、行、獄訟、長年不定家、男子望妻、盜、亡人、懷妊男女等，所用方式有鐘律、建除、投擲、式法等。如：“投黃鐘，以占爲病，益疾；市旅，得；事君、吉；毄（繫）者，久。以少病，有瘳；市旅，折；事君，不遂；居家者，家毀……九者，首殹；八者，肩、肘殹；七、六者，匈（胸）、腹、腸殹；五者，股、胕殹；四者，膝、足殹，此所以曹（遭）病疵之所殹……占亡人殹，其音嫛,其所中之鐘賤,亡人不出其畔,其鐘貴,亡人遂,男子反行其伍,女子復行鐘,五……婦有壬(妊)者,而欲智(知)其男女,投日、辰,星而參(三)合之,奇者,男殹,禺(耦)者,女殹。因而參之,即以所中鐘數爲卜。"此章有些内容與其他章如《鐘律貞卜》等類似,或可互爲聯綴。《雜占》並不是十分確切的定名。隨着研究的深入,本章還會分出其他篇目,或可與他簡連綴。如程少軒《放馬灘簡式圖補釋》以爲簡 350 與 192 應聯綴,並討論到簡 182 叁~190 叁圖,晏昌貴、劉青從之,陳偉復詳爲論説,定名《占病祟除》①。陳偉指出,祟即鬼神作祟致病,簡文提到的天、地、人鬼、大父、殤、四射、大遏、北公、五音、巫帝、陰雨公、司命、七星、死者、大水等皆其類。陳氏以爲簡 182~190 叁圖亦應命名爲《占病祟除圖》,與簡 350＋192 爲一篇。程少軒、蔣文則以爲是式圖。陳偉認爲,放簡中的此類占法,應是一種投擲式選擇。"占病祟除圖祇是一個示意藍本……在實際應用時,須要據此作一個面積較大的圖幅……操作時,占者持一較小的物品投向圖幅,根據投中的位置(一天、二地等)而作出判斷,即作祟致病的是九種鬼神(公外、社及立等)中的哪一種"。陳氏還以爲《直室門》的"直"即命中,簡 322"占盜,以日辰爲式,投得其式,爲有中間……"簡 345:"凡卜來問病者,以來時投日、辰、時數并之。"簡 293:"婦有壬(妊)者,而欲智(知)其男女,投日、辰、時而參合之,奇者男殹,禺(耦)者女殹,因而參之,即以所中鐘數爲卜。"用的都是投擲法。

　　《其他》多爲殘缺較甚,含意不十分清楚,無法編聯、斷句的簡。簡 55 貳"入八月五日乙丑旦心"與孔家坡簡《日書》之《直心》"七月八日,八月五日,九月三日心"内容接近,説的是八月五日爲值心之日,即二十八宿的心宿值在的日子。同樣的話又見睡簡《日書》甲《禹須臾》所附"入正月二日一日心……入八月五日心,入九月三日心",睡簡、孔家坡簡皆講述各月值心之日,但具體含義不詳。簡 284:"從天之令,乃下六正,間吕六律,皋陶所出,以而五音十二聲,以求其請(情)。"《吕氏春秋·古樂》:"禹立勤勞天下,日夜不懈,通大川,決壅塞,鑿龍門,降通漻水以導河,疏三江五湖,注之東海,以利黔首。於是命皋陶作爲《夏籥》九成,以昭其功。"皋陶曾爲禹製作《夏籥》之

---

① 晏昌貴《天水放馬灘秦簡〈日書〉乙種分篇釋文》(稿);劉青《放馬灘秦簡〈日書〉乙種集釋》;陳偉《放馬灘秦簡日書〈占病祟除與投擲式選擇〉》,《文物》2011 年第 5 期。

樂九章,簡文提到皋陶製作樂律之事,可能衹是一種傳説。簡 334 提到樂器篪篌,在古文字中是首次出現。《詩·小雅·何人斯》已提到“仲氏吹篪”,據説是一種管樂器,六或七孔。簡文“篌”字不知是否應與“篪”字連讀,爲研究古代樂器提出了新問題。

## 第三節　龍崗秦簡牘

1989 年 10～12 月和 1991 年 10～11 月,湖北省文物考古研究所、孝感地區(今孝感市)博物館、雲夢縣博物館發掘雲夢縣城關南郊龍崗 15 座秦漢墓。其中 M6 秦墓出土竹簡 150 餘枚、木牘一枚。

竹簡完整者長 28 釐米,寬 0.5～0.7 釐米,厚約 0.1 釐米。簡保存較差,多殘缺,圖版文字不清晰,且無標題。內容爲秦代法律文書,與睡虎地(雲夢縣城西北,距龍崗甚近)秦簡某些法律文書內容相近,對研究秦代法律有重要意義。1990 年《雲夢龍崗秦漢墓地第一次發掘簡報》,劉信芳、梁柱《雲夢龍崗秦簡綜述》發表。1993 年,梁柱、劉信芳《雲夢龍崗秦代簡牘述略》對簡牘內容作了簡介。1994 年,《雲夢龍崗 6 號秦墓及出土簡牘》系統公布了簡牘圖版,並有釋文、注釋,討論了墓葬年代、墓主身份等。此後學者紛紛著文,對簡牘釋文加以訂正,並討論了龍崗簡所反映的秦代苑政、程田制、沙羨的地望、墓主身份、牘文的性質等。這些論文主要有:胡平生《雲夢龍崗秦簡〈禁苑律〉中的‘奏’(壖)字及相關制度》《雲夢龍崗六號秦墓墓主考》《雲夢龍崗秦簡考釋校正》;李學勤《雲夢龍崗木牘試釋》;劉國勝《雲夢龍崗簡牘考釋補正及其相關問題的探討》;黃盛璋《雲夢龍崗六號秦墓木牘與告地策》《揭開“告地策”諸迷——從雲夢龍崗秦墓、邗江胡場漢墓木牘説起》;劉信芳《雲夢秦簡“事、吏”二字及所謂“告地策”》。在吸收相關意見的基礎上,劉信芳、梁柱編著的《雲夢龍崗秦簡》(以下簡稱《龍崗》)1997 年出版,有圖版釋文、考釋,附錄簡牘文字通檢、竹簡摹本等。此書出版後,學者續有討論,2001 年 8 月,《龍崗秦簡》(以下簡稱《龍簡》)出版,此書對原釋文有訂正,對標題、墓主、年代也有新的見解。

龍崗簡的年代,《龍崗》云:“龍崗簡屢見‘黔首’,不見‘百姓’;而睡虎地簡則衹見‘百姓’,不見‘黔首’。《史記·秦始皇本紀》二十六年,‘更名民曰黔首'。僅此即知龍崗簡較睡虎地簡爲晚。簡文中有不少關於馳道管理的律文,《秦始皇本紀》二十七年,'治馳道'。此類律文應是秦始皇統一天下後頒行。第26號簡有'從皇帝而行及舍禁苑……'的記載,秦始皇統一天下後,出巡頻繁,其中二十八年到過南郡,三十七年'行至雲夢',崩於沙丘平臺(《史記·秦始皇本紀》),此類律文應爲秦始皇出行而特別頒發。因此可以肯定,龍崗簡主要的法律條文行用於秦始皇二十七年(前220)至秦二世三年(前207)的十四年間。"《龍簡》則説:"由於法律具有相對的穩定性,似乎不好將龍崗簡律文的上限定死,但是,將其下限定在秦二世三年,應當大致是正確的。"龍崗木牘有日期"九月丙申",無年份。《龍簡》據張培瑜《中國先秦史曆表》,説秦末漢初有五個年份九月都有丙申日(秦始皇三十七年,秦二世二年,漢高祖三年、六年、七年),"按常理推想,秦始皇三十七年時,牘文的書寫者決不敢不寫年份;同理,在漢五年劉邦即皇帝位之後,漢六年九月再寫牘文的話,也不應不寫年份。也就是説,事實上在秦漢之交存在着一個'無政府'時期。在這個'無政府'的時期內,除非你是某一個造反隊伍裏的成員,否則在紀年問題上將不知所措。這樣看來,牘文所説的'九月丙申',可能是秦二世二年或漢高祖三年,而且後者的可能性似乎更大。因爲在秦二世二年,雖然天下洶洶,土崩瓦解,但是胡亥畢竟未死,正朔猶在,如果没有改朝換代的確鑿的消息,普通人不敢造次。而漢三年時,秦已滅亡,楚漢逐鹿,未定勝否,小民百姓一方面消息閉塞,一方面無所適從,牘文不書年份,實良有以也。"我以爲"黔首"之名統一前已有,見於《呂氏春秋》之《振亂》《懷寵》《大樂》諸篇及李斯《諫逐客書》①,又簡文有"廿四年、廿五年",雖有可能是追述前事,但也有可能是當時所書,故簡牘上限可上伸三年,定爲秦王政二十四年(前223)。至於下限,《龍簡》所説不失爲一家言,但也僅是推測而已,無法肯定。"九月丙申"未記年,原因可能是複雜的,並非祇是"消息閉塞、無所適從"一種。李學勤説:"'九月丙申'不能確指是哪一年。按秦自統一以後,九月有丙申日的計有秦始皇二十九、三十三、三十五、三十六及三十七年,還有二世二年。查《史記·秦楚之際月表》,二世二年九月戰

---

① 　王輝《秦銅器銘文編年集釋》第109頁。

事正酣,秦地方政府恐未必有平反冤獄的時暇,木牘所記恐怕應該是始皇時的事,或者年代更早亦未可知。"漢高祖三年,楚漢逐鹿,仍"戰事正酣",地方政府恐也無心平反冤獄。總體上看,將龍崗簡牘的下限定爲秦二世三年,還是可以的。

　　龍崗簡原無標題,《龍崗》云:"爲方便閱讀研究,考釋略依出土登記編號和現場清理記録,作了有限的分類與編聯。在綴聯的基礎上,主要根據内容分爲《禁苑》《馳道》《馬牛羊》《田贏》《其他》5類,原簡無律名,篇題是考釋者試擬的,僅供參考。"《龍簡》則認爲:"原整理者所分的五個大類,内容較雜、較亂,有的没有把握好分野,自己不遵守自定的原則;有的是理解上的偏差或釋文的錯誤導致分類的錯誤;有的是簡文殘缺過甚,其意難明,却勉强歸類……我們認爲,龍崗簡其實祇有一個中心,那就是'禁苑'。睡虎地秦墓竹簡《秦律十八種・内史雜》:'縣各告都官在其縣者,寫其官之用律。'秦代官吏制度規定,各縣應分別通知設在該縣的都官,抄寫該官府所遵用的法律,而龍崗簡正是從各種法律條文中摘抄出了與禁苑管理有關的内容,編在了一起。如果强要分類,大抵可以分爲三類,一是直接涉及禁苑者,二是間接與禁苑有關者,三是可能與禁苑事務相關者……龍崗簡中出現'禁苑'字樣的簡文……不一定徑稱爲《禁苑律》,而是分屬於不同的法律的,有的屬於《厩苑律》,有的屬於《田律》。"《田贏》之"田",《龍簡》以爲是田獵,"贏"爲超過法律規定的限度;"田贏"不是律名,也不是篇名。我以爲,《龍崗》的分類固然不妥,但《龍簡》以爲簡文皆與禁苑有關,恐也不盡符合事實。如簡116(以下簡號皆據《龍簡》,與《龍崗》編號不同)"廿四年正月甲寅以來,吏行田贏",《龍簡》説"'行田'可能就是行獵",而楊振紅《龍崗秦簡諸"田""租"簡釋義補正——結合張家山漢簡看名田宅制的土地管理和田租徵收》則舉典籍及張家山漢簡多例,證"行田"即授田,而非田獵。在有分歧的情況下,我們暫不爲龍崗簡分類設立小標題,但在敍述中則將内容相關的簡放在一起。

　　簡1:"諸叚(假)兩雲夢□□及有到雲夢禁中者得取灌(?)□□☑。"趙平安《雲夢龍崗秦簡釋文注釋訂補》説:"'兩雲夢'當指秦代左雲夢和右雲夢。古陶文明博物館所藏封泥有'左雲夢丞',與此相對應有'右雲夢丞'。

雲夢地域遼闊，置左、右雲夢是完全可能的。據《漢書·地理志》，漢代南郡編縣和江夏西陵縣'有雲夢'，與秦左、右雲夢一脈相承。"拙文《出土文字所見之秦禁苑》也説①："雲夢本楚大澤，楚王常遊其處……入秦擴建，因其地域廣大，故分左、右。"此後又有封泥"右雲夢丞"發現②。雲夢爲秦苑囿，於此出土有關禁苑的法律條文，是很自然的事。"雲夢"後二字原釋"節以"；《龍崗》改釋"卲弅"，讀爲"印璽"；《龍簡》引李家浩説釋爲"池魚"，讀"魚"爲"籞"，説："池籞，特指官有的池湖、苑囿。籞，音 yù。《説文》竹部：'籞，禁苑也。'段注：'《宣帝紀》詔"池籞未御幸者，假與貧民"。蘇林曰："折竹以繩綿連禁籞，使人不得往來，律名爲籞。"應劭曰："籞，禁苑也。"按，蘇、應説與許合。《元帝紀》詔"罷嚴籞池田，假與貧民"。《西京賦》云："洪池清籞。"清籞猶《漢書》云嚴籞也。'"後説較有理致。但字本不清晰，據不明之字而説假借，是很難成爲定論的。

簡2："寶出入及毋（無）符傳而闌入門者，斬其男子左趾，女〔子〕◻。"寶，孔穴。符傳，出入關卡憑證。《説文》："符，信也。漢制以竹，長六寸，分而相合。"《漢書·文帝紀》："除關無用傳。"顔師古注引張晏曰："傳，信也，若今之過所也。"師古曰："古者或用棨，或用繒帛。棨者，刻木爲合符也。"崔豹《古今注》："程雅問曰：凡傳者何也？答曰：凡傳者皆以木爲之，長五寸，書符信於上，又以一板封之，皆封以御史印章，所以爲信也。如今之過所也。"無符傳而擅自闌入禁苑門關者，男子斬其左足，刑罰很重。簡4："詐（詐）僞、假人符傳及讓人符傳者，皆與闌入者同罪。"詐僞，欺騙。借用別人符傳或把符傳借給別人，與擅自闌入者同罪。簡5："關。關合符，及以傳書閲入之，及□佩〈佩〉入司馬門◻。"司馬門是宮室的外門。賈誼《新書·等齊篇》："天子宮門曰司馬，闌入者爲城旦。諸侯宮門曰司馬，闌入者爲城旦。殿門俱爲殿門，闌入之罪亦俱棄市。"禁苑是皇帝遊獵之所，憑符傳出入，是爲了皇帝等人的安全。

簡15："從皇帝而行及舍禁苑中者皆□□□□□◻。"《史記·秦始皇本

---

① 《古文字論集》（二），《考古與文物》叢刊第四號，2001 年；又收入《高山鼓乘集——王輝學術文存二》。

② 傅嘉儀編著《新出秦代封泥印集》第 73 頁；又傅嘉儀編著《秦封泥彙考》1040、1041。

紀》："（二十八年）上自南郡由武關歸。"雲夢在南郡。上，即皇帝。隨從皇帝巡行，而進入禁苑，並特許住宿者應有憑證，此亦安保工作之一項。簡17："亡人挾弓、弩、矢居禁中者，棄市。"逃亡者挾持兵器入居禁中，罪當棄市，處罰極重。

　　簡18："城旦舂其追盜賊、亡人，追盜賊、亡人出入禁苑□者得□□☑。""賊"爲胡平生的隸定。《龍崗》以爲此簡與簡146"除其罪，有賞之如它人告☑"相連接，《龍簡》亦同意。刑徒城旦舂追盜賊、逃亡者進入禁苑，"給予特殊許可，對有立功表現的人還予以一定的獎勵"。禁苑甚大，常有盜賊進入，捕盜是苑吏的職責，不盡責者要受到處罰。簡20+21："□□不出者，以盜入禁苑律論之，伍人弗言者，與同瀆☑。"《龍簡》説其大意爲："（黔首即使獲准進入禁苑作務，放工時必須離開，如果）不離開，按盜入禁苑的法律治罪。同伍的人如不舉報，與犯法者同罪。"可見秦時有盜入禁苑的法律。

　　簡27："諸禁苑爲奧（壖），去苑卅（四十）里，禁毋敢取奧（壖）中獸，取者其罪與盜禁中〔同〕☑。"胡平生説"奧"讀爲"壖"，字亦作"壝、壛"，"壖，本指城邊或河邊的空地，後特指宮殿、宗廟、禁苑等皇家禁地的墻垣外專設的一片空地，作爲一條‘隔離地帶’"。簡28："諸禁苑有奧（壖）者，□去奧（壖）廿（二十）里毋敢每（謀）殺□……敢每（謀）殺……"每，《龍崗》讀爲"罜"，《龍簡》讀爲"謀"，殆以後説爲是。拙文《出土文字所見之秦苑囿》指出："皇帝出行居於苑囿，隨行衆多，庖廚所需禽獸，部分當取自苑中。另外，祭祀所用，有時也由苑囿供應……苑中禽獸樹木衹供天子殺伐，百姓是絕對禁止獵取的。"龍崗簡也提到保護禁苑樹木之事。簡38："諸取禁苑中柞（柞）、棫、檄、栯產葉及皮☑。"本簡殘去下文，《龍簡》説有兩種可能性：一種是"勿論""毋罪"；一種是"與盜同法"。"以秦律之嚴苛推測，似以後者的可能性爲大。值得注意的是，這幾種樹木都是可以製作工具的木材"。

　　當然，在特殊情況下，百姓也可進入禁苑獵取禽獸。簡30："時來鳥，黔首其欲弋射奧（壖）獸者勿禁☑。"鳥，《龍崗》釋"腰"，引《説文》："腰，楚俗以二月祭飲食也。""二月"《太平御覽》引作"十二月"。又引《吕氏春秋·仲冬紀》："是月也，農有不收藏積聚者，牛馬畜獸有放佚者，取之不詰，山林藪澤，有能取疏食田獵禽獸者，野虞教導之。"説："若是，則秦腰祭或在冬季。"《龍簡》引裘錫圭釋"鳥",解其大意爲"時節有鳥飛來。百姓想在禁苑壖地弋射鳥獸,不要禁止,可以允許。"《龍簡》引《韓非子·外儲説右下》:"秦大饑,應侯請曰:'五苑之草著、蔬菜、橡果、棗栗足以活民,請發之。'"《史記·秦本紀》:"孝文王元年,赦罪人,修先王功臣,褒厚親戚,弛苑囿。"説:"既然禁苑在特定的情況下都可以開放,則禁苑外圍的壖地在某些時候應該也可以允許百姓射獵……值得注意的是,即使是在禁苑外壖地,律文也僅僅衹准許'弋射',箭矢上有綫繩牽引,距離總歸有限,不致於對禁苑的安全造成威脅,秦律給予普通百姓的寬容與恩惠是非常有限的。"簡32:"諸取禁中豺狼者毋(無)罪。"簡34:"然。取其豺狼、貜、貐、狐狸、縠、□、雉、兔者毋(無)罪。"豺狼性殘忍,常食他獸,故可任人捕殺。雉、兔甚多,捕之似亦無妨。

　　禁苑律文是全國通用的,故龍崗簡提到其他禁苑。簡35:"沙丘苑中風荼者,□☑。"《史記·殷本紀》:"(紂)益廣沙丘苑臺,多取野獸蜚鳥置其中。"沙丘爲殷商舊苑。戰國時,趙武靈王被公子成圍困,餓死於此。秦沙丘苑當在商代及趙國的基礎上加以擴建。《淮南子·原道》:"游雲夢、沙丘。"沙丘與雲夢齊名。"風荼"又見簡36:"風荼□出,或捕詣吏。"《龍崗》説"風荼"不可解,又疑"荼"與"牸"通,"風牸"即放牧黄牛。《龍簡》則説"風"與"封"通,又楚人名虎曰"於菟","菟"與"荼"通,"疑'風荼'可能是虎的别名",又疑"犎牸"爲一種野牛。按:以上三説似皆迂曲附會,難以講通,最好存疑。簡52:"禁苑在關外□☑。"關,指函谷關。拙文《出土文字所見之秦苑囿》説:"秦時内史苑囿有上林、杜南、宜春、陽陵、麗山、壽陵、咸陵園、具園、中囿、鼎湖、華陽11處;關外苑囿有盧山、沙丘、圻、平阿、桑林、東苑、雲夢、白水、□原9處,合計20處。此外,還有數目衆多的公馬牛苑。涉及的地區有陝西、山東、河南、河北、安徽、湖北、四川、内蒙。當然,這衹是我們今天所知道的,實際數目恐遠不止此。"

　　秦時禁苑與縣同級,但關外禁苑在某縣道地界者,往往與該縣發生種種關係,有些禁苑的事由縣、道代爲管理,這在睡虎地簡、龍崗簡中都有反映。簡39:"禁苑嗇夫、吏數循行,垣有壞決獸道出,及見獸出在外,亟告縣。"内容相近者見睡虎地秦簡《徭律》:"縣葆禁苑、公馬牛苑,興徒以斬(塹)垣離(籬)散及補繕之,輒以效苑吏,苑吏循之,而勿計爲徭。"無"獸道出",與龍崗簡可互爲補充。禁苑主管、吏常巡邏，發現苑墙損壞或垮塌，獸自缺口跑出，到禁苑之外，立即報告所在縣，縣則爲補繕墻垣。簡7：“諸有事禁苑中者，□□傳書縣、道官，□鄉☒。”傳書即公文，有事進入禁苑，應有公文報縣、道官府。可見縣道官員負責禁苑的安全。

禁苑主管官員稱嗇夫，應與縣令、長同級。又有苑吏，簡11：“☒于禁苑中者，吏與參辨券。”禁苑吏約與苑丞相當或略低。出土秦封泥有“杜南苑丞、陽陵禁丞”①。“參辨券”是可一分爲三的證券，一份存檔，一份交門衛，一份交進入禁苑的人。又有苑人，簡6：“禁苑吏、苑人及黔首有事禁中，或取其□□□☒。”苑人地位低於吏，高於黔首，當是苑中一般管理人員。苑有憲盜，亦稱害盜，睡虎地簡《内史雜》：“侯（候）司寇及群下吏毋敢爲官府佐、史及禁苑憲盜。”龍崗簡多條提到捕盜，應爲憲盜之職責。簡13：“盜入禁苑□☒。”簡114：“盜牧者與同罪。”簡121：“盜徙封，侵食冢廬，贖耐；□□宗廟奥（壖）☒。”

龍崗簡多條提到馳道。《龍簡》以爲簡54、55、56、57可綴合，綴合後可下連簡58，釋文爲：“敢行馳道中者，皆磬（遷）之；其騎及以乘車、輺車、牛、牛車、輭車行之，有（又）没入其車、馬、牛縣、道［官］，縣、道☒。”馳道是專供皇帝行走之道，嚴禁他人行走，違者要受到嚴厲處罰。《史記·秦始皇本紀》：“（三十七年）治馳道。”集解引應劭曰：“馳道，天子道也，道若今之中道然。”《漢書·賈山傳》：“秦爲馳道於天下，東窮燕齊，南極吳楚，江湖之上，瀕海之觀畢至。道廣五十步，三丈而樹，厚築其外，隱以金椎，樹以青松。”遷，流放，違禁行馳道中者皆流放至邊遠之地，其騎馬及乘車、輺車、牛、牛車、輭車由縣道官没收。簡59：“騎作乘輿御，騎馬於它馳道，若吏［徒］☒。”乘輿乃天子、諸侯車乘，以騎馬駕皇帝乘輿，但不能騎馬在馳道奔跑。簡60：“中，及弩道絕馳道，馳道、弩道同門、橋及限（?）。”弩道，不詳。《龍簡》疑弩道“爲射放弩箭之工事”，即馬王堆三號墓出土《駐軍圖》之“箭道”。此條説弩道與馳道相交。《龍崗》説：“秦漢時對橫過馳道有嚴格規定，《漢書·成帝紀》元帝即位，成帝爲太子，‘上嘗急召，太子出龍樓門，不敢絕馳道，西至

---

① 參看王輝《秦文字集證》修訂版，第204～206頁。

直城門,得絶乃度'。其後元帝'令太子得絶馳道云'。"簡 63、64、65 連讀:
"□有行馳□□道中而弗得,貲官嗇□□[夫]二甲,或入……"違法在馳道中
行走,官吏未能處置,罰相關嗇夫二甲。《龍簡》説馳道與禁苑相關,"因爲秦
王(皇帝)到禁苑必定使用馳道,而當地官吏如果不能驅除、捉拿非法在馳道
上亂跑的人就是失職,就要問罪"。須要説明的是,所謂吏民不能行馳道,應
是不能在馳道中央行走,在兩旁是無須禁止的。《三輔黄圖》卷一:"馳道
……《漢書・賈山傳》曰:'秦爲馳道於天下……三丈而樹……'漢令,諸侯
有制,得行馳道中者行旁道,無得行中央三丈也。不如令,没入其車馬。"何
清谷注:"三丈而樹:馳道中央三丈寬專供皇帝通行。《漢書補注》引王先慎
曰:'三丈中央之地,惟皇帝得行,樹之以爲界也。'三丈合今六點九米。這種
制度祇能在咸陽及其周圍實行,關外在皇帝出巡時實行,平時恐不可能在全
國馳道中實行。"龍崗簡説的應該也是在雲夢禁苑附近的情況。

　　龍崗簡有多條關於馬牛羊的律文。簡 98:"廿五年四月乙亥以來,□□
馬牛羊□□□□。""廿五年"爲秦始皇二十五年,簡文所述《龍簡》説是"對
'廿五年四月乙亥'以來所執行的律令作修改、補充或檢查"。又説:"睡虎
地秦簡《秦律十八種・廏苑律》有'牧公馬牛'的條文,内容包含較廣泛,本簡
及有關'馬牛羊'諸簡,似與《廏苑律》律文相近。"其説甚是,廏苑也是秦苑囿
之一,但非禁苑。睡虎地秦簡《秦律十八種・徭律》:"縣葆禁苑,公馬、牛
苑。"公馬牛苑與禁苑並列,二者的區分是很明顯的。簡 100:"牧縣官馬、牛、
羊盜□之,弗□□□。"縣官,指官府、國家。"縣官馬、牛、羊"即睡簡之"公馬
牛"。簡 112:"亡馬、牛、駒、犢、[羔],馬、牛、犢、駒、[羔]皮及□皆入禁
□□(官)□□。"亡,逃亡、死亡。《秦律十八種・廏苑律》:"其乘服公馬牛亡
馬者而死縣,縣診而雜賈(賣)其肉,即入其筋、革、角,及素(索)入其賈(價)
錢。"大意相同。簡 103~109 可綴合:"諸馬、牛到所,毋敢穿穽及置它機,敢
穿穽及置它[機]能害□□人、馬、牛者□,□雖未有殺傷殹,貲二甲,殺傷馬□
□與爲盜□,□[殺]人,黥爲城旦舂,傷人,贖耐。"《龍崗》已綴 103、104,胡平
生又綴 105~109,《龍崗》云:"以上二簡之綴聯参張家山漢簡而得之,後讀
到胡平生先生的文章,與我們的意見大致相合。"張家山漢簡《二年律令・田
律》:"諸馬、牛到所,皆勿敢穿穽,穿穽及置它機能害人、馬、牛者,雖未有殺

傷也,耐爲隸臣妾。殺傷馬、牛,與盗同法。殺人,棄市。傷人,完爲城旦
舂。"①二者顯爲同一條律文,但用字及處置則不盡相同。如"未有殺傷",秦
律"貲二甲",漢律則"耐爲隸臣妾";"殺人"者秦律"黥爲城旦舂",漢律則
"棄市";"傷人"者秦律"贖耐",漢律則"完爲城旦舂"。總的看,漢律似處罰
更重。

　　龍崗簡多條提到田、租,是了解秦土地、田賦制度的重要史料,楊振紅對
之有深入的剖析②。簡116:"廿(二十)四年正月甲寅以來,吏行田贏律(?)
詐(詐)☐。"《龍簡》説"行田"爲一詞,是;但誤解爲田獵則非。楊文舉《漢
書·高帝紀下》"且法以有功勞行田宅"、《漢書·溝洫志》"魏氏之行田也以
百畝"、張家山漢簡《二年律令·户律》"有籍縣官田宅,上其廷,令輒以次行
之"等,説"行田"即授田,極是。簡157:"黔首田實多其☐☐。"《龍簡》疑"田
實"指"度田不實";又引李家浩説:"'田實'與庭實、内實、☐實、腹實、豆實、
篋實、官實等文例相同,似指田中的農作物。"楊文同意李説,並加申説,並謂
簡159"☐或即言其田實(?)☐、田實"義同。

　　簡151:"田及爲詐(詐)僞寫田籍皆坐臧(贓)☐☐。"寫,《龍崗》釋"宅"。
《龍簡》云:"詐僞寫田籍,欺騙或假造田土文書……田籍,佔有田地的簿籍文
書。"楊文云:"秦漢時期的傳世文獻中不見'田籍'一詞,但大量材料表明,
這一時期和後代一樣,政府對每家每户佔有土地等情況製有簿籍。"又引張
家山漢簡《二年律令·户律》:"民宅園户籍、年細籍、田比地籍、田命籍、田租
籍,謹副上縣廷。"云:"秦時田籍是否也被分爲田比地籍、田命籍、田租籍三
種,以及龍崗簡151中的'田籍'是否就是這三種簿籍的統稱,目前還没有明
確的材料可以證明。但是,正如前文所述,龍崗秦簡與張家山漢簡年代相距
不遠,漢初基本沿襲秦制……因此,照常理推之,秦應該和漢初一樣存在三
種土地簿籍,並統稱之爲'田籍'。"張金光《秦制研究》對此有深入分析,云:
"睡虎地秦簡透露有'受田'之律,龍崗秦簡又透露'行田'之律……尤其是
在龍崗秦簡的出土,爲秦'行田'之制提供了新的鐵證,表明秦統一前後,乃

---

① 張家山二四七號漢墓竹簡整理小組《張家山漢墓竹簡(二四七號墓)》第167頁,文物出
　版社2001年。
② 《簡帛研究2004》第135~143頁。

至秦末尚維持執行着國家授田制……龍崗秦簡皆無見標準律名,我以爲若以義爲之擬定律名的話,其中部分内容,則可名之曰'行田'之律。'行田'則必有收益分配問題,授田之下,國家必取其租,秦之田租、賦、役的徵斂皆賴此以爲前提而確立之。"①

　　龍崗簡提到程、程田、程租。簡125:"不遺程,敗程租者,□;不以敗程租▢。"簡126:"盗田二町,當遺三程者……"簡128:"詐(詐)一程若二程,而……"簡129:"人及虚租希(稀)程者,耐城旦舂……"簡133:"程田以爲臧(贓),與同灋(法)。田一町,盡□盈□希▢。"簡134:"▢希(稀)其程率,或稼▢。"簡136:"租不能實□,□輕重於程,町失三分,▢。"《龍簡》簡125注云:"程,課率,此處指'程租',是國家規定的每個單位面積土地應當繳納田租的定量。"南玉泉《龍崗秦律所見程田制度及相關問題》則說②:"典籍和出土文獻中亦多次出現'程'字,其意多作一定的數額標準解……'程'的具體數額標準在不同的場合當各不相同,没有定數。龍崗簡之'程',通常作一定的租賦數額解……'程田',應爲動賓結構,意即評定地畝税額標準。"楊振紅文引張家山漢簡《算數書》6則關於田租税的算題,討論田租與程的關係,結論是:"龍崗上述關於'程田、程、程租、租'以及'匿田'的簡,應是針對鄉部嗇夫、部佐等官吏徵收田租制定的專門法律。""遺程租",《龍簡》説是"逃漏應繳田租的份額"。"希(稀)程"《龍簡》説是"減少規定的租賦份額"。

　　龍崗簡多條提到"租"。簡140:"租笄□不平一尺以上,貲一甲;不盈一尺到▢。""笄"後一字《龍崗》隸作"綮",説:"笄綮:疑此假作'杬棜',杬、笄、棜、綮四字古讀極近。《説文》:'棜,所以杬斗斛也。'又:'杬,平也。'段注:'棜與杬同,古字通。'《韓非子·外儲説左下》:'棜者,平量者也。'其釋義與簡文内容相合。"《龍簡》以爲此字"上半決非'攺'形;'杬棜'之説,恐不足信",而將此字隸作"索",説:"笄索,意未明。疑爲收繳租穀的一種工具或方法。"該字本不清楚,但從上文看,《龍崗》的隸定及解釋還是較有道理的。簡150:"租者且出以律,告典、田典、典、田典令黔首皆智(知)之。及▢。"簡177:"▢□寫律予租▢。"楊振紅説:"兩簡中的'律'應該就是《史記·漢興以來將相名臣年表》所説的‘田租税律’。大概每年要收田租的時候,鄉部嗇夫都要將國家頒布的‘田租税律’先傳達給‘典’(里典)和田典,由他們普告百姓。”簡154:“黔首皆從千(阡)佰(陌)彊(疆)畔之其☒。”楊振紅以爲這“很可能是與簡150有關的簡,即部佐進行‘程田’‘程租’時,要把百姓全部召集到田間地頭,部佐和民户共同核準應繳納田租的土地數量(即當年耕種的土地),測評畝産量和田租率,確定每户應繳納的田租總額”。簡142:“皆以匿租者,詐(詐)毋少多,各以其☒。”簡144:“租者監者詣受匿(?)租所……”簡147:“坐其所匿税臧(贓),與灋(法)没入其匿田之稼。☒。”説到“匿租、匿税、匿田”。匿,隱瞞。隱瞞租税、田畝,要受到處罰,隱瞞土地上的莊稼應予没收。簡148～149:“其所受臧(贓),亦與盜同灋(法);遺者罪減焉☒☒一等,其□☒。”户主賄賂鄉部官佐,以求隱瞞租税,官吏受贓,也應按照盜竊治罪。

龍崗簡有幾條説到“盜田”。簡124:“[壞?]人冢,與盜田同灋(法)☒。”《龍簡》説:“‘人冢’前可能是‘壞’字。疑本簡指破壞、夷平他人冢墓,擴充自己的田地,《史記·淮南衡山王列傳》:‘王又數侵奪人田,壞人冢以爲田。有司請逮治衡山王。’”簡126:“盜田二町,當遺三程者。”《龍簡》説:“盜田,盜佔田地。此處疑指申報的田地面積少於實有的田地面積,等於是‘盜田’。”楊振紅引《唐律·户婚律》“盜耕種公私田、妄認盜賣公私田、在官侵奪私田、盜耕人墓田”等條,以及《漢書·李廣傳》附李蔡傳“(李蔡)以丞相坐詔賜塚地陽陵當得二十畝,蔡盜取三頃,頗賣得四十餘萬,又盜取神道外壖地一畝葬其中,當下獄,自殺”,總結説:“無論是唐律關於盜田的規定,還是漢代關於盜田的實例,盜田的行爲與少申報土地的行爲有所區别,而且犯罪性質更爲惡劣。”“‘盜田’指的是在自己法定佔有的土地之外,採取隱秘或公開手段侵奪、搶奪公私田的行爲。”“盜田者是利用‘或竊或强’的手段進行强佔,或者進行耕種以收取收穫物,或者將其轉買,或者通過申報使其佔有合法化即將其登記在自己的田籍中。”楊氏因之認定簡120、121也屬於廣義的盜田範疇。簡120:“侵食道、千(阡)邱(陌),及斬人疇企(畦),貲一甲。”簡121:“盜徙封,侵食冢廬,贖耐;□□宗廟奠(壖)☒。”張金光則説:“‘盜田’專指盜取官田而言,不包括民間相互盜他人田……其時民間雖亦有

涉及疆畔者,然因雙方皆衹涉及個人之事,計較分明,盜取實屬不易。一般
説來,亦不爲國家立法三令五申而爲之禁止。"①

　　龍崗簡中與田、租等有關的簡文與禁苑有無關係,難於肯定。張金光引
簡 185"取傳鄉部稷官。其[田]及□[作]務勿以論☒"(此爲原始編號及釋
文,《龍簡》爲簡 10,釋文"稷"從劉國勝説改釋"稗",下不接"勿以論")、簡
192"蓄而爭而不剟者……禁苑田傳……爲城旦……官□……"(此亦爲《考
釋》原始編號,《龍簡》同;《龍簡》改"蓄"爲"遇","剟"爲"刻",下未接"禁苑
田傳"等字),説:"鄉部田官(稷官)可簽發傳書,這個傳書就包括了'禁苑田
傳'在内,是到苑中從事耕田等活動的合法憑證。持此入禁苑,勿論其罪。
此足證秦禁苑有開田而耕並其他工技作業之事。這是龍崗秦簡爲我們提供
的新知識。"又云:"關於入禁苑耕田的細節不得而知,然而可以肯定的是,從
人人取傳書於鄉部,並有爭界之事發生,且必持田傳以出入,則可知此入苑
耕田乃爲個人行爲,並非集體作業,亦非政府平調民力以耕苑田,因爲若爲
集體行動事,則不必人各分散取傳書通行。並由此可判斷其當爲分田而耕,
而此田亦斷爲非法私有。"張先生的説法有其道理,不過以上兩條簡文釋文
及聯綴本有異説,入禁苑耕田之事又不見於其他秦簡及傳世文獻,所以張説
並非定論。

　　木牘一枚,出土於龍崗 6 號墓,置於墓主腰部。牘長方形,長 36.5、寬 3.
2、厚 0.5 釐米。正面墨書 35 字,背面墨書 3 字,云:"鞫(鞫)之:辟死論不當
爲城旦。吏論失者,已坐以論。九月丙申,沙羨丞甲、史丙免辟死爲庶人,令
自尚也。"

　　劉國勝説:"'鞫',牘文作鞫,右旁从勹从言,左旁从艸从羍,即《説文》
'籟'字,漢代隸書'竹'頭'艸'頭每相混。《説文》:'籟,窮治罪人也。'《説
文》無'鞫'字,段玉裁《注》:'鞫者,俗籟字。''鞫'應是'籟'之變體。"按《説
文》:"籟,窮治辠人也,从羍、人、言,竹聲。𩮰,或省言。"《廣雅·釋詁三》:
"𩮰,治也。"王念孫疏證:"《説文》:籟,窮治辠人也。或省作𩮰。《史記·李
斯傳》云:令鞫治之。《酷吏傳》:訊鞫論報。並字異而義同。"朱駿聲《説文

①　張金光《秦制研究》第 50 頁。

通訓定聲》："籍，即《周禮》之'讀書用法'，今之勘供擬罪也。"《龍崗》曰："牘文'鞫'謂覆審結果。"李學勤説："牘文所記，實際是一次乞鞫。按漢制有乞鞫，在獄結宣判後，犯人或其家屬不服，可以乞鞫，即要求覆審。"《龍簡》曰："鞫指對已判決的案件的重新調查。"劉國勝《雲夢龍崗簡牘考釋補正及其相關問題的探討》則説："鞫，是官吏對所訊案情的一種扼要記録，它與訊問記録不同，一般較簡潔明瞭，所録案情帶有官方最終認定的意味，主要爲下一步論罪提供清晰的法律依據事實……本義應是指罪犯口供，後來兼有論的意思，當是該字在司法用詞的使用過程中的引申之義。"

"辟"原釋"辭"，以爲是乞鞫之辭，李學勤釋"㾄"，讀爲"愆"，"'愆死'猶云罪死，指乞鞫的罪犯，隱去其名"。胡平生釋爲"辟"，認爲是墓主之名，"應得名於他有不良於行的腿的殘疾"。"此'辟'通'躄、蹩'……推測墓主受過刖刑……因爲殘掉雙腿而名之曰'辟'，這當然不會是他的本名，但是大家都這樣稱呼他，'辟'也就成了他的名字"。劉國勝以爲"辟死"應爲一詞，乃墓主之名，引《漢印文字徵補遺》有"連辟死"例。劉説已得學人認同，《龍崗》《龍簡》皆從其説。

論，判罪。吏論，官吏覆議、覆審案件。辟死既不當判城旦罪，官吏覆審認爲原判錯誤（有失），原判者承擔責任，受到懲辦。

沙羨原爲秦南郡縣名，漢屬江夏郡。沙羨治所及轄地，學者看法不一。《辭海》"沙羨"條云："西漢置，治所在今湖北武昌西金口。三國吳廢，晉太康初復置，移治夏口（今武漢市武昌）。太初三年（379）廢入沙陽。東漢末孫策大敗黄祖於此。"《龍崗》引《水經·江水》酈道元注："沔左有卻月城，亦曰偃月壘，戴監軍築，故曲陵縣也，後乃沙羨縣治。昔魏將黄祖所守，吳遣董襲、凌統攻而擒之。"楊守敬疏："曲陵縣治石潼城，見《滍水注》，在今應城縣東南，皆非此地。而酈氏言曲陵後爲沙羨治，必有所據。蓋安、順後置曲陵於沔口，黄祖以爲沙羨治，至吳改置石陽縣，晉又改置曲陵縣，仍取舊名乎？"《龍崗》云："今雲夢縣正在應城縣東，兩《漢志》江夏郡有安陸、沙羨，而無雲夢。據睡虎地 11 號墓秦簡，該墓墓主喜曾任安陸令史，是知今雲夢縣境於秦時屬安陸。雲夢龍崗木牘既提及沙羨，則秦沙羨縣轄境或跨長江北岸，有可能與安陸縣相接。由此亦可初步推定，龍崗六號秦墓墓主有可能是秦南郡沙羡縣人。”《墓主考》的説法大同小異：“木牘的性質決定本墓葬的所在地就在沙羡縣境内，而這恰是龍崗木牘所出現的‘沙羡’這個地名最重要之處，是比任何歷史文獻更有説服力的材料。”劉國勝則認爲：“六號墓所在地，即今龍崗一帶秦時不太可能爲南郡沙羡縣轄區，應屬南郡安陸縣轄。理由是：一、沙羡縣治所當在今湖北武昌金口一帶（前面我們已作説明），而六號墓葬地在今雲夢‘楚王城’南郊，位在江北，距江南的金口較遠。二、‘楚王城’西郊的睡虎地 11 號秦墓出土的《大事記》簡文資料和 4 號秦墓出土的‘家信’牘文資料中有關‘安陸’的記載，以及睡虎地墓葬中出土有數量較多的打有‘安陸市亭’戳印的日用陶器，均表明‘楚王城’附近地域在秦代屬南郡安陸縣轄區的可能性極大。三、提及‘沙羡’的六號墓木牘牘文僅能反映墓主‘辟死’生前的免爲庶人的判決是沙羡縣廷所爲這一事實，與墓主的原籍所在地及葬地並無非要統一的聯繫。因爲秦代司法對起訴審理是不受訴訟當事人原籍制約的……因此，墓主‘辟死’在南郡沙羡縣廷申訴並經判決免爲庶人後，又因故經許可到南郡安陸縣轄的今雲夢‘楚王城’一帶謀生居住，並死後就近下葬，這在當時是合乎情理的。”劉説理由充足，《龍簡》附錄《墓主考》，文後有胡平生編後校記，説：“國勝對木牘的考釋提出了一些很好的意見，如釋‘辟死’爲人名，如對沙羡地望的考訂等，拙文的意見的確應當修正。”

　　“免辟死爲庶人”，免除辟死的刑徒身份，以爲庶人。這是沙羡縣丞、史丙作出的判決文書。

　　“令自尚也”，“尚”字讀法頗有分歧。李學勤讀如本字，《廣雅·釋詁三》：“主也。”“庶人是自由人，不受奴役，故云令之自主”。黄盛璋《雲夢龍崗六號秦墓木牘與告地策》讀“尚”爲“上”，“因他不是庶人身份，所以令他自己上送文書，向地下登報户籍”。《墓主考》亦讀“尚”爲“上”，但解爲地上，“辟以庶人的身份到陰間報到，令是從地上發出的”。《龍崗》讀“尚”爲“常”，引張家山漢簡《奏讞書》第一七則“其除講以爲隱官，令自常”，解“常”爲常法。“‘令’謂有關裁決文書，‘自常’謂此文書由當事人自持以作法律依據”。劉國勝讀“尚”爲“掌”，“謂主掌、謀職之義”。劉先生通串全文大意是：“經審訊判決如下：辟死陳述自己不應當作城旦，理由是已經對他所犯的

'論失'之罪定罪論處,承擔罪責(上述情況屬實)。九月丙申,沙羨縣丞申、史丙免去辟死罪徒身份,現爲庶人。法令准許自謀職業。"《龍簡》讀"尚"爲"常",解爲"使他自由"。今按:令,使,非法令;掌可能爲職掌,然亦管義,用爲動詞,《孟子・滕文公》:"舜使益掌火。"趙岐注:"掌,主也。"與《廣雅》解"尚"爲主同。"令自尚"就是使之自主、使之自由,文從字順,不必讀爲"掌",解爲名詞"職業"。

關於牘文的性質,簡報、《綜述》及《雲夢龍崗 6 號秦墓出土簡牘》説是"冥判","墓主生前犯罪而坐爲刑徒,死後纔判免其罪,定爲庶人,這是迄今秦律冥判唯一實物"。李學勤説是"案例","和六號墓的墓主没有關係","木牘和秦律竹簡一樣,是死者使用的文書,而不是他本人事迹的記述"。黄盛璋認爲是"告地策","告地策目的是爲地下登報户籍,死往地下,這是第一道關口,如不能安家立户,就無存身之地;而秦漢時'匿不自占,耐爲隸臣妾'。這就是告地策户主的地上背景,刑徒首先要免爲庶人,纔能登報入籍,這就要有鞫辭法律程序、手續,還要有理由、根據,'鞫之辭'、'免辭'以及'吏論失者已坐以論'等就是在此需要下假造的"。《墓主考》稱"告地書","龍崗六號墓木牘則没有寫移書的對象,是'沙羨丞甲、史丙'徑直'令自上',實際上還是沙羨的地上丞致書沙羨地下丞"。劉國勝認爲牘文與"'告地書'之類呈現的特點是不相符的,特别是文字内容及行文語氣,顯然脱離了告地書的用意"。"從木牘所記文字内容看,文辭的基本格式在《奏讞書》所匯案例的審判記録中都能找到。但與其相比,顯然又不能同視之爲案例的審判記録,因爲其中没有訊録,鞫辭也較爲概括。因此,牘文不屬於一般的案件審判記録。牘文以'鞫之'起句,祇含鞫、論。通過前面的有關考釋,可以看出牘文基本反映的是案件的判決情況,類似於今天的法庭判決書……書手對隸書、篆書都具備一定知識。這些特點顯示,牘文很可能屬公文性質"。《墓主考》在作爲《龍簡》的附録收入時,胡先生的看法有所修正,不再認爲是告地書,但也不認爲它是一份有效的法律文書,云:"木牘文字與實際的法律文書仍有很大差異,這祇要將它與張家山漢簡《奏讞書》的乞鞫案例加以比較就可以清楚。它内容簡略粗疏,形式上很不完整,像'吏論失者已坐以論',語焉不詳,很不準確。因而它不像是一份有效的司法文書。另外,'乞鞫'案的終審機關應是朝廷,由主管司法的官員廷尉處理。而牘文下達'免辟死爲庶人'判決的,却是沙羨丞、史,這也不合司法程序。據此推測,這塊木牘仍有可能是編造的文書,或者是根據某一司法文書摘編成現在的樣子。比如説,原本有一個完整的'乞鞫'案例,爲了某種需要,被掐頭去尾,斷章取義,以至於弄得文不通意不順。"其説法是有道理的。

## 第四節　關沮秦簡牘

1992 年 10 月至 1993 年 12 月,湖北省荆州市周梁玉橋博物館在荆州沙市區關沮鄉清河村周家臺發掘秦漢墓葬 42 座。其中 30 號秦墓棺槨間北端西南部槨底板上竹笥中出土竹簡 389 枚(其中空白簡 14 枚)、木牘一方。

竹簡分甲、乙、丙三組。甲組簡長 29.3 ~ 29.6、寬 0.5 ~ 0.7、厚 0.08 ~ 0.09 釐米,有上、中、下三道編繩,尾端皆爲有斜面的削頭。簡中部編聯綫所壓之處均無文字,可見竹簡是先編聯成册而後書寫文字的。乙組簡形制、規格、編聯與甲組相同,唯尾端無斜面,呈平頭。丙組爲短簡,長 21.7 ~ 23、寬 0.4 ~ 1、厚 0.06 ~ 0.15 釐米;簡又分寬、窄二種,寬者寬度在 0.7 ~ 1 釐米之間,窄者寬度在 0.4 ~ 0.6 釐米之間。

竹簡文字均書於篾黄一面,祇有一枚例外,該簡除篾黄上書寫有文字外,篾青一面還書有標題。甲、乙兩組簡書寫工整遒麗,書體風格基本一致。丙組簡書體有上下貫穿之勢,寬、窄兩種簡文字大小、書體風格差異明顯,寬簡文字大而稀疏,窄簡文字小而細密。

簡文的書寫格式,甲、乙二組文字一般書寫在上下兩道編聯綫以内,上留天頭,下留地脚,甲組中的二十八宿名、五時段中的十二地支以及乙組中的秦始皇三十七年曆日等頂頭書寫;丙組文字一律頂頭書寫,也不留底脚。部分簡文段節如甲組中的五時段占、乙組中的三十四年曆日等均分欄横排書寫,有的日干支下的記事是分雙行書寫或倒書在該日干支上。符號有墨圓點、扁形方塊標記、長形方塊標記、勾識符號等。

甲組簡内容爲二十八宿占、戎磨日占、五行占和秦始皇三十六年、三十七年曆日等。乙組簡内容爲秦始皇三十四年曆日。丙組簡内容爲病方、祝由術、擇吉避凶占卜、農事等。三組簡合計文字 5302 個。

木牘出土於棺槨北端西部淤泥中，爲長方形薄木片，長 23、寬 4.4、厚 0.25 釐米。牘文爲秦二世元年曆日，共 149 字。

《關沮秦漢墓清理簡報》1999 年發表，介紹了墓葬形制及出土文物；同期彭錦華《周家臺 30 號秦墓竹簡“秦始皇三十四年曆譜”釋文與考釋》，對該曆日作了初步研究。2001 年，《關沮秦漢墓簡牘》（以下簡稱《關沮》）出版，發表了周家臺 30 號秦墓出土的全部簡牘的圖版、釋文，以及《周家臺三〇號秦墓發掘報告》，附錄《周家臺三〇號秦墓竹簡編排順序號與出土登記號對照表》，張培瑜、彭錦華《周家臺三〇號秦墓曆譜竹簡與秦、漢初的曆法》（以下簡稱張彭文）等。

《秦始皇三十四年曆譜》（此用報告原名，我們認爲應名“曆日”）共有簡 64 枚，分 6 欄分列秦始皇三十四年（前 213）13 個月（包括閏月即後九月）384 天的干支，由十月開始，至後九月結束。如：“［十月戊戌］……甲辰、乙巳……乙丑、丙寅。十一月丁卯、戊辰、己巳……乙未、丙申。［十二月丁酉］、戊戌……甲子、乙丑。正月丁卯、戊辰……乙酉、丙戌。二月丙申、丁酉……壬戌、癸亥、甲子。三月乙丑、丙寅……癸巳、甲午。四月乙未、丙申……壬戌、癸亥。五月甲子、乙丑……壬辰、癸巳。六月甲午、乙未……辛丑〈酉〉、壬戌。七月癸亥、甲子……辛卯、壬辰。八月癸巳、甲午……庚申、辛丑〈酉〉。九月癸亥、甲子……辛卯、壬辰。後九月大，癸巳、甲午……庚申、辛酉。”

彭錦華以此《曆譜》與張培瑜《中國先秦史曆表·秦漢初朔閏表》比對，指出該年十二月晦日乙丑，正月朔日應當爲丙寅，《曆譜》誤爲丁卯，因之正月干支應全部後移一日，且該月應爲大月；八月晦日辛丑〈酉〉，九月朔日應爲壬戌，《曆譜》誤爲癸亥；九月晦日應爲辛卯，《曆譜》誤爲壬辰；後九月朔日應爲壬辰，《曆譜》誤爲癸巳，這樣移動之後，與張表相合。又七月朔日張表爲壬戌，《曆譜》爲癸亥，差一日。《關沮》附錄張彭文指出《三十四年曆譜》明顯有誤：有 8 個小月，且有 3 個連大月（七、八、九月），故簡文十一、十二、正月朔日丁卯、丁酉、丁卯及七、八、九、後九月朔日癸亥、癸巳、癸亥、癸巳共 7 個朔日中，至少有兩個是錯誤的；六、七、八、九、後九月 5 個晦日壬戌、壬辰、辛酉、壬辰、辛酉中必有干支書誤。張彭文以爲祇須改動正月、九月、後九月三個朔日、九月一個晦日（見上），全年曆月大小及朔日干支的關係就

可以理順了,如表:

| 月名 | 十月 | 十一月 | 十二月 | 正月 | 二月 | 三月 | 四月 | 五月 | 六月 | 七月 | 八月 | 九月 | 後九月 |
|------|------|--------|--------|------|------|------|------|------|------|------|------|------|--------|
| 朔日 | 戊戌 | 丁卯 | 丁酉 | 丙寅 | 丙申 | 乙丑 | 乙未 | 甲子 | 甲午 | 癸亥 | 癸巳 | 壬戌 | 壬辰 |
| 晦日 | 丙寅 | 丙申 | 乙丑 | 乙未 | 甲子 | 甲午 | 癸亥 | 癸巳 | 壬戌 | 壬辰 | 辛酉 | 辛卯 | 辛酉 |
| 大小 | 小 | 大 | 小 | 大 | 小 | 大 | 小 | 大 | 小 | 大 | 小 | 大 | 大 |
| 日 | 29 | 30 | 29 | 30 | 29 | 30 | 29 | 30 | 29 | 30 | 29 | 30 | 30 |

《史記·曆書》稱:"(漢初)襲秦正朔服色。"《漢書·律曆志》:"漢興……襲秦正朔,以北平侯張蒼言,用顓頊曆。"但秦始皇三十四年曆譜各月朔日合於殷曆,不合於顓頊曆。據張培瑜、彭錦華研究,秦曆以立冬前一月(建亥之月)爲歲首,稱十月,而不稱正月,正月爲歲中的第四個月,閏月置歲末,名後九月,爲顓頊曆的特點。但秦曆未必是漢傳顓頊曆,"秦曆和顓頊曆是不是一回事,戰國顓頊曆是個什麼樣子,内容如何,至今仍然是一個謎"。

《秦始皇三十六年曆譜》簡共 12 枚,列出該年 12 個月朔日干支及月之大小:"[十月丙]辰大。十一月丙戌小。乙卯十二月大。[乙酉]正月小。甲寅二月大。[甲申]三月小。癸丑四月大。[癸]未五月小。[壬子]六月大。壬午七月大。八月壬子。辛巳九月小。"簡 80 背有"卅(三十)六年日"4 字,應爲標題。

對照《中國先秦史曆表·秦漢初朔閏表》除八月差一日,餘均相合。

《秦始皇三十七年曆譜》簡共 12 枚,列有該年 12 個月朔日干支及月之大小:"十月辛亥小。[十一月庚辰]大。十二月庚戌小。正[月]己卯大。二月己酉小。三月庚寅大。四月戊申小。五月丁丑大。六月丁未小,澤。七月丙子大。八月丙午小,九月乙亥大。"與《中國先秦史曆表·秦漢初朔閏表》秦始皇三十七年相合。

在一些干支下記有當月或當日所發生之事。如三十四年十二月丙辰下記"守丞登到,史竪,除"。辛酉下記"嘉平";乙丑下記"史旦戲(繫)"。守丞,試守之縣丞。嘉平,臘日。繫,拘禁。正月丁卯〈丙寅〉下記"嘉平視事",即簡主嘉平後處理政事。丁亥下記"史除,不坐橡(掾)曹從公",橡,屬吏。曹,分科辦事機構。丁亥上又倒書"宿長道"3 字,此日不在官署辦公,出宿於長道;緊接着記:"戊子,宿泄贏邑北上渧……癸巳,宿區邑。甲午,宿競(竟)陵。乙未,宿尋平。”“竟陵”在今潛江市西北。二月記“丙申,宿競(竟)陵。丁酉,宿井韓鄉。戊戌,宿江陵”。“江陵”爲南郡治,今荆州市。三月“庚午,到江陵。辛未,治後府……己丑,論修賜”。論,論罪。“修、賜”皆人名。六月丁未下記:“去左曹,坐南廥。”廥,藏芻槀之地。

　　曆日下有記事文字,還見於下節嶽麓書院秦簡二十七年、三十四年、三十五年曆日(自稱“〔廿〕七年質日、卅四年質日、卅五年私質日”),江蘇連雲港市尹灣六號漢墓出土竹簡元延二年曆日(整理者定名“元延二年日記”①),湖北荆州張家山二四七號漢墓出土竹簡漢高祖五至十二年各月干支下記事(整理者稱“曆譜”②),湖北隨州市孔家坡漢墓出土漢景帝後元二年(前142)月朔干支及“臘、冬至、出種”等記事(整理者稱“曆日”③)。此類簡,學者或稱“曆譜”,劉樂賢、鄧文寬以爲應稱“曆日”④。他們據《周禮·春官·馮相氏》“以會天位”鄭玄注,王充《論衡·是應》,楊泉《物理論》及敦煌石室發現的北魏太平真君十一年、十二年“曆日”,説漢及魏晉南北朝時人均稱“曆日”,不稱“曆譜”,其説可信。趙平安《周家臺30號秦墓竹簡“秦始皇三十四年曆譜”的定名及其性質》説:“仿照(尹灣漢簡)《元延二年記》的定名,我們認爲‘秦始皇三十四年曆譜’應稱《秦始皇三十四年記》。”李零《視日、日書和葉書》以爲應稱“質日”或“視日”⑤。嶽麓簡“質日”陳松長原稱“日誌”⑥,後改稱“質日”⑦。王輝《一粟居讀簡記(一)·六》則指出⑧:“簡80背‘卅六年日’4字,應即該篇標題。所謂‘日’應爲‘曆日’或‘日曆’之省

①　連云港市博物館、中國社會科學院簡帛研究中心、東海縣博物館、中國文物研究所《尹灣漢墓簡牘》第3頁,中華書局1997年;又劉洪石《遣册初探》,科學出版社1999年。

②　張家山二四七號漢墓竹簡整理小組《張家山漢墓竹簡〔二四七號墓〕》(精裝本),文物出版社2001年。

③　湖北省文物考古研究所、隨州市考古隊《隨州孔家坡漢墓簡牘》第191、193頁,文物出版社2006年。

④　劉樂賢《簡帛數術文獻探論》第24～26頁,湖北教育出版社2003年;鄧文寬《出土秦漢簡牘“曆日”正名》,《文物》2003年第4期。

⑤　《文物》2008年第12期。

⑥　陳松長《嶽麓書院所藏秦簡綜述》。

⑦　《嶽麓書院藏秦簡(壹)》。

⑧　《陝西歷史博物館館刊》第18輯,三秦出版社2011年。

……視，看也。‘視日’，看曆日，即占候時日，以卜吉凶……質有對質、驗證義……也有質詢、就正義……所謂‘質日’，就是可供查對、資詢的曆日。‘質日’，關鍵詞仍是‘日’，即‘曆日’。‘曆日’可供查對，也可以在相關的日子記事。記事可多可少，也可以没有。有記事的‘曆日’，當然可以稱‘日記’或‘曆記’，也仍可以稱爲‘曆日’、‘日曆’或‘曆’。宋吴曾《能改齋漫録二·日曆之始》説唐永貞元年九月始令史官撰《日曆》，其法以事繫日，以日繫月，以時繫年。據《宋史·職官志》，宋時在修歷朝實録之前，先修《日曆》，有日曆所，隸祕書省。古人亦稱日記本爲‘曆’。蘇軾《東坡志林·修身曆》：‘子宜置一卷曆，晝日之所爲，莫（暮）夜必記之，但不記者，是不可言不可作也。’”力主應稱“曆日”。

　　曆日干支下有記事，總體來看，祇佔少數，多數没有記事。如《三十六年曆日》没有記事，《三十七年曆日》祇有“六月丁未小”下記一“澤”字，“疑指在這一月裏本地因雨水積聚形成水患”。張家山二四七號漢墓竹簡漢高祖五年至吕后二年曆日，祇在高祖五年“後九月”下記“新降爲漢”，表示墓主降於漢；在惠帝元年記“六月病免”，表示墓主因病離職。在 17 年的時間裏各月朔日干支都有記録，記事祇此兩句，可見其主要功能仍是曆日。

　　木牘一枚，正面記秦二世元年全年十二個月朔日干支及月大小：“十月乙亥小……端月癸卯大……九月己亥大。”正月稱“端月”，避秦始皇諱（政），與三十四年、三十六年、三十七年曆日不同。背面記十二月全月 29 日干支，並記：“以十二月戊戌嘉平月不盡四日，十二［月］己卯□到廷賦所，一籍蔫廿。”“廷賦所”爲縣廷收賦機構。

　　《日書》在關沮簡中數量最多，文字篇幅最長。《關沮》説其“主要內容爲二十八宿占、五時段占、戎磨日占、五行占等”。

　　二十八宿占是《關沮》判定的篇目內容，從簡 131 至 244，共 114 枚。簡244 末有“轚（繫）行”2 字，《關沮》説：“‘繫行’二字之上有墨作的圓點，表明此二字爲 131 號簡至本簡一段簡文的標題。以上簡文所論應即《漢書·藝文志》兵陰陽家所説‘斗擊’。”簡 131 至 154 簡首列十二月名及各月所值的星宿，如：“八月角、亢。九月抵（氐）房……六月柳、七星。七月張、翼、軫。”《關沮》注説：“這與西漢星占求中式之天盤上的十二月將表示法基本相同，即表示天盤中十二月將所值二十八星宿的分置情況。所謂月將,是古代星占家出於星占術發展的需要,用來標定太陽在一年十二個月份裏運行的十二個方位……這十二個方位,由於其位置上的特殊,星占家將其附會天意,加以神化,視其爲日神、月神之巡所,並配有十二神守護,這便定格成了十二月將。這裏的十二月將是用十二月份名來表示的。"放馬灘秦簡《日書》乙《星度》列有二十八宿名及度數,如:"八月角十二、亢十二。九月氐十七,房五。"內容相近。孔家坡簡亦有相似內容:"五月東井,百事凶。"整理者擬定篇題《星官》。

簡 156 ~ 181 共 16 枚相拼合,爲綫圖一。綫圖以內、外兩個同心圓構成。在大圓外側的上下左右,分別標以"東、西、北、南"4 個方位。在大小兩圓之間的圓環部分,用 28 條直綫分割成 28 塊扇面。每塊扇面由內向外書有文字,從內容看,可以分爲內、中、外三圈。內圈順時針方向依次記有 28 個時稱,若以夜半爲一日之始,依次爲:夜半、夜過半、鷄未鳴、前鳴、鷄後鳴、黿(纔)旦、平旦、日出、日出時、盏食、晏食、廷食、日未中、日中、日過中、日失(昳)、餔時、下餔、夕時、日黿(纔)入、日入、黄昏、定昏,夕食、人鄭(定)、夜三分之一、夜未半。中圈逆時針方向依次排列有二十八宿名,以角宿爲起點,依次爲:角、亢、捆(氐)、房、心……柳、七星、張、翼、軫。外圈在上下左右四個方位標有"木、金、水、火",與東、西、北、南 4 個方位相應。在中央小圓內繪有圖形卌,自北向十二地支子爲起點,依次列十二地支名;其間內側記有除戊、己之外的 8 個干支,戊、己則記於中心部位。

《關沮》注説:"古代星占所用之式由天、地兩盤構成。天盤在地盤之上可以旋轉,以斗柄指向……本圖列有十天干、十二地支、二十八宿及東、北、西、南四個方向等,與漢式地盤的基本內容相同。與安徽阜陽汝陰侯墓出土的西漢初年式盤和甘肅武威出土的東漢初年式盤也是基本相似的。"關於式,可參看李零《中國方術正考》第二章《式與中國古代的宇宙模式》[1]。

簡 187 ~ 242 爲北斗斗柄指向地盤上的二十八宿位時式占之事的吉凶。如:"角:斗乘角,門有客,所言者急事也。獄訟,不吉;約結,成;逐盗、

---

[1] 李零《中國方術正考》第 64 ~ 104 頁,中華書局 2006 年。

追亡人,得;占病者,已;占行者,未發;占來者,未至;占[市旅]者,不吉;占物,黃、白;占戰斲(鬭),不合。"斗乘角,北斗斗柄指向角宿。占"獄訟",省占字。《關沮》注引《史記·龜策列傳》:"命曰首仰足肣,有內無外。占病,病甚不死……行者,不行;來者,不來;擊盜,不見……請謁、追亡人,不得。"以爲"其中占項多與本條占辭類同"。又如:"胃,斗乘胃,門有客,所言者凶事也。占得利、貨、財,必後失之;占獄訟,不勝;占約結,不成;占逐盜、追亡人,得;占病者,未已;占行者,未發;占來者,未至;占市旅者,細利;占物,雜;占戰斲(鬭)有憂。"

　　簡243、244求斗術,爲操作二十八宿占之方法,云:"求斗術曰:以廷子爲平旦而左行,鼜(數)東方平旦以雜之,得其時宿,即斗所乘也。此正月平旦鼜(繫)申者,此直引也。今此十二月子日皆爲平,宿右行。鼜(繫)行。"廷,正值。左行,逆時針方向旋轉。雜,合也。繫,北斗斗柄指向。

　　簡245～257爲"五時段"占。所謂五時段指朝、莫(暮)食、日中、日失(昳)時、夕時五個時段。本節爲下級官吏在十二地支所配各日的五個時段謁見上級吉與不吉。如:

| | 朝 | 莫(暮)食 | 日中 | 日失(昳)時 | 日夕時 |
|---|---|---|---|---|---|
| 亥 | 有後言 | 不言 | 令復見之 | 怒言 | 請後見 |
| 子 | 告,聽之 | 告,不聽 | 有美言 | 復好見之 | 有美言 |

　　睡簡《日書》甲《吏》篇內容相近,如:"子,朝見,有告,聽。晏見,有告,不聽。晝見,有美言。日虒見,令復見之。夕見,有美言……亥,朝見,有後言。晏見,不治(怡)。晝見,令復見之。日虒見,有惡言。夕見,令復見之。"睡簡文意更完整,關沮簡字句有節略。睡簡"晏"義爲晚,與"暮"爲同義詞。"昳"爲日昃(偏斜),"虒"與失聲字"昳"通用。《莊子·天運》:"四時迭起。"釋文:"迭一本作遞。"

　　放簡同樣內容見《日書》甲54～65、乙35～46,祇有四個時段(沒有昳)。如簡54:"子,旦有言,喜,聽。安(晏)不聽。晝得美言,夕得美言。"《放秦簡》定名《吏聽》。放簡甲簡42在"虾"下有"禹須臾所以見人日"8字,"禹須臾"爲行之步法,"所以見人"爲行爲之目的,而省略主語"吏"。

　　以上三者,據內容似皆應定名爲《吏》或《吏見人》。

簡 131 叄～136 叄、137 貳～144 貳、261～265 爲戎磨(曆)日。其中簡 131 叄由 5 組目組成。"目"可分解爲"一、口、三"三個部分。簡文云:"此所謂戎磨日殹。從朔日始繫(數)之,畫當一日。直一者,大礜(徹);直周者,小礜(徹);直周中三畫者,窮。入月一日、七日、十三日、十九日、廿五日大礜(徹)。入月二日、六日、八日、十二日、十四日、十八日、廿日、廿四日、廿六日、卅日小礜(徹)。入月三日、四日、五日、九日、十日、十一日、十五日、十六日、十七日、廿一日、廿二日、廿三日、廿七日、廿八日、廿九日窮日。凡大徹之日,利以遠行、絶邊竟(境),攻毄(擊),亡人不得,利以舉大事。凡小礜(徹)之日,利以行作、爲好事。取(娶)婦、嫁女,吉。氏(是)謂小礜(徹),利以羈謀。凡窮日,不利有爲殹。亡人得,是謂閉。"

《關沮》注說:"'戎磨日'的使用,如同 131 號簡叄欄上圖符所示,即將一月三十天的日時平均劃分爲五個單元時間,每個單元時間爲六天,這六天均按照相同的規定順序,劃分成'大徹'、'小徹'、'窮'三類。它同兩漢時期所流行的'建除'、'反支'、'血忌'等禁忌日一樣,乃爲術數家推定日之吉凶所用。"

簡文大意可示如下表:

| 目 | 1 | 2 | 3 | 4 | 5 | 6 |
|---|---|---|---|---|---|---|
| 目 | 7 | 8 | 9 | 10 | 11 | 12 |
| 目 | 13 | 14 | 15 | 16 | 17 | 18 |
| 目 | 19 | 20 | 21 | 22 | 23 | 24 |
| 目 | 25 | 26 | 27 | 28 | 29 | 30 |

由表可知,1、7、13、19、25 爲圖符之"一",是謂"大徹"。《説文》:"徹,通也。"故此 5 日"利以遠行,絶邊境……利以舉大事"。2、6、8、12、14、18、20、24、26、30 分居各竪行除"一"之外 5 位數字的上下端,即"直周",全部連起來,成一"口"形,居於周邊,爲"小徹","利以行作,爲好事"。每行中間三位數字即 3、4、5,居於 2、6 之間,9、10、11 居於 8、12 之間,15、16、17 居於 14、18 之間,21、22、23 居於 20、24 之間,27、28、29 居於 26、30 之間,即"三畫",困窮

於"□"中,爲"窮日","不利有爲殹"。

簡261～265圖符▤改爲"亘",上下皆有一橫,直角範圍縮小,"□"中祇有二橫。云:"☑(戎磨?)日:骰(數)從朔日始,曰:徹周窮,窮周徹……已入月,骰(數)朔日以到六日,倍(背)之;七日以到十二日,左之;十三日以到十八日,鄉(嚮)之;十九日以到廿四日,右之;廿五日以到卅日,復倍(背)之,以此見人及戰斲(鬪)皆可。"此與上節劃法不同,即2、5、8、11、14、17、20、23、26、29分居上下"一"之間,組成□形;中間的3、4、9、10、15、16、21、22、27、28分居各行中間二位,爲▤的中間二畫。此節述選擇行爲方向的方法,用以"見人"或"戰鬪"。

綫圖(二)(三)(四)據《關沮》注説,"原來是按次編聯在一起而成爲一個段節。圖與圖之間僅爲空白簡所間隔,同時綫圖(四)中的簡文所云'甲子'、'丙子'、'戊子'、'庚子'、'壬子'亦標明這三圖是相聯繫的一個整體。"三圖與綫圖(一)小圓內中心╫形綫圖基本相同。

綫圖(二)中間豎綫上左、下右各標一"庚"字。綫圖(三)有三圖,中間豎綫上左、下右,上圖各標一"丙"字,中圖各標一"戊"字,下圖各標一"壬"字。綫圖(四)中間豎綫上左、下右各標一"甲"字。各圖自下方(北方)端點順時針順序標"子、丑……戌、亥"十二地支。綫圖(四)上有題記:"卅(三十)六年,置居金,上公、兵死、陽(殤)主歲,歲在中。置居火,築囚、行、炊主歲,歲爲下。〔置居水〕,☑主歲。置居土,田袜(社)、木並主歲。置居木,里袜(社)、冢主歲,歲爲上。"下有題記:"甲子,其下有白衣之冣(聚),黔首疢疾。丙子,其下有旱。戊子,其下有大敗。庚子,其下有興。壬子,其下有水。"《關沮》注説"上公、兵死、殤、行、炊、田社、冢"等爲民間祭祀對象。"白衣"指給官府當差之人。"以上以次列甲子至壬子,疑與《古五子》有關。《漢書·藝文志·六藝略》有《古五子》十八篇,云:'自甲子至壬子,説《易》陰陽。'"綫圖(二)(三)(四)或即《古五子》之雛形,或當稱《五子占》。

簡146貳～151貳有《産子占》:"産子占:東首者貴,南首者富,西首者壽,北首者北(鄙)。"睡簡《日書》乙簡7貳～76貳內容相近:"生北鄉(嚮)者貴,南鄉(嚮)者富,西鄉(嚮)者壽,北鄉(嚮)者賤,西北鄉(嚮)者被刑。"以嬰兒産時頭嚮占卜其貴、富、壽、賤。

丙組病方及其他共 34 條,包括病方、祝由術、擇吉避凶、占卜、農事等。

病方如《去黑子方》:"去黑子方:取橐(藥)本小弱者,齊約大如小指。取東〈棗,讀爲欄〉灰一升,漬之。沬(和)橐(藥)本棗〈棗〉灰中,以靡(摩)之令血欲出。因多食葱,令汗出。栢(恒)多取櫌(擾)桑木,燔以爲炭火,而取牛肉剆(劙)之,小大如黑子,而炙之炭火,令温勿令焦,即以傅黑子,寒輒更之。"是兩種去黑子(痣)的方法。又如《治痿病》:"治痿(痿)病:以羊矢(屎)三斗、烏頭二七、牛脂大如手,而三温鬻(煮)之,洗其□,已痿(痿)病亟甚。"

祝由術如:"已齲方:見東陳垣,禹步三步,曰:'皋!敢告東陳垣君子,某病齲齒,筍(苟)令某齲已,請獻驪牛子母。'前見地瓦,操;見垣有瓦,乃禹步,已,即取垣瓦貍(埋)東陳垣止(址)下,置垣瓦下,置牛上,乃以所操瓦蓋之,堅貍(埋)之。所謂'牛'者,頭虫也。"陳垣君子,陳垣(舊墙)之神,齲者嚮其祝説病由,並行禹步,埋驪牛(頭蟲),以求齲齒得愈。下文還列舉其他三種已齲的祝由術。

又有馬心祝由術:"馬心:禹步三,鄉(嚮)馬祝曰:'高山高郭,某馬心天,某爲我已之,並□侍之。'即午畫地,而最(撮)其土,以靡(摩)其鼻中。"

簡 347～353 爲禱祠先農術:"先農:以臘日令女子之市買牛胙、市酒。過街,即行拜,言曰:'人皆祠泰父,我獨祠先農。'到囷下,爲一席,東鄉(嚮),三殴(餟),以酒沃,祝曰:'某以壺露、牛胙,爲先農除舍,先農筍(苟)令某禾多一邑,先農栢(恒)先泰父食。'到明出種,即□邑最富者,與皆出種。即已,禹步三,出種所,曰:'臣非異也,農夫事也。'即名富者名,曰:'某不能腸(傷)其富,農夫使其徒來代之。'即取殴(餟)以歸,到囷下,先侍(持)豚,即言囷下曰:'某爲農夫畜,農夫筍(苟)如□□,歲歸其禱。'即斬豚耳,與殴(餟)以并涂囷廥下。恒以臘日塞禱如故。"

里耶秦簡也有祠先農簡 22 枚。如里耶簡(14)639、762:"卅二年三月丁丑朔丙申,倉是佐狗出羊一以祠先農。"又(14)649、679:"卅二年三月丁丑朔丙申,倉是佐狗出祠[先]農徹(撤)肉一斗半斗,賣於城旦赫所,取錢四。令史尚視平,狗手。"關沮簡、里耶簡皆祠先農,但内容重點不同。前者記祠先農時間(臘日)、物品(酒、牛胙、豚)、祝詞(令某禾多一邑)、塞禱的過程等。文中"露"即"酒"。宋陸游《老學庵筆記》:"壽皇時,禁中供御酒,名薔薇露,賜大臣酒,謂之流香酒。"例雖晚,當有所承。"塞禱"又見包山楚簡,酬神之祭,所酬者爲先農,與祠義近。後者記秦始皇三十二年三月二十日倉庫管理者是及其助手狗、監督者尚調出物資(羘、肉、豚、黍米)祠先農,祠完又將撤下之物出賣,屬純記事。

先農是古代傳説中始教民耕種的農神,前人或説指神農,或説指后稷。王貴元《周家臺秦墓簡牘釋讀補正》:"先農和農夫都是農神,但先農是始教民耕種的神,農夫則是負責農作管理的神。"宋超《"先農"與"神農炎帝"——以里耶、周家臺秦簡爲中心的討論》①:"里耶秦簡及周家臺秦簡所見祠'先農'之簡文,可能與周人先祖后稷無涉。""但作爲一種重農思想的祭祀制度,兩者之間恐怕亦有一定的淵源關係。""至東漢初年,隨着'三皇五帝'系統的最終確立,炎帝神農氏傳説的融合完成,'先農'的形象,就固定在'神農炎帝'身上。"其説雖比較含混,但似乎傾向於秦時"先農"指神農。

祠先農的時間爲臘日。《説文》:"冬至後三戌,臘祭百神。"王貴元引《禮記·月令》,認爲臘在夏正孟冬月。史志龍《秦"祠先農"簡再探》則説秦至漢初臘在季冬十二月②。史氏又以爲"秦末民間祭祀先農的時間爲夏制十二月,祭祀以農業神爲主,祭品祇有牛胙、市酒、豚耳等物品而已,比較簡單,簡文中'胈'指的是牛胙,'壺露'當是市酒。秦末郡縣祠先農的時間爲季春三月,祭祀之後,採取'售賣'的方式處理祭品是其突出的特點"。

簡355～360爲《六甲孤虛》:"甲子旬,戌亥爲弧(孤),辰巳爲虛,道東南入……甲寅旬,子丑爲弧(孤),午未爲虛,從北方入。"《日書》簡260:"☑以孤虛循求盜所道入者臧(藏)處。"與以上6簡似可拼合,所謂"東南入、北方",即"盜所道入"的方向,甚或簡260即篇題。放馬灘簡《日書》乙115～120下欄與此內容相近,如:"甲子旬,辰巳虛,戌亥孤,失六,其虛在東南,孤在西北。若有死,各六,不出一歲。"由此而論,《關沮》所謂其他簡,亦應歸入《日書》,包括下面的幾條。

簡368～370提到"浴瞀":"'今日庚午利浴瞀(蠱),女毋辟(避)瞀(販)

① 霍彦儒主編《炎帝、姜炎文化與民生》,三秦出版社2010年。
② 《簡帛》第5輯第77～89頁,上海古籍出版社2010年。

暮=（瞑瞑）者，目毋辟（避）胡者，腹毋辟（避）男女牝牡者。'以脩（滫）清一桮（杯），虋（䤅）赤尗（菽）各二七，用水多少次（恣）殹。浴瞽（蠶）必以日黿（緣）始出時浴之，十五日乃已。""瞽"字書未見，《關沮》疑爲蠶字，應是。《説文》："蠶，任絲也。從蚰，朁聲。""瞽"之"曰"殆"朁"之省。此字《戰國文字編》《戰國古文字典》皆未收，不知何故。睡簡《日書》甲"蠶良［日］"則作𧖦，與小篆同。浴蠶是育蠶選種的一種方法。從關沮簡看，秦時浴蠶要擇日，有祝告之辭。將蠶種浸於赤豆泡的澄清的泔水（滫清）中，15 日方成。後世浴蠶則將蠶種浸於鹽水或野菜花、韭花、白豆花製成的浸液中，不盡相同。

簡 371："以壬辰、己巳、卯漑（墍）困垤（窒）穴，鼠弗穿。"漑，《關沮》注"用水澆灌"。又説"垤"爲"蟻穴"，皆誤。"漑"應讀"墍"，《説文》："仰涂也。""垤"應讀"窒"，塞。放馬灘簡《日書》甲 73、乙 65："凡可塞穴置（窒）鼠漑困日，雖十二月子……"睡虎地簡《爲吏之道》："困屋牆垣……扇（漏）屋塗墍。"大意接近。

關沮簡亦有一些記事條文。簡 364："令以七月己丑到宛，其庚寅遣書下，乙未去宛。八月甲子銷。"宛，今河南南陽。"銷"亦見嶽麓簡《三十五年私質日》。

## 第五節　　嶽麓書院藏秦簡

2007 年 12 月，湖南大學嶽麓書院從香港搶救性地購藏了大小八捆珍貴秦簡。研究人員打開時發現其中一捆的最外面還殘存着一大塊包裹簡的竹篾，因此推測這批簡可能是用某種竹笥盛放的。經過細緻揭取，這批簡共編號 2100 個，其中比較完整的簡 1300 餘枚。另外，2008 年 8 月，香港某收藏家的 76 枚竹簡（其中完整者 30 餘枚）亦捐贈給嶽麓書院。

陳松長《嶽麓書院所藏秦簡綜述》（以下簡稱《綜述》）對這批簡的種類、形制、内容有綜合介紹。陳松長《嶽麓書院藏秦簡中的行書律令初論》、肖永明《讀嶽麓書院秦簡〈爲吏治官及黔首〉札記》、肖燦、朱漢民《嶽麓書院藏秦簡〈數〉的主要内容及歷史價值》、朱漢民、肖燦《從嶽麓書院藏秦簡〈數〉看周秦之際的幾何學成就》、于振波《秦律令中的"新黔首"與"新地吏"》等刊布了一些新資料,並對之作了較深入的研究。此後,其他刊物、簡帛網上有一些短文,或對已公布簡文釋文有所訂正,或提出新的看法。2010 年,朱漢民、陳松長主編的《嶽麓書院藏秦簡(壹)》(以下簡稱影本)出版,收入《質日》《爲吏治官及黔首》《占夢書》的全部彩色及紅外綫圖版,並有釋文、注釋。2011 年末,《嶽麓書院藏秦簡(貳)》出版,收入《數》一種,包括彩色及紅外綫圖版、釋文、注釋。

據影本和《綜述》説,這批簡絶大部分爲竹簡,祇有少量木簡(30 多個編號)。其中比較完整的簡長度大致有三種:一種約 30 釐米,一種約 27 釐米,一種約 25 釐米,寬度 0.5～0.8 釐米。編繩分爲兩種:一種是三道,即上中下各一道編繩;一種是兩道,即在簡的中間繫兩道編繩。簡上多有編繩殘痕,從編繩殘痕狀況可以看到這批秦簡的編聯有兩種情況:一種是先寫再編聯的,因爲一些殘存的編痕將文字的筆畫遮住了;另一種是先編聯再抄寫,因爲繫聯編繩的位置内完全没有文字的痕迹,顯得乾净而利落。

竹簡文字都抄於竹黄一面,但在幾枚簡的背面有"□七年質日、卅四年質日、卅五年私質日、爲吏治官及黔首、爲獄□狀、數、律、令癸、丁"等文字,影本推測其爲篇題。簡的抄寫文字顯示出至少有 8 種以上的不同風格,可見這批秦簡是由多位抄手所抄寫。

據陳松長等初步整理,這批簡的主要内容大致可分爲《質日》《爲吏治官及黔首》《占夢書》《數》《秦讞書》《律令雜抄》。

《質日》即曆日,説見上節。

《二十七年質日》篇題見簡 1(此爲整理號,非原始編號)"□七年質日"。影本説:"'質日'即執日,主要内容爲政事記録。"實際上主要内容仍是曆日,記事祇是附帶性質。《二十七年質日》共 54 簡,列秦始皇二十七年(前220)各月朔日及各日干支。查張培瑜《中國先秦史曆表》,除十一月朔戊申與張表丁未未合外,餘皆與殷曆合。此年主要記"野"之事。簡 9～13:"(四月)癸未野之醜夫所,甲申視事,乙酉夕行,丙戌宿沮陽,丁亥到介。"沮陽在今湖北保康縣南。簡 29～30:"癸卯起江陵,甲辰宿陰婁(?)。"江陵,秦南郡縣。簡 31:"(五月)乙巳宿户竈,丙午宿[廬]黏。己酉宿下雋,庚戌到州陵……癸丑起歸,甲寅宿武强……丙辰宿□亭,丁巳宿縣内,戊午波(陂)留。"

簡49："癸未之鄢具事。"州陵在今洪湖縣西北。簡26："（六月）己亥脱嫗死。"王輝《一粟居讀簡記》（四）說"脱"爲嫗之名①，嫗指母，"在一篇曆日記事中專門記到一婦人之死，此婦必定與簡主有極密切的關係，最有可能即是其母"。簡文未說野的職務，但他行到及處理政務之地除不明者外，大都在秦南郡的範圍內，應爲南郡吏員。

　　"卅（三十）四年質日"見簡1背。與張表比對，朔日十月戊戌合殷曆，不合顓頊曆，而後者合於實曆；十一月丁卯，與顓頊曆、殷曆皆合，而不合乎實曆（丙寅）；十二月丁酉合於殷曆，而顓頊、實皆爲丙申；正月丁卯與三曆皆不合（丙寅）；二月丙申合於殷、實曆，而不合於顓頊（乙未）；三月丙寅與三曆皆不合（乙丑）；四月乙未合於殷、實曆，不合於顓頊（甲午）；五月乙丑與三曆皆不合（甲子）；六月甲午合於顓頊、殷，不合實曆（癸巳）；七月甲子與顓頊、殷（癸亥）、實曆（壬戌）皆不合；八月癸巳，合於殷、顓頊，不合實曆（壬辰）；九月癸亥與顓頊、殷（壬辰）、實（辛卯）曆皆不合；後九月壬辰與殷、顓頊合，與實曆不合（辛卯）。總體上看，與殷曆相差較小。

　　此年主要記載了"騰"與"爽"的活動，而以騰的活動爲主。簡10："（十月）騰居右史。"簡19："丁巳騰之安陸。"簡42："（十一月）己卯騰道安陸來。"簡2～4："（十二月）戊戌騰歸休……庚子騰視事。"簡44："（正月）辛巳騰會逮監府。"簡5："（二月）辛丑騰去監府視事。"簡29："乙丑失縱不直論令到。"簡33："治傳舍。"簡5："（四月）庚子謁。"簡7："壬寅公子死。"簡12："丁未贏。"簡16："辛亥爽之舍。"簡17："壬子病。"簡25："庚申江陵公歸。"簡31："（五月）丙寅視事。"簡33～34："戊辰騰與廷史，己巳召從亡尸。"簡46～47："辛巳監公亡，壬午亡尸之津。"簡58："癸巳廷史＝（行，行）南。"簡8："（六月）壬寅廷史行北。"簡53："（九月）丙戌，老（考）亡尸行＝（行，行）當百（陌）。"簡60："（後九月）戊戌爽會逮江陵。"簡65："癸卯事已。"簡63："丁未獲行與痁偕。"

　　"騰"之名還見於睡簡《語書》，稱"南郡守騰"；里耶簡有"司空騰"；史書又記載有"內史騰"。嶽麓簡"騰"與"司空騰"非一人，陳松長已指出。我以

---

① 《出土材料與新視野》第419～439頁，臺北中研院2013年。2012年6月21日在臺北中研院史語所宣讀。

爲此"騰"與"南郡守騰、内史騰"亦非一人。此"騰"主要在南郡及其附近縣活動,而内史是内史地區的行政長官,不可能長時間住在別郡(除非作戰,但三十四年統一已八年,不可能有這種情況)。"騰居右史","右史"不可能是右内史之省。内史分左右,據《漢書·地理志》,是在漢武帝建元六年;而據《百官公卿表》是在景帝二年,不管怎麽説,不會到秦時。"右史"也不大可能是郡縣屬吏,因爲郡縣之史未見分左右。"騰"也不大可能是"南郡守騰"。《語書》發布於秦王政二十年,至三十四年已十四年,一人十四年在同一郡守之位,可能性極小;簡文記"二月丙辰,騰之益陽具事",益陽在湖南,《漢書·地理志》屬長沙郡(秦時可能稱洞庭郡),"南郡守"不應該處理外郡之事。

　　騰與"監公"爲一人,其身份爲廷尉右監史,尊稱"監公",省稱則爲"廷史、右史"。《漢書·百官公卿表》:"廷尉,秦官,掌刑辟,有正、左右監,秩皆千石。"王先謙補注:"《續志》掌平獄,奏當所應,凡郡國讞疑罪,皆處當以報。"廷尉有正,有左監、右監,有史,其主要職責是治獄,處理郡國奏讞疑罪即疑難案件。《漢書·刑法志》:"今遣廷史與郡鞫獄,任輕禄薄,其爲置廷平。"顔師古注引如淳曰:"廷史,廷尉史也。""廷史"又稱"廷尉史"。《漢書·路温舒傳》:"元鳳中,廷尉光以治詔獄,請温舒署奏曹掾,守廷尉史。"

　　"騰居右史",居,守持,擔任。《左傳·昭公十三年》:"獲神一也,有民二也,令德三也,寵貴四也,居常五也。""居右史",擔任廷尉右監史。"騰之安陸、騰之益陽具事"。廷尉"掌刑辟",涉及郡之讞疑罪,其監史有時須要去郡縣辦案,如《漢書·宣帝紀》所説"遣廷史與郡鞫獄"。騰爲廷尉右監史,亦即廷史,去南郡屬縣安陸,是份内之事。益陽非南郡縣,但廷史是中央機關吏員,其工作範圍不限一郡。

　　"辛丑騰去監府視事",去,離開,騰離開監府處理政務,可見他平時是在監府辦公的。"監府",廷尉監史之辦公地。從《漢書·百官公卿表》看,秦時有各種監,如郎中令屬官有羽林左右監,太僕屬官有龍馬、閑駒、橐泉、騊駼、承華五監長丞,治粟内史屬官有郡國諸倉農監,少府屬官有上林十池監,又有監御史,掌監郡,所以簡文"監府、監公"之監未必是影本注所説的監郡御史,從通篇看,極可能是廷尉監。

　　“辛巳騰會逮監府”。會逮是廷尉監的職事。《漢書·淮南王安傳》：
“上遣廷尉監與淮南中尉逮捕（淮南）太子……（太子）迺謂王曰：‘群臣可用
者皆前繫，今無足與舉事者，王以非時發，恐無功，臣願會逮。’”《漢書·息夫
躬傳》：“上遣侍御史、廷尉監逮躬。”

　　“甲辰以失縱不直論令到、乙丑失縱不直論令到”。“失縱不直”應讀作
“失、縱、不直”，是吏員執法中的三種罪名。影本注引張家山漢簡《二年律
令·具律》：“劾人不審，爲失；其罪輕也而故以重罪劾之，爲不直。”“告，告
之不審，鞫之不直，故縱不刑，若論而失之，及守將奴婢而亡之，篡遂縱之
……皆如耐罪然。其縱之而令亡城旦舂、鬼薪白粲也，縱者黥爲城旦舂。”可
見犯了這三種罪，是要受耐罪或黥爲城旦舂的。“失、縱、不直論令到”，應理
解爲收到了上級下達的處理失、縱、不直三種罪過的文件，而這種文件祇能
由主管刑法的廷尉下達。“失、縱、不直論令”的審查、處罰對象是騰這樣的
廷尉監史等鞫獄者，也包括郡縣的獄吏等人員，故爲帶有私家記事譜性質的
《質日》所特別記載。

　　“三十五年私質日”見於簡1背。篇名加一“私”字，這應該是有深意的。
私與公相對而言，《論語·鄉黨》：“私覿。”皇侃疏：“私，非公也。”《公羊傳·
莊公二十七年》：“通乎季子之私行也。”何休注：“不以公事行曰私行。”嶽麓
簡《爲吏治官及黔首》簡8：“行者質（滯）留。”《私質日》就是帶有私人性質
的行程曆日記事。據説，在《嶽麓書院藏秦簡》（第一卷）國際研討會上，“蘇
俊林認爲從出土、形制、内容三個方面來看，《質日》是具有私人性質的文書，
不是官方文書”①。他的説法是有道理的。

　　《三十五年私質日》列秦始皇三十五年（前212）十月至九月各月大小、
朔日及各日干支。與張表比對，各月朔日干支十月（壬戌）合於殷曆，不合顓
頊曆、實曆（庚申、辛酉）；十一月辛卯，合於顓頊、殷，不合於實（庚寅）；十二
月辛酉，合於殷，不合顓頊、實（庚申）；正月庚寅，與三曆皆合；二月庚申，合
於殷，不合顓頊、實（己未）；三月朔日干支已殘，推測應是庚寅，與三曆（己
丑）皆不合；四月己未，合於殷，不合顓頊、實（戊午）；五月已殘，推測應是己

――――――――――

① 　于洪濤《近兩年嶽麓書院藏秦簡研究綜述》，武漢大學簡帛研究中心網站2011年4月1
　　日。

丑,與三曆皆不合(戊子);六月戊午,合於殷,不合顓頊、實(丁巳);七月已殘;八月丁巳,合於殷,不合顓頊、實(丙辰);九月已殘。比較而言,接近殷曆。

此年記事有"(十二月)辛未爽行廷史"。又記一未指名人治事及往返咸陽的過程。簡2~16:"(四月)已未宿當陽,庚辰宿銷,辛酉宿若(都)鄉……甲子宿鄧……丙寅宿臨沃郵,丁卯宿杏鄉,癸酉宿康□郵,甲戌宿高平鄉,乙亥宿戲,丙子宿咸陽……已卯治。"簡22~35:"(四月)乙酉歸宿麗邑,丙戌宿戲,丁亥留,戊子宿鄭。(五月)辛卯宿商街郵……癸巳宿□□郵,甲午宿□郵,乙未宿日土郵,丙申宿析,丁酉宿析治,戊戌宿析治……壬寅宿環望。"又簡41~46:"(三月)癸丑治銷,甲寅治銷,乙卯治銷,丙辰治銷,丁巳去南歸,戊午宿□□留。"之所以未記名,最大可能性是,此人是簡主,他記自己的事,在沒有其他人事迹的情況下,不必每次都提到自己的名字。此篇在十二月提到"爽",其後各月未提到,推測此未稱名人亦是爽。

三篇《質日》的三個主要人物野、騰、爽是什麼關係?野與騰、爽的關係不明,騰與爽則可能是父子關係。

《三十四年質日》記四月"丁未羸",殆騰身體瘦弱。4日之後,"辛亥爽之舍",當是爽到騰的住所探視病情,並在次日(壬子)記錄其病情加重。到了五月。"戊辰騰與廷史","與"爲授予義。《論語·憲問》:"孔子與之坐而問焉。"劉寶楠正義:"與,猶授也。""騰與廷史",騰把廷史的職位授予爽。到了後九月,"戊戌爽會逮江陵",接受了會逮這一廷尉監的職事。到了三十五年十二月,"辛未爽行廷史",行者,奉行也。《呂氏春秋·愛類》:"無不行也。"高誘注:"行,爲也。""行廷史",爲廷史。三十四年五月已巳,在騰將廷史之事務交付給爽之後,"召從亡尸","亡尸"即死屍,可能是騰召呼子爽隨行亡尸,因他在17天前(從四月壬子到五月已巳)已病情危殆,自料時日無多,召其子來料理後事。又過了13天(從已巳到辛巳),騰(監公)終於"亡"故。第二天(壬午),"亡尸之津",殆騰之遺體(靈柩)運往津地。過了約4個月,"老亡尸行=(行,行)當百(陌)","老"讀爲"考",亡父。"老"前無限制詞,但從通篇來看,此"老(考)"應即簡主爽之亡父。《三十五年私質日》記爽往返咸陽,並滯留多日,可能是爲了處理家事,故稱"私質日"。三十五年,爽的身份已是廷史,在處理家事之暇,去本部門(廷尉)匯報工作,也是應該的,故簡 17 云"己未治",即在"丙子宿咸陽"兩天後處理公務。

據《綜述》説,爽的事迹還見於其他簡:

簡 0552(此爲原始登記號):"爽初書年十三,盡廿(二十)六年年廿(二十)三歲。"

簡 0418:"卅(三十)年十一月爽盈五歲。"

簡 687:"廿(二十)四年十二月丁丑初爲司空史。"

簡 625:"廿(二十)五年五月壬子徙爲令史。"

據此推算,爽出生於秦王政四年。十六年,他"初書年"(登記年齡)13歲。《史記·秦始皇本紀》:"十六年,初令男子書年。"這在該年是一件大事。二十四年,他 21 歲,"初爲司空史"。二十五年,他 22 歲,"徙爲令史"。二十六年末,他滿 23 歲。三十年十一月,他又增加了 5 歲,滿 28 歲。《三十四年質日》簡 64 記:"·卅(三十)年正月甲申射。"此簡其他各欄皆爲後九月干支,此條插入,追敍前事,強調自己在刑法(令史所掌)之外,還參加過射禮,有禮儀的修養。三十四年,爽已 31 歲,繼承父職任職廷史。

野與爽的關係不明,但他既然見於爽的私人記事,且事迹較多,可能是爽的親屬。脱嫗可能是爽之母,她在《二十七年質日》中與"野"同時出現,也可能是野之母,如此,野與爽有可能是兄弟。

《爲吏治官及黔首》共 87 簡,《綜述》原稱《官箴》,後發現篇題見於簡 87背,乃改今名。此篇與睡簡《爲吏之道》内容屬同一類。如《爲吏》:"吏有五則(賊):一曰不祭(察)所親則韋(愇)數至;二曰不智(知)所使則以禤(權)索利;三曰舉事不當則黔首鬻(憍)指;四曰喜言隋(惰)行則黔首毋所比;五曰善非其上則身及於死。"《吏道》:"一曰不察所親,不察所親則怨數至;二曰不智(知)所使,不智(知)所使則以權衡求利;三曰興事不當,興事不當則民傷指;四曰隋(惰)行則士毋所比;五曰非上,身及於死。"内容相同而前者語言更爲簡潔。

又如《爲吏》:"爲人君則惠,爲人臣〔則〕忠,爲人父則兹(慈),爲人子則孝,爲人上則明,爲人下則聖(聽),爲人友則不爭,能行此,終。"《吏道》:"以此爲人君則鬼(懷),爲人臣則忠,爲人父則兹(慈),爲人子則孝,能審行此,無官不治。"肖永明《讀嶽麓書院藏秦簡〈爲吏治官及黔首〉札記》說這兩段話與《禮記·大學》"爲人君,止於仁;爲人臣,止於敬;爲人子,止於孝;爲人父,止於慈"之說有淵源關係。三者用語有微小差異,如人君《爲吏》稱"惠",《吏道》稱"懷",《大學》稱"仁",但大意相近。《吏道》說"能審行此,無官不治",說明《吏道》亦關乎"治官"。

　　《爲吏》有"吏有五善、吏有五過"的内容。"吏有五善:一曰忠信敬上,二曰精(清)廉無旁(謗),三曰舉吏審當,四曰喜爲善行,五曰龔(恭)敬多讓。五者畢至,必有天當。"《吏道》有相同内容,唯個別詞語有異。"舉吏"爲影本所隸定,注云:"舉吏審當《爲吏之道》作'舉事審當'。舉吏,薦舉官吏。"所說非是。吏、事一字孳乳,往往互用無別,嶽麓簡按之文例,亦應釋"事"。舉事,辦事,行事。《管子·形勢》:"矜伐好專,舉事之禍也。"審當,周密而確當。蘇軾《薦何宗元十議狀》:"近以所著十議示臣,文詞雅健,議論審當,臣愚不肖,謂可試之以事。""舉事審當"意謂爲吏者辦事周密確當,文從字順。廖繼紅則說以作"舉吏"爲當。嶽麓簡"五過"即睡簡之"五失",過、失近義詞。天、大一字分化,"當"讀爲"賞"。

　　睡簡"五失"並列三類:"吏有五失:一曰夸以迣,二曰貴以大(泰),三曰齻裂(製)割,四曰犯上而弗智(知)害,五曰踐士而貴貨貝。一曰見民杲(倨)敖(傲)……五曰安家室忘官府。一曰不察所親,不察所親則怨數至。"嶽麓簡"五過"則分爲"五失、五過、五則(賊)",又有"六殆",云:"吏有五失:一曰視黔首渠(倨)驁(傲),二曰不安其朝,三曰居官善取,四曰受令(命)不僂,五曰安其家忘官府,五者畢至,是胃(謂)過主。吏有五過:一曰夸而史,二曰貴而企,三曰亶(擅)折割,四曰犯上不智(知)其害,五曰間(賤)士貴貨貝。吏有五則(賊):一曰不祭(察)所親則章(憚)數至……吏有六殆:不審所親,不祭(察)所使,親人不固,同某(謀)相去,起居不指(稽),扁(漏)表不審,繜(徽)餃(繳)不齊。"睡簡"夸以迣"等嶽麓簡稱"五過"。迣,《漢書·禮樂志》顏師古注引孟康曰:"超踰也。"夸以迣,言談超過限度。"史"影本隸作"夬",注又說:"此字或爲'史'字之訛誤,史有虛飾、浮夸之意。"後說是。《儀禮·聘禮記》:"辭多則史。"胡培翬正義:"策祝尚文辭,故謂辭多爲史。""迣"疑讀爲"喋",多語。《史記·匈奴列傳》:"嗟!土室之人,顧無多辭,令喋喋而佔佔,冠固何當!"集解:"喋音諜,利口也。"正義:"喋喋,多言也。""二曰貴而企",陳松長説:"企是舉踵遠望不屑他顧的一種神情描寫,因此,這裏用來形容'貴'的神態,似乎比讀'大'爲'泰'的解釋還形象一些。"也有學者説"企"是"大"的誤字。

《爲吏》中有些内容不見於《吏道》。簡 82＋79＋81＋83＋84＋65:"盧(慮)之弗爲與己鈞也。故曰道無近弗行不到,事無細弗爲不成。故君子日有兹=(孜孜)之志,以去其輸(偷)也。親鈂(戚)不枫(汎),不欲外交。"強調不能空談理論,重在實行。以上簡序的調整是復旦大學出土文獻與古文字研究中心研究生讀書會《讀〈嶽麓書院藏秦簡(壹)〉》的意見①,陳劍在該文的跟帖中也對一些簡序作出調整。他們提出的意見還有:簡 34 與 41 對調、5＋85＋6、68＋23＋22、62＋72＋71＋69＋70、87＋86、74＋78＋77＋75＋76＋73。如原簡 34～40 第三欄連讀爲:"吏有五失:一曰視黔首渠(倨)驚(傲)……五者畢至,是胃(謂)過主。"而簡 41 第三欄"吏有五過","失"與"過主"之"過"不相應,調整之後,"吏有五過……過主","五過"與"過主"相對應。

《爲吏》的内容多與先秦典籍相對應,肖永明以爲是簡文引自後者。如簡文"禍與畐(福)鄰"見《荀子·大略》,是對《老子》"禍兮福之所倚,福兮禍之所伏"的推衍。簡文"臨財見利不取笱(苟)富,臨難見死不取笱(苟)免"即《禮記·曲禮上》"臨財毋苟得,臨難毋苟免"。簡文"勝人者力,自勝者強。智(知)人者智,自智(知)者明"見《老子》"知人者智,自知者明。勝人者有力,自勝者強"。

《爲吏》稱"民"者僅一處,餘皆稱"黔首"。《吏道》未見"黔首"的稱呼,皆稱爲"民"。肖永明認爲當時稱民稱黔首並無嚴格區分,也不寓含褒貶,衹反映了純粹的名稱上的變化。秦始皇統一六國後,"更名民曰黔首",《爲吏》多稱"黔首",是實行更名措施的結果。

《爲吏》強調恭敬、禮讓、忠信、謹慎,是對儒家思想的吸取,而秦末的官吏則多爲暴吏,二者形成極大反差。肖永明認爲這反映了秦代政治思想前後的變化,而其關鍵在於"法家思想的統治地位確立,統治者強調嚴刑峻法、

---

① 復旦大學出土文獻與古文字研究中心網站 2011 年 2 月 28 日。

刻薄寡恩,從最高統治者到各級官吏,嚴責重罰,恣意妄爲"。這種看法有其部分道理,但並不完全符合事實。法家思想的統治地位,大概從商鞅變法以後已經確立。法家在其思想確立初期即排斥儒家學說,如《商君書·去強》:"國有禮,有樂,有《詩》,有《書》,有善,有修,有孝,有悌,有廉,有辯,國有十者,上無使戰,必削至亡。"秦始皇三十四年,左丞相李斯建議:"史官非《秦記》,皆燒之。非博士官所職,天下敢有藏《詩》《書》、百家語者,悉詣守尉雜燒之。有敢偶語《詩》《書》棄市。"此後,儒家學說受到沉重打擊。即便如此,儒家的一些理念仍未被完全摒棄。秦二世胡亥是暴戾之君,但他加害始皇長子扶蘇,所謂的罪名却是"扶蘇爲人子不孝"。"不孝"足以殺人,説明二世仍以儒家理念爲招牌。秦末暴吏之多,主要還是其時吏治松弛,未能貫徹早先對官吏的嚴格要求。

于洪濤《嶽麓簡〈爲吏治官及黔首〉札記二則》第二則説①,《吏道》中的"除害興利"一節在《爲吏》中或有相似内容,多與官吏擔任的職務有關。于氏對後者分六組進行討論。第一組《吏道》:"均繇(徭)賞罰,敖(傲)悍衺(褻)暴,根(墾)田人(仞)邑,賦斂毋(無)度。"《爲吏》:"部佐行田,度稼得租,奴婢莫之田,黔首不田作不孝,小男女渡(度)量,其能田作,舉苗治不治。"此組内容關乎土地分配及田作。行田,授田。成年人不田作不孝,而未成年男女勞作使用須加"度量"。第二組《爲吏》:"〔士〕吏捕盜,棄婦不☐,用兵不濕,盜賊弗得,發弩材官,僥進不數,要害弗智(知),求盜備不具,卒士不肅,障(郭)道不治,進退不轂(擊),亭障不治,與𤳉同宫,圖氾毋梗〈搜〉,畏盜亭障,春秋肄試,謝(榭)室毋廡。"此組内容主要與捕盜及軍事有關。發弩、材官是秦漢始置的地方預備兵種,捕盜及軍事行動主要用這些人。"春秋肄試,榭室毋廡"強調訓練及武備充足。在《吏道》中,祇有"兵甲工用,樓椑(陴)矢閲(穴),槍閵(蘭)環(戉)殳"提到城守與兵器。第三組、四組文字多殘缺,内容多關乎郵行、傳遞,云:"履瞀(紵)𪕬支(屐),□□不行,當毛緝治,□□當尌(樹)。""船隧毋廡,深楯(?)不具,船人不敬(警)。"紵是麻鞋,𪕬是草鞋,屐是木鞋,簡文提到履、紵、屐、𪕬四種鞋子,當與行道有關。道路

① 簡帛網 2011 年 5 月 24 日。

要修繕，還要植樹。船、隧須要管理，不使荒蕪。警，警備。第五組是關於爲監者的内容，云："當監者，毋獨出，監視毋輸（偷），勿敢度。"于洪濤指出，以上簡文與《三十四年質日》"監公亡"有關。拙文《一粟居讀簡記（四）》則説："爽和其父騰既然身份都是廷尉監史，監察是其主要業務，所以他特别强調作監者'毋獨出'，因爲獨出不安全，無人照料。'輸'應讀爲"婾"或"偷"，苟且。監視者應對工作特别認真，不可絲毫苟且、馬虎。在這方面，騰是充分作到了的，他在三十四年四月已'嬴'、'病'，五月初二仍'視事'，直到半月後身'亡'。《漢書·路温舒傳》指斥當時獄吏酷刑逼供、草菅人命，説：'是以獄吏專爲深刻，殘賊而亡極，婾爲一切，不顧國患，此世之大賊也。'顔師古注引如淳曰：'婾，苟且。一切，權時也。''婾爲一切'者爲'大賊'，則'毋婾'之監者自然是好的獄吏官，亦即好的廷尉監。"第六組内容亦關乎田地，與第一組内容相關聯，云："田道衝（衝）術不除，田徑不除，封畔不正，□□□□，草田不舉。"主要針對田道、田徑、封畔的管理。在《吏道》中有關土田管理的内容要少得多。

廖繼紅《〈爲吏治官及黔首〉與〈爲吏之道〉比較》對《爲吏》及《吏道》的來源、形制、内容作了細致的比較[①]，指出二者在講官吏的思想道德方面有很大的相同性或相似性，應抄自同一類母本；其他部分如《吏道》的"相"部分，《爲吏》没有，但仔細分析二者的内涵，會發現它們之間存在着内在的聯繫，二者是否源自同一類母本，不得而知。廖先生另有《〈爲吏治官及黔首〉補釋》，對影本注釋多所補充、糾正。

于洪濤《秦簡〈爲吏治官及黔首〉與〈爲吏之道〉對讀（一）》對《爲吏》的内容作了整理[②]，將之分爲五部分：第一部分包括簡1～6，殘斷嚴重，缺失較多，内容也不連貫，一部分與《吏道》相同。第二部分包括簡7～26，類似於官吏的治官章程，即治官的内容，上下連貫性也不是很强，但是每一部分都有一些成組的内容，像最後一欄與捕盗及軍事有關，在《吏道》中没有相似内容。第三部分包括簡27～58，主要講爲吏的基本原則，但上下三欄的連貫性不强，都是獨立成文的。《吏道》中"吏有五善、吏有五失"等皆與之相似，但

①②　簡帛網2011年2月26日。

語句並不完全相同。第四部分包括簡 59～84，前半部分，類似第二部分，像
治官守則，後半部分類似第三部分，與《吏道》的某些内容可互相比對，且比
《吏道》内容更加豐富。第五部分包括 85、86、87 三簡，不分欄，語句連貫，更
像一篇文章的結尾。

　　網上論文多對《爲吏》的文字隸定、訓釋提出補正，影響較大者有：

　　陳偉《嶽麓秦簡〈爲吏〉與〈説苑〉對讀》説嶽麓簡"毋傷（易）官事，多傷
（易）多患。毋多貰（喋）貪，多言多過"與《説苑·談叢》"多易多敗，多言多
失"關係密切。又簡文"吏有五善：一曰忠信敬上，二曰精廉無旁（謗），三曰
舉事審當，四言喜爲善行，五曰龏（恭）敬多讓"與《談叢》"恭敬遜讓，精廉無
謗，慈仁愛人，必受其賞"亦語例相近。

　　陳偉《〈爲吏治官及黔首〉1531、0072 號簡試讀》説《爲吏》簡 1531（整理
號 86）"風庸爲首"中"風庸"讀爲"諷誦"①。

　　張新俊《讀嶽麓秦簡札記一則》釋《爲吏》"郭道不治"之"郭"爲"障"②，
説是"陾上的道路"，"障"與"道"爲二事。

　　方勇《讀秦簡札記一則》認爲《爲吏》"綦之綦之，食不可賞"的"綦"字應
隸定作"綼"③，再讀爲"綦"，而"卑"上部爲甾字。

　　湯志彪《嶽麓秦簡拾遺》以爲《爲吏》"起居不指"之"指"應讀"稽"④，訓
"當"，"起居不稽"，生活不檢點；"徹迣不數"，"數"應讀"慺"，謹敬。

　　凡國棟《嶽麓秦簡〈爲吏治官及黔首〉與睡虎地秦簡〈爲吏之道〉編連互
徵一例》⑤指出《爲吏》簡 85"爲人君則惠……爲人友則〔不〕爭（諍）。能行
此，終"與《吏道》"以此爲人君則鬼，爲人臣則忠，爲人父則兹（慈），爲人子
則孝，爲人上則明，爲人下則聖……志徹官治，上明下聖，治之紀殹"一節對
讀，"鬼"應讀爲"惠"（蔡偉説）；而後者的編連應據前者作出調整，即將原簡
42、43 提出來接在原簡 45 之後。凡氏並據此對《吏道》其他各欄文字作了重

---

①　簡帛網 2010 年 1 月 22 日。
②　簡帛網 2011 年 3 月 16 日。
③　簡帛網 2011 年 10 月 10 日。
④　簡帛網 2011 年 6 月 15 日。
⑤　簡帛網 2011 年 4 月 6 日。

新編連。凡氏同意陳松長最初的意見,以爲最末三簡的連讀順序應是 87 +
85 + 86。

陳偉《嶽麓秦簡〈爲吏治官及黔首〉識小》說《爲吏》"一曰夸而夬"之
"夬"應隸作"史"①;"吏有五則"之"則"應讀"賊";"廉而毋帒(?)"之"帒"
上部所從應是伐,應讀爲"伐"或從伐取義;"治奴苑如縣官苑"之"奴"應讀
爲"壖","指宮殿、宗廟、禁苑等皇家禁地的墻垣外專設的一片空地"。王輝
《一粟居讀簡記(四)》則說"帒"即袋字,上部即使從伐亦當如此,因爲戰國
文字"代、伐"易混。"帒"應讀爲"刈"或"弑",有斬殺義。

方勇《讀嶽麓秦簡札記(二)》說《爲吏》"扁(漏)表不審"之"表"應改隸
作"衰(衦)"②,讀爲"壺";又說"芝(乏)絕當巢、孤寡瘝(癃)絕當巢"之"巢"
應讀爲"賙"。

馬芳、張再興《嶽麓簡〈爲吏治官及黔首〉校讀(一)》說《爲吏》"院垣陝
壞"之"陝"應讀爲"絕"③;又認爲"芝絕當巢、孤寡瘝(癃)絕當巢"的"巢"應
改隸作"果",讀爲"謀",爲……謀慮。

劉雲《讀嶽麓秦簡〈爲吏治官及黔首〉札記二則》說《爲吏》"橋陷弗爲,
城門不密"之"密"不應讀爲"閉"④,應用本義密實,即城門不嚴密、不結實,
這是官吏失職的表現。

朱紅林《嶽麓簡〈爲吏治官及黔首〉分類研究(一)》對《爲吏》中有關農
業的條目作了集中分析⑤,進而探討秦代農業管理制度,包括行田制度、田租
制度、對農業勞動力的管理、官員的農業管理職責等。

《占夢書》共 48 簡。標題見簡 46 背,但僅殘存 2 字,《嶽麓(一)》初版未
釋,魯家亮《小議嶽麓秦簡〈占夢書〉44 號簡背面文字》懷疑爲"夢書"⑥,乃
篇題。《嶽麓(一)》第二次印刷時(2011 年 5 月)已採納其說。該簡上部已
殘,是否有占字不清楚。

---

① 簡帛網 2011 年 4 月 8 日。
② 簡帛網 2011 年 4 月 13 日。
③ 簡帛網 2011 年 4 月 25 日。
④ 簡帛網 2011 年 4 月 26 日。
⑤ 簡帛網 2011 年 5 月 27 日。
⑥ 簡帛網 2011 年 4 月 12 日。

陳松長説："這是有關夢占的記錄，因爲它不是具體某一天的夢占的記載，與雲夢睡虎地秦簡《日書》中的《夢》完全不同，而是對所夢的占語式的解讀，而且還有幾枚是關於夢占的理論闡述。"

此篇抄寫分兩種情形：一種不分欄，一種分欄。不分欄的約 5 枚簡，是關於占夢的理論解釋。陳偉《嶽麓秦簡〈占夢書〉1525 號等簡的編連問題》認爲開首 5 簡通欄書寫①，簡 48 或許亦屬於通欄書寫的一種，而 5 號簡前文字尚有缺環，大概尚有一二枚簡，陳氏調整後的順序爲簡 2＋3＋4＋5＋1＋48："□□□□□始□□之時，亟令夢先。春曰發時，夏曰陽，秋曰閉，冬曰藏。占夢之道，必順四時而豫（序）其類，毋失四時之所宜。五分日；三分日夕，吉凶有節，善義有故。甲乙夢，開臧（藏）事也；丙丁夢，憂也；戊己夢，語言也；庚辛夢，喜也；壬癸夢，生事也。甲乙夢伐木，吉；丙丁夢失火高陽，吉；戊己〔夢〕宮事，吉；庚辛夢□山鑄鐘，吉；壬癸夢行川爲橋，吉。晦而夢三年至，夜半夢者二年而至，雞鳴夢者……若晝夢亟發，不得其日，以來爲日；不得其時，以來爲時。醉飽而夢、雨、變氣，不占。晝言而莫（暮）夢之，有□不占。""四時"指春、夏、秋、冬。"甲乙、丙丁、戊己、庚辛、壬癸"，影本注説或指季節，或指日干，後説是。"三分日夕"，一夜分爲三段，即晦、夜半、雞鳴。"□山鑄鐘"，□或説是"次"，讀爲"即"；或説是"分"，或説是"攻"，疑莫能定。"占夢之道"，占夢的指導思想。

分欄抄寫的多爲對夢的解讀。

簡 22："夢見項（鴻）者，有親道遠所來者。""夢身生草者，死溝渠中。"簡29："夢井洫（溢，陳劍説）者，出財。"有學者以爲，商周流行卜筮占夢術，秦漢流行讖緯占夢術，魏晉以後流行圓驗占夢術②，説："早在讖緯占夢術流行的時期，人們已開始聯繫夢境的具體内容來加以分析……魏晉以後，人們拋棄了讖緯術中的政治和儒家學説成份，開始直接利用民間信仰來對夢境進行占卜。這種占夢術根據具體夢境展開聯想，與現實的社會文化内容神秘地聯繫起來，從而得到夢境的解釋。""夢身生草死溝渠中""夢井溢者，出財"，都有根據夢境聯想的成份，是圓驗占夢術的萌芽。陳劍《嶽麓

① 簡帛網 2011 年 4 月 9 日。
② 楊樹喆、徐贛麗、海力波《神秘方術面面觀》第 151～158 頁，齊魯書社 2001 年。

簡〈占夢書〉校讀札記三則》①引《漢書·五行志中》元帝時童謠曰“井水溢，滅竈煙，灌玉堂，流金門”，《霍光傳》“（霍光夫人）顯夢第中井水溢流庭下，竈居樹上……”，説：“‘井溢’即可説屬於‘怪異’之類，《占夢書》簡文的邏輯，係以井中之水漫出流走與家中之財將散出，二者相類比聯繫。”這是很好的分析。

　　高一致《嶽麓秦簡〈占夢書〉補釋四則》説簡15“夢爲女子，必有失也，婢子凶”②，爲，變爲，化爲。大丈夫化爲女子，主陰禍臨身，故婢子凶。簡17“夢□産毛者，有□者”，“毛”不當如影本注説爲“五穀蔬菜之類”，應指眉髮之屬及獸毛。

　　凡國棟《嶽麓秦簡〈占夢書〉校讀六則》説簡16“夢一臘五變氣，不占”的“臘”不當如影本解爲祭名③，也不當如復旦讀書會讀爲“夕”，而應指臘月，即年終的十二月；簡20“夢燔洛遂隋（墮）至手，軙（繫）囚，吉”，“燔洛”影本解爲“繁露”，凡氏解爲“燔絡”，“對於被拘繫的囚徒來説，與夢見繁露相比，夢見燒斷捆縛之繩索，是再吉利不過的事情了”。陳偉《嶽麓秦簡〈占夢書〉臆説（三則）》則説“燔洛”應讀爲“炮烙”④，“炮烙本非吉物，不過繫囚夢之，却是吉兆”。二説不同，後説似牽强。

　　方勇《讀嶽麓秦簡札記（三）》説簡8“夢天雨□，歲大襄（穰）”所缺釋一字應是“風”字⑤。不過字本不清楚，方説未必是。

　　袁瑩《嶽麓秦簡〈占夢書〉補釋二則》説簡2～3“占夢之道，必須四時而豫其類”的“豫”應讀爲“敍”或“序”⑥，承順；簡18“夢蛇入人口，育不出”，“育”爲小草出，袁氏讀爲“抽”，《備急千金要方》卷25記載有“治因熱逐凉睡熟，有蛇入口中，挽不出方”，抽即挽。

　　《數》有簡220餘枚，綜述稱《數書》，其内容大致與張家山漢簡《算數書》相同。據肖燦、朱漢民説，2008年8月，嶽麓書院接受了少量捐贈簡，編

①　簡帛網2011年10月5日。
②　簡帛網2011年4月2日。
③　簡帛網2011年4月8日。
④　簡帛網2011年4月9日。
⑤　簡帛網2011年4月16日。
⑥　簡帛網2011年10月23日。

號 0956 簡背有一個"數"字,應爲篇題。

據肖、朱文説,《數》之算題大多無題名,與《算數書》不同,但《數》算題呈現"組群"特點:有些算題祇是改變題設條件的數據,其他敘述都是一樣的,題設條件涉及生産活動的種種情况,使閱讀者能够學會對抽象算法的實際應用。"若是把《數》算題按算法、題型歸類分章,看起來就像一本精心編排的教材",其算題類群可以與《九章算術》的章節内容比照,有些算題十分相似,有可能是《九章算術》的前身或編纂藍本。肖、朱文將《數》算題歸爲九個類型:

(1)方田類算題

此類算題是關於土地面積計算的,包括矩形、箕形(等腰梯形)、圓形土地。如簡 0829:"〔田〕廣十五步大半步,從(縱)十六步少半〔步〕,成田〔畝〕卅(三十)二步有(又)十五分步卅(三十)分步五。述(術)曰:同母,子相從,以分子相乘。"簡 0812:"周田三十步爲田七十五步。"題目涉及分數加法、乘法。《數》有乘分術,簡 0778:"三分乘四分,三四十二,十二分一也;三分乘三分,三三而九,九分一也;少半乘十,三有少半也;五分乘六分,五六卅(三十),卅(三十)分之一也。"張家山漢簡《算數書》有同樣内容,但無乘法口訣。

(2)粟米類算題

包括計算各種穀物體積重量换算關係的簡文,如簡 0780:"黍粟廿(二十)三斗六升重一石,水十五斗重一石,糲米廿(二十)斗重一石,麥廿(二十)一斗二升重一石。"還有記録各種穀物之間换算關係的算題,如簡 0987:"米一升爲毁(毇)十分升八,米一升爲菽荅麥一升半升。以粟求粺卅(三十)〈廿〉七之五十而成一,以粺求粟五十之,卅(三十)〈廿〉七而成一。"

(3)衰分類算題

衰分,即配分比例。簡 0937＋0759:"錢,今貸人十七錢,七日而歸之,問取息幾可(何)?曰:得息三百七十五分錢百一十九。其方卅(三十)日乘以爲法,亦以十七錢乘七日爲實,實如法而一。"肖、朱文注:"經計算,此題已知條件應包括'貸百錢,月息八錢',或同等數據。"簡 109＋11＋0827:"有婦三人,長者一日織五十尺,中者二日織五十尺,少者三日織五十尺,今織有攻

（功）五十尺，問各受幾可（何）？曰：長者受廿（二十）七尺十一分尺三，中者受十三尺十一分尺七，少者受九尺十一分尺一。述（術）曰：各直（置）一日所織。"肖、朱文列長者所受布尺數計算公式：$\dfrac{1}{1+\dfrac{1}{2}+\dfrac{1}{3}} \times 50 = 27\dfrac{3}{11}$（尺）。

（4）少廣類算題

少廣，田地的寬度小於長度，此類算題亦見張家山漢簡算數書，彭浩説是"已知矩形面積及一條較短的邊（少廣），求另一條縱邊之長"。簡0942："少廣，下有半，以爲二，半爲之，同之三，以爲法。亦直（置）二百卌（四十）步，亦以一爲二，除，如法得一步，爲從（縱）百六十。"

（5）商功類算題

"商功"算題有關各種體積的計算，包括長方體、橫截面爲梯形的直棱柱體、正四棱臺、旋粟及囷蓋（圓錐體）、圓亭（正圓臺）、井材（圓柱體）。簡0830："方亭乘之，上自乘，下自乘，下壹乘上，同之，以高乘之，令三而成一。"朱漢民、肖燦《從嶽麓書院藏秦簡〈數〉看周秦之際的幾何學成就》設上底邊爲a、下底邊爲b、高爲h，寫出其計算公式：$V_{方亭} = (a^2 + b^2 + a \cdot b) \times h \times \dfrac{1}{3}$。

（6）均輸類問題

均輸算題主要是關於行程、傭工及分派徭役等問題的，涉及等差數列。簡0943＋0856："凡三鄉，其一鄉卒千人，一鄉七百人，一鄉五百人，今上歸千人，欲以人數衰之，問幾可（何）？曰：千者歸四〔百〕五十四人有（又）二千二百分人千二百；七百者歸三百一十八人有（又）二千二百分人四百；五百歸二百二十七人有（又）二千二百分人六百。"此題是求解按人數多少攤派兵役的問題。

（7）贏不足算題

贏，《九章算術》作"盈"，是盈虧類算題。簡0413："贏不足。三人共以五錢市，今欲賞之，問人之出幾可（何）錢？得曰：人出一錢三分錢二。其述（術）曰：以贏不足互乘母。"肖、朱文曰："這道算題如若依照'盈不足'算題的標準敍述模式應寫成：'今有三人共以五錢市，人出二，盈一；人出一，不足二。問人之出幾可（何）錢？'"

（8）勾股類算題

簡 0304＋0457："〔今〕有圓材薶（埋）地，不智（知）小大，斲之，入材一寸而得平一尺，問材周大幾可（何）？　即曰：半寸得五寸，令相乘也，以深一寸爲法，如法得一寸，有（又）以深益之，即得徑也。"

此外還有"禾程、臬田、誤券、營軍之述（術）"等。簡 0883＋1836："營軍之述（術）曰：先得大卒數而除兩，和各千二百人而半棄之，有（又）令十而一，三步直（置）戟，即三之，四〔步〕直（置）戟，即四之，五步直（置）戟，即五之，令卒萬人，問延幾可（何）里，其得曰☒。"以上文字標點據許道勝、李薇《嶽麓書院秦簡〈數〉"營軍之述（術）"算題解》①，該文説"大卒"即士卒，亦即"卒萬人"，"兩"爲二，"和"爲軍壘營寨之門。上述簡文許、李文列算式如下：

$$(10000 - 2 \times 1200) \div 2 = 3800$$

$$3800 \times \frac{1}{10} = 380$$

$$380 \times 3 = 1140（步）$$

$$1140（步）\div 300（步）= 3 里 240 步$$

同理，可推算出"四步置戟、五步置戟"的里數。

《秦讞書》有 250 餘枚簡（其中有一組是木簡）。《綜述》説："這部分大約爲好幾份上奏的讞書，都是由不同地方（江陵、州陵、胡陽等）的守丞對有關刑事奏讞、審議和裁決的記録。""在比較完整的木簡上有一件由胡陽丞於廿二年八月癸卯朔辛亥上報的讞書，内容是一位叫'癸'和叫'學'的人冒充'馮將軍毋擇子'的名義僞造文書詐騙的案件。"簡 1647＋1649："廿二年八月癸卯朔辛亥，胡陽丞唐敢瀾（讞）之，四月乙丑，丞。"簡 2186："繒曰：君子子癸詣，私。"簡 0473："書繒所，自謂馮將軍毋擇子，與舍人來田南陽，毋擇。"簡 1044："鞫之，學撟自以五大夫將軍馮毋擇子，以名爲僞私書詣繒，以欲。"簡 1650："盜去邦，亡未得，得審□，敢瀾（讞）之。吏議：耐學隸臣，或令贖耐。"陳偉《嶽麓書院秦簡考校》説"馮毋擇"即琅邪臺刻石"倫侯武信侯馮毋擇"，其人在秦始皇二十二年爲五大夫，二十八年爲倫侯。又《漢書·馮奉

①　簡帛網 2010 年 7 月 8 日；又《自然科學史研究》2011 年第 2 期，第 188～192 頁。

世傳》：“及秦滅六國，而馮亭之後馮毋擇、馮去疾、馮劫皆爲秦將相焉。”《漢書·高帝紀》：“食其還，漢王問……騎將誰也？曰：‘馮敬。’曰：‘是秦將馮毋擇子也，雖賢，不能當灌嬰……’”足見馮毋擇曾任秦將軍。

2013 年 6 月，《嶽麓書院藏秦簡（叄）》出版，主要内容爲《爲獄等狀四種》，上條例子歸入第三類《學爲僞書案》。該書共收 15 例司法文書252 簡。

《律令雜抄》有 100 餘枚簡，自名爲“律”，見簡 1659 背。據《綜述》説，這一部分竹簡中，不僅有秦律，而且還有很多秦令的内容，並且這些律令都是針對某些事件或案例所節抄的律令條文，因此，參照雲夢睡虎地秦簡《秦律雜抄》的體例，暫將其定名爲《律令雜抄》。

《律令雜抄》爲多人所抄，抄於不同時期，因而字體風格不一，或爲隸書，或篆書意味很強。

簡 1265：“關市律曰：縣官有賣買也，必令令史監，不從令者，貲一甲。”睡簡也有關市律，但内容與此不同。關，津關。市，市場。

簡 1266：“内史雜律曰：黔首室，侍舍有與廥、倉庫、實官補屬者絶之，毋下六丈……”内史掌治京師，廥、倉庫、實官貯藏穀物的官府是貯藏芻草、糧食及其他重要物資的處所，應與黔首、侍人房舍隔開最少六丈，這可能是爲了防火。睡簡《内史雜》：“有實官高其垣墻。它垣屬焉者，獨高其置廥及倉茅蓋者。令人勿近舍。非其官人殹，毋敢舍焉。善宿衛，閉門輒靡（滅）其旁火。”内容相近。

簡 1252：“奔敬（警）律曰：先鄰（遴）黔首當奔敬（警）者，爲五寸符，人一，右在〔□〕，左在黔首，黔首佩之即奔敬（警），諸挾符者皆奔敬（警），故。”奔，《綜述》隸作“奉”，陳偉《嶽麓書院秦簡考校》改釋“奔”。《韓非子·外儲説左上》：“楚厲王有警。”陳奇猷注：“凡危急之消息曰警。”《漢書·昭帝紀》：“遣水衡都尉吕破胡募吏民及發犍爲、蜀郡奔命擊益州，大破之。”顔師古注引應劭曰：“舊時郡國皆有材官騎士以赴急難，今夷反，常兵不足以討之，故權選取精勇，聞命奔走，故謂之奔命。”又引李斐曰：“平居發者二十以上至五十爲甲卒，今者五十以上六十以下爲奔命。奔命，言急也。”陳偉引以上二注，説：“看李斐對‘奔命’的解釋，‘奔警’應與之相當。”曹旅寧《嶽麓秦簡“奔警律”補考》説“五寸符”指“黔首所佩表明身份、用作通行憑證的可分可合的符,奔命黔首人各一,一半在將。因此,律文中的〔□〕可能爲'將'字"。

簡0993:"田律曰:黔首居田舍者,毋敢醶酒,有不從令者遷之。田嗇夫、工吏、吏部弗得,貲二甲。"醶,《玉篇》:"酒器也。"睡簡《秦律十八種·田律》:"百姓居田舍者,毋敢醶酉(酒),田嗇夫、部佐僅禁御之,有不從令者有罪。"醶,影本注讀爲"酤",賣酒。嶽麓簡《綜述》未附圖版,"醶"可能爲"醶"之誤字。睡簡"百姓"嶽麓簡作"黔首",可見後者抄寫時間晚於前者。

《綜述》説大量秦令可分作四種:第一種是單獨抄寫令名者,其簡端有墨丁,令名號有干支編號。如簡0355:"内史郡二千石官共令第甲。"簡0617:"内史郡二千石官共令第庚。"《綜述》説:"按古代文書的抄寫體例,這種有墨丁者都應該是令的篇名,因此,在它前面應該都有具體的令文條款,但由於這批簡的整理工作尚未全面展開,所以令文的具體内容還不太清楚。"拙文《秦封泥等出土文字所見内史及其屬官》説:"内史郡……應讀作'内史、郡',二者爲並列關係。這説明兩點:1.内史與郡皆爲一級行政單位;2.内史與郡不完全相同……内史與郡的關係大體如今日首都、直轄市與省、自治區的關係,在行政級別上它們都屬於部級,但直轄市特別是首都,因其地理位置的特殊,故地位略高於一般的省。"第二種是在抄完一條令文之後,在末尾標注令名,然後再用干支和數字一起編號。如簡1768:"内史旁金布令乙四。"由此可見,當時秦令的數量之多是驚人的。第三種是在摘抄令文條款之後,未注令名,僅記編號。如簡1104:"官府及券書它不可封閉者,財,令人僅守衛,須其官自請報,到,乃以從事。十八。"之所以不記令名,可能令名在前邊出現過,此僅爲其中的某條。曹旅寧《嶽麓秦簡所見秦令雜考》則以爲"由此可推想官吏對律令的熟悉程度"。第四種是在抄寫完令文後,僅録"廷、廷卒"和干支或數字編號。如簡1087:"律,謹布令,令黔首明智(知)。廷一。"《綜述》説"廷、廷卒"都是"廷卒令"的省寫。曹旅寧則以爲"廷"可能指縣廷,掌治地方武力。嶽麓簡令名有20餘種,有:内史、郡二千石官共令、内史官共令、内史倉曹令、内史户曹令、内史旁金布令、四謁者令、四司空共令、四司空卒令、安□居室居室共令、□□□又它祠令、辭式令、尉郡卒令、

郡卒令、廷卒令、卒令、縣官田令、食官共令、給共令、贖令、遷吏令、捕盜賊令、挾兵令、秤官令等，大多是首次出現。

　　嶽麓秦簡律令中有的提供了秦時甲、盾價格的信息。簡 0957：“貲一甲，直（值）錢千三百卅（四十）四，直（值）金二兩一垂（錘），一盾直（值）金二垂（錘）。贖耐，馬甲四，錢一（？）千六百八十。”簡 0970：“馬甲一，金三兩一垂（錘），直（值）錢千□（九）百廿（二十）。金一朱（銖）。贖入馬甲十二，錢二萬三千卅（四十）。”于振波《秦律中的甲盾比價及相關問題》説“垂”讀爲“錘”[1]，相當於八銖或三分之一兩。秦律貲罰中甲的價格爲金 2 兩 1 錘或 1344 錢，盾的價格爲金二錘或 384 錢；“貲一甲”與“貲二盾”是兩個不同的刑罰等級，貲甲盾分爲四個等級：貲二甲、貲一甲、貲二盾和貲一盾。

　　多條嶽麓簡涉及到秦郡名，陳松長《嶽麓書院藏秦簡中的郡名考略》、于薇《試論嶽麓秦簡中“江胡郡”即“淮陽郡”》對之已略加疏理，但仍有很多問題值得進一步研究。據《考略》，秦郡名已可認定者有 22 個：内史、東郡、南陽、南郡、泰（太）原、參（三）川、穎川、河内、琅邪、九江、上黨、河間、蒼梧、洞庭、恒山、清河、衡山、泰山、廬江、四川、州陵、江胡。江胡郡，《考略》説“胡”“讀爲湖”，江湖郡在江東、江南江湖地區，于薇則説“江胡”乃周時江國、胡國省稱，在今河南正陽、潢川、平輿與安徽阜陽之間淮河北岸，即漢之淮陽郡。王偉《嶽麓書院藏秦簡所見秦郡名稱補正》説嶽麓簡郡名大部分是秦統一之前所置郡的名稱。又云“州陵”非秦郡名，而是南郡縣名；泰山郡，《漢書·地理志》説是“（漢）高帝置”，似也不可輕易否定。所謂“州陵守、泰山守”之“守”不是“泰（大）守”，而是縣令、丞、司空等負責人暫時離開情況下臨時指派的負責人。據此説，州陵應當排除在秦郡之外。

## 第六節　王家臺秦簡

　　王家臺位於楚都紀南城東南 5 公里。1993 年，荆州市博物館在此清理秦漢墓葬 16 座，其中 15 號秦墓出土一批竹簡，王明欽《王家臺秦墓竹簡概述》（以下簡稱《概述》）編爲 813 號。

---

[1]　《史學集刊》2010 年第 5 期。

這批竹簡的内容,有《日書》《歸藏》《效律》《政事之常》《災異占》等。因爲保護難度很大,簡之整理進展緩慢,至今未有完整資料公布。以下僅據《概述》加以介紹。

《歸藏》簡編號者164枚,未編號殘簡230枚,共計394枚,總字數4000餘個。由於殘缺過甚,至今尚未拼出一枚整簡,順序難於排定。簡有70組卦畫,其中16組相同,不同的卦畫共54組。卦名共76個,其中重複者23個,實有卦名53個。《概述》公布了53卦的部分原始釋文。據《概述》説,竹簡有兩種:一種寬而薄,一種窄而厚,推測《歸藏》有兩種抄本。

簡501:“〓〓曰不(丕)仁。昔者夏后啓是以登天,啻(帝)弗良而投之淵。〓,共工以□江□。”拙文《王家臺秦簡〈歸藏〉索隱》説〓爲〓之訛,而〓即寅字,讀爲“濱”。《説文》:“濱,水脈行地中濱濱也。”卦潛水潜行地下,《周易》稱坤卦。

簡181:“〓,天目朝朝,不利爲草木贅贅(粲粲),偽下□□。”天目,天之眼目。此在《周易》爲乾卦,天即乾,天目爲日,爲純陽。“朝”讀爲“昭”,昭昭,明亮貌。《歸藏》簡先坤後乾,與前人説法同。宋朱元升《三易備遺》:“《連山》首艮,《歸藏》首坤,《周易》首乾……作用雖異,其爲道則一。”朱震《漢上易傳》:“商人作《歸藏》,首坤次乾。”

簡439:“〓〓師曰:昔者穆天子卜出師而攴(枚)占□□〔禺強〕□□。”又可接一殘簡“□龍降於天,而□□〔道里修〕遠,飛而中(沖)天,蒼□〔蒼其羽〕”。《莊子·大宗師》陸德明釋文引《歸藏》:“昔穆王子筮卦於禺強。”又《太平御覽》卷85引《歸藏》:“昔穆王天子筮西出于征不吉。曰:龍降於天,而道里修遠,飛而沖天,蒼蒼其羽。”李家浩《王家臺秦簡“易占”爲〈歸藏〉考》以爲二者所引爲同一條筮辭,“穆王子、穆天王子”皆“穆天子”之誤。王明欽以爲“出于”之“于”爲“帀(師)”字之誤釋,亦是。禺強,海神,見《山海經·大荒北經》郭璞注,能駕龍乘風,故周穆王以出師之事卜問於他。

簡182+189:“〓同人曰:昔者黄啻(帝)與炎啻(帝)戰□〔涿鹿之野而枚占〕巫咸。〔巫〕咸占之曰:果哉而有咎□□。”《太平御覽》卷79引《歸藏》佚文:“昔黄帝與炎帝爭鬥涿鹿之野,將占,筮於巫咸,曰:果哉而有咎。”兩相對照,知簡文“戰”之後至少應有“涿鹿之野而枚占”7字。“戰”與爭鬥意近,

“咨”或爲“咎”之誤。

簡302：“▨右（有）曰：昔者平公卜其邦尚毋〔有〕咎而枚占神老。神老占曰：吉。有子，其□間塺，四旁敬□風雷不▨。”此在《周易》爲大有卦。東周諸侯之君，陳、宋、齊皆有平公。王葆玹《從王家臺秦簡看〈歸藏〉與孔子的關係》説簡本還提到“宋君”，《歸藏》爲殷筮書，宋爲殷後，“平公”當爲宋平公。

簡194：“▨，節曰：昔者武王卜伐殷而枚占老〈耆〉考（老），老〈耆〉考（老）占曰：吉▨。”《博物志》卷9引《歸藏》：“武王伐紂枚占耆老，曰：吉。”《路史・後紀五》引《歸藏》：“武王伐商枚占耆老，曰：不吉。”二者與簡文應爲同條，而一曰“吉”，一曰“不吉”。《論衡・卜筮篇》：“周武王伐紂，卜筮之，逆。占曰：大凶。太公推蓍蹈龜而曰：枯骨朽草，何知吉凶。”可見武王伐紂前確曾占卜。至於結果，《論衡》説是“逆、大凶”，與《路史》説同。“耆老”或指姜太公。

簡307＋201：“▨歸妹曰：昔者恒我（娥）竊毋（不）死之□〔藥〕▨〔于西王母〕，▨□□奔月，而枚占□□□▨〔有黄、有黄占之曰：吉。翩翩歸妹，獨將西行……〕”《淮南子・覽冥訓》：“羿請不死之藥於西王母，姮娥竊以奔月。”《續漢書・天文志上》注引張衡《靈憲》：“羿請不死之藥於西王母，姮娥竊之以奔月。將往，枚筮之於有黄。有黄占之曰：吉。翩翩歸妹，獨將西行，逢天晦芒，毋驚毋恐，後且大昌。”嚴可均以爲這條“當是《歸藏》之文”[1]。《周易・歸妹》：“歸妹以娣。”王弼注：“娣，少女之稱也。”孔穎達正義：“婦人謂嫁爲歸。”歸妹卦下兑上震，《説卦傳》：“震爲雷……爲長子……兑爲澤，爲少女。”拙文《王家臺秦簡〈歸藏〉校釋（28則）》以爲：“歸妹爲嫁女，常娥奔月，其事似之……簡文述常娥事，雖未明言，實乃以具體事例闡述《周易・歸妹》卦辭，可見《歸藏》成書較晚，約在戰國中期。”

簡336：“▨菩曰：昔者▨〔夏后啓〕卜醻（享）啻（帝）菩（晉）之虚（墟），作爲□▨。”《文選・王元長〈三月三曰曲水詩序〉》李善注、《太平御覽》卷82引

---

① 清嚴可均《全上古三代秦漢三國六朝文》卷15《古佚》有《歸藏》輯文，第104頁，中華書局1958年影印本。

《歸藏啓筮》：“昔者夏后啓筮享神於晉之墟，作爲璿臺，於水之陽。”《御覽》卷177引“璿”作“靈”，無“昔者”及“於水之陽”。《御覽》卷82、《初學記》卷24引《歸藏》：“昔夏后啓筮享神於大陵而上鈞臺，枚占皋陶，曰：不吉。”諸書所引佚文與簡文當屬同條。晉墟在“水之陽”，殆即晉陽，最先是夏人的活動區域。“大陵、鈞臺”也在此範圍内，後來爲晉之疆域。《史記·趙世家》：“肅侯游大陵，出於鹿門。”正義引《括地志》：“大陵城在并州文水縣北十三里，漢大陵縣城。”《左傳·昭公四年》：“夏后有鈞臺之享，商湯有景亳之命。”杜預注：“河南陽翟縣南有鈞臺陂，蓋啓享諸侯於此璿臺。”陽翟在禹都陽城附近。簡文提到“晉墟”，時代必在戰國三家分晉之後。

　　對簡本《歸藏》，學者已有很多研究，除上文提到的外，尚有：連劭名《江陵王家臺秦簡與〈歸藏〉》、王寧《秦墓〈易占〉與〈歸藏〉之關係》、邢文《〈歸藏〉的分篇及其學派》《秦簡〈歸藏〉與〈周易〉用商》、王明欽《〈歸藏〉與夏后的傳説兼論臺與祭壇的關係及鈞臺的地望》①、柯鶴立《兆與傳説：關於新出〈歸藏〉簡書的幾點思考》。

　　《周易》鄭玄注：“夏曰《連山》，殷曰《歸藏》，周曰《周易》。連山者，象山之出連連不絶。歸藏者，莫不歸藏於其中。周易者，言易道周普無所備。”《歸藏》漢代猶存。唐虞世南《北堂書鈔》引漢桓譚《新論》曰：“《歸藏》藏於太卜。”《漢書·藝文志》漏載。王葆玹説《漢書·藝文志》的《蓍書》二十八卷就是《歸藏》，《歸藏》或爲《龜藏》②。按《蓍書》的内容，今已無從知曉；《史記·龜策列傳》云“龜藏則不靈，蓍久則不神”，“龜藏”是否書名疑莫能定，故王氏之説僅爲一家之言。《隋書·經籍志》則云：“《歸藏》漢初已亡，晉《中經》有之。唯載卜筮，不似聖人之旨。以本卦尚存，故取貫於《周易》之首，以備殷易之缺。”然在傳世古籍如《博物志》《經典釋文》《太平御覽》中有其佚文，清馬國翰《玉函山房輯佚書》有《歸藏》一卷，又嚴可均《全上古三代秦漢三國六朝文》“古逸”有《歸藏》輯文。唐、宋學者多以《歸藏》爲僞書，簡本《歸藏》出土，證明先秦確有《歸藏》，絶非僞書。王明欽舉例，今本《周易》“睽”卦，秦簡作“瞿”，傳本作“瞿”；《周易》“家人”卦，秦簡作“散”，傳本

---

①　《華學》第3輯第212～226頁，紫禁城出版社1998年。

②　王葆玹《從秦簡〈歸藏〉看易象説與卦德説的起源》。

作“散家人”,説明傳本實有所本。

王明欽指出,簡本《歸藏》可校勘傳本《歸藏》之誤。馬國翰輯本有一條《歸藏》佚文:“殷王其國,常毋若谷。”注:“節卦,羅萍《路史注》引作‘常毋谷月’。”王明欽指出,簡本《歸藏》有“昔者殷王貞卜其邦尚毋有咎”之語,兩相對照,知傳本“殷王”後脱一“筮”字,“國”當作“邦”,“常”應讀爲“尚”,“谷”爲“咎”之誤,“月”爲“有”之誤。傳本將其筮辭歸於節卦,簡本則在“螽”(既濟)卦,傳本將卦名抄錯。

王明欽還指出,對《歸藏》體例的分析,有助於了解先秦筮法。簡本《歸藏》的體例非常格式化,先是卦畫,續列卦名,後以“曰”連接卦辭“昔者某人貞卜某事而枚占某人,某人占之,曰吉(或不吉)”。其後爲繇辭,多用韻語;最後爲占卜的具體結果。如簡214:“䷪鼑曰:昔者宋君卜封□而枚占巫蒼。蒼占之曰:吉。鼑之芒芒,鼑之軑軑。先有咎,後果述(遂)。”“䷪”爲卦畫,“鼑”爲卦名,《説文》:“鼑,鼎之圜掩上者。”《周易》作鼎卦。“昔者宋君卜封□而枚占巫蒼,蒼占之曰:吉”爲卦辭。“宋君”,宋國之君。宋君之有作爲,爲後世所稱道者,唯微子啓、襄公、平公三君,“宋君”殆其一。“蒼”或爲蒼頡,蒼頡爲黄帝史官,或巫、史職近。“鼑之芒芒,鼑之軑軑”爲繇辭。“先有咎,後果述(遂)”爲具體占卜結果。《周禮·春官·太卜》:“太卜掌三易之法,一曰《連山》,二曰《歸藏》,三曰《周易》,其經卦皆八,其別則六十有四。”賈公彦疏:“夏、殷以七、八不變爲占,《周易》以九、六變者爲占。”《周易》有卦辭,也有爻辭,有本、之卦之别,而秦簡及傳本《歸藏》皆僅有卦辭而無爻辭,僅有本卦而無之卦,這也足以説明《連山》《歸藏》以七、八不變爲占,而《周易》以九、六變者爲占的説法是確鑿有據的。簡本“卜、貞卜”傳本皆作“筮”,也可能反映了先秦筮法與卜筮不分的現象。

通過《周易》與《歸藏》的對比研究,可以將《周易》的研究推向一個新的階段。饒宗頤《殷代易卦及有關占筮諸問題》説[1]:“《歸藏》卦名大體與《周易》相同,衹有少數差别,足見殷人‘陰陽之書’之坤乾,基本上已用六十四卦,周人損益之,改首坤爲首乾。”于豪亮也指出,《歸藏》與馬王堆帛書本

---

[1]　《文史》第20輯,中華書局1983年。

《周易》之間有一定的淵源①。王明欽舉例，秦簡《歸藏》與帛書《周易》卦名相同者，如《周易》屯卦簡、帛皆作"肫"；泰卦簡、帛皆作"夳"；坎卦簡、帛皆作"勞"。他指出："秦簡《歸藏》與帛書《周易》、今本《周易》之間都有一定的淵源關係，也就是說，不同的《周易》傳本分別在一定程度上繼承了不同的《歸藏》傳本。這對於我們探尋《周易》卦名的來源無疑是一條重要綫索。"不過這是一個極其複雜的問題，簡本《歸藏》與帛書《周易》卦名有相同者，也可能是其時代距離較近，用字習慣相同，或是《歸藏》繼承了更早的《周易》抄本，未必一定是帛書《周易》、今本《周易》都繼承自《歸藏》。

　　《歸藏》的成書年代，前人多指爲殷商。《禮記·禮運》："孔子曰：'我欲觀夏道，是故之杞，而不足徵也，吾得《夏時》焉。我欲觀殷道，是故之宋，而不足徵也，吾得《坤乾》焉。"鄭玄注："得殷陰陽之書也，其書存者有《歸藏》。"邢文《秦簡〈歸藏〉與〈周易〉用商》說："從清人的《歸藏》輯本與王家臺所出秦簡《歸藏》的報導來看，《歸藏》中記錄了大量有關黄帝、炎帝、夏后、商王的内容，與《歸藏》商《易》的説法基本相符。《歸藏》中另有少許武王、穆王的記載，可以看作是後人的增補，不影響文獻基本材料的時代。"林忠軍也認爲秦簡《歸藏》要早於《周易》②。王葆玹《從王家臺秦簡看〈歸藏〉與孔子的關係》則據簡文提到晉平公、宋君，以爲"秦簡《歸藏》纂集的時間，乃是與孔子的時代十分接近的"。我們則以爲，"《歸藏》不成書於一時，亦不成於一人之手，簡本《歸藏》約成書於戰國中晚期之際，而傳本更在其後"。殷墟陶文有益、豫、歸妹、損卦，周初卜甲有既濟、蠱、恒、蒙卦，諸卦皆由數占與筮撲取得③，可見殷商及周初已有單卦、重卦，《歸藏》初經的八卦、六十四卦可能商末已有（具體名目可能不盡相同），爲商人之後宋人繼承。但商周之際，但有卦畫，未見簡本所見之卦辭，可見簡本《歸藏》非商易。李學勤、李零有相似觀點④。《禮運》一開頭即言"昔者仲尼與於蜡賓"，可見成書很晚，

①　于豪亮《帛書〈周易〉》，《文物》1984 年第 3 期。

②　林忠軍《王家臺秦簡〈歸藏〉出土的易學價值》。

③　張政烺《試論周初青銅器銘文中的易卦》，《考古學報》1980 年第 4 期；徐中舒《數占法與〈周易〉的八卦》，《古文字研究》第 10 輯，中華書局 1983 年。

④　李零《跳出〈周易〉看〈周易〉》，《中國方術續考》第 234～245 頁，中華書局 2006 年。

不是當時實録。從簡本看，坤卦名“寅”，乾卦名“天目”，都與《周易》不同，足證直到戰國中晚期，尚無《坤乾》之名。《歸藏》之名，首見《周禮·春官·大卜》，《周禮》成書於戰國，所以很難據《大卜》《禮運》推定《歸藏》的時代。《歸藏》請求參與占卜者，皆爲“昔人”，羿、黄帝、共工、女媧、蚩尤、恒（常）娥、河伯等傳説人物大多見於戰國以後作品。《文心雕龍·諸子》説：“《歸藏》之經，大明迂怪，不似聖人之旨。”《論語·述而》説孔子“不語怪力亂神”，要説《歸藏》出自孔子或其弟子商瞿之手，很難令人信服。《隋書·經籍志》説《歸藏》“漢初已亡。按晉《中經》有之，惟載卜筮，不似聖人之旨”。《晉書·束晳傳》：“初，太康二年，汲郡人不準盗發魏襄王墓……得竹書十車……其《易經》二篇，與《周易》上下經同；《易繇陰陽卦》二篇，與《周易》略同，繇辭則異；《卦下易經》似《説卦》而異；《公孫段》二篇，公孫段與邵陟論《易》。”王寧《〈歸藏〉篇目考》以爲《歸藏》乃《易繇陰陽卦》《卦下易經》《公孫段》三書合編而成[①]。《公孫段》的内容是公孫段與邵陟論《易》占的，其中每卦皆引古代人物占筮的故事來説《易》，極有見地。《説卦》列舉卦象百餘種，如乾爲天，坤爲地，震爲雷……爲六十四卦《大象傳》所繼承。簡本《歸藏》筮例多與《易象》有關。如簡本《大壯》：“昔者〔豐〕隆卜將雲而枚占困京。”大壯下乾上震，《易·大壯》象傳：“雷在天上，大壯。”豐隆爲雲神兼雷神，《離騷》：“吾令豐隆乘雲兮，求宓妃之所在。”《歸藏》以雲雷神豐隆故事説大壯，與《象傳》的説法相近。我以爲：“汲冢佚書《公孫段》等出自魏襄王墓，魏襄王前 317～前 296 年在位，當秦惠文王後元七年至昭襄王十二年，《歸藏》簡大約成書於此時或稍晚。”美國學者柯鶴立（Constance A. Cook）也説：“《歸藏》可能在戰國魏國跟《穆天子傳》《竹書紀年》《周書》一樣流行。”又説：“《歸藏》的卦辭中有關夏的神話内容不少。據王明欽的考察，從神話提及的地名來看，山西地區味道較濃厚。一部經典從魏國流傳，傳到位於楚國紀南城的秦墓，並不是不可能。”[②]

　　《效律》簡 96 枚，其中有編號者 72 枚，未編號者 24 枚。《概述》説殘缺過多，内容與睡虎地秦簡《效律》基本相同，衹是排列順序多有差異，文字也

---

① 　《古籍整理與研究學刊》1992 年第 2 期。

② 　柯鶴立《兆與傳説：關於新出〈歸藏〉簡書的幾點思考》。

略有不同。《概述》祇公布了兩條《效律》簡：簡 443 + 218："爲都官及縣效律：其有贏不備，物直之□，□以其賈（價）多者皐之，勿贏□。"簡 498："□乚官嗇夫□□冗吏皆共賞（償）不備之貨而入贏□。"

此在睡簡《效律》爲開頭兩條，基本相同。祇是王家臺簡"贏"字睡簡或作"贏"。睡簡此二條後接"衡石不正"一條，而王家臺簡"衡石不正"一條則在"甲旅札贏其籍"之後；睡簡"甲旅札贏其籍"條，在"公器不久刻者，官嗇夫貲一盾"之後，而王家臺簡則在"器戠（識）耳不當籍者"之後。

《概述》説："王家臺秦簡《效律》自始至終接連書寫，每條目之間皆以乚符號隔開；而睡虎地秦簡《效律》則每一條目皆自簡端開始書寫，約佔一至二簡，其順序難以排定。因此，王家臺秦簡《效律》雖然殘缺不全，但它對校定睡虎地秦簡《效律》的排列順序却有着十分重要的作用。"

《政事之常》共 65 枚簡，其中兩枚空簡未編號。其形式是用直綫、斜綫畫成圖表，然後書寫文字。《概述》圖一爲《政事之常》示意圖，移於下：

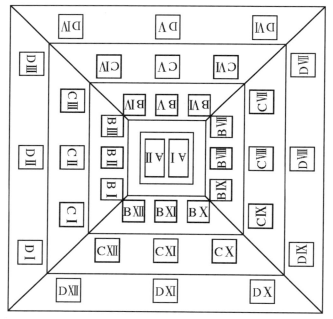

文字分 4 圈書寫。圖表中間書寫"員（圓）以生枋（方），正（政）事之常"8 字，按正、反兩個方向書寫兩遍，《概述》注説這"應爲點明主題之辭，因此我們取‘政事之常’爲題"。

　　其餘 3 圈分 12 部分書寫，文字朝 4 個方向，每面書寫 3 組。由內到外，第二圈書寫的內容與睡簡《爲吏之道》"處如資（齋），言如盟……不時怒，民將姚（逃）去"一段相同，但文字略有差異，排列順序也不盡相同。如 BⅠ 組："處如梁，言如盟，出則敬，毋褫張，炤如有光。"睡簡作："處如資（齋），言如盟，出則敬，毋施當，昭如有光。"BⅨ組："安而行之，事（使）民望之。道傷車利，精而毋致。"睡簡作："安而行之，使民望之。道傷（易）車利，精而勿致。"BⅪ～BⅫ組："坨修城固，民心乃殷。不時而怒，民將逃去。百事既成，民心乃寧，〔既毋〕後憂，從正（政）之經。"睡簡作："地修城固，民心乃寧。百事既成，民心既寧，既毋後憂，從政之經。不時怒，民將姚（逃）去。"按"從正（政）之經"與"政事之常"意近，故第 2 圈末句也是點明主題。

　　第三圈文字是對第二圈文字的解釋與說明，皆位於第二圈每組文字的下方，與之互相對應。第四圈文字是進一步的闡釋，從正反兩方面闡述第二圈文字的觀點，但這一部分文字並非位於第二、三圈同一內容文字的正下方。

　　CⅠ 組："處如梁以告靜，言如盟以告正，出則敬有信德殹，毋褫張告民不貣（忒）殹，炤（昭）如有光則□□之極殹。"BⅢ 組："有嚴不治，與民有期，安殹而步，毋事（使）民溥（怖）。"CⅢ組："有嚴不治敬王事矣，與民有期告之不再矣，安殹而步登於山矣，毋事（使）民溥（怖）游於□矣。"DⅨ組："弗臨以嚴則民不敬，與民無期則□幾不正，安殹而步孰知吾請（情）。"

　　《概述》說《政事之常》可與睡簡《爲吏之道》互爲參校，其說甚是，但舉例則不盡準確。如《爲吏》"施當"整理者讀爲"弛常"，"意謂不要廢弛應經常遵守的原則"。《概述》說據《政事》應讀爲"弛張"，"弛"與"張"爲同義詞，應理解爲松懈或怠慢。今按"常"讀爲"張"當是，但"張"與"弛"爲反義詞，非同義詞。"'弛張'是事物的兩面，猶今言忽冷忽熱、左右搖擺，這是爲政者的大忌"；"CⅠ組：'毋褫（弛）張告民不貣殹。'是對'弛張'的傳注，貣讀爲忒……（政策）不左右搖擺，就是告訴民衆政策不變更"①。也有學者認爲

①　　王輝《一粟居讀簡記（一）》，《〈清華大學藏戰國竹簡（壹）〉國際學術研討會論文集》，2011 年 6 月；後刊於《陝西歷史博物館館刊》第 18 輯，三秦出版社 2011 年；又刊於《清華簡研究》（第一輯），中西書局 2012 年。

“襬張”應讀爲“弛常”,睡簡注之説是①,似可商。又如《爲吏》“處如資”,“資”整理者讀爲“齋”,《政事》作“梁”,王明欽説當以“梁”爲正。今按《説文》“齋,戒潔也”,齋者心無雜念,純潔如一,自能安静;《説文》“梁,水橋也”,《爾雅·釋宫》“屋大梁也”,“處如梁”,如橋梁、梁木之安静;CI 組云“處如梁以告静”。“處如資(齋)、處如梁”皆有安静義,衹是取喻不同,説不上何者爲正,何者非正。又如《爲吏》“安驪而步”,整理者讀“安”爲“按”,解“驪”爲驪騎,説“此句意爲叫開道的驪騎慢慢地走”。與《政事》比對,疑“驪”應讀爲“趨”,“殹”應讀爲“驅”,行走。安有徐緩義。“安驪而步、安殹而步”,皆謂徐緩而行,爲政者亦當如是。

《概述》以爲《爲吏》和《政事》的第二圈相當於經傳,而後者的第三、四圈相當於注與疏,故《爲吏》的一些難解之謎在《政事》出土後便可迎刃而解。《概述》舉例説《爲吏》與《政事》B Ⅲ“有嚴不治……毋事(使)民溥(怖)”4 句,初讀令人費解,經 C Ⅲ、D Ⅸ 的解釋與闡述,便“撥開迷霧現真容”,加深了讀者的理解。

《概述》説《政事》的出土,有助於探索秦代的政治思想及其與傳統觀念的關係。如《政事》以圖表的形式出現,除中間部分外,其餘 3 圈分四個方向排列,每個方向分爲三部分,使人聯想起傳統五行學説中時間與空間的關係,體現了五行學説的基本理論。《概述》取長沙楚帛書、王家臺木式、李零《山經》順序示意圖與《政事》排列示意圖對比,以申明此點。不過《政事》主要是吏人的從政綱領,以圖表形式排列經傳、注疏,衹是爲了集中相關内容,便於理解,未必具有深意。至於中間部分“圓以生方”的觀念,與《爲吏》“中不方,名不章;外不圓,〔禍之門〕”,則確實反映了古人天圓地方的觀念,順應此道是從政之本。

《日書》在王家臺秦簡中數量最多,内容十分豐富,但大部分與睡簡《日書》相同。其篇目有《建除》《稷辰》《啓門》《啓閉》《置室》《生子》《病》《疾》《死》《宜忌》等 11 種。《概述》各舉數條。

簡 653:“正月建寅,余(除)卯,盈辰,平巳,定午,失(執)未,柀(破)申,

---

① 王輝《簡帛爲臣居官類文獻整理研究》,中山大學 2012 年博士學位論文。

危酉，成戌，收亥，開子，閉丑。壬占（占）。"此與睡簡《日書》甲《秦除》首條
同，屬秦人的一套建除系統。但王家臺簡《建除》没有建除每日吉凶的具體
解説之辭，又簡末多出"壬占"2字。

　　簡673＋721："■正陽，是＝（此是）番（蕃）昌，小事果成，大事有慶，它事
毋小大盡吉。可以爲嗇夫，三昌。佁（佁）時以戰，命曰三勝。以祠，吉。以
有爲殹，美惡自成殹。以生子，吉。可以箄貍（埋）。以雨，盦（霽）。亡人，不
得。正月以朔，歲美毋兵。"此條與睡簡《日書》甲《稷辰》之簡34～35略同，
字詞不同者爲：是＝—是胃（謂）、番（蕃）—滋、有—又、可以—利、曰—胃
（謂）、箄—葬、盦—齊、亡人—亡者、美—善。"這些文字雖有差異，但表達的
意義却是相同的"。

　　簡351＋352＋370："春三月可以南啓門，壬戌、壬子、癸丑、癸未，以黑
祠。夏三月可以西啓門，☒午，以青祠。秋三月可以北啓門，丁酉、丙辰、丁
巳、丙戌，以赤祠。☒〔冬三月可〕以東啓東〈門〉，□申、辛亥、庚戌、辛巳，以
帛（白）祠。"此爲《啓門》，主要講述春夏秋冬四季可以啓門的方向及祠日、
祠色。

　　簡393："五子旦閉夕啓，北得，東吉，南凶，西□☒。"簡388："五丑旦啓夕
閉，東北吉，南得，西毋行。"簡395："五亥旦莫（暮）不閉，北吉，東凶，□會歙
（飲）飤（食）百具□。"

　　以上三條《概述》定名爲《啓閉》，以爲見於睡簡《日書》乙及九店楚簡
（後者稱"朝啓夕閟"），講述子至亥十二日"旦啓夕閉"各方位的吉凶。今按
相似内容也見於睡簡《日書》甲《盗者》："寅，虎也。盗者壯……臧（藏）於瓦
器間，旦閉夕啓西方……卯，兔也。盗者大面……臧（藏）於草中，旦閉夕啓
北方……午，鹿也，盗者長頸，小肑……臧（藏）於草木下，必依阪險，旦啓夕
閉北方……酉，水也。盗者矞（鬢）而黄色……臧（藏）於園中草下，旦啓夕
閉，夙得莫（暮）不得。"由此推測，所謂"朝啓夕閉"或"旦閉夕啓"祇是説的
門窗，而其啓、閉似與防備盗賊行動有關。睡簡《日書》乙158～169簡以十
二支爲序，占出入、盗、疾，如簡157："子以東吉，北得，西聞言凶。朝啓夕閉，
朝兆不得，晝夕得。以入，見疾。以有疾，派（辰）少瘳（瘳）……"《九店楚
簡》60～76簡内容基本相同，如簡62："☒〔子，朝〕閟（閉）夕啓。凡五子，朝

逃得,晝不得,夕不得。以入,見疾。以有疾☐。"“朝閟夕啓”也屬於中間的占盜的部分。李家浩指出,“兆、逃”都應讀爲“盜”,部分是占卜該日家裏的盜得不得①,甚是。據睡簡及九店簡,王家臺簡這一節似亦應定名爲《盜》。

簡290:"☐而更,田邋(獵)得獲。乚倉門,是不五歲弗☐。"簡291:"☐北鄉(嚮)廥。乚東門,是胃(謂)邦君之門☐。"又曰:"☐乚起門,八歲始富,其☐。"又曰:"☐昌,好歌舞,必佩衣裳。十六歲更,不爲☐。"

《概述》説《置室》"以圖文並茂的形式表現,與睡虎地秦簡相同。但由於殘缺太多,無法復原。圖中見到的門有‘倉門’、‘南門’、‘臂門’、‘大伍門’、‘飮☐門’、‘北門’等,而其説明文字中則有‘倉門’、‘東門’、‘顧門’、‘大北門’、‘北門’、‘荆門’、‘起門’、‘雲門’、‘南門’、‘不周門’等。與睡虎地秦簡不盡相同。睡虎地秦簡有‘北門’而無‘大北門’。解説文字差別也較大"。

《概述》認爲以上四條爲“東門、起門、倉門、則光門”的解説文字。"除東門之外,其餘皆有較大差別。但也可看到,兩者之間的共性是佔主流的,無論是名稱還是解釋皆如此,因此,它們也是來自同一體系"。

今按:睡虎地秦簡114正壹“直(置)室”,115正壹“門”,則標題宜改《置室門》,門是選擇的對象,是中心詞。“起門,八歲始富”睡簡作“八歲昌”,“昌、富”義近。

《生子》以六十甲子記日,敘述每日生子的命運。每枚簡有三條,每兩條之間皆隔一段距離,且有橫綫,如:

“甲子生孜(好)—乙丑生不武巧—丙寅生武聖”

“丁卯—戊辰生好—己巳生好田”

“庚午生女毋☐—辛未生肉飮(食)—壬申生必聞邦”

“癸酉生終☐”

睡虎地秦簡《日書》甲有《生子》,《日書》乙有《生》,與此内容有同有異。乙丑、丙寅、戊辰、庚午、辛未、壬申、癸酉生子三者皆同或接近。如王家臺簡“戊辰生好”,睡簡甲、乙作“戊辰生有寵”,“有寵”即“好”,唯“甲子”生子睡

①　　湖北省文物考古研究所、北京大學中文系編《九店楚簡》第119～120頁,中華書局2000年。

簡甲作"少孤,衣污",乙作"少孤",王家臺簡作"孜(好)";"己巳生好田"睡簡甲作"己巳生子鬼,必爲人臣妾",睡簡乙作"己巳生凶,爲臣妾",差異較大。

簡49＋50:"甲乙木,青,東方。甲乙病,鷄鳴到日出篤,不死。☒☒丙丁有瘳,毋復□☒。"簡399:"子有病,不五日乃七日有瘳,鷄鳴病死。"簡396:"丑有病,不四日乃九日有瘳,平旦病死。"

《概述》説此節有兩種體系:其一,以十天干配五行、五色、五方來判斷病情,如第一條是;其二,以十二支每日生病配合時辰來判斷病情,如第二、三條是。按睡簡《日書》甲有《病》,大體同第一類,如:"甲乙有疾、父母爲祟,得之於肉,從東方來,裹以桼(漆)器。戊己病,庚有〔間〕,辛酢(作),若不〔酢(作)〕,煩居東方,歲在東方,青色死。"僅有方位、顏色,而無五行。睡簡《日書》乙《病》僅一條:"凡酉、午、巳、寅以問病者,必代病。"以十二支配合病,但未判斷病情,與第二類差別較大。

簡401:"丙丁有疾,赤色,當日出死。不赤色,壬有瘳,癸汗。"簡397:"戊己有疾,黃色,中子死。不黃色,甲有瘳,乙汗。"簡360＋373:"五子有疾,四日不瘳乃七日,鷄鳴有疾死。五丑有疾,三日不瘳乃九日☒☒死。五寅有疾,四日不瘳乃五日＝(日,日)出有疾死。五卯有疾,三日不瘳乃☒。"

《概述》説與《病》相似,也分兩種體系。其中以十干判斷者用5枚竹簡,每簡書一條,而以十二支判斷者則用7枚竹簡連書,中間用乚隔開。今按睡簡《日書》甲有《病》無《疾》,而稱"甲乙有疾、壬癸病"實則病疾不分。睡簡《日書》乙分《有疾》《病》二篇,但《病》篇僅一條,《有疾》則稱"丙丁有疾,王父爲姓(眚),得赤肉、雄鷄、酒。庚辛病,壬間,煩及歲,皆在南方,其人赤色,死火日",也是疾病不分,與《日書》甲《病》的内容相同。王家臺簡稱疾病有起色曰"瘳",睡簡則曰"間",意義也接近。由此而論,王家臺簡《疾》《病》可合併稱《有疾病》。

簡667:"乚甲子黃昏以死,失,圍廄不出,先西而北□□□□入之。"簡703:"己巳之日以死,其失不出,小子必二人死,大人其家室□□。"簡706:"庚午日中以死,失,西北五六步,小子也取其父,大人也不去必傷其家。"

以上三條《概述》定名爲《死》,説此節共60枚簡,"從甲子開始至癸亥結束,敘述每日某時死對其家室的影響"。今按以《死》作標題,其他《日書》未見。因爲人之死亡,死者無法擇日。死亡不正常者,必與其他行爲有關、如睡虎地簡《日書》甲《歸行》:"凡春三月己丑不可東……百中大凶,二百里外必死。"睡簡《日書》乙《行者》:"遠行者毋以壬戌、癸亥到室。以出,凶。"放馬灘簡《日書》乙 103～114 簡下欄記某月某日死喪,標題《遠行凶》。此節祇公布了三條,無法猜測其致死原因,無法改擬標題,暫依《概述》。

《概述》稱作《宜忌》的簡"較爲複雜,大到祭祀,小到日常生活,乃至五行、六畜等皆有宜忌之日"。按"宜、忌"是《日書》常用語,用作標題過於籠統。從釋文看,有宜有忌,也不應如《概述》那樣稱作《某某忌》。參照睡簡,此類簡標題可以更具體些。

簡 363:"馬之良日,己丑、酉,辛未,庚辰,乙丑,戊申,可□(出?)入馬。其忌日,戊午,庚午☒。"

此條宜稱《馬日》。

簡 380:"豕之良日,壬戌,甲辰,癸未,可出入豕。其忌日,丁丑、未,丙寅、辰,乙亥。"

此條宜稱《豕日》。或與上條合稱《六畜》,而不能如《概述》所説,稱《六畜忌》,因爲不光有忌日,還有良日

簡 94:"木忌,甲,乙,丁未,癸酉,癸亥、巳。"

簡 89:"火忌,庚寅,辛卯,壬辰,凶。"

上條宜稱《木忌》,下條宜稱《火忌》,但不能如《概述》所説稱《五行忌》,五行是抽象的金、木、水、火、土,而簡則指具體的木、火。睡虎地簡《日書》乙《木日》:"木良日,庚寅,辛卯,壬辰,利爲木事。其忌,甲戌,乙巳,癸酉,丁未……可以伐木。木忌,甲乙榆,丙丁棗……"

簡 286:"☒大吉。乚凡祭祀之凶日,甲寅,庚寅,丙寅,戊☒。"又:"☒凶。◤凡祭父母之良日,乙☒。"

以上兩條宜稱《祭祀》,不宜徑稱《祭祀忌》。

簡 242:"☒□月九日以發事不成=(成,成)凶,甲,乙,戊,己,壬,癸,發事不成。乚□戊午,己,未謀事☒。"

此條宜稱《發事忌》,不宜稱《行事忌》。

簡264:"☐甲申、甲辰,門之良日也。━甲申,庚申,乙酉,户之良日也。━乙亥,己亥,乙☐。"

**此條宜稱《門户》,不宜稱《門户忌》。**

簡93+104:"一日是胃(謂)奮光,祭有鬥敗者。亡人曰歸也。顕(願)人行,不行。以戰,有和有得。占五矢得,疾人凶夢有言☐。"

簡1123+143+152+158:"十日曰驟,是胃(謂)迵。☐(作)美事吉。以取(娶)妻,先有☐虜,百矢吉,以有疾,少飤(食),五矢言也,取(娶)妻不吉;以行,各人以六畜,吉。疾人不死,夢言也,有命來,爲事不吉,亦毋(無)大咎也。人亡故而怒也,☐以戊之日而飤(食)黍☐☐☐☐祭則止矣。━峕(時)入:一日,以☐莽。二日,☐☐雨户。三日,下中。五日,大入。六日,東北☐。"

簡44+46:"十五日曰載,是胃(謂)望。以作百事大凶。風雨畾(雷),日月宜飤(食),邦君更歲不朝,邦多廷獄作,民多寡,陽疾,亡人得戰。"

簡113+114:"之來者不起。凡人亡故而心哀矣,乃取桂盛尊而中折之,以望始出而飤(食)之而寢(寢),則止矣。"

《概述》定以上幾條爲《日忌》,説其"講述一日到三十日每日行事吉凶,風、雨、雷等自然現象所預示的國事吉凶、邦君與大臣的命運,以及娶妻、疾人、亡人等事務的禍福等等"。

簡761:"邦有月降自天,如靖而無口無鼻☐。"

簡764:"邦有雨降自天=(天,天)雪,是胃(謂)帝舍,少咨以祝☐。"

簡776:"凡邦有大畜生小畜,是胃(謂)大昌。邦則樂王,☐大☐。"

簡782:"邦有槀木生,邦有大喪。小人則古(枯?),良人其靈(零?)將有☐。"

簡784:"邦有木冬生,外入(内)俱亂,王國不平。有☐出趣邦有☐。"

簡785:"邦有野獸與邑畜戰於邦朝,是胃(謂)☐☐,必有它國來☐。"

簡797:"☐降自天,集於地,若蔓邦門如☐干,是胃(謂)赤☐,虛邦則仁邦則虛,國戍☐。"

簡742:"☐心聚入王邦而鳴,不及三年或伐☐。"

簡774:"☐馬,是胃(謂)天慶,黍稷之羕(祥?),君子則安,小人則☐。"

簡812:"☐人是胃(謂)弗方,有它人將伐其王☐。"

《概述》將以上各條定名爲《災異占》，並説：“用小篆體書寫，簡尾有序號，從‘一’至‘百一’，但由於這部分竹簡保存太差，無法拼聯起來，中間缺號也很多。其内容多談自然界的災變，人與動植物的異常現象，以此預言國家的存亡和君民的禍福。”又説：“《漢書》《後漢書》《隋書》都有《五行志》，記録了很多災異。‘五行占’是漢代占卜政治休咎的主要方式之一，他們將自然界的一切事物都分別歸於金木水火土五行之中，而自然界的一切反常現象都是五行失其性，而五行失其性又是因君主行政之失所引起，因此，通過自然界的災變可以評價君主的過失，從而預測國家存亡和人間禍福。”“京房《易傳》和《易飛候》中的文句多與王家臺秦簡《災異占》相似。如‘木再榮，國有大喪’（《易飛候》）……‘野鳥入君室，其邑虚，君亡之他方’（《易飛候》）……‘人若六畜首目在下，兹胃（謂）亡上，政將變更’（《易傳》）……王家臺秦簡《災異占》的出土，爲探索漢代盛行的‘五行占’及其源流，提供了一定的綫索。”

## 第七節　里耶秦簡牘

2002 年 4～11 月，湖南省文物考古研究所等對湖南省龍山縣里耶鎮古城遺址進行了搶救性發掘，清理古井 3 口。其中里耶城址 Ta 内 J1 第五層出幾枚戰國楚簡。五層及其餘層出萬餘枚秦代簡牘①，主要出土於⑥B、⑧A、⑨C、⑩C、⑫、⑮、⑯A，在井口下 5.8～13.7 米這一段。

楚簡多爲竹質，有戰國晚期楚文字特點，僅一枚是在規則的方形條上書寫。秦簡牘多爲木質，形式多樣。最多見的長度爲 23 釐米，合秦制一尺。寬度不一，有 1.4、1.5、1.9、2.2、2.5、2.8、3.4、3.6、4.2、4.8、5 釐米等，根據内容多少而定。也有寬達 10 釐米或長 46 釐米以上的異形簡牘。窄簡單行，木牘則 2～7 行，二道編繩或無編繩。

明星、李穎《迄今我國最早的乘法口訣表驚現湘西里耶》介紹了里耶出土乘法口訣木牘及“酉陽丞印”封泥。柴煥波、張春龍、龍京沙《龍山里耶出土大批秦代簡牘》對里耶秦簡作了專題報道。2003 年《湖南龍山里耶戰

---

① 《里耶發掘報告》第 179 頁説有 37000 餘枚，《里耶秦簡（壹）》説有 38000 餘枚，而《里耶秦簡牘校釋》（第一卷）則説有字者 17000 餘枚。

國—秦代古城一號井發掘簡報》（以下簡稱《簡報》）對 35 枚秦簡作了介紹，同時公布的還有 J1（9）982 笥牌“□（洞）庭□（司）馬”等封泥以及 J1（15）176“遷陵以郵行洞庭郡”等封泥匣文字。《湘西里耶秦代簡牘選釋》（以下簡稱《選釋》）公布了 37 枚簡牘，《簡報》J1（9）984 簡爲此文所無，而《選釋》增加了（16）1、（16）2、（16）3 三枚新簡。《湖南龍山縣里耶戰國秦漢城址及秦代簡牘》簡單討論了幾枚已刊發的簡牘文字。2007 年，《里耶發掘報告》（以下簡稱《報告》）公布了四種内容的簡文，其中公文簡 36 枚（無此前公布的 J1（9）982 簡）、祠先農簡 22 枚、地名里程簡 3 枚、户籍簡 28 枚（無字或無法釋讀者 6 枚）。2012 年，《里耶秦簡（壹）》、《里耶秦簡牘校釋》（第一卷）出版。二書刊布第五、六、八層的 2629 枚簡牘的圖版、釋文，並有綴合編連、校釋，是截止目前最新的資料刊布和研究成果。

里耶簡的主要内容爲遷陵縣政府檔案，“涉及當時社會的各個層面，有人口、土地、賦税、吏員、刑徒的登記及其增減和原因，倉儲管理和糧食、俸禄發放，道路、郵驛、津渡的管理和設備添置，兵器的管理和調配，中央政府政令的轉達和執行，民族矛盾、民事糾紛的處理等”；涉及的地區有内史、南郡、巴郡、洞庭郡、蒼梧郡等，其中洞庭郡文獻失載。簡的抄寫時間在秦王政二十五年（前 222）至秦二世三年（前 207）間，見於簡文紀年。

學界對里耶簡已有很多研究。李學勤《初讀里耶秦簡》對里耶簡反映的曆朔、行文與文書格式、洞庭與遷陵、事例等作了討論，並與荆州高臺等漢初文書作了對比。于振波《里耶秦簡中的“除郵人”簡》、陳偉《秦與漢初的文書傳遞系統》[1]討論了秦及漢初的公文傳遞系統，如郵的設置、郵人的待遇、文書封緘及傳遞等。藤田勝久《里耶秦簡與秦帝國的情報傳遞》認爲里耶秦簡非各地通訊的文書原本[2]，而是地方行政的資料庫，説明 2200 年前在秦帝國縣官府中有着能够進行文書傳達、處理與保存以及勞役和財務管理的情報系統。劉瑞《里耶秦代木牘零拾》認爲里耶簡是政府部門爲了某種目的派出專門抄手特意抄成的匯輯本。張春龍、龍京沙《里耶秦簡三枚地名里程木牘略析》討論了簡牘（16）12、（17）14、（16）52 中出現的三組地名（高陽、武

①② 中國社會科學院考古研究所、歷史研究所，湖南省文物考古研究所編《里耶古城·秦簡與秦文化研究——中國里耶古城·秦簡與秦文化國際學術研討會論文集》。

垣、饒陽、樂成、武邑、信都、武□、宜成;鄢、銷、江陵、孱陵、索、臨沅、遷陵;□
陽、頓丘、虛、衍氏、啓封、長武、僞陵、許)。以爲第一組地名多在今河北省
境,第二組多在今湖北、湖南省境,第三組多在今河南省境。討論了各組内
部兩地間的距離(虛到衍氏百九十五里、鄢到銷百八十四里、銷到江陵二百
六十四里),以爲這"記錄了秦朝由北而南三段重要的驛道,這些驛道是歷史
上北方通行南方的重要道路,是今天我們見到的最早的郵置系統里程核定
表"。"里程簡是爲統計郵人行書工作量、考核地方行政文書傳遞速度而設
立的,是管理驛站、驛道和郵人工作效率的依據"。周振鶴《秦末漢初的銷
縣——里耶秦簡識小》説銷在今荆門市北石橋驛與南橋之間。黃錫全《湘西
里耶地理木牘補議》則説銷即郊,郊郢之郊。

　　亦有學者對里耶簡的研究作介紹與綜述。沈頌金《湘西里耶簡的價值
及其研究》是最早一篇。2004 年,胡平生、李天虹《長江流域出土簡牘與研
究》出版,中有《湘西里耶秦簡》一章。2006 年《湖南科技學院學報》第 2 期
淩文超《近年來龍山里耶秦簡研究綜述》、2007 年《中國史研究動態》第 6 期
伍成泉《近年來湘西里耶秦簡研究綜述》,對此前的研究作了綜述。2009 年
凡國棟《里耶秦簡研究回顧與前瞻》在伍文的基礎上,對 2008 年及其以前的
材料公布、研究狀況作了回顧。據凡文統計,截止 2008 年,報刊、網絡有關
論文 126 篇,學位論文 3 種,日文論文 25 篇。李静《秦簡牘研究論著目録》
第九節《湖南龍山里耶古城簡牘》論著目録可與凡文互補。尹在碩《韓國的
秦簡研究(1979～2008)》文末簡單介紹了金慶浩、金秉駿、尹在碩、李成珪等
對里耶貲贖文書、里程簡、户籍簡的研究。

　　以下對里耶簡内容略加引述和分析①。

　　J1(8)133:"或遝(逮)。廿(二十)六年三月甲午,遷陵司空得、尉乘□,
公卒真薄(簿)。"

　　"廿(二十)七年八月甲戌朔壬辰,酉陽具獄獄史啓敢□。啓治所獄留
須,敢言之。封遷陵丞。"(以上正面)

　　"八月癸巳,遷陵守丞陘告司空主,聽書從事□。起行司空。

---

① 　以下引簡文多據《里耶秦簡牘校釋》(第一卷),不一一加注。

八月癸巳水下四刻走賢以來。行半。”（以上背面）

又（8）134（《校釋》爲135）：“廿（二十）六年八月庚戌朔丙子，司空守樛敢言：前日競（竟）陵漢陰狼叚（假）遷陵公船一，袤三丈三尺，名曰□，以求故荆積瓦，未歸船。狼屬司馬昌官。謁告昌官，令狼歸船。報曰：狼有逮在覆獄己、卒史衷、義所。今寫校券一牒上，謁言己、卒史衷、義所，問狼船存所。其亡之，爲責券移遷陵，弗□□屬。謁報。敢言之。〔九〕月庚辰，遷陵守丞敦狐却之：司空自以二月叚（假）狼船，何故弗蚤（早）辟□？今而誧（甫）曰：謁問覆獄卒史衷、義。衷、義事已，不智（知）所居，其聽書從事。/應手。即令走□行司空。”（以上正面）

“□月戊寅走己巳以來。/應半。□手。”（以上背面）

又（8）157：“卅（三十）二年正月戊寅朔甲午，啓陵鄉夫敢言之：成里典，啓陵郵人缺，除士五（伍）成里匀、成，成爲典，匀爲郵人，謁令、尉以從事。敢言之。”（以上正面）

“正月戊寅朔丁酉，遷陵丞昌卻（却）之啓陵：廿（二十）七户已有一典，今有（又）除成爲典，何律令應？尉已除成、匀爲啓陵郵人，其以律令。/氣手。正月戊戌日中，守府快行。正月丁酉旦食時，隸妾冉以來。/欣發。壬手。”（以上背面）

邢義田《湖南龍山里耶 J1（8）157 和 J1（9）1～12 號秦牘的文書構成、筆迹和原檔存放形式》、汪桂海《從湘西里耶秦簡看秦官文書制度》、日本里耶秦簡講讀會《里耶秦簡譯注》、日本籾山明《卒史覆獄試析——以里耶秦簡 J（8）134 爲綫索》①、王焕林《里耶秦簡 J1（8）134 考釋》《里耶秦簡叢考》等對此已有很多討論。

“二十六年三月甲午、二十七年八月甲戌朔壬辰、二十六年八月庚戌朔丙子、三十二年正月戊寅朔甲午”等是文書撰寫的日子，基本上都是按照年、月、朔、干支的格式來書寫。“遷陵司空得、尉乘”“遷陵守丞陘”“司空守樛”“啓陵鄉夫”“遷陵丞昌”等是撰行文者的職官、名字。文書經手者，署名後加一“手”字，如（8）134“其聽書從事。/應手”，（8）157“其以律令。/氣手”

① 《里耶古城·秦簡與秦文化研究——中國里耶古城·秦簡與秦文化國際學術研討會論文集》第 122～125 頁。

"欣發。壬手"。邢義田文及黎明釗、馬增榮文《試論里耶秦牘與秦代文書學的幾個問題》對里耶簡的筆迹及"手"的意義作了分析,認爲"手"即經手,包括抄寫、校對、收發、啓封、核實文書等。"某手"之"某"可能祇是經手人中職位較高的一位或其中的代表。"某發"之"某"則指衆經手人中負責啓封的一位。"某半"之"半"原皆釋"手","半"爲陳劍《讀秦漢簡札記三篇》所釋①,陳氏以爲"半"與"發"義近,應讀爲"胖",分開。

簡文發送多有記録,如(8)134"即令走□行司空",意即命令走□將文書下達司空。又如(8)154 背"二月壬寅水十一刻刻下二,郵人得行。圂手",有月、日、時刻,郵人名得,經手人名圂。

官文書多用表達行文關係的語詞。上行文書多用"敢言、敢言之",有些在正文開頭及末尾使用兩次,如(8)157:"啓陵鄉夫敢言之……敢言之。"此爲啓陵鄉嗇夫上呈遷陵縣廷的文書。又如(8)154 正面:"卅(三十)三年二月壬寅朔朔日,遷陵守丞都敢言之……敢言之。"此爲遷陵縣守丞都上呈洞庭郡的文書。平行文書用"敢告",如(8)158:"遷陵縣守丞色敢告酉陽丞主……敢告主。"此爲遷陵縣守丞色發給酉陽丞主的文書。

上級退回下級文書陳述,用"却之",王煥林説即"未獲批准,特此批覆"。如(8)134"遷陵守丞敦狐却之司空",(8)157"遷陵丞昌却之啓陵"。"司空、啓陵鄉"都是遷陵縣守丞的下級。

文書正文爲文書的主幹。簡(8)134 正文據王煥林和日本里耶秦簡講讀會的研究,是遷陵縣司空守樛報告:前些日子競陵縣漢陰鄉人狼借用遷陵縣一條公船,長三丈三尺,名叫□,去收購荊楚之地存倉的陶器。狼是司馬昌官府的屬下。已通知了昌的官府,要他命令狼歸還船。昌官府回覆説:狼已被逮捕了,其人在本郡覆獄吏己、卒史衰和義處。(司空)現已辦理了一份校驗憑證上達己、衰、義處,請求查詢狼船的下落。如船丢失,請他們辦理好債務憑證交給遷陵縣;如未丢失,告知船在誰手。謹上報,請批覆。九月庚辰,遷陵代理縣丞敦狐批覆司空:二月份把船借給狼,爲什麼不早按律令上報,現在纔説起請求覆獄己、卒史衰和義查詢的情況。衰和義處理完案件,

---

① 《出土文獻與古文字研究》第 4 輯,第 358~380 頁,上海古籍出版社 2011 年。

如何知道狼的下落？正文記處理一件借用公船的歸還事務，涉及秦代湘西經貿、行政、文化等社會背景，從中可見酉水在秦時的航運地位，秦代公私租賃行爲、秦郡縣官吏辦事的效率。

　　綜合胡平生、邢義田的研究，簡(8)157正文是秦始皇三十二年正月甲午日，啓陵鄉嗇夫報告：成里里典和啓陵鄉郵人缺乏，任命成里人成爲里典，匄爲郵人，請縣令、尉批准。報告由遷陵縣書手壬抄錄，在正月丁酉由隸臣冉送到遷陵縣。由縣吏欣發封。當天遷陵縣丞昌作了批覆：二十七户已有一個里典。現在又任命成爲里典，依照何種律令？縣尉已除成、匄爲啓陵鄉郵人，該遵守此律令。批文由氣抄錄，在正月戊戌日中時由守府名快的送啓陵鄉。邢義田認爲(8)157"全份木牘文書是遷陵縣抄存的底本"。

　　簡(9)1～12是追討債務的貲贖文書。

　　簡(9)1："卅(三十)三年四月辛丑朔丙午，司空騰敢言之：陽陵宜居士五(伍)毋死有貲，餘錢八千六十四。毋死戍洞庭郡，不智(知)何縣署。今爲錢校券一，上謁言洞庭尉，令毋死署所縣責，以受(授)陽陵司空。〔司空〕不名計，問何縣官計，年爲報。已訾其家，家貧弗能入，乃移戍所。報署主責發，敢言之。四月己酉，陽陵守丞厨敢言之：寫上，謁報，署金布發，敢言之。/儋手。"(以上正面)

　　"卅(三十)四年六月甲午朔戊午，陽陵守慶敢言之：未報，謁追，敢言之。/堪手。卅(三十)五年四月己未朔乙丑，洞庭叚(假)尉觿謂遷陵丞：陽陵卒署遷陵，其以律令從事。報之，當騰(謄)，騰(謄)。/嘉手。以洞庭司馬印行事。敬手。"(以上反面)

　　這是陽陵縣主管刑徒的司空在秦始皇三十三年向洞庭郡所發的追繳貲刑債務的文書。陽陵縣宜居鄉士伍毋死因被判貲刑，欠餘8064錢。毋死在洞庭郡作戍卒，不知在哪個縣。陽陵司空辦理一份錢校券，請求洞庭郡尉命令毋死戍地縣作債券索債，授付陽陵縣。司空未見計賬，問由哪個官府計賬，請將校券交付戍所，計算勞作時間，按年給陽陵縣回覆。已向士伍家討欠債，家貧不能繳付，因此移送戍所。回覆文書，應題署由主管債務的官府開啓。四月己酉日，陽陵代理縣丞厨向洞庭郡尉稟報，將以上文書抄寫稟報請求回覆。回覆文書由陽陵縣主管金布者拆啓。/由儋經手。三十四年六月戊午,陽陵代理縣令慶稟告洞庭郡尉,至今未得回覆,報知,請求追索回覆。堪經手。三十五年四月乙丑,洞庭郡代理尉觸告知遷陵縣丞陽陵戍卒在遷陵縣服役,請依照律令處理,給陽陵回覆。應謄寫的謄寫。/嘉經手。鈐洞庭司馬印。/敬經手。

　　馬怡《里耶秦簡中幾組涉及校券的官文書》認爲在最初債權方、債務方分執右左的券書,名原始券書。後來債務方發生變化,因債務方貧無力償付,原始券書無法執行,於是另作校券(或錢校券),由債權方(陽陵)官府執其右,債務方(遷陵)官府執其左。這些校券也可能是“參辨券”,由債權方官府、債務方官府、債務方各執其一。何雙全、陳松梅《秦律之貲刑與贖刑淺論——讀里耶秦牘文書》[1]、彭浩《讀里耶秦簡“校券”補記》[2]以及邢義田文也對校券有所討論。宋艷萍、邢學敏《里耶秦簡“陽陵卒”簡蠡測》指出計是主管討賬的官吏。地方官吏於歲末把一年中的經濟情況向中央匯報,叫上計,是秦漢時的一項重要制度。

　　簡(9)9:“卅(三十)三年三月辛未朔戊戌,司空騰敢言之:陽陵仁陽士五(伍)須有贖錢七千六百八十。須戍洞庭郡,不智(知)何縣署。今爲錢校券一,上謁言洞庭尉,令須署所縣受責,以受(授)陽陵司空。〔司空〕不名計,問何縣官計,付署,計年,名爲報,已訾責其家,〔家〕貧弗能入。有流辭,弗服,勿聽。道遠毋環書,報署主責發,敢言之……”

　　司空騰等向洞庭尉發出錢校券的動因是爲了計,是加強貲錢和贖錢管理的需要。貲是犯罪而被罰繳的財物,包括罰物、罰款和罰勞役。贖是允許以繳納法定財物代替已依法判處的刑罰。何雙全認爲贖者可有金贖、爵贖、俸祿贖、役贖等。秦代貲贖如家貧不能賠償,須以勞役抵債,被稱爲“居貲”或“居贖”,陽陵卒的身份也應是這樣,由主管刑徒的司空管理。

　　里耶簡(16)5内容爲傳送委輸,云:“廿(二十)七年二月丙子朔庚寅,洞庭守禮謂縣嗇夫、卒史嘉、叚(假)卒史谷、屬尉,令曰:‘傳送委輸必先悉行城旦舂、隸臣妾、居貲贖責(債),急事不可留,乃興繇(徭)。’今洞庭兵輸内史及巴、南郡、蒼梧,輸甲兵當傳者多,節(即)傳之,必先悉行乘城卒、隸臣妾、城旦舂、鬼薪、白粲、居貲贖責（債）、司寇、隱官、踐更縣者。田時殹，不欲興黔首。嘉、谷、尉各謹案所部縣卒、徒隸、居貲贖責（債）、司寇、隱官、踐更縣者簿，有可令傳甲兵，縣弗令傳之而興黔首，〔興黔首〕可省少弗少而多者，輒劾移縣，〔縣〕亟以律令具論。當坐者言名史泰守府，嘉、谷、尉所在縣上書，嘉、谷、尉令人日夜端行。它如律令。"（以上正面）

"三月丙辰，遷陵縣丞殹敢告尉：告鄉司空、倉主，前書已下，重，聽書從事。尉別都鄉司空，司空傳倉：都鄉別启陵、貳春，皆勿留脱，它如律令。／扣手。丙辰水下四刻，隸臣尚行。三月癸丑，水下盡□，启陵土□匄以來。／邪手。□（七？）月癸卯，水十一刻刻下九，求盜簪裏陽成辰以來。／羽手。如手。"（以上背面）

（16）6 內容大體相同。

這是洞庭郡守禮在秦始皇二十七年二月十五日下發給下屬各縣縣令及二卒史、郡尉的文書。文中開頭引用法令：傳送委輸必先全數徵用城旦舂、隸臣妾、居貲贖債，祇有在緊急不可停留的情況下纔興發徭役。現在要把洞庭郡製造的兵器運送到內史、巴、南郡、蒼梧，要運送的兵器多，要馬上行動。但也必須先徵用乘城卒、隸臣妾、城旦舂、鬼薪、白粲、居貲贖債、司寇、隱官、踐更縣者。農忙季節，不希望徵發農夫（黔首）。嘉、谷、尉要認真檢查卒役、徒隸、居貲贖債、司寇、隱官、踐更縣者的簿籍，有可運輸兵器而縣不命令他們，擅自徵發農夫徭役，可以少省減徭役而多徵發者，都要受到論處。

黄展岳《里耶秦簡"傳送委輸"者的身份》對此有所探討[1]，黄氏説"'傳送委輸'，意思是徒負或用舟車運送物資到他處交卸"。乘城卒即守衛縣城的役卒，乘，守也，其身份在服役期間與隸臣妾相近。隸臣妾是官奴隸，即徒隸，與刑徒相比，其勞動強度較輕，可因軍功免爲庶人，可以免老。城旦舂、鬼薪、白粲皆爲刑徒，或施髡鉗，或斬左趾，或黥劓，或鋈足，在服刑期間，因舊罪未斷而又犯新罪，可以加重肉刑，表現好者可遞次減刑，或可免爲庶人。居貲贖債指在官府服勞役，以抵償官府的債務，其身份爲庶人或徒卒。司寇、隱官的身份約與居貲贖債同，其地位在無爵庶人的最下層，是賤人。踐

---

① 《里耶古城·秦文化研究——中國里耶古城·秦簡與秦文化國際學術研討會論文集》第114～121頁。

更縣者是指在洞庭郡屬下各縣服踐更的人,踐更"有自行服役的庶人,有受雇於應徵者的窮人,也有替主人服役的私家奴隸"。

蔡萬進《里耶秦簡研讀三題》討論了"興繇(徭)"令,認爲在農忙之時傳送委輸多用徒隸,體現了秦的"上農除末"政策。

秦時縣級官吏有縣令,(8)157"謁令尉以從事",令即縣令。簡(9)13背"陽陵遬",李學勤《初讀》説即陽陵縣令名遬。多簡見"陽陵丞、陽陵守丞、遷陵丞、遷陵守丞",丞爲縣令,長之副,"守"爲試用。

卜憲群《從簡牘看秦代鄉里的吏員設置與行政功能》①、《秦漢之際鄉里吏員雜考——以里耶秦簡爲中心探討》説秦時鄉主管官吏爲鄉嗇夫,又稱分部嗇夫,有秩,簡(16)6背所見"鄉主",是一種泛稱;正面所見"都鄉守""祇是都鄉守官的簡稱,是任用官吏的一種形式"。鄉以下有里,里有里典。鄉有司空,管理鄉工程中的刑徒。簡(16)背記有"倉主",是鄉主管倉者的泛稱,而並不是一個具體官名。簡(9)981所見"田官守"是設在鄉中管理田地的官吏,是尚未除真的田官。秦時鄉與鄉、鄉與縣之間處理事務,皆以文書往來。由簡(16)9看,鄉還是鄉籍等簿籍的藏地。卜氏認爲秦漢之際鄉里吏員的秩次遠較以後的秩次爲高,從鄉嗇夫要經過中央任命、里一級的領導人也要經過一定的法律程序由上級任命來看,秦漢之際國家對鄉里社會的控制是全面而具體的。

陳治國《從新出簡牘再探秦漢的大内與少内》説秦時少内掌管着縣政府的金錢,中央未設。到了漢代,縣少内的職責和性質未變,而在少府下設少内,但與政府財政没有聯繫。秦時大内主管國家財政收入支出,縣少内的金錢要上交大内,但少内在行政管理上受縣長官的領導。

里耶簡多條内容涉及到秦時的計時方式。秦時計時方式有兩種:一是用一天内的時分名稱如旦、旦食時、日中等,如(8)170背"五月甲寅旦"、(8)173背"七月壬子日中";二是用漏刻,如(8)133背"八月癸巳水下四刻走賢以來"、(8)154背"二月壬寅水十一刻刻下二"、(16)5"三月癸丑水下盡"等。《報告》注説秦時漏壺分爲十一刻,每刻再分爲十(小)刻。若一天日夜

---

① 《里耶古城·秦文化研究——中國里耶古城·秦簡與秦文化國際學術研討會論文集》第103~113頁。

通計,24 小時分爲十一刻,一刻相當現在的 2 小時 10 分 6 秒,一小刻合 13 分 5 秒。如晝夜分計,則每小刻相當於現在的 6 分 32 秒。馬怡《漢代的計時器及相關問題》對里耶簡計時器問題也有討論。

里耶秦簡涉及很多秦郡縣名、鄉名,有些所在明確,有些則有爭議,已有多位學者討論及此。

簡(9)1～12、(16)1 記有"洞庭郡",(7)5 封泥匣有"洞庭泰守",簡(16)5、6 記有"洞庭守"。《報告》云:"洞庭,郡名,史籍未見。秦始皇二十六年統一中國,併天下爲三十六郡,和稍後開拓的桂林、象郡等,多以區域命名,鮮有以城命名者,洞庭郡合其成例……秦時設有洞庭郡無疑。"又指出:"簡文没有提供洞庭郡的管轄區域和下轄各縣的詳細名址,也未明言郡治所在。然遷陵、酉陽、沅陵均爲洞庭管轄,轄區在今天的湘西,也包括重慶和貴州的部分地區。這一帶本是楚黔中郡管轄區域……極有可能是司馬遷將'洞庭郡'誤記爲黔中郡。"趙炳清《秦洞庭郡略論》則説包括今湖南沅水、澧水流域以及重慶烏江流域部分地區在内的秦黔中郡南部應爲長沙郡,而里耶簡所記洞庭郡的一些地名又恰好在沅水、澧水流域,秦代無長沙郡、黔中郡,"秦長沙郡其實就是秦洞庭郡"。

蒼梧郡見簡(16)5、6:"今洞庭兵輸内史及巴、南郡、蒼梧。"《報告》注:"蒼梧,與巴、南郡、内史和洞庭郡並稱,則蒼梧秦時已爲郡無疑。《漢書·地理志》注:'蒼梧郡,武帝元鼎六年開。'滯後好幾十年。"周振鶴《秦代洞庭、蒼梧兩郡懸想》則以爲原來推定的長沙、黔中二郡並不存在,應以洞庭、蒼梧二郡代之,並適當調整郡界。陳偉《秦蒼梧、洞庭二郡芻論》説:"也許可作這樣一種猜測:秦始皇二十五年將黔中郡一分爲二後,西北一部没有沿用黔中舊名,而是改稱'洞庭郡';東南一部則改稱'蒼梧郡',後世以'長沙郡'稱之,大概是採用漢人的習慣。"鍾煒、晏昌貴《楚秦洞庭蒼梧及其源流演變》以爲楚蒼梧郡腹地在九嶷山地區,而秦蒼梧郡更重視五嶺關口,二者範圍、南界應有不同。黎石生《里耶秦簡中的兩個小問題》[1]第一節《"洞庭"與"蒼梧"》引《史記·蘇秦列傳》蘇秦游説楚威王語"楚……南有洞庭、蒼梧",及

---

[1] 《里耶古城·秦文化研究——中國里耶古城·秦簡與秦文化國際學術研討會論文集》第 181～187 頁。

《後漢書·南蠻傳》"及吳起相（楚）悼王，南并蠻越，遂有洞庭、蒼梧"，認爲洞庭、蒼梧原爲楚郡，秦滅楚後沿用其名。黎氏又引《史記·秦本紀》"（昭襄王）三十年，蜀守若伐楚，取巫郡及江南爲黔中郡。三十一年，白起伐魏，取兩城，楚人反我江南"，正義"黔中郡反歸楚"，説："秦昭襄王三十年設置黔中郡是確有其事的。秦滅楚後，鑒於黔中郡曾有'反歸楚'之先例，很可能便未再置黔中郡，而是另置洞庭郡，將楚黔中郡原來所轄的今湖南地區劃歸此郡。"黎氏又説《史記·南越列傳》《漢書·南粤傳》提及的"蒼梧秦王"可能是秦遺族，其轄區是在蒼梧郡建立的。

綜合以上意見，大體可以認定洞庭郡在今湖南西北部，蒼梧郡在其南。

簡（9）1～12、（16）5有地名"陽陵"，但字不清晰，或以爲是"啓陵"的誤釋。陽陵下有"谿里、下里、孝里"等，應爲縣名。《報告》注説："陽陵，縣名，史籍失載。"《選釋》説爲"洞庭郡屬縣"。晏昌貴、鍾煒《里耶秦簡牘所見陽陵考》《里耶秦簡所見的陽陵與遷陵》以爲陽陵即包山楚簡所見的"昜陵"，"在中原或淮北楚國故地，其中又以鄭地陽陵説的可能性較大"。李學勤《初讀里耶秦簡》認爲："從文書内容看陽陵無疑是秦人故地，過去曾發現陽陵虎符，王國維先生作過考證，其地是否因漢景帝陵改名的漢陽陵縣（今陝西咸陽東北），尚待考慮。"王焕林《〈湘西里耶秦簡選釋〉補正》説："從'環書道遠'云云足以推知，此縣不可能屬洞庭郡所有……陽陵是秦人故地殆無疑。《清一統志》云'故城在今咸陽縣西四十里'，其説可從。"拙著《秦文字集證》"陽陵禁丞"條下云："秦之陽陵與漢之陽陵未必是一地……此'陽陵'在芷陽，也可能爲'芷陽陵'之省，陽陵虎符及傅寬所封者，或即此地。"拙著《秦出土文獻編年》165"陽陵虎符"條下按語亦云："然秦自有陽陵，西安北郊新出秦封泥有'陽陵禁丞'，秦陽陵爲始皇父莊襄王之陵，漢陽陵爲景帝之陵，二者非一處。"王偉《里耶秦簡貲贖文書所見陽陵地望考》同意拙説並有所補充。里耶封泥匣（15）169："軹以郵行河内。"《簡報》云："當是内史的軹縣發往河内郡的物品由於某種原因轉到了遷陵。"王偉説軹即軹道，在雍州萬年縣東北十六里苑中，"秦軹道距芷陽約16里……秦'軹道'與'陽陵'距離很近，'軹道'的文書因爲也須要用'郵'來傳遞，有可能被混入陽陵發往千里之外的洞庭郡"。

遷陵,里耶簡多見,如(5)1"遷陵守丞固告倉嗇夫"、(6)2"遷陵以郵行洞庭"、(8)135"遷陵守丞敦狐却之""狼假遷陵公船"。《報告》注:"遷陵,縣名,見於《漢書·地理志》,始置於漢高祖時。今湖南保靖縣城關仍名遷陵鎮,境内之四方城(漢代城址,省級文物保護單位)即漢遷陵縣治。由簡文看,秦遷陵縣治所在今龍山縣里耶鎮。里耶有戰國古城一座,仍保留有完整的城墻、護城河輪廓,沿用至秦末。37000餘枚簡牘即出於城中一號井,而秦在武陵山腹地的統治祇維持了十餘年,當是沿用前朝的行政設置,極可能楚國就已設縣。"《報告》第二章《里耶古城遺址》第五節結語第四段關於里耶古城興衰的歷史背景對此有更深入的討論,説:"公元前278年,秦將白起拔郢,定巫郡和黔中郡,是年,楚頃襄王遷都陳,並許諾將青陽以西之地割讓給秦國,次年秦蜀郡守張若接管了巫郡和黔中郡,又次年,楚國集結東部士兵十餘萬人,收復了'江旁十五邑'……直到秦朝統一前夕,這塊土地一直掌握在楚人手中……當秦朝統一時,這座城池是和平接管的。在里耶城址中,秦文化的因素是在秦代纔進入里耶的。在接下來秦代的這十五年間,這座城被繼續沿用下來,並作爲遷陵縣城的所在地。"

簡(8)151:"遷陵已計:卅(三十)四年餘見弩臂百六十九。凡百六十九。出弩臂四輸益陽。出弩臂三輸臨沅。凡出七。今九月見弩臂百六十二。"宋艷萍、邢學敏《里耶秦簡"陽陵卒"簡蠡測》説:"這大概是秦始皇三十五年遷陵武器庫登記簿清單,記載了三十四年的弩臂數、這一年中弩臂輸出地點及數量、剩餘的弩臂數,記録詳細而準確……擁有弩及銅鏃等精良武器,充分證明遷陵是秦朝中西部的軍事重鎮……陽陵卒便有可能是在這次大規模遣戍中被徵用到遷陵的。"

《報告》公布了里耶古城護城壕十一號(K11)出土的户籍簡。這批簡出土時爲51個殘段,經整理、拼復、綴合得整簡10枚,殘簡14枚(段)。完整簡長約46釐米,寬0.9~3釐米,完整簡一般分爲五欄,如:

K27:南陽户人荆不更蠻強(第一欄)

　　妻曰嗛(第二欄)

　　子小上造□(第三欄)

　　子小女子馳(第四欄)

　　　　臣曰聚

　　　　伍長（第五欄）

　　K1/25/50：南陽户人荆不更黄得（第一欄）

　　　　妻曰嗛（第二欄）

　　　　子小上造臺

　　　　子小上造

　　　　子小上造〔定〕（第三欄）

　　　　子小女虖

　　　　子小女移

　　　　子小女〔平〕（第四欄）

　　　　五（伍）長（第五欄）

　　K2/23：南陽户人荆不更宋午

　　　　弟不更熊

　　　　弟不更衛（第一欄）

　　　　熊妻曰□□

　　　　衛妻曰□（第二欄）

　　　　子小上造傳

　　　　子小上造逐

　　　　□子小上造□

　　　　〔熊〕子小上造□（第三欄）

　　　　衛子小女子□（第四欄）

　　　　臣曰禰（第五欄）

　　　討論户籍簡的論文有王子今《試説里耶户籍簡所見“小上造”、“小女子”》①、張榮強《論里耶出土的秦代户版》②、《湖南里耶所出“秦代遷陵縣南陽里户版”研究》、劉欣寧《里耶户籍簡牘與“小上造”再探》、邢義田《龍山里耶遷陵縣城遺址出土某鄉南陽里户籍試探》、黎石生《里耶秦簡中的兩個小問題》、張春龍《里耶秦簡所見的户籍和人口管理記録》等。

①　中國簡帛學國際論壇論文,2007 年 11 月。

②　中日學者中古史研究論壇論文,2007 年 8 月。

《報告》認爲"南陽""在此處可能是里名,也可能是郡名,聯繫到'荆'字,'南陽'表示郡名的可能性更大"。張榮强、邢義田等以爲是遷陵某鄉里名。後説是。這批户版所登記的家庭從其結構、書寫格式等來看,應是秦佔領楚地後不久編製的,是鄉保存的户籍。

第一欄是户主籍貫、爵位、姓名。"荆"表示原爲楚人。"不更"爲秦爵第四級。《報告》認爲:"此處連言'荆不更',有可能是秦佔領楚地後居民登記時録下其原有爵位,而不是'楚地的秦不更',後文的'小上造'和17號簡的'荆大夫'也可能是楚爵位。"但據《秦集史·封爵表》説,不更爲秦固有之爵位,楚有五大夫而無大夫,則荆楚人入秦後仍用秦爵。也有弟或子居第一欄的,如K2/23的"弟不更熊、弟不更衛",K4的"子不更衍",K17的"子不更昌"。

第二欄爲妻妾名。一般情況下僅列妻名,如K27"妻曰嗛"、K28/29"妻曰負芻"。K4"妻大女子娷,隸大女子華",前者爲妻,後者或以女奴爲妾;K30/45"母曰錯,妾曰□",列母、妾名。K23未列户主妻名,或已亡故,而列其二弟熊、衛妻名。有的簡列户主幾個妻子之名,是多妻制的反映。《報告》認爲"户籍上載明妻妾的數,是爲了徵求算賦"。

第三欄爲户主兒子、侄子之名,名前多冠有"小上造"。第四欄爲户主女兒、侄女名,名前多冠有"小女子"。上造爲秦爵第二級。王子今以爲"小上造、小女子"應與居延簡所見"小男、小女"對應,"小"指未成年,居延簡、走馬樓三國吳簡稱14歲以下未成年人爲小。邢義田指出"小上造"與張家山漢簡《二年律令》的"小爵"相類,指未成人而有爵,是秦籠絡或爭取佔領地區楚民歸順的一種辦法,因此不論軍功傅與未傅,男子人人有爵。劉欣寧則認爲小爵之普遍出現,可能是因爲戰爭期間軍事人力不足下的特殊發展。

第五欄,《報告》認爲是"備注"欄,記臣名、母名和是否擔任伍長。臣指家内奴隸。秦時五家爲伍,設長或五老管理。

户籍編製,是爲了徵兵徵税,商周早已存在,至戰國更趨完整,里耶遷陵縣南陽里户籍簡是其具體反映。

張春龍文匯集一號井出土與户籍有關的簡牘50枚,探討縣廷對户籍的管理、鄉里的户口管理,以個體家庭爲單位的人口登記、遷陵縣範圍内的人口遷徙管理等問題。(8)552:"三十二年遷陵積户五萬五千五〔百〕卅〔三十)四。"(16)521:"歲并縣官見積户數以負筭以爲程。課省甲十一。"張氏以爲"積户"乃總户數,秦時遷陵、西陽二縣約相當於今湖南湘西土家族、苗族自治州面積,面積 15461 平方千米,故遷陵總户數有 55534。(8)488:"户曹計録:鄉户計,縣(徭)計,器計,租質計,田提封計,漆計。凡七計。"張氏謂:"户曹統計轄區内各鄉民衆户數作爲安排徭賦等事務的基礎,對各鄉户口和人口的增減進行考核評比,也負責田提封、器、租質、漆等事項及吏員的管理記録。"(8)731:"☒八月☐☐☐。☐春鄉户計。☒ ☒以郵行,不求報,敢言之。"(8)1716:"卅(三十)五年遷陵貳春鄉二萬一千三百☒。毋將陽闌亡乏户。"以上爲鄉的户口統計,向縣户曹的滙報文書。(8)1235:"數少前歲九人。"(8)1236+8+1791:"今見一邑二里:大夫七户,大夫寡二户,大夫子三户、不更五户,☐☐四户,上造十二户,公士十二户,從卅(二十)六户。"(8)1798:"一月盡九月,十二月,十月八守☐六人盡九月,各十二月。八月入☒出百七十人。八月爲☐、老、死,盡九月,各二月,九百☐☐☐。"以上簡文反映了秦時人口數量的增減、爵稱、免老等情況。有些簡文反映了秦時户籍的遷徙管理情況。(8)1565:"卅(三十)五年八月丁巳朔,貳春鄉兹敢言之:受西陽盈夷鄉户隸計大女子一人,今上其校一牒,謁以從事。"(16)9:11:"卅(二十)六年辛巳朔庚子,啓陵鄉敢言之:都鄉守嘉言渚里☐☒劾等十七户徙都鄉,皆不移年籍。令白移言,今問之劾等徙☒書告都鄉曰:啓陵鄉未有枼(牒),毋以智(知)劾等初産至年數。☐☐☐謁令都鄉具問劾等年數,敢言之。"由此可知遷徙時須出具標明出生時間和年齡的年籍。張俊民《龍山里耶秦簡二題》對此條亦有討論。張氏以爲"年籍"應包括出生年月日和至今年數。在人口遷徙之時,年籍當隨人遷移。類似今天的辦理户口遷移手續。簡文正面記載遷陵縣渚里劾等二七户遷徙都鄉,没有將有關出生年月、歲數的文書遷來。於是都鄉發文,請啓陵鄉查驗劾等的年籍轉告都鄉。啓陵鄉查驗後回覆説"本鄉没有劾等二十七户的年籍",無法知道劾等出生年及歲數,請求都鄉查問劾等的年齡即可。

祠先農簡 22 枚,均出土在一號井 14 及 15 層,有完整簡 4 枚,殘簡 18 枚。整簡長 37 釐米,寬 1～1.4 釐米。所有的簡都是由中間撅斷,整理者以爲是當時通過最終核算後不再保留而人爲破壞。

簡文可分作三類：1～7 號爲第一類，是準備物品以供祭祀。如簡（14）4：“……鹽四升一以祠先農。”（14）639、702：“卅（三十）二年三月丁丑朔丙申，倉是佐狗出牂以祠先農。”

簡 8～21 爲第二類，是祭祀結束後分胙。如（14）649、679：“卅（三十）二年三月丁丑朔丙申，倉是佐狗出祠〔先〕農餘徹（撤）豚肉一斗半斗賣於城旦赫所，取錢四。令史尚視平。狗手。”（14）650、652：“卅（三十）二年三月丁丑朔丙申，倉是佐狗出祠〔先〕農餘徹（撤）酒一斗半斗賣於城旦冣所，取錢一，衛（率）之一斗半斗一錢。令史尚視平。狗手。”（14）654：“卅（三十）二年三月丁丑朔丙申，倉是佐狗出祠〔先〕農餘肉汁二斗賣於城旦□所……”

（14）57“隸妾宵先農先農農農農農”爲第三類，書寫隨意，乃習字簡。

《報告》指出“徹”通“撤”，“是”爲倉之主管，“狗”是其佐，助手。率之，比率，即單價。“令史”是縣小吏。視平，監督其質量是否平實。

祠先農也見於周家臺秦簡，但内容重點與此不同，後者記祠先農的時間（臘日）、物品（酒、牛胙、豚）、祝詞（“令某禾多一邑”）、塞禱的過程等。先農或説是后稷，或説是神農，《報告》説：“至於先農是神農還是稷或其他神祇，非我所能詳考，暫以爲先農是神農。”《史記・封禪書》云：“其後二歲，或曰：‘周興而邑邰，立后稷之祠，至今血食天下。’於是高祖制詔御史：‘其令郡國縣立靈星祠，常以歲時祠以牛。’高祖十年春，有司請令縣常以春三月及時臘祠社稷以羊、豕，民里社各自財以祠。”正義：“《漢舊儀》云：‘五年修復周家舊祠，祀后稷於東南，爲民祈農報厥功。夏則龍星見而始雩。龍星左角爲天田，右角爲天庭。天田爲司馬，教人種百穀爲稷。靈者，神也。辰之神爲靈星，故以壬辰日祠靈星於東南。’”。《漢書・郊祀志》有同樣的話，祇是“邑”下無“邰”，“郡國、縣”作“天下”，“三月”之“三”作“二”，“祀社稷”無“社”字，“天下”前有“徧”字。顏師古注：“以其（后稷）有播種之功，故令天下諸邑皆祠之。祭有牲牢，故言‘血食徧天下’也。”由以上引文看，秦及漢初所祠農神當是后稷。

《後漢書・禮儀志上》：“正月始耕。晝漏上水初納，執事告祠先農已享。”劉昭注：“賀循《籍田儀》曰：漢耕日以太牢祭先農於田所。”《禮儀志上》又曰：“力田種各耰訖，有司告事畢。”劉昭注：“《漢舊儀》曰：春始東耕於籍

田,官祠先農。先農即神農炎帝也。"神農不見於甲骨、金文、《尚書》《詩》,
最早見於《孟子・滕文公上》"有爲神農之言者許行"、《莊子・盜跖》"神農
之世……耕而食,織而衣,無有相害",已至戰國中期以後。司馬遷《五帝本
紀》:"軒轅之時,神農氏世衰。"但他一再強調"神農以前尚矣"(《史記・曆
書》、"夫神農以前,吾不知矣"《史記・貨殖列傳》)。宋超《"先農"與"神
農"炎帝》說[①]:"神農與炎帝的真正合一,應是漢人改朔後的結果。"又說:
"儘管秦時'先農'似與'后稷'無涉,但作爲一種體現重農思想的祭祀制度,
兩者之間恐怕亦有一定的淵源關係。再至東漢初年,隨着三皇五帝系統的
最終確立,炎帝與神農氏傳說的整合完成,'先農'的形象,就固定在'神農炎
帝'身上,並且'告祀先農',也由漢初諸縣長吏祭祀的對象,上升爲天子籍田
時必備的禮儀。"劉敏《關於炎帝及其文化的再思考》也說[②]:"把炎帝和神農
合二而一,稱'炎帝神農氏',這種情況出現在漢代。"

　　田旭東《從里耶秦簡'祠先農'看秦的祭祀活動》說[③]:"如果說里耶秦簡
反映的'祠先農'是秦代基層縣祭祀先農的有關信息的話,那麼周家臺簡涉
及的'祠先農'則屬於民間行爲。"宋艷萍《從秦簡所見"祭"與"祠"窺析秦代
地域文化》說楚重"祭"而輕"祠"[④],秦重"祠"而輕"祭","'祭'和'祠'看似
性質相同,其實存在着差別,甚至代表着兩種不同的文化"。

　　彭浩《讀里耶"祠先農"簡》認爲祠先農剩餘物是售不是賜,不能稱爲
"分胙"。按照慣例,祠先農之後的肉、酒會分一部分給參與者分嘗,而城旦
赫等無參與分享之權,衹能用錢買。田旭東則說:"分胙既要求平均,又要求
體現等級尊卑。里耶簡可見分胙時就有稱作'視平'的人'令史尚'來監督
分胙……但有意思的是,里耶簡所反映的分胙大部分是將撤供後的剩餘供
品賣掉了……供品賣給城旦某某,賣的是'撤餘'部分,這個'撤餘'應該是
分胙所餘。所賣之錢如數入庫,可見秦的倉庫管理制度之嚴。"又說:"這20
多支簡的性質是倉庫管理者'是'及其助手'狗'所作的倉庫出入記錄,屬於
典型的文書簡,所以祭祀過程無從反映。"

---

①②　《炎帝・姜炎文化與民生》第60~70、27~30頁,三秦出版社2010年。
③④　《里耶古城・秦簡與秦文化研究——中國里耶古城・秦簡與秦文化國際學術研討會
　　　論文集》第210~217、201~209頁。

里耶簡有九九乘法表,見(6)1 正面:"〔九九〕八十一,〔八九〕七十二,七九六十三,六九五十四,五九卅(四十)五,四九卅(三十)六,三九廿(二十)七,二九十八。八〔八〕六十四,七八五十六,六八卅(四十)八,五八卅(四十),四八卅(三十)二,三八廿(二十)四,二八十六。七七卅(四十)九,六七卅(四十)二,五七卅(三十)五,四七廿(二十)八,三七廿(二十)一,二七十四。六〔六〕卅(三十)六,五六卅(三十),四六廿(二十)四,三六十八,二六十二。五五廿(二十)五,四五廿(二十),三五十五,二五而十。四四十六,三四十二,二四而八。三三而九,二三而六。二二而四。一一而二,二半而一。凡千一百一十三字。"

此條又見明星、李穎《迄今我國最早的乘法口訣表驚現湘西里耶》,但衹公布了前三欄。該文引中國科學院自然科學史研究所所長劉純説,這是我國最早的乘法口訣表。劉金華《秦漢簡牘"九九殘表"述論》指出,九九表作爲乘法口訣,總體來説具有比較穩定的内容和順序。《報告》説九九表是秦代縣學堂的算術教材。王焕林《里耶秦簡九九乘法表初探》指出九九乘法表體現了三個重要的數理内涵:乘法定義、乘法交换律、籌算基礎。表中"一一而二"龍京沙認爲是加法,故釋爲"一二而二"①,而王焕林則認爲是"表示一加一等于二"②。"凡千一百一十三字",龍京沙以爲是九九乘法表中各數乘積的總和。胡平生説"字"爲衍文③。

里耶一號井出有五條笥牌文字。(9)982 笥牌:"卅(三十)四年十月以盡四月吏曹以事笥。"《説文》:"笥,飯及衣之器也。"引申之,盛物之箱曰笥。《文選・謝惠連〈擣衣〉》:"裁用笥中刀。"劉良注:"笥,箱也。"所謂笥牌,即器物箱上的標箋。此枚簡標明笥中之物乃秦始皇三十四年十月到四月吏曹做事所用。以,用。以事,用事。

(9)2318 笥牌:"遷陵廷尉曹卅(三十)一年期會以事笥。"此笥所盛爲遷陵縣在秦始皇三十一年廷尉曹政令的記録文件。期會,在規定時間内實施政令。《漢書・王吉傳》:"公卿幸得遭遇其時,言聽諫從,然未有建萬世之長

---

① 　張春龍、龍京沙《湘西里耶秦代簡牘選釋》,《中國歷史文物》2003 年第 1 期。
② 　王焕林《里耶秦簡校詁》第 179 頁。
③ 　《長江流域出土簡牘與研究》第 306 頁,湖北教育出版社 2004 年。

策,舉明主於三代之隆者也。其務在於期會簿書,斷獄聽訟而已,此非太平之基也。"《新唐書·狄仁傑傳》:"人君惟生殺柄不以假人,至簿書期會,宜責有司。"引申之,期會即文書。《漢書·百官公卿表》:"廷尉,秦官,掌刑辟。"王先謙補注:"《續志》掌平獄,奏當所應。凡郡國讞疑罪皆處當以報。"廷尉是秦九卿之一,每年各郡縣斷獄皆當匯總廷尉,疑難案件要上報。此笥所盛物爲遷陵縣在秦始皇三十一年辦理案件資料須上報廷尉者。

(8)774 笥牌:"卅(三十)四年四月盡九月倉曹當計禾稼出入券。已計及縣相付受(授)廷。弟(第)甲。""相付受"3 字較小,《里耶秦簡牘校釋》(第一卷)説"或當讀作'已計及縣廷相付受'"。

(8)775 笥牌:"從人論報,擇免歸,致書具此中。"免歸,年老免除徭役期滿回家。致,出入關的憑證。此笥所盛爲免老者出入關卡的憑證。

里耶遺址出有封泥匣 200 餘枚,長 4～5 釐米、寬 2～3 釐米、厚 1～3 釐米,也有個體較大和削成楔形的。少數封泥匣上有文字,可分兩類:一類是文書、物品始發地點和發往地點,如(7)5:"洞庭泰守府尉曹發,以郵行。"(7)1:11"遷陵以郵行洞庭。"(7)167:"遷陵以郵行洞庭郡。"(15)169:"軹以郵行河内。"軹或稱軹道,秦有二軹道:一在今西安市東北,一在今河南濟源縣境。另一類是物品名稱和數量登記,如(10)91:"錢三百……"此笥盛錢。(15)178:"白穀三斗。"(16)181:"黄穀六斗。"《説文》:"穀,米一斛舂爲八斗也。"段玉裁注:"糯米一斛舂爲九斗也。"

秦的封泥匣出土在璽印、封泥史上有重大意義。陳介祺舊藏《封泥考略》著録的"皇帝信璽"封泥。沙孟海、趙超、王輝以爲是秦封泥,張懋鎔以爲是漢封泥。張先生斷代的理由之一是該封泥周邊齊整,泥面呈方形,四角保存完好,是使用封泥匣的痕迹,而西安市相家巷新出秦封泥不用封泥匣。王輝則以爲:"僅據北郊封泥,並不能肯定秦代一定没有封泥匣。皇帝不同於一般官吏,其封泥按捺、保存方式或與臣民有别(稱'璽'而不稱'印',即證明其有别)。再則,此封泥如作於秦末,也不能保證其時不出封泥匣。"①里耶封泥匣爲秦代物,證明王輝的推測是有道理的,不能據有無封泥匣否定"皇

---

① 　王輝、程學華《秦文字集證》第 147 頁。

帝信璽”爲秦物。

里耶遺址還出有封泥“酉陽丞印”，風格與相家巷封泥同。酉陽爲洞庭郡縣。

里耶秦簡牘(8)455 長 12.5、寬 27.4、厚 0.6 釐米，由 6 個殘片組合而成，缺右下、左上部分。此簡文字最早由張春龍、龍京沙《湘西里耶秦簡 8-455 號》刊布，其文字摘録如下：

正面第一欄：

……

“諸官〔名〕爲秦盡更。

故皇今更如此皇。

……

曰酔(吳，或讀爲楚)曰荆。

毋敢曰王父曰泰父。

毋敢謂巫帝曰巫。

毋敢曰豬曰彘。

王馬曰乘輿馬。”

……

第二欄：

“泰〔王，一説應隸作上〕觀獻曰皇帝〔觀獻〕。

……

以王令曰〔以〕皇帝詔。

承〔命〕曰承制。

王室曰縣官。

公室曰縣官。

〔關〕内侯爲輪(倫)侯。

徹侯爲〔列〕侯。

以命爲皇帝。

……

莊王爲泰上皇。

……

王游曰皇帝游。

王獵曰皇帝獵。

……

以大車爲牛車。

騎邦尉爲騎□尉。

郡邦尉爲郡尉。

邦司馬爲郡司馬。

……

毋曰邦門曰都門。

……

毋曰客舍曰賓〔飤〕舍。"

背面:"敢言之。九十八。"與正文無關。

此枚簡牘外觀比較特殊,與其他簡牘迥異,因而名稱諸説不同。張春龍以爲應稱爲"詔版"或"秦詔令牘";胡平生認爲應稱爲"方版、楬",殆以後説爲近是,此節稱爲"方版"。張春龍説:"其内容多數不見於史籍。簡文中'毋敢曰巍'、'曰産曰疾'等很不雅訓,甚或荒誕不經,内容費解,很可能是爲了避秦先公先王名諱。究其實際性質用途,也可能是某一位書手的個人行爲,將秦改制後的相關稱穪匯於一牘以便記誦和查驗,以免在抄寫公文時觸犯忌諱。"胡平生説:"木方的内容其實可分兩類:1. 與秦朝皇帝、皇室、官名相關詞匯稱謂的變更。如'王馬曰乘輿馬''以王令曰皇帝詔'……2. 一些日常用語詞匯的變更。如'毋敢曰豬曰巍'……這些日常用語詞匯有的似乎是方言詞匯的正讀……大概'豬'是正讀,其他皆爲地區性稱謂。"又説:"我們懷疑,木方的製作者是一位擔任了秦吏的楚人,他不光對統一後的秦朝制度、稱謂不熟悉,對官方規定的詞匯的正讀也很不熟悉,須要'惡補',因而製作了這樣一塊木方。"

游逸飛《里耶秦簡 8-455 號木方選釋》對木牘有深入細致的解讀①,將内

---

① 《簡帛》第 6 輯,上海古籍出版社 2011 年。

容分爲 11 組：

　　“更”組，表示字詞更替。其中“諸官〔名〕秦盡更”是説官吏私名用“秦”字的必須更改，這是避諱的要求。引嶽麓秦簡 2026：“令曰：黔首、徒隷名爲秦者，更名之。敢有弗更，貲二甲。”“故皇今更如此皇”是正字的需要，前“皇”字上從“自”，後“皇”字上從“白”，與秦詔版一致。

　　曰某組，如“曰鄀曰荆”，陳偉説“鄀讀爲吴，荆吴即吴”，“秦以‘荆’稱‘楚’，簡文意爲吴地亦稱荆。錢穆《史記地名考》‘荆吴’條下按語有‘鄢郢乃舊楚，荆吴則東楚’，與簡文相合”。游氏則讀“鄀”爲“楚”，“其意爲：故稱‘楚’，今稱‘荆’”。説這是爲了避秦莊襄王名“子楚”。“爲何常見的‘楚’字要寫成‘鄀’這一僻字呢？本文没有確切答案，祇是提出假説：或許正因避諱，官吏不能寫‘楚’，官吏祇好隨意用相近的聲符造一僻字表示‘楚’，這與後世以‘闕筆’避諱有異曲同工之妙”。

　　否定句組，如“毋敢曰王父曰泰父”，“泰父”是秦人用語，“王父”是楚語，見於包山楚簡祭祝禱類。“毋敢曰猪曰彘”，“彘”爲統一後稱謂，見龍崗簡，“猪”爲方言。“毋曰邦門曰都門”，“邦”見秦出土文獻，也見於六國地方封國，如平安君鼎之“平安邦”，秦置三十六郡後邦已不存，故改“都”或“郡”。

　　省字組，如“泰上觀獻曰皇帝”，“皇帝”後省“觀獻”2 字。“以命爲皇帝”，“帝”後省“命”字。此類條目涉及皇帝的神格化，如“毋敢謂巫帝曰巫”，“巫帝”，大帝，秦始皇禁止巫者稱“帝”，欲獨佔“帝”的稱號。

　　制命詔令組，爲秦政府命令名稱的改變，如“以王令曰〔以〕皇帝詔、〔受〕（授）命曰制”。

　　先公先王組，如“王室曰縣官、公室曰縣官”，“王室、公室”皆秦先公先王之稱謂，秦始皇稱帝後改稱“縣官”。今按楊華《睡虎地秦簡〈法律答問〉25～28 號補説》①則説“王室、公室”爲秦統一前的六國王室、公侯之室，“縣官”爲秦縣級官吏。“莊王爲泰上皇”，“莊王”即始皇父莊襄王，始皇尊爲泰上皇。

　　侯爵組，如“〔關〕內侯爲輪（倫）侯、徹侯爲列侯”。張春龍指出“倫侯”

---

① 《古文字研究》第 28 輯，中華書局 2010 年。

已見琅邪刻石。

邊防組,如"邊塞曰故塞、毋(無)塞者曰故徼",過去六國之"邊塞",秦統一後有的已居秦之内部,"故",過去;"無塞"則曰"故徼"。

王某組,如"王馬曰乘輿馬、王游曰皇帝游"。

以某爲某組,如"以命爲皇帝命、以大車爲牛車"。

官制組,如"乘傳客爲都吏、邦司馬爲郡司馬",此條涉及官名變更。

游氏分組標準不一,但有些意見還是可取的。

## 第八節　青川秦牘

1979 年至 1980 年,四川省博物館、青川縣文化館在青川縣郝家坪發掘了 50 號戰國秦墓,出土木牘 2 枚。其中一枚字迹清晰,另一枚字迹模糊。字迹清楚的一枚木牘長 46、寬 3.5、厚 0.3 釐米,正背兩面皆有文字,共 121 字。1982 年《青川縣出土秦更修田律木牘——四川青川縣戰國秦墓發掘簡報》公布了相關資料;于豪亮《釋青川秦墓木牘》、李昭和《青川出土木牘文字簡考》,對木牘内容作了初步研究。

木牘文字如下:

　　二年十一月己酉朔朔日,王命丞相戊(茂)、内史匽氏□更修爲田律:田廣一步、袤八則爲畛。畝二畛,一百(陌)道。百畝爲頃,一千(阡)道,道廣三步。封高四尺,大稱其高。捋(埒)高尺,下厚二尺。以秋八月脩(修)封捋(埒),正疆(疆)畔,及發(發)千(阡)百(陌)之大草。九月大除道及除澮(澮)。十月爲橋,脩(修)波(陂)隄,利津澗,鮮草離。非除道之時,而有陷敗不可行,輒爲之。"(以上正面)

　　四年十二月不除道者:□一日,□一日,辛一日,壬一日,亥一日,辰一日,戌一日,□一日。(以上背面)

對牘文内容,學者多有研究,主要有:楊寬《釋青川秦牘的田畝制度》,黃盛璋《青川新出秦田律木牘及其相關問題》,李學勤《青川郝家坪木牘研究》,林劍鳴《青川秦墓木牘内容探討》,胡平生《青川秦墓木牘"爲田律"所反映的田畝制度》,田宜超、劉釗《秦田律考釋》,張金光《論秦青川木牘中的"爲田"制度》《青川秦牘〈更修爲田律〉適用範圍管見》,李零《釋"利津關"

和戰國人名中的"學"與"學"字》《論秦田阡陌制度的復原及其形成綫索——郝家坪秦牘〈爲田律〉研究述評》，徐中舒、伍仕謙《青川木牘簡論》，祝中熹《青川木牘田制考辨》等。

　　牘文無標題，學者或稱《秦田律》，或稱《爲田律》。李學勤説："'更修《爲田律》'，秦簡《語書》：故騰爲是而修法律令、田令及爲間私方而下之。與牘文此句對照，知道'修'是動詞，爲田律是律名。'爲'義爲作治，'爲田'的意思是治田。《爲田律》是關於農田規劃的法律，與雲夢簡《田律》有所區別。"張金光則説："青川秦牘律文，研究者多定名爲《秦田律》，此説不確。應名之曰《更修爲田律》，其係將秦武王二年以前之《爲田律》加以更修改定而成者……秦原應有《爲田律》，其乃關於田間的耕作分割布置之律……《田律》的本質就是土地法，《爲田律》應是《田律》中土地制度的具體化……青川木牘所示秦武王二年所更修的爲田之法，比過去的爲田法，確實有比較大的改動。故此律應定名爲《更修爲田律》。"

　　"二年"爲秦武王二年（前309），諸家無異説。簡報説："牘文稱王不稱帝，下文'正疆畔'的'正'字又不避秦始皇之諱，故下限當在始皇稱帝以前。據《史記·秦本紀》所載，秦國在武王二年'初置丞相'，故牘文所稱'丞相戊'，其上限又當在武王二年之後……武王之後，始皇之前，衹有昭王、孝文王、莊襄王三王。孝文王在位僅一年，與牘文'二年'不合，應排除，莊襄王在位三年，然以呂不韋爲相，又與'丞相戊'矛盾。也不應考慮。詳查史料，與此相合者，唯武王時期左丞相甘茂其人……按曆法推算，也與此合。汪曰楨《歷代長術輯要》所推，秦武王二年十一月初一，正逢'二年十一月己酉朔'，與牘文紀年亦是吻合的。"簡報的執筆者之一李昭和在《簡考》一文中對此又多有發揮。李學勤説："'二年十一月己酉朔'據汪曰楨《歷代長術輯要》等書，與秦代武王二年相合，但這是周曆，雲夢秦簡所載秦昭王至始皇帝的曆朔，都屬於顓頊曆。秦武王時用周曆，這是曆法史上的一項新知識。"按秦在昭王以後是否全用顓頊曆，在學術界也不無爭論，但這不影響牘文爲秦武王二年的結論。

　　"内史匽氏□"，"匽"後一字，《簡報》缺釋，于豪亮釋"民"；于氏又釋末字爲"願"，連同上下文斷讀爲："王命丞相戊、内史匽：民願更修爲田律。"李昭和隸末二字爲"取臂(譬)","其義爲擧旁例以喻所言之論題,即引彼以例此……武王取譬秦律更爲蜀律,抑或有之"。黄盛璋説:"匽即燕,當爲内史之姓,'取臂(譬)'爲其名。"李學勤釋"民臂(僻)",説:"'臂'讀爲邪僻的僻……邪僻即指不遵守法度。"湯餘惠則以爲"匽、取臂"爲二人名①。以上諸説當以姓名説較爲可取。蕭春源珍秦齋藏十四年□平匽氏戟銘"十四年□平匽氏造戟","氏"字作𰀁,與牘文同②。由此可知牘文"匽氏□",□可能爲匽氏之名。董珊以爲"匽氏"與□(董氏隸作"取")爲二人③。内史是首都長官,見《漢書·百官公卿表》,地位次於丞相。此次更修《爲田律》由丞相及内史共同主持,足見其重要。

"田廣一步,袤八則爲畛。畞二畛,一百(陌)道"。諸家斷句及理解至爲分歧,關鍵在對"則"和"畛"的解釋上。諸家多解"則"爲連詞,"畛"爲田間小道。于豪亮説:"秦自商鞅變法後,改井田制的一百步一畞爲二百四十步一畞,每畞田寬八步,在八步的兩端各起一條畛,這兩條畛是平行的,因爲是二百四十步爲一畞,田寬八步,則一畞田的畛的長度應爲三十步。爲什麽這條田律不明確説明畛長三十步呢? 這是因爲田並不都是恰好是一畞,也許不足一畞,這就是説,並不是每塊田都長三十步,這樣的田,仍然要築畛,即是一塊田,僅是'廣一步',祇要是'袤八'步,也要築畛。"李昭和則説律文祇述畛道長寬,無關田地面積,云:"畛道的標準,定爲長八步,寬一步,一畞有兩條畛道和一條陌道。"楊寬也説:"所謂'田廣一步,袤八則爲畛',是説'畛'寬一步,長八步……'畛'是一畞田兩端的小道,'陌道'垂直相交。"李、楊二説相近,其所説"畛、陌"與于説所指相反,但"廣一步,袤八"明顯説的是田,而非畛的寬長,二説可商。

李學勤説:"耕田祇要有寬一步、長八步的面積,也就是秦田的三十分之一,就應該造名爲'畛'的小道,作爲與其他耕田區分的地界。"又説:"畛是畞與畞之間的田埂,作爲小道,通向畞端的陌道。"據李文附圖二所示,秦畞

---

① 湯餘惠《戰國銘文選》第 157 頁,吉林大學出版社 1993 年。

② 蕭春源《珍秦齋藏金(秦銅器篇)》第 60 頁;王輝、蕭春源《珍秦齋藏秦銅器銘文選釋(八篇)》。

③ 董珊《讀珍秦齋藏秦銅器札記》。

寬一步,長二百四十步,二畝之間有畛,長二百四十步,寬度不明,一百畝田
爲一頃,寬一百步,長二百四十步,頃之寬邊有陌道,長邊有阡道。李先生説
秦時通常情況下實行長條形畝,寬一步,長二百四十步;又畛本身不是寬一
步,長八步,當是,但没有説畛的長寬。不過既説畛爲田埂,就不一定是平時
可供人行的小道。《説文》:“埒,秦謂阬爲埒。”段玉裁注:“秦謂阬塹曰埒,
二字音略同……若《廣韻》曰‘吴人謂堤封爲埒’。今江東語謂畦埒爲埒,此
又别一方語,非許所謂。”今關中農田爲便於灌溉,往往在田中築起高及下寬
各一尺左右的小土梁,衹起田界及堵水作用。上邊平時並不走人,但在灌溉
時人則可在其上行走。牘文所謂畛,大概類似這種小土梁,既是界域,也是
某種意義上的田間小路。此種田埂,在莊稼行間,有的上邊甚至可種禾黍,
故可計算在耕地之内,是田的一部分。

　　林劍鳴認爲畛非道路,而是界限,云:“《莊子·齊物論》‘請言其畛’,
‘爲是而有畛也’。注曰:‘畛’謂封域畛陌也。此處‘畛’爲界限之標志,青
川木版中之‘畛’應即此意。在八步寬的一畝地上兩端標明界限,就是‘袤八
則爲畛,畝二畛’……牘文的意思也並非要求在一畝地内修二條畛道一條陌
道,衹是要求在一畝地的兩頭標明界限。”林氏解畛爲界限甚是,但界限如何
標明? 却未説清。我以爲標明此界限者應爲田埂,而且應在一畝地與另一
畝地之間,而非一畝地的兩頭。

　　田宜超曰:“‘畛’,畷也。古音‘畛’屬端母真部,‘畷’屬端母月部,兩
字聲母相同,韻腹相近。《説文·田部》:‘畷,兩陌間道也,廣六尺。’……
銀雀山漢墓出土《孫子》佚篇《吴問》:‘……趙是制田,以百二十步爲娬,以
二百卅步爲畇(畝)。’……‘畝二畛’者,秦田二百四十平方步爲‘畝’,
‘畝’廣八步,袤三十步,二‘畛’一在‘畝’端,一在‘畝’中,相距十五步,而
平分一‘畝’爲二‘娬’也。”按田氏謂“畛”與畷字相通,傳世文獻與出土文
字皆未見其例①,不可從。又説一畝二畛,一在畝中,一在畝端,一畝二娬,
亦純出猜測。

　　也有學者説“則”是量詞。胡澱咸《四川青川秦墓爲田律木牘考釋——

---

①　　參看高亨《古字通假會典》第 90、93~94 頁,齊魯書社 1989 年;又王輝《古文字通假字
　　典》第 683~688 頁,中華書局 2008 年。二書皆無㐱、叕聲字相通之例。

並略論我國古代田畝制度》認爲"則"爲度量的標準器,但"則"究竟多長,是否爲十步,仍無確證。胡平生根據阜陽漢簡殘簡"三十步爲則"的記載,指出《爲田律》中的"則"是長度量詞,"八則"爲二百四十步。胡氏的説法已爲很多學者所接受。

也有學者説"畛"是畛域,是具有固定規格形狀的田面區劃名稱。張金光説:"銀雀山漢簡《孫子》佚篇《吳問》言晉國六卿中'制田'有以八十步爲婉、百六十步爲畛者。此'婉'、'畛'皆爲田域名稱甚明。秦牘'畛'寫法同銀雀山漢簡,亦當爲'畛域'之畛固無可疑。祇是二者有積步之大小、系列等級上的差異而已。《吳問》二婉爲一畛,青川秦牘二畛爲一畝。銀雀山漢簡之'畛',恰當青川秦牘之'畝'。要之,戰國年間,在田間布置規劃上通行着把一畝分爲兩段即二區的耕作制度……爲什麽把一畝又分作二區呢? 這是爲的設陌,也是耕作制度上的要求。這二者是一回事。陌横貫畝中,恰中截分畝爲二畛域。"徐中舒也説:"我們認爲畛不是田間小道,而是一整塊田。《莊子·齊物論》'請言其畛'注:'謂封域畛陌也。'……故這一段話的解釋,應爲廣一步、長八則就是一整塊田。兩整塊田就是一畝,有一陌道。"按説畛爲畛域,固然也有訓詁上的根據。但若"則"爲連詞,"田廣一步衺八則爲畛"意思就是畛的面積祇有寬一步、長八步亦即一畝的三十分之一。若依胡平生説:"則"爲三十步,衺八就是二百四十步,田寬一步,長二百四十步,就是一畝,不存在"畝二畛"的問題。湯餘惠説:"周秦時代,一步爲六尺,三十步爲一則(胡平生據阜陽漢簡考定),一畛面積當合二百四十平方步……秦孝公時商鞅變法以二百四十步爲畝,此牘以四百八十步爲畝,説明秦武王時甘茂重修的《爲田律》將畝制擴大了一倍。秦以百畝爲一夫之田始終未變,畝制的擴大,意味着一夫所耕之田也在增加,這有利於充分發揮勞動者潛力,辟土拓荒,增加可耕地面積。"按《説文》:"畮,六尺爲步,步百爲畮。秦田二百四十步爲畮。"段玉裁注:"(步百爲畝)《司馬法》如是。《王制》曰:'方一里者爲田九百畮。'(秦田二百四十步爲畮)秦孝公之制也,商鞅開阡陌封疆。則鄧展曰:'古百步爲畮,漢時二百四十步爲畮。'按漢因秦制也。"由此而論,秦漢時不存在四百八十平方步的畝。北京大學藏秦簡 7-020 簡:"廣六十步,從(縱)八十步,成田廿(二十)畝。"韓巍《北大秦簡中的數學文獻》指出①:"這實際上是矩形土地面積的計算,以二百四十平方步爲一畮,實行的是秦國的畮制。"北大秦簡有秦始皇三十一年、三十三年《質日》,這批簡牘的抄寫年代大約在秦始皇時期。張家山漢墓的年代上限爲吕后二年(前186),其所出竹簡年代應不晚於此年。張家山簡《算數書》簡165~166:"復之,即以廣乘從(縱),令復爲二百卌(四十)步一畮。"簡185:"方田,田一畮方幾何步? 曰:方十五步卅(三十)一分步十五。"此爲正方形面積。$15\frac{15}{31}$之自乘積接近240。

綜上所説,我們認爲秦時通常情況下實行長條形畮,寬一步,長二百四十步,畮之兩邊有田埂(畛)。百畮爲頃,頃之端有東西向的陌道和南北向的阡道,道皆寬三步(一丈八尺,合今四點一五米左右)。

"封高四尺,大稱其高"。封是表識田地疆界的封土堆。"大稱其高",封土的長、寬與高相等,都是四尺,約合今92釐米。

"埒"讀爲"埒"。《説文》:"埒,卑垣也。"崔豹《古今注》:"封疆劃界者,封土爲臺,以表示疆境也。劃界者於二封之間又爲埒埒以劃分界域也。"埒高一尺,下寬二尺。

"以秋八月脩(修)封埒(埒),正彊(疆)畔,及叕(發)千(阡)百(陌)之大草"。李昭和説"八月"爲武王三年之八月,乃武王二年十一月更修爲田律,次年始修封埒,正疆畔,其説非是。律文説的應是通例,即每年皆如此。

于豪亮注意到,律文自"以秋八月修封埒"至"鮮草離"一段,與《管子·四時》一段話相似,《四時》:"其時曰春……時其事號令,修除神位,謹禱弊梗,宗正陽,治堤防,耕芸樹藝,正津梁……是故春三月以甲乙之日發五政……三政曰凍解,修溝瀆,復亡人。四政曰端險阻,修封疆,正千(阡)伯(陌)。"于先生云:"兩者真是驚人地相似。不過《管子·四時》所記是在春三月,青川木牘所記是在秋八月罷了。戰國時期各國的政治措施是大體相同的。"張金光則説:"青川秦牘律文若與《吕氏春秋》等所述此類制度比較也有些差異。《吕氏春秋·十二紀》記於春時'修封疆,審端經術'。又《管子·五行》篇云'春令掘溝澮津舊塗',其《四時》篇言……此皆與木牘《更修

---

① 《文物》2012年第6期。

爲田律》時令不合……青川秦牘律文定於八月、九月、十月須做些諸與農事有密切關係的公共事宜活動。這與《國語·周語》所載單襄公所引《夏令》'九月除道,十月成梁'以及《孟子·離婁下》所言'十一月徒杠成,十二月輿梁成'皆相類。此又皆屬於政府所必須遵行的有關農事的行政事務曆範圍。秦採入國家法律。秦律中此類内容恐甚多,惜衹得見此點滴。《吕氏春秋》作者恐怕就是把秦這些有關農時月時政令一類的内容加以總結而編進了《十二紀》的。"

　　𢓅,《説文》:"以足蹋夷艸。从癶,从殳。《春秋傳》曰:'𢓅夷藴崇之。'"湯餘惠説"𢓅"通"拔","阡陌大草,根大莖粗,不易鏟鋤,拔之可也"。

　　"九月大除道及除澮(澮)"。澮,溝。"除澮"于豪亮釋"阪險",云乃"道路險峻之處"。徐中舒釋"阮險","阮,坎也"。田宜超釋"澮"爲"陰",解爲"低濕之地"。按字本不清晰,各家據摹本猜測。按《六書故·地理二》:"闢艸移地爲除……凡除治皆取此義。"《爾雅·釋水》:"注溝曰澮。"《周禮·地官·遂人》"千夫有澮"。疏:"澮,廣二尋,深二仞。"除澮(澮),謂治理溝渠,亦通。

　　"十月爲橋,脩(修)波(陂)隄,利津潤,鮮草離"。"潤"字《簡報》缺釋,于豪亮釋"梁",學者多從之。然梁字侯馬盟書作𣲩,《説文》小篆作𣹟,與牘文絶不類。黄盛璋説:"《説文》'隘'字,篆文作𨺚,其下又收一個籀文𨽾,即後來關隘字。牘文此字可能从𨺚从'益',即'隘'字。"但隘字中間部分非水。李零釋"衍",引《小爾雅·廣器》"澤之廣者謂之衍",云:"(利津衍)這三個字的意思應當是説'使津渡和川澤暢通無阻'。"但秦廣衍戈"衍"字作�,與牘文不同。湯餘惠等説,原文作𨻶,从水从二𨸏,象水在山𨸏之間,應即《説文》訓爲"山夾水也"的澗字,其説甚是。利津潤,疏通渡口和川潤。鮮,于豪亮讀"獮",殺也;湯餘惠讀"斯、澌",盡滅之義。二説似皆求之過深。鮮草,大草。離,于豪亮讀爲"萊",似亦不必。《儀禮·士冠禮》:"離,肺實於鼎。"鄭玄注:"離,割也。"大草離,鏟除大草。

　　"非除道之時,而有陷敗不可行,輒爲之"。"之"後或説有二字,或説没有。黄盛璋説:"此處衹有三字,'之'字乃墨迹濺漬非文字也。"殆是。"輒"爲于豪亮所釋,《簡報》釋"相",殆以于説爲是。"有在規定修治道路之時,道路破壞不能通行,應隨時修治"。

　　背面文字爭議較大。《簡報》及于豪亮文對此未加解釋。李昭和説:"背面文字緊接着記載了四年十二月不修道路的天數。所用干支記日,天干、地支並不相配,有的衹記天干,有的僅言地支……文獻材料也有這種記日法,如《易·蠱》'先甲三日,後甲三日'……又如《尚書·益稷》'娶于涂山,辛壬癸甲',孔傳:'辛日娶妻,至於甲日。'牘文用此記日法,可能因不除道之天數僅八天,餘皆除道。"田宜超則説此爲"除道日禁"。

　　李學勤改釋"日"爲"田",云:"'田'字,簡報摹本作'日',但牘文第二行的'田'字,中筆還可看見……牘背所記是當年某一地區内不依法修路的情況記録。'章一田'等等,頭一字是田主的名字,下面是他所有的未按規定修道的田數。秦法嚴密,估計對這些違法的人一定有懲處的辦法。"張金光極力反對"除道日禁"説,以爲牘背文字爲"據前律文所作某種年終記事",云:"李學勤先生以爲'日'乃'田'之壞,二行田字尚約略可辨。按,此可備一説。不過'日'似本可釋'田',非必爲'田'之誤。因爲,若爲壞的話,八例何其巧而皆壞去其半? ……按古'畮'字從日從田或皆可。'日'正象二畛縱設相聯,中有陌道橫貫之形。此四年十二月所記事,乃是至此時尚有人家未除盡自家田道者,'一日'即一畮。"今按張氏謂"日"非"田"之壞字甚是,但説"日"即"田"字,則絶不可從,秦文字"田、日"分别明顯。再説,未除道者皆"一田",也不可通。比較而言,似仍以"除道日禁"説爲近是。

# 第九節　岳山秦牘

　　岳山秦牘 1986 年出土於湖北江陵縣岳山崗墓地 M36 秦墓,共兩枚(M36:43、44),内容屬日書。2000 年,《江陵岳山秦漢墓》公布了兩枚木牘照片、釋文。木牘 M36:43 長 23、寬 5.8、厚 0.55 釐米,正面 256 字,背面 220字。M36:44 長 19、寬 5、厚 0.55 釐米,正面 92 字,背面 11 字。

　　岳山牘《日書》有水、土、木、火、玉、金(錢)、人、牛、馬、羊、犬、豕、鷄之"良日"和"其忌",其中有些見於睡虎地秦簡《日書》乙。如岳山牘 M36:43正面:"木良日:庚寅、辛卯、壬辰。其忌:丁未、癸酉、癸亥。"睡簡《日書》乙66~67:"木良日:庚寅、辛卯、壬辰,利爲大事。其忌:甲戌、乙巳、癸酉、丁未、癸丑、□□□□寅、己卯，可以伐木。”其中良日三種全同，忌日中兩種相同。後者還多出：“木忌：甲乙榆、丙丁棗、戊己桑、庚辛李、壬辰鬃（漆）。”列出不同樹種的禁忌日子，內容遠較岳山牘豐富。又如岳山牘 M36∶43 正面：“馬良日：己亥、己酉、庚辰、壬辰、己未、己丑、戊戌、庚申。其忌：戊午、庚午、甲寅、丁未、丙寅。”睡簡《日書》乙 68～69：“馬日：馬良日：甲申、乙丑、亥、己丑、酉、亥、未、庚辰、申、壬辰、未□□□乘之。其忌：甲寅、午、丙辰、丁、壬辰、丁巳、未、戊☒。”良日相同者六種，其忌至少兩種相同。又如岳山牘 M36∶43 正面：“牛良日：甲午、庚午、戊午、甲寅。其忌：壬辰、戊戌、癸亥、未、己丑、乙卯。”睡簡《日書》乙簡 70～71：“牛日：牛良日：甲午、寅、戊午、庚午、寅、丙寅、丁酉、未、甲辰，可以出入牛，服之。其忌：乙巳，□□□□未、辛丑、戊辰、壬午。”其良日相同者四種，其忌無相同者，但該條有殘文，未必一定沒有相同者。又放馬灘秦簡《日書》乙有土、鷄、彘、羊、牛、人的忌日與吉日，與岳山牘內容亦有同有異。如放簡《日書》乙簡 153：“人忌：丁未、戊戌、壬午、戊午、壬申。吉日：乙丑、庚辰，壬辰、己亥、己丑、未、己酉。”岳山牘 M36∶43 正面：“人良日：乙丑、己丑、亥、庚辰、壬辰。其忌：丁未、戊戌、壬午。”二者良日有五種相同，忌日有三種相同，總體上看，睡虎地簡、放馬灘簡、岳山牘三種《日書》因時間、地點、抄寫者不同，故良日（吉日）、忌日雖略有差異，但還是相同者居多。依睡簡通例，岳山牘相關內容似也可以標題爲《水日》《土日》《木日》《火日》《玉日》《金日》《人日》《馬日》《羊日》。

　　岳山牘 M36∶43 正面：“凡七畜，以五卯祠之必有得也。入神行歲局祠之，吉。”楊芬《岳山秦牘〈日書〉考釋八則》注說：“‘七畜’指上文所涉‘牛、馬、羊、犬、豕、鷄、人’。李學勤指出，睡虎地秦簡有‘入人’、‘入人民、馬牛、禾粟’、‘入人民、畜生（牲）’、‘出入臣妾、馬牛’、‘不可以使人及畜六畜’等說法，奴隸有‘臣妾’、‘臣徒’、‘人民’等稱，他們總是和牲畜、財貨並列，肯定是被視爲主人的財産，其奴隸身份十分明顯……凡國棟先生認爲‘七畜’中和‘馬牛羊猪犬鷄’並列的‘人’其實是奴隸。”

　　有些條目與其他簡牘略有差異。如 M36∶43 正面：“玉良日：甲午、甲寅。其忌：甲申、乙巳、乙卯。”“玉良日”極可能是攻製玉的良日，而非佩玉良日。湖北隨州孔家坡漢簡《忌日》簡 394：“申不可功（攻）石玉，石玉不出，人必破亡。"岳山牘玉之忌日有"甲申"，孔家坡"攻石玉"之忌日爲"申"，是相同的。

　　岳山牘M36:43背："衣良日：丙辰、寅、辰、辛未、乙酉、甲辰、乙巳、己巳、辛巳，可以裚（製）衣，吉。凡衣忌戊申、己未、壬申、戊、丁亥，勿以裚（製）衣，勿以八月九月丙、辛、癸丑、寅、卯材（裁）衣。"此亦爲製衣之良日、忌日，而非服衣之良日、忌日。睡虎地簡《日書》甲《衣》："衣良日：乙丑、巳、酉，辛巳、丑、酉。丁丑材（裁）衣，媚人……衣忌日：己、戊、壬、癸，丙申，丁亥，必鼠（予）死者。"孔家坡漢簡《日書·裁衣》："……八月九月、癸丑、寅、申，不可裁衣常（裳），以之死。"與岳山牘内容有同有異。

　　木牘有幾條祠的條文。木牘M36:43背面："巫咸乙巳死，勿以祠巫。"《說文》："祠，春祭曰祠，品物少，多文辭也。从示，司聲。仲春之月，祠不用犧牲，用圭璧及皮幣。"《集韻》："祠，祭也。"渾言之，祠、祭無別。宋艷萍《從秦簡所見"祭"與"祠"窺析秦代地域文化——里耶秦簡"祠先農"簡引發的思考》說[1]："祠是一種以食爲内容來悼念先祖的行爲儀式。神聖性比祭弱。"巫咸是古神巫，或說黃帝時人，或說帝堯時人，或說殷中宗時人。秦人崇祠巫咸，《詛楚文·巫咸》歷數楚王熊相的罪名有"求蔑瀘（廢）皇天上帝及不（丕）顯大神巫咸之卹祠、圭玉、羲（犧）牲"，可見秦人是虔祠巫咸的。秦人亦以爲有疑難事可問於巫咸。王家臺秦簡《歸藏·同人》："昔者黃啻（帝）與炎啻（帝）戰☒〔於涿鹿之野，而枚占〕巫咸。巫咸占之曰：果哉而有吝。"牘文說乙巳是巫咸死日，不要在此日祭祠巫。

　　木牘M36:43背面："祠大父良日：己亥、癸亥、辛丑。"周家臺秦簡："人皆祠泰父，我獨祠先農。""泰父"即"大父"，祖父。人皆祠泰父，可見其時祠祀祖父非常普遍。

　　木牘M36:43背面："祠門良日：甲申、辰，乙丑、亥、酉，丁酉。忌：丙。"睡簡《日書》乙簡36："祠門日：甲申、辰，乙亥、丑、酉，吉。龍：戊寅、辛巳。"後者吉日僅少丁酉。

　　木牘M36:43背面："祠竈良日：乙丑、酉、未，己丑、酉，癸丑，甲辰、巳（子），辛，壬。"睡簡《日書》乙簡39："祠□日：己亥、辛丑、乙亥、丁丑，吉。

---

① 《里耶古城·秦簡與秦文化研究——中國里耶古城·秦簡與秦文化國際學術研討會論文集》第201～209頁。

龍:辛□。”祠後缺字當是“竈”。簡40:“祠五祀日:丙、丁竈……”竈爲“五祀”(竈、門、户、行、室)之一。

木牘 M36:43 背面:“辛□,不可刹鷄,不利田邑。壬辰、壬戌,不可刹犬,不隱妻子。”“刹”讀爲“殺”。辛□,後字疑是巳字。孔家坡漢簡《忌日》:“巳不可入錢財,人必破亡。不可殺鷄,祠主人。”

木牘 M36:44 正面:“□宦毋以庚午到室,壬戌、癸亥不可以之遠□及來歸入室,必見大咎。”睡簡《日書》乙簡43:“久行毋以庚午入室,長行毋以戌亥遠去室。”“入室、到室”不宜在庚午日,二者相同,“之遠、長行”意同,後者“戌”即“壬戌”,“亥”即“癸亥”。宦,遠行作官,“宦”前一字疑是“久”字。

木牘 M36:43 背面:“五服忌:甲申寇〈冠〉、丙申弁、戊申帶、庚申裳、壬申屨(屢)。”“寇”字《簡報》隸作“崟”,楊芬引陳偉説應隸作“冠”,是。實際上字應隸作“寇”,是冠字之誤,此現象秦簡習見。弁字《簡報》隸作“开”。楊芬説:“字形無圖版對照,我們懷疑是‘开’的誤釋或誤書,當讀爲‘笄’。這裏的‘五服’,可能是指五種服飾,即崟、笄、帶、裳、屨。‘笄’即戴冠穿髮髻用的笄,‘帶’指衣帶,‘裳’是下身穿的衣服;‘屢’讀作‘屨’,指鞋。‘崟’字不識,從其後所述四種服飾的順序看,可能是冠冕之類。”王輝《一粟居讀簡記(二)》則説①:“按五服在簡文中指五種服飾,笄又稱簪,其用途是別住挽起的頭髮,固着弁、冕,它是與冠、弁配合使用的用具,因而似乎不能與‘冠、帶、裳、屨’並列而稱爲‘服’。我懷疑‘开’可能是‘弁’的誤隸。‘弁’字……秦印作卉(《十鐘山房印舉》3.27‘弁平’)、弁(《十鐘》3.27‘弁勝’),簡文所謂‘开’,即卉之誤隸。弁爲冠之一種。《周禮·夏官·序官》:‘弁師。’鄭玄注:‘弁者,古冠之大稱。’孫詒讓正義:‘析言之,古首服有冕、弁、冠,三者制別;通言之,則冕、弁皆爲冠,冕、冠亦得言弁,故此官兼掌冕弁而特以弁爲名也。’簡文‘冠’‘弁’並列,是析言之。弁既爲‘首服’,故得稱‘服’。《儀禮·士喪禮》:‘以爵弁服簪裳於衣左。’鄭玄注:‘禮以冠名服’。《初學記》卷26《弁第二》:‘《三禮圖》曰:爵弁,士助祭之服。’”

———————

① 《楚簡楚文化與先秦歷史文化國際學術研討會論文集》,湖北教育出版社 2013 年。

# 第五章　秦漆木器

漆木器主要指漆器,純粹的木器上有文字的極少。

漆器多爲生活用器。器胎爲木、竹質或夾紵。其上垸漆、髹漆。漆器多紋飾,有鳳、龍、鳥、獸、魚、雲紋、花草及各種幾何圖案。也有一些漆器上有文字,多爲朱書或烙印、針刻。因爲材質原因,漆器保存不易,多殘損嚴重,朱書年久或顏色變淺,針刻文字多細淺,所以漆器文字多模糊不清,辨認困難。

鳳翔縣南指揮村秦公一號大墓出土一件小漆筒,上有墨書 4 字。照片未曾發表,袁仲一《秦文字類編》附錄《漆器及其他木器上的文字及刻符》有摹本,但無解説。王輝《秦文字釋讀訂補(八篇)》隸作"叙(祡)之寺(持)簧"①。叙字不見於後世字書,拙文以爲叙是"祡祭的一種","叙"象以木或束木架於示前焚燎以祭天神,或从又、宀,是叙之繁化,也即"祡"之異體。《説文》:"祡,燒祡樊燎以祭天神。""寺"讀爲"持",石鼓文《田車》:"秀弓寺射。"《説文》:"持,握也。"《説文》:"簧,笙中簧也。"引申之,笙亦稱簧,段玉裁《説文解字注》:"《小雅》:'吹笙鼓簧。'傳曰:'簧,笙簧也。吹笙則鼓簧矣。'按經有單言簧者,謂笙也。《王風》:'左執簧。'傳曰:'簧,笙也。'是也。"拙文説:"依舊傳統,笙用 13 至 19 根裝有簧的竹管和一根吹氣管,裝在一個鍋形的座子上製成。所謂'漆筒'有可能爲笙竽之吹氣管或鍋形底座之殘。《酉陽雜俎・樂》:'咸陽宮中有鑄銅人十二枚,坐皆高三尺,列在一筵上,琴、筑、笙、竽,各有所執。'墨書稱'寺(持)簧',猶《詩・王風・君子陽陽》之'執簧'。""'叙之寺簧'意爲:(此器是)祡祭天時所持用的笙竽類樂器。其作用大概同於後世的遣册,如河南信陽長臺關楚墓遣册二.〇三:'三笙,一蔫竽,皆有禠(條)……'不過後者寫於竹簡,漆筒墨書却直接寫於器物上。"秦公一號大墓墓主爲秦景公,漆筒時代約在春秋中晚期之交,這是目前所見最早的秦漆器文字。

---

① 《考古與文物》1997 年第 5 期。

又秦公一號大墓一殉奴棺木上有朱書文字5字,摹本見袁書,無法隸定。

1979年,四川省博物館在青川縣郝家坪發掘戰國秦墓72座,出土漆器177件,有鴟鴞壺、扁壺、耳杯、雙耳長盒、盒、卮、匕、圓盒等。多件漆器上有針刻或烙印文字。如M26:8耳杯底部刻有"東"字,M41:2盒上有烙印填朱的兩組文字"成亭",M26:7卮底部有兩組"成亭"戳記。又M37:3耳杯、M2:8雙耳長盒、M26:12盒、M41:2盒、M26:8耳杯上還有一些針刻文字,因種種原因難於辨認。

關於"成亭",《青川縣出土秦更修田律木牘——四川青川縣戰國秦墓發掘簡報》説:"按'成'應指其製地而言,它與漢初漆器上的'成市'銘文可互證,其製地應該是指古代的成都。據《華陽國志·蜀志》所記,蜀王開明九世'自夢郭移,乃徙治成都'。説明在戰國中期,成都可能擁有規模較大的漆器作坊。"今按:據《水經注·江水》,秦惠文王二十七年(後十四年,前311)遣張儀與司馬錯滅蜀,遂置蜀郡。使儀築成都,以象咸陽。青川秦墓出土有秦武王二年(前309)更修田律木牘,漆器時代亦當在此前後。

秦漢出土漆器、陶文上多有某"亭"、某"市"文字。關於市、亭的性質、功能,學界爭議較多。俞偉超説:"(市亭)戳記……當爲某地之'亭'、某地之'市'製品的標記。""咸陽陶文,有許多把'咸亭'省作祇用一個'咸'字,如'咸郦里角'……所有這些戳記,都是咸陽市府所轄某某私人陶業製品的標記。"①宋治民認爲:"標有此類銘文的漆器都爲地方官府製漆手工業的產品。"②劉士莪認爲:"此類銘文的漆器應是該地市府或該地旗亭管轄的漆器作坊的產品。"③羅開玉説:"僅僅有'咸亭、某亭'之類印文的漆陶器產品,皆非工官作坊生產,即由私人生產。這種亭印還可能表示市稅已徵,可以自由出售了。"④袁仲一説:"'咸亭'是咸陽亭的省文,帶有亭名和里名的陶文,在咸陽秦遺址中出土很多,是民間私營製陶作坊的標識。"⑤張金光《秦鄉官制

---

① 俞偉超《漢代的"亭"、"市"陶文》,《文物》1963年第2期;此文後又改題《秦漢的"亭"、"市"陶文》,收入氏著《先秦兩漢考古學論集》,文物出版社1985年。

② 宋治民《漢代的漆器製造手工業》,《四川大學學報》(哲社版)1982年第2期。

③ 劉士莪《秦漢時期的漆器》,《中國生漆》1987年第1期。

④ 羅開玉《秦在巴蜀的經濟管理制度試析——説青川秦牘、"成亭"漆器印文和蜀戈銘文》。

⑤ 袁仲一《秦始皇陵考古發現與研究》第581頁,陝西人民出版社2002年。

度及鄉、亭、里關係》説："（亭）是專管工商和市場的。器物上打有'亭'或'市亭'印文，是表示該器欲到市場銷售則必經其加蓋印章，並不表明是亭辦作坊製作的器物。"朱學文説："秦漆器上出現的'某亭'銘文中的'亭'應屬於市亭。其主要職責應是維持市場交易秩序，監督市場交易，徵取市場稅收等。'咸亭、成亭'等烙印文字，衹能説此類烙印文字標明了漆器產品的製作產地，證明該批漆器經過主管市場官府機構的檢驗或已經徵取了相關稅收，是合理合法的產品，並不能依此來判斷漆器手工業作坊的性質。"①朱説誠是，但既經"主管市場官府機構的檢驗"，則市場"亭"在某種意義上也可以看作監造者，再説能在市場上出售的，恐怕主要還是市、亭轄區内私營手工業者的產品。官營作坊產品，主要供官府所用，不大出售。官府用器主要由官營作坊供給，不足部分也可能由民營作坊供給，甚或從市場購買。

　　在青川秦墓漆器上有些單刻的文字，如 M2:8 雙耳長盒刻有⿰、⿰；M 37:3 耳杯刻有⿰。這些雖因殘損或摹寫不準確無法隸定，但無疑應是文字。

　　也有幾件漆器上僅有針刻符號，如 M1:8 雙耳長盒、M1:15 漆碗上刻⿰符，M26:9 耳杯刻⿰符，M40:8 耳杯上有×符。此時已是戰國晚期早段，仍有刻劃符號，説明刻劃符號中的一部分始終衹是刻劃符號，並未轉化爲文字，它們衹是一種臨時性的記號。

　　2010 年 11 月，西安市公安局刑偵二處五大隊破獲一盜掘秦東陵團伙，繳獲高柄漆豆一件、殘漆豆足座三件，殘足座底部皆烙印"大官"2 字。高柄漆豆盤底右邊針刻 3 行 15 字，曰："八年相邦薛君造，雍工師效，工大人申。"左邊針刻 3 行 14 字，曰："八年丞相叐造，雍工師效，工大人申。"足座底部亦烙印"大官"2 字。王輝説："'八年'爲秦昭襄王八年。《史記‧秦本紀》：'（昭襄王）九〈八〉年，孟嘗君來相秦。'……'薛君'即孟嘗君。""'叐'爲秦丞相名……我們懷疑'叐'即見於《秦本紀》之'金受'，亦即見於《戰國策‧東周》之'金投'……叐、受二字下部皆从又，上部輪廓又接近，極易混淆；加之司馬遷作《史記‧秦本紀》時所據的竹簡本《秦記》自秦流傳至漢武帝時，文字墨迹已不清晰，'其文略不具'，因此，司馬遷誤以'叐'爲'受'是極可能

---

①　朱學文《有關漆器銘文的幾個問題》。

的……至於‘殳’之作‘投’，更毫不足怪，投字从手殳聲，上古音投侯部定紐，殳侯部禪紐，二字叠韻，定禪準旁紐，故通用。”“漆豆由相邦、丞相共同監造，殆因此豆爲王室之器，格外受到重視。”“‘工大人’上有‘工師’，下有‘工’，乃工師副手，約與工師丞相當。”“‘大官’是掌管宮廷膳食的機構。”“漆豆既作於昭襄王八年，器主自是昭襄王。”①漆豆時代、器主明確，銘文格式與同時期銅器銘文無異，在秦漆器中居於重要地位。

　　1999 年元月，湖南省常德市文物處在常德市德山寨子嶺發掘一座楚墓，出土一件漆盒。漆盒圓形，夾紵胎，口沿和圈足扣銅箍，口部銅箍還用銅鑲嵌成幾何紋夾渦紋圈足，器形與青川秦墓出土漆圓盒（M2∶10）極相似。盒底有針刻文字 4 行 14 字：“十七年大后詹事丞□，工師歇，工季。”龍朝彬《湖南常德出土“秦十七年太后”釦器漆盒及相關問題探討》②説：“‘詹事’，爲秦國專爲太后、王后、太子諸宮所置，負責宮内庶務，到漢代仍沿用……漆盒就是製成於秦昭襄王十七年（前 290），屬宣太后宮中之物。”秦孝文王華陽后，在莊襄王即位後爲華陽太后，卒於秦王政十七年。龍氏以爲秦王政時華陽后已失勢，雖爲楚人，不可能贈器於噩邑大夫（同墓出有“噩邑大夫鉨”銅璽），其説殆是。

　　抗日戰爭期間，長沙出土一件漆盫（或稱卮）。商承祚《長沙古物聞見記》卷上 16 頁《楚桼盫二則》云：“（蔡）季襄舊藏殘盫底一，三足及緣爲銅質，有鐫華，徑約十一公分。”“底外刻長方欄，納文四行。”器現藏美國舊金山亞洲藝術博物館，黃盛璋《秦二十九漆盫》發表照片及摹本③。器底銘文 4 行 17 字，曰：“廿九年大后詹事丞向，右工帀（師）象，工大人臺。”“大后”2 字商先生隸作“六月”，從黃先生照片看，其誤顯然。裘錫圭《從馬王堆一號漢墓遺册談關於古隸的一些問題》指出此爲秦器。李學勤《秦國文物的新認識》指出器作於昭王二十九年，大后即宣太后，她是楚人，和楚國有一定聯繫。拙著《秦銅器銘文編年集釋》也指出：“宣太后是一位聽政的女主，權力又極大，故以太后的名義製造器物，或爲她專造器物，都是合乎情理的。宣太后

---

①　王輝、尹夏清、王宏《八年相邦薛君、丞相殳漆豆考》，《考古與文物》2011 年第 2 期。

②　《考古與文物》2002 年第 5 期。

③　《中國文物報》1990 年 2 月 15 日。

之後的其他太后,恐怕就没有這種特權了。"

　　"事"前一字不很清楚,原先大多缺釋,或釋"空",與前"大后"二字連讀爲"大司空"("后"誤爲"司"),李學勤、黄盛璋改釋爲"詹"。黄先生説:"詹事見《漢書·百官公卿表》:'秦官,掌皇后、太子家,有丞……'《漢官儀》也説:'詹事秦官也。詹,有也,給也,秩二千石。'詹即'瞻'之初文,詹事猶言給事……據此盇則秦時已有丞,而漢承之。右工師當爲太后詹事屬官,設有左、右兩職,主造太后宫中器物,此亦爲秦制。"

　　"工大人"又見十三年相邦儀戈及上八年相邦薛君、丞相殳漆豆。

　　值得注意的是,此盇與十七年太后漆盒刻銘週邊皆有欄,欄外均有文字,極爲相似,其是否出自同一批工匠之手,值得考慮。盇銘丞名"向",盒銘"丞"後"工師"前一字不清楚,其是否爲"向右(或左)"2字之誤摹無法肯定,但可能性似不能完全排除。工師之名盇摹作象,隸作"象",是否爲盒銘"歕"之誤摹,亦無法肯定。

　　湖北雲夢睡虎地秦墓 M7 槨室門楣上有題記"五十一年曲陽士五(伍)邦"9字。"五十一年"應爲秦昭襄王紀年(前 256),因爲戰國秦君在位超過五十一年的祇有昭襄王,《雲夢睡虎地秦墓》推斷 M7 的入葬時間應在此年,當是。"曲陽"地名,即《漢書·地理志》常山郡之上曲陽縣,今保定市曲陽縣。王先謙《漢書補注》:"戰國趙地,趙武靈王攻中山,合軍曲陽,見《趙世家》;灌嬰從擊陳豨軍於此,見本傳。"《地理志》東海郡、九江郡亦有曲陽縣,但二郡在昭王時尚未入秦。士伍,士卒。"邦"爲士伍之名,《雲夢睡虎地秦墓》云:"關於 M7 槨室門楣上的'士伍邦',可能是該墓的墓主的名字與身份,也可能是工匠的名字與身份。"王輝以爲:"這兩種可能性中,當以前者爲大。秦陵趙背户村出土 18 件修陵工人的墓誌瓦文,記其姓名、籍貫、身份,與此題記相類。漢代棺上也多有墨書柩銘,如 1959 年發掘的甘肅武威磨嘴子漢墓 22 號棺蓋書'姑臧渠門里張□□之柩',23 號棺蓋書'平陵敬事里張伯昇之柩',亦相類。"[①]《説文解字·敍》説:"秦書有八體"……六曰署書,……"陳昭容説:"(此題記)爲罕見的秦署書資料,其文字結構爲篆書,但用

---

①　王輝、程學華《秦文字集證》第 341 頁。

筆方折近隸書,是戰國晚期秦民間俗書一般的形態。"①

　　睡虎地秦墓漆器上也多有針刻或烙印文字,如 M5:5 盒、M7:36 圓奩、M7:11 長盒、M9:27 耳杯、M11:31 樽、M13:10 盂上烙印"亭",M9:22 耳杯蓋頂、M:11:4 圓盒外底及蓋肩烙印"咸亭上",M11:18 耳杯外底針刻"士五(伍)軍"、烙印"亭"字,M11:16 盂外底針刻"上造□",M8:7 耳杯、M7:27 耳杯、M11:51 耳杯、M11:28 耳杯外底針刻"大女子娿(或隸作"娿")",M11:7 耳杯、M11:49 耳杯外底針刻"小女子",M11:3 圓奩蓋外壁刻"錢里大女子",M12:7 耳杯外底針刻"小男子",M11:6 橢圓奩外底、M13:30 耳杯耳下、M13:12 耳杯外底針刻"張"字,M5:14 卮外壁針刻"路里",M6:15 卮外底烙印"雇里",M11:1 圓盒蓋頂針刻"安里皇",M11:1 圓盒外壁烙印"包(麭)",M11:31 樽外底針刻"右"等。"士伍"指無爵男子,"軍"爲其名。"上造"爲秦爵之第二級,朱學文引睡簡《秦律雜抄》"有爲故秦人出,削籍,上造以上爲鬼薪,公士以下刑爲城旦",説:"由此可見,製作該件漆器的工匠應該是被罰作服勞役的鬼薪。那麼,漆器上針刻的'上造'爵位應該是被降級以後的爵位,其原來的爵位至少應是'簪裊'。"②關於"大女子、小女子、小男子",楊劍虹説:"這些漆器顯然不是官府手工作坊的產品,應屬個體手工業者的私人產品。"又説:"漆器製造工序複雜,要具備一定技術,不是'小女子'和'小男子'所能勝任的工作,這些漆器上刻有'小女子'和'小男子'是爲了謊報年齡,逃避服役。"③蕭亢達説:"(大女子娿、小女子、小男子)主要是對一定身高(當然也反映了年齡)之男、女的通稱。'小女子、小男子'極可能就是漆工的子女,'小女子、小男子'反映了秦代官營手工業作坊裏是使用了童工的。"④朱學文則説:"帶有'大女子娿、小女子、小男子'銘文的漆器,很有可能是以家庭成員爲主要勞動力的私營漆器手工業作坊的產品,不應是官府手工業產品,其中'大女子娿、小女子、小男子'應該是工匠子女,此類漆器應

①　陳昭容《秦系文字研究》第 155 頁。
②　朱學文《有關漆器銘文的幾個問題》。
③　楊劍虹《從雲夢秦簡看秦代手工業和商業的若干問題》。
④　蕭亢達《雲夢睡虎地秦墓漆器針刻銘記探析——兼談秦代"亭"、"市"地方官營手工業》,《江漢考古》第 69、70 頁,1984 年第 2 期。

是他們在做學徒期間的實習産品。"①三説中殆以後説爲近是。"包"讀爲"麃",《説文》:"麃,桼垸已,復桼之。"指在木器上塗漆灰,待乾後磨平再上漆,是一種製作漆器工藝。

安徽巢湖市北山頭一號漢墓出土一件橢圓形漆盒,外底部針刻:"十九年□□□左徹侯,一斗二斗〈升〉。今甘泉右般□□□□。"蓋頂針刻"大官"2字。同墓所出一件漆盤外底部針刻:"卅三年工帀(師)爲信宫茜。私官四升半。今西共□,今東宫。"②發掘者説:"從漆器上刻字處多數筆畫刺破漆皮的情况看,應是在該器下葬時臨時刻成的。查史可證,在西漢武帝以前,高、惠、景三帝在位均不到十九年,文帝雖在位二十三年,但十六年後即改元,更不用説三十三年了,此紀年祇有秦始皇執政超出此上數,但此墓根據出土器物的造型風格又絶非秦墓……從該器刻銘不避武帝諱推測,其製作年代當在武帝之前,再者,此紀年前没有冠以年號分析,或可證明是漢武帝創年號以前的紀年。據此,我們認爲所刻的'十九年'和'三十三年'紀年,應爲西漢武帝以前某一徹侯的紀年。"問題在於:西漢徹侯不可能有紀年,故此説誤甚。全洪《南越王墓出土秦代"西共"銀洗及相關問題》指出三十三年漆盤"爲秦始皇三十三年器"③,極是。全氏還指出"(三十三年漆盤)三十三年工帀(師)爲信宫茜"爲初刻,"私官四升半"爲第二次刻,"今西共□今東宫"爲後刻,"該漆盤乃工師所製器,用於信宫茜府;後移置某皇后或皇太后宫,由私官校驗;後來又移到西縣共厨及東宫"。"西工就是西縣共厨,即設在西縣供應西時牲厨用具的機構";"左般、右般"是大官(食官)之屬吏,在奉常、詹事和少府等機構皆有設置。今按:"西共左"刻文又見於珍秦齋藏西共罍、《漢金文録》所録杜共鼎④、廣州南越王墓出土西共銀洗⑤、西安相家巷出土秦封泥又有"西共、西共丞印"封泥⑥,諸器質地有銅、銀、漆木,銘文格式大致

①　朱學文《有關漆器銘文的幾個問題》。
②　安徽省文物考古研究所、巢湖市文物管理所《巢湖漢墓》第 111~115 頁,文物出版社 2007 年。
③　《文物》第 66~70 頁,2012 年第 2 期。
④　容庚《漢金文録》一・三一,中研院史語所石印本,1931 年。
⑤　《文物》2012 年第 2 期,第 66~70 頁,圖一、二。
⑥　《文物》2012 年第 2 期,第 66~70 頁,圖六、七;又周曉陸、路東之、龐睿《秦代封泥的重大發現——夢齋藏秦封泥的初步研究》圖149。

相同,可見供厨所需爲一整套膳食用具。

1978 年冬,河南泌陽縣官莊村秦墓出土一件漆耳杯,外底刻"烏氏□□"4 字。烏氏,秦縣。《史記·匈奴列傳》:"岐、梁山、涇、漆之北有義渠、大荔、烏氏、朐衍之戎。"張守節正義引《括地志》云:"烏氏故城在涇州安定縣東三十里,周之故地,後入戎,秦惠王取之,置烏氏縣也。"又同墓出土一件漆盒圈足内刻:"千。卅五年,□工歞(造)。"又烙印"二小妃"3 字。駐馬店地區文管會、泌陽縣文教局《河南泌陽秦墓》定此爲秦器①,"三十五年"爲秦始皇紀年。不過造字作"歞",僅見於韓兵器七年定陽令戈、三十三年鄭令戈等②,而不見於典型的秦器。又同墓出土另一件漆圓盒子母口鍍銀壁上刻"坪(平)安夫人"4 字,圈足漆書"坪(平)安夫人"4 字,刻"卅七年,工左匠造"7 字,蓋上漆書"壺工匠□士川"6 字。《河南泌陽秦墓》亦定此"三十七年"爲秦始皇紀年。實則"平安夫人"爲"平安君"之夫人。見同墓出土平安君二十八年、三十二年鼎。平安君是衛國的嗣君,見《史記·衛康叔世家》:"成侯十六年,衛更貶號曰侯。平侯八年卒,子嗣君立。嗣君五年,更貶號曰君,獨有濮陽。四十二年卒。"故"三十五年、三十七年"皆應爲平安君之紀年,文字亦當爲三晉文字,非秦文字。《河南泌陽秦墓》據泌陽墓出土銅鍪、蒜頭壺斷其爲秦墓,殆是。秦墓出其他國器物已有多例,本不足怪。

1993 年,湖北省荆州區關沮鄉清河村周家臺秦墓出土一批漆器,上多有文字③。ZM30:6 耳杯外底烙印一"亭"字。ZM30:11 耳杯外底烙印"亭"字,耳下外側針刻"大女□"3 字。ZM30:14 圓奩蓋頂内外壁烙印"亭"字,腹外壁、蓋邊外壁針刻"士五(伍)均"3 字。考古報告認爲:"'士五均'三字,這與雲夢睡虎地一一號秦墓中漆耳杯外底刻畫的'士五軍'三字相類同,'均、軍'同音通假,'士五均'即'士五軍'。據此我們可以看出兩者成文的時代是基本相同的。從而推斷兩墓下葬的年代相差不會太遠。"④睡虎地 11 號秦墓的下葬年代不早於秦始皇三十年,周家臺秦墓出土竹簡有秦始皇三十四

① 《文物》第 19 頁,1980 年第 9 期。
② 參看何琳儀《戰國古文字典》第 171 頁,中華書局 1998 年。
③④ 湖北省荆州市周梁玉橋遺址博物館《關沮秦漢墓簡牘》第 148 ~ 149 頁、《周家臺三〇號秦墓烙印刻畫文字摹本表》156 ~ 157 頁,中華書局 2001 年。

年、三十六年、三十七年、秦二世元年曆譜，其下葬年代不早於二世元年，器物年代在此年之前，二者相距不是很長，睡虎地耳杯與周家臺圓奩爲同一工匠製作，不是没有可能。

1993 年湖北省荆州市王家臺 15 號秦墓出土一件木盤。盤一面外週墨書二十八宿之名，内中四邊分書“金、木、水、火”，正中書“土”，其外寫有月份。另一面陰刻“一、乚”符號。此式時代爲“白起拔郢”（前 278）至秦末（前206）。式是古代數術家占驗時日的工具，分天盤與地盤，天盤圓形居中，地盤方形在外。古人將一年十二月分爲春、夏、秋、冬四季，又以五行（金、木、水、火、土）將一年五分，而二十八宿（斗、牛、女、虛……角、亢、氐、房、心、尾、箕）的運行也與四季配合。考古出土式盤已有多例，材質有銅、象牙、漆木，文字略有同異。

同墓又出土骰子 23 件，分大、小兩種。大者兩面分別陰刻數字“一、二、三、四、五、六”。2 件小者上面、底面空白，四個側面分別對刻“一、六”2 字，另 12 件小者所刻數字與大木骰子相同。骰子是賭具，投之以決勝負。多爲骨質、石質，又稱明瓊。秦陵出土石質者，爲球狀體，12 個圓面上刻“一”至“十二”的數字，相間交錯，另兩個上下對頂面刻“驕、賽”2 字。王家臺木骰子僅刻數字，時代或稍早。

1990 年，湖北省荆州市楊家山秦墓 M135 出土秦木器 80 餘件，絶大多數有針刻或烙印文字。M135 同時出土有竹簡 75 枚，多爲遣册，記載隨葬物品，此墓時代荆州地區博物館《江陵楊家山 135 號秦墓發掘簡報》定爲秦①，上限爲前 278 年，下限在西漢以前。也有學者定爲秦漢之際②。M135：13 耳杯底針刻“造葆”，烙印“合”。M135：12 耳杯底針刻“李、田十”。M135：6 耳杯底針刻“□里□”，耳上烙印“亭上、包”。M135：25 盂底亦烙印文字和符號。這些文字與睡虎地 M11 秦墓漆器文字内容、風格均接近。

1989 年，湖北省雲夢縣龍崗秦墓 M6 出土一件漆圓奩，蓋與底内面各針刻一“馮”字。同墓出土漆橢圓奩一件，蓋内面針刻一“馮”字，烙印“平、里亭”。

---

① 《文物》1993 年第 8 期。

② 陳振裕《湖北秦漢簡牘概述》，《新出簡帛研究》第 54～63 頁，文物出版社 2004 年。

# 第六章　秦璽印封泥

　　璽印在我國出現很早,它的起源應該與我國發達的製陶業有關。近人黃濬《鄴中片羽》和于省吾《雙劍誃古器物圖錄》中著錄了三枚傳河南安陽殷墟出土的銅璽,1980 年周原出土了兩枚西周璽印,爲璽印起源於三代的説法提供了實物依據①。由此可見《後漢書·祭祀志》"自五帝始有書契,至於三王,俗化雕文,詐僞漸興,始有印璽,以檢奸萌"的説法是有一定依據的。

　　古代爲了起到憑信或防止非法啓封的目的,對須要保存或密封運輸的物品或簡牘文書,用繩捆扎或用囊盛裝之後,在繩結上或封口處用膠質黏土封緘,並在上面用公私印章抑壓,再將黏土烘烤乾硬,使得其他人無法不留痕迹地隨便拆開,從而起到對封護對象的保護、保密和憑信作用。這些用於封護的膠質黏土,不管有無加蓋印章,均稱爲封泥。在以竹簡爲主要書寫載體的時代,璽印的使用形式主要是封泥。

## 第一節　秦璽印封泥研究

　　秦璽印在很長一段時間内没能從周秦印或秦漢印中分離出來而散落於各種璽印譜錄中;相應地,秦封泥也没有獨立爲研究的對象。相家巷秦封泥被全面揭示之前,秦封泥的數量和種類都極其有限,並且都是傳世品,所以學術界對秦印的認識也不十分清晰,秦璽印封泥的數量也没有比較準確的數目。

### 一、封泥性質的確認

　　封泥是農人的偶然發現而非科學發掘。清代道光二年(1822),四川的農民偶然掘得一些有文字的泥塊,後被古董商攜至京師,輾轉爲金石學家劉喜海、龔自珍及山西閻帖軒等人所得。當時學者把封泥稱做"印範子",不知道其用途,僅僅是珍藏欣賞。

---

① 　羅紅霞、周曉《試論周原遺址出土的西周璽印》,《文物》1995 年第 12 期。

真正對封泥的性質和用途做出正確判斷的是清末金石學家劉鶚。他編輯的《鐵雲藏陶》中有《鐵雲藏封泥》一卷,著録封泥 114 枚。

此後關於封泥的著録越來越多。吳式芬、陳介祺《封泥考略》(1904 年)收録封泥 846 枚;羅振玉《齊魯封泥集存》(1913 年)收録封泥 449 枚;陳寶琛《澂秋館藏古封泥》(1924 年)收録封泥 242 枚;周明泰《續封泥考略》和《再續封泥考略》(1928 年),前者收録封泥 454 枚,後者收録封泥 323 枚;吳幼潛《封泥彙編》(1931 年),綜合《考略》及周氏《續考》《再續考》三書,淘汰其重複及殘損過甚者,共收録封泥 1115 枚,是早期封泥著録的巨著;山東省立圖書館拓印歷年入藏的封泥輯成的《臨淄封泥文字》(1936 年)收録封泥 464 枚;孫慰祖等《古封泥集成》(1994 年)收録封泥 2642 枚,此書是 1993 年以前各種譜録和新出土封泥的匯總。1996 年再版時又增補了新出封泥 28 枚。

近年來遼寧、山東、陝西、河南、河北、江蘇、安徽、湖北、廣西、廣東等省、自治區又陸續出土一些古代封泥,時代最早的約爲西周晚期,大多數時代爲秦漢,少數爲魏晉遺物①。1997 年西安北郊相家巷出土數千枚秦封泥,迅速掀起了研究秦璽印封泥的熱潮。

**二、早期的秦璽印封泥研究**

由於人們對封泥性質的認識比較晚,並且早期僅是珍藏欣賞,封泥的重要性沒有被發掘出來。雖然後來封泥著録的專書很興盛,但秦封泥還遠遠沒有進入研究者的視野,更不可能成爲獨立的研究對象,因爲可得以確認的秦璽印封泥幾乎沒有。其實早期著録璽印和封泥的著作已經收録了部分秦璽印封泥,衹是對秦印的認識很模糊而不敢遽定。

元代中期楊遵《楊氏集古印譜》中王沂序文中最早提到"秦璽"。其後,元末劉績《霏雪録》、明末張學禮《考古印文正藪》、甘暘《印學集説》、徐上達《印法參同》等論著中都有關於秦璽印的論述。尤其是《印學集説》中"秦之印璽,少易周制,皆損益史籀之文,但未及二世,其傳不廣"的論述雖然不成體系,却代表了清代之前古人對秦璽印認識的最高水平。一直到清代中葉之前人們對秦印的認識仍然是模糊的。夏一駒《古印考略》、孫光祖《古今印制》都把戰國小璽誤作秦印。

① 　參曹錦炎《古代璽印》第 14 ~ 19 頁和孫慰祖《封泥的發現與研究》第 23 ~ 47 頁。

第一次明確標出"秦印"一類的是清代學者陳介祺,陳氏在《封泥考略》中提出的秦印標準主要是:職官地理符合秦制,印文風格同石鼓文、李斯小篆,印面有十字界格等。

早期的印譜或者封泥譜録一般都不作考釋研究,一定程度上阻礙了對秦璽印封泥的辨認。曹樹銘《秦璽考》是較早專門研究秦印的專著。早期曾對部分秦印加以考辨的學者有王獻唐、陳直等①。羅福頤《古璽印概論》較早對秦官印進行斷代研究,收録了 7 枚標準的秦官印;《秦漢魏晉南北朝官印徵存》摘選出 43 枚定爲秦官印。1949 年之前,專門研究秦印的文章很少②,蕭毅《古璽文字研究述略》對古璽文字的研究情況做了綜述③。先後對秦璽印封泥做過專門研究的學者有李學勤、羅福頤、秦進才、王獻唐、趙超、沙孟海、牛濟普、裘錫圭、王人聰、蕭高洪、陳雍、曹錦炎、龐任隆、葉其峰、許雄志、王輝、韓建武、孫慰祖、趙平安、陳重亨④等。隨着研究的深入,對秦印的瞭解越來越多,但是綜合性的研究仍然有待加強。

另外,研究先秦古璽印而涉及秦璽印封泥研究的論著還有林素清《先秦古璽文字研究》、李知君《戰國璽印文字研究》和蕭毅《古璽文字研究》⑤等。

### 三、新出土秦封泥資料的公布

1996 年底,路東之在首届新發現秦封泥學術研討會上公布了古陶文明博物館所藏秦封泥⑥。1997 年周曉陸等將同批封泥重新釋讀後公布⑦。在此之前,孫慰祖就已對流散至澳門珍秦齋的相家巷秦封泥做了研究,由於文章刊載於香港《大公報》,未引起内地學者的注意⑧。孫慰祖是最早研究和收録相家巷新出秦封泥並做出正確論斷的學者⑨。

---

① 　陳直《關於兩漢的手工業》,《兩漢經濟史料論叢》,陝西人民出版社 1958 年。
② 　《秦五大夫印》,《藝林旬刊》27 期,1928 年 9 月 21 日;《秦鉥》,《藝林旬刊》20 期,1931 年 11 月。
③ 　馮天瑜主編《人文論叢》2003 年卷,武漢大學出版社。
④ 　http://www.mebag.com/paper/paper32.htm#a 陳重亨《秦系璽印的印式探真》,篆刻網 Online 電子報第三十二 ~ 第三十七期。
⑤ 　中山大學 2002 年博士學位論文。
⑥ 　路東之《秦封泥圖例》。
⑦ 　周曉陸《秦代封泥的重大發現——夢齋藏秦封泥的初步研究》。
⑧ 　《新見秦官印封泥考略》。
⑨ 　孫慰祖《古封泥集成》。

　　1997 年 4 月,《書法報》公布了收藏於西安書法藝術博物館的部分封
泥①。7 月,傅嘉儀、羅小紅介紹了另一批相家巷出土的秦封泥②。8 月,任隆
又公布西安中國書法藝術博物館藏相家巷出土秦封泥部分内容③。

　　1998 年初,周曉陸等公布了後續入藏北京古陶文明博物館的秦封泥④,
對後續發現及他文發表的相家巷遺址秦封泥 67 品進行了考釋。不久,任隆
又公布了西安中國書法藝術博物館藏秦封泥的新品類⑤。

　　1999 年,傅嘉儀接連在《篆字印匯》《歷代印陶封泥印風》兩書中公布了
西安中國書法藝術博物館所藏大部分秦封泥,其中有不少新品種。

　　2000 年 5 月,周曉陸、路東之將已公布的相家巷出土秦封泥、北京古陶
文明博物館陸續入藏的秦封泥以及傳世封泥中可確認的秦封泥彙集成《秦
封泥集》,是當時搜集資料最多的著録專著;但今天看來此書資料收録並不
完整,仍須補訂。此外,《秦官印封泥聚》也收録了秦封泥的個別新品種。

　　2001 年 10 月,中國社科院考古研究所漢長安城工作隊公布了 2000 年 4
至 5 月間在相家巷遺址搶救發掘所得的全部封泥資料,共 325 枚 100 多個品
種,並對其中一些“文字清晰可辨”的封泥做了考釋⑥。王輝《西安中國書法
藝術博物館藏秦封泥選釋》《西安中國書法藝術博物館藏秦封泥選釋續》分
別考釋了一些秦封泥的新品類;周曉陸等也公布了一些新見的秦封泥⑦。

　　2002 年周曉陸、陳曉捷《新見秦封泥中的中央職官印》公布新見秦封泥
10 餘種。

　　2002 年 10 月周曉陸等《秦封泥再讀》對西安中國書法藝術博物館所藏
秦封泥部分新資料進行公布。同時,《新出秦代封泥印集》公布了西安中國

① 　倪志俊《空前的考古發現,豐富的瑰寶收藏——記西安北郊新出土封泥出土地點的發現
　　及西安中國書法藝術博物館新入藏的大批封泥精品》《西安北郊新出土封泥選拓》。
② 　傅嘉儀、羅小紅《漢長安城新出土秦封泥——西安中國書法藝術博物館藏封泥初探》;傅
　　嘉儀、倪志俊《秦封泥欣賞》。
③ 　任隆《秦封泥官印考》。
④ 　周曉陸等《西安出土秦封泥補讀》。
⑤ 　任隆《秦封泥官印續考》。
⑥ 　中國社會科學院考古研究所漢長安城工作隊《西安相家巷遺址秦封泥的發掘報告》;劉
　　慶柱、李毓芳《西安相家巷遺址秦封泥考略》。
⑦ 　周曉陸、劉瑞《新見秦封泥中的地理内容》。

書法藝術博物館所藏秦封泥的所有品種,附有簡要的考釋,但未説明每種封泥的數量。

2002 年 12 月,孫慰祖《中國古代封泥》收録了上海博物館 2001 年新入藏的海外回流的 178 枚相家巷遺址秦封泥中的一部分。但該書並不是所有館藏封泥的系統整理彙集,而祇是列舉性地介紹了 80 餘枚館藏品。

2003 年 1 月,《湖南龍山里耶戰國—秦代古城一號井發掘簡報》公布了隨同大量竹簡出土的部分封泥匣和數枚殘碎封泥的内容。這批封泥資料未引起注意,也没有相關研究論著發表。

2004 年 9 月 23 日,日本收藏家太田博史將他收藏的 250 枚秦代封泥捐贈給南京藝蘭齋美術館。這批資料後公布在《新出相家巷秦封泥》一書中,其中有數品爲新見品種。

自 1997 年至 2004 年底是新資料的集中公布階段,但大都局限於解釋單品封泥的文字意義和與文獻的簡單對照上,而没有將同類秦封泥歸類作系統研究。此後的兩年間,又有零星的新資料陸續發表。

2005 年下半年,周曉陸等《於京新見秦封泥中的地理内容》和《在京新見秦封泥中的中央職官内容》披露北京文雅堂等所藏的新見秦封泥品種。12 月,馬驥《西安新見秦封泥及其斷代探討》公布西安某私家所藏的 21 枚相家巷出土秦封泥,其中有數枚是未見報道過的新品種。這三篇文章是《秦封泥集》出版後所見新品類最多的一批資料,其中一些職官和地理名稱僅此一見,彌足珍貴。

2006 年 6 月,陳曉捷、周曉陸《新見秦封泥五十例考略——爲秦封泥發現十週年而作》公布文雅堂所藏秦封泥 50 品,其中又有數十種爲新見品。

2008 年 3 月,路東之《問陶之旅——古陶文明博物館藏品掇英》公布了古陶文明博物館藏西安北郊六村堡出土的秦封泥 31 枚。

2009 年,《新出汝南郡秦漢封泥集》收録了近年來河南出土的秦封泥 6 種 14 枚。

2010 年 11 月,青泥遺珍——戰國秦漢封泥文字國際學術研討會召開,出版了《青泥遺珍·戰國秦漢封泥文字國際學術研討會論文集》《新出戰國秦漢封泥特展圖録》,發布了楊廣泰的《新出封泥彙編》。《新出封泥彙編》

第二至五編收録秦封泥共計 434 種 2500 多枚,包括前文述及的周曉陸等人所公布的大部分資料,還囊括了《新出汝南郡秦漢封泥集》所包含的全部封泥。此書所收秦漢封泥數量大,新品較多,是一次性公布數量最多的秦封泥著録專書。

2012 年至 2014 年,《酒餘亭陶泥合刊》出版,《新出陶文封泥選編》輯成①。前者收録秦封泥 204 枚,後者收録秦封泥 842 枚。兩書所見資料中又有數十種新品。

至此,除個別公私收藏品(如上海博物館和北京漢唐閣部分藏品及西安某氏藏約 180 餘枚)和西安市文物園林局發掘所獲的秦封泥至今未見公布外②,西安相家巷出土秦封泥資料絶大多數已公布。可以預想,今後應該還會有新的秦封泥出土,無論出土地在何處、數量多少,其種類與現有目録相比恐難有大幅增加。

須要指出的是《秦官印封泥聚》③、《相家巷出土秦封泥百品》(收秦封泥100 品)、《原拓新出秦封泥》(收録秦封泥 261 種 648 品,有路東之序文)、《秦封泥集》、《古代封泥選粹》④、《西安交大藏秦封泥》⑤、《雙聖軒集拓秦官印封泥》(收録秦封泥 100 枚)、《相家巷出土秦封泥》(收録秦封泥 403 種764 品)、《西安新見秦封泥》和《近墨齋封泥緣》以及《路東之夢齋秦封泥留真》和《金石叢編——瓦當封泥文字卷》等⑥,因爲多是原拓本,加之發行數量極爲有限,我們尚未能寓目,但其中收録的秦封泥大多已經以不同形式公布。

**四、秦封泥的釋讀**

传世秦璽印和封泥的数量極其有限,故秦封泥的釋讀主要是相家巷出

① 周曉陸《酒餘亭陶泥合刊》,日本藝文書院 2012 年;楊廣泰《新出陶文封泥選編》,日本藝文書院(待版)。
② 筆者曾去西安文物考古研究所博物館(現名西安博物院)參觀,得見展出的部分封泥。
③ 上册收録 44 枚,下册 45 枚,總録秦封泥 89 種 89 品,書前有《新見八十九品秦代封泥述略》一文。按:蓋因此書係輯拓北京文雅堂藏新出秦代官印封泥之拓痕而成,以往學者引用時大多標注“北京文雅堂 2000 年”,現據楊廣泰《封泥研究資料及相關文獻目録》(《青泥遺珍·戰國秦漢封泥文字國際學術研討會論文集》第 179 頁)一文更正。
④ 文雅堂 2008 年。
⑤ 四册原拓,文雅堂 2009 年。
⑥ 《金石叢編——瓦當封泥文字卷》,古陶文明博物館、文雅堂 2002 年。

土的數千枚封泥的釋讀。由于秦文字承繼西周文字傳統,相對於風格多變的東方六國文字來説比較容易辨識,故秦封泥在發表的時候,公布者大都做了很好的考釋。

最先對相家巷出土秦封泥做出判斷和初步研究的是孫慰祖《新見秦封泥官印考略》,"以文字和形制言,多屬秦代",後來的研究證明了這個判斷很有先見性。

周曉陸等《秦代封泥的重大發現——夢齋藏秦封泥的初步研究》將夢齋所藏秦封泥的精粹部分披露於世(這批封泥曾在首屆新發現秦封泥學術研討會以油印本的形式公布過①),此後又有《西安出土秦封泥補讀》糾正了最初的部分誤釋。

周偉洲《新發現的秦封泥與秦代郡縣制》對秦封泥中的有關地名做了新的釋讀。史黨社《新發現秦封泥叢考》、任隆《秦封泥官印考》《秦封泥官印續考》等文結合西安中國書法藝術博物館尚未發表的資料,對當時已經公布的秦封泥陸續做了補充釋讀。傅嘉儀、羅小紅《漢長安城新出土封泥——西安中國書法藝術博物館館藏封泥初探》對該館所藏相家巷新出秦封泥做了初步介紹。

首批資料刊發後,學術界一方面不斷對舊説進行補充,另一方面又有一些新資料陸續公布。周曉陸、劉瑞《九十年代之前所獲秦式封泥》將清代以來至20世紀80年代出土或著録的秦式封泥進行整理研究。周曉陸、路東之《秦封泥集》中的釋文和略考比最初發表資料時更加詳盡和精確。周曉陸、陳曉捷《新見秦封泥中的中央職官印》,周曉陸、劉瑞《新見秦封泥中的地理內容》,周曉陸、路東之、劉瑞、陳曉捷《秦封泥再讀》對整理中的西安中國書法藝術博物館所藏有關秦職官、地理、宮禁的部分封泥進行考釋。周曉陸、劉瑞、李凱、湯超《在京新見秦封泥中的中央職官內容——紀念相家巷秦封泥發現十週年》披露了北京文雅堂所藏部分新見品種的秦封泥資料,並對以往著録的少量品類重新解釋。周曉陸、陳曉捷、湯超、李凱《於京新見秦封泥中的地理內容》又對北京文雅堂所藏有關地理內容的新資料進行了披露。陳曉捷、周曉陸《新見秦封泥五十例考略——爲秦封泥發現十週年而作》公

---

① 路東之《秦封泥圖例》。

布文雅堂藏秦封泥新見品數十種。

王輝的一系列文章,如《新出秦封泥選釋(二十則)》①對部分秦封泥做了考釋。《秦文字集證·秦印通論》對當時公布的所有秦封泥都做了精要的考釋,是當時所做釋文最多的著作。《秦印考釋三則》《西安中國書法藝術博物館藏秦封泥選釋》《西安中國書法藝術博物館藏秦封泥選釋續》《秦印封泥考釋(五十則)》等文,不斷對已有的釋讀補充訂正,另一方面跟隨新發表的資料做出考釋。此外,馬驥《西安新見秦封泥及其斷代探討》對西安某氏所藏的秦封泥作了釋讀。

隨着這批封泥出土具體地點的明確和隨後的搶救性的科學發掘,《西安相家巷遺址秦封泥的發掘》簡報發表,劉慶柱、李毓芳《西安相家巷遺址秦封泥考略》,對其中116枚“文字清晰可辨、保存基本完整”的封泥做了詳盡的考釋。劉慶柱後又發表《新獲漢長安城遺址出土封泥研究》。

周天游、劉瑞《西安相家巷出土秦封泥簡讀》結合新公布的張家山漢簡對已公布的散見於各報刊雜誌的419種秦封泥進行了比較研究②。趙平安結合秦漢官印對部分秦封泥也做了考釋③。周雪東《秦漢内官、造工考》、劉瑞《“左田”新釋》《秦工室考略》、陳曉捷《“走士”考》《學金小札》等對單個品種的封泥進行了深入的釋讀。

傅嘉儀《新出秦代封泥印集》和《秦封泥彙考》對西安中國書法藝術博物館藏秦封泥資料做了完整公布,但文字考釋略顯簡單。

因受相家巷秦封泥發現的影響,陝西歷史博物館也公布了館藏的69枚封泥,其中就有數枚秦封泥④。吳鎮烽文説這些封泥“大都出土於西安北部的漢長安城遺址中”,大概即後來的相家巷一帶。另外,濟南市博物館也對該館舊藏界格封泥做了考釋,其中大多是已經見於譜録的秦封泥⑤。

---

① 《秦文化論叢》第6輯,西北大學出版社1998年。

② 《文史》2002年第3輯(總60輯)。按:劉瑞文誤爲“《考古學報》2001年第4期”。見劉瑞《1997—2002年間西安相家巷出土秦封泥研究綜述》注㉚。

③ 《秦西漢誤釋未釋官印考》;按:劉瑞文誤做“《文史》2002年第3輯”,見《1997—2002年間西安相家巷出土秦封泥研究綜述》注㉙。

④ 吳鎮烽《陝西歷史博物館館藏封泥考》(上)(下)。

⑤ 李曉峰、楊冬梅《濟南市博物館藏界格封泥考釋》,《中國書畫》2007年第4期。

### 五、秦封泥時代的確認

相家巷秦封泥剛出土時,學術界還沒有認識到這批封泥資料的重大意義。在周曉陸、路東之等人的努力下,又經過北京及西北大學有關專家的辨識肯定,相家巷出土封泥的真實性和時代得到初步確認——大家大都認爲這批封泥屬秦王朝遺物無疑,下限在秦滅亡;上限則有秦統一、戰國晚期(呂不韋執政之前)。參加這場論爭的學者有周曉陸、路東之①、李學勤②、張懋鎔③、李陵④、王輝⑤、劉瑞⑥、史黨社、田靜⑦等。但 2001 年之前學者們討論這批封泥時代的依據祇是封泥本身的内容,如據多次出現的"邦"字而推斷這批封泥早於西漢,再與文獻記載對照來佐證。

2001 年 4、5 月間,中國社科院考古研究所漢長安城工作隊在相家巷遺址進行搶救發掘,獲得 325 枚 100 多個品種的封泥資料,並且從考古地層關係上限定了這批封泥的時代"應屬戰國晚期或秦代,不會晚到漢",解決了秦封泥發現以來關於其所屬年代的爭論。

### 六、秦封泥出土地性質的論爭

較早大批出土秦封泥的相家巷南地的屬性至今懸疑未定,主要有秦甘泉宮⑧、信宮⑨和北宮⑩等不同看法。鑒於西安市文物保護考古所發掘的大批資料尚未公布,所以這一問題的研究目前處於停滯狀態,有待突破。根據相家巷出土封泥的種類及其比例以及秦統一前後重要宮室的分布狀況,我們認爲可能是秦信宮,也就是秦始皇爲自己所建的寢廟。

隨着秦封泥的新資料不斷公布,目前所知出土秦封泥的地點已不限於相家巷南地一處,如與之鄰近的六村堡,還有高陵縣、河南平輿古城村等地。

---

① 周曉陸、路東之、龐睿《秦代封泥的重大發現——夢齋藏秦封泥的初步研究》。
② 李學勤《秦封泥與秦印》。
③ 張懋鎔《試論西安北郊出土封泥的年代與意義》。
④ 李陵《漢長安城出土印泥的斷代與用途》。
⑤ 王輝《也談西安北郊出土封泥的斷代》。
⑥ 劉瑞《也談長安城出土封泥的斷代與用途》。
⑦ 史黨社、匡靜《新發現秦封泥叢考》。
⑧ 陳根遠《西安秦封泥出土地在秦地望芻議》;田靜、史黨社《新發現秦封泥中的"上淁"及"南宮""北宮"問題》;劉慶柱、李毓芳《西安相家巷遺址秦封泥考略》。
⑨ 劉瑞《秦信宮考——試論秦封泥出土的性質》。
⑩ 周曉陸、路東之編著《秦封泥集》第 62 頁。

據已公布的資料信息,這些出土秦封泥的地方也同時出土漢封泥①。這個現象說明無論是相家巷還是六村堡、高陵縣、河南平輿古城,這些地方在秦漢時期應該是連續使用的,至於每個地點的性質則須要根據所出封泥品類以及相關考古資料來進一步確認。相信隨着更多準確信息的披露,出土秦封泥的各個地點的性質也會逐漸明確。

### 七、秦璽印封泥與秦漢歷史文化的綜合研究

秦璽印封泥主要的研究價值在於官制和地理兩個方面。90 年代之前,由於秦璽印封泥品類和數量少,且多屬傳世品,其證史、補史的價值未引起研究秦漢史學者的重視。相家巷秦封泥大批出土後,秦封泥補苴秦史的價值一下子突顯出來,而秦史中一些迷霧的廓清又爲漢代相關制度的溯源提供了直接的歷史依據,對秦漢史研究大有裨益。

周曉陸、路東之《空前的收穫,重大的課題——古陶文明博物館藏秦封泥綜述》,對秦封泥與秦漢史的研究作了展望;張懋鎔《試論西安北郊出土封泥的年代與意義》深刻揭示了秦封泥多方面的意義;黄留珠《秦封泥窺管》研究了職官制度;周偉洲《新發現的秦封泥與秦代郡縣制》研究了秦郡縣制;余華青《新發現的封泥資料與秦漢宦官制度研究》研究了秦宦官制度;周天游《秦樂府新議》研究了秦樂府制度的發生和發展演變;周曉陸、陳曉潔《秦漢封泥對讀》結合漢代封泥考察了秦漢職官、地理的沿襲更替。另外,李學勤《秦封泥與秦印》對秦封泥與秦璽印的關係進行了闡述。這組文章將新發現的秦封泥與秦漢史的研究緊緊聯繫起來。此後的《秦封泥集》中李學勤、袁仲一、余華青在各自所作的序跋中對秦封泥與秦漢史的研究作了更加深入的論述。

周曉陸、路東之《秦封泥的發現與研究》②、《秦封泥集》上編第一章《秦封泥簡論》和《秦封泥的考古學發現與初步研究》③都對秦封泥與秦史研究做了探討。另外,周曉陸的一系列文章對秦封泥中反映的江蘇、安徽、河南、河北、甘肅等地的郡縣設置及相關歷史問題結合文獻資料做了説明④。

---

① 參路東之編著《問陶之旅——古陶文明博物館藏品掇英》。
② 黄留珠、魏全瑞主編《周秦漢唐研究》第 1 輯,三秦出版社 1998 年。
③ 北京師範大學歷史系編《史學論衡》(上册),北京師範大學出版社 2002 年。
④ 周曉陸《秦封泥所見江蘇史料考》《秦封泥所見安徽史料考》《秦封泥與中原古史》《秦封泥與甘肅古史研究》;周曉陸、孫聞博《秦封泥與河北古史研究》。

　　田靜、史黨社對新發現秦封泥中的“上潗、南宫、北宫”問題進行了專題研究①；任隆探討了秦丞相制度和秦封泥中所反映的手工業狀况以及秦封泥與檔案管理②；劉瑞研究了秦漢時期“將作大匠”的變遷③，結合新出土封泥對秦“屬邦、臣邦、典屬國”之間的關係進行了重新探討④。彭衛研究了秦漢時期的洗浴習俗⑤，張冬煜就秦封泥與秦陶文的關係進行了研究⑥，通過秦封泥對秦檔案管理進行研究的還有樊如霞⑦，周曉陸、陳曉捷對秦封泥中有關中央職官、宫禁做了考釋⑧，趙平安分析了秦官印和漢代官印的田字格問題⑨。

　　周曉陸、劉瑞、路東之等綜合運用新出土秦封泥的各種特徵對各種譜録中著録的秦封泥進行了輯録，並運用已有的秦封泥知識對遼寧等地出土的封泥進行斷代確認，提出“秦式封泥”的概念⑩。王輝結合新出土秦封泥對秦代苑囿進行了補充論述⑪，還對前階段的秦封泥研究做了階段性的總結和評價⑫。斯路首先提出了秦封泥辨僞的問題，首次披露西安及北京民間文物市場出現的僞品秦封泥⑬。孫慰祖結合新公布的實物資料總結出一些斷代和辨僞的原則⑭。

　　利用秦封泥中的相關字形對楚簡和齊陶文中的疑難問題進行研究的有

① 田靜、史黨社《新發現秦封泥中的“上潗”及“南宫”“北宫”問題》。
② 任隆《秦國歷史上的丞相》《從秦封泥的發現看秦手工業的發展》《秦代的封泥》《一個由遺棄物紐成的“秦代中央檔案館”》。
③ 劉瑞《秦漢時期的將作大匠》。
④ 劉瑞《秦“屬邦”“臣邦”與“典屬國”》。
⑤ 彭衛《秦漢時期的洗沐習俗考察》。
⑥ 張冬煜《秦印與秦陶文》。
⑦ 樊如霞《秦代官印封泥出土》《“封泥”與秦政文化》《“封泥”檔案與秦政文化》。
⑧ 周曉陸、陳曉捷《新見秦封泥中的中央職官印》。
⑨ 趙平安《秦西漢官印論要》。
⑩ 周曉陸、劉瑞《九十年代之前所獲秦式封泥》；周曉陸《新蔡東周城址發現“秦式”封泥》；周曉陸、路東之《新蔡故城戰國封泥的初步考察》，《文物》2005 年第 1 期。
⑪ 《出土文字所見的秦苑囿》，考古與文物叢刊第四號《古文字論集（二）》，2001 年。
⑫ 王輝《秦封泥的發現及其研究》。
⑬ 斯路《秦式封泥的斷代與辨僞》《秦封泥的斷代研究》。
⑭ 孫慰祖《封泥的斷代與辨僞》，《可齋論印新稿》第 92 ~ 117 頁。

白於藍①、趙平安②、李學勤③等。趙平安較早地對秦封泥的字體從文字學角度進行了考察④。任隆、陳菽玲對秦封泥的書法價值和篆刻藝術也加以關注⑤。此外,陳瑞泉對秦樂府的職能及作用做了進一步的探討⑥。

　　2010 年出版的《青泥遺珍‧戰國秦漢封泥文字國際學術研討會論文集》收錄關於秦封泥的研究論文有劉慶柱、李毓芳《西安相家巷遺址考古與秦封泥相關問題》,馬驥《西安近年封泥出土地調查》,王輝《秦封泥等出土文字所見内史及其屬官》,陳昭容《從封泥談秦漢"詹事"及其所屬"食官"》,曹錦炎《讀秦封泥"永巷"、"永巷丞印"札記》,孫慰祖《官印封泥中所見秦郡與郡官體系》,張煒羽《從相家巷秦封泥看摹印篆的文字特徵與演變過程》,張懋鎔《試論秦代封泥與漢初封泥的區分》,施謝捷《談〈秦封泥彙考〉〈秦封泥集〉中的藏所誤標問題》,松丸道雄、高久由美《中國古封泥在日本:介紹 20 世紀上半葉傳到日本的幾批中國古封泥》,李中華《東瀛所藏中國封泥述略》,楊廣泰、孔品屏《封泥研究資料及相關文獻目錄》等。以上研究所涉及的問題很廣泛,還提供了一些此前未知的秦封泥的内容和收藏信息,對秦封泥資料的收集整理也很有意義。

　　近年來以秦封泥爲題的碩士、博士論文有:林麗卿《秦封泥地名研究》搜集文獻資料比較齊全,但所據僅是《秦封泥集》,資料收錄並不完整;朱晨《秦封泥集釋》僅對秦中央官印部分做了彙釋,引證各家説法比較豐富,但新的見解較欠缺。王偉《秦璽印封泥職官地理研究》全面彙集了 2008 年之前的秦璽印封泥資料,有一定的參考價值,但須將此後新出資料及時補充。側重字形研究的有許海斌《秦漢璽印封泥字體研究》、徐冬梅《秦封泥文字字形研究》等。陈光田《戰国璽印分域研究》也辟有專章討論秦官印⑦。此外,陳重

---

① 白於藍《包山楚簡中的"巷"字》,《殷都學刊》1997 年第 3 期。
② 趙平安《釋包山楚簡中的"衕"和"遇"》,《考古》1998 年第 5 期。
③ 李學勤《秦封泥與齊陶文中的"巷"字》。
④ 趙平安《秦西漢印的文字學考察》,按:此文後注有"1997 年 10 月寫畢"字樣。
⑤ 任隆《西安北郊新出土秦封泥的印學意義》《秦封泥文字的書法價值》;陳菽玲《從秦封泥看篆刻藝術》。
⑥ 陳瑞泉《秦"樂府"小考》。
⑦ 廈門大學 2005 年博士學位論文;又嶽麓書社 2009 年。

亨《戰國秦系璽印研究》和韓麗《新出秦印研究》兩文未能寓目,詳情未知。

以上所及衹是比較集中地對秦封泥進行專題研究的概況,至於其他利用新出土秦封泥研究戰國文字、秦出土其他文字資料及有關秦漢史問題的論著還有很多。

### 八、秦璽印封泥研究總結與展望

因爲秦文字和秦歷史文化的研究一向受到研究資料匱乏的制約,新資料的出現往往能有力推動某方面研究的進展,秦封泥璽印的研究正是如此[①]。根據我們的觀察,秦璽印封泥的研究可以劃分爲以下三個階段:

第一階段爲 1997 年之前。因爲早期封泥資料譜録印行未廣,可確認的秦璽印封泥數量較少,品種單一,秦璽印封泥没有成爲獨立研究的對象,研究成果少,專題性論著更少,顯得比較沉寂。

第二階段爲 1997 年至 2001 年底,秦璽印封泥研究出現了一個熱潮。這段時間内秦璽印封泥研究的重點是資料的公布和文字的釋讀。釋讀工作較爲深入,但對一些具體品類無論是文字上還是内容的理解上都存在很大的差異。秦璽印封泥的分期斷代、秦職官制度的源流、地理疆域的歷史層次和沿革、秦漢史地的對比研究尚未深入,基本上停留在與《漢書·百官公卿表》和《地理志》的簡單對照上。

第三階段爲 2002 年至今。流散於公私收藏機構的秦封泥資料陸續公布,但綜合性、系統化以及能將秦璽印封泥研究推向深入的論著較少。1997年至 2002 年間的秦封泥研究狀況可參看劉瑞《1997—2001 年間秦封泥研究概況》和《1997—2002 年間西安相家巷出土秦封泥研究綜述》。在此基礎上,我們也較詳細地檢討了 20 世紀以來的秦璽印封泥研究狀況[②]。

目前,秦璽印封泥研究在資料積累和文字釋讀方面已達到一定的水準,但研究呈散點式、分散化狀態,尚處於初級階段,亟須對現有的研究成果進

---

① 近十年的秦封泥研究實際上也是對秦璽印的研究,因爲研究者一般都不把璽印和封泥作嚴格的區別,如王輝《秦文字集證》第四章《秦印通論》實際上囊括了秦璽印和封泥兩部分内容。我們認爲把二者聯繫起來進行研究並無不可,但二者性質上還是有一定區別的。

② 王偉《20 世紀以來的秦璽印封泥研究述評》,《陝西歷史博物館館刊》第 17 輯,三秦出版社 2010 年。

行整合,使之進一步地深化和系統化。

　　除繼續加強秦璽印封泥文字的本體研究外,今後須要展開的論題還有很多,如:爭議較大的個別單品封泥的深入研究;殘碎封泥的綴合研究;封泥泥體形態、背面封緘痕迹分型分類研究;文字内容相同而印面布局不同的封泥對比研究;秦封泥斷代的深入研究;秦封泥文字結構和書體風格的縱、横對比研究;内容高頻次雷同封泥與出土地性質的關聯性研究;不同職官或機構名稱的封泥在職官體系中所佔的比重,以及地名封泥的出現頻次和地域分布特點;各個出土地性質的探討和確認;秦封泥文字内容與秦其他類型文字資料的互證和對比研究;秦國和秦代職官制度的對比及系統研究;周、秦、漢相關制度的深入對比研究①;封泥中具體職官的職能及其演變的個案研究;郡縣名稱的溯源和地名的沿革等等。

## 第二節　秦璽印封泥的數量統計及相關問題

　　秦璽印在很長一段時間内没能從周秦印或秦漢印中分離出來而散落於各種璽印譜録中;相應地,秦封泥也没有獨立爲研究的對象。相家巷秦封泥被全面揭示之前,秦封泥的數量和種類都極其有限,並且都是傳世品,所以學術界對秦印的認識也不十分清晰,秦璽印封泥的數量也没有比較準確的數目,二者的這種相互影響給研究者造成種種不便。因此很有必要對秦璽印、封泥的詳細品類做一統計説明。以下就我們所收集的資料,對秦璽印封泥的著録情況做簡單説明。

### 一、秦璽印的數量和種類

　　秦璽印分散於各種譜録及論著中,著録時一般僅有印面文字拓本而無印鈕、藏所和尺寸等信息,並且多有重複。較集中地著録秦璽印的論著主要有:

　　羅福頤編《故宮博物院藏古璽印選》收録秦官印 16 枚。

　　羅福頤《秦漢南北朝官印徵存》卷一收録秦官印 43 枚。20 世紀 80 年代之前出土和傳世的秦官印基本上已經包括在内。卷二收録的 51 枚"漢初期官印"和卷三"前漢官印"中的一些半通印中,應該還有相當部分應爲秦印。

---

①　李學勤在《秦封泥集》序中已經提到周制與秦制的源流關係。另外,新發表的張家山漢簡中大量漢初職官資料也是可資對比的材料。

曹錦炎《古璽通論》第十章《秦》論及秦官印 53 枚;《古代璽印》論及秦官印數十枚。

任隆《試論秦官印及其藝術特色》論及秦官印 80 餘枚。

許雄志《秦代印風·秦代官印》著録秦官印 130 枚。

王人聰《秦官印考述》考論秦官印 65 枚,《秦鄉印考》考釋秦鄉印 2 枚①,《論西漢田字格官印及其年代下限》涉及秦官印 10 餘枚。

蕭春源《珍秦齋藏印·秦印篇》收録秦官印 10 枚②。

吳振武《陽文秦印輯録》收録秦陽文官印 8 枚。

周曉陸、路東之《秦封泥集·附録一》收録各類秦式公印總計 131 枚,但其中個別恐非秦印。

王輝《秦印探述》收録各類秦官印 82 枚③;《秦文字集證·秦印通論》收録各類秦印連同封泥 784 枚。

另外,各種譜録或論著中包含秦官印的還有《十鐘山房印舉》《上海博物館藏印選》《古璽彙編》《周叔弢先生捐獻璽印選》《伏廬藏印》《印典》《湖南省博物館藏古璽印集》《陝西新出土古代璽印》《鴨雄緑齋藏中國古璽印精選》《香港中文大學文物館藏印續集二》《中國璽印類編》《可齋論印新稿》《鑒印山房藏古璽印精華》《二十世紀出土璽印集成》《方寸乾坤——珍秦齋藏歷代璽印精品集》《風過耳堂秦印輯録》《盛世璽印録》等。還有一些秦官印零星見於一些考古報告、難得一見的古印譜、私家藏品的印集等。

總結以上資料,共得秦官印 218 種 241 枚。

**二、秦封泥數量和種類**

相家巷秦封泥出土之前,秦封泥資料並無專門譜録著録,《秦封泥集》搜羅了 1997 年之前各種譜録、報刊和發掘報告中可確定爲秦封泥的資料。西安北郊相家巷、六村堡以及高陵等地出土的秦封泥較集中收藏於西安中國書法藝術博物館、北京古陶文明博物館、北京文雅堂及日本數個公私機構。各處所藏秦封泥的著録情況較爲複雜,以下就各論著收録情況做簡單説明。

---

① 王人聰《古璽印與古文字論集》。
② 此書還著録了相家巷出土秦封泥 12 枚。
③ 王輝《秦印探述》,《文博》1990 年第 5 期;後收入《一粟集——王輝學術文存》。

詳參本節附録《秦封泥資料統計簡表》。

1.《秦封泥集》收録的資料。主要包括兩部分：一是 1997 年之前各種譜録、報刊、發掘報告及澳門珍秦齋所藏的全部資料，共計 211 種 424 枚。不過仍有個別資料失收漏收。二是相家巷出土的流散封泥資料的一部分，主要是北京古陶文明博物館 204 種 916 枚、西北大學 20 枚（古陶文明博物館捐贈）、西安書法藝術博物館藏 93 種 93 枚①、日本古河市篆刻美術館 79 枚。加上該書《附章》的殘碎封泥，《秦封泥集》所收封泥資料共計 1557 枚。

2.《秦封泥集》出版後陸續公布的資料

（1）《西安相家巷遺址秦封泥的發掘》公布的資料。據《發掘·出土封泥統計表》，除去 3 枚無字封泥和 9 枚文字漫漶者，《發掘》共公布了包括殘字封泥在内的 185 種 313 枚秦封泥的資料。

（2）《新見秦封泥中的地理内容》公布的資料。此文依據的材料是《歷代印匋封泥印風》《秦封泥集》《秦官印封泥聚》《西安中國書法藝術博物館藏秦封泥選釋續》等，共計 38 種。因書博藏品著録於《新出土秦代封泥印集》和《秦封泥彙考》兩書，文雅堂藏品大多已經收入《新出封泥彙編》，有些也見於《於京新見秦封泥中的地理内容》一文。經對照去重，可確定與其他封泥不重複的 5 種。

（3）《新見秦封泥中的中央職官印》公布的資料。此文依據的材料爲《歷代印匋封泥印風》《秦封泥集》《秦官印封泥聚》《西安中國書法藝術博物館藏秦封泥選釋續》等，共 47 種，各種類品數不詳。這 47 種封泥中與之前公布的資料不重複的共 12 種。

（4）"上海博物館藏品研究大系"之《中國古代封泥》公布的資料。該書未説明上博所藏封泥的詳細目録，故不是館藏封泥的系統整理彙集，而像是隨文舉例性介紹。據第一章《館藏封泥的來源與概況》，上海博物館收藏的古代封泥 1000 餘枚，秦系封泥 300 餘枚，包括近年徵集相家巷所出秦封泥流散品 178 枚（官印封泥 167 枚、私印封泥 11 枚）106 種，其餘爲傳世品。但是該書没有列出秦封泥的詳細品目，而祇是舉例性地介紹了部分館藏秦封泥。

又據作者在第二章《館藏封泥的斷代》第一節《戰國封泥》和第二節《秦

① 騶丞之印、中宫、酁丞、中廄，這 4 枚封泥《秦封泥集》注明是《書法報》和《秦陵秦俑研究動態》著録，應該是西安中國書法藝術博物館藏品，但是《新出秦代封泥印集》未收録。

代封泥》的行文中提及或舉例的品種統計,可確定屬秦官印封泥的有 135
枚。因《中國古代封泥》一書中未逐一注明"傳世品"或"新獲品",故 135 枚
秦封泥資料中,可確知屬於"新獲品"者不超過 60 枚。

上博館所藏秦封泥中,除去以往曾以各種方式已著錄過(如《古封泥集
成》等)的之外,《秦封泥集》失收和此前未經著錄的約有 85 枚(67 種)。

(5)《於京新見秦封泥中的地理内容》公布的大部分是北京文雅堂藏
品,共計 77 枚。其中不見於《新出封泥彙編》的 46 種(46 枚)①。

(6)《在京新見秦封泥中的中央職官内容》公布的大部分是北京文雅堂
所藏新品,共 100 枚。其中不見於《新出封泥彙編》者 51 種(51 枚)。

(7)《西安新見秦封泥及其斷代探討》公布了涉及職官、地名的 21 枚秦
封泥資料。

(8)《新見秦封泥五十例考略——爲秦封泥發現十週年而作》介紹的是
北京文雅堂所藏新品,共 50 枚。其中不見於《新出封泥彙編》的 41 枚。

(9)里耶戰國—秦代古城出土秦封泥 10 餘枚。《湖南龍山里耶戰國—
秦代古城一號井發掘簡報》介紹了 4 枚文字相對完整者。《里耶發掘報告》
隨文附錄了 10 枚封泥拓本,多殘破。除去殘破過甚、文字不可辨認者,我們
統計了 8 枚封泥。

3. 西安中國書法藝術博物館藏秦封泥。曾陸續在《書法報》《收藏》《秦
陵秦俑研究動態》等刊物以及《篆字印匯》《歷代印匋封泥印風》兩書中公布
了大部分資料。後又在《新出土秦代封泥印集》和《秦封泥彙考》兩書中完
整公布了該館所藏全部秦封泥資料,共計 341 種 631 枚(包括 17 種 28 枚非
官印封泥),其中官印封泥 324 種 603 枚②。

4. 北京古陶文明博物館藏秦封泥。資料包括相家巷出土秦封泥和六村
堡出土秦封泥兩部分。古陶藏相家巷出土秦封泥先由周曉陸、路東之等人
陸續刊發於各種期刊雜誌。這些秦封泥資料絕大部分收錄於《秦封泥集》

---

① 《於京》所收封泥溢出《新出封泥彙編》者 47 種,其中"櫟陽左工室丞"已經見於《新見秦
封泥中的地理内容》(圖 3),故不再重複計算。
② 《新出土秦代封泥印集》收錄了 341 種 341 枚(正編 306 種 306 枚、待考 35 種 35 枚)。
《秦封泥彙考》收錄西安中國書法藝術博物館全部藏品共計 341 種 631 枚(包括 17 種 28
枚非官印封泥)。

《秦封泥彙考》兩書。其中《秦封泥集》收録 916 枚,《秦封泥彙考》收録 945 枚。路東之另編有《古陶文明博物館藏戰國封泥》等專書著録所藏封泥。由於古陶文明博物館所藏相家巷出土秦封泥的詳目不得而知,故此部分封泥資料參見《秦封泥集》《秦封泥彙考》兩書的收録情況。

古陶文明博物館藏西安六村堡新出土部分秦封泥資料主要見於《問陶之旅——古陶文明博物館藏品掇英》,除去 1 枚私印("魏文之印")和 1 枚單字封泥("始")外,共計 29 枚。

5. 北京楊廣泰文雅堂藏秦封泥。先後彙集成册的有《秦官印封泥聚》《相家巷出土秦封泥百品》《原拓新出土秦封泥》《相家巷出土秦封泥》《秦封泥集》等原拓本。2010 年出版的《新出封泥彙編》囊括了楊廣泰所有秦漢封泥藏品,包括前文述及的《於京》《在京》和《五十例考略》等三批秦封泥資料,還包括《新出汝南郡秦漢封泥集》中所包含的全部封泥(其中秦封泥 7 種 14 枚)。《新出封泥彙編》第二至五編收録的秦封泥共計 434 種 2520 枚,其中有大批新品秦封泥是首次刊布。

2013 年,文雅堂又將《新出封泥彙編》出版後新獲秦封泥 842 枚編入《新出陶文封泥選編》[1]。

6. 日本公私機構藏相家巷出土秦封泥。主要有:茨城縣古河市篆刻美術館所藏秦封泥 80 枚[2],《秦封泥集》收録了其中的 79 枚,漏收《封じる》46 號"郡右邸印"[3];滋賀縣東近江市觀峰館於 1997 年 4 月購入相家巷出土秦封泥 153 枚,其中秦官印封泥 151 枚爲未經著録的新資料;日本收藏家太田博史收藏秦封泥 250 枚,計 141 種(包括 7 種 8 枚非官印封泥)[4],這批封泥已於 2004 年 9 月轉贈南京藝蘭齋美術館。

7. 鑒印山房藏秦封泥資料。河南許雄志鑒印山房藏相家巷、平輿古城村等地出土秦封泥,共計 50 種 51 枚,著録於《鑒印山房藏古璽印精華》。

8. 周曉陸藏相家巷出土秦封泥。刊布於文雅堂策劃的金石文字叢刊之

---

[1]　楊廣泰編《新出陶文封泥選編》,日本藝文書院(待版)。

[2]　[日]松村一德編《封じる》。

[3]　施謝捷《談〈秦封泥彙考〉〈秦封泥集〉中的藏所誤標問題》。

[4]　[日]平出秀俊輯《新出相家巷秦封泥》。此部分資料承施謝捷先生惠賜,因未見原書,故著録信息不詳。

《酒餘亭陶泥合刊》,共計 135 種 404 枚。

9. 其他散見秦封泥資料。主要是 1 至 6 部分未及收入,或諸家失檢的零散秦封泥資料,計 29 枚。

10. 未公開刊布資料。西安市文物園林局搶救性發掘所得大批秦封泥,具體情況至今未見公布①。僅有少量陳列於西安市文物保護考古研究所博物館(西安博物院)展廳內。展出的封泥中,可確認爲秦官印封泥的有 32 種 34 枚。其中"九江司空""長安丞印"兩枚爲新見品種。

據《新出封泥彙編》附錄六《封泥暨相關文獻刊發時間序表》,西安交大藏相家巷出土秦封泥若干,但詳目不得而知②。

總結以上十項資料,剔除前後重複著錄者,存世的秦封泥資料超過了 1000 種,數量達 6700 餘枚。

### 三、小結

秦璽印封泥的數目以往没有一個較準確的數字,各家就自己所見資料加以估計,例如,研究者對相家巷等地出土的秦封泥數量和種類的估計就有相當大的差距,曹錦炎《古代璽印·秦印和秦封泥》(69 頁)"據不完全統計,數量已多達 2000 餘方。經初步整理,不重複者約 300 餘品";孫慰祖《中國古代封泥研究的歷史、現狀和展望》"今年新發現的秦封泥,據已公布的材料來統計,爲三百多種……因有部分材料尚未公布,故未見於前此已著錄過的官署、官職資料的具體數目,目前還不能準確報告"③。又在《相家巷封泥與秦官制研究——〈新出相家巷秦封泥〉序》中説"相家巷所出封泥的數量已近 5000 枚"④。岐嶇:"就目前掌握的資料看,這批秦封泥總數應在 6000 枚左右。"⑤周曉陸等《新見秦封泥五十例考略》:"可以有把握地説相家巷南地出土的秦式封泥,總數應當超過 6000 枚,至於品種,或可望千。"秦璽印封泥種類和數量的統計可以爲學術界研究秦璽印封泥提供一份翔實的基本資料。

---

① 此部分封泥正式公布的僅有 9 枚,釋文有誤者 3 枚。見西安博物院編《帶你走進博物館——西安博物院》第 88 頁。

② 《西安交大藏封泥》(四册原拓),文雅堂 2009 年。

③ 孫慰祖《可齋論印新稿》第 134 頁。

④ 孫慰祖《可齋論印三集》第 177 頁。

⑤ 岐嶇《古印趣話》第 20 頁,三秦出版社 2006 年。

## 附：秦封泥資料統計簡表

| 項　目 | | 資料出處 | 數量（枚）官印 | 數量（枚）非官印 |
|---|---|---|---|---|
| 1.《秦封泥集》收錄資料 | | 周曉陸、路東之《秦封泥集》 | 548① | 58 |
| 2.《秦封泥集》出版後陸續公布的資料 | （1） | 劉慶柱、李毓芳《西安相家巷遺址秦封泥的發掘》 | 313 | 0 |
| | （2） | 周曉陸、劉瑞《新見秦封泥中的地理内容》 | 5 | 0 |
| | （3） | 周曉陸、陳曉捷《新見秦封泥中的中央職官印》 | 12 | 0 |
| | （4） | 孫慰祖《中國古代封泥》 | 85 | 1 |
| | （5） | 周曉陸等《於京新見秦封泥中的地理内容》 | 46 | 1 |
| | （6） | 周曉陸等《在京新見秦封泥中的中央職官内容》 | 51 | 6 |
| | （7） | 馬驥《西安新見秦封泥及其斷代探討》 | 21 | 0 |
| | （8） | 陳曉捷、周曉陸《新見秦封泥五十例考略》 | 41 | 0 |
| | （9） | 湖南省文物考古研究所《里耶發掘報告》 | 8 | 0 |
| 3. 西安中國書法藝術博物館藏秦封泥 | 傅嘉儀 | 《新出土秦代封泥印集》 | 603 | 43 |
| | | 《秦封泥彙考》 | | |
| 4. 北京古陶文明博物館藏秦封泥 | 1 | 《秦封泥集》《秦封泥彙考》等 | 929② | |
| | 2 | 《問陶之旅》 | 29 | 2 |
| 5. 北京楊廣泰文雅堂藏秦封泥 | 1 | 《新出封泥彙編》③ | 2842 | 38 |
| | 2 | 《新出陶文封泥選編》 | 842 | 2 |
| 6. 日本公私機構藏秦封泥 | （1）松村一德 | 《封じる》 | 補收 1 | 0 |
| | （2）李中華 | 滋賀縣東近江市觀峰館藏秦封泥目錄見《東瀛所藏中國封泥述略》④ | 151 | 2 |
| | （3）平出秀俊 | 《新出相家巷秦封泥》（即南京藝蘭齋美術館藏品） | 242 | 8 |
| 7. 鑒印山房藏秦封泥 | 許雄志 | 《鑒印山房藏古封泥精華》 | 51 | 0 |
| 8. 周曉陸藏相家巷出土秦封泥 | 周曉陸 | 《酒餘亭陶泥合刊》 | 204 | 0 |
| 9. 其他散見資料 | | | 28 | 0 |
| 10. 未公開刊布資料 | | | 34 | 3 |
| 總　　計 | | | 6727 | 182 |

---

① 《秦封泥集》共收錄秦封泥 1557 枚，其中包括書博 93 枚、古陶 916 枚。由於書博、古陶藏品後面各自單獨統計，故不計書博、古陶的藏品，《秦封泥集》實際收錄秦封泥 548 枚。

② 《秦封泥集》收錄古陶藏品 916 枚，《秦封泥彙考》收錄古陶藏品 945 枚（929 枚官印封泥、16 枚非官印封泥）。爲避免重複計算，古陶藏品以《秦封泥彙考》收錄的數量爲準。

③ 《新出封泥彙編》包含了王玉清、傅春喜《新出汝南郡秦漢封泥集》中收錄的秦封泥資料。

④ 《青泥遺珍·戰國秦漢封泥文字國際學術研討會論文集》第 175 頁。

表中所列十項資料合併之後,可得秦封泥首字殘缺者 106 種 262 枚,其餘相對完整者 1053 種 6465 枚,總計 1159 種 6727 枚。

我們的彙集整理工作僅是秦璽印封泥系統深入研究的基礎,相信以後還會有不斷補充的可能和必要。

## 第三節　秦璽印封泥的基本特徵和秦印的判斷標準

由於秦文字與西周金文有很好的承繼關係,與六國古文面貌全然不同,秦印與戰國古璽相比,也有明顯的區分。除文字結構和風格迥然不同外,秦印在名稱、印面格式和文字布局、文字款識等方面也多有區別。近年來,秦封泥的批量出土爲秦印研究增添了大量新材料。以下從字數、印面布局、鈕制、材質、款式、文字內容等方面分別對秦璽印和封泥的特點作較爲全面的總結,以期對秦印的特徵有更準確的理解和判斷。

### 一、秦璽印的基本特徵

清末以來的中國古代璽印研究著作,無論是通論或專論,都或多或少涉及秦璽印。20 世紀以來,隨着對古璽研究的深入,秦印也有了一些公認的特點,如職官典制爲秦所特有,名稱上多稱印,亦間或稱璽;印文多爲鑿刻陰文,字體爲小篆,筆畫比漢印要纖細一些;"印"字末筆下折;印面爲正方形和長方形,有邊框和界格等。以下結合本文所搜集的 218 種 241 枚秦印資料,對秦璽印的各項要素作全面的展示和總結。

1. 字數。秦璽印字數從一字到五字都有,其中二字印和四字印的比例佔到整個秦璽印數量的 96% 以上,可見常説的田字格和日字格半通印是秦印的主流。

| | 一字印 | 二字印 | 三字印 | 四字印 | 五字印 |
|---|---|---|---|---|---|
| 品類(種) | 3 | 83 | 5 | 126 | 1 |
| 數量(枚) | 3 | 101 | 5 | 131 | 1 |

2. 印面形狀和文字布局。印面形狀和文字布局多樣化,有 ▯、◯、⊟、⊞、▨、▨、▨、▨、⊞、▨、▨、▨、▨、▨、▨、▨、▨、▨、⌗、▨、◈、▨ 等二十餘種格式。二字印多爲長方形,四字印印面多近正方形,佔絕對數量優勢的二字印和四字印以有邊欄和界格爲常見。

　3.印面尺寸。由於將傳世璽印視爲古代實用印的觀點正在受到嚴重懷疑,我們不能貿然用大部分可能並非實用性質的璽印來推測古代璽印的尺寸。楊廣泰的研究和試驗表明,用以鈐蓋秦封泥的母體璽印印面應在 2 釐米之內,而現存秦璽印印面總體上略大於現存封泥[①]。從已知的數據來看,秦印印面尺寸趨同中有差異,方形印面邊長在 2.2 釐米至 2.5 釐米之間,還有更小和更大的異形印[②]。半通印一般爲 2.3 釐米 × 1.2 釐米至 2.4 釐米 × 1.3 釐米之間,還有小至 1.1 釐米 × 1.8 釐米至 1.1 釐米 × 1.9 釐米之間者[③]。

　　即使如此,我們仍可以利用秦封泥的印面尺寸來估算當時秦官印的正常尺寸。另一方面,傳世品中有一些製作精良、文字綫條圓轉流暢、結體緊湊有力的秦璽印若可斷定爲實用印,則亦可用以研究當時實際用印的尺寸問題。

　4.鈕式。除鈕制不明者外,秦印鼻鈕數量最多,瓦鈕、蛇鈕佔一定比重,少數幾枚是龜鈕,應該還有魚鈕。杙鈕秦印僅見"市亭、咸郿里□"等三枚,可能是用於鈐蓋陶器。

| | 鼻鈕 | 瓦鈕 | 蛇鈕 | 魚鈕 | 龜鈕 | 杙鈕 | 無 | 鈕制不明 |
|---|---|---|---|---|---|---|---|---|
| 數量 | 119 | 15 | 16 | 8 | 3 | 3 | 1 | 76 |

　5.材質。除材質不明者和兩枚出土的印範是石質外,秦璽印大多爲銅質,也有少量陶質、玉質、銀質等。質料反映的應是身份地位的區別。

---

① 　楊廣泰《封泥芻議三題》,《西泠印社·封泥研究專輯》總第 18 輯第 25 頁,榮寶齋出版社 2008 年。

② 　已經公布的一些传世秦璽印尺寸如下:邦司馬印(2.5 釐米 × 2.5 釐米)、長安君(1.3 釐米 × 1.35 釐米)、蒼梧侯丞(2.4 釐米 × 2.4 釐米)、長平鄉印(2.3 釐米 × 2.3 釐米)、廣平君印(2.4 釐米 × 2.4 釐米)、襄陰丞印(2.4 釐米 × 2.4 釐米)、泰上淩左田(2.5 釐米 × 2.5 釐米)、宜春禁丞(2.45 釐米 × 2.45 釐米)、宜陽津印(2.3 釐米 × 2.3 釐米)、右廐將馬(2.45 釐米 × 2.5 釐米)、浙江都水(2.5 釐米 × 2.5 釐米)、左礜桃支(2.5 釐米 × 2.5 釐米)等。以上數據見孫慰祖《戰國秦漢璽印雜識》,《可齋論印新稿》第 68 ~ 72 頁。另如幾枚可確認爲秦的魚鈕印,方形印面爲 2.5 釐米 × 2.5 釐米,半通印爲 2.5 釐米 × 1.4 釐米,而"泰倉"印面尺寸達到了 2.6 釐米 × 1.5 釐米。以上數據見[日]菅原一廣《對魚鈕官印的考察》。另,秦都咸陽故城遺址出土一枚陶質陽文反書"咸郿里□"印章,呈長方四棱錐體,印面爲 2.7 釐米 × 2 釐米,顯然是陶工用以戳印陶器。陝西省博物館、文管會勘察小組《秦都咸陽故城遺址發現的窯址和銅器》,《考古》1974 年第 1 期,第 20 頁圖四,8。

③ 　王輝《秦文字集證·秦印通論》第 256 頁。

6. 款識。秦璽印大多爲鑿刻陰文，陽文秦印有 13 枚（賜璽、東市、革工、軍市、雟都、犛市、市北、市器、市亭、寺工、王戎兵器、襄陰、左中）；鑿刻常見，偶有鑄款（樗邑尉印）。

7. 文字内容。存世的秦璽印在整體上顯得非常龐雜。文字内容五花八門，既有邦君封印，又有極低級小吏印；既有中央機構用印，又有郡縣丞及鄉亭用印，還有後宮性質的私官印；既有常規的官府事務用印，又有工官行業及市場用印，還有一些印的性質不明，文字内容怪異，如絲璽、桃目、右淳右般等，所指不明。

## 二、秦封泥的基本特徵

秦封泥中傳世品約 200 餘種 400 餘枚。20 世紀 90 年代以來，相家巷、六村堡、高陵、平輿古城村等地新出土的秦封泥超過 6000 枚，是存世秦封泥的絶對大宗。以下從字數、印面布局、形態特徵、文字内容等方面做幾點説明。

1. 字數。秦封泥字數從一字到六字都有。在所有 1159 種 6727 枚秦封泥中，首字殘缺者 106 種 262 枚。構成秦封泥主體的其餘 1053 種 6465 枚中，一字印 3 種，二字印 226 種，三字印 2 種，四字印 816 種，五字印 4 種，六字印 2 種。四字印和半通印所佔的比例分别爲 77.5% 和 21.5%，二者合起來所佔的比例近乎 99%，由此可見秦印字數的實際情況，亦與現存秦璽印情況高度一致。

2. 印面形狀和文字布局。印面形狀和文字布局形式 37 種，有 1、①、囗、½、⅓、2 1 、囗囗、囗囗、囗囗、囗囗、2 1 、2 1 、2 1 、②、囗囗、囗囗、囗囗、囗囗、囗囗、囗囗、囗囗、囗囗、囗囗、2 4 、4 2 、4 2 、丗、丗、丗、3 4 、3 1 、囗囗、囗囗、囗囗、囗囗等。其中以方形且加有邊欄和界格最爲常見。囗、囗囗兩種格式在二字和四字印中居絶對主流地位。

3. 印面尺寸。據《秦封泥集》公布的資料，四字印最小者 1.6 釐米 ×1.6 釐米（少府工丞），最大者 2.2 釐米 ×2.2 釐米（西方謁者），平均在 1.8 釐米 ×1.8 釐米至 2.1 釐米 ×2.1 釐米之間①。半通印最小者 1.6 釐米 ×0.8 釐米（西鹽），最大者 2.1 釐米 ×1 釐米（泰行）。這比前文所列秦璽印的印面尺寸整體上要略小一些。其中的差距應該與封泥乾燥收縮有很大關係。

---

① 《西安相家巷遺址秦封泥的發掘·出土封泥統計表》所列的數據可能是整個泥體的，故最大尺寸達 3.8 釐米 ×2.7 釐米（TG1:27 居室丞印）。

　　4. 泥體形態①。封泥是璽印抑壓之後的遺留,雖然不能像觀察璽印實物那樣直接看出抑壓封泥的璽印的鈕制等特點,但封泥本身正反兩面的形態也爲我們提供了其他的豐富信息。

　　(1)泥體正面形態。是否使用封泥匣是造成封泥泥體形態的關鍵。就目前所見的秦封泥來看,祇有少數使用了封泥匣②。使用了封泥匣的封泥泥體方正,背面也比較平整;而絕大多數不使用封泥匣的秦封泥泥體略呈不圓形而又不規則,有的封泥蓋印後爲了確保不脱落又用手指按壓過,留下的指紋還清晰可見,有的捏壓過甚致使文字變形。至於封泥外觀色澤以及所用泥土和烘烤程度的不同而表現出來的顏色深淺的差異,祇是秦封泥形式上的一個特點,並不是秦封泥斷代的主要標準。另外,相家巷出土的一些封泥表面有劃痕或壓痕,周曉陸認爲“似有一定的規律……在漢代封泥上幾乎見不到這種現象”③,把這種痕迹當作斷代的一個依據。我們對此有不同的理解④。

　　(2)背面形態。經過觀察一些相家巷出土秦封泥實物,並參考《秦封泥集》《中國古代封泥》《問陶之旅》等所附封泥背面圖片資料,可以看出秦封泥主要用來封緘竹簡文書,少數封緘其他物品,如囊、笥。加上繩子捆扎的方法不同,導致封泥背面呈現出不同的樣態。

　　《秦封泥集》較早地對相家巷新出秦封泥形態作了初步的分型研究。《新出封泥彙編》在吸收孫慰祖和馬驥等研究成果的基礎上,據封泥實物的具體情況,對所收封泥逐一標注了泥背形態的類別。

　　5. 文字内容。相對於秦璽印來説,秦封泥在文字内容上呈現出京畿地名印多、皇家私官和後宫印多、宫禁苑囿印多、“丞”印多,而真正管理國事政事的中央機構的官職和官署印少。另外,高陵、河南平輿古城村出土的秦封泥多有反映本地區地名和官職的内容。以上這些特點對討論封泥出土

---

①　可參看周曉陸、路東之《秦封泥的發現與研究・封泥使用痕迹的區分》,《周秦漢唐研究》第 1 輯,三秦出版社 1998 年;又收入《秦封泥集》上編《秦封泥簡論・秦封泥的斷代》。

②　參看本章第五節之“皇帝印”有關論述。

③　周曉陸、路東之《秦封泥集・秦封泥簡論》第 20 頁。

④　王偉《秦璽印封泥職官地理研究》第 37～38 頁。

地——相家巷、六村堡、高陵等地的性質提供了新的思路。

總之,秦封泥所見秦中央職官名稱、郡縣地名等都極大程度上豐富了人們對秦統一前後歷史的認識,有很多是填補空白的。

**三、小結:秦印的判斷標準**①

大量秦官印和私印遺存表明,秦國和秦代璽印的使用十分普遍。秦印名稱上的"璽、印"之別,應是統一前後的標誌;除一些性質不明者之外,秦官印主要有兩大類:官署機構印和官吏個人自用印,前者如"樂府、車府、中官徒府"等,後者如"邦尉之印、右丞相印、南郡司空"等。

基於上文對秦璽印封泥資料的統計得出的印象,我們試圖在現有研究成果的基礎上,依據數千枚的秦璽印遺迹——封泥,結合數百枚秦璽印實物,歸結出秦印的判斷標準。

不論是璽印還是封泥,判定時代的標準應該有層次性。第一標準應該是文字內容。然後依次是文字風格(字體)、印面布局格式、鈕制、材質、款式等。如果是封泥的話,還可以加上封泥形態特徵等項。其中,文字反映的職官名稱和典章制度等是內容標準,文字風格(字體)、印面布局格式、鈕制、材質、款式等是形式標準。以下從這兩個方面對秦印特點加以説明。

1. 內容標準。與其他器物依靠銘文來確定時代一樣,文字內容是秦印斷代最可靠的手段。陳介祺在《封泥考略》中提出的"職官地理符合秦制"仍然是首要標準。如"邦尉之璽",秦漢之際的印文不諱"邦"字的應該就是

---

① 對秦印特點的歸納前賢已經有了卓越的見解,見於以下諸文:王輝《秦印探述》《秦文字集證·秦印通論》《秦印考釋三則》。趙超《試談幾方秦代的田字格印及有關問題》。沙孟海《談秦印》;《印學史》第六章《秦印》,西泠印社 1987 年。王人聰、葉其峰《秦漢魏晉南北朝官印研究·秦官印考述》,香港中文大學文物館專刊之四,1990 年;《古璽印與古文字論集》。牛濟普《秦印瑣記》《漢代官印分期舉例》。蕭高洪《秦印的特點及其形成的文化背景》。曹錦炎《古璽通論》《古代璽印》。任隆《試論秦官印及其藝術特色》。葉其峰《西漢官印叢考》《古璽印與古璽印鑒定》《古璽印通論》。許雄志《秦代印風·秦印概説》;《秦印文字彙編》,河南美術出版社 2001 年;《關於秦印的一些問題》,《西泠印社國際印學研討會論文集》,西泠印社 1999 年。趙平安《秦西漢誤釋未釋官印考》《秦西漢官印論要》。陳重亨《秦系璽印的印式探真》,篆刻網 Online 電子報第三十二～三十七期,http://www.mebag.com/paper/paper32.htm#a。孫慰祖《孫慰祖論印文稿》《可齋論印新稿》。

秦印,稱“璽”者的時代多爲統一之前,如“酆璽、客事之璽、寺工丞璽－寺工丞印、中車丞璽”;又如“瀘丘丞印”,秦統一後已寫成“廢丘”;再如“参川尉印”和“四川大守”,参、四二字,《漢書・地理志》已寫成三、泗。

秦印中相同職官名稱經常以大中小(少)、左中右、上中下、内外、陰陽、東西南北等來區别,例如:大尉之印－中尉之印、大府丞印－少(小)府、大内－少内、齊中尉印－齊左尉印、河内邸丞－河外府丞、江右鹽丞－江左鹽丞、私官左般－私官右般、右丞相印－左丞相印、上家馬丞－下家馬丞、中廏將馬－小廏將馬、左廏－右廏－下廏、陽御弄印－陰御弄印、南宫－北宫－中宫等等。這種差異除了起到區分不同衙署和並列職位的作用外,有時候可能還包含等級區别的意義。

2. 形式標準。形式標準包括以下幾項:

(1)文字風格　文字風格既有時代性又有延續性,前人即有“望氣”之説,就是因爲字體風格非經驗老到者不能把握。雖不易把握,但文字風格仍可用做輔助的斷代標準。秦印字體大多是秦書八體中的摹印體,形體結構上保存了大量可靠的篆形①,部分印文隸書意味濃厚(如璽印“發弩”),有合文現象(如封泥“旞大夫”)。由於封泥本身因乾燥會引起泥體收縮,所以秦封泥文字字體顯得纖細疏朗。總的趨勢是越往後期印文排列越規範,由此亦可窺知秦代的官印製作頒發一定有嚴格的操作規範。

(2)高頻字的特殊寫法　“印”字末筆下折是秦印的一個較普遍現象。但除了下折的程度不同之外,仍有不少例外,例如,璽印(西陽丞印)、(邮印)、(邦印)、(南池里印)、(安民正印)、(工師之印)等;封泥(漢中邸印,《酒餘亭》248、249號)、(襄成丞印,《酒餘亭》344號)。甚至還有一些特異的寫法,如封泥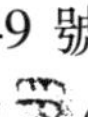(樂府丞印,《陶泥選編》)、(西安某氏藏)、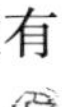(牢印,《陶泥選編》)、(外樂丞印,《陶泥選編》)、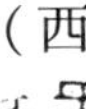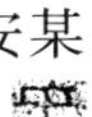(永陵丞印,《陶泥選編》)等。以上各例中,可能存在着璽印本身並非實用印的情況,如是殉葬之明器,則其文字極可能有不規範之處。封泥是古代用印的遺留,其中的文字潦草現象應該是璽印製作初始階段不熟練、不規範的

① 趙平安《秦西漢印的文字學考察》一文有詳細的舉例。

反映,也暗含着這些封泥時代偏早的信息。

此外,秦封泥中高頻字"丞"也有一些特殊寫法,如 ▨ ▨(西安某氏藏)、▨(御府丞印,《酒餘亭》367 號)、▨ ▨ ▨(御府丞印,《新出封泥汇編》)、▨(杜丞之印,《陶泥選編》)、▨(灋丘丞印,《陶泥選編》)、▨ ▨(廄左丞印,《陶泥選編》)、▨(藍田丞印)、▨(咸陽丞印,《陶泥選編》)、▨(中官丞印,《陶泥選編》)、▨(中廄丞印,《陶泥選編》)、▨ ▨(乐府丞印,《陶泥選編》)、▨(佐弋丞印,《陶泥選編》)、▨(咸陽丞印,《陶泥選編》)等。這些略顯潦草的寫法(原封泥大多無界格)與較規整的寫法(原封泥有界格)如 ▨(郎中丞印)、▨(代馬丞印)、▨(左樂丞印)、▨(左樂丞印)、▨(御府丞印)、▨(安台丞印)、▨(咸陽丞印)等在筆畫形態上有不少差異,我們認爲潦草寫法的封泥的時代可能在統一之前。

(3)印面布局格式　秦四字印大多有田字界格,讀法比較固定,呈 ▨ 形式,但也有豐富的變化,如交叉讀(▨、▨、▨、▨、▨、⅔⅟)、順時針讀(▨)、逆時針讀(▨)、先上半後下半(▨、▨、▨)、先左半後右半(▨、₃½、₃¹、▨、₄²、₄²、▨)等。也有少數方形印面的二字印,作 ▨、▨、▨ 等形式。

半通印多有界格,呈 ▨ 形式,也有橫日字 ▨ 形式,但基本都是截取四字印的上下或左右一半而成。其他佔極少數的三字(⅍、▨、▨、▨)、五字(▨、▨、▨、▨)和六字印(▨)布局較活潑,不拘一格。

要指出的是,是否有田字格不是判斷秦印的重要標準[1],因爲漢初的許多印面上有田字格,但一望即知其不是秦印,可見田字格在斷代上還不如字體風格便捷,更不如文字内容精確。

(4)鈕式　秦印鼻鈕是主流,瓦鈕[2]、蛇鈕、魚鈕秦代已經出現,還有少數

---

[1]　田字格官印的上限起自戰國,已被學界認可,但其下限學者則有不同的意見。葉其峰《西漢官印叢考》認爲:"西漢用界格印的時間很短,從遺存封泥考察,孝惠末年已不再鐫刻此類印章。"王人聰《試論漢田字格官印及其年代下限》認爲:"田字格官印在西漢徹底絶迹的時間,則當在武帝太初元年以後。"孫慰祖《西漢官印、封泥分期考述》(《上海博物館館刊》第 6 期)認爲:"西漢完全廢止界格印應在武帝太初元年。"趙平安《秦西漢官印論要》結合"延鄉侯印"封泥的考釋,認爲其下限可延推到公元前 13 年,即西漢成帝永始四年。

[2]　王人聰《秦官印考述》第 61~62 頁有詳細的分類論述,但王文説"秦官印的鈕式都是鼻鈕",今天看來明顯有誤。

龜鈕、杙鈕。

（5）材質　一般是銅質，也有陶、玉、銀質等。材質可能是區分尊卑的標準之一。

（6）款識　秦璽印大多爲鑿刻陰文，大概因爲陰文便於抑壓泥塊使字痕突出，而陽文便於鈐蓋紙張，故陽文秦印衹有 12 枚，偶有鑄款（枸邑尉印）；印文是反書的有 2 枚，原因不明。由於秦印鑿痕不深，故封泥文字突起不高，與漢代封泥風格迥異。

（7）印面形狀　主要是正方形、長方形，圓形和菱形（王戎兵器）是個例。

（8）尺寸　綜合前文所列秦璽印和封泥的各項數據，籠統地説，秦印尺寸比漢印要小，正方形印約兩釐米見方，折半後約爲半通印尺寸。由於現存璽印的實用性受到質疑，有關秦印的較精確的尺寸數據，通過秦封泥印面尺寸來逆推不失爲一個較爲穩妥的方法。

綜上，先秦時期是璽印發展的初級階段，秦印跨越了中國印章制度由無序到定制的不同階段。即使是統一後，秦朝的印章使用制度應該還在不斷的完善中。在不能對每一枚秦印作精確斷代的情況下，秦印的各項特徵就顯得既有共通點又有特例，這使得我們在實踐中一方面要將各項標準綜合運用，另一方面可能還須要加上個人經驗等因素。以上列舉的幾項標準衹是初步結論，還須要在實踐中被不斷檢驗和充實。

# 第四節　秦官印（璽印封泥）分類方法

學術界一般將古璽印分爲官印、私印兩大類。秦印當中另有較多的成（吉）語印，故可分爲官印、私印、吉語印三大類。

因爲没有一種有效的分類方法能將所有的秦官印種類都囊括進去，所以秦印的分類主要是秦官印的分類。

## 一、秦官印（璽印封泥）分類方法的回顧

以前秦官印（璽印封泥）的研究大多採取逐一討論的形式，並與《漢書·百官公卿表》及《漢書·地理志》的記載簡單對照，即使分類也很簡單，各大類之下仍然是逐一討論的個體研究。針對單個對象進行的個體研究的弊端在於看不出各職官之間的統屬關係和相互聯繫，缺乏整體性和系統性。

　　目前比較系統分類研究的祇有《秦文字集證·秦印通論》。此文將秦官印分爲皇帝璽、丞相印、宗廟禮儀官印、宮廷事務官印、宮廷宿衛侍從官印、民族事務官印、穀貨之官印、工官印、武官印、司法刑獄官印、府庫官印、田官之印、交通運輸官印、地方官吏之印、市亭之印、封爵印、其他等十八類。

　　這種分類方法注重了秦璽印封泥的橫向聯繫,同類或性質相近的秦官印集中討論,但這也打破了它們之間的縱向聯繫,即職官之間的統屬關係不易明瞭。如工官印既有中央級別的工官,又有地方性的工官,若籠統地説成"工官印",那麼秦工官系統的級別和差異就不明顯;又如武官印既有中央級別的武官,又有郡縣等地方級別的武官,他们之間的差別就不容易區分開来。

## 二、秦官印(璽印封泥)新分類方法的嘗試與系統性研究

　　據《漢書·百官公卿表》記載,九卿所屬職官非常龐雜,各個職官之間的統屬關係和橫向聯繫都要照顧到的確不容易做到。

　　下文的討論中,我們將秦璽印和封泥作爲整體來研究,分類時儘量做到既注重職官之間的縱向統屬關係,又不割裂同類別職官之間的橫向聯繫。具體方法是:大類別按照《漢書·百官公卿表》進行分類,各類内部將同類或性質相近的秦官印繫聯起來,集中討論。通過這種縱橫交錯的座標定位式方法,可以將秦璽印封泥中職官與地名的歷史沿革、同類職官間的橫向聯繫都比較清楚地展現出來。

　　由於秦璽印封泥容易辨識,加之諸家在公布資料時大都對照《漢書·百官公卿表》及其他先秦文獻作了詳細考證,有的還用秦與漢初的部分出土文獻資料加以佐證,故贅意無多,所以下文祇列舉秦璽印封泥的名稱而不做詳細考證;但對於有爭議的秦璽印封泥品類將做簡單的説明。

## 三、秦官印(璽印封泥)分類概説

　　秦官印(璽印封泥)種類繁多,用途複雜,性質各異。按用途可分爲官署公用印和官吏自用印兩類,按性質可分爲純粹的職官印、純粹的地名印和地名附加職官名三種。我們採用的是下圖所示的分類方法①:

---

① 地名＋職官印在分別討論職官和地名時都會涉及,所以職官印和地名印各包含有地名＋職官印。

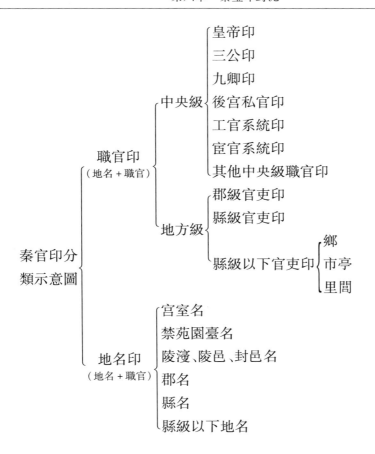

## 第五節　秦官印（璽印封泥）分類簡釋

本節將按照秦璽印封泥分類示意圖所示的類別對秦璽印封泥的品類進行列舉説明。

### 一、皇帝印

"皇帝信璽"封泥,2.6 釐米 ×2.6 釐米,泥厚 1.4 釐米。著録於《封泥考略》《兩漢官印彙考》《古封泥集成》《中國の封泥》《秦封泥集》等。舊藏陳介祺,後歸金頌清,後又流入日本,現藏日本東京國立博物館。由於是傳世品,一方面缺少出土帝印實物與之對照,另一方面,秦代是否使用封泥匣一直以来都頗有爭議;加之秦與漢初的印文風格極爲接近,故而学术界對此封泥斷代頗爲混亂,甚至同一個人意見也反覆不定①。

　　我們據里耶出土的秦代封泥匣實物和有使用過封泥匣痕迹的封泥實例,認爲"皇帝信璽"封泥應是秦統一後的遺物。這個看法也被西安北郊六村堡村出土有明顯使用封泥匣痕迹的秦封泥所證實②。

　　二、三公印

　　"三公"的名稱起源很早,《尚書》《周禮》、先秦諸子、《史記》《漢書》、馬王堆漢墓出土帛書《戰國縱橫家書‧蘇秦謂齊王章》《老子甲本卷後古佚書‧九主》等文獻均有提及。雖然各家解釋不一樣③,但三公作爲"天子之相"的地位是戰國以後人們所公認的。

　　文獻記載的秦三公爲丞相、太尉、御史大夫④。但是根據《漢書‧百官公卿表》的記載,丞相与御史大夫的印綬、俸禄都不一樣,且明言御史大夫"位上卿",説明御史大夫不是公位,可見秦代僅有三公之名並無三公之實。由於"三公"之名襲用已久,所以秦代習慣上仍稱呼中央的最高官吏爲三公⑤。

―――――――――――

① 如孫慰祖《西漢官印、封泥分期考述》置於西漢,《古璽印欣賞漫筆》置於秦漢之際,《漢印論》置於(西)漢,《戰國秦漢璽印雜識》置於西漢,又説"此封泥印文體勢趨於平正嚴謹,然不失圓活,印面界格仍存,向以爲西漢初期定制。今據新出秦封泥,或可置於漢前",《封泥發現與研究》"秦代的官印封泥……皇帝信璽",以上觀點見孫慰祖著《孫慰祖論印文稿》第47、223頁,《可齋論印新稿》第43、74頁。趙超(《試談幾方秦代的田字格印及有關問題》)對照漢代"皇后之璽、淮陽王璽"的形制和字體風格,認爲"它們均無田字格,字體也與該印不同。相比之下,似應以定於秦代爲宜"。王輝(《秦印探述》)將廣州南越王墓出土"文帝行璽、皇后之璽"與之比較,同意沙孟海、趙超的意見,並且對張懋鎔據秦封泥不用封泥匣而做出"不是秦式封泥,乃是西漢初期的封泥"的意見做了討論,重申了"此璽爲秦物,非漢初物"。周曉陸等《九十年代之前所獲秦式封泥》《秦封泥集》收録了"皇帝信璽"。岐嶇將其置於西漢,《古印趣話‧走向鼎盛――漢印的魅力》第33頁,三秦出版社2006年。

② 路東之《問陶之旅――古陶文明博物館藏品掇英》第172、174頁。

③ 代表性的説法有《尚書‧周官》:"立太師、太傅、太保。兹惟三公,論道經邦,變理陰陽。"《大戴禮記‧保傅》:"召公爲太保,周公爲太傅,太公爲太師……此三公之職也。"《春秋公羊傳》:"天子三公者何? 天子之相也。天子之相則何以三? 自陝而東者,周公主之。自陝而西者,召公主之,一相處乎内。"

④ 杜佑《通典‧職官一》:"暨秦兼天下,建皇帝之號……立百官之職,不師古。始罷侯置守,太尉主五兵,丞相總百揆。又置御史大夫,以貳於相。"

⑤ 秦的三公之設見於《史記‧白起王翦列傳》蘇代説秦相應侯曰:"今趙亡,秦王王,則武安君必爲三公,君能爲之下乎?"同樣的説法亦見於《战国策‧秦三》;又《李斯列傳》:"章邯以破逐廣等兵,使者覆案三川相屬,誚讓斯居三公位,如何令盗如此。"

秦璽印封泥所見三公級職官印有：右丞相印、左丞相印，大尉府襄、大尉之印，御史之印。

1. 丞相。除秦封泥外，秦之"丞相"亦見於秦武王二年更修田律木牘、泰山刻石、繹山刻石、始皇及二世詔版、青川木牘、里耶秦簡和多件秦丞相監造的兵器。

《漢書·百官公卿表》云："相國、丞相，皆秦官，金印紫綬，掌丞天子助理萬機。秦有左右。高帝即位，置一丞相，十一年更名相國，綠綬。孝惠、高后置左右丞相，文帝一年復置一丞相。"可見，漢高祖時相國和丞相被當做同一職位先後設置過，且由"皆秦官"可知班固清楚地知道相國和丞相是兩個不同的官職，張家山漢簡中相國和丞相同時出現就是最好的例證。後世將二者混同，主要是漢初一段時間內相邦和丞相興廢更迭數次，造成理解上的混亂。加之一直缺少出土文獻的證據，相國和丞相的關係也就越來越難以釐清。2010 年 11 月陝西臨潼秦東陵昭襄王陵盜掘出土的漆豆有銘文"八年相邦薛君"和"八年丞相殳"[1]，由此終結了關於秦丞相與相邦關係的諸多論爭。

2. 太尉。秦封泥有"大尉之印"和"大尉府襄"。前人研究涉及秦國尉與太尉時大多認爲二者是同官異名，如馬非百《秦集史·職官志》："國尉，漢代謂之太尉……蓋秦時本名國尉。《漢書》言太尉秦官者，疑有誤。"[2]又如《秦漢官制史稿》認爲"從秦國到秦朝，相當於漢代'掌武事'的太尉的官吏，祇有'國尉'"[3]。其他各家大致如此。今由新出封泥"大尉之印"可證《漢書·百官公卿表》不誤，"國(邦)尉"和"太尉"也不是同一職官名，馬氏之說誤。

據里耶秦簡 8-461 號木牘："騎邦尉爲騎□(郡?)尉；郡邦尉爲郡尉；邦司馬爲郡司馬……"等資料[4]，我們認爲：秦時邦尉與太尉不同，邦尉即郡尉。

① 王輝、尹夏清、王宏《八年相邦薛君、丞相殳漆豆考》。
② 馬非百《秦集史》第 480 頁，中華書局 1982 年。
③ 安作璋、熊鐵基《秦漢官制史稿》第 71 頁，齊魯書社 2007 年。
④ 木牘最初發表時編號爲 8-455，《里耶秦簡牘校釋》(第一卷)所示編號爲 8-461，今從後者。木牘是遷陵縣吏的個人備忘録。從簡文內容看，我們推測所缺之字很可能是"郡"。

太尉和邦尉是秦同時設立過的兩個不同級別的官職。與漢太尉一樣,秦時的太尉是全國最高的軍事長官,而邦尉指的是郡的軍事長官,即郡尉。秦時太尉與漢太尉、大司馬相當,其由"邦尉"改稱"郡尉"約在秦完成統一之時。

　　3. 御史和御史大夫。秦封泥有"御史之印"和"御史府印"。秦出土文獻中也屢見御史一職,如戰國晚期的天水放馬灘秦簡《丹記》、睡虎地秦簡《秦律十八種》、新出里耶秦簡等。

　　商、西周、春秋戰國及秦漢的御史一職有緊密的傳承關係。秦代的"御史"機構龐大,由御史大夫統領的衆多吏員(侍御史)構成,御史大夫應是侍御史之長,其地位比九卿高,可證金少英《秦官考》"御史、侍御史、柱下史、柱後史、御史大夫皆同官異名"的説法不確①。侍御史中有"柱下御史"(張蒼所任)及巡視各郡的"郡御史"(相當於漢代"出討奸猾"的侍御史,或爲中央侍御史的派出人員②)等類別,各類御史職責不同。楚漢戰爭中仍沿襲秦王朝的職官設置。

　　秦御史類職官的職能是監察執法,糾察百寮。具體的職權範圍是:保管國家法令制度的副本、皇帝文字秘書、國君文件的傳達事務,督辦刑獄案件,執行律令;御史中的某一類(御史監郡)有在郡中巡察、考核郡長官業績的職能,並有舉薦或彈劾的權力,如《史記·蕭相國世家》"秦御史欲入言徵何"。秦出土文獻反映出的秦御史職責有核對法律條文、可外出執行公務、查問相關政府公文、在郡縣治獄、保管和審核各郡縣地圖;治虜御史有管理刑徒之責等。此外,秦御史在郡縣有獨立的辦公機構監府。

　　御史之職的演變蓋如劉師培《論歷代中央官制之變遷》所説:"御史之職,在周代之時亦屬微官,惟邦國之治,萬民之令,均爲御史所掌,復兼撍贊書之職,以書從政之人,與後世起居注略同。戰國之時,秦、趙皆有御史,亦屬末僚。蓋'御'訓爲'侍',御史猶言侍史。惟居斯職者得以日親君側,故至於秦代即爲尊官,與丞相並,復改稱御史大夫。漢沿秦舊,以御史大夫副

---

① 　金少英《秦官考》,《秦會要訂補·附錄》第 469 頁,中華書局 1956 年。
② 　參《秦會要訂補》"監御史"條。[清]孫楷撰,徐復訂補《秦會要訂補》第 216 頁,中華書局 1956 年。

丞相列爲三公,此以微職易爲顯官也。"①

　　三、九卿印

　　秦之前的國家中央官制,大體上有三公九卿的説法。張亞初等分析了文獻記載和西周早期銅器銘文中職官材料後"懷疑所謂三公執政説是後人的一種附會"②,九卿與三公一樣,衹是對中央的高級官吏習慣上的仿古説法。戰國時的卿、亞卿、客卿、上卿,都是高級官吏的通稱。或認爲卿實際上是某些爵位的統稱,如《秦始皇本紀》記二十八年琅邪臺刻石扈從者曰:"列侯武城侯王離、列侯通武侯王賁、倫侯建成侯趙亥、倫侯昌武侯成、倫侯武信侯馮毋擇、丞相隗林、丞相王綰、卿李斯、卿王戊、五大夫趙嬰、五大夫楊樛。"其中除了丞相是職官名之外,列侯、倫侯、卿、五大夫都是爵位,李斯此時位居廷尉,但刻石作"卿",足見"卿"很可能是某類爵位的一個統稱。按照西周以來天子、公、卿、大夫、士的等級次序來看,大概大夫級別以上者方有資格稱作"卿"。以下對秦璽印封泥所見九卿類職官及其屬官分別列舉説明(以下行文中,璽印封泥混列或同時出現時,璽印文字字體加黑,以示區分):

　　1.奉常及其屬官③。秦封泥中所見奉常及其屬官有:奉 常 丞印④、左樂、

──────────

① 《劉師培史學論著選集》第 383 頁,上海古籍出版社 2006 年。

② 張亞初、劉雨《西周金文官制研究》第 101 頁,中華書局 1986 年。

③ 《漢書·百官公卿表》:"奉常,秦官,掌宗廟禮儀,有丞。景帝中六年更名太常。屬官有太樂、太祝、太宰、太史、太卜、太醫六令丞,又均官、都水兩長丞(如淳曰'律,都水治渠堤水門'),又諸廟寢園食官令長丞,有廱太宰(師古曰'太宰即是具食之官')、太祝令丞,五時各一尉。又博士及諸陵縣皆屬焉。景帝中六年更名太祝爲祠祀,武帝太初元年更曰廟祀,初置太卜。"又張家山漢簡《二年律令·秩律》有:奉常、大卜、大史、大祝、大醫、大宰、祠祀(另有長信祠祀、詹事祠祀長)、都水(僅一見)等,奉常及其屬官幾乎能夠全部找到。《史律》也有大卜、大史、大祝。見張家山二四七號漢墓竹簡整理小組《張家山漢墓竹簡[二四七號墓]》(釋文修訂本),文物出版社 2006 年。

④ 此印文諸家多讀作"奉常丞印",王輝《秦文字集證》讀作"奉丞□印",云:"'奉丞'爲'奉常丞'之省。"今按:秦印的最常見印面格式爲田式,故王輝的讀法可取,缺字蓋可補作"之",讀"奉丞之印"。但秦印文多爲四字,且職官名稱一般不省稱(多於四字也不一定省稱,如"泰上寢左田"中"左田"二字擠占一格),如果不足四字,則加"之"字補齊。此印若確是"奉常"一職用印,則應當作"奉常之印"。若讀作"奉丞之印",則此"奉"很可能是地名。在完整的"奉常之印"和"奉常丞印"出現以前,此印文應有以上兩種可能。

左樂丞印、左樂離鐘、寺樂左瑟①、祝印、泰卜②、大宰、泰宰、大史、泰史、大醫、大醫丞印、泰醫丞印、泰醫右府、泰醫左府、都水丞印、麗山飤官、離祠丞印等。《漢書·百官公卿表》所記奉常的屬官除太樂、均官之外在秦封泥中都能找到。

2. 郎中令及其屬官③。秦璽印封泥中所見郎中令及其屬官有：郎中丞印、郎中西田、郎中左田、**左田**、**左田之印**、**右公田印**、左公田印、**中郎監印**④，南宮郎中、南宮郎丞、謁者之印、謁者丞印等。

秦印未見《漢書·百官公卿表》所記的"僕射"。睡虎地秦簡《秦律雜抄》"敦（屯）長、僕射"出現多次，龍崗秦簡《田贏》也有"僕射"，可見秦時有《百官公卿表》所記載的僕射、軍屯吏等，祇是因爲其職官性質不同而没有出現在秦印中。

3. 衛尉及其屬官⑤。秦璽印封泥中所見衛尉及其屬官有：衛尉之印、公車司馬、公車司馬丞、公車右馬、軍假司馬、司馬、衛士、衛士丞印、**都候**、**中司**

---

① 由"左樂、左樂丞印、左樂離鐘"等封泥的内容來看，"寺樂左瑟"也可能讀爲"左樂寺瑟"或"寺瑟左樂"，大概是"左樂"的一個類别。

② 由此封泥可知《漢書》"武帝太初元年更曰廟祀，初置太卜"的説法有誤。

③ 《漢書·百官公卿表》："郎中令，秦官，掌宮殿掖門户，有丞。武帝太初元年更名光禄勳。屬官有大夫、郎、謁者，皆秦官……大夫掌論議，有太中大夫、中大夫、諫大夫，皆無員，多至數十人……郎掌守門户，出充車騎，有議郎、中郎、侍郎、郎中，皆無員，多至千人……謁者掌賓贊受事，員七十人，秩比六百石，有僕射，秩比千石……僕射，秦官，自侍中、尚書、博士、郎皆有。古者重武官，有主射以督課之，軍屯吏、騶、宰、永巷宮人皆有，取其領事之號。"張家山漢簡《二年律令·秩律》有郎中（又有郎中司馬）、中大夫令、僕射等。無謁者，但有長信謁者、長信謁者令、長秋謁者令；又《津關令》："相國上中大夫書請，中大夫謁者（整理小組注：'中大夫謁者、郎中、執盾、執戟，均屬郎中令。'今按：此句似應斷作'中大夫、謁者'方與《漢書·百官公卿表》所記相符）、郎中、執盾、執戟家在關外者，得私買馬關中。有縣官致上中大夫、郎中，中大夫、郎爲書告津關，來，復傳，津關謹閲出入，馬當復入不入，以令論。相國、御史以聞。制曰：可。"可知郎中令及其屬官在張家山漢簡也多見。

④ 參照"郎中西田（囶）"讀法，"郎中監印（囶）"或可讀作"中郎監印（囶）"，則此印是郎中令屬官郎統屬的中郎類職官用印。

⑤ 《漢書·百官公卿表》："衛尉，秦官，掌宮門衛屯兵，有丞。景帝初更名大夫令，後元年復爲衛尉。屬官有公車司馬、衛士、旅賁三令丞。衛士三丞。又諸屯衛候、司馬二十二官皆屬焉。長樂、建章、甘泉衛尉皆掌其宮，職略同，不常置。"

馬印等。

衛尉及其屬官屬於宮廷宿衛官,其屬官除旅賁外都能在秦璽印封泥中找到。傳世"軍假司馬"封泥可能屬於"司馬二十二官皆屬焉"之一。另秦印有左中軍司馬、邦司馬印,又有中司馬印(魚鈕),《項羽本紀》有沛公左司馬曹無傷。未知以上三印所屬,並附於此。"屯衛候"及"長樂、建章、甘泉衛尉皆掌其宮"恐怕説的是漢代的情況。

"公車司馬"一職見於張家山漢簡《二年律令・秩律》、睡虎地秦簡《公車司馬獵律》。"公車右馬"一職文獻未見,可能是"公車右司馬"之省,蓋"公車司馬"之職也有左右之分。《龍崗秦簡》有"入司馬門久(記)";《史記・項羽本紀》"(長史欣)至咸陽,留司馬門三日",集解:"凡言司馬門者,宮垣之内,兵衛所在,四面皆有司馬,主武事。總言之,外門爲司馬門也。"

4. 太僕及其屬官[1]。秦璽印封泥中無太僕及丞印,其屬官見於秦璽印封泥的有:**大廄之丞**、泰廄丞印、家馬、上家馬丞、下家馬丞、涇下家馬,車府、車府丞印、信宮車府、騎馬、騎馬丞印、騎尉等。

"上家馬丞、下家馬丞"應該都屬於"家馬五丞"之一,特加"上、下"區分。秦封泥又有"涇下家馬",蓋爲"涇陽下家馬"之省,亦屬於"家馬五丞"之一;《秦封泥集》疑"下"爲"下廄"之省,恐誤。

"車府"和"騎馬"未記有尉,但有"騎尉",可能是"騎馬"之尉用印。由"(武帝太初元年)初置路軨"可知,秦璽印封泥中未見的"路軨、駿馬"兩令丞應是漢代增設的,秦代可能祇有"車府、騎馬"兩令丞。龍馬、閑駒、橐泉、騊駼、承華五監長丞,邊郡六牧師菀令、丞以及牧橐、昆蹏令丞應該也是漢代的情況。

秦文字資料中的"廄"類職官的種類豐富,數量多,每類的名稱既有一定規律,又有一些特殊名目,各類之間的統屬關係很不明確,或可能是太僕屬

---

① 《漢書・百官公卿表》:"太僕,秦官,掌輿馬,有兩丞。屬官有大廄、未央、家馬三令,各五丞一尉。又車府、路軨、騎馬、駿馬四令丞;又龍馬、閑駒、橐泉、騊駼、承華五監長丞;又邊郡六牧師菀令,各三丞;又牧橐、昆蹏令丞皆屬焉。中太僕掌皇太后輿馬,不常置也。武帝太初元年更名家馬爲挏馬,初置路軨。"張家山漢簡《二年律令・秩律》有:大僕、車府、未央廄、家馬、中大僕等。

官。現僅將秦璽印封泥中廄類職官印列表如下：

| 類別 | 秦璽印封泥種類 |
| --- | --- |
| 廄類 | 廄璽、**廄印**、廄丞之印、廄左丞印、廄吏□丞、廄事將馬；**廄倉田印** |
| 大/泰廄類 | **大廄之丞**、泰廄丞印 |
| 中/中廄類 | 中（中）廄、中廄之印、中廄丞印、中廄丞印、中廄將馬、中廄馬府、中廄廷府、右中（廄）馬丞；**左中（廄）將馬**、**右中（廄）將馬** |
| 小廄類 | 小廄丞印、小廄將馬；**小廄將馬**、**小廄南田** |
| 左廄類 | 左廄、左廄丞印、左廄將馬；左廄將馬 |
| 右廄類 | 右廄、右廄丞印；**右廄將馬** |
| 下廄類 | 下廄、下廄丞印 |
| 宮廄類 | 宮廄、宮廄丞印 |
| 章廄類 | 章廄、章廄丞印；**章廄將馬** |
| 其他類 | 都廄、官廄丞印、御廄丞印 |

　　秦時各個廄苑的實際情況，可能是秦統一之前即設置各種廄苑（廄璽、中廄、中廄丞印）。統一之後因事務繁多、服務對象多樣而導致廄苑名目增繁，並服務於皇帝及其家族成員，各曹署的服務對象可能有所側重，但並未像漢代那樣分工細密和職責分明。從《百官公卿表》所見的幾種廄官設置情況來看，漢代的廄官制度多承襲自秦而有所細化。

　　5. 廷尉及其屬官①。秦封泥中完整的"廷尉之印"有多枚，無廷尉屬官②。曹錦炎《古璽通論》（184 頁）説"安民正印（圖 273）"爲廷尉屬官，掌獄

---

① 《漢書·百官公卿表》："廷尉，秦官，掌刑辟，有正、左右監，秩皆千石。景帝中六年更名大理，武帝建元四年復爲廷尉。"張家山漢簡《二年律令·秩律》有"廷尉、……丞相長史正、監"等。

② 《秦封泥集》121 頁另有"□尉之印"，云："第一字殘，當爲'廷尉之印'，秦封泥又有'廷尉'半通，藏西安中國書法藝術博物館。"任隆《秦封泥官印續考》115 號爲"廷尉"，但未附圖版，今查傅嘉儀《新出秦代封泥印集》僅有"廷尉之印"，並無半通"廷尉"印，不知何故。《秦封泥集》第 116 頁"衛尉之印"所附圖版與"廷尉之印"所附圖版皆殘首字，不能遽定是"廷尉"還是"衛尉"，存疑。

訟之官,殆是。

6.典客及其屬官①。秦漢之際,典客之職可能經歷了較大的變化,導致《漢書·百官公卿表》所記典客及屬官的名稱在秦璽印封泥中大多找不見。

現將可能是典客及其屬官的秦璽印封泥列舉如下:大行、泰行、走士、走士丞印、行印、典達、客事、客事之璽、**傳舍**、**傳舍之印**、**日馬丞**、**郵印**、**中郵吏印**,巫黔□邸、漢中底印、河内邸丞、參川邸印、南陽邸印、**蜀邸倉印**、郡右邸印、郡左邸印等。

秦出土文獻無典客及其屬官行人、譯官二令丞,而秦封泥有"大行、泰行",可能秦時尚未有"典客"之名,"掌諸侯歸義蠻夷"的部門是"大-泰行","景帝中六年更名大行令"可能祇是恢復秦時舊名。周曉陸(《在京新見秦封泥中的中央職官内容》)認爲"行印"是漢代的"大行",但秦封泥自有"泰行",按照秦印中"大-泰"的時代先後關係來看,"大行"和"泰行"分別是統一前後不同的寫法。由張家山漢簡有典客、大行走士可知,吕后時期已經有了典客,大行走士可能是典客屬官,由此反推秦封泥中的走士、走士丞印也應是秦時大-泰行的屬官。

據以上資料,我們推測典客之職在秦漢之際的流變過程大致是:

秦時掌管國家内外朝會、迎送、封授等禮儀,以及各郡邸人員往來接待諸事的有大行、客事、典達等多個機構,與之並存的可能還有"屬邦",即《百官公卿表》所記"掌蠻夷降者"的"典屬國",但上述各機構的隸屬關係尚不明確。

漢初至吕后時期,沿置秦時大行,掌國之賓禮,即國家内部朝會、迎送、封授等禮儀,其屬官有大行走士、未央走士等。另設典客一職主管少數民族等對外事務,其名稱和職能應該都與秦時的典達和客事有關。

景帝中二年廢典客,並由大行(時稱"大行令")分置大鴻臚一職,與大

---

① 《漢書·百官公卿表》:"典客,秦官,掌諸侯歸義蠻夷,有丞。景帝中六年更名大行令,武帝太初元年更名大鴻臚。屬官有行人、譯官、別火三令丞及郡邸長丞(師古曰'主諸郡之邸在京師者也')。武帝太初元年更名行人爲大行令,初置別火……初,置郡國邸屬少府,中屬中尉,後屬大鴻臚。"從張家山漢簡《二年律令·秩律》有典客、大行走士、未央走士來看,"走士"在多個機構均有設置,另秦封泥尚有宦走、走翟等走類職官,故我們認爲"走士"不是典客的基本屬官。

行令並存而職掌各有側重。景帝中六年將大行令和大鴻臚二職重新整合，保留"大行令"而廢"大鴻臚"之名。武帝時恢復"大鴻臚"之名，並將原大行令屬官行人改爲大行令。另外，武帝元狩三年見於文獻的"典屬國"應與秦"屬邦"有直接關係，參下文"典屬國及其屬官"。

上述演變可圖示如下：

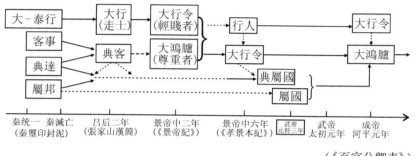

（《百官公卿表》）

傅嘉儀（《新出土秦代封泥印集》157頁）認爲典達"或爲管理郵傳一類的機構及職官"。我們認爲"典達"極有可能是典客屬官"譯官"在秦時的舊稱。典有掌管、主持之意。《廣雅·釋詁三》："典，主也。"《尚書·多方》："克堪用德，惟典神天。"《管子·任法》："國更立法以典民。"尹知章注："典，主也。"達有暢通、達到、傳送意。《荀子·君道》："然後明分職，序事業，材技官能，莫不治理，則公道達而私門塞矣。"《尚書·禹貢》："浮於濟漯，達於河。"《國語·吳語》："寡人其達王於甬句東，夫婦三百，唯王所安，以没王年。"韋昭注："達，致也。"典達就是將一方的話翻譯後傳達給另一方，即掌管翻譯傳達。可能秦時叫"典達"，漢代改成"譯官"。另，從名稱關聯上推測，典客（掌諸歸義蠻夷）和典屬國（掌蠻夷降者）都是執掌蠻夷事務的機構，則典達掌管翻譯事務也合乎情理。

"客事之璽"文獻未見，陳曉捷（《新見秦封泥五十例考略——爲秦封泥發現十週年而作》）說"當爲戰國時期秦國設立的掌管外來人員的機構"，近是。此印稱"璽"，顯然是統一前所用，也應是典客屬官。

郡邸長用印未見。郡邸之丞有郡右邸印、郡左邸印，可知各郡設立在京師的辦事機構衆多，也分左右兩曹。郡邸含有郡名的有河內、漢中、南陽、巫黔、蜀等五郡，由此也可以印證秦代的確設立了此五郡。由蜀邸倉印可知，秦代各郡在京師的官邸也有自己的倉庫。

《爾雅・釋器》"邸謂之柢"，郭璞注："根、柢皆物之邸，邸即底，通語也。"《説文・邑部》："邸，屬國舍。从邑氐聲。"朱駿聲《説文通訓定聲》云"邸叚借爲底"。"漢中底印"中，"邸"寫作"底"，"底、邸"相通。

7. 宗正及其屬官①。秦璽印封泥中所見宗正及其屬官有：宗正、**家璽**、**家印**、**家府**、**張氏家印**、**相氏家印**、高泉家丞、樂氏家印、盦陽相室、寧陽家丞；另外"内官"和"内官丞印"也應屬於宗正機構。

宗正屬官"都司空"未見於秦印，但秦始皇陵出土板瓦刻劃陶文有"都司空□"②，或即宗正屬官"都司空"。

"諸公主家令、門尉"秦出土文獻未見，《百官公卿表》"掌皇后、太子家"的詹事屬官有"家令丞"，二者性質有別，不是同一職官。

秦高陵君鼎有銘文"十五年高陵君丞趌"③，應是高陵君家丞監造之物；又珍秦齋藏有昭襄王時封君造王二十三年家丞戈④，張家山漢簡《二年律令・秩律》"李公主、申徒公主、榮公主、傅公〔主〕家丞，秩各三百石"，這些"家丞"都應是宗正的屬官。

家府、家璽、家印、張氏家印，可能是管理封君、公主封邑事務的官吏。盦陽相印、盦陽相室、寧陽家丞、高泉家丞、樂氏家印三種封泥似乎是王室成員或貴族封地內官員用印，暫附於此。周曉陸《在京新見秦封泥中的中央職官內容》"貴族家印"條下考釋了這幾枚"家"印，但僅引文獻對其中地名做了説明，並未説明隸屬何官。

至於"內官"一職，班固特別强調"初，內官屬少府，中屬主爵，後屬宗正"。其中變化過程並不清楚，而《後漢書・百官志》未載此官。《秦封泥集》和《秦封泥彙考》等均認可顏師古引"《律曆志》主分寸尺丈也"的説法。唯王輝云："秦時內官可能屬少府，其職掌也未必是'分寸尺丈'……秦時內

---

① 《漢書・百官公卿表》："宗正，秦官，掌親屬，有丞。平帝元始四年更名宗伯。屬官有都司空令丞，內官長丞。又諸公主家令、門尉皆屬焉……初，內官屬少府，中屬主爵，後屬宗正。"

②③ 王輝《秦出土文獻編年》第313、67頁。

④ 蕭春源《珍秦齋藏金・秦銅器篇》第66頁。

官的職掌已不很清楚。"①

　　據戰國晚期秦昭宮鼎銘文"廿一年内官右工"②、新出里耶秦簡中内官主要職能涉及逮捕罪人、看押囚犯等與獄律令法事務,以及《史記·李斯列傳》記載趙高發迹、《漢書·東方朔傳》中昭平君"獄繫内官"等記載來看,内官機構應是專門管理皇室宗親及外戚成員的機構,可獨立辦理涉及皇室宗親的案件,有相對獨立的執法權,但遇到重大案件時國家的執法機構廷尉也可以參與審理和定罪。在内官機構的任職人員一般均熟悉律令法事,因其服務對象的特殊性,故很容易接近權貴,並升任要職,如趙高。

　　我們可以這樣理解班固"初,内官屬少府,中屬主爵,後屬宗正"的記述:少府是服務於皇帝個人生活的一個龐大機構,秦時内官可能隸屬少府③,負責管理皇室宗親,也包括涉及皇室内部的法律事務,之所以名"内"似乎也是這個原因④。《漢書·高帝紀》記(七年十二月)"自櫟陽徙都長安。置宗正官,以序九族",但張家山漢簡《二年律令·秩律》無宗正,可能是呂后開始攝政的前幾年未設"掌親屬"的宗正而以"内官"代行其事⑤,因爲見於記載的漢宗正一職均由劉氏宗親擔任,而劉氏宗親肯定與呂后秉政之間有深刻的矛盾。此後内官又短時間内隸屬於"掌列侯"的主爵都尉,蓋因漢所封侯國衆多,故以"内官"負責各侯國的司法事務。或僅是在主爵都尉名下增置一内官曹署。漢武帝太初元年將主爵都尉更名"右扶風,治内史右地",即主爵

---

①　王輝《秦出土文獻編年》第 161 頁。
②　蔡運章《昭宮銅鼎銘文考釋》,《古文字研究》第 28 輯第 332～335 頁,中華書局 2010 年。
③　茂陵東側一號無名塚的一號從葬坑中出土的鎏金竹節銅熏爐,在蓋外側有銘文"内者未央尚臥,金黄塗竹節銅熏爐一具,並重十斤十二兩,四年内官造,五年十月輸,第初三"。尚臥爲少府諸尚之一,可見漢代内者的確曾屬少府。參咸陽地區博物館、茂陵博物館《陝西茂陵一號無名塚一號從葬坑的發掘》,《文物》1982 年第 9 期。
④　王先謙在《漢書補注》(卷 64)中懷疑《律曆志》所説的内官"若爲宗正之内官,恐是主宮内者,非律曆志之内官也"。轉引自周雪東《秦漢内官、造工考》,《西北大學學報》(哲學社會科學版)1998 年 2 期,注釋④。今按:《律曆志》之内官掌尺度與宗正内官掌律法有相似性。
⑤　呂后時有元王子郢客爲宗正的記載,《漢書·楚元王交列傳》"高后時,以元王子郢客爲宗正,封上邳侯。元王立二十三年薨,太子辟非先卒,文帝乃以宗正上邳侯郢客嗣,是爲夷王"。《百官公卿表》"上邳侯劉郢客爲宗正,七年爲楚王"。《諸侯王年表》"孝文二年,夷王郢客嗣,四年薨"。呂后攝政有八年之久,張家山漢簡《二年律令》是高后二年時的規定,如有宗正一職,應該有所記載,可能呂后二年時宗正一職暫廢。

都尉轉變爲三輔行政管理機構後，又將内官劃歸宗正。

另，《孝景本紀》中六年更改官制時"以大内爲二千石（韋昭曰'大内，京師府藏'），置左右内官，屬大内（索隱曰'主天子之私財曰小内；小内即屬大内也'）"。對此有學者解釋爲："内官曾分爲左右内官，並一度屬於大内。此爲《漢書·百官公卿表》所未載，疑大内設置後爲時不久，旋即罷廢。故内官又隸屬主爵，最後則隸屬宗正。"①周雪東認爲這種解釋也是合乎情理的②。據秦大内與漢大内都是國家的國庫的現有認識③，我們認爲此新設立的"左右内官"可能是某種簡稱，或可能是由"掌穀貨"的治粟内史屬官"都内"分置，而與掌管皇室宗親司法事務的"内官"僅是表述上的混淆和名稱上的巧合。

8. 治粟内史及其屬官④。秦璽印封泥中治粟内史及其屬官有：大倉、大倉丞印、**泰倉**、泰倉丞印、倉史、**倉**、倉印、大内、泰内、大内丞印、泰内丞印、**右褐府印**、斡官、斡都盧丞、都材斡印，鐵市丞印、鐵官丞印、鐵兵工室、鐵兵工丞，江左鹽丞、江右鹽丞、西鹽、西鹽丞印、琅邪左鹽、**琅左鹽丞**等。

秦文字未見"治粟内史"，其屬官"五令丞"和"兩長丞"在秦璽印封泥中能找到的有泰倉、斡〈斡〉官和鐵市。此外，"大－泰内"也應該是治粟内史屬官，詳下。

我們認爲"治粟内史"是由秦時的"内史"分置而來⑤，祇不過秦時内史職能廣泛，除"掌治京師"外還主管國家糧草府庫。秦時内史的職能詳後文。治粟内史的職責在秦時本由内史和少府等機構兼攝，因内史、少府管轄範圍太廣而將太倉、均輸、平準、都内、籍田等有關農業、糧草倉庫和掌京師府藏

---

① 　李光軍、王丕忠《"陽信家"銅器銘文補釋》，《人文雜誌》1984 年第 3 期。

② 　周雪東《秦漢内官、造工考》。

③ 　陳治國、張立瑩《從新出簡牘再探秦漢的大内與少内》，《江漢考古》2010 年第 3 期。

④ 　《漢書·百官公卿表》："治粟内史，秦官，掌穀貨，有兩丞……屬官有太倉、均輸、平準、都内、籍田五令丞，斡官、鐵市兩長丞。又郡國諸倉農監、都水六十五官長丞皆屬焉……初，斡官屬少府，中屬主爵，後屬大司農。"

⑤ 　［日］工藤元男《秦内史》認爲：秦内史是繼承周内史而來，經過春秋、戰國時代的演變，統一之後將"太倉、大内"分離出來，在此基礎上組建了"治粟内史"，掌管國家財政；爲應付統一後急劇增加的京師人口，被分離出太倉和大内的内史重新被改組爲掌治京師之官。見《日本中青年學者論中國史·上古秦漢卷》第 320 頁。

的大内職責分置,統於治粟内史,原屬少府的斡官亦劃歸治粟内史。楊寬曾
據睡虎地秦簡所見内史涉及的事務而指出:"規定各地徵收所得糧食、飼料、
禾稈進入倉庫,就要計入倉庫的簿籍,上報到内史。這個内史就是後來漢代
初年的治粟内史。"①這就等於説治粟内史是由秦時内史分置的。

　　班固説"斡官"初屬少府,可由秦封泥中"少府斡官、少府斡丞"和"大官
斡丞"得以印證。至漢代治粟内史屬官又增加了"郡國諸倉農監、都水六十
五官長丞",職能均與糧食倉庫和農田水利有關,這也正是漢景帝和武帝更
名時均強調一"農"字的原因。

　　班固説治粟内史是秦官有一定依據,但容易引起誤解,實際上漢纔有的
治粟内史相當於秦時内史和少府的部分職責。其名稱中的"治粟"可能與
《二年律令・秩律》中的"大倉治粟"(秩八百石)有直接關係。從張家山漢
簡尚無"治粟内史"之名推斷,其始設年代可能在漢景帝中六年或漢武帝時
期②,因爲《百官公卿表》中反映出這兩個時間段是漢代官制變動最大的。

　　睡虎地秦簡《秦律十八種・倉律》有"入禾稼,芻稾,輒爲廥籍,上内
史",《效律》有"至計而上廥籍内史"及多枚"斡都廥丞"封泥,"禾稼、芻稾"
的管理秦時屬於内史職責,即漢治粟内史的主要職能,由此亦可佐證治粟内
史是由秦時内史分置的推斷。而簡文中"斡官"管理糧草的儲存和發放事
務,即漢代"均輸"的職責,祇是秦時未有"均輸"之名而已。

　　至於秦印"鈺將粟印"(圖),王輝最新的看法是:"疑'治粟'即'將粟',
'鈺將粟'爲鈺地管理糧食的官員,'治粟内史'則是内史地管理糧食的官員
……治粟内史之職設置,也是秦漢之際短時間的事。"③睡虎地秦簡中有秦在
各縣設有糧倉的記載,鈺縣漢屬沛郡,秦時爲四川郡,即文獻之泗水郡。

　　僅從秦封泥資料看不出秦"大内"的職能,但從睡虎地秦簡《秦律十八

---

① 　楊寬《雲夢秦簡所反映的土地制度和農業政策》,《楊寬古史論文選集》,上海人民出版
　　社 2003 年。
② 　《百官公卿表》所記高帝元年"執盾襄爲治粟内史"有三種可能:一、可能班固作《百官公
　　卿表》時採用了以後產生的職官名稱。二、或可能高帝元年時確有"治粟内史"之名,而
　　至吕后時暫廢。三、或可能高帝元年時確有"治粟内史"之名,而祇是未出現在張家山漢
　　簡《秩律》中。我們傾向於第一種可能。
③ 　王輝《秦封泥等出土文字所見内史及其屬官》。

種·金布律》所記來看,秦時大内是國家存儲錢財、物資的官署機構,設在都城咸陽,與掌管粮草的太倉同由内史統轄①。因大内有發放衣物的職責,故秦印"右褐府印"可能是大内的附屬機構。

漢代沿置大内機構。《史記·孝景本紀》"以大内爲二千石"。置左右内官,屬大内。《漢書·嚴助傳》:"越人名爲藩臣,貢酎之奉,不輸大内,一卒之用不給上事。"應劭曰:"大内,都内也,國家寶藏也。"漢代的大内主"京師府藏",職能與秦大内雷同,但典籍多改稱"都内",如《漢書·食貨志》:"乃募豪民田南夷,入粟縣官,而内受錢於都内。"顏師古曰:"都内,京師主臧者也。"《張湯傳》:"安世以父子封侯,在位大盛,乃辭禄。詔都内別臧張氏無名錢以百萬數。"文穎曰:"都内,主臧官也。"《賈捐之傳》:"太倉之粟紅腐而不可食,都内之錢貫朽而不可校。"《王嘉傳》:"孝元皇帝奉承大業,温恭少欲,都内錢四十萬萬,水衡錢二十五萬萬,少府錢十八萬萬。"《王莽傳》:"以圖簿未定,未授國邑,且令受奉都内,月錢數千。"又"其在緣邊,若江南,非詔所召,遣侍於帝城者,納言掌貨大夫且調都内故錢②,予其禄,公歲八十萬,侯伯四十萬,子男二十萬"。"中"與"内"意近,故"都内"有時也稱"中都、中都官"。《史記·平準書》:"孝惠、高后時……漕轉山東粟,以給中都官,歲不過數十萬石。"索隱:"中都,猶都内也。皆天子之倉府。以給中都官者,即今大倉以稦官儲者也。"《漢書·外戚恩澤侯表》記陽城侯田延年"(漢宣帝本始)二年,坐爲大司農盜都内錢三千萬,自殺"。如淳曰:"天子錢藏中都内,又曰大内。""中都内"可能是"中都"和"都内"的混稱。

"都"有大、總之義,故"大内"可稱"都内","都内"的名稱漢代纔開始出現。《秩律》無"大内、都内"而有"内官"(秩六百石)。《秩律》所見"内官"或爲宗正屬官,也可能吕后當政時廢"大内"而代之以"内官",與宗正屬官"内官"不同。至景帝中六年時特別擢升"大内爲二千石",與内史同級,而據其官秩級别來看,應該掌管的是天下錢穀。在擢升大内秩級的同時又把

---

① 參楊寬《從少府職掌看秦漢封建統治者的經濟特權》,《楊寬古史論文選集》,上海人民出版社 2003 年。

② 由秦内史分置的治粟内史,景帝改大農令,武帝改爲大司農。王莽改大司農曰羲和,後更爲納言。

呂后時的"內官"分置左右"屬大內"。從司馬貞索隱對"屬大內"的注解"主天子之私財曰小內;小內即屬大內也"來看,"小內"應是"左右內官"之一,而另一"左右內官"應是以前"主京師府藏"的大內,可能當時另有名稱。大內爲二千石官可能持續的時間並不長,故《百官公卿表》沒有記錄①。此後,"都內"頻繁見於《漢書》各處,或是大內廢二千石官之後對大內和少內機構的總稱,其改稱應在景帝中六年之後。後代史家著述或注釋時往往提及舊稱,實際上漢時"都內"相當於秦時"大內"。

　　據以上所論,可將秦之大內與漢之都內和大內名稱演變圖示如下:

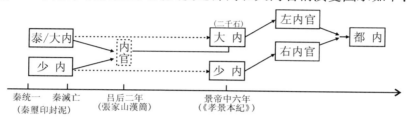

　　須要指出的是,很多研究者據睡虎地秦簡《金布律》中大內回收金屬器物和發放衣物的記載,將秦時大內的職能僅僅限於以上兩項。我們認爲睡虎地秦簡所見大內所涉及的事務僅爲秦時大內職責之一小部分。作爲"掌穀貨"的治粟內史的屬官,秦大內與漢大內職能沒有本質區別。

　　9. 少府及其屬官②。少府掌管王室事務,是皇帝的私人管家,其屬官衆

① 或如李光軍等的解釋:"內官曾分爲左右內官,並一度屬於大內。此爲《漢書·百官公卿表》所未載,疑大內設置後爲時不久,旋即罷廢。"參李光軍、王丕忠《"陽信家"銅器銘文補釋》,《人文雜誌》1984 年第 3 期。

② 《漢書·百官公卿表》:"少府,秦官,掌山海池澤之税,以給共養,有六丞。屬官有尚書、符節、太醫、太官、湯官、導官、樂府、若盧、考工室、左弋、居室、甘泉居室、左右司空、東織、西織、東園匠十二官令丞,又胞人、都水、均官三長丞,又上林中十池監,又中書謁者、黃門、鈎盾、尚方、御府、永巷、內者、宦者七官令丞。諸僕射、署長、中黃門皆屬焉……成帝建始四年更名中書謁者令爲中謁者令,初置尚書,員五人,有四丞。"又張家山漢簡《二年律令·秩律》有:少府令、大醫、大官(另有室僕射大官)、樂府、右工室、居室、西織、東織、東園主章、都水、中謁者(另有長秋中謁者,《津關令》有中大夫謁者)、執盾(蓋相當於鈎盾)、御府(另有御府鹽〈監〉)、光〈永〉巷(另有光〈永〉巷監、長信永巷、永巷詹事丞、未央光〈永〉巷)、內者、宦者(另有未央宦者、宦者監僕射、長信宦者中監)、僕射等;無"左右司空",但有中司空、司空、大匠官〈宮〉司空(今按:整理小組斷句作"大匠官司空",但似乎應斷句作"大匠、官司空"爲妥,且"官"似爲"宮"之誤);無"上林中十池監",但有"上林騎";無尚書,但《史律》有尚書卒史。

多,人員龐雜。以下將秦璽印封泥中所見少府及其屬官分類説明如下(太醫、都水二官見"奉常及其屬官"部分)。

(1)少府類:小府、少府、少府丞印,少府斡官、少府斡丞,少府工丞、少府工室,北宮斡官、北宮斡丞等。

秦少府掌管王室雜務,相當於國君的私人管家,秦將章邯曾任少府職。由封泥"少府工室"和"少府工(室)丞"可知,少府設有製造器物的機構,秦有二年少府戈(莊襄王二年)、十三年少府矛,珍秦齋藏秦十六年、二十三年少府戈(秦王政),另五年相邦吕不韋戈有"少府工室陟,丞冉"銘文,可見少府也兼造兵器。班固所説的"考工室"大概在秦代僅稱"工室",參劉瑞《秦"工室"考略》。秦工室的設置情況詳本節"工官系統印"部分。南越國官印有"長信少府"魚鈕印,應是南越國仿秦設立的管理長信宮事務的"少府"。

《漢書·百官公卿表》云:"治粟内史……初,斡官屬少府,中屬主爵,後屬大司農。"今由秦封泥"少府斡官、少府斡(官)丞"可知"斡"本作"斡",秦時斡官隸屬少府,班固此説自有理據。秦封泥中另有斡官□□、斡廥都丞(或讀"斡都廥丞")、北宮斡官、北宮斡(官)丞、都材斡印(無圖)、中官斡丞等。《漢書·百官公卿表》"治粟内史"條顔師古引如淳曰:"斡,主也,主均輸之事,所謂斡鹽鐵而榷酒酤也。"從秦少府的皇家私官的性質和執掌範圍來看,北宮斡官應該屬少府斡官管轄。

(2)諸尚類:尚書、書府、尚冠、尚冠府印、尚劍府印、尚佩、尚佩府印,尚臥、尚臥倉印、尚衣府印,尚浴、尚浴府印、尚浴上府、尚浴寺般、尚浴右般、尚浴倉印、**南宮尚浴**,尚帷中御、帷居工印,尚犬、御弄尚虎、狡士之印、狡士將犬等。

"尚書"封泥首字殘,如確爲"尚書",則《漢書》(成帝建始四年)"初置尚書"的説法不確。睡虎地秦簡《秦律十八種·内史雜》有"毋敢以火入臧(藏)府、書府中……節(即)新爲吏舍,毋依臧(藏)府、書府",可見秦時宮中有專門用來存放書籍的府庫。《風過耳堂秦印輯録》著録一枚田字格瓦鈕印"寧秦□書"(圖),或與"書府"有關。

《漢書·惠帝紀》應劭注:"舊有五尚,尚冠、尚帳、尚衣、尚席亦是。"《通典·職官志》:"秦置六尚,謂尚官、尚衣、尚食、尚沐、尚席、尚書。"《宋書·

百官志》除"尚沐"作"尚浴"不同外,其餘均同。秦璽印封泥中有"六尚"類職官名,與文獻記載不盡一致。

"南宫尚浴"是掌管南宫(太后所居)洗浴的官員用印,也屬於六尚系統,姑附於此。秦封泥還有"御弄尚虎",可能與六尚類職官職能類似。

"狡士"見於睡虎地秦簡《法律答問》:"可(何)謂宫狡士、外狡士? 皆主王犬者殹。"與"將馬"主管馬匹事務一樣,"將犬"乃主管君王獵犬之官。

"尚帷中御",《秦封泥彙考》説爲宫廷侍御之官,中指後宫。殆是。"帷居工印"封泥,文義不可解,可能與"尚帷"有關。

(3)大-泰官類:大官、大官丞印、大官斡丞、大官飤室、大官左中、右中飤室、泰官、泰官丞印、泰官庫印、飤宜丞印。

秦大-泰官掌管宫廷膳食。咸陽博物館藏秦大官盂器底刻有"大官四升"銘文。睡虎地秦簡《秦律雜抄》:"大官、右府、左府、右采鐵、左采鐵課殿,貲嗇夫一盾。"史黨社《新發現秦封泥叢考》結合秦簡及漢印"大官鹽丞"認爲:"泰官還管一部分爲皇室服務的手工業,如採鹽等……其(少府)屬官可能從原料生產一直到皇室消費終爲止都要管理,泰官之職説明了這一問題。"此説較合理。總之,秦時"大官"總理王之飲食事務,但也是一個領有多種屬官曹署的機構,下設斡官、飤室、府庫等。

西漢南越王墓出土有"泰官"封泥,應該是仿秦官制而設,應與秦大-泰官職責相同。

(4)樂府類:樂府、樂府丞印、樂官、樂府鐘官、外樂、外樂丞印、樂師丞印等。

秦始皇陵出土有錯金銘文"樂府"鐘,今又有"樂府"和"樂府丞印"封泥出土,足可匡正《漢書·郊祀志》"(漢武帝)乃立樂府"的錯誤説法。又承張天恩告知,西安市長安區神禾原秦大墓出土銅飾件上刻有"北宫樂府"銘文①,可見北宫設有"樂府"機構,應是專供皇帝娛樂的,與奉常屬官太樂性質不同。南越王墓出土編鐘也有"文帝九年樂府工造"銘文。周天游認爲樂府丞爲秦奉常屬官太樂令下屬的説法不妥,參見"奉常及其屬官"部分。

---

① 張天恩《新出秦文字"北宫樂府"考論》,《周秦文化研究論集》第311頁,科學出版社2008年。

又"樂府鐘官(圖)"的讀法不符合秦印的一般特點,參考"左樂雝鐘"的讀法,此封泥或可讀作"樂府官鐘"。秦封泥中與"樂"有關的還有"樂師丞印、外樂"等。

"外樂"傳世文獻未見記載。張家山漢簡《二年律令·秩律》"樂府、外樂"都有,云:"公車司馬、大倉治粟、大倉中廄、未央廄,外樂……秩各八百石,有丞、尉者半之……"又《奏讞書》(王政元年)有"故樂人……踐十一月更外樂"。從簡文來看外樂應是樂府類職官,惜執掌不甚明瞭。參前"奉常及其屬官"部分説明。

(5)弋類:佐弋之印、佐弋丞印、北□弋□、北宮弋丞和**白水弋丞**等。

《史記·秦始皇本紀》有"佐弋竭"。秦都咸陽出土的筒瓦上有戳印陶文"弋左"兩件,文字豎排;袁仲一認爲"左弋下亦設有製陶作坊爲宮殿建築燒造磚瓦"①。而此前劉慶柱認爲秦都咸陽第一、三號宮殿建築遺址出土陶文"左試"爲"佐弋"的看法有誤②,實則"左試"之"左"是"左司空"之省,"試"爲陶工私名。漢瓦當亦有"佐弋"③。據秦封泥和上舉陶文資料來看,秦時有"左"和"佐"兩種寫法,而劉慶柱"'左'字加人傍,別製'佐'字當起於漢代"的説法須要修正。秦北宮設有"佐弋"一職,應爲"佐弋"系統的屬官。據秦封泥"白水之苑、白水苑丞",可知秦璽印"白水弋丞"應是在"白水苑"設立的射弋之官用印,蓋附屬於少府系統。

焦南峰從有象徵性河道、位於魚池的南岸、靠近水源,出土大量青銅水禽和出土造型奇特的陶俑等三個方面將秦始皇陵園 K0007 陪葬坑命名爲"左弋外池",認爲秦始皇陵園 K0007 陪葬坑是"作爲外藏系統的一部分,代表或象徵的是少府屬下的左弋外池"④。若其説成立,則從考古實物上證明了"佐弋"在秦代存在的真實性⑤。

此外,秦璽印射弋、射官和弓舍,徐暢以爲分別是教練射弋之官和製造

①　袁仲一《秦陶文新編》第 157 頁。

②　劉慶柱、李毓芳《秦都咸陽遺址陶文叢考》第 75～84 頁。

③　傅嘉儀《篆字印匯》第 69 頁,上海書店出版社 1999 年。

④　焦南峰《左弋外池——秦始皇陵園 K0007 陪葬坑性質蠡測》,《文物》2005 年第 12 期。

⑤　劉瑞《秦始皇陵 K0007 號陪葬坑性質新議》一文認爲 K0007 號陪葬坑的性質爲"外樂"屬下的官署,見《秦文化論叢》第 14 輯第 349～370 頁,三秦出版社 2007 年。

弓箭的官署①。還有研究者據居延漢簡"左弋弩力六百廿"的記載,認爲佐弋還兼造弓弩②,如此説可信,則《秦封泥集》認爲"弩工室印""或爲少府'佐弋'之屬下"的説法似可信從。

(6)居室類:居室丞印、安臺居室、安居室丞,寺從、居室寺從、寺從丞印、**寺從市府**等。

安臺爲秦宮室或重要建築名稱,見於秦封泥安臺之印、安臺丞印和安臺左壓等。秦封泥"安臺居室"與文獻"甘泉居室"的情形類似,是設在安臺的居室機構,而"安居室丞"應是"安臺居室丞"之省稱。

"居室丞印"封泥的數量多達140餘枚,是單品封泥出現頻率最高者,可見此機構奏事之頻繁。學術界一般認爲居室掌管宮中刑獄。漢長安城未央宮前殿B區遺址、椒房殿遺址、少府遺址均出土刻有"居室"的板瓦、筒瓦等陶文,此可作爲其可能也兼管宮内建築的佐證。

另,秦封泥有大量"寺從"類職官用印,僅文字清晰完整者如"寺從"(12枚)、"寺從丞印"(71枚),秦璽印還有"寺從市府",可見"寺從"可能是獨立的機構,與"居室寺從"之間的隸屬關係則難以斷定。寺從一職不見於《百官公卿表》,王輝認爲"寺"通"侍","侍從"應指宦者,"宮内閣宦官侍從人主左右者"③,此可備一説。但秦封泥中另有寺工(寺工丞璽、寺工丞印)、寺車(寺車丞印38枚,寺車府印)、寺樂、寺司空等品類,印文中的"寺"與"寺從"之"寺"含義應該有所區別。

(7)司空類:司空、司空之印、司空丞印、左司空印、左司空丞、**右司空印**、右司空丞、宮司空印、北□司□、宮司空丞、采司空印、寺司空府等。

秦在中央各機構和郡縣各級均設有司空。中央各機構所設司空見於秦璽印封泥和陶文,各郡縣所設司空在秦璽印封泥和秦簡中也有反映,如秦璽印有"恒山司空、道司空印、南海司空"和"聞陽司空";秦封泥有"九江司空、南郡司空"和"泰山司空"等。另睡虎地秦簡《秦律雜抄》:"縣司空、司空佐

---

① 徐暢《先秦璽印圖説》。
② 安作璋、熊鐵基《秦漢官制史稿》第190頁,齊魯書社2007年;又徐暢《先秦璽印圖説》第90頁。
③ 王輝、程學華《秦文字集證》第169頁。

史、士吏將者弗得，貲一甲；邦司空一盾。”《秦律十八種·徭律》：“未卒堵壞，司空將功及君子主堵者有罪……度功必令司空與匠度之，毋獨令匠。”從簡文來看“司空”負責土木工程類的建築事務，與文獻記載吻合。新出里耶秦簡 8 –733 有“邦司空”，8 –1722 有“臨沅司空”。

秦都咸陽第一、三號宮殿建築遺址及秦始皇陵出土板瓦、筒瓦上有“左空①、左司”（應是“左司空”之省）和“左司空”刻劃陶文多件②，同出的“宮”字陶文極多，秦封泥還有“（都）船司空丞、宮司空印、宮司空丞”，數量较多，可見左右司空及宮司空掌管宮内各種土木工程建設，事務相當繁忙。

（8）織類：右織、左織縵丞、蜀左織官、湅布之丞。

秦封泥的“左右織”在漢初的張家山漢簡中就已經改稱“東織”和“西織”，《三輔黃圖》卷三“未央宮”條云：“織室在未央宮。又有東西織室，織作文繡郊廟之服，有令史。”③可見《百官公卿表》所記“東西織”是漢代的情況。

《説文·糸部》：“縵，繒無文也。从糸曼聲。《漢律》曰：‘賜衣者縵表白裏。’”秦時左右織應該有所分工，或左織專司織縵。秦封泥另有“蜀左織官”兩枚，戰國時蜀地絲織業發達，秦在蜀設置織官，或可能隸屬於少府之左織機構。

傳世秦封泥有“湅布之丞”，《周禮·冬官考工記》：“慌氏湅絲以涚水，漚其絲七日。”孫詒讓正義：“凡治絲治帛通謂之湅。”《秦封泥集》認爲湅布當掌治衣，此“湅布之丞”或爲左右織之屬官。

（9）東園匠類：東園□□、東園大匠等。

由秦都咸陽宮殿遺址和秦始皇陵園及其附近各遺址出土的近百例“大匠”類陶文可知④，大匠機構的職能正如《後漢書·百官志》“將作大匠”本注所説，爲“掌修作宗廟、路寢、宮室、陵園木土之功”，而秦封泥“東園大匠”應即《百官公卿表》所記的“東園匠”，隸屬於少府屬官“大匠”，其職能應是“主

---

① 劉慶柱、李毓芳《秦都咸陽遺址陶文叢考》，《古文字論集（一）》第 75 ~ 84 頁。今按：“左空”陶文《秦出土文獻編年》無。

② 王輝《秦出土文獻編年》第 310 ~ 311 頁。

③ 魏全瑞主編、何清谷校注《長安史迹叢刊·三輔黃圖校注》第 201 ~ 202 頁，三秦出版社 2006 年。

④ 袁仲一《秦陶文新編》第 29、41、56、69、78、134、147、157、176、216、230、235、238 頁。

作陵内器物"。

因秦封泥已有"大-泰匠"和"東園大匠",可知二者秦時已産生,且其時均是少府屬官,掌管宗廟、寢宫和陵園的木土工程建築事宜。吕后二年時"大匠"和"東園主章"兩機構並存。此"東園主章"可能來源於秦時的"東園大匠",衹是改變了名稱並提升了秩級。此後至景帝中六年之前,上述兩機構從少府剥離出來,被整合爲"將作少府"。至景帝中六年又將"將作少府"改名爲"將作大匠","東園主章"又成爲其屬官。由《百官公卿表》顔師古注曰"東園主章掌大材,以供東園大匠也",可知此前已有"東園大匠"的名稱,這個名稱很可能來源於秦的"東園大匠"。

(10)上林十池監類:上林丞印、上林禁印、**上林郎池**、池室之印、**池印**、每池、母池、晦池之印、息□池□、南池里印、**左池**、**曲池**等。

據《三輔黄圖》卷四所記,秦漢時的上林十池有郎池①,又《三秦記輯注》"郎池觀"在上林苑中②,這些記載與秦印"上林丞印"和"上林郎池"可以相互印證。"上林丞印"應是"上林郎池"之丞,池印、池室之印應是上林十池用印。"每、母、晦"三字很可能是隸定導致的字形不同,三者可能是同一池名而文獻失載,因或無圖片或文字殘缺而無法核對,故暫存疑。左池、息□池和南池也應是上林諸池之一。

(11)謁者類:中謁者、中謁者府、西方謁者、西方中謁(者)、西(方)中謁(者)府等。

少府屬官"中書謁者"掌"出入奏事";郎中令屬官"謁者"掌管引見賓客,贊導受事。二者有所不同。

關於"中謁者"之"中"的含義,安作璋等認爲"到底是宫中、禁中之中,還是大、中、小之中,或者宫中、禁中不一定是閹人,而是表示皇帝的親信如中郎、郎中,恐怕以後者最爲合適(但不排斥用閹人,也不排斥與大謁者區别)"③。此説有一定道理。秦封泥既有"中謁者"又有"尚書",可見秦時尚

① 魏全瑞主編,何清谷校注《長安史迹叢刊·三輔黄圖校注》第 317～319 頁。今按:《類編長安志》第 83 頁與《三輔黄圖》所記略同;《三秦記輯注》第 49 頁"漢上林苑有池十五所"所記與《三輔黄圖》有出入。

② 魏全瑞主編,劉慶柱輯注《長安史迹叢刊·三秦記輯注》第 67～69 頁,三秦出版社 2006 年。

③ 安作璋、熊鐵基《秦漢官制史稿》第 123 頁,齊魯書社 2007 年。

書與中謁者分置,則班固所説"成帝建始四年更名中書謁者令爲中謁者令,初置尚書"就應該理解爲:成帝更名祇是恢復秦時舊稱,而將"中書謁者"的"書"的職責分置爲"尚書"。實際上秦時"中謁者"與"尚書"本是兩個機構,成帝建始四年更名之前可能加以合併,至成帝建始四年時又全部恢復爲秦時舊制。張家山漢簡《二年律令‧秩律》有:中謁者、長秋中謁者,《津關令》有中大夫謁者,而没有"中書謁者",可能因爲吕后二年前後還沿用的是秦時舊制。

(12) 御府類:御府、御府之印、御府丞印、**御府丞印**、御廷府印、御府金府、金府左工、御府器府、御府瑟府、御府帑府、行府、御府行府、御府工室、北宫御丞、御廄丞印、御羞、御羞丞印、御羞行府、御羞陰園、唯王御璽、御兵、御弄、陰御弄印、陽御弄印、弄右般印、**弄狗廚印**、御弄尚虎等。

秦御府機構龐大,有令、丞,有官署機構公用印,也有主管官吏自用印。"御廷府"可能爲"御府廷府"之省,"廷府"即其日常辦事之館署[1]。考慮到秦璽印"御府丞印"讀作▨,則"御廷府印"(▨)或可讀作"御府廷印(▨)"。"廷"和"廷府"均見於睡虎地秦簡,如《内史雜》"令令史循其廷府",《秦律十八種‧倉律》:"禾、芻藁積索出日,上輒不備縣廷……言縣廷,廷令長吏雜封其廥,與出之,輒上數廷。",又《徭律》"縣毋敢擅壞更公舍官府及廷"等。簡文中"廷"和"廷府"是政府機構辦公所在地的稱呼,可知此印是御府機構的公用印。

御府下設有各種名目的府庫。"金府"所藏重點應是金錢,"帑府"所藏重點應是布帛,猶如秦簡《金布律》稱"金、布",二者既有共同點,又有區别。"器府"爲御府儲藏宫庭器具之府,其中主藏應是食器,此外恐也會藏一些玩弄之器。樂府儲藏各種樂器,而御府特設"瑟府",因瑟是雅樂器,常用於宗廟祭祀及燕飲奏樂。"瑟府"所儲藏者,可能也不僅是瑟一種樂器,而是包括笙、竽、琴等在内的一組雅樂器。"行府"可能是指跟隨帝后出行時所設立的辦公機構,即臨時府邸。

"北宫御丞"應是"北宫御府丞"之省,是秦在皇帝所居的北宫設立的御府機構。"御廄"應指御府之廄,可見秦御府有獨立的廄苑。

---

[1]　王輝《釋文雅堂藏幾枚與府有關的秦封泥》,《陝西歷史博物館館刊》第 21 輯,三秦出版社 2014 年。

御府有製造器物的工室,可能主要是天子日常所需玩好器物,與少府工室可造兵器不同。

“御羞”爲御府中掌管各種進獻事務以及所進獻物品之事,不僅僅限於食物。因進獻之物爲數衆多,故有專門的“御羞行府”府庫,用於存放各種進獻之物。“御羞陰園”執掌不明。“御兵”可能是掌管皇帝御用兵器者①;“御弄”就是專門管理皇帝玩樂物品的機構,包括狗、虎等供皇帝把玩欣賞和娛樂的寵物,有些寵物還設有專廚餵養,如“弄狗”等。

“唯王御璽”現僅見 3 枚殘品,均未見“王”字出現,暫從原釋文。可能是統一前掌管國君用印的官吏所用,蓋相當於漢代少府屬官“符節令丞”。

(13)永巷類:永巷、永巷丞印。

永巷原爲宮中長巷,設有管理官婢侍使的官署,武帝太初元年更名爲“掖廷”。《史记·范雎蔡澤列傳》:“於是范雎乃得見於離宮,詳(佯)爲不知永巷而入其中。”《史記·吕太后本紀》:“吕后最怨戚夫人及其子趙王,迺令永巷囚戚夫人而召趙王。”秦漢少府和詹事屬官均有永巷,二者因服務的對象有別,故分別隸屬不同機構。

(14)内者類:内者、内者府印。

内者掌管宮中帷帳和其他器物的擺設和布置。《後漢書·百官志三·少府》:“内者令一人,六百石。本注曰:掌宮中布張諸褻物。”《金石索》《漢金文録》等均著録刻有“内者”銘文的漢代器物②,寶雞也曾出土“中宮内者”雁足銅燈一件③。秦陶文“内者”見於藍田出土“將行内者”④,可見秦時皇后私官將行的屬官也有内者。内者有貯藏宮中用具的府庫。張家山漢簡“内者……秩六百石”。

(15)宦者類:北宮宦丞、高章宦者、高章宦丞、宦者、宦者丞印、宦走、宦走丞印等。

---

① 　周曉陸等《在京新見秦封泥中的中央職官内容——紀念相家巷秦封泥發現十週年》。
② 　參安作璋、熊鐵基《秦漢官制史稿》第 200 頁,齊魯書社 2007 年。
③ 　拓本見臺灣中研院史語所藏青銅器拓片資料庫:http://catalog. digitalarchives. tw/item/00/1b/bf/07. html。
④ 　王恩田《陶文圖録》(卷六)第 2033 頁,齊魯書社 2006 年。

宦者既是宦官一類人的泛稱，又是管理宦者的機構名稱，是宮廷中侍奉皇帝及其家屬的特殊人員。皇后私官詹事也有宦者，少府屬官的宦者是宮內侍奉皇帝的近侍，詹事屬官的宦者是服務於皇后及皇帝近親的後宮私官。詳後"宦官系統印"。

10. 中尉及其屬官①。秦璽印封泥中中尉及其屬官有：中尉、中尉之印、**寺工**（陽文）、寺工丞璽、寺工、寺工之印、寺工丞印，武庫、武庫丞印，都船、都船丞印、陽都船印、陽都船丞、陰都船丞、材官等。

南越國魚鈕"中司馬印"和張家山漢簡中的"中司馬"，極有可能是"中尉司馬"的省稱。據我們將邦尉理解爲郡尉以及邦候是郡級候官的認識，曹錦炎將"邦候"當做中尉屬官的認識可能值得商榷②。

"寺工"《漢書》誤作"寺互"③。帶"寺工"銘文的秦銅器約有三十多件，最早的是秦莊襄王二年的寺工壺④，秦封泥"寺工丞璽"也印證了寺工機構在統一前即已設立。其他如多件相邦呂不韋監造的戈上即有"寺工讋、丞義"，□年寺工讋戈，十五至十九年寺工鈹，二十一年寺工車軎、庫鑰，寺工矛多件⑤。珍秦齋藏魚鈕"喪尉"秦印印臺上鑄"寺工"。秦陶文也有"寺水、寺工某"和"寺某"等格式，均爲寺工機構兼造磚瓦的證據⑥。

秦"寺工"是秦始皇時期負責鑄造兵器的主要機構之一，也兼造一些皇室用器，如北寢、酋府所用之壺（二年寺工壺）、車軎（廿一年寺工車軎）等。

---

① 《漢書·百官公卿表》："中尉，秦官，掌徼循京師，有兩丞、候、司馬、千人。武帝太初元年更名執金吾。屬官有中壘、寺互〈工〉、武庫、都船四令丞。都船、武庫有三丞，中壘兩尉。又式道左右中候、候丞及左右京輔都尉、尉丞兵卒皆屬焉。初，寺互〈工〉屬少府，中屬主爵，後屬中尉。"典屬國屬官亦有候、千人。將作少府屬官也有左右中候。又張家山漢簡《二年律令·秩律》有：中尉、中候（與郡候、騎千人並列，可能是"中尉候"之省）、中司馬（可能是"中尉司馬"之省，與郡司馬、騎司馬並列）、騎千人、寺工、武庫、備塞都尉（與衛尉、郎中、奉常並列，秩二千石）。

② 曹錦炎《古璽通論》第 179～180 頁。

③ 黃盛璋《寺工新考》，《考古》1983 年第 9 期。又參王輝《秦文字集證》第 181 頁。

④ 王輝《秦出土文獻編年》第 80～81 頁。

⑤ 王輝《秦出土文獻編年》第 96、104～107、111、249～250 頁。另《〈秦出土文獻編年〉續補三》NO.2868 收 1979 年內蒙準格爾旗西溝畔戰國墓 M2 出土"虎豕咬鬥紋金飾牌"兩件，其一刻"故寺虎豕三"。"故寺"即是説該器原是官府之物。

⑥ 袁仲一《秦陶文新編》第 276 頁。

對比已有的寺工銘文可知，"寺工"爲"寺工師"（二年寺工壺）之省。秦"寺工"機構有"工師"則必有工室，或"寺工"之"工"即"工室"的省稱。

至於"寺工"之"寺"的含義，則少有專門探討。無戈認爲"寺工"可能是漢武帝時之"考工"，陳平認爲與《周禮》之"寺人"有關，"'寺人'之得名，就因爲他們是執事於'寺'中的人，最初的'寺'是王之掖庭内宫。秦漢銅器銘文中的'寺工'之'寺'，其義正與此同……主管'寺工'這個官署的如不是相當於後來人們所説的太監的'寺人'，就是由寺人直接管轄的其他人"①。因漢銅器銘文亦有"寺工"，則前者之説恐無據。寺人爲宫中近侍國君的閹人，以此身份在始皇時掌管兵器鑄造這樣的重要機構，有待商榷。

陳直將"寺工"解爲"官寺之工"的看法很有啓發性②。陳平所説"最初的'寺'是王之掖庭内宫"，殆無疑義。文獻所見漢代的"寺"多指衙署、官舍，也有官寺、府寺連用之例。《漢書·元帝紀》："壞敗豲道縣城郭官寺及民室屋，壓殺人衆。"顏師古注："凡府庭所在皆謂之寺。"《文選·左思〈吴都賦〉》："列寺七里，俠棟陽路。"劉逵注："府寺相屬，俠道七里也。"李善注引《風俗通》："今尚書、御史、謁者所止皆曰寺。"《左傳·隱公七年》"發幣於公卿"孔穎達疏："自漢以來，三公所居謂之府，九卿所居謂之寺。"

睡虎地秦簡也有"寺府"，《傳食律》："上造以下到官佐、史毋（無）爵者，及卜、史、司御、寺、府，糲米一斗，有采（菜）羹，鹽廿二分升二。"簡文"寺府"或可連讀。張家山漢簡《賊律》有"賊燔寺舍、民室屋廬舍"，可見官府衙署與民房在名稱上有所區别。

綜上，我們認爲秦"寺工"的含義是指朝廷設立的製造兵器和國君或皇帝所用器物的工官機構，與漢代銅器所見"寺工"的性質相同，衹是漢代寺工多製造生活用具而秦寺工以鑄造兵器爲主。

"武庫"屢見於三晉和秦兵器銘文。目前所見秦武庫的設立最早當在秦昭王時期。約王政時期的寺工矛刻"武庫受（授）屬邦，咸陽"，秦十八年上郡戈、二年上郡守冰戈及湖南出土上郡矛均刻有"上郡武庫"③，廣衍銅矛還

---

① 　無戈《"寺工"小考》，《人文雜誌》1981 年第 3 期；陳平《〈"寺工"小考〉補議》，《人文雜誌》1983 年第 2 期。

② 　陳直《讀金日札》第 160 頁，中華書局 2008 年；又西北大學出版社 2000 年，第 226 頁。

③ 　王輝説："上郡戰事頻仍，所需兵器甚多，故亦設立。"參王輝《秦文字集證》第 194 頁。

省稱爲"上武";秦上黨郡亦設有武庫,見上黨武庫戈(《集成》11054)。秦封泥有武庫、武庫丞印和恒山武庫,前者爲中央之武庫,後者例同上郡武庫,爲在地位重要的郡設立的地方武庫。從秦兵器刻銘來看,秦武庫祇是保存武器的機構,負責兵器鑄造的是各個工室,如咸陽工室、少府工室、寺工、詔吏(事)、櫟陽左右工室以及設在隴西郡西縣、蜀郡東西工室和上郡的漆垣、高奴等地的工室。從多件刻有"武庫受屬邦"的兵器來看,秦武庫還有調配武器的職能。

都船,顏師古注引如淳曰:"都船獄令,治水官也。"從臨潼劉寨村秦遺址和秦始皇陵附近出土"都船某"和"都某"格式的數十件秦陶文來看①,都船也兼燒造磚瓦。都船有丞,且以陰、陽來區別曹署,與"陰御弄印"和"陽御弄印"的讀法可以互證。

傳世秦封泥有"右中馬丞"一枚,據《百官公卿表》"左右中候、候丞及左右京輔都尉、尉丞兵卒皆屬焉",似乎應是中尉屬官,姑附於此。

11. 將作少府及其屬官②。秦璽印封泥中所見將作少府及其屬官有:大匠、大匠丞印、泰匠、泰匠丞印等。

秦陶文和封泥中的"大-泰匠"和"東園大匠"可證明"大-泰匠"在統一之前就已經存在,是少府中職掌與陵園宮室有關的土木工程和建築的部門。主章和東園主章應來源於秦時的"大-泰匠"和"東園大匠",負責管理各種大小木料。

秦無將作少府,將作少府機構是呂后二年之後至景帝中六年之前,整合了秦時少府和中尉部分屬官和職能後新組建的的一個機構。由於秦時少府屬官左右司空、大-泰匠和東園(大)匠三者與漢代的將作少府(屬官有東園主章)都有掌管宮室和陵園的土木工程建築等基本雷同的職能;又"東園大匠"與"東園主章"有連帶關係(顏師古注"東園主章掌大材,以供東園大匠

① 參王輝《秦出土文獻編年》第 307~322 頁。
② 《漢書·百官公卿表》:"將作少府,秦官,掌治宮室,有兩丞、左右中候。景帝中六年更名將作大匠。屬官有石庫、東園主章、左右前後中校七令丞(如淳曰'舊將作大匠主材吏名章曹掾'。顏師古曰'東園主章掌大材,以供東園大匠也'),又主章長丞。"又張家山漢簡《二年律令·秩律》有:中候(秩六百石)、校長(秩百六十石,即左右前後中五校之長)、東園主章(秩六百石,有丞,尉者半之)。

也”），所以我們認爲“將作少府”是從少府機構中抽調“左右司空、大－泰匠”和“東園大匠”，又從中尉機構分置“左右中候”，將以上四個部門的職能整合後新組建的一個機構，以專司“掌治宮室”之職。蓋因其組成主體是由少府抽調而來，故名“將作少府”。

兩漢史籍所見“將作”職責多爲營陵地、穿覆土、穿塚、起墳塋之事。《漢書·王莽傳》：“（王莽）親舉築三下。司徒王尋、大司空王邑持節，及侍中常侍執法杜林等數十人將作。”顏師古曰：“將領築作之人。”這些均能説明爲什麼要在名稱上以“將作”來表示與原少府機構的區分。

因張家山漢簡《秩律》中有“少府”和“大匠、官司空”①而無“將作少府”，故推測“將作少府”機構組建的時間應在呂后二年之後至景帝中六年之前。因“將作少府”遠没有少府那樣繁複的職能，故“景帝中六年更名將作大匠”祇是恢復舊名，使“掌治宮室”的職能與其“將作大匠”的名稱相符而已。

綜上，將作少府的大部分屬官和主要職能來源於秦時的少府，二者名稱的聯繫即爲直接的佐證。將作少府屬官“東園主章”是由少府屬官“東園（大）匠”演化而來，二者職掌雷同。將作少府機構還吸收了中尉的屬官“左右中候”。種種迹象表明：“將作少府”極可能是由秦大匠、少府之一部分、中尉之一部分三合而成的新機構，其演變軌迹蓋如上述。

12. 典屬國及其屬官②。秦璽印封泥中所見典屬國及其屬官有：屬邦、屬邦之印、屬邦工室、屬邦工丞、**屬印**等。

典屬國機構的設立過程很難準確復原。秦封泥有“典達”和“客事”但無“典客”；秦出土文獻屢見“屬邦”③，時代最早是嬴政十三年（前234）的少府矛④，可

---

① 整理小組斷句作“大匠官司空”，注曰：“大匠官職掌似與後來的將作大匠相同，呂后時疑屬少府令，大匠官司空似亦屬少府令。”今按：斷句似誤，似應以“大匠、官司空”爲妥。

② 《漢書·百官公卿表》：“典屬國，秦官，掌蠻夷降者。武帝元狩三年，昆邪王降，復增屬國，置都尉、丞、候、千人。屬官，九譯令。成帝河平元年省并（併）大鴻臚。”

③ 如，少府矛、十三年少府矛、寺工矛都刻有“武庫受屬邦”，十四年屬邦戈“十四年屬邦工□”；屬邦矛；睡虎地秦簡有《秦律十八種·屬邦》。以上見王輝《秦出土文獻編年》第103、112、279、157頁；又三十年詔事戈（珍秦齋藏），也刻有“武庫受屬邦”，見蕭春源《珍秦齋藏金·秦銅器篇》第70頁。

④ 十三年少府矛（《集成》11550）有銘文“武庫受屬邦”。參王輝《秦出土文獻編年》第103頁。

見秦時典達和屬邦並存,可能二者職掌不同。張家山漢簡祇有"典客"而無屬邦和典屬國,説明到吕后二年時屬邦已經被廢除而典屬國尚未設立。

典屬國設立的時間在吕后二年之後至武帝元狩三年之前,而最有可能是景帝中六年至武帝元狩三年間①。至"武帝元狩三年,昆邪王降,復增屬國"來管理"蠻夷降者","復增"二字極爲重要,説明武帝是在已有典屬國的基礎上又增加了"屬國"。以上的演變過程可圖示如下:

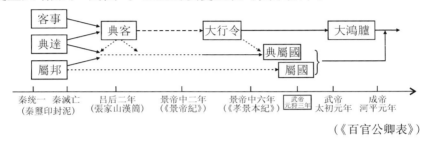

（《百官公卿表》）

目前所見帶有"屬邦"銘文的秦兵器有 9 件,最早的是秦昭王三十年的詔事戈②,可見屬邦在此前即已設立。屬邦設有工室,有製造兵器職能已被秦兵器和封泥所證實。屬邦獨立製造的兵器目前僅見廣州東郊羅崗 4 號秦墓出土的王政十四年屬邦工□戈(《集成》11332),而大多數都是"武庫受屬邦"即武庫調撥給屬邦使用的,或者是由"詔事"機構調撥給屬邦使用③,可見屬邦並不是秦時鑄造兵器的主要機構,這或許與屬邦管理少數民族的職能有關。

13. 水衡都尉及其屬官④。據《百官公卿表》水衡都尉是"武帝元鼎二年初置",顯然不是秦官,但御羞、上林、都水和諸廄等屬官均見於秦璽印和封

---

① 劉瑞認爲漢初改"屬邦"爲"屬國"後也未設立"典屬國";開始設立"典屬國"的時間當在漢景帝時期,到漢武帝時"典屬國"和"屬國"纔得到很大的發展。參劉瑞《秦"屬邦"、"臣邦"與"典屬國"》,《民族研究》1999 年第 4 期。

② 王輝《珍秦齋藏秦銅器銘文選釋(八篇)》之(三)。

③ 從三件相邦吕不韋戈(《集成》11380、11396、11395)和十二年丞相啟顛戈(《文物》2008 年第 5 期 68 頁圖 2、3)均有鑄款"詔事"和刻款"屬邦"銘文來看,屬邦所用兵器是由詔事調撥的。

④ 《漢書·百官公卿表》:"水衡都尉,武帝元鼎二年初置,掌上林苑,有五丞。屬官有上林、均輸、御羞、禁圃、輯濯、鍾官、技巧、六廄、辯銅九官令丞。又衡官、水司空、都水、農倉,又甘泉、上林、都水七官長丞皆屬焉……初,御羞、上林、衡官及鑄錢皆屬少府。"

泥,應是漢武帝時把少府中管理上林苑諸事務的一些職官分置而設立的新機構,以專門服務於皇帝私人遊樂。而均輸、禁圃、輯濯、鐘官、技巧、辯銅、衡官、農倉等不見於秦出土文字資料的屬官名稱大多數也應是漢代新設的職官。

　　水衡都尉及其屬官名稱在張家山漢簡中祇有"都水"和諸廄中的未央廄、中廄、右廄、都廄等,蓋吕后二年時水衡都尉及大部分屬官尚未出現。另外,户縣、周至各出土有"禁圃"瓦當,但時代明確屬於西漢①。

　　《百官公卿表》所列水衡都尉屬官有些已散見於上文各處,如都水(見奉常部分)、諸廄(見於太僕部分)、上林諸官、諸司空和御羞(見少府部分)等,爲避免行文重複,此處不再贅述。

　　14. 内史及其屬官②。秦璽印封泥所見内史及其屬官有:内史之印、咸陽工室、咸陽工室丞、櫟陽右工室丞、櫟陽左工室、櫟陽左工室丞、雍工室印、雍工室丞、雲陽工丞等。

　　秦之内史見於文獻者有秦穆公時的内史廖,秦始皇時的内史肆、内史騰、蒙恬(拜爲内史)等,但關於内史職能的信息很少。由睡虎地秦簡中有與内史相關的簡文可知秦内史的職能廣泛,主要是管理全國的財政經濟,也參與修訂法律。須要指出的是,由於資料種類的限制,秦簡牘所見内史的職能絶不會是秦内史的所有職能。

　　《百官公卿表》所載的"治粟内史"是由秦時的"内史"分置而來,是將有關農業、糧草倉庫(太倉、均輸、平準、都内、籍田)和國家財政經濟(如"掌京師府藏"的大内)有關的機構整合而來,可能還吸收了少府的部分機構和職能(如斡官)。剥離了以上職能的内史逐漸轉變爲純粹的行政管理機構。《百官公卿表》所記治粟内史和内史兩種職官的職能合併在一起纔相當於秦時的内史。

---

① 　張天恩《"禁圃"瓦當及禁圃有關的問題》,《考古與文物》2001 年第 5 期。
② 　《漢書·百官公卿表》:"内史,周官,秦因之,掌治京師……屬官有長安市、廚兩令丞,又都水、鐵官兩長丞……又左都水、鐵官、雲壘、長安四市四長丞皆屬焉。"又張家山漢簡《二年律令·置吏律》《田律》《秩律》《津關令》皆有内史,在《秩律》中内史與御史大夫、廷尉並列,秩二千石。另《秩律》還有:長安西市(簡文中其前後都是地名,此亦似是地名)、長安市、長安廚。

　　秦内史主要管理首都咸陽及畿内各縣事務,秦統一前後以至漢初,内史的職責似無大的變化;秦内史與郡的職責並無根本分别,無論在統一前還是統一後,都是掌治其轄地的政務與經濟事務的。不過,内史因地處畿内,經濟事務更多一些罷了。秦内史爲掌治京師的行政機構,有獨立的管轄範圍,應是一政區;同時内史又是職官名稱,即内史機構長官的名稱。内史與郡的行政級别相當,但從名稱、職能和所處地理位置來看,秦時内史有其特殊性①。

　　15. 主爵中尉及其屬官②。由於奉常、少府、治粟内史、水衡都尉、内史等官都設有"都水、鐵官、廄"等職官,所以嚴格來説,與主爵中尉及其屬官完全一致的官名在秦璽印封泥中一個都没有。由此也可推測"主爵中尉"極有可能是漢代纔設立的。

　　據《漢書·百官公卿表》"主爵中尉,秦官,掌列侯"及"中尉,秦官,掌徼循京師……初,寺互〈工〉屬少府,中屬主爵,後屬中尉"可知,中尉的職責本是衛戍京師治安,後蓋析置主爵中尉"掌列侯"。另一種可能是:秦統一後雖設有管理列侯的主爵中尉,但實際上有名無實,可能没有專門的曹掾,祇是某些要員兼任。或可能僅是"掌徼循京師"的中尉的附帶職責,二者的名稱似乎暗示了主爵中尉有可能是從中尉分化而來。到了漢代實行郡國制度時,主爵中尉纔有了實際須要料理的日常事務,這纔有了景帝、武帝的一系列調整,最後終與左馮翊、京兆尹合稱三輔。

　　16. 附論:少内。秦漢皆有少内,然秦之少内不見於史籍記載,《漢書·百官公卿表》亦闕。秦少内見於秦簡和璽印封泥。睡虎地秦簡所見少内涉及的事務均與金錢收付有關。秦璽印封泥有少内、苄陽少内、高陵少内等。"少内"印無法斷定其級别,或爲設於中央的少内。苄陽、高陵均是秦縣,可見秦在各縣設有少内,與秦簡記載吻合。

　　張慧珍利用秦璽印和秦簡資料並綜合各家説法後認爲:"秦'少内'分設

---

① 　參王輝《秦封泥等出土文字所見内史及其屬官》。
② 　《漢書·百官公卿表》:"主爵中尉,秦官,掌列侯。景帝中六年更名都尉,武帝太初元年更名右扶風,治内史右地。屬官有掌畜令丞。又有都水、鐵官、廄、雍廚四長丞皆屬焉。與左馮翊、京兆尹是爲三輔,皆有兩丞。"

於中央及縣一級行政區域,負責收取賠償及買賣關係下所得的錢財,是掌理國家及縣級官用金錢收入與支出之機構。掌理中央或縣級官有金錢的機構。"①此説基本正確,但秦少内在主管金錢的同時還兼管各類物資,則應該加以補充。

**小結**

本部分以《漢書·百官公卿表》爲線索,結合秦璽印封泥中的職官名稱,對秦中央各機構的職官設置及源流情況做了考察,儘可能將秦中央各機構職官設置的歷史沿革和同類職官之間的横向聯繫全面地展示出來,以期在宏觀上對秦的職官制度有較清晰的瞭解。以下對遺留問題略作説明。

第一,《百官公卿表》在對郡國邸(典客屬官)、内官(宗正屬官)、斡官(治粟内史)、寺工(中尉屬官)、御羞、上林、衡官和鑄錢(水衡都尉屬官)等進行説明時,在文末均採用"初,某屬某,中屬某,後屬某"的形式敍述。由以上的討論可以看出,班固的這種敍述方式保留了非常珍貴的史料,對考察這些職官的源流有極其重要的意義。

第二,《百官公卿表》所記九卿類職官中,有些在名稱上有直接聯繫,如少府和將作少府、内史和治粟内史、中尉和主爵中尉。這些職官機構中的後者應該都是從前者中分離出來,並整合其他相關職能部門而設立的新機構。這種現象也是秦至漢初職官制度不斷調整的一個顯著表現。

第三,由本節論述和各中央機構屬官的名稱可以總結出以下規律(容有例外):

凡屬管理國家政事的職官往往前加"泰/大"或"公"②,如大官、大史、大内、大府丞印,泰卜、泰倉、泰官、泰匠、泰廐、泰内、泰行、泰史、泰醫丞印,公車司馬、公車司馬丞、公車右馬等。

---

① 張慧珍《秦官制研究——出土文字與傳世文獻的比較研究》第 21 頁,臺灣中山大學 2007 年碩士學位論文。

② 帶有"公"字銘文的器物還有秦太后車書、六年漢中守戈(正面),皆鑄銘,其含義殆與璽印同。董珊説:"這兩處'公'的意思,都是指器物是由秦國國家財政的大府鑄造系統製作,跟宫廷工官相區别。"見《戰國題銘與工官制度》第 205～244 頁。另,王輝"公字戈"條下説"乃表示器物屬官府",見王輝《秦文字集證》第 18 頁。

凡專爲皇帝服務的職官前往往加"御"或"尚"①,如御府、御弄、御羞、御史、尚御、尚帷中御、尚犬、尚書、尚冠、尚佩、尚衣、尚臥、尚浴等。

凡屬皇帝近臣及後宫私官則往往在官職名前加"中、小"或"少",或直接加"私、内"等,如中車丞璽、中車府丞、中府、中府丞印、中官、中官丞印、中官徒府、中官榦丞、中羞、中行羞府、中廐、中廐廷府、中廐馬府、中謁者,小府、小廐丞印、小廐將馬,北宫私丞、私府丞印、私官、私官丞印、私官左般、私官右般,内官丞印、内者、内者府印等。

要説明的是,秦職官系統,尤其是宫廷私官系統的複雜性已大大超出以往研究者的估計,所以帶有以上標志性字眼的職官名稱可能也有例外。

第四,據《漢書·百官公卿表》,不同機構會有同一名稱的屬官,因爲不同的機構都有某一方面的共同需要。據初步統計,此類屬官有:

| 序號 | 屬官名稱 | 中央機構名稱 |
|---|---|---|
| 1 | 太醫 | 奉常、少府 |
| 2 | 都水 | 奉常、少府、治粟内史、水衡都尉、内史、主爵中尉 |
| 3 | 司空 | 宗正、少府、水衡都尉 |
| 4 | 均官 | 奉常、少府 |
| 5 | 均輸 | 治粟内史、水衡都尉 |
| 6 | 鐵官 | 内史、主爵中尉 |
| 7 | 祠祀 | 奉常、詹事 |
| 8 | 永巷 | 少府、詹事 |
| 9 | 宦者 | 少府、詹事 |
| 10 | 候 | 中尉、將作少府、典屬國 |
| 11 | 司馬 | 中尉、衛尉 |
| 12 | 千人 | 中尉、典屬國、將作少府 |

第五,秦璽印封泥資料中有些名稱和職能近似的職官機構名稱種類較多,如廐類、宫室類、宫廷服務類等。在對這些職官進行分類和探討其職能與隸屬關係等問題時,往往很難準確論斷。其主要原因可能是我們所見到

---

① 蔡邕《獨斷》曰:"御者,進也,凡衣服加於身,飲食入於口,妃妾接於寢,皆曰御。至於器物製作,亦皆以御言之。"

的材料原分屬於不同歷史時期,材料内容所反映的情況有其自身的歷史層次,而我們基本上將這些材料平面化處理了。此類問題的逐步解決尚有待於秦璽印封泥斷代研究的深入。

總之,通過以上對九卿類職官的討論,可以看出《百官公卿表》對中央各職官機構的敘述是綜合了秦漢間各職官演變情況之後所做的綜述,九卿類職官的綱目較爲清晰和準確,但具體敘述中涉及的職官名稱、始置年代、更名時間、屬官類別和歸屬不免有混亂和疏漏之處。

**四、後宫私官印**

傳世秦璽印封泥中有一些反映後宫管理設置情況的品類;西安北郊相家巷本身就是秦的一處重要宫室,這裏新出土的秦封泥中又包含了大量的有關後宫官吏的信息。

少府是專爲皇帝服務而設立的機構,是管理和服務皇帝的宫裏宫外各項事務的私官。除此之外,《漢書·百官公卿表》所記後宫私官主要有:中太僕(太僕屬官),太子太傅、少傅,詹事,將行等,但秦璽印封泥中没有中太僕及太子太傅、少傅類職官。以下僅就詹事、將行及其屬官在秦璽印封泥中的反映做一説明。

(1)詹事及其屬官①

詹事與少府的屬官名稱相同的有永巷、宦者,區別在於少府所屬的永巷、宦者服務於皇帝,詹事所屬的永巷、宦者服務於後宫。

詹事屬官中關於太子的七種職官在秦出土文獻中都没有直接反映,其原因可能與秦始皇没有册封太子有關,班固所記恐怕是漢代的情況。其餘屬官在張家山漢簡中大多有間接的反映。又詹事屬官"中盾"或與少府屬官"鈎盾"有聯繫。以下結合秦璽印封泥及秦其他出土文獻對詹事及其屬官進行説明。

詹事　不見於秦璽印封泥,但昭襄王二十九年漆盒刻有"廿九年大后詹

---

① 《漢書·百官公卿表》:"詹事,秦官(臣瓚曰'《茂陵書》詹事秩真二千石')。掌皇后、太子家,有丞。屬官有太子率更、家令丞,僕、中盾、衛率、廚、廄長丞;又中長秋、私府、永巷、倉、廄、祠祀、食官令長丞,諸宦官皆屬焉。成帝鴻嘉三年省詹事官,並屬大長秋。長信詹事掌皇太后宫,景帝中六年更名長信少府,平帝元始四年更名長樂少府。"

事丞向右工帀（師）象”，可見秦時確有詹事一職，是太后屬官。由張家山漢簡所反映的情況來看①，“長信詹事”比一般的詹事地位明顯要高，且詹事類職官名目繁多，可見其機構龐大，吏員眾多。這種狀況恐怕是呂后專權的反映。

　　家令丞　秦璽印有家府、家璽、家印，秦封泥有寧陽家丞、高泉家丞、樂氏家印等，但似乎都屬於封君或受封貴族，未見太子家丞，參前“宗正及其屬官”部分。

　　廚類　秦璽印有蛇鈕“旃郎廚丞”，秦封泥有“旃郎苑丞”，可見秦旃郎苑設有廚官，應是服務於後宮的廚官。秦始皇陵麗邑出土陶文有“麗邑二升半，八廚”，飤官遺址出土陶文有“麗山□廚、六廚”等②。不過始皇陵出土的廚類陶文專門服務於麗邑，恐與後宮之“廚”無關。承張天恩告知：西安市長安區神禾原大墓出土文字資料有“廚、中廚、私廚”，同出有“私官”銘文多件，應該都是負責後宮膳食的官吏。另，南越王墓出土“廚丞之印”封泥，因同出有“右夫人璽、左夫人印、泰夫人印”等數枚金或鎏金印，可知此“廚丞之印”應是負責皇后膳食的官吏用印。

　　廄類③　屬於詹事的廄官有：中（𩵋）廄、中廄之印、中廄丞印、中廄將馬、中廄馬府、中廄廷府等。可見秦統一前後都設置有中廄機構，睡虎地秦簡《秦律十八種·廄苑律》也有“大廄、中廄、宮廄馬牛”，秦始皇陵出土陶文

----

① 張家山漢簡中“詹事”（秩五百石，丞三百石）與“和〈私〉府長”並列，詹事祠祀長、詹事廄長（秩二百石）；而“長信詹事”與大僕、少府令並列（秩二千石）；又有長信詹事丞（秩各六百石）、詹事祠祀長、詹事廄長、永巷詹事丞，詹事將行等詹事類官職名。又《津關令》有“丞相上：長信詹事書請，湯沐邑在諸侯屬長信詹事者，得買騎、輕車、吏乘、置傳馬關中，比關外縣”。

② 王輝《秦出土文獻編年》第 319、335 頁。

③ 《漢書·百官公卿表》記太僕掌輿馬，屬官有大廄，水衡都尉掌上林苑，屬官有六廄，這兩者都是爲皇帝個人服務的。秦璽印封泥中有關廄的資料比較豐富，參前太僕和水衡都尉部分。據《漢書·百官公卿表》，太僕屬官有中太僕掌皇后車馬，中長秋爲皇后屬官；秦印有“西宮中官”，封泥有“中謁者、中車府丞、中官丞印”等前加“中”字的職官名稱；又《漢書·高后紀》曰“八年春，封中謁者張釋卿爲列侯（如淳曰‘諸官加中者，多閹人也’）。諸中官、宦者令丞皆賜爵關內侯，食邑（顏師古曰‘諸中官，凡閹人給事於中者皆是也’）。”可見秦漢時期由宦官擔任的職官名稱前多加“中”字，故“中廄”類秦封泥應該是管理皇后用馬的官吏用印。

也有"左廄、中廄、小廄"①。"馬府、廷府",參照睡虎地秦簡《秦律十八種·倉律》"禾、芻稾積索出日,上輒不備縣廷……言縣廷,廷令長吏雜封其……"《徭律》"縣毋敢擅壞更公舍官府及廷"及《內史雜》"令令史循其廷府",《法律答問》"廷行事"等②,可知"馬府、廷府"是中廄機構辦公所在地的稱呼,此類印是官府公章,有別於官吏自用印。

　　將行　秦璽印封泥無,但秦陶文有"將行內者"③。據《史記·孝景本紀》《漢書·百官公卿表》以及呂后時的張家山漢簡記載④,秦時的"將行"和呂后時已經出現的"長秋"的源流關係應該是⑤:呂后時設有"將行",屬沿用秦制;至漢景帝中六年時把"將行"改名爲"大長秋"(或是將"長秋"改名"大長秋",把將行廢除,其職責合併歸入大長秋),負責有關皇帝的事務,又在詹事機構中另立"中長秋"負責皇后相關事務,正如太僕負責皇帝車馬而"中太僕"掌管皇后車馬一樣。漢成帝鴻嘉三年"省詹事官,並屬大長秋",即將詹事機構中有關皇后的職官(中長秋)裁撤合併到大長秋下。至此諸職官中僅有一個大長秋,所以顏師古說"總屬長秋也"。

　　私府⑥　秦璽印封泥有:私府、私府丞印、北私庫印、武柏私府。秦"私府"還見於北私府銅橢量銘文,王輝《秦銅器銘文編年集釋》認爲是"北宮私府"之省。王輝同意曹錦炎將"北私庫印"釋作"北宮私庫"之省的看法,並說"北私庫"是皇后府、庫,"與'北庫'是朝廷府庫不同"⑦。同此,"武柏私

①　王輝《秦出土文獻編年》第315頁。
②　王輝《秦出土文獻編年》第140、149、155、167頁。
③　王恩田《陶文圖錄》(卷六)第2033頁。
④　《史記·孝景本紀》"(中六年更名)將行爲大長秋"應劭注:"長秋,皇后卿。"《漢書·百官公卿表》:"將行,秦官。景帝中六年更名大長秋,或用中人,或用士人。"應劭曰:"皇后卿也。"又《百官公卿表》記詹事屬官中有中長秋,並云:"成帝鴻嘉三年省詹事官,並屬大長秋。"顏師古曰:"省皇后詹事,總屬長秋也。"張家山漢簡有"詹事將行、長秋中謁者、長秋謁者令"等(均秩六百石),"將行"和"長秋"並存。
⑤　南越國官吏墓葬中曾出土"長秋居室",《二年律令·秩律》有"長秋中謁者、長秋謁者令"等名稱,可見"長秋"是秦滅亡後纔出現的職官名稱,南越國的"長秋"應是模仿呂后時期的漢朝職官而設置。
⑥　《後漢書·皇后紀》注引《漢官儀》曰:"長公主傅一人,私府長一人,食官一人,永巷長一人,家令一人,秩皆六百石,各有員吏。"張家山漢簡也有"和〈私〉府長"。
⑦　王輝、程學華《秦文字集證》第190頁。

府”也是設於武柏的私府。另,秦漢封泥“北宮私丞、長信私丞”中的“私”有“私府、私庫”或“私官”之省三種可能。詳下文“私官”部分。

永巷　秦璽印封泥有:永巷、永巷丞印。永巷原爲宮中長巷,設有管理官婢侍使的官署。少府和詹事屬官均有永巷,各自職責不同。南越國有魚鈕“景巷令印”,與秦“永巷”同義。張家山漢簡有光〈永〉巷、光〈永〉巷監、長信永巷、未央光〈永〉巷、永巷詹事丞等,可知漢初在長信宮、未央宮等都設有此官;永巷詹事丞蓋是詹事丞中專門負責永巷事務的官員。

(2)《漢書·百官公卿表》失載的後宮私官

秦璽印封泥有“大后丞印”和“大后行丞”,爲《漢書·百官公卿表》失載。戰國時期太后、皇后均有印璽。《史記·秦始皇本紀》:“長信侯毐作亂而覺,矯王御璽及太后璽,以發縣卒及衛卒、官騎、戎翟君公、舍人,將欲攻蘄年宮爲亂。”

“大后行丞”印文似有所省略,有可能爲“大后行(府)丞”的省稱,是跟隨太后出行的服務機構。

**五、宦官系統印**①

秦時由宦官擔任的職官主要是少府屬官永巷和“宦者令丞”機構,以及服務後宮的詹事和中官機構。職官名稱中是否帶有“中”字不是判斷秦職官是否宦官的有效手段。從文獻來看,宦官數量和任職大量增加是漢武帝以後,以“中人”或“中官”指稱宦官是漢代纔開始流行起來的。

秦璽印封泥中的宦官資料有:宦者、宦者丞印、北宮宦丞、宦走、宦走丞印、高章宦者、高章宦丞等。

以上四類七種,除“北宮宦丞”無對應的“北宮宦者”外,其餘都是長官與其丞印對應出現。再結合前文述及的治粟内史、少府、詹事、將行屬官中由宦官擔任的職官,我們大致可以歸納出秦宦官在中央各機構中的分布狀況和特點。

---

① 余華青《中國宦官制度史》第一章《緒論》對中國秦宦官制度研究的狀況做了概述(第132～150頁,上海人民出版社2006年)。也可參看王偉《秦璽印封泥職官地理研究》第七節《秦璽印封泥所見宦官系統及宦官制度》第142～144頁,陝西師範大學2008年博士學位論文。

第一,秦時宦官分布於少府、詹事和中官等中央機構中,基本上偏重於爲皇帝和皇室成員服務。

第二,秦宦官主要設置在皇帝及皇室成員活動的後宮和内廷,如各個宫室、禁苑、園囿,如高章宦丞、北宫宦丞等。

第三,張家山漢簡《秩律》有宦者、未央宦者、宦者監僕射、長信宦者中監等。根據這些宦官的名目,可推斷秦時的宦官名目必定與此相當。從北宫、高章等宫室獨立設宦者來看,分布於各機構的宦者各有專職,但宦官的秩級似乎並不高。

第四,從宦者類封泥單品的重複率來看,宦者丞印(114 枚)、高章宦丞(81 枚)、北宫宦丞(19 枚),遠超秦封泥其他品類,可見秦宦官職掌事務繁雜,奏事頻繁。

### 六、工官系統印

工官,指由官府經營管理的手工行業的機構及其職官①。戰國時的工官除主要製造兵器外,還製造其他金屬器、陶器、漆器、玉石器等,甚至還包含建築、冶鐵、煮鹽等行業②。工室是各國設置的製造各類器物的機構,不惟秦所獨有③。工師是在工官機構服役的技術人員,是工匠之長。睡虎地秦簡中有關於工師培養"新工"、有關器物製造命令發布等事項,如《秦律十八種·均工律》:"新工初工事,一歲半功,其後歲賦功與故等。工師善教之,故工一歲而成,新工二歲而成。能先期成學者謁上,上且有以賞之。盈期不成學者,籍書而上内史。"《秦律雜抄》:"省殿,貲工師一甲……省三歲比殿,貲工師二甲……非歲功及毋命書,敢爲它器,工師及丞貲各二甲。縣工新獻,殿,貲嗇夫一甲。"這些規定説明秦對官營手工業的管理是非常嚴格的。

就目前所見的秦兵器銘文資料,秦設置的工室主要有四類:第一類是設置在都城咸陽和各郡縣的工室,主要有咸陽、䧕(雍)、櫟陽、宜陽、高奴、漆垣、蜀郡。此類工室幾乎不製造兵器以外的器物。第二類是中央各職官機

---

①② 參董珊《戰國題銘與工官制度》第 4～5 頁。

③ 徐暢認爲"'工室'是秦特有的製造機構"(《先秦璽印圖説》第 146 頁)。按:澳門珍秦齋藏十七年相邦觴戈(《珍秦齋藏金——吴越三晉篇》139 頁):"十七年相邦觴(痤)攻(工)室復右秠(冶)克敄(造)。"此乃魏器。

構設立的工室,有少府、詔事、寺工、屬邦、私官等。此類工室以製造兵器爲主,但也製作一些皇帝和後宮日常所需的生活用器。第三類工師名稱很簡略,有邦工師、左工、右工、右都工師等,暫無法明確其隸屬關係,但很可能是直轄於皇帝、太后、皇后或各封君。第四類既無地名又無機構名,一般格式爲"紀年＋工師＋人名",從此類工師製作的器物供應的對象多爲封君或後宮之主的身份來看,或可能隸屬於上述第三類工室所屬的工師。

秦璽印封泥中的工官資料有:北宮工室、北宮工丞、北宮左工丞,少府工室、少府工丞、御府工室,邦都工丞、鐵兵工室、鐵兵工丞、帷居工印、弩工室印、金府左工,屬邦、屬邦工室、屬邦工丞,寺工、寺工之印、寺工丞璽、寺工丞印,咸陽工室、咸陽工室丞、雕工室印、雕工室丞、雲陽工丞、櫟陽左工室、櫟陽左工室丞、櫟陽右工室丞、蜀西工丞、巫黔右工、河内左工、邯鄲造工、邯造工丞、巴左工印、漆工、革工、工師之印等。

現對以上資料略作説明:

第一,秦工官用印有官署公章和工師用印,前者格式一般爲"地名或機構名＋工室";後者格式一般爲"地名或機構名＋區別詞(左、右,東、西)＋工＋(丞)"。工師用印也應該是任職人員"共用"的印信。

第二,秦設有北宮工室,應該是負責皇帝日常生活所需器物的製造。這可以補充題銘材料的不足。

第三,秦漢少府均是一個規模龐大、職能繁雜的機構,已經不限於爲皇帝及其親屬提供服務的職能。秦少府設有工室並製造大量兵器和日用器皿。

第四,秦最晚在昭襄王三十年(前277)就已經設立了屬邦機構①(參本章第四節"典屬國及其屬官"部分)。今由屬邦工室、屬邦工丞封泥及多件帶有"武庫受(授)屬邦"的兵器來看,秦的屬邦也擁有和使用大量兵器,可能還製造兵器。

第五,御府主管天子衣物。由秦封泥可知,秦御府有金府、器府、瑟府和帑府等府庫,則秦御府設立工室,製造天子日常所需玩好器物亦在情理之中。"御府工室"或隸屬於少府,與"少府工室"各有分工。

---

① 王輝《珍秦齋藏秦銅器銘文選釋(八篇)》之(三)。

第六，秦封泥"御府金府"應是"金府左工"的上級主管機構。秦設有專門製造金器的金府，且工師較多，分左右曹。這可由秦高等級墓葬出土的大量金器及錯金器物佐證。秦璽印中還有革工、漆工，也説明秦代器物製造業的專業化程度比較高。

第七，由弩工室印、鐵兵工室及鐵兵工丞等封泥可知，秦時弓弩和鐵兵器均有專門的機構負責製造，可見秦兵器製造已經專門化和精密化。這一點已經被秦始皇陵陪葬坑出土的戈、矛、鈹，以及大量尺寸規格非常精密的銅鏃和弩機等實物證實了。

第八，秦都城咸陽以及舊都雍和櫟陽均設有工室，尤其是櫟陽工室直至秦二世時還在製造兵器（元年丞相斯戈）。這些工室應屬於中央工官系統，但隸屬於哪個機構則没有直接證據。或許這些機構由國君直轄，有較强的獨立性。

第九，秦時因地制宜地在一些郡縣也設置了工室機構，如蜀郡有東西工室，主造所需兵器。由秦封泥蜀左織官、右織、左織緩丞來看，秦時有專門管理織造業的機構，分左右曹署辦事，秦的織造業有規模大和分工細的特點。

河内、邯鄲均爲手工業發達之地，秦在六國舊地設立工官也應該是充分利用了各方面的優勢。漢代銅器和骨簽資料表明，直至漢代河内還有政府管理的工官機構。

西南地區有豐富的礦産資源，故秦在巴蜀、巫黔均設立工室，"巫黔右工"可能是跨地區的工官機構。

另外，秦封泥中的"西鹽、江左鹽丞、江右鹽丞、琅邪左鹽、琅左鹽丞"等鹽官，還有采金、采銀、采青、采珠和秦簡中的采山、采鐵等，這些機構也有工官的性質，應是隸屬於中央政府某職官機構的工官。

第十，從文字風格來看，"工師之印"似非實用印，但也説明了工師有專用的印信。

第十一，秦璽印封泥中有寺工、寺工丞璽（25 枚）、寺工丞印（26 枚）、寺工之印等，丞印出現頻次頗高；結合秦題銘材料中同樣出現頻率較高的帶"寺工"銘文的器物和"寺工 + 人名"的署名格式，可知寺工機構也有工師，也應該設有製造器物的"工室"，極有可能"寺工"機構最初就是以"工室"性質而設立的,即寺工既是機構名稱又是職官名稱,寺指官舍、官府,工是工師,寺工是官府設立的專門的手工業機構。

### 七、其他中央級職官印

除以上六大類之外,秦璽印封泥中還有一些不便歸類但仍可能屬於中央級別的職官印,例如車類職官印有:車官、行車、行車府印、行車官印、寺車丞印、寺車府印等;府–庫類職官印有:府、府印、内府、冢府、馬府、大府丞印、庫印、特庫之印、特庫丞印等。走–士類職官印中有:罕士、走士、走□(士)之印、走士丞印、走翟□□、走翟丞印等。田官類職官印有:泰上淩左田、公主田印、右公田印、左田、左田之印、大田丞印、都田之印、北田、南田、西田、西田□□、都田之印、旱田之印、官臣田印等①。徒–奴–募類職官印有:徒府、徒我君丞、奴盧丞印、奴盧府印、奴盧之印、募人、募人丞印、募人府印等。礜桃類職官印有:礜桃支印、左礜桃支、左礜桃丞、右礜桃支、右礜桃丞、桃中、桃目、桃枳丞印等。

### 八、秦璽印封泥所見郡縣級印

《漢書·百官公卿表》:"監御史,秦官,掌監郡。漢省,丞相遣史分刺州,不常置……秩六百石,員十三人。成帝綏和元年更名牧,秩二千石……郡守,秦官,掌治其郡,秩二千石。有丞,邊郡又有長史,掌兵馬,秩皆六百石。景帝中二年更名太守。郡尉,秦官,掌佐守典武職甲卒,秩比二千石。有丞,秩皆六百石。景帝中二年更名都尉。"可見,秦時的郡級官吏有監郡御史、郡守、郡守丞、郡尉。

又:"縣令、長,皆秦官,掌治其縣。萬户以上爲令,秩千石至六百石。減萬户爲長,秩五百石至三百石。皆有丞、尉,秩四百石至二百石,是爲長吏。百石以下有斗食、佐史之秩,是爲少吏……列侯所食縣曰國,皇太后、皇后、公主所食曰邑,有蠻夷曰道。"又《後漢書·百官志》"縣鄉"條:"(縣)丞各一人。尉大縣二人,小縣一人。本注曰:丞署文書,典知倉獄。尉主盜賊。"劉昭注:"應劭《漢官》曰:'大縣丞左右尉,所謂命卿三人。小縣一尉一丞,命卿二人。'"

---

① 還有官臣之印、官臣丞印,應該與"官臣田印"同屬田官。

1. 郡級職官和機構用印

（1）監郡御史和監府：秦有監郡御史，並在郡治設曹署“監府”辦公，傳世文獻和嶽麓秦簡《三十四年質日》等資料可互證。但二者均不見於秦璽印封泥。

（2）郡守和郡守府：秦郡長官稱“大守”或“泰守”，或簡稱“守”，“大（泰）守”之稱見於秦簡。睡虎地秦簡《秦律雜抄》：“今郡守爲廷不爲？”《封診式·遷子》“成都上恒書大守處”，《語書》有“南郡守騰”。“泰守”見嶽麓秦簡。

秦郡守類璽印封泥有：大原守印、河間大守、九江守印、即墨大守、濟北大守、上郡大守、四川大守、遼東守印、穎川大守、清河大守等。

郡守視事的官署爲“大守府”或“泰守府”，如里耶秦簡 J1（16）1“洞庭泰守府”，J1（16）5 正“泰守府”。秦封泥中均簡稱作“府”或“大府”，或是爲了保持印面四字格式而簡稱，如：汾□府□、大原大府、漢大府丞、河外府丞、南郡府丞、上黨府丞、蜀大府印、蜀大府丞等。

（3）郡守佐官——郡丞：郡守佐官即丞，見秦封泥者如：陳丞之印、碭丞之印、代丞之印、邯鄲之丞、即墨丞印、鉅鹿之丞、薛丞之印等。

（4）郡尉和尉府：秦郡尉和郡尉用印在秦簡中均有直接反映，如里耶秦簡 J1（9）1 反“洞庭叚（假）尉”，J1（9）2 正、J1（9）3 正有“洞庭尉”，可知秦時郡設有郡尉；秦郡尉有獨立的辦公曹署“尉府”，見於里耶秦簡者如8–376號“□一詣蒼梧尉府，一南鄭”、8–728＋8–1474 號“□獄南曹書二封，遷陵印：一洞庭泰守府，一洞庭尉府”。

秦封泥中無“郡尉府”印而僅有郡尉用印，如：參川尉印、東郡尉印、河間尉印、齊中尉印、齊左尉印、四川尉印等。

（5）郡司馬：秦時各郡設有司馬，里耶秦簡 J1（9）1 ～ 12 號的一組簡文有“以洞庭司馬印行事”[①]。張家山漢簡《秩律》也有“郡司馬”，可見秦時郡司馬的設置一直沿用。秦封泥中有郡司馬和郡司馬丞用印，如：東晦司馬、東郡司馬、洞庭司馬、琅邪司馬、琅邪司（馬）丞、南陽司馬。

---

① 湖南省文物考古研究所等《湖南龍山里耶戰國—秦代古城一號井發掘簡報》；又湖南省文物考古研究所、湘西土家族苗族自治州文物處《湘西里耶秦代簡牘選釋》。

（6）郡司空：秦時各郡設有司空。睡虎地秦簡《秦律雜抄》12～14 號簡中“縣司空”和“邦司空”先後出現，里耶秦簡 8-733 號亦有“邦司空”。《里耶秦簡牘校釋》（第一卷）認爲“邦司空應即郡司空”。張家山漢簡《秩律》中郡司空與郡發弩、郡輕車並列，秩同爲八百石。秦時郡司空見於秦璽印封泥資料的有：九江司空、南郡司空、**南海司空**、**恒山司空**。

（7）郡都水：都水一職在中央九卿級的奉常、少府、治粟内史、水衡都尉、内史、主爵中尉等機構均有設置。秦璽印封泥中郡級都水有：東晦都水、琅邪都水、琅邪水丞、清河水印、四川水丞、**浙江都水**等。

（8）郡發弩：里耶秦簡 8-1234 號：“衡山守章言：衡山發弩丞印亡，謁更爲刻印。”可見秦郡設有發弩，且發弩有丞。秦封泥中郡發弩有：衡山發弩、琅邪發弩。

（9）郡候和郡候丞：“候”是專司伺望、偵察任務的武官。秦璽印封泥中郡候印有：**蒼梧候丞**、**南郡候印**、城陽候印、恒山候丞、琅邪候印、清河候印、上郡候丞、**叄川候印**。張家山漢簡《秩律》有中候、郡候、騎千人、衛將軍候、衛尉候等，秩各六百石，秩級低於郡尉，故郡候可能是郡尉的屬官。

（10）郡武庫：秦封泥有“武庫”和“武庫丞印”，多件秦兵器上也有“武庫”和“武庫受（授）屬邦”的刻銘，這些“武庫”可能都是設在中央的武庫。附帶郡名的武庫見於秦兵器銘文中的有“上郡武庫”，見於秦封泥的有“恒山武庫”。

（11）郡輕車：睡虎地秦簡《秦律雜抄》：“輕車、趨張、引強、中卒所載傳到軍，縣勿奪。奪中卒傳，令、尉貲各二甲。”既然規定讓“縣勿奪”，則此輕車應是高於縣的級別——郡所屬，此正與秦璽印“四川輕車”互相印證。

（12）郡之主馬政官：秦在邊郡或盛産良馬之地設立主管馬政的職官，見於秦璽印封泥者有：代馬、**代馬丞印**、衡山馬丞。秦封泥另有“禁苑右監”，應該就是《漢舊儀補遺》和《漢官舊儀補遺》所説的“苑監”，屬於邊郡養馬機構的職官。

（13）郡斡官：秦在中央機構治粟内史、少府等機構均設有斡官。里耶秦簡 8-1831：“一斡官居宜陽、新城，名曰‘右斡官’。爲其丞劾（刻）印章曰‘右斡官丞’，次曰‘斡都廥丞’。”可見秦時郡也設有斡官機構。見於秦璽印的郡級斡官有：江胡斡官、潁川斡丞。

　　此外，可能屬於郡級職官的還有：南郡池丞、**南池里印**、河外之禁等。

　　2.縣級職官和機構用印

　　秦璽印封泥所見縣級長官名稱大大超出了文獻記載，加上秦時在各地設立官營性質的手工業機構，這些都在秦璽印封泥中有反映。

　　“縣名＋職官”式的秦璽印封泥數量很多①，附帶不同職官名稱的秦璽印封泥可分以下八類：

　　（1）縣（道）令、長及其丞：有關縣令、長的秦封泥有②：博望之印、睡丞之印、任城之印、狄城之印、南鄭之印、堂邑之印、烏呈之印、新襄城印、新陽城印等；道的長官用印有：荆（荆）山道印、昫衍導（道）印。有關縣令、長之丞的秦封泥有：懷丞之印、鄢丞之印、旬陽之丞、比陽丞印、杜丞之印、翟導（道）丞印、昫衍導（道）丞等。

　　秦簡中“令、丞”並列的情況極爲多見，睡虎地秦簡《效律》：“縣令令人效其官，官嗇夫坐效以貲，大嗇夫及丞除。縣令免，新嗇夫自效殹。”又《語書》有“南郡守騰謂縣、道嗇夫”，《龍崗秦簡》也有“縣道官”，這些都可印證“有蠻夷曰道”的説法。

　　睡虎地秦簡《語書》有“安陸令史、鄢令史”。《漢官舊儀》卷下“更令吏曰令史，丞吏曰丞史，尉吏曰尉史”，安陸、鄢都是縣名，安陸令史、鄢令史即是安陸縣令和鄢縣令之史。《秦律十八種·置吏律》：“官嗇夫即不存，令君子毋害者若令史守官，毋令官佐、史守。”因爲佐史之秩是“斗食”，級別太低，故“毋令官佐、史守”。

---

①　秦封泥中所見的縣的官署公用印與縣吏自用印可以分爲以下三種類型：1.“縣名”和“縣名＋丞印”相對應的有：廢丘—廢丘丞印；樂陵—樂陵丞印；洛都—洛都丞印；美陽—美陽丞印；南頓—南頓丞印；女陰—女陰丞印；溥道—溥道丞印；西共—西共丞印；下邽—下邽丞印；下邳—下邳丞印；陽夏—陽夏丞印；雲陽—雲陽丞印；咸陽—咸陽丞印，任城—任城丞印等。這類縣名都是兩個字。2.“縣名”和“縣名＋之印”相對應的有：任城—任城之印；樂成—樂成之印。3.“縣名＋印”和“縣名＋丞之印”相對應的有：承印—承丞之印；犛丞—犛丞之印；商印—商丞之印。這類封泥的縣名都是一個字。另有杜印—杜丞—杜丞之印，也可歸入此類。

②　爲節省篇幅，此處僅是舉例性質，並非同類秦璽印封泥的全部。

由以上列舉的秦璽印封泥和秦簡的内容可以看出,令、長確是秦時縣級長官的稱呼,與文獻記載一致。楊宗兵認爲秦時縣一級長官"守、丞"或"守丞"即行"縣令、長"之實,却無"縣令、長"之名①。據現有資料來看,此説應該得到糾正。

(2)縣尉:睡虎地秦簡《秦律雜抄》:"除士吏、發弩嗇夫不如律,及發弩射不中,尉貲二甲……縣毋敢包卒爲弟子,尉貲二甲,免……中卒所載傳〈傳〉到軍,縣勿奪。奪中卒傳,令、尉貲各二甲……戍律曰:同居毋并行,縣嗇夫、尉及士吏行戍不以律,貲二甲……縣尉時循視其攻(功)及所爲,敢令爲它事,使者貲二甲。"《效律》:"尉計及尉官吏節(即)有劾,其令、丞坐之,如它官然。"又《封診式》有"尉某私吏"。從簡文看縣尉的職責除文獻所説的主盜賊之外,尚有訓練縣的發弩、協助中央及各郡辦理"行戍"事務、保護軍隊的"中卒傳",而且縣尉有着自己的"私吏"。漢初縣道的尉見於張家山漢簡《秩律》:"縣有塞、城尉者,秩各减其郡尉百石。道尉秩二百石。"

有關縣尉的秦璽印封泥有:**杜陽左尉**、瀘丘左尉、曲陽左尉、栒邑尉印、**高陵右尉**、高陵左尉、下邽右尉、樂陶右尉、**利陽右尉**、咸陽右尉等。由以上各左尉、右尉可知秦時的大縣之兩尉分左右,這與《後漢書·百官志》"尉大縣二人,小縣一人"的記載一致。

"長吏"是縣令丞、縣尉的統稱,睡虎地秦簡《秦律十八種·效律》"入禾、發漏倉,必令長吏相雜以見之"和《倉律》"長吏相雜以入禾倉及發"正與《百官公卿表》所記相符。

(3)縣司馬:秦縣司馬亦見於秦簡牘資料。睡虎地秦簡《效律》:"司馬令史掾苑計,計有劾,司馬令史坐之,如令史坐官計劾然。"《秦律雜抄》:"蕢馬五尺八寸以上,不勝任,奔繫不如令,縣司馬貲二甲,令、丞各一甲。先賦蕢馬,馬備,乃鄰從軍者,到軍課之,馬殿,令、丞二甲;司馬貲二甲,廢。"由簡文可知縣司馬是主管縣馬政的官員,有責任爲軍隊提供合格馬匹,與中央機構司馬的武官性質不相同。

---

①　楊宗兵《里耶秦簡縣"守"、"丞"、"守丞"同義説》。今按:已有學者就楊説提出商榷,見于振波《説"縣令"確爲秦制——讀里耶秦簡札記》、陳治國《里耶秦簡"守"和"守丞"釋義及其他》。

　　秦璽印有"高陵司馬",秦封泥有"臨菑司馬",分別是高陵縣和臨淄縣的司馬[①]。

　　(4)縣司空:司空掌管土木工程及建築事務,縣道司空亦然。秦簡中的司空管理築城牆及城牆的修繕事務,如睡虎地秦簡《秦律雜抄》:"縣司空、司空佐史、士吏將者弗得,貲一甲……戍者城及補城,令嬛堵一歲,所城有壞者,縣司空署君子將者,貲各一甲;縣司空佐主將者,貲一盾。"里耶秦簡中有陽陵司空、遷陵司空。

　　秦璽印封泥中的縣級司空有:**道司空印**、**聞陽司空**、高陵司空。道司空印,鼻鈕,無邊欄和界格,字形略顯潦草,但文字風格與秦印一致,尤其"印"末筆下拽,應爲秦印。聞陽,文獻失載縣名。

　　(5)縣級發弩官:睡虎地秦簡《秦律雜抄》:"除士吏、發弩嗇夫不如律,及發弩射不中,尉貲二甲。"從簡文看縣尉是縣發弩的上級,發弩有過失,縣尉要負連帶責任。秦有縣級發弩及丞,如"高陵發弩"封泥。

　　張家山漢簡中有縣發弩,《秩律》:"縣道……倉、庫、少内、校長、髳長、發弩……有秩者及毋乘車之鄉部,秩各百廿石。"此可以與秦封泥相印證。

　　(6)縣府庫:據睡虎地秦簡《倉律》,秦時設於各縣儲藏禾稼、芻稾等物資的廥倉有嚴格的規格和管理規定,廥倉所在的縣有保管、發放各類物資的職責。

　　秦璽印封泥中所見縣府庫有:博望庫印、杜都廥印、南室府丞、**脩武庫印**、**商庫**等。

　　博望庫印,《漢書·地理志》南阳郡屬縣有博望,即漢武帝封張騫侯國,秦封泥另有"博望之印"和"博望蘺園"。據此知秦時已置博望縣,並在此設立廥倉和園苑。

　　杜都廥印,杜爲秦武公所置縣,秦封泥有"杜丞之印",漢代更名杜陵。秦時在杜縣也設有廥倉,應屬於"廥才(在)都邑"(睡虎地秦簡《倉律》)者。

①　何慕認爲"秦臨淄郡一直存在,從始皇二十六年到秦末不曾更名爲齊郡",即將"臨淄司馬"之"臨淄"作爲秦郡看待了。見何慕《秦代政區研究》第 51 頁,復旦大學 2009 年博士學位論文。今按:從秦封泥另有"臨淄丞印"和秦陶文"臨淄亭久"和"臨淄市"來看,臨淄是縣名的可能性更大一些。兩種陶文見王恩田《陶文圖錄》。

南室府丞,周曉陸僅引《水經注》卷十七"(渭水)又西得南室水"①,無説。《水經注·渭水》:"其水(渭水)又西歷略陽川,西得破杜谷水,次西得平相谷水,又西得金里谷水,又西得南室水,又西得蹏谷水,並出南山,北流於略陽城東,揚波北注。"②可見"南室"是源於南山山谷而注入渭水的一條水名或山谷名,距略陽城甚近。秦在此或設置縣並有府庫,而文獻失載。

脩武庫印,脩武爲秦河内郡轄縣,咸陽塔兒坡出土"脩武府"耳杯,可知秦時縣也設有府庫。睡虎地秦簡《秦律雜抄》:"稟卒兵,不完繕,丞、庫嗇夫、吏貲二甲,廢。"

商庫,商,春秋楚邑,戰國入秦,秦以封商鞅,秦封泥有"商印"和"商丞之印"。此印爲秦商邑庫官之印。

(7)少吏——斗食、佐史:斗食和佐史,《百官公卿表》統稱作"少吏",二者皆不見於秦璽印封泥,但見於秦簡和張家山漢簡,如睡虎地秦簡《秦律雜抄》:"吏自佐史以上負從馬、守書私卒,令市取錢焉,皆遷……縣司空、司空佐史、士吏將者弗得,貲一甲。"張家山漢簡《賜律》:"簪褭比斗食,上造、公士比佐史……賜吏酒食,率秩百石而肉十二斤、酒一斗;斗食令史肉十斤,佐史八斤,酒七升。"

秦簡雖無"少吏"之名,但屢見"士吏",且常與佐史、縣司空、縣發弩等並列,應屬於官秩較低的縣一級職官,如睡虎地秦簡《秦律雜抄》:"除士吏、發弩嗇夫不如律,及發弩射不中,尉貲二甲……令、尉、士吏弗得,貲一甲……縣司空、司空佐史、士吏將者弗得,貲一甲……同居毋并行,縣嗇夫、尉及士吏行戍不以律,貲二甲。"我們懷疑秦簡中屢次出現的"士吏"就是《百官公卿表》所記的"少吏"。

(8)其他縣級職官和機構:秦時在各縣還設有一些特設職官和機構,如公田、苑囿、特産、市場管理、津關等。見於秦璽印封泥的有嚴道橘丞、犛市、定陽市丞、**封陵津印**、**宜陽津印**、**長夷涇橋**等。

---

① 周曉陸《於京新見秦封泥中的中央職官内容》。
② 楊守敬、熊會貞疏,段熙仲點校,陳橋驛復校《水經注疏》(中册)第1484頁,江蘇教育出版社1989年。

### 九、秦璽印封泥所見鄉、市亭、里閭職官印

文獻記載先秦時期縣以下行政區劃名目繁多,其制不一①。名稱主要有:家,比、鄰、軌、伍,里、閭、邑,連、甸、亭、族、黨、州、率(卒),鄉等。經比較諸異説,可將先秦時期縣以下行政區劃名稱統屬關係圖示如下:

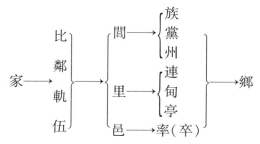

據《漢書·百官公卿表》可知秦漢時縣以下的行政區劃大致爲:鄉-亭-里。

或許是鄉、市亭、里閭的級別太低的原因,秦璽印中鄉、市亭、里閭的資料較少,封泥中鄉印較多;秦陶文、秦簡中此類資料相對比較豐富。

1.秦鄉印資料及其類別

(1)地名+"鄉印":**安平鄉印**、**安陽鄉印**、安國鄉印、白水鄉印、**長平鄉印**、**櫟陽鄉印**、利居鄉印、纍丘鄉印、**宜野鄉印**、朝陽鄉印、東閭鄉印、廣陵鄉印、廣文鄉印、句莫鄉印、勮里鄉印、南陽鄉印、南成鄉印、平望鄉印、尚父鄉印、西昌鄉印、西平鄉印、新息鄉印、信安鄉印、陽夏鄉印、郁狼鄉印、滇郭鄉印、宜春鄉印。

---

① 鄉:(1)周制,一萬二千五百家爲鄉。《周禮·地官·大司徒》:"令五家爲比,使之相保;五比爲閭,使之相受;四閭爲族,使之相葬;五族爲黨,使之相救;五黨爲州,使之相賙;五州爲鄉,使之相賓。"鄭玄注:"鄉萬二千五百家。"《漢書·食貨志上》:"五家爲鄰,五鄰爲里,四里爲族,五族爲黨,五黨爲州,五州爲鄉。鄉,萬二千五百户也。"(2)春秋齊制,郊内二千家爲一鄉。《國語·齊語》:"五家爲軌,軌爲之長;十軌爲里,里有司;四里爲連,連爲之長;十連爲鄉,鄉有良人焉。"韋昭注:"二千家爲一鄉。"又郊外三千家爲一鄉。《國語·齊語》:"制鄙:三十家爲邑,邑有司;十邑爲卒,卒有卒帥;十卒爲鄉,鄉有鄉帥。"《管子·小匡》:"制五家爲軌,軌有長;六軌爲邑,邑有司;十邑爲率,率有長;十率爲鄉,鄉有良人。"王念孫《讀書雜志·管子四》:"率,當依《齊語》作卒。"(3)春秋戰國楚制,二千家爲一鄉。《鶡冠子·王鈇》:"五家爲伍,伍爲之長;十伍爲里,里置有司;四里爲扁(甸),扁(甸)爲之長;十扁(甸)爲鄉,鄉置師。"(4)漢制萬户爲鄉。《漢書·百官公卿表上》:"大率十里一亭,亭有長;十亭一鄉,鄉有三老、有秩、嗇夫、遊徼。"

（2）地名＋“鄉”：**東鄉**、**街鄉**、**南鄉**、**西鄉**、**谿鄉**、安鄉、北鄉、定鄉、東鄉、都鄉、端鄉①、廣鄉、畫鄉、建鄉、良鄉、路鄉、南鄉、祁鄉、上東陽鄉、臺鄉、猶鄉、右鄉、軹鄉、中鄉、左鄉

（3）地名＋“鄉之印”：**北鄉之印**、拔鄉之印、安鄉之印，都鄉之印②，右鄉之印、請鄉之印、休鄉之印

以上所列鄉印中有同一地名既是鄉印又是縣名或縣丞印的情況，如：櫟陽鄉印－櫟陽丞印、櫟陽左、右工室，軹鄉－軹丞之印，陽夏鄉印－陽夏、陽夏丞印等。

（4）其他：**咸陽右鄉**、**南鄉喪吏**、**宣曲喪吏**③。

除以上四類外，新見資料中還有兩類可定爲鄉印：一爲“某卿”類，“卿、鄉”中間同爲“皀”，“卿”兩邊爲跽坐相對之人形，與“鄉”字兩邊從“邑”不同。一般認爲“卿”類鄉印的時代較早，可能在統一之前。此類鄉印有：北卿、池卿、池陽北卿、邯卿、郝卿、南卿、新昌卿印等六種。二是“某部”類，據秦漢簡牘中有關“鄉部”的資料，可知秦封泥中的“某部”類封泥也應是鄉級職官和機構用印。目前所見此類封泥較少，僅有獂部、縣者略部、都部、西部、**隅陵之部**。

2.市亭類

“市”和“亭”聯署的秦璽印僅有“市亭”一種，另湖北雲夢安陸睡虎地秦墓出土陶器上發現戳印“安陸市亭”陶文5件④。秦璽印封泥中“某亭”或“某市”的品種稍多，而秦市亭類陶文也明顯分爲“某市”和“某亭”兩類，可見“市”和“亭”兩種機構的性質可能有所區別。

亭類秦璽印有：東亭侯印、都亭、平曲亭、亭、亭印、召亭之印、脩故亭印；亭類秦封泥有：邯鄲亭丞、邧亭、亭、咸陽亭印、咸陽亭丞等。

“市”類秦璽印有：東市、都市、軍市、犛市、史市、市北、市器、市印等。

3.里閭類

秦璽印有：安石里典、顓里典、船里、菅里、閭左枝長（圖）、南池里印、新

---

① “端鄉”諱“正”，可見其存在於始皇之時。

② 《漢書·地理志》云“都鄉，侯國”。

③ 王偉《秦璽印封泥職官地理研究》第154～156頁。

④ 雲夢睡虎地秦墓編寫組《雲夢睡虎地秦墓》第47～49頁。

昌里印、咸郿里驕、咸郿里□等。秦封泥有：東閭鄉印、勳里鄉印。二者雖都是鄉印，但有從里、閭升級爲鄉的可能，故仍以原有的里名和閭名作爲鄉名。安石、顒、菅、南池應該都是里、閭之名，唯今無法考實。

## 第六節　秦私印

春秋戰國時代，社會經濟繁榮，工商業發展迅速，各國、各地區間經濟交往頻繁，作爲權利、身份的象徵，生產標記以及個人憑信的官私璽印得以普遍使用。官吏隨身佩戴國君授予的璽印，作爲其行使職權的憑證。在民間，商品生產的發達和人們生活聯繫的需要，璽印作爲相當方便的徵信、保密工具，其保密、徵信、封緘作用逐漸被推廣到商業和公私書信來往等各方面，於是璽印便由政治權力憑證的信物變成一般的憑證信物了，也由此觸發了私印的繁盛。

春秋戰國時期民間廣泛流行的私印，各出其愛，無一定式，鈕制繽紛，鑄造精美，印文綫條和布局極具匠心，充分體現了造印者嫻熟的技巧和超群的工藝。秦統一後，建立了嚴格的典章制度，秦私印與官印一樣，無論印面格式還是文字風格和款式都整齊劃一，顯得比較單調，少了戰國古璽那種不拘一格、隨意灑脱的氣息。

現存的秦私印少量爲考古發掘所得，多數爲傳世品或各地博物館徵集品。其時代大多爲戰國晚期至秦代，極少數爲秦漢之際。要説明的是，我們所説的“秦私印”專指秦姓名私印而不包括成語印。

### 一、秦私印的出土与研究概况

過去在實物和考古資料缺乏的情況下，秦姓名私印的辨認主要根據印文字體的特點，但字體演變是一個比較複雜的過程，而根據字體判斷古璽的國別和時代並不是完全可靠的途徑。清末趙之謙等對夾雜在諸多傳世古璽印譜録中的秦姓名私印不能區分，誤將綫條挺拔的朱文六國文字小璽稱爲秦印，而將明顯有秦印特徵的稱爲漢印；陳介祺《十鐘山房印舉》也籠統稱爲“周秦印”。民國以來，學者對秦私印的認識仍舊比較模糊，所定標準不易把握。王獻唐《五燈精舍印話》（第 366 頁）：“秦之印文，皆以小篆出之，與周鈢不同，更有闌格，頗易辨別，筆畫亦細……（漢）初期之官私各印，與秦莫別。"黃賓虹:"印中一種白文有闌,字體近漢印,頗多詭異,尤覺奇古,前人混雜於私印之中,未遑審查,似當列入周秦之間……至若朱文小印,蓋稱秦印,近代篆刻家沿襲舊説,謂爲六朝印,非也。"[1]陳直云:"秦代私人的印,皆長方式,直稱人名,不稱某某之鉢,與戰國風氣不同。"[2]羅福頤(《古璽印概論》第48頁):"秦印文字有自然風趣,整齊而不呆板,有類秦權量、詔版上的書法。"

　　造成對秦私印認識不清楚的原因有以下幾點:第一,清末以來所見秦印均非考古發掘所得,無法判定。第二,戰國秦人用印可能沿用至秦代,而漢初人可能襲用秦代的璽印。第三,小篆与隸書不是簡單的前後承繼關係,小篆字體並非判定秦印的可靠標準。秦代的小篆字體是由春秋戰國時期秦文字不斷演變、逐步加以整齊規範而形成的。小篆字體形成的過程中並不能劃分出界限分明的階段,例如,秦惠文王時期的封宗邑瓦書字體与統一後鑄造的陽陵虎符的小篆字體幾無區別,秦武王時期的青川木牘字體卻是古隸;1975年江陵鳳凰山第70號墓出土的兩枚昭襄王時期的"泠賢"玉印,字體一是篆文,一是古隸,字體風格與睡虎地秦簡相合。

　　近年來,隨着考古發掘所得秦私印數量的積累,已有學者對秦私印做專門的彙集和研究。王輝《秦印探述》舉例性地討論了秦姓名私印23枚。王人聰《考古發現所見秦私印述略》對30枚考古發掘所得的秦私印(包括少量成語印)作了儘可能的收錄,總結了秦私印的特點。王輝《秦文字集證·秦印通論》討論了296枚私印,總結出了秦私印的十個特點。蕭春源《珍秦齋古印展》《珍秦齋藏印·秦印篇》《珍秦齋藏印·戰國篇》收錄秦私印多枚。許雄志《秦代印風》收錄秦私印1203枚(包括雙面印18枚)。吳振武《陽文秦印輯録》輯録陽文秦私印30枚。蕭春源《珍秦齋藏印·秦印篇·秦私印概論》對秦姓名私印的質地、鈕式、印面構圖特徵、文字結構變化與特點、鑿刻技法、朱文印、成語印、肖形印、印綬制度等問題做了系統論述,爲秦私印的鑒別提供了很好的方法。陳光田《戰国璽印分域研究》集中討論了596枚

① 黃賓虹《周秦印談》。
② 陳直《兩漢經濟史料論叢·璽印製造》第167頁,陝西人民出版社1958年;又中華書局2008年。

秦私印①;劉釗《關於秦印姓名的初步考察》對約六千枚秦私印的姓氏、命名習慣等做了仔細考察。此外,《印典》《古璽印精品集成》《伏廬藏印》等璽印專書也收録有大量的秦私印。以上研究,積累了豐富的秦私印資料,對秦私印的判斷也總結出了一些可操作的標準。

　　值得注意的是,近期西安北郊相家巷和六村堡出土秦封泥中也有少量私印封泥,有個别私印格式爲首次見到,如"魏文之印"②。

## 二、秦私印特徵和判定標準

　　近年來,隨着有明確出土信息的秦印實物的不斷增多,學術界對秦印的特徵逐漸有了較明確的認識。綜合各家説法,將秦私印的特徵羅列如下:

　　1. 材質:以銅爲主,間有少量銀、玉、陶、石。

　　2. 鈕制、印形:鈕式有鼻鈕、壇鈕、覆斗鈕(玉印鈕式)、瓦鈕(《秦印篇》圖録250)、觿鈕、龜鈕(故宫藏"趙穿"印)等;壇鈕印多是2~3層臺形,其上仍作鼻鈕;另有帶鈎印。印文有單字印、姓名印,印面多作圓形和方形,欄格與私印同,亦有圓形印面加方形欄格者,如日字格"王醜"印(《秦印篇》圖録349)。

　　3. 印面特徵:長方形印面居多,此外還有正方形、圓形、橢圓形、心形、曲尺形(規矩形)等。少數爲兩面印,中有一孔,爲穿帶印,如"江去疾"。印面均有邊欄,印面無界格的極少,如"泠賢"。印面文字布局繁複多樣,界格隨字之結構和繁簡而定,印文筆畫多不刻意追求填滿印面。四字印較少,格式一般是"×××印",印面爲田字格。

　　4. 文字款式:多爲鑿刻陰文,陽文印極少。

　　5. 字體特徵:字體多爲秦篆,與戰國兵器、權量、石刻所見者同;也有草率苟簡的篆體,甚至隸體,與秦陶文、秦簡所見者同。

　　6. 文字内容:字數爲1~5字不等,多直稱姓氏名字。如單稱姓的有"李、舒、郝氏"。單稱名的有"母(毋)智、差";稱姓名的"焦敬"。身份加名的有"臣勝、公子杏(雍)";少數三字、四字印末加"印"字如"笵(范)公子印"。稱"××之印"的極少,如"高成之印、莊駘之印③、魏文之印"。5字印

---

①　陳光田《戰國璽印分域研究・秦私印》,嶽麓書社2009年。

②　路東之《問陶之旅——古陶文明博物館藏品掇英》第172頁。

③　許雄志《秦代印風》第59、158頁。

如"大夫奕私印"，"大夫"二字合文，仍爲田字格；有統一之前的私印稱"璽"，如"相璽、陘璽、癸璽、喜璽、直璽"等①。個別印已有邊款，如珍秦齋藏"郝氏"印側刻箴言"忿、深冥、欲、毋思"。

此外，秦印中還有一些特異品，如珍秦齋藏"王快"合印（《秦印篇》圖録354），以日字格橫綫爲界分爲兩體，各有印鈕，合而爲一完整印體②。

### 三、秦私印的研究價值

戰國後期開始，姓、氏逐漸合二爲一，姓名私印也逐漸繁盛起來。秦私印中保存的古姓氏是探索中國姓氏起源及其演變的重要資料。

戰國至秦代的姓名私印保存了大量的古代姓氏，其中有許多姓氏是文獻及姓氏書所未見者，其價值不容忽視。現有的秦私印資料中包含的單姓有 150 多個，複姓有 40 多個③。現將秦私印中的姓氏羅列如下：

單姓：王、高、胡、楊、摯、補、彭、徒、陰、蘇、州、石、聶、趙、姚、周、尹、黄、衛、馮、李、吕、路、侯、中、蔡、屠、行、郭、閻、任、橋、瘳、毛、族、畢、柱、臣、畀、宋、吴、瞿、張、翟、傅、郝、唐、公、江、左、保、賈、鄭、狼、笵（范）、羌（姜）、啓、恒、桓、箕、段、鄧、家、環、矢、田、忌、干、召、史、連、輔、秦、和、陘、董、鞏、宛、黑、單、筍（荀）、靳、虞、求（裘）、裹（懷）、般、韓、謝、相、驕、莊、醫、關、杜、余、隗、苗、步、過、魏、聞、嬰、汪、安、潘、旌、文、齰（昔）、祝、牛、吾、駱、徐、蒙、丹、竹、樂、焦、泠、成、孔、朱、陳、杕、濁、露、闞、鮭、薛、榮、遺、冀、進、陸、孫、曼、壺、原、智、茅、苴、介（芥）、楚、刑（邢）、全、共、申、女、紀等。其中翟、傅、郝、鞏、馮、路、靳、謝、苗、駱、泠等姓氏是秦地所特有的④。

複姓：上官、鮮于、淳于、中郭、下池、胡毋、閭丘、橐治、令狐、公孫、司馬、夏侯、馬適、乘馬、將匠、信（申）徒、段干、公族、司徒、赤章、甘士、苦成、訴相、其毋、梁丘、大夫、公子、公耳、公乘、東門、淳狐、歐陽、姑陶、南郭、公臼、中山、高居、外宅、公中、陶丘、右行、下官、區廬、仕仁、毋支、毋妻、冬西、台王、延陵、尾生、吾丘、走馬、邯鄲、東野、酸棗、諸葛、相里、柏公、闕門、橋垣、馬矢等。

---

① 蕭春源《珍秦齋藏印・秦印篇・秦私印概論》第 24 頁；許雄志《秦代印風》第 43 頁。
② 蕭春源《珍秦齋藏印・秦印篇・秦私印概論》第 20 頁。
③ 田河、朱立偉《秦印複姓初步統計》。
④ 陳光田《戰國璽印分域研究・秦私印》第 401 頁，嶽麓書社 2009 年。

### 四、秦私印的命名習尚

1.因襲風尚:如杜禄、公禄、楊禄、任禄、駱禄、賈禄、趙禄;司馬戎、王戎、連戎、張破戎、趙戎(《秦代印風》)、臣戎人(《戰國璽印分域研究》)。

2.以病名爲名:如王疢、去疢、擇疢、遂疢、馮癰、樂疥、李癰、楊疾、楊瘳、和瘳、趙畸、孔疾(《秦代印風》);鞏痤、秦眇(《戰國璽印分域研究》)。

3.以動物爲名:如臣豚、李駘、王驢、臣虎、楊虎、李虎、李鷔、連虒、馮虒、橋鳥、牛犬、橋羔、趙犢、王猨、王狗(《秦代印風》);州狐、李狐(《戰國璽印分域研究》)。

4.以猥怪字爲名:如任醜夫、醜夫、王毋人、李毋人、徐非人、戴糇、楊獨利、李不識、樂亡奴、鞠毋望、王毋時、女不害、趙莫如、露毋忌、司馬奴、姚戎臣、郭圂、公孫徒得(《秦代印風》)。

5.以天干地支爲名

以天干爲名:趙甲、楊甲、馬乙、據丙、李甲、烏丁、黄戊、王庚、趙癸印、王癸印(《秦代印風》)。

以地支爲名:援子(?)、王寅、臣寅、令狐寅、田寅、杜卯、范卯、壺辰、潘辰、張午、趙午、和午、殷申、王酉、李戌、趙亥(《秦代印風》)。

6.以排行爲名:趙季、謝季、李季、莊季、臣孟、羌孟、王季印(《秦代印風》)。

## 第七節　秦成語印

　　成語印,或稱吉語印,因爲其内容或是祈求升官發財、吉祥如意,或是祈求健康長壽等,表示印主的某種訴求,有護符祝福的美意。也有一部分是帶有規勸和警誡訓誡性質的格言、警句,或規範自己的行爲,或表示對君主朋友的忠信,爲印主行事的準則或修身的理想,學者或稱之爲箴言印。曹錦炎《古璽通論》認爲若用"成語"之名則可以兼含兩者,不必再細分①。

### 一、成語印産生的時代背景

　　成語印,尤其是包含箴言規誡類内容的成語印在春秋戰國時期大量出現並非偶然,它從側面反映了戰國時期人們的精神狀態和思想意識,是有其

① 　也有學者認爲應該將吉語印、箴言印進行區分,見李東琬《箴言古璽與先秦倫理思想》。

社會歷史根源的。

首先是社會思潮的影響，即儒家思想的盛行。春秋戰國時期是中國古代社會制度的大變革時期，社會經濟、政治和思想文化都處在深刻的變動之中。隨着舊制度的衰落，改革與保守之間的鬥爭、諸國之間的兼併爭奪更加激烈。爲了在激烈的競爭中優先贏得發展，各國都致力於招納智囊，引進賢才。這與思想界諸子蜂起、百家爭鳴的狀況是一致的，從而推動了中國古代倫理思想的發展和繁榮。春秋中葉以後，私學興盛。儒家弟子遍布天下，聖賢政治、道德治國的主張得到極大的宣講，因此儒家學派的道德倫理思想對當時的社會產生了廣泛而深刻的影響。秦成語印中的修身之語多出自儒家經典，反映了儒家學說在戰國時期的深遠影響。

其次，成語印內容是印主內心渴望的表現。成語印反映了當時人們的思想與精神，是研究其時社會習俗非常重要的史料。

總之，濃重的儒家思想的盛行和人們內心的渴望，是吉語印流行的根本原因，其吉祥、祝福和規誡的共性導致了市場的需求。

### 二、秦成語印的著録與研究

秦成語印的研究始於 20 世紀 90 年代後期。較早研究秦成語印的是葉其峰和王人聰①。專門彙集秦成語印資料並加以系統考釋的是王輝，其《秦印探述》舉例性地討論了秦吉語印 11 枚，其後又在《秦文字集證·秦印通論》中收集了 44 枚成語印，並總結出了秦成語印的五個特點。許雄志《秦代印風》收録秦成語印 96 枚。吳振武《陽文秦印輯録》專門輯録秦陽文成語印 62 枚。以上資料刊發後，王輝在《〈秦出土文獻編年〉續補（一）》中列舉了 60 枚成語印，對此前所漏收資料又做了補充。此外，研究秦成語印的學者還有李家浩、董珊、李東琬、陳光田等②。

---

① 葉其峰《戰國成語璽析義》；王人聰《戰國吉語、箴言璽考釋》。
② 袁旂《吉語印》；李家浩《從戰國“忠信”印談古文字中的異讀現象》；李知君《戰國璽印文字研究》；吳振武《釋戰國“可以正民”成語璽》；琦楓《戰國時期的箴言璽和吉語璽》；[日]中野遵著、蔣進譯《吉語印概説》；李東琬《箴言古璽與先秦倫理思想》；董珊《秦郝氏印箴言款考釋——〈易·損〉“懲忿窒欲”新証》；陳光田《戰國秦漢吉語格言璽集釋》；魏永年《吉語印》。

### 三、秦成語印研究價值和特點

成語印的内容獨特,言簡意賅,文詞多見於經傳典籍,是研究中國古代倫理學史的原始材料。因而,對秦成語印内涵的深入研究有助於瞭解秦人的社會倫理規範、道德標準、生活風尚等多個方面。

存世的秦成語印數量較多,内容豐富,它的興盛反映了春秋戰國時期儒家學派的顯赫和影響的深入,以及當時社會上所倡導的行爲規範和道德準則。儒家學説作爲春秋戰國時期的顯學,在較長時間和較大範圍内對秦人的思想、文化産生過較大的影響①。

秦成語印内容多爲格言、警句,多與秦簡《爲吏之道》的内容接近,是官吏或士人的座右銘,與儒家倫理思想有密切的關係,表現了秦人重視當今、重道德修養、不過分貪圖享受、務實求真的傳統和鋭意進取、積極向上的精神風貌。祈求富貴、長壽的印雖有,但比例很小。相較之下,漢代成語印多祈求官秩地位,從中可窺見秦漢兩代社會風氣的不同②。有些吉語印文辭生動,多取吉祥之意。佩帶在身,意在趨吉祥,避邪禍。有些格言印帶有規勸和警誡性質,發人深省。

就現有的秦成語印資料來看,秦成語印有如下特點:

1. 印鈕:以鼻鈕爲主,壇鈕、橋鈕較少。

2. 印面:多爲矩形(未見圓形),邊框和界格形式與秦私印基本相同。有將一字拆分而置於兩格之内的,如珍秦齋藏"思事"二字分置於四格内。

3. 印文字體:有的是標準的小篆,如"中精外誠";有的則用隸書,如"日敬毋治(怠)"。吉語印經過製範、刻文、鑄造、磋磨修治等工序,其文字風格已經失去原味。再加上吉語印是成批鑄造,工匠重複製作,印文筆畫簡省、字形變異錯位,字體風格與秦官印有較大差異。

4. 款式:與秦官印和姓名私印印文鑿刻不同,秦吉語印多爲佩戴之用,並不鈐蓋,故多爲鑄款,朱(陽文)文。有些朱文小印印文爲正書,且高出邊框很多,基本上不具備鈐蓋封泥的性質,純屬佩印。一些吉語印出土時棱角鋒芒,模鑄的痕迹非常明顯,印身的餘銅尚有殘留,未經任何修治,屬於殉葬的明器。

---

① 　見李東琬《箴言古璽與先秦倫理思想》。
② 　參見房占紅《淺論漢代吉語印章大量流行的概況及原因》。

5.印形尺寸:印形大小懸殊,大者直徑達2～3釐米,小的直徑僅有0.5～0.6釐米。

**四、秦成語印的分類**

1.修身箴言、警語:此類成語印如:敬上、慎原(願)恭敬、敬身、敬文、日敬毋治(怠)、思事、思言、敬事、思言敬事、壹心慎事、正行、正行治士、正下、中精外誠、非有勿半、交仁必可、栖仁、效上士、云子思士、忠心喜治、忠信、修身、中身、中壹、中信、中仁、中仁思士。這些成語多出自儒家經典,體現了儒家對修身的重視,也反映了儒家學說在戰國時期的深遠影響。文人和士大夫等紛紛效法古人,把各種修習德行的美言刻於印章,配在身上或置於案頭,時刻警醒自己,修身養性,以期達到"修身治國平天下"的目的。

2.表現印主情趣、志向:哲理性質的成語,如:正下可私、志從、高志、百嘗、有行、安衆、正衆、和衆、宜民和衆、相思得志、孝悌、孝子。這類成語印並無特別的實用價值,乃是作者對世事有所感,爲抒發自己的志向,或對某一成語特感興趣而刻鑄的,類似後世的閒章。

3.祈求官秩和福壽:對富貴的向往是人的一種普遍心理,先秦典籍中也多有記述,如《詩經·大雅·假樂》:"穆穆皇皇,宜君宜王。"《孟子·離婁上》:"是以惟仁者,宜在高位。"《易林·履》:"安上宜官,一日九遷。"《論語·里仁》:"富與貴,是人之所欲也。"另外,戰國末期至秦代,道家方術和神仙思想已有一定的發展,秦始皇本人更是不忘祈求自己能夠長生不老。受其影響,人們在採取各種方法以求延年益壽的同時,還把一些與此相關的吉祥語詞刻於印章隨身佩帶,以保佑自己能幸福長壽。

這種思想在秦成語印中有一定的體現,如:千歲、萬歲、千金、萬金、壽富、富貴、富昌、大昌,但數量較少。這與漢代人多祈求官秩地位、財富享受、吉祥如意和平安喜樂,如"常宜子孫、長樂未央、大吉祥、心思勿忘"等思想傾向不盡相同。秦漢社會風氣之不同,由此可見一斑。

由秦成語印的内容可以看出,秦人重品德修養,不過分貪圖享受,體現出秦人受儒家思想的濡染和秦民質樸的特點。這在秦墓葬材料中也可以得到印證:不嚴格遵守棺槨制度,洞室墓率先流行,庶民堅持日用陶器隨葬的習慣,銅禮器製作粗糙草率等①。

---

①　梁雲《秦文化的發現、研究和反思》,《中國歷史博物館館刊》2000年第2期。

# 第七章　秦陶文

陶文是指刻劃、戳印或書寫於陶器、磚瓦材質上的文字。陶文可分爲刻劃陶文和印陶兩類。刻劃陶文又分爲陶器未燒製前與成器之後刻劃兩種，第一種方法使用普遍，第二種數量較少。用印章蓋壓在未燒製的陶胎上然後製成器而留下印記文字一般被稱爲印陶。

## 第一節　古陶文的發現與研究

陶器上的刻劃符號和刻文的歷史比較悠久，遠在新石器時代的陶器上已發現一些刻劃符號。如西安半坡、臨潼姜寨等遺址出土的陶器上刻有數十個符號，1960 年山東莒縣出土的龍山文化灰陶尊上的刻文已被一些學者認可爲文字。商周時代，關中地區陶器上的文字見於考古資料的有陝西省扶風、岐山周原遺址出土的瓦和陶器上的刻文，多爲編號，少數爲人名。春秋時期的陶文各地都有零星的發現。戰國時代的陶文發現數量最多，主要見於山東的齊國臨淄古城遺址和河北省燕下都遺址以及秦都咸陽遺址和秦始皇陵園等處。

陶文的收藏與研究直至晚清和民國時期纔蔚然風起。第一個注意收集和研究陶文的是著名金石家、收藏家陳介祺（1813～1884 年）。陳介祺於清同治十一年（1872）開始收藏並考證他的家鄉山東濰縣出土的帶字陶器。他個人藏古陶七十餘器，殘陶文近五千片。陳氏所收集的陶文後輯成《簠齋藏陶》，此書是輯成最早、最豐富、最重要的一部陶文拓本。

首先詳細研究陶文的是金石學名家吳大澂。吳氏著有陶文考釋著作多種，但大多未能刊行，現存的兩種稿本是《簠齋古匋文字考釋》（五册）和《讀古匋文記》一卷，後者是現存最早的一種關於陶文的專著。另外，吳氏的名著《説文古籀補》最早考釋收錄陶文，也採用了一些陶文材料。此後，丁佛言《説文古籀補補》、強運開《説文古籀三補》均收錄陶文資料。

第一部正式出版的陶文著録書是劉鶚《鐵雲藏陶》（1904年）。其他著録和研究戰國陶文的專著主要有：日本太田孝太郎的《夢庵藏陶》（1922年），孫潯、孫鼎《季木藏陶》（四册，1943年），黃賓虹《陶璽文字合證》（1930年），顧廷龍《古陶文舂録》（1936年），王獻唐《鄒滕古陶文字》（1943年，拓本三册），王襄《古陶殘器絮語》（《燕京學報》第三十五期，1948年）等。另外，顧廷龍《古陶文舂録·自序》和王襄《古陶殘器絮語》就古陶文的出土、内容、行款、陶文與古籀文的關係以及古陶殘器的時代、種類、書法、著録等方面做了較全面的概述。

自陳介祺以後至新中國成立前，陶文的研究大體上有以下兩方面的内容：

著録：早期的陶文收藏者整理陶文拓片而成書者有40餘種，且多爲稿本①。至1936年纔有顧廷龍《古陶文舂録》出版，這是第一部集録陶文的工具書。

考釋研究：除吳大澂對個別古陶文作過考釋外，還有丁佛言《說文古籀補補》（1924年）、強運開《說文古籀三補》（1935年）、方濬益《綴遺齋彝器考釋》（1935年）、黃賓虹等人。深入研究者，如唐蘭《陳常匋釜考》（《國學季刊》5卷1期，1935年）、張政烺《平陵陳導立事歲陶考證》（《潛社史學論叢》第2期，1935年）兩文，結合史料對兩種齊國陶文作了考證。

這一時期的研究工作由於戰爭頻仍、學人生活不安定等外在因素，存在不少缺點。首先，著録陶文的書多爲稿本，未正式印行，正式出版的祇有《鐵雲藏陶》與《季木藏陶》。故陶文著録數量雖較多，但大多未見實物。其次，各書著録的陶文均爲傳世品，相當大的部分未標明出土地點，使研究不能深入。再次，在陶文考釋方面，多憑個人學識推斷，缺乏强有力的歷史、經濟背景。最後，由於沒有認識到各國陶文文字的差異性，因而無法對陶文進行系統的分類研究。

1949年以後，戰國文字研究成了古文字學研究的重要分支，陶文也成爲戰國文字研究的重要組成部分。在考釋文字上，陶文中的一些難認的字逐漸被認出。同時，學者結合當時的社會經濟情況，對陶工身份、陶器製造及

---

①　鄭超《戰國秦漢陶文研究概述·附録一：陶文著録簡目》。

出售制度等,都作了較深入的研究。另外,建國後出土的陶文多屬於科學發掘品,有明確的出土地點,有利於對陶文進行科學的斷代、分國研究,相對於晚清、民國時期有了長足的進步。建國後著録和研究陶文的著作主要有:

金祥恒《匋文編》(1964 年)。此書可看作《古陶文香録》一書的訂補,比《古陶文香録》資料更豐富,但此書没有辭例。

陳直《關中秦漢陶録》《續關中秦漢陶録》,此二書是 1953 至 1966 年間撰寫,是最早研究秦印陶的專著。

高明《古陶文彙編》(1990 年)收録拓片 2622 件。此書不僅搜羅豐富,並儘量吸收了學術界的研究成果,代表了當時學術界對古陶文研究的最高水準。其中除少量的商代陶文、西周陶文和山東大汶口文化晚期遺址出土陶器上的圖形文字外,大量的戰國陶文按山東出土陶文(齊魯系文字)、河北出土陶文(燕系文字)、陝西出土陶文(秦系文字)、河南出土陶文、山西出土陶文(三晉系文字)、湖北出土陶文(楚系文字)等欄目進行編排。這種分區分系編排方法正是 20 世紀八九十年代考古發掘和戰國文字研究成果在陶文研究中的反映,爲陶文分域研究提供了重要依據。

高明、葛英會《古陶文字徵》(1991 年),係以《古陶文彙編》爲基礎,將《古陶文彙編》所收陶文中的單字以及官名、姓名、地名、數字,按照同文異體的原則,選擇有代表性的字形,依《康熙字典》的部首順序編排而成。

周寶宏《古陶文形體研究》(1994 年),分爲"古陶文概論"和"《古陶文字徵》校補"兩部分,間有發明。

周進集藏、周紹良整理、李零分類考釋的《新編全本季木藏陶》(1998 年)按照國別編排,分戰國和秦漢及秦漢以後兩編,對《季木藏陶》重新做了對重和分類考釋。

陶文的考釋多見於各種戰國文字的論文中,專門考釋陶文的論文較少,朱德熙、裘錫圭、吳振武等學者在疑難字考釋方面較有創獲①。

古陶文著録的集大成者是新近出版的王恩田《陶文圖録》(2006 年),該書分國別編排,收録陶文 12000 餘件。同時出版的《陶文字典》是與《陶文圖

---

① 何琳儀《戰國文字通論·戰國文字的發現和研究》注釋 52、53。

録》配套使用的工具書,該書取材於《陶文圖録》,採用拓本,按《説文》部首編排,部分字下附簡要考釋及首位考釋者,異説附於其後以備參考。

鄭超《戰國秦漢陶文研究概述》和董珊《從新編全本季木藏陶談到古陶文的發現與研究》對陶文發現以來一百多年間的研究狀況作了較全面的綜述。

## 第二節　秦陶文的出土和研究

秦陶文出土地點集中於幾個秦國都城遺址及陵園範圍内,如秦故都雍城、櫟陽和秦都咸陽,秦始皇兵馬俑坑及秦始皇陵園内外的各個遺址、秦東陵區,阿房宫遺址等。另外,關中各地秦遺址和墓葬也有秦陶文出土,如西安南郊秦墓、北郊秦墓、藍田、寶雞、岐山、扶風、眉縣、隴縣、興平、黄龍、淳化、渭南、澄城、商洛、丹鳳等地都有秦陶文發現。關中以外地區出土秦陶文的有陝西清澗,甘肅崇信,湖北雲夢,内蒙古廣衍故城,河南南陽、泌陽、三門峽等地秦墓。

戰國時代是陶文蓬勃發展的時期。戰國中晚期至秦代,秦陶文的數量急劇增加,目前出土的數量已達4000餘件。各地出土的秦陶文詳見本節附録《秦陶文出土地點、數量統計簡表》和《〈秦陶文新編〉未收陶文統計簡表》。以下以出土地點爲綫索,叙述秦陶文出土和研究概況。

### 一、秦陶文出土和研究情況概述

秦陶文的研究以陳直爲最早,以袁仲一的研究最爲系統。20世紀70年代之前,秦陶文出土數量少,資料較零散,有關秦陶文的著録和研究著作較少;此後的三十年間,不斷有秦陶文出土,爲秦文字、秦史研究提供了豐富的實物資料。

1. 傳世秦陶文。清末陳介祺、吳大澂等人均曾收藏有少量秦陶文[①]。此外,陳直《關中秦漢陶録》和《續關中秦漢陶録》兩書,搜集的秦陶文較豐富,是較早著録和研究秦陶文的專書。

2. 秦始皇陵區及其周圍遺址出土的秦陶文。秦始皇陵區及其周圍遺址

---

① 　李學勤《古陶文彙編·序》,中華書局1990年。

出土的陶文已達數千件,有陶俑、陶馬、鎧甲、磚瓦,陶器上的戳印或刻文,還有修陵工人的墓誌瓦文,內容極爲豐富。

(1)秦始皇陵兵馬俑坑出土陶文

自1974年以來,在秦始皇陵園東側先後發現了三個兵馬俑坑,估計埋藏陶俑、陶馬約8000餘件,已發掘出土的約2000件。這些陶俑、陶馬身上發現了一些戳印或刻劃的文字,約500餘件180餘種,內容主要是陶俑、陶馬的編號數字和來自各官署機構(宮司空、右司空、大匠)、各地的工匠名字。

兵馬俑坑的底部全用青磚鋪成,部分鋪地磚上有戳印文字,計70餘件20餘種,均爲中央官署製陶作坊的陶文。內容主要爲官署機構名稱(宮司空、左司空、都船、大匠、寺工)附帶人名。

(2)秦始皇陵園出土磚瓦、陶器上的陶文

秦始皇陵園內遺迹、遺物豐富,殘碎磚瓦俯拾即是,有些殘碎的磚瓦上帶有戳印或刻劃的文字,可能由於字數較少,一直未能引起人們注意。《秦始皇陵調查簡報》首次公布了陵園出土的數件陶文。此後,在對秦始皇陵園進行系統勘探和試掘的過程中,採集或發掘出土的陶文有1600餘件。除去採集的200餘件80餘種陶文外[1],主要出土陶文的地點有飤官遺址、魚池遺址、南杜遺址、劉寨村遺址、馬廄坑及珍禽異獸坑、上焦村秦墓、趙背户村修陵人墓地、始皇陵西側五金砂輪廠修陵人墓及苗圃秦墓等處。以下對這幾處遺址所出陶文作一簡單介紹。

飤官遺址:1981年至1982年間,位於秦始皇陵園西側內外城垣之間的飤官遺址出土陶文300餘件60餘種。文字內容主要有麗山飤官類、麗邑類、左司空類、右司空類、宮司空類、左水類、右水類、大匠類、都船類、北司類、帶地名類等[2]。

魚池遺址:1975年以來,秦俑考古隊對距始皇陵封土2.5公里的魚池遺址進行了多次勘探,發現了牆垣、房基、灰坑、水井等遺址,出土了500餘件銅、鐵器物,以及大量的磚瓦和陶質生活用器;在磚瓦殘片上共發現陶文90

---

① 　袁仲一《秦陶文新編》第48～61頁。

② 　秦始皇陵考古隊《秦始皇陵西側"驪山飤官"建築遺址清理簡報》;袁仲一《秦陶文新編》第31～48頁。

餘件①。其中"地名＋人名"類陶文涉及的地名有美陽、新城、藍田、西、臨晉、頻陽、宜陽、郿陽、汧、戲、茝陽、杜、烏氏、枸邑、好時等；中央官署製陶作坊的陶文涉及到大匠、北司、右司空、都船等機構；另外，1986 年出土的麗山園陶盤刻有"麗山茝府一斗二升"，"茝府"相當於《周禮・天官・酒人》中的"酒府"②，説明秦始皇陵園即麗山園內設有"茝府"這一官署機構，爲陵園的祭祀供應醇酒。

　　南杜遺址和劉寨村遺址③：這兩處遺址相鄰，均位於秦始皇陵園北側，出土磚瓦和陶器殘片上的陶文 200 餘件，現已發表 102 件④。其中"地名＋人名"類陶文涉及的地名有咸陽、當陽、商、美陽、藍田、新城、降（絳）、上邽、下邽、宜陽、泥陽、杜、西、安邑、廢丘、烏氏、冀、漆、皮氏、陰□（平）等⑤，另有小篆體陽文"麗亭"1 件和陰文"麗市"陶文 2 件。涉及的中央官署機構名稱有：大匠、北司（空）、宮司空、居室、都船、右司空、都共、寺工、都水等。此外南杜村遺址還出土有一字式印文數十件，計有：百、禾（陰文）；豐、美、成、中（陽文）等，袁仲一認爲這些單字印文均爲陶工名⑥。

　　馬廄坑及珍禽異獸坑：馬廄坑位於秦始皇陵園外城垣東側約 360 米處的一南北狹長的塬上，1976 年以來共發現 101 座小型馬廄坑，其中出土的器物上發現刻文和印文共計 21 件⑦。珍禽異獸坑位於秦始皇陵園西側內外城垣之間的西司馬道南側，鑽探發現小型陪葬坑 31 座，試掘的 4 座坑內出土的陶器上有戳印文字⑧。這兩處陪葬坑出土的陶文可分爲廄苑類和市亭作坊類兩種。其中包含的廄苑名稱有小廄、宮廄、左廄、中廄、大廄等五種；市亭名稱有麗市、麗亭、茝、雋亭、咸亭等⑨。

　　上焦村秦墓：上焦村秦墓位於秦始皇陵園外城垣東側約 350 米處，1976 年至 1977 年發掘的八座墓中出土各類文物 200 餘件，重要者有"榮祿、陰嫚"銅印和少府銀蟾蜍，另有陶器上的印文、刻文 45 件⑩。陶文內容爲麗市、

①④⑤⑥⑨　　袁仲一《秦陶文新編》第 61～70、70～71、76、82、82～87 頁。

②　　程學華《秦始皇陵園魚池遺址發現"麗山茝府"陶盤》；王輝《説"麗山茝府"》。

③　　王望生《西安臨潼新豐南杜秦遺址陶文》；陳曉捷《臨潼新豐鎮劉寨村秦遺址出土陶文》。

⑦　　秦俑考古隊《秦始皇陵東側馬廄坑鑽探清理簡報》。

⑧　　秦俑考古隊《秦始皇陵陪葬坑鑽探清理簡報》。

⑩　　秦俑考古隊《臨潼上焦村秦墓清理簡報》。

雋亭、苣、咸亭等市亭名稱和楊、馬等器物主人的姓氏,以及器物名稱"困"等。此外,一件陶罐上還刻有"千、千、千千",是表示糧食千石或祈求豐收的吉祥語。

趙背戶村修陵人墓地:1979 年 12 月,秦始皇陵西側趙背戶村農民在村西平整土地時發現修陵人墓地一處,經鑽探共發現秦墓 159 座,清理的有人骨架的 84 座墓中,發現了蓋在屍骨上,刻著死者的姓名、來源地等文字的殘瓦片 18 件①。

秦始皇陵西側五金砂輪廠修陵人墓及苗圃秦墓:1994 年臨潼縣博物館文管會清理了臨潼五金砂輪厂東側的修陵人墓地的墓葬 4 座,出土的 167 塊磚中 89 塊上有印文②。1989 年 5 月發現的苗圃秦墓位於臨潼區秦陵鎮苗家坡村南的柿園磚廠內,出土的 283 塊磚中 17 塊上有陶文印記③。這批陶文的内容主要是左司空類和大匠類,均屬於中央官署製陶作坊的印記;另有陶文"王、丁"兩種,屬於製陶工匠的姓氏④。

近年來,秦始皇帝陵區山任窯址、鳳凰臺古城遺址和内城北牆遺址又有大量陶文出土⑤,現補充介紹如下:

山任窯址:戳印或刻劃在板瓦、筒瓦或陶器殘片上,其文字清晰者共 56 條,另有刻劃符號多種⑥。文字内容有四類:一是中央官署機構名稱,如宫□、左司、司、左水、左□、大水、都船等;二是市亭名稱,如市、麗市、櫟市、頻(?)市、麗亭、安亭、咸亭、鄭亭等;三是地名和陶工名,如頻陽、苣、延陵□□、□□工被(?)、東園泰等;四是單字陶文,包括陶工姓氏、數字編號等,如喜、間、安、右、丑、王、戲、衍、李、手、北、中、下、一、二、四、七等。

---

①　袁仲一《秦代陶文》;程學華、董虎利《秦陵徭役刑徒墓》;袁仲一《秦始皇陵的考古發現與研究》、《秦陶文新編》第 90 頁。

②　臨潼縣博物館、臨潼縣文管會《臨潼縣東側第一號秦墓清理簡報》;袁仲一《秦陶文新編》第 105 頁。

③　林泊《臨潼驪山北麓發現秦人磚槨墓》。

④　袁仲一《秦陶文新編》第 105～107 頁。

⑤　陝西省考古研究院、秦始皇兵馬俑博物館《秦始皇帝陵園考古報告 2001～2003》第 220～234 頁圖 82～87;第 63 頁圖 33、圖版 5;第 265 頁圖 110。

⑥　王輝、王偉《〈秦出土文獻編年〉續補(四)》(NO. 3345～NO. 3400)。

鳳凰臺古城遺址：戳印或刻於陶罐、盆、瓿或板瓦上，内容爲：中宫工嬰、大匠、大□、都船將、枸邑書、高□□□、九百等 7 種①。

秦始皇陵園内城北牆：皆爲戳印陰文，内容爲：右司空係、左水、大匠、北司空□、北司、北易、左司等 7 種②。

3. 秦故都雍城遺址和墓葬出土的秦陶文。陝西省寶雞市鳳翔縣是秦故都雍城的所在地。從秦德公元年（前 677）到獻公二年（前 383）的 290 餘年間，雍城一直是秦國政治、軍事、經濟、文化的中心。考古工作者已經對雍城遺址做了較深入的發掘研究③。其中出土陶文的有以下幾處：

1977 年發掘的秦都雍城南郊高莊戰國秦墓出土陶文 16 件，其中一件時代爲戰國中期，其他均爲秦代④。1982 年，陝西省鳳翔縣馬家莊春秋時期秦宗廟遺址出土陶文 30 餘種 100 餘件，均屬刻劃符號，還不是嚴格意義上的文字⑤。1983 年，雍城考古隊清理了鳳翔八旗屯村西南西溝道春秋至秦代的墓葬 26 座，出土的陶器中有 13 件上發現陶文 17 處⑥。目前所見最早的秦陶文是 1986 年發掘的鳳翔南指揮村戰國早期秦墓出土陶器上的 9 件刻劃陶文⑦。另外，鳳翔孫家南頭堡子壕秦遺址出土了 23 件秦文字瓦當和 200 餘件戳印陶文，文字瓦當資料已經公布，但戳印陶文資料尚未發表⑧。

鳳翔秦墓和遺址出土的秦陶文中，除去文字瓦當外，主要内容是陶工姓名、器主居住的里閭名稱（隱成、北園、下賈）、器物容量、器物編號的數字等。其中高莊秦墓出土的陶文反映了古代助喪的賵賻制度⑨。

4. 秦都咸陽及其周圍遺址墓葬出土的秦陶文。秦都咸陽位於今咸陽市東 14 公里的窰店鎮一帶。從秦孝公十二年（前 350）到秦滅亡的 144 年間，

---

①②　　王輝、王偉《〈秦出土文獻編年〉續補（四）》（NO. 3401～3407、3415～NO. 3422）。

③　　陝西省雍城考古隊《鳳翔馬家莊春秋秦一號建築遺址第一次發掘簡報》《1982 年鳳翔雍城秦漢遺址調查簡報》《秦都雍城鑽探試掘簡報》《鳳翔馬家莊一號建築群遺址發掘簡報》。

④　　陝西省雍城考古隊《陝西鳳翔高莊秦墓地發掘簡報》。

⑤　　陳全方、尚志儒《秦都雍城新出陶文研究》。

⑥　　尚志儒、趙叢蒼《陝西鳳翔八旗屯西溝道秦墓發掘簡報》。

⑦　　田亞岐、王保平《鳳翔南指揮兩座小型秦墓的清理》。

⑧　　焦南峰、王保平、周曉陸、路東之《秦文字瓦當的確認和研究》。

⑨　　袁仲一《秦陶文新編》第 222 頁。

留下了豐富的遺迹和遺物。自1959年以來,考古工作者對秦都咸陽進行了長期的調查、勘探和發掘,發現了大量的建築和生活遺址以及墓葬,出土了大批重要文物。其中,在出土的陶器、磚瓦上發現的戳印和刻劃的陶文資料約1400餘件。這些陶文資料先後刊發於有關的考古簡報和論文中①,也被彙集在《塔兒坡秦墓》《秦都咸陽考古報告》《任家嘴秦墓》等正式的考古報告中。秦都咸陽出土的陶文有數量大、種類多、類型齊全的特點,是秦陶文的典型代表,有重要的研究價值。現按照出土地點介紹如下:

(1)咸陽作坊遺址區出土和採集的陶文②:秦都咸陽的手工業作坊遺址有生產日用陶器的長陵車站作坊區,燒造磚瓦的胡家溝、柏家嘴作坊區和製造兵器、銅器的聶家溝作坊區等三處。1956年至1963年間的三次發掘,長陵車站作坊區出土各類陶器和磚瓦上發現陶文及刻符280餘件;長陵車站和胡家溝作坊區採集的陶文120餘件。根據陶文性質可分爲三類:

一是民營製陶作坊陶文,有四字式和六字式兩種,文字分兩豎行排列,每行兩或三字;其一般格式爲"咸(亭)+×(里)+人名(一字或兩字)+(器)",如:咸亭郦里絫器、咸亭完里丹器、咸亭陽安駐器、咸郦里善、咸郦小穎。

二是市亭陶文,有杜亭、咸陽亭、咸陽亭久,另有"咸陽市+人名"格式的如:咸陽市得,"咸陽+里閭名+人名"格式的如:咸陽巨戲。

三是中央官署製陶作坊的陶文。此類陶文主要出土於胡家溝作坊遺

① 陝西省社會科學院考古研究所渭水隊《秦都咸陽故城遺址的調查和試掘》;吳梓林《秦都咸陽遺址新發現的陶文》;秦都咸陽考古工作站《秦都咸陽第一號宮殿建築遺址簡報》;陝西省博物館、文管會《秦都咸陽故城遺址發現的窯址和銅器》;咸陽市文管會、咸陽市博物館、咸陽地區文管會《秦都咸陽第三號宮殿建築遺址發掘簡報》;秦都咸陽考古隊(執筆孫德潤)《咸陽市黃家溝戰國墓發掘簡報》;劉慶柱、李毓芳《秦都咸陽遺址陶文叢考》;秦都咸陽考古工作隊(執筆陳國英)《咸陽長陵車站一帶考古調查》;秦都咸陽考古工作站(執筆趙榮、呂卓民)《秦都咸陽古窯址調查與試掘簡報》;秦都咸陽考古工作隊(執筆陳國英)《秦咸陽宮第二號建築遺址發掘簡報》;王學理《亭里陶文的解讀與秦都咸陽的行政區劃》;陳國英《秦都咸陽考古工作三十年》;呂卓民《從考古資料看秦漢時期咸陽的製陶業》;孫德潤、毛富玉《秦都咸陽出土陶文釋讀小議》;咸陽市文物考古研究所《咸陽石油鋼管廠秦墓清理簡報》《咸陽塔兒坡戰國墓發掘簡報》;岳起《咸陽塔兒坡秦墓新出陶文》;王輝《咸陽塔兒坡新出陶文補讀》《秦文字釋讀訂補(八篇)》;岳起《再論咸陽塔兒坡秦墓新出陶文——與王輝先生討論》。
② 袁仲一《秦陶文新編》第108~136頁。

址。陶文僅一兩個字,文字内容有:左(司空)+陶工名、右(司空)+陶工名、宮(司空)+陶工名。另有數十件單字印文和刻文,是磚瓦入窯焙燒之前抑印或刻劃的,應屬於製陶工匠名。

四是其他類,主要是單字陶文。或是將"咸陽市亭"省寫爲"咸",或是陶工姓氏,或是製陶工具上的數字編號;另外還有戳印的吉語"敬事",應是陶工的自勵語。

(2)咸陽宮殿坊遺址區出土和採集的陶文①:在對秦都咸陽一、二、三、四號大型宮殿建築遺址發掘和試掘過程中,出土了將近600件陶文資料;另外,《秦都咸陽考古報告》也曾公布過歷年採集的100餘件60餘種陶文標本。這批陶文資料的格式、類型以及文字内容與上述作坊遺址區出土的陶文内容基本一致,不同的是里閭名稱和陶工姓名。

(3)咸陽黃家溝秦墓出土陶文:咸陽黃家溝秦墓是中小型墓,是秦平民墓區,先後共清理墓葬125座,出土陶文30餘件②。文字内容與咸陽其他遺址出土陶文雷同。

(4)咸陽塔兒坡、任家嘴秦墓出土陶文:塔兒坡與任家嘴、黃家溝三處秦人墓葬區,呈西南至東北向橫行排列,是位於秦都咸陽遺址西側的一處大的秦人墓葬區。其中塔兒坡秦墓出土的陶文資料約百件③,岳起、王輝也各有專文討論④。任家嘴秦墓出土陶器中,有戳印陰文陶文14件10種⑤。文字内容與咸陽其他遺址出土陶文雷同。

綜上所述,秦都咸陽出土的陶文總數約1200餘件,主要是中央官署製陶作坊和民營製陶作坊(市亭類)陶文,按照陶文性質可分爲上述四類,以戳印陰文爲主,也有少數刻劃文字。這些陶文(印文和刻文)的印記形狀、印文

---

① 袁仲一《秦陶文新編》第136~158頁。
② 秦都咸陽考古隊(執筆孫德潤)《咸陽市黃家溝戰國墓發掘簡報》;陝西省考古研究所《秦都咸陽考古報告》。
③ 咸陽市文物考古研究所《咸陽塔兒坡戰國墓發掘簡報》《塔兒坡秦墓》。
④ 岳起《咸陽塔兒坡秦墓新出陶文》《再論咸陽塔兒坡秦墓新出陶文——與王輝先生討論》;王輝《咸陽塔兒坡新出陶文補讀》;王輝、程學華《秦文字集證》(第五章第十節《咸陽塔兒坡秦墓出土陶文》)。
⑤ 咸陽市文物考古研究所《任家嘴秦墓》第240頁圖一八三、241頁圖一八四。

布局、印面邊欄和界格、文字讀法、字體风格等方面,均能夠反映秦陶文的典型特徵。這些陶文的文字内容較全面地反映了秦代手工業生産,尤其是製陶業的生産管理方面的詳細情況。

4. 關中其他遺址和墓葬出土的秦陶文

(1)西安市臨潼區各墓葬和遺址(秦始皇陵園以外)出土陶文

秦東陵出土和採集陶文:秦東陵位於西安市臨潼區韓峪鄉,上世紀80年代以來先後發現四座大型陵園。在勘探過程中先後出土和採集的磚瓦上發現陶文 37 件①。主要是市亭類陶文,有麗市、麗亭、櫟市、奠(鄭)亭、高市、耶市、茝、杜等,民營製陶作坊陶文有"咸亭完里丹器",另有一些屬於陶工或器主姓氏的單字陶文。此外一件採集的陶罐肩部刻有祈福的吉語"千萬"。

芷陽遺址、製陶作坊以及劉莊秦墓出土陶文②:芷陽遺址位於西安市臨潼區韓峪鄉油王村一帶,1982 年進行勘探和試掘時,在出土的陶器上發現陶文 16 件。1992 年爲配合基建工程而對芷陽製陶作坊進行了清理發掘,出土陶器殘片上發現陶文 8 件。這兩處發現的市亭類陶文有 20 多件"茝"字,屬於民營製陶作坊陶文的有 2 件"咸亭完里丹器"。

1987 年到 1988 年在對臨潼韓峪鄉劉莊秦墓進行搶救發掘時,在出土的陶器和墓室用磚上發現陶文 399 件(目前祇公布了其中的 68 件)③。這三批陶文共計 92 件,文字内容除少量的市亭陶文如櫟市、麗市外,主要是數百件"宫 + 人名"式的磚印文,文字風格與一號兵馬俑坑出土的同類陶文完全相同,屬於中央官署製陶作坊的陶文印記。另有"泰沈"磚文數件。

此外,臨潼文管會收藏秦陶文 4 件,主要是"左司"和"左水"類磚文④。

(2)西安市郊遺址和墓葬出土的陶文

阿房宫遺址:阿房宫遺址位於今西安市西郊阿房村一帶。1975 年以來,

---

① 陝西省考古研究所、臨潼文管會《秦東陵第一號陵園勘察記》《秦東陵第二號陵園調查鑽探簡報》;林泊《秦東陵出土的部分陶文》;劉占成《秦東陵陶文補釋》。
② 張海雲《芷陽遺址調查簡報》;陝西省考古研究所秦陵考古隊、臨潼縣考古工作隊《秦芷陽製陶作坊遺址清理簡報》。
③ 陝西省考古研究所秦陵工作站、臨潼縣文物管理委員會《陝西臨潼劉莊戰國墓地調查清理簡報》。
④ 袁仲一《秦陶文新編》第 487 頁。

西安市文管會、中國社會科學院等機構先後三次對遺址進行了清理、勘探和局部發掘，獲得數量不等的陶文資料①。主要是北司、左司、右宮、左宮、北宮、宮×（天干）、宮水、大匠、右×（陶工姓名）等中央官署機構名稱，另有一些僅是陶工姓名的單字陶文。這批陶文出土地點明確、時代清楚，是重要的秦文字資料。其中的“右宮、左宮”不見於文獻記載，而“北宮”陽文戳印陶文的出土，不僅證實了文獻“秦時已有南北宮”記載的可靠性，還説明北宮設有製陶手工業作坊，爲宮廷燒造磚瓦。

相家巷遺址：2000 年 4 至 5 月間，中國社科院考古研究所漢長安城工作隊搶救發掘了北郊相家巷遺址，出土的一件筒瓦上有戳印陰文“大匠”，一個陶碗上有戳印“咸陽亭久”②。

南郊秦墓：西安南郊秦墓出土的陶文資料包括以下三處平民墓地：一是1989 年至 1990 年茅坡村光華膠鞋廠秦墓③；二是 2001 年至 2002 年茅坡村郵電學院秦墓④；三是 2003 年潘家莊世家星城秦墓⑤。其中，茅坡村光華膠鞋廠秦墓出土陶文 24 件（戳印 18 件，刻文 6 件）。戳印陶文有“杜市”5 件、“杜亭”12 件和“武南”1 件；刻劃陶文有“杜、千千、之、咸、西兔蘇氏十斗、十斗”等，均爲 1 件。茅坡村郵電學院秦墓出土陶文“馮氏十斗、金囗（午）、五”陶文各 1 件。

潘家莊世家星城秦墓位於秦杜縣附近，出土的 95 件陶器上發現陶文120 件（印文 102 件，刻文 18 件），20 種，另有陶文刻符 10 餘件。文字內容有：杜亭（52 件）、杜市（33 件），另有一些是標明器主姓名、籍貫和容量的，

① 西安市文管會《1975 年阿房宮藺高遺址清理簡報》（學術交流稿，轉引自袁仲一《秦陶文新編》第 173 頁）；西安市文物局文物處、西安市文物保護考古所《秦阿房宮遺址考古調查報告》；中國社會科學院考古研究所、西安市文物保護考古所阿房宮考古工作隊《阿房宮前殿遺址的考古勘探與發掘》。
② 中國社會科學院考古研究所漢長安城工作隊《西安相家巷遺址秦封泥的發掘》圖九·1，圖版壹，6；圖一五，《考古學報》2001 年第 4 期。
③ 西安市文物保護考古所《西安南郊秦墓·第一編》第 137～140 頁圖一二四～一二八。
④ 西安市文物保護考古所《西安南郊秦墓·第二編》第 324～325 頁圖一三四～一三五。
⑤ 西安市文物保護考古所《西安南郊秦墓·第三編》第 703～717 頁圖一八九～二二三。

如:易九斗三升、杜氏十斗、杜氏容十斗、南陽趙氏十斗、樂定王氏九斗、李氏九斗二參等。大量出土杜亭、杜市陶文的潘家莊秦人墓地西邊的北沈家橋村曾出土著名的杜虎符,其西南不遠處有杜城村,爲確認秦時杜縣的地望提供了有力的證據。

北郊秦墓:北郊秦墓出土的秦陶文包括《西安北郊秦墓》(第315~338頁)和《西安尤家莊秦墓》兩書公布的資料。

《西安北郊秦墓》刊布西安北郊出土的秦陶文29件,其中戳印10件,均爲陰文篆書,文字内容有:咸亭戎里□器3件、咸亭當柳恚器2件、咸亭黄□□器2件、咸陽亭久1件,另兩件分別爲六字和四字印文,文字均不甚清晰。刻劃陶文19件,字體有篆、隸和介於兩者之間者,文字内容有:立少庶辛、燹里□、大官卅、芒洋、六石、頓辰、小閖、李旦、呂日、雛、利、井、司、高、冄、水、必、左、十、四、五等,另有一處刻文不識。這批陶文數量雖然不多,但有一些新見品種,豐富了秦陶文的内容。

《西安尤家莊秦墓》公布的陶文資料共有28件,其中市亭陶文17件,均爲戳印陰文,文字格式爲"咸×里×"的有8件,如"咸郿里宣、咸陸里宋";爲"咸亭×里×器"的有7件,如"咸亭當柳安器、咸亭邴里□器";另有"咸陽亭久"和"咸陽□□"各1件。刻劃陶文11件,文字内容爲器主姓氏和器物容量,如"楊氏十□(斗)、中□王氏十斗、春陽郭氏、楊、高、一斗二升"等。

另外,2004年夏陝西省考古研究院在西安市長安區神禾塬發掘了一座具有"亞"字形大墓的陵園,出土了數十件陶文,其中有"北宫、私官"等,具體情況尚待正式的發掘報告。

(3)陝西省内其他縣市出土陶文①

藍田縣:縣城北農機廠出土"將行内者"磚刻2件,分藏於藍田縣文化館和西安市文物保護考古研究所博物館②。

鄠縣:抗戰期間,鄠縣河灘出土了秦惠文君四年(前334)封宗邑瓦書,

① 袁仲一《秦陶文新編》第190頁、230~249頁。

② 王恩田《陶文圖録·秦國與秦代》第2033頁;袁仲一《秦陶文新編》3352號(595頁)。

詳第三節《秦封宗邑瓦書》。

　　淳化縣：淳化縣出土的秦陶文主要包括林光宫（又名甘泉宫）遺址出土、採集的陶文以及淳化縣博物館藏陶文，總數約 40 件①。其中中央官署製陶作坊的陶文均爲戳印，有：北司、大匠、甘居（甘泉居室）、右（司空）角，等。市亭陶文有：咸陽亭久、咸原少角、雲市、雲亭、市，等；民營製陶作坊的陶文有：咸直里章、咸直里繚、咸蒲里□、平里一石二斗，等，以上兩類陶文大多是戳印陰文。

　　涇陽縣：涇陽寶豐寺秦墓出土戳印陶文 2 種："高市"3 件、"杜市"1 件②。

　　興平縣：興平縣侯村秦漢遺址出土的秦陶文有 20 餘件，主要有"大匠"和"宫司空"類兩種③。

　　渭南市：渭南市同家村採集的陶文共 6 件，有"櫟市、櫟、寧秦"等三種④。

　　澄城縣：澄城縣良周村秦漢遺址出土的秦陶文：良周村宫殿遺址出土的磚瓦和陶器上共發現陶文 27 件，主要有"大匠、櫟市"和一些屬於製陶工匠名字的單字陶文⑤。

　　寶雞市：寶雞市陳倉區鎮南灣遺址和寧王秦漢遺址出土秦陶文⑥：在南灣遺址採集陶文 14 件，内容爲宫司空類、大水及大匠類。寧王秦漢遺址出土秦陶文 1 件，爲陶工名。

　　隴縣：隴縣店子秦墓出土的陶器上發現陶文 5 件，有阿亭、亭兩種⑦。

　　岐山縣：周原岐山文管所徵集的殘陶片上有"咸原少□"印文一處。

　　扶風縣：扶風縣博物館藏陶鼎和陶壺上有戳印陶文 6 件，文字内容爲"犛亭"和"美亭"兩種。

　　眉縣：眉縣白家遺址採集到戳印陶文"犛亭"8 件。

①　姚生民《淳化縣文物志》，陝西人民教育出版社 1991 年；《漢甘泉宫遺址勘察記》；《陝西淳化出土秦漢市亭陶文陶器》。
②　咸陽市文物考古研究所《涇陽寶豐寺秦墓發掘簡報》圖四：1～4。
③　陝西省考古研究所《陝西興平侯村遺址》，三秦出版社 2004 年。
④　左忠誠、郭德法《渭南縣發現秦半兩錢範和"櫟市"陶器》。
⑤　姜寶蓮、趙強《陝西澄城良周秦漢宫殿遺址調查簡報》。
⑥　秦俑博物館、寶雞市陳倉區博物館《寶雞市陳倉區寧王村遺址調查簡報》。
⑦　陝西省考古研究所《隴縣店子秦墓》圖七一、七四、七六。

商洛市：商洛地區除丹鳳縣古城村曾出土過“商”字瓦當外，2004 年又在徵集的一件陶罐肩部發現戳印陶文“雒亭”和“楚里孫”2 處①。

黃龍縣：黃龍縣文化館徵集來的兩件陶罐上有戳印文字“雕陰”3 處②。

此外，西北大學文博學院歷史博物館藏陶蒜头壺（槐里市久）、陶鼎（咸高里昌）、陶壺（咸蒲里奇）上各有一處戳印③。陳直《關中秦漢陶錄》還著錄過一件無明確出土地點的陶文“蘇解爲”，後經學者論證，認定爲秦陶文④。

5. 關中以外地區出土的秦陶文

陝西、甘肅、內蒙古、山西、河北、山東、湖北安陸睡虎地秦墓、河南洛陽和三門峽秦墓、廣東等都有秦陶文出土。

陝西省：榆林市清澗縣李家崖秦墓出土的陶鍪上有戳印陶文“杜市”1 件⑤。

甘肅省：甘肅省崇信縣文化館徵集有戳記的陶器 42 件，全部爲市亭類陶文，主要有“鹵市”21 件、“亭”6 件、“市”13 件、“鹵、□二斗”2 件⑥。

內蒙古自治區：廣衍故城秦墓出土刻劃陶文“廣衍”1 件⑦。赤峰市出土刻劃陶文 2 件，均爲器物容量；“亭印”日字格陽文戳印 1 件⑧。

山西省：侯馬、翼縣、夏縣、朔縣等地出土的秦陶文有“降亭、安亭、馬邑市”等 6 件⑨。

河北省：邯鄲、永年、容城等地出土“邯亭、易亭、□市”等戳印陶文 7 件，均戳印陰文⑩。

山東省：濟陽縣、鄒平、鉅野、兗州、滕州等地均有秦陶文出土，計有刻劃陶文“著”1 件，戳印陶文“安陽市、□市、市”各 1 件，“亭久”3 件⑪。

① 王昌富《商州孝義發現秦代陶文》。
② 齊鴻浩《黃龍發現秦陶文》；王輝《〈黃龍發現秦陶文〉補正》。
③ 西北大學文博學院《百年學府聚珍——西北大學歷史博物館藏品集》第 81 頁圖七三、83 頁圖七五、84 頁圖七六。
④ 袁仲一《秦陶文新編》第 248～249 頁。
⑤ 陝西省考古研究所陝北考古工作隊《陝西清澗李家崖東周、秦墓發掘簡報》。
⑥ 陶榮《甘肅崇信出土的秦戳記陶器》。
⑦ 崔璿《秦漢廣衍故城及其附近的墓葬》。
⑧ 王恩田《陶文圖錄》第 2226、2270 頁。
⑨ 王恩田《陶文圖錄》第 2248～2250 頁。
⑩ 王恩田《陶文圖錄》第 2247、2252 頁。
⑪ 王恩田《陶文圖錄》第 2251、2261、2280、2281 頁。

湖北省：雲夢安陸睡虎地秦墓出土陶器上發現戳印“安陸市亭”陶文5 件①。

河南省：洛陽市西郊于家營秦墓出土陶文“河市、河亭”；三門峽市剛玉砂廠秦人墓中出土的一些陶器上印有“陝亭、陝市”陶文 10 餘件②。

廣東省：廣州秦漢造船工場遺址出土陶文 3 件，“萬歲”瓦當 1 件③。

此外，《秦陶文新編》未收録而《陶文圖録》未注明出土地點的新品秦陶文尚有：“臨亭”1 件、“代市”2 件、“襄陰市”（陽文）1 件、“市□器”（陽文）1 件、“滎市”1 件、“許市”1 件、“淄亭”24 件、“臨淄市”1 件、“曹市”1 件、“荏市”1 件、“東武市”3 件、“南鄉之市”2 件、“都市”15 件、“臨淄亭久”1 件、“新絳亭久”1 件。以上陶文共計 56 件，均爲戳印陰文④。

現存秦始皇二十六年統一度量衡的詔書見於陶量上的有一百多件，主要見於《季木藏陶》《古陶文彙編》《中國書法全集·秦漢金文陶文》和《中國古代度量衡圖集》等書。《陶文圖録》收録了 122 件，《秦陶文新編》收録了 72 件。

6. 秦瓦當文字

瓦當，即筒瓦之頭，個別爲半圓形，多數爲圓形，其上多有紋飾和文字，主要起着蔽護屋檐防風雨侵蝕的作用；它還是一種藝術品，富有裝飾效果，使建築物更加絢麗美觀。戰國時代瓦當的使用已相當廣泛。1996 年陝西省考古研究所雍城考古隊在鳳翔縣長青鄉孫家南頭堡子壕遺址（以下簡稱爲堡子壕遺址）進行了科學試掘，先後在秦代文化層和戰國秦文化層中分別發現了一批秦文字瓦當，考古工作者從而確認文字瓦當起源於戰國時代。秦文字瓦當是秦宮殿與建築物名稱與屬性的標識。

早在北宋時期，秦漢瓦當便受到人們注意，王辟之《澠水燕談録》、黃伯思《東觀餘論·古瓦辨》都提到“羽陽千歲”瓦當，元李好文《長安志圖》也談

① 雲夢睡虎地秦墓編寫組《雲夢睡虎地秦墓》第 47～49 頁。
② 洛陽市第二文物工作隊（王文浩、黃吉軍、刁淑琴）《洛陽于家營秦墓發掘簡報》，《文物》1998 年第 12 期；三門峽市文物工作隊《三門峽市司法局、剛玉砂廠秦人墓發掘簡報》，《華夏考古》1993 年第 4 期；黃吉軍《談“河市”“河亭”和秦墓斷代》。
③ 廣州市文物管理處等《廣州秦漢造船工廠遺址試掘》，《文物》1977 年 4 期；王輝、王偉《〈秦出土文獻編年〉續補（二）》（NO. 2834～2837）。
④ 王恩田《陶文圖録》第 2248、2249、2251、2254、2255、2256～2261、2269、2272、2278～2280 頁。

到此種瓦當,並指出得於陳倉(今寶雞),後《秦金石刻辭》《秦集史·金石志》均以爲秦物。但有學者認爲文字瓦當出現的時代較晚①,"羽陽千歲"瓦當是否爲秦物尚待新的考古資料來驗證。也有學者認爲宋代宋敏求《长安志》著錄的"楚"字瓦當,清馮雲鵬、馮雲鷊《金石索》著錄的"衛屯"瓦當和清代朱楓《秦漢瓦當圖記》著錄的"衛"字瓦當,以及傳秦阿房宮遺址出土的十二字吉語瓦当均爲秦瓦當②。

秦文字瓦當出土數量相對較少,文字内容以宮殿和建築物名稱爲主,也有地名、市署名稱。屬於宮殿和建築物名稱的秦文字瓦當主要出土於鳳翔孫家南頭堡子壕遺址,有蘄年宮當(14 品,8 品殘)③、橐泉宮當(9 品)④、來谷宮當(5 品)⑤、來谷(1 品)⑥、竹泉宮當(4 品)、年宮(1 品)⑦等。地名瓦當有"商"字半瓦當(2 品)⑧。市署瓦當有"華市"(1 品)⑨。焦南峰等認爲,"日月山川利、□□羊利、壬子、🦌"等 4 品瓦當也是秦瓦當⑩。

### 7. 小結

秦陶文研究的深入是隨着資料的集中而逐步前進的。傳世秦陶文數量較少而零散,未引起學者的重視。1974 年以來,隨着秦始皇兵馬俑坑的發現和秦都咸陽、秦都雍城以及關中各地秦墓的陸續考古發掘,秦陶文大量出土。1987 年,袁仲一將搜集到的 600 餘種 1610 件秦陶文彙集爲《秦代陶文》一書,並有深入系統的論述。1999 年,王輝《秦文字集證》收錄《秦代陶文》

① 劉慶柱《戰國秦漢瓦當研究》;焦南峰、王保平、周曉陸、路東之《秦文字瓦當的確認和研究》;袁仲一《秦陶文新編》第 230 頁。

② 姜彩凡《秦文字瓦當述略》。

③ 馬振智、焦南峰《蘄年、棫陽、年宮考》。

④ 1996 年鳳翔郭店鄉三岔村出土 1 件,1996 年冬孫家南頭堡子壕遺址出土 7 品,見焦南峰等《秦文字瓦當的確認和研究》。另傅嘉儀《秦漢瓦當》收錄 1 品(編號九零七)。

⑤ 1992 年當地群衆在孫家南頭採集 1 品,見劉亮、王周應《秦都雍城新出土的秦漢瓦當》。1996 年冬孫家南頭堡子壕遺址出土 4 品。

⑥ 袁仲一認爲"來谷"應讀爲"資穀",即祈求天賜嘉穀、使五穀豐登之意,"來谷"爲吉祥語,並非宮殿名稱,見《秦陶文新編》228 頁。

⑦ 鳳翔南指揮鄉東社村採集,著錄於焦南峰等《秦文字瓦當的確認和研究》。

⑧ 呼林貴、劉合心《新發現"商"字瓦當時代淺議》。

⑨ 韓釗、魏軍《淺議"華市"瓦當》。

⑩ 焦南峰等《秦文字瓦當的確認和研究》。

出版後刊布或即將刊布的陶文 288 條。2000 年，王輝《秦出土文獻編年》彙集所見陶文 830 餘條。自 2006 年起，每年發表的《〈秦出土文獻編年〉續補》中均有數量不等的陶文資料補入。2006 年，王恩田《陶文圖錄·秦國與秦代》共收錄陶文 1882 件（包括陶量詔文 122 件），但其中混入了一些漢代的陶文。此書收錄了一些原六國舊地出土的、《秦陶文新編》沒有的新品秦陶文，是對《秦陶文新編》的一個重要補充。

　　2009 年，《秦陶文新編》出版，該書收錄的是 2005 年之前所見的秦陶文資料；陶文編號總計爲 3424，其中既有照片又有拓片的 14 件，既有照片又有摹本而無拓片的 2 件，既有摹本又有拓片的 38 件，故實際收錄的陶文爲 3370 件。若減去非文字的刻符和押印紋，則實際收錄有文字的陶文是 3258 條（包括秦詔量陶文 72 件）。《秦陶文新編》對陝西省以外出土的一些秦陶文資料漏收者較多，這部分資料主要見於《陶文圖錄》，已見前述。另外《秦陶文新編》收錄"騶（鄒）"字陶文 3 條，而《陶文圖錄》則收錄了 25 條。

　　《秦陶文新編》收錄的陶文見我們據該書附錄二《秦陶文新編陶文詳目》整理而成的《秦陶文出土地點、數量統計簡表》。

### 秦陶文出土地點、數量統計簡表

|  | 出土地點 | 編　號 | 數量 | 備　注 |
|---|---|---|---|---|
| 秦始皇陵區出土的陶文 | 兵馬俑坑陶俑和陶馬上的陶文 | 1～546 | 546 條 | 包括 3 個刻符 |
|  | 一號兵馬俑坑西端門道鋪地磚上的陶文 | 547～622 | 76 條 |  |
|  | 飤官遺址出土和採集陶文 | 623～939 | 317 條 | 包括 4 個刻符 |
|  | 秦始皇陵園採集陶文 | 940～1172 | 233 條 | 包括 3 個刻符 |
|  | 魚池遺址出土陶文 | 1173～1265 | 93 條 |  |
|  | 臨潼南杜秦遺址出土陶文 | 1266～1326 | 61 條 |  |
|  | 臨潼劉寨遺址出土陶文 | 1327～1367 | 41 條 |  |
|  | 馬廄坑及珍禽異獸坑出土陶文 | 1368～1388 | 21 條 | 包括 2 個刻符 |
|  | 上焦村秦墓及馬廄坑出土陶文 | 1389～1431 | 43 條 | 包括 15 個刻符 |
|  | 趙背户村西修陵人墓出土陶文 | 1432～1449 | 18 條 |  |
|  | 始皇陵西側五金砂輪廠修陵人墓及苗圃秦墓出土的陶文 | 1450～1527 | 78 條 |  |

| | 出土地點 | 編　號 | 數量 | 備　注 |
|---|---|---|---|---|
| 秦都咸陽出土的陶文 | 咸陽作坊遺址區出土的陶文 | 1528～1797 | 270 條 | 包括 9 個刻符，13 個押印紋 |
| | 咸陽作坊遺址區採集的陶文 | 1798～1921 | 124 條 | 包括 2 個刻符，6 個押印紋 |
| | 咸陽宮殿遺址出土的陶文 | 1922～2512 | 591 條 | 包括 1 個刻符，2 個押印紋 |
| | 咸陽宮殿區採集的陶文 | 2513～2616 | 104 條 | |
| | 咸陽及咸陽黃家溝秦墓出土陶文 | 2617～2654 | 38 條 | 包括 1 個刻符 |
| | 咸陽塔兒坡秦墓出土的陶文 | 2655～2767 | 113 條 | 包括 2 個刻符 |
| 西安阿房宮遺址出土陶文 | 西安阿房宮遺址出土陶文 | 2768～2827 | 60 條 | |
| | 西安南郊潘家莊秦墓及北郊秦墓出土陶文 | 2828～2944 | 117 條 | 包括 5 個刻符 |
| | 西安市南郊茅坡村秦墓 | 2945～2976 | 32 條 | 包括 4 個刻符 |
| | 鄠縣出土的封宗邑瓦書 | 2977～2978 | 2 條 | 包括摹本 1 個 |
| | 秦東陵出土和採集陶文 | 2979～3020 | 42 條 | 包括 5 個刻符 |
| | 秦芷陽遺址及製陶作坊出土和採集陶文 | 3021～3048 | 28 條 | 包括 2 個刻符 |
| | 臨潼韓峪鄉劉莊秦墓出土陶文 | 3049～3116 | 68 條 | |
| | 臨潼文管會藏品中的陶文 | 3117～3120 | 4 條 | |
| | 鳳翔高莊秦墓、南指揮村秦墓、西道溝秦墓和孫家南頭秦遺址出土陶文 | 3121～3162 | 42 條 | 包括 12 枚瓦當 |
| | 鳳翔高莊宗廟遺址出土的刻符 | 3163～3194 | 32 條 | 全爲刻符 |
| | 淳化縣林光宮遺址出土、採集的陶文以及縣博物館藏品中的陶文 | 3195～3247 | 53 條 | |
| | 渭南市華倉遺址出土和同家村採集的陶文 | 3248～3253 | 6 條 | |
| | 澄城縣良周村秦漢遺址出土的陶文 | 3254～3271 | 18 條 | |
| | 興平縣侯村秦漢遺址出土的陶文 | 3272～3278 | 7 條 | |
| | 寶雞陳倉區鎮南灣遺址和寧王秦漢遺址出土陶文 | 3279～3293 | 15 條 | |
| | 隴縣店子秦墓出土的陶文 | 3294～3301 | 8 條 | |
| | 陝西、内蒙古、甘肅和湖北等省區所見的陶文 | 3302～3352 | 51 條 | 包括商字瓦當 1 枚 |
| | 各種著作中所見陶量上的詔文 | 3353～3424 | 72 條 | 《陶文圖録》收録 122 條 |

2005 年以後至 2009 年底,秦陶文又有新資料陸續刊布,加上個別《秦陶文新編》漏收的資料,我們整理爲下表:

### 《秦陶文新編》未收陶文統計簡表(截止 2009 年底)

| 出土地 | 著錄 | 數量 | 備注 |
|---|---|---|---|
| 廣州秦漢造船工廠遺址出土陶文 | 《續補》(二)<br>(2834~2837) | 4 條 | 《文物》1977 年第 4 期 |
| 咸陽任家嘴秦墓 | 《續補》(三)<br>(2845~2854) | 10 條 | 陶文 14 處 |
| 相家巷遺址出土陶文 | 《續補》(一)<br>2472(四)3117 | 2 條 | 《考古學報》2001 年第 4 期 |
| 秦始皇帝陵園内城南垣出土陶文(《秦始皇陵園考古報告 2000》) | 《續補》(四)<br>(3333~3344) | 110 條 | 不重複者 12 條 |
| 山任窰址出土陶文(《秦始皇陵園考古報告 2001~2003》) | 《續補》(四)<br>(3345~3400) | 56 條 | |
| 鳳凰臺古城遺址出土陶文(《秦始皇陵園考古報告 2001~2003》) | 《續補》(四)<br>(3401~3407) | 7 條 | |
| 秦始皇陵園内城北牆出土陶文(《秦始皇陵園考古報告 2001~2003》) | 《續補》(四)<br>(3415~3422) | 14 條 | 不重複者 8 條 |
| 西北大學文博學院歷史博物館藏陶文 | 《百年學府聚珍——西北大學歷史博物館藏品集》 | 3 條 | |
| 西安北郊秦墓出土陶文 | 《西安北郊秦墓》 | 29 條 | |
| 西安尤家莊秦墓出土陶文 | 《西安尤家莊秦墓》 | 28 條 | |
| 河南洛陽市西郊于家營秦墓出土陶文 | 《中原文物》1998 年第 2 期 | 2 條 | |
| 河南三門峽市剛玉砂輪廠秦人墓出土陶文 | 《華夏考古》1993 年第 4 期 | 10 條 | |
| 涇陽寶豐寺秦墓出土陶文 | 《文博》2002 年第 5 期 | 4 條 | |
| 《陶文圖録》無出土地點的新品陶文 | 2248 頁、2249 頁、2251 頁、2254~2261 頁、2269 頁、2272 頁、2278~2280 頁 | 56 條 | 《陶文圖録》 |
| 内蒙古、山西、河北、山東等地出土陶文 | 2226 頁、2247~2252 頁、2261 頁、2270 頁、2280 頁、2281 頁 | 23 條 | 《陶文圖録》 |

### 二、秦陶文的分類及其特徵

秦陶文多屬"物勒工名",作者多是各地徵發來的工匠、刑徒或者是器物的製造者,陶文的款式有戳印和刻劃兩種形式。

1. 戳印陶文:戳印陶文主要見於宮殿、陵園建築出土的磚瓦和市亭製陶作坊、民間私營製陶作坊生產的陶器上,多是器物製造者及其所屬機構的標識。磚瓦上的戳印陶文作者多是各地徵發來的工匠或刑徒,文字格式一般爲"地名/機構名( +私名)",如:咸陽親、頻陽工處、左司空×、宮×。市亭和私營製陶作坊生產的陶器上的戳印陶文主要是作爲在市場上合法銷售的標記或製作者的標識,文字格式主要是:×亭、×市、×市亭、咸亭×里×器,如:杜亭、櫟市、安陸市亭、咸亭完里丹器。戳印陶文按文字多少可分爲五種:

六字陶文:數量極少,印形爲豎長方形,印文多爲陰文。文字分作兩行,每行三字。如:咸亭完里丹器、咸亭當柳昌器。

四字陶文:數量較多,約佔秦戳印陶文的 30 %,印形多呈正方形或長方形,大小不一,印文多爲陰文。如:右司空尚、左司高瓦、莥陽工葵。

三字陶文:數量極少,多爲"地名 + 人名"式,陽文數量多於陰文,印形多爲方形或近似方形,也有曲尺形、豎長條型和橫長條形等。如:莥陽葵、楚里孫。

二字陶文:數量衆多,約佔秦戳印陶文的 40 %,印形多爲矩形,也有個別爲圓形和不規則形狀。印文多爲一枚印章鈐蓋而成的陰文,極少數爲一字一印。文字內容多爲"官署機構名的省稱( +人名)"或"×市"、"×亭",如:宮得、左司、左旦、杜市、麗亭。

一字陶文:是秦陶文的最簡格式,數量較多,約佔秦戳印陶文的 20 %。印形多爲矩形,也有個別爲圓形和不規則形狀。與相對完整的同類陶文對照可知,其文字多爲工匠姓名和官署機構名稱的省稱,如:宮(宮司空)、得(宮得)、大(大匠)、莥(莥陽亭)、市(×市)、亭(×亭)。

以上五種戳印陶文的邊欄和界格情況比較複雜,或邊欄界格全無(約佔10 %),或有邊欄而無界格(約佔 85 %);個別邊欄和界格均有的可分爲田字格、日字格和目字格三種,均爲極少數。由於這些陶文作者的身份和無邊欄和界格的情況非常普遍,所以戳印陶文的文字布局顯得自由奔放,字體大小不拘,筆畫粗細不統一,雖然字體基本上是小篆體,但較粗獷隨意,筆畫剛直遒勁、多帶方折,帶有濃厚的隸書意味。

2. 刻劃陶文:秦刻劃陶文分爲在陶胚入窯前和陶器燒製成後刻寫兩種。前者多爲陶工在製陶過程中隨手刻寫的名字或器物編號;後者多爲器物購買者或器主刻寫的物主名、置放地、器物容量或吉祥語等。刻劃陶文主要見於日用和墓葬出土的陶器上,少量見於秦始皇兵馬俑坑出土的陶馬、陶俑和一些建築所用的磚瓦上(以數字編號居多);刻劃陶文無定式、無規範的隨意性特點體現在以下四點:

一是文字比較潦草,不易辨認,字形繁簡不一,大小不統一,字體結構不嚴正,筆畫多方折,粗細不等;另有大量的非文字的刻劃符號,其含義未知。二是刻文内容龐雜,人名、地名、數字、墓誌、封賜文書、詔書、器物容量、吉祥語、巫祝語等[1]。三是字數不定,少者一二字、三四字,多者八九字,最多者爲秦惠文君四年的封宗邑瓦書,多達 119 字。四是書寫人員的構成複雜。除瓦書和少量陶量上的詔書出自官方人士外,多數刻劃陶文出自工匠和器主之手。

### 三、秦陶文與秦璽印封泥的關係

1. 作用　璽印、封泥與陶文三者之間有密切的關係。早期璽印主要用於鈐蓋泥塊,"封物爲信驗",於是産生封泥;封泥是璽印封物的遺留,有防止私自啟封的作用,被封緘的物品拆啟後封泥即被當作垃圾丢棄。在紙張没有發明和未普遍使用的時代,璽印的使用形式便是封泥,從這個意義上説,封泥是璽印的早期使用形式。作爲信用、憑證、個人標識的戳印和刻劃陶文,其性質約與璽印相同,但璽印的封緘作用則是陶文所不具備的。

2. 款識　秦璽印(官印)是權力和義務的象徵,主要用來鈐蓋封泥以封緘信件、物品等,多爲鑿刻陰文,大概是爲了便於在泥上抑壓出陽文字迹。秦戳印陶文中陰文佔多數,可見用以鈐蓋的印章是陽文,這與秦璽印(鑿刻陰文)和封泥(陽文)反映出的情況正好相反,可見用以鈐蓋陶器的印章與官

---

①　袁仲一《秦陶文新編》第 224 頁。

吏日常使用的封緘保密的印章之間的區別。現存的陽文秦印中有一些與戳印陶文的内容有對應關係,現將其列成下表,以資對照。

**秦陽文印與同類陶文對照表**

| | 陽文秦印 | 同類秦陶文 |
|---|---|---|
| 1 | 東市 | |
| 2 | 鞻市 | 麗市、雲市、櫟市、高市、杜市、平市、頻市、陝市、代市、 |
| 3 | 軍市 | 襄陰市、東武市、南鄉之市、都市、鹵市、咸陽市得、鞻亭 |
| 4 | 市北 | |
| 5 | 市器 | 麗器,咸亭×里×器 |
| 6 | 市亭 | 麗亭、杜亭、雲亭、陝亭、邸亭、雋亭、奠亭、美亭、都亭、 降亭、臨亭、安亭、安陸市亭、阿亭、雒亭、亭久、亭印 |
| 7 | 雋都 | 雋亭 |
| 8 | 革工 | (蓋用以烙印皮革,皮革不容易保存,故無對應項目) |
| 9 | 寺工 | 寺工××、寺水、寺× |
| 10 | 襄陰 | 襄陰市 |
| 11 | 左中 | 咸亭上、泰東十八、左水、中 |

3. 印面及字體風格　由於秦璽印(官印)是行使政治權利的標誌,其政治性、正式性決定了秦印字體須爲官方的統一字體——小篆,書寫要規範嚴整,印面要有邊欄和界格,文字布局講究章法;字數最多者不過6字,單字印的數量遠遠少於陶文;秦陶文印面大小不拘,多無邊欄和界格,文字風格接近於隸書,刻劃陶文更有難以辨認者。

4. 文字内容　秦璽印(官印)有官府機構公用印及官吏自用印兩種,文字多爲各級政府機構名稱、職官名稱和郡縣里閭名稱。其中有些主管燒造陶器、建築材料的機構名稱和一些地名也見於秦陶文。據我們統計,秦陶文與璽印封泥文字内容完全相同的有:大匠、都船、都水、中廄、宮廄、左廄、北宮、下邦、麗山飤官等。秦陶文的省略情況較爲普遍,如:"左司空×"省爲"左司×、左×";"北宮司空"省爲"北司、北","宮司空"省爲"宮","寺工×"省爲"寺×","都船工師×"省爲"都船工×、都船×、都×"等;另外秦陶文中的大量縣邑、市亭名也見於秦璽印封泥。如果算上這些,秦陶文與璽印封泥文字内容相同的種類應該更多。

由此可見,璽印、封泥、陶文三者既有本質區别又有千絲萬縷的聯繫。璽印是爲了達到信驗的效果而普遍使用的,封泥是信驗的具體體現,二者都有封緘性質。璽印的使用者祇是用封泥來暫時封護物品,並未想把封泥保留下來,隨着紙張的發明和使用,封泥漸漸消失了,没能與璽印共生到今天。陶文主要是題銘性質的銘刻和書寫題記,有刻劃也有按壓的戳印。總體來説,璽印與封泥的關係較近,與陶文的關係較遠。這種表述也完全適用於秦陶文和秦璽印(封泥)。

### 四、秦陶文的研究價值

第一,秦陶文内容爲研究秦代官制和製陶手工業作坊的發展狀况提供了新資料。從秦陶文中可以獲知一大批秦代的官署機構名、都邑名、工匠名,如管理燒造磚瓦的中央官署機構有左右司空、大匠、都船、北司、宫水、寺水、左水、右水等。其中很多名稱不見於文獻記載,這爲研究秦代的機構設置和官制提供了新資料。秦陶文中的有些縣名,一些志書認爲漢代始置,其實秦代已經存在。發現的陶工名超過三百個,他們來自不同地方,通過研究他們的籍貫可以探討秦代的徭役與户籍制度。

第二,秦陶文中的一些特殊内容有重要的史學價值。如,秦封宗邑瓦書的内容對研究秦分封、官職、爵位、地名、田制以及部分人名等都有重要價值;另外像趙背户村出土墓誌瓦文是目前發現最早的一批墓誌文,分析其體例對研究我國的墓誌發展史無疑是十分重要的。

第三,秦陶文在古文字學上的意義。秦陶文,有官方嚴謹規整的印文和刻文,也有私營製陶者的潦草刻劃。從文字結構上來看,秦陶文有值得注意的書寫特徵。袁仲一《秦代陶文》就此列舉了四點,即秦陶文中仍然存在一些異形,偏旁隨意易位、存在不少通假字、有一些不易釋讀的文字[1]。總觀秦代陶文的文字結構,可以看到戰國中晚期和秦代,字的偏旁部首、筆畫數已基本固定,一字異寫的情况大大減少。

---

[1]　袁仲一《秦代陶文·秦代陶文在古文字學上的意義》。

## 第三節　秦封宗邑瓦書

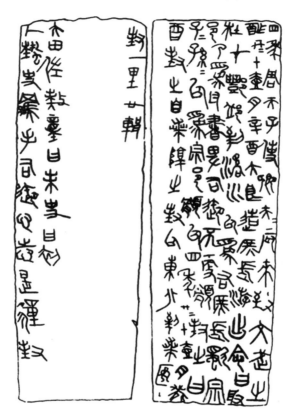

　　秦封宗邑瓦書,抗戰期間出土於鄠(户)縣灃河河灘,原藏西安段紹嘉,現藏陝西師範大學圖書館。瓦書爲長方形,通長 24、寬 6.5、厚 0.5～1 釐米。瓦書表面光滑,文字爲先在泥坯上刻字,再入窯焙燒而成,兩面刻字,字劃塗朱,正面豎刻 6 行 92 字,背面豎刻 3 行 27 字,共 119 字。

　　1957 年陳直公布了瓦書資料,並作了簡要考釋①。1984 年郭子直《戰國秦封宗邑瓦書銘文新釋》對瓦書文字做了進一步的考證,並首次公布了瓦書的照片和摹本。此後陸續有尚志儒、袁仲一、李學勤、黄盛璋、饒尚寬、汪中

①　陳直《考古論叢·秦陶券與秦陵文物》。

文、王暉、傅嘉儀、吕佩珊等人對瓦書的文字、詞彙、曆法、書法、涉及的史實等做了補充。2009 年袁仲一在《秦陶文新編》中重申了瓦書的出土時間,並結合近年來瓦書的研究狀況做了進一步的探討①。

## 一、瓦書的文字內容及文意簡釋

### 1. 瓦書釋文

四年,周天子使卿夫=(大夫)辰來致文武之酢(胙),冬十壹月辛酉,大良造庶長游出命曰:"取杜才(在)酆邱到潏水,以爲右庶長歜宗邑。"乃爲瓦書。卑司御不更顝封之,曰:"子=(子子)孫=(孫孫)以爲宗邑。"顝以四年冬十壹月癸酉封之。自桑障(郭)之封以東,北到桑匽之[以上正面]封,一里廿輯。大田佐敖童曰未,史曰初,卜蟄(蟄),史駬(羈)手,司御心,志是霾(埋)封。[以上背面]

### 2. 文意簡釋

瓦書是秦惠文君四年(前 334)册封宗邑的檔案,指派官吏送至宗邑所在,經過相應儀式而埋藏於地下,有似後世的土地憑證,是重要的秦文字資料。銘文記載封疆劃界之事,使我們對秦的土地制度獲得了許多新的認識。另外銘文中出現的職官名、人名、地名、土地單位名稱等,是很好的秦史研究資料。以下對瓦書文字做簡單詮釋:

**四年,周天子使卿大夫辰來致文武之酢(胙)**　　四年即秦惠文君四年。《史記·秦本紀》"(惠文君)四年,天子致文武胙",而《周本紀》"(顯王)三十五年,致文武胙於秦惠王",其所指均爲同一件事。"酢"讀爲"胙","酢、胙"雙聲叠韻可通。"胙"是祭祀社稷宗廟所用的祭肉。《説文·肉部》:"胙,祭福肉也。"周天子把祭祀社稷宗廟的肉分賜給有功的同姓諸侯,以示同受鬼神福佑、同享福禄,既表示天子與諸侯間的親密關係,同時對諸侯來

---

① 　尚志儒《秦封邑瓦書的幾個問題》;袁仲一《讀秦惠文王四年瓦書》《秦代陶文》;李學勤《戰國秦四年瓦書考釋》;黄盛璋《秦封宗邑瓦書及其相關問題考辨》;饒尚寬《再論秦封宗邑瓦書的日辰與曆法問題》;楊宏娥《稀世珍寳秦封宗邑瓦書的研究》;汪中文《秦封宗邑瓦書文補釋》;王暉《關於戰國秦封宗邑瓦書的幾個問題》;傅嘉儀《戰國秦"封宗邑瓦書"及其書法》;吕佩珊《秦駰玉版與秦封邑瓦書文字研究》;袁仲一《秦陶文新編》第 190～206 頁。本節所引諸家關於瓦書銘文的觀點均見以上所列,下文不再注明。

說也是莫大的榮耀。《周禮·大宗伯》:"以脤膰之禮,親兄弟之國。"鄭玄云:"脤膰,社稷宗廟之肉,以賜同姓之國,同福禄也。"春秋以來,周室衰微,天子已經徒具虚名,實際上没有了號令天下的權威,而賜胙肉也逐漸成爲周天子拉攏諸侯的一種外交手段。銘文所記的"致文武之酢"之事,一方面顯示了當時周秦間的友好關係,更反映了秦國實力的强大,要周天子另眼看待,主動示好。

"致文武胙"之事與封宗邑之事並無關係而置於篇首,應該屬於以事紀年,如㝬鼎"隹(唯)王伐東尸(夷)"、曾侯乙墓遣策"大莫敖陽爲適豵之春"、新蔡葛陵楚簡"大莫敖陽爲晉師戰於長城之歲"、天星觀楚簡"秦客公孫鞅問王於□郢之歲"、包山楚簡"東周之客許緹歸胙於□郢之歲"、江陵秦家嘴楚簡"秦客公孫鞅聘於楚之歲",另外秦商鞅量銘文開篇有"十八年齊遣卿大夫衆來聘",也是以事紀年。

秦國僻在西陲,秦孝公以後,隨着軍事實力的增强,"諸侯卑秦"的觀念逐漸改變。像秦這樣的異姓諸侯,"天子致胙"不光是莫大的榮耀,更是提升國家政治地位的機會。因爲"天子致胙"是本年秦國的大事,故瓦書銘文以"致文武胙"事冠於篇首。

**大良造庶長游出命曰**　"大良造庶長"也見於十六年大良造鞅戈鐓、十九年大良造鞅殳鐏、首陽齋藏十六年大良造庶長鞅鈹和范炳南藏十七年大良造庶長鞅殳鐏等器銘[①];另外,十三年鞅戟中也有"大良造"。商鞅於秦孝公十年爲"大良造"(《秦本紀》),十六年、十七年均爲"大良造庶長",十八年爲"大良造"(商鞅方升),十九年爲"大良造庶長",至二十二年"封大良造鞅"爲列侯。另有一件商鞅戟銘文爲"□□年大良造鞅之造戟"。上述 13 年間,商鞅或被稱爲"大良造",或被稱爲"大良造庶長",甚至連年有名稱變換的現象,這種情況應該不是爵稱或職官名稱的頻繁轉換,而應該是稱謂的全稱與簡稱的區别。"大良造"和"庶長"不可能同是爵稱或職官名,而應該是一爲爵稱一爲職官名。

大良造爲秦爵之第十六級,此點學者均無異議。戰國時被授予此爵的

---

① 《首陽吉金——胡盈瑩、范季融藏中國古代青銅器》第 183 頁;吴鎮烽《商周青銅器銘文暨圖像集成》18549 號。

除商鞅外，尚有惠文王時的犀首、昭王時的白起等人。爵位是"以尚功勞"的，如《史記·白起王翦列傳》中記白起由於戰功而被依次賜予"左庶長、左更、國尉①、大良造、武安君"等一系列爵位。

庶長之名屢見於文獻，由《漢書·百官公卿表》顏注"庶長言爲衆列之長"，《商君列傳》載商鞅任左庶長後能"卒定變法之令""相秦十[八]年"，由春秋以來秦器監造者的身份或爲秦公或爲相邦、丞相等理由來看，商鞅所擔任的"（大良造）庶長"其地位約相當於秦相邦或丞相，"庶長"的性質應該是官職名稱。商鞅變法所製定的二十等爵是"軍功爵"，若商鞅未有尺寸之功便得封賜"庶長"之高爵，便是自己壞了規矩；但若無一定的權力又不能順利實施新法令，故秦孝公授予其類似相邦或丞相權力的"左庶長"的職位。由此可見，"庶長"此時應是職官名稱。

據馬非百《秦集史·封爵表》所列，擔任過"左庶長"者凡三人，庶長凡十三人，其相關事迹均爲攻城野戰之事，可見擔任"庶長"一職者均爲手握兵權的武將，則"庶長"最初應爲職官名，其演變軌迹正如馬非百所説："至庶長一爵，最初似亦爲官名……可見在孝公以前庶長每有擅權廢立之事……至孝公、武王時，王權漸盛，庶長失去權威，始由官名分化爲左、右、駟車及大庶長等四種爵位耳。"②

綜上可知，"庶長"稱謂至少在孝公和惠文君時期是作爲職官名稱來使用的。由於秦國的大良造庶長歷來掌握着軍政大權，常擅權專政，故設置佐助國君的相邦一職以分化其權力；但在相邦設置之初亦常由大良造庶長兼任，後來君權得到加強，以相邦爲國家最高行政長官，掌握實權，而常率軍征戰的庶長就逐漸轉化爲軍功爵，並分化爲左、右、駟車及大庶長等四種爵位。秦爵十八級之大庶長很可能就是由大良造庶長轉變來的。

"游"即"樛游"，自陳直、郭子直提出來，現已被學界認可，成爲共識。"樛斿"亦出現在"四年相邦樛斿之造戈"中，此戈的年代爲秦惠文君四年，與瓦書年代相同。也就是説瓦書中的"游"與戈銘中的"樛斿"爲同一人，但

---

① "國尉"（漢代稱"邦尉"）至少在商鞅時期衹是爵稱，與"太尉"不是同一職官名稱。參王偉《秦璽印封泥職官地理研究》第 55 ~ 56 頁。

② 馬非百《秦集史·封爵表》第 876、887 ~ 889 頁。

在同一年內樛游既爲“大良造庶長”，又爲“相邦”，應該如何理解？據以上對“大良造庶長”與“相邦”之間關係的理解以及尚志儒、黄盛璋等人的意見，在相邦設置之初，樛游有可能既擔任“大良造庶長”，又擔任“相邦”，可能是官職爵位處於變革時期的一種特殊現象①。

**取杜才(在)酆邱到滴水**　杜，秦縣名。秦有杜虎符，秦封泥有“杜丞之印、杜南苑丞”等，關中秦墓中常出土“杜亭、杜市”陶文。秦杜縣故址在今西安市南郊北沈家橋村和杜城村一帶。此句指明了所封賜土地的東、西界限。

酆，地名，即周都酆邑。邱，指小的丘陵，亦可指廢墟，《楚辭·九章·哀郢》：“曾不知夏之为丘兮。”酆邱，指灃水岸邊的高階臺地，或是對已變爲廢墟的酆邑的稱呼。瓦書中“酆邱”與“杜、滴水”一起出現，其所指爲灃水沿岸無疑。秦封泥有“酆璽、酆丞、酆印”，又有“豐璽”②，張家山漢簡《秩律》中有“酆、新豐”，阜陽漢簡《倉頡篇》有“酆鎬□□”，可見周都酆邑應寫作“酆”，漢初仍設有“酆縣”。但秦封泥中“酆”與“豐”字同時出現，其寫法上的區別又預示着“豐、酆”可能是不同的地名，闕疑。

滴水，又名沇水。漢初滴水仍沿天然河道獨立北流入渭，漢長安城西側即依滴水而築。《類編長安志》卷六引《水經注》：“滴水，出西義谷、太一谷，經樊川、杜曲、韋曲，至下杜城，爲漕河，北經三橋，合於渭。”③《三輔黄圖》卷六：“滴水在杜陵，從皇子陂西流，經昆明池入渭。”

**以爲右庶長歜宗邑**　右庶長，秦爵之第十一級。歜，人名，學者多以爲是見於《史記·穰侯列傳》中的客卿壽燭，其於秦昭襄王十五年(前292)接替魏冉任秦相。另有一秦戈銘云“□□年丞相觸造”，年代約爲昭襄王十五或十六年。陳直、陳邦懷、袁仲一等認爲文獻中的“客卿壽燭”與瓦書中的“右庶長歜”以及戈銘“丞相觸”爲同一人④。但一個客卿在惠文君四年(前334)已在秦有所建樹而被封爲“右庶長”，再經過42年時間，到昭襄王十五

---

① 尚志儒《秦封邑瓦書的幾個問題》；黄盛璋《秦封宗邑瓦書及其相關問題考辨》；王輝、程學華《秦文字集證》。

② 王偉《秦璽印封泥職官地理研究·附録二》第254頁。本節所引秦封泥資料均出此。

③ [元]駱天驤撰，黄永年點校《類編長安志·卷六·山水》，三秦出版社2006年。

④ 王輝《秦出土文獻編年》第56、69頁。

年(前292)而升任丞相,其年齡至少在60歲以上,可能性比較小。因此,在缺少直接證據的情況下,此僅備一説,尚可繼續討論。

宗邑是宗廟所在的城邑。"取杜才(在)酆邱到漓水"是右庶長歜宗邑的大致範圍。可見,秦杜縣所轄包括"酆邱",其西界至少到達灃河岸邊。

**卑司御不更髄封之**　司御,職官名,見於睡虎地秦簡《秦律十八種·傳食律》:"上造以下到官佐、史毋(無)爵者,及卜、史、司御、寺府,糲米一斗……"職責爲管理車輛。不更,秦爵之第四級。髄,人名。封,即用以標識田畝疆界的土臺,類似現代的界碑。《周禮·地官》有"封人",掌管封疆劃界之事。封埒相連,成爲田界,孫詒讓《周禮正義》引崔豹《古今注》:"封疆劃界者,封土爲臺,以標識疆界也。劃界者,於二封之間又爲壇埒以劃分地域也。"比瓦書晚二十五年的秦更修田律木牘(秦武王二年)載"封,高四尺,大稱其高。捋(埒)高尺,下厚二尺"。可知封的規格爲高寬各四尺,宗邑之封的情況應該與之相當。

**髄以四年冬十壹月癸酉封之**　封,動詞,作封,即築造封土臺。從"十壹月辛酉"的受封賜之日到開始作封的"十壹月癸酉",相隔十二天。

**自桑障之封以東,北到桑匽之封**　此句是説明宗邑的界限,頗爲關鍵,但各家在理解上有分歧。各家理解如下:

陳直:"髄來劃定封界,指出北到桑堰的封界,南到桑障的封界以東。可惜瓦書的出土地點不明,這兩處各在今鄠縣何地,無法明指。"[①]若如袁仲一所説瓦書確出於鄠縣灃河河灘,則出土瓦書的河灘就是銘文中的"酆邱",這是宗邑的西界。

袁仲一早先認爲:障即城郭,桑障,地名,地望當在杜縣城郭以外,即酆邱附近。桑匽,地名。匽,假爲"堰",在漓水河邊。皆因種有桑樹,故名。自"桑障之封以東,北到桑匽(堰)之封"指的是宗邑的南北疆界(《秦代陶文》第81頁)。後來又同意黃盛璋的説法"漓水又名高都水,乃因曾引以灌注鎬都,當有堰以遏水,可能就是桑堰所在之地,此名稱秦仍沿用",又説"一端在桑障設一封,另一端又在桑堰設一封……兩封之間連築起來就是宗邑之界,

———————

① 郭子直《戰國秦封宗邑瓦書銘文新釋》。

由東而到北,其界顯然爲東北走向,而非東西或南北走向。西邊是灃水與酆邱,東邊是潏水,南邊是交水與山地,需要封界的主要是北面"。引潏水灌注鎬都是漢代的事,築造的圍堰名稱秦人怎能沿用? 又,潏水一支穿過神禾原人工河道與御宿川大河(唐稱福水,後稱潝水)交匯後稱交水,交水是一條人工河道,其西流入灃的時間可能是漢武帝興昆明池時。可見,戰國末應該還沒有交水,也不大可能有用來擋水的圍堰①,這樣一來"匽"讀作"堰",當擋水的圍堰理解就有問題。

我們認爲:"桑"爲地名,"匽"是人名,"桑匽"可能是惠文王十四年□平匽氏戟中的"匽氏"②,也就是比戈晚兩年的更修田律木牘中的"内史匽"。"北到桑匽(堰)之封"指宗邑的北界與"内史匽"的封地相鄰。

"酆邱到潏水"句已經指明了宗邑的東西邊界,若北界與"内史匽"的封地相鄰,則"自桑障之封以東"應該是指宗邑的南界。"桑障(郭)"爲種有桑樹的杜縣城郭某處,或可理解爲人名。用"自桑障之封以東"來標識南界的話,此"桑障之封"極可能是西北走向的,這樣纔能從"桑障"地的封土臺或矮垣處劃出南界而不會侵佔"桑障之封"以内的土地。

**一里廿輯**　此句有人認爲表示的是兩封之間壝埒的長度;或認爲"里"即里閭,是"鄉村基層行政單位"。"廿輯"或當做二十家,"一里廿輯"指一里轄區内的在籍人口。

**大田佐敖童曰未,史曰初,卜蟄(蟄),史羈(羈)手**　此句單獨書寫,應是爲了顯示與瓦書正文有所區別。大田,主管農事的官員,見於《吕氏春秋》《韓非子》《晏子春秋》等書。睡虎地秦簡《秦律十八種・田律》:"稟大田而毋(無)恒籍者……"大田佐是大田的屬吏。又《傳食律》:"上造以下到官佐、史毋(無)爵者,及卜、史、司御、寺府,糲米一斗……"可見,大田佐、史、卜均爲此次執行劃界任務的小吏,未、初、蟄、羈分别是他們的名字。

---

① 西安市長安區灃惠鄉確有三堰頭村(西堰頭、北堰頭、南堰頭),另距三堰頭村東北和正東方向約 6 公里有堰渡村和堰南村。這幾個村莊均距交水南北兩岸不遠,應與瓦書中的"匽"無關。

② 蕭春源《珍秦齋藏金——秦銅器篇》第 56 頁;王輝《高山鼓乘集——王輝學術文存二》第 103 頁。

大田佐名叫未,其身份是"敖童",按照黄留珠的解釋,"童"是當時具有奴身份的特殊人口,"敖童"實是"豪童",指"童"中豪强有力者①。按照秦《內史雜律》"除佐必當壯以上,毋除士伍新傅"的規定,"敖童未"擔任大田佐不合乎任職的規定,故予以特别標注,以表明其身份特殊。

手,即經手。里耶秦簡中大量的政府來往公文末尾常見"×手"字樣,意思是某人經手此事,簽署自己的名字,以備查驗。大田佐未、史初、卜蟄、史羈均參與了宗邑封界的劃定,故在瓦書背面簽上各自的職務和名字。

**司御心,志是霾(埋)封**　司御名字叫心。志,記録。是,代詞,指右庶長歊受封宗邑之事的經過。志是,將此事記録下來(刻在瓦書上)。或將"是"字屬下讀,解作"於是",於文意無大礙,亦可。霾(埋)封,將瓦書埋藏在封內,作爲封疆的憑證。

瓦書的大意是:秦惠文君四年(前334),周天子(顯王)派卿大夫辰將祭祀文王、武王的祭肉賜給惠文君。這年冬十一月辛酉日,大良造庶長游宣布國君的命令:劃取杜縣從鄠邱到滈水之間的土地作爲右庶長歊的宗邑,於是製作了這個瓦書;派遣司御不更顝去勘界作封,傳達王命説:"子子孫孫作爲宗邑。"顝於四年冬十一月癸酉作封,從桑郭的封界向東作爲南界,北邊與桑匽的封地相鄰,封地所轄的的户籍共一里二十家。大田佐敖童曰未、史初、卜蟄、史羈參與了作封和劃界的事並在瓦書上簽署;司御心負責記録並刻寫文字。最後將瓦書埋藏在封內,作爲受封宗邑和疆界的憑證。

瓦書的文字是小篆體,從結構上看,偏旁筆畫已經基本固定,與統一後的小篆相同;但因刻寫於泥胚上,字的筆畫多有方折,帶有早期隸書的意味。"夫=、子=、孫="的合文與西周金文相同,顯示出繼承周文字的傳統作風。

## 第四節　趙背户村出土墓誌瓦文

秦陶文内容包羅萬象,既有官營製陶作坊中物勒工名的陶文,也有封宗邑瓦書那樣封賜土地的憑證,還有用以説明死者身份、類似後世墓誌的

---

① 黄留珠《秦簡"敖童"解》;又見《秦漢歷史文化論稿·讀雲夢秦簡札記四則·"敖童"解》,三秦出版社2003年。

瓦文。

墓誌是用以記述死者生平事迹的文體，又叫壙墓穴銘、壙誌、埋銘等。《封氏聞見記·石誌》云：

> 古葬無石誌，近代貴賤通用之。齊太子穆妃將葬，立石誌。王儉曰："石誌不出《禮經》，起元嘉中顔延之爲王球石誌。素族無名策，故以紀行迹耳，遂相祖習。儲妃之重，禮絶常例，既有哀策，不煩石銘。"儉所著《喪禮》云："施石誌於壙裏，禮無此制。魏侍中繆襲改葬父母，製墓下題版文。原此旨，將以千載之後，陵谷遷變，欲後人有所聞知。其人若無殊才異德者，但紀姓名、歷官、祖父、姻媾而已。若有德業，則爲銘文。"按儉此説，石誌，宋齊以來有之矣。齊將有發古塚，得銘云："青州世子，東海女郎。"河東賈昊以爲司馬越女，嫁爲苟晞子婦，檢之果然。東都殖業坊十字街有王戎墓，隋代釀家穿傍作窖，得銘曰："晉司徒尚書令安豐侯王君銘。"有數百字。然古人葬者亦有石誌，但不如今代貴賤通爲之耳。

可見墓誌自南朝宋、齊以來逐漸普及。但從清端方《陶齋藏磚記》收録的 133 塊 20 世紀初洛陽出土的東漢刑徒墓誌磚文來看，墓誌的起源似乎更早①。

1979 年秦始皇陵西側趙背户村發現一處修陵人墓地，有的墓中屍骨上蓋着刻有文字的筒瓦和板瓦殘片，上面刻有死者的籍貫、姓名、身份、爵位等信息，共出土這種墓誌瓦文 18 件，有 1 件瓦上刻有兩個人的名字，共 19 人②。這些瓦文的文字雖然簡單，但大體具備了後代墓誌的基本内容，是目前所見最早的墓誌實物資料，對於研究我國墓誌的產生和發展史有重要意義。

1. 墓誌瓦文的内容簡釋。這批墓誌中出現的地名有原三晉地東武、平陽、楊氏、平陰，也有楚地蘭陵、鄒、贛榆，齊地博昌。《史記·秦始皇本紀》："十四年，攻趙君於平陽，取宜安，破之。桓齮定平陽、武城。"此爲平陽、東武

---

① 中國社會科學院考古研究所《漢魏洛陽故城南郊東漢刑徒墓地》，文物出版社 2007 年。
② 程學華、董虎利《秦陵徭役刑徒墓》；袁仲一《秦代陶文》《秦始皇陵的考古發現與研究》《秦陶文新編》。

（城）入秦之年，其餘各地入秦均在此後。秦在以上諸地徵發徒役的時間必在其地入秦之後，由此可推知墓誌瓦文時間的上限爲秦王政十四年即前233年。

（1）東武羅：地名"東武"在這批墓誌共出現六次，見於《史記》。《漢書·地理志》有清河郡屬縣"東武城"（今河北故城縣）和琅邪郡屬縣"東武"（今山東諸城縣）。此東武或爲較早入秦的東武城。

（2）東武徛（遂）贛榆距（距）：徛，即"遂"，从彳與从辵（辶）同；或有將此字隸作"逐"，不確。贛榆，秦縣，《漢書·地理志》屬琅邪郡，在江蘇今縣北。距，人名。《説文·止部》："距，止也。"《正字通·止部》："距，與距通。"

（3）東武宿□（契）：此四字筆畫勾連，文字不易辨認，末字似爲"契"。"宿契"爲人名，《通志·氏族略》："宿氏，風姓，伏羲之後。"漢印有"宿柯之印、宿宣之印、宿長青"等私印①。

（4）博昌去疾：博昌，秦縣。秦封泥有"博昌、博昌丞印"，《漢書·地理志》屬千乘郡，在今山東博興縣東南。去疾，人名，秦私印有"江去疾"②。

（5）贛揄（榆）得："贛揄"即上文之"贛榆"，可見秦時"榆、揄"通用。漢有"贛揄丞印"封泥③。得，死者名字。

（6）平陽驛：平陽，秦縣，睡虎地秦簡《編年紀》"（喜）十五年從平陽軍"。《漢書·地理志》屬河東郡，本戰國趙邑，爲平陽君趙豹的封地，在今山西臨汾市西南。驛，死者名字。

（7）東武不更所脊："東武"爲死者的籍貫或發遣地，"不更"是秦爵第四級，"所脊"爲死者姓名。

（8）嫏（鄒）上造姜：嫏，今作"鄒"，秦縣。《説文·邑部》："鄒，魯縣，古邾國，帝顓頊之後所封。"《史記·吳泰伯世家》"鄒"作"騶"，秦始皇詔陶量有戳印"騶"字。可見，鄒本作"邾"，秦時又寫作"嫏、騶"，在今山東鄒縣東南。上造是秦爵第二級。姜，死者的姓或名。

（9）東武居貲上造慶忌：居貲是秦時以勞役抵償罰貲的形式，多見於睡

---

① 羅福頤編《漢印文字徵》第16頁，文物出版社1978年。
② 許雄志《中國歷代印風系列·秦代印風》第154頁。
③ 孫慰祖等《古封泥集成》768、769、1279號。

虎地秦簡和里耶秦簡中。《説文・貝部》:"貲,小罰以財自贖也。从貝,此聲。漢律:民不繇,貲錢二十二。"上造爲死者爵稱。慶忌,人名。春秋时王僚之子名"慶忌",秦私印有"淳于慶忌、慶忌"等①。

（10）東武東閬居貲不更雎:東閬,地名。睡虎地秦簡法律文書中常出現"某人居某縣某里",從里耶秦簡貲贖文書中對戍卒的稱謂格式"縣名＋里閭名＋爵位＋姓名"來看②,東閬爲東武縣下轄的里名無疑。末字爲人名,右邊从鳥,可隸作"鴟(雎)"或"鴟"。

（11）楊氏居貲武德公士契必:楊氏,秦縣,《漢書・地理志》屬鉅鹿郡,在今河北甯晉縣。據睡虎地秦簡《封診式》中"某里公士某"的格式。武德,楊氏縣下轄的里名。公士爲秦爵之第一級。契姓見《姓苑》,"必"爲名。又《古今姓氏書辯證》卷三十"契苾"條下云"九姓回鶻,匈奴苗裔"③,"契必"或爲"契苾"。

（12）□〔楊〕氏居貲公士富:因瓦片殘損,據上例可推知所缺字爲"楊"。富姓見《廣韻・宥韻》,"富"或爲死者名。

（13）楊氏居貲大孝(教):《説文・子部》:"孝,放也。"即仿效,與"學、教"意通。古文字"孝、學、教"本一字,後分化。"大孝"爲死者姓名,《風俗通・姓氏》有"大氏"。

（14）平陰居貲北游公士滕:平陰,秦縣,《漢書・地理志》屬河南郡,在今河南孟津北。北游,里名。公士,爵稱。滕,姓。

（15）闌(蘭)陵居貲便里不更牙:闌陵,秦封泥有"闌陵丞印",文獻作"蘭陵",《漢書・地理志》屬東海郡,在今山東蒼山縣西南。"便里"爲死者所居里名。"不更"爲爵稱。牙姓見於《通志・氏族略四》。

（16）博昌居此(貲)□(用?)里不更餘:"居此"即"居貲","此、貲"二字旁紐(精、清)叠韻(支部),可通假。因"此"字刻於瓦片右下角靠近邊沿處,或可能是"貲"的省寫或未刻完。□里,里名,前一字似爲"用"字。"不更"

---

① 許雄志《中國歷代印風系列・秦代印風》第 177、212 頁。

② 湖南省文物考古研究所等《湖南龍山里耶戰國—秦代古城一號井發掘簡報》J1(9)1～J1(9)12 號。

③ ［宋］鄧名世《古今姓氏書辯證》第 461 頁,江西人民出版社 2006 年。

爲爵稱。餘爲死者姓名。

（17）☒□（居）貲☒凷不更□必：此件文字殘缺較多,可據文例推測死者是服居貲役,爵位是不更,姓名是□必。

（18）觜□楷（貲）□□不更滕（正面）申（背面）：觜,讀爲"訾",二字均爲精紐支部,雙聲叠韻。《左傳·襄公三十年》："及其亡也,歲在娵訾之口。"《爾雅·釋天》："娵觜之口,營室東壁也。"訾爲地名,在今河南省鞏縣西南。《左傳》："夏四月乙酉,單子取訾。""□楷"應爲"居貲","楷"不見於後世字書,可能是"貲"的異體。爵位"不更"前所缺爲里名。滕爲姓。此瓦背面還有一"申"字,應與墓誌内容無涉,或是殘瓦上原有的殘字。

2.墓誌瓦文的格式。這批墓誌瓦文内容可分爲四類：

第一類衹寫明死者的姓名和籍貫,如"東武遂",遂爲人名,東武爲其籍貫名。第二類寫明死者的姓名、籍貫和爵位,如"東武上造姜",姜是姓名,東武爲籍貫,上造爲爵位。第三類寫明死者的姓名、籍貫和身份,如"楊氏居貲大教",大教爲姓名,籍貫爲楊氏,身份是居貲。第四類寫明姓名、籍貫、爵位和身份,如"東武居貲上造慶忌",即死者名慶忌,上造爵位,是東武地方的服居貲勞役者。

3.墓誌瓦文的價值。這批墓誌瓦文是研究秦文字、秦法律制度的實物資料,其價值是多方面的：

第一,這批墓誌瓦文已經基本具備了後世墓誌的基本要素,瓦文的體例是後世墓誌的雛形,對探索我國墓誌的起源提供了重要綫索。

第二,由瓦文所見地名看,修建始皇陵的勞動力是從全國各地尤其是東方的原山東六國地區抽調的人員,是服居貲勞役者。這對於研究秦代的勞役制度提供了寶貴資料。

第三,瓦文中十人是服居貲勞役者,一人無爵位和九人有爵位的身份狀況證實了睡虎地秦簡《金布律》所説的以服勞役抵償罰貲者都是已被免除職務的下級小吏和一般平民,反映了秦律鮮明的階級性。

第四,瓦文中的一些地名可以補充正史記載的缺漏,擴充了我們對秦代郡縣設置情況的認識。一些地名過去認爲是漢代始置的縣,實際上秦代已有其名,漢衹是是沿襲秦的舊制,如東武、贛榆、楊氏、蘭陵、平陰、博昌、嫋（鄒）、平陰諸縣皆秦置,《漢書·地理志》記載不確。

　　第五,這批墓誌瓦文字體基本是秦代的小篆,但有些字刻劃草率,筆畫
勾連,不易辨認。字的偏旁部首的位置雖已大體固定,但筆畫多少仍不統
一。有的字勾連變化,變異較多,又含有戰國文字的意味。另外,瓦文中
異體字、通假字的運用、表意偏旁的換用、個別文字不見於後世字書等情
況,爲研究秦統一文字後的用字情況提供了珍貴資料。

## 第五節　秦代官營和私營製陶業的陶文

　　除封宗邑瓦書和墓誌瓦文等特殊品類之外,秦官營和私營製陶業的陶
文是秦陶文的主要品類。秦官營的製陶作坊分爲三種:中央官署所轄的
製陶作坊、從郡縣徵調工人組成的徭役性官營製陶作坊和郡縣都邑等市
府經營的市亭作坊。私營製陶作坊屬於商業性的個體經營,其產品是面
向市場的商品。

　　這些不同的製陶作坊都在各自的產品上抑印或刻劃上各自的標識,其
內容包羅萬象,既有各種主管陶器製造的機構名稱,又有大量縣邑、市亭
類的地名和豐富的人名姓氏等。現對上述不同製陶作坊的陶文予以歸納
説明如下:

### 一、中央官署製陶作坊陶文

　　中央官署製陶作坊主要爲首都咸陽和關中其他地方的宮殿和秦始皇
陵園建築燒造磚瓦,大多是常設機構。目前出土此類陶文的地方有秦咸
陽宮遺址、秦始皇陵園建築遺址、阿房宮遺址、寶雞鎮南灣秦遺址、淳化林
光宮遺址、渭南市澄城縣良周遺址等處。通過研究此類陶文,可以瞭解主
管燒造磚瓦的中央官署有哪些;可以從各遺址出土陶文的內容、種類和數
量來推斷所出土陶文的時代、陶工的身份、陶工署名的規律、當時的生產
規模和窯場的設置地點等諸多問題。

　　據袁仲一《秦陶文新編》統計①,此類陶文數量已達 2000 多件 330 餘
種,基本上都是戳印文,個別爲刻劃而成。這些陶文中有 390 餘件 160 餘

①　據我們統計,《秦陶文新編》出版之後新出土的中央官署製陶作坊陶文約有 150 餘條,
　　參上文《〈秦陶文新編〉未收陶文統計簡表》。

種是僅有一個字的陶工名,已不能確知其隸屬的官署機構。中央官署製陶作坊陶文所見機構名稱主要有 18 個,這些機構名稱之間的對應關係及其上級主管機構可列爲下表:

| 中央官署製陶作坊陶文所見機構名稱 | | 秦璽印封泥中的相關名稱<br>（文字加黑者爲璽印,下同） | | 主管機構 |
|---|---|---|---|---|
| 1 左司空 | 2 左水 | 左司空印、左司空丞;**右司空印** | **閒陽司空**<br><br>**泰山司空**<br><br>**道司空印** | 少府 |
| 3 右司空 | 4 右水 | 右司空丞 | | |
| 5 宮司空 | 6 宮水 | 宮司空印、宮司空丞 | | 宗正(？) |
| 7 大匠 | 8 大水 | 泰匠、泰匠丞印、大匠、大匠丞印、東園大匠 | | 將作少府 |
| 9 寺工 | 10 寺水 | 寺工、寺工丞璽、寺工之印、寺工丞印、**寺工**、寺司空府 | | 中尉 |
| 11 都船 | 12 都水 | 都船、都船丞印、陽都船丞、陰都船丞、船司空丞 | | 少府 |
| | | 都水丞印、東晦都水、琅邪都水、**浙江都水** | | 奉常 |
| 13 北宮 | 14 北司<br>（北司空□①） | 北宮、北宮榦官、北宮榦丞、北宮工丞、北宮工室、<br>北宮私丞、北宮弋丞、北宮御丞、北宮宦丞等 | | |
| | | 北□（宮？）司□ | | |
| 15 左宮 | | | | |
| 16 右宮 | | | | |
| 17 中宮② | | 中宮 | | |
| 18 居室 | | 居室丞印、居室寺從、安居室丞、安臺居室 | | 少府 |

----

① 秦始皇陵園內城北牆出土陶文有"中宮工嬰",見陝西省考古研究院、秦始皇兵馬俑博物館《秦始皇陵園考古報告 2001～2003》第 265 頁圖 110.5。

② 同上第 63 頁圖 33.1。

　　上表中,左水、右水、大水、宫水、寺水、左宫、右宫、北司等中央官署機構名稱不見於文獻記載,有重要的史料價值。以下將中央官署製陶作坊陶文中隸屬關係較明確的陶文,據格式的不同分類説明如下:

　　1.左司空。可分爲五種形式:一是"左司空";二是"左司",爲"左司空"的省稱;三是"左司 + 人名 + 瓦";四是"左 + 人名",爲"左司空某"的省略;第五種僅有一字(陶工名)——通過同一陶工名也出現於上述四種格式中來判斷——省去了"左"字。可見左司空類陶文中最完整的格式是第三種,最簡略的格式是第五種。

　　2.右司空。可分爲四種格式:一是"右司空 + 人名";二是"右司",爲"右司空"的省略;三是"右 + 人名",爲"右司空某"的省略;四是僅有一字,均爲陶工名,省去了"右"。

　　3.宫司空。可分爲三種形式:一是"宫 + 人名","宫"爲"宫司空"的省略;二是僅有一"宫"字,爲"宫司空"之省;三是"宫瓦"二字,僅 3 件。

　　4.×水類。"×水"類陶文有:左水、右水、宫水、大水、寺水和都水,除"都水"見於文獻和秦封泥外,其餘文獻均失載。從左水–左司空、右水–右司空、宫水–宫司空、大水–大匠、寺水–寺工、都水–都船等這樣的對應關係來看,左、右水或是隸屬於左右司空的機構,宫水隸屬於宫司空,大水隸屬於大匠,寺水隸屬於寺工,都水隸屬於都船。

　　左水類陶文可分爲兩種形式:一是"左水"二字;二是"左水 + 人名"。宫水類陶文可分爲兩種形式:一是"宫水"二字;二是"宫水 + 人名"。"右水"和"都水"陶文均僅有一件;"大水"和"寺水"也都祇有一種形式。

　　5.大匠。可分爲五種格式:一是僅有"大匠"二字;二是僅有一"大"字或"匠"字,均是"大匠"的省略;三是"大匠 + 人名";四是"大 + 人名";五是"大瓦"二字,"大"爲"大匠"的省略。另,秦咸陽宫遺址出土 4 件"右校"陶文,袁仲一(《秦陶文新編》第 274 頁)認爲是《漢書·百官公卿表》"將作大匠"的屬官"左右前後中校七令丞"中的"右校";因爲"校"也可能是陶工名字,"右校"不排除是"右司空校"省略的可能性,所以袁先生的説法尚待更多的材料來證明。

　　6.寺工。可分爲三種格式:一是"寺工 + 人名";二是"寺 + 人名";三是僅一"寺"字。

7. 都船。可分爲三種格式：一是"都船"二字；二是"都船 + 人名"；三是"都 + 人名"。

8. 北司。可分爲兩種格式：一是"北司"二字；二是"北 + 人名"。

此外，秦始皇陵園北側南杜村遺址出土"居室"陶文 2 件，秦咸陽二號宮殿遺址出土"□臺居室"陶文一件；阿房宫遺址出土"北宫、左宫"陶文各 1 件，説明"居室"和"北宫"也設有主造或兼造磚瓦的官署機構。

另外，由衆多内容各異的陶文以及其所佔的比例也可以推測秦公私製陶業的規模和比例；由陶文中出現的 260 多個陶工名字，可推想從事製陶的工匠數量的龐大。由出土陶文的地點可發現燒造磚瓦窯場的設置地點。由出土磚瓦陶器上勒名格式的繁簡對比，可以發現秦中央官府製陶業的"物勒工名"制度不像兵器生産那樣嚴格和規範。

**二、官營徭役製陶作坊陶文**

官營徭役性製陶作坊的陶文主要出土於秦始皇陵園周圍遺址，如陵園北側的魚池村、吳中村一帶的宮殿遺址、南杜村、劉寨村遺址，陵園内的飤官遺址等處也有少量發現，説明是專門爲秦始皇陵園燒造。官營徭役性製陶作坊主要是爲陵園内大規模的地面建築的需要而從各郡縣徵調工匠集中於始皇陵周圍，設立窯場作坊燒造磚瓦，這種製陶作坊帶有徭役性、臨時性，工匠是按照官府下達的任務來組織生産的，其産品專門供應始皇陵園，是作爲中央官署製陶作坊産品的補充。各窯場作坊的工匠在所生産的磚瓦上抑印上各自的印記，標明是由某縣某人主持燒造，以備上級稽核檢驗。此類陶文是秦始皇陵園所獨有，是秦製陶業的一種獨特形式，是研究秦代徭役制度的重要資料。

此類陶文已出土兩百多件，均爲戳印陽文，字體爲小篆，印面大多没有界格。戳印陶文格式有三種：一是僅有縣邑名，如蒲反、下邦；二是"縣邑名 + 人名"，如新城邦、當陽克；三是"縣邑名 + 工 + 人名"，"工"是工師，主管磚瓦燒造的技術人員，如美陽工蒼、頻陽工處。《秦陶文新編》公布的資料有 133 件 66 種，所見的縣邑名稱可列表如下：

| 序號 | 縣邑名 | 所屬郡 | 故址今所在地 | 備注 |
|---|---|---|---|---|
| 1 | 咸陽 | 内史郡 | 陝西省咸陽市東北 | 1 件 |
| 2 | 頻陽 | 内史郡 | 陝西省渭南市富平縣東北五十里 | 6 件 |
| 3 | 漆 | 内史郡 | 陝西省咸陽市彬縣 | 1 件 |
| 4 | 枸邑 | 内史郡 | 陝西省咸陽市旬邑縣北 | 2 件 |
| 5 | 下邽 | 内史郡 | 陝西省渭南市固始鎮南古城村 | 7 件 |
| 6 | 美陽 | 内史郡 | 陝西省寶雞市扶風縣法門寺 | 11 件 |
| 7 | 藍田 | 内史郡 | 陝西省西安市藍田縣西 | 5 件 |
| 8 | 廢丘 | 内史郡 | 陝西省咸陽市興平縣東南 | 1 件 |
| 9 | 戲 | 内史郡 | 陝西省西安市臨潼區東北 | 1 件 |
| 10 | 好畤 | 内史郡 | 陝西省咸陽市乾縣東好畤村 | 1 件 |
| 11 | 芷陽 | 内史郡 | 陝西省西安市臨潼區韓峪鄉 | 10 件 |
| 12 | 杜 | 内史郡 | 陝西省西安市南郊杜城村 | 5 件 |
| 13 | 臨晉 | 内史郡 | 陝西省渭南縣大荔縣朝邑鎮西南 | 3 件 |
| 14 | 汧(南) | 内史郡(？) | 陝西省寶雞市隴縣南 | 8 件 |
| 15 | 商 | 三川郡 | 陝西省商洛市丹鳳縣古城村 | 2 件 |
| 16 | 新城 | 三川郡 | 河南省伊川縣西南 | 10 件 |
| 17 | 宜陽 | 三川郡 | 河南省洛陽市宜陽縣西五十里 | 10 件 |
| 18 | 陝 | 三川郡 | 河南省三門峽市陝縣 | 1 件 |
| 19 | 安邑 | 河東郡 | 山西省夏縣西北 | 11 件 |
| 20 | 蒲反 | 河東郡 | 山西省永濟縣西 | 1 件 |
| 21 | 降(絳) | 河東郡 | 山西省侯馬市東北 | 6 件 |
| 22 | 皮氏 | 河東郡 | 山西省運城市河津縣 | 3 件 |
| 23 | 楊 | 河東郡 | 山西省洪洞縣北 | 1 件 |
| 24 | 延陵① | 代郡？ | 山西省大同市天鎮縣北 | 1 件 |
| 25 | 西 | 隴西郡 | 甘肅省隴南市禮縣 | 12 件 |

① 陶文"延陵□□"《秦陶文新編》未收,見陝西省考古研究院、秦始皇兵馬俑博物館《秦始皇陵園考古報告 2001～2003》(編號 03QLY‐TW:C31)。

| 序號 | 縣邑名 | 所屬郡 | 故址今所在地 | 備注 |
|---|---|---|---|---|
| 26 | 上邽（邽□） | 隴西郡 | 甘肅省天水市 | 1+1 件 |
| 27 | 冀 | 隴西郡 | 甘肅省天水市甘谷縣南 | 2 件 |
| 28 | 陰□（平？） | 蜀郡（？） | 甘肅省隴南市文縣 | 1 件 |
| 29 | 泥陽 | 北地郡 | 甘肅省寧縣東南 | 1 件 |
| 30 | 烏氏 | 北地郡 | 甘肅省平涼市西北 | 2 件 |
| 31 | 鄖陽 | 漢中郡 | 湖北省十堰市附近（？） | 1 件 |
| 32 | 當陽 | 南郡 | 湖北省當陽市 | 3 件 |
| 33 | 高陽 | 鉅鹿 | 河北省保定市高陽縣東 | 2 件 |

這些縣邑名除屬於甘肅、陝西等秦國故土和統一前已經併入秦的河南、山西部分地區外，還有今湖北、河北等所轄的縣邑，這些地區的陶工能被集中徵調到始皇陵園來服徭役，應該是在秦滅六國以後纔有條件實現的，也就是說，這批陶文的時代應是統一後的秦始皇至二世時期。

官營徭役製陶作坊陶文與中央官署機構製陶作坊陶文的區別在於：前者人名前冠以縣邑名（或僅有縣邑名），後者人名前冠以官署機構名稱（或僅有官署機構名）。

### 三、市亭类陶文

郡縣、都邑製陶作坊是管理本地區內製陶業的常設機構。各地市府製陶作坊主要生產日常生活用的陶器，也燒造少量供應當地官府建築所需的磚瓦材料，這些作坊的產品除提供給官府使用的部分之外，主要是用來在市場上銷售的，具有參與商品交換的商業性和爲官府服務的徭役性。在這些陶器和磚瓦上經常有“某市、某亭”的戳印，此類戳印陶文都是各地市府製陶作坊的印記，是研究秦市府手工業和商業發展狀況的重要資料。

1. 秦市亭陶文所見市亭名稱。目前所見的市亭陶文中出現的市亭名稱有 42 個，其中市名和亭名有對應關係者有 6 對[①]，見下表：

---

① 除表中所列的 6 對之外，秦璽印有“都亭”，《陶文圖録》收録“都市”秦陶文一件，但“都”地無考。或説縣城所在的鄉稱都鄉，都亭、市爲其地之亭、市。

| 序號 | 亭名 | 市名 | 出土地 | 所屬郡縣 | 故址今所在地 |
|---|---|---|---|---|---|
| 1 | 咸陽亭 | 咸陽市 | 秦都咸陽等 | 内史郡 | 陝西省咸陽市東北 |
| 2 | 麗亭 | 麗市 | 秦始皇陵區等 | 内史郡 | 陝西省西安市臨潼區劉寨村 |
| 3 | 杜亭 | 杜市 | 西安南郊秦墓等 | 内史郡 | 陝西省西安市南郊杜城村 |
| 4 | 雲亭 | 雲市 | 淳化縣博物館藏 | 内史郡 | 陝西省咸陽市淳化縣西北 |
| 5 | 河市 | 河亭 | 洛陽于家營秦墓 | 三川郡 | 河南省洛陽市 |
| 6 | 陝市 | 陝亭 | 三門峽剛玉砂廠秦墓 | 三川郡 | 河南省三門峽市陝縣 |

其餘的市名或亭名的情況亦列表説明如下：

| 序號 | 市名/亭名 | 出土地點 | 所屬郡縣 | 故址今所在地 |
|---|---|---|---|---|
| 1 | 䣪亭 | 扶風縣、眉縣博物館 | 内史郡 | 陝西寶雞扶風縣法禧村 |
| 2 | 美亭 | 扶風縣藏博物館 | 内史郡 | 陝西寶雞扶風縣法門鎮 |
| 3 | 荁 | 秦始皇陵區 | 内史郡 | 陝西西安市臨潼韓峪鄉 |
| 4 | 奠（鄭）亭 | 秦始皇陵區 | 内史郡 | 陝西渭南市華縣 |
| 5 | 雒亭 | 商州孝義徵集 | 内史郡 | 陝西商州市孝義鎮 |
| 6 | 寧秦 | 渭南市同家村採集 | 内史郡 | 陝西渭南市華陰市 |
| 7 | 雕陰 | 黃龍縣文化館徵集 | 内史郡 | 陝西延安市富縣北 |
| 8 | 櫟市 | 秦東陵、劉莊秦墓等處 | 内史郡 | 陝西西安市臨潼區武屯 |
| 9 | 高市 | 秦東陵採集 | 内史郡 | 陝西西安市高陵縣西南 |
| 10 | 郥市 | 秦東陵採集 | 内史郡 | 陝西西安市戶縣境内 |
| 11 | 槐里市久 | 西北大學博物館藏 | 内史郡 | 陝西咸陽興平市東南 |
| 12 | 阿亭 | 隴縣店子秦墓 | 隴西郡（？） | 甘肅靜寧縣境内 |
| 13 | 犬亭 | 秦始皇陵園採集 | 隴西郡（？） | 甘肅天水境内（？） |
| 14 | 鹵市 | 甘肅崇信縣文化館藏 | 北地郡（？） | 寧夏固原縣境内 |
| 15 | 雋亭 | 秦始皇陵園及上焦村秦墓 | | 地望不明 |
| 16 | 降（絳）亭 | 山西省出土（《陶文圖録》） | 河東郡 | 山西省侯馬市東北 |
| 17 | 安亭 | 秦始皇陵區山任窯址；山西省出土（《陶文圖録》） | 河東郡 | 山西省夏縣西北 |
| 18 | 馬邑市 | 山西省出土（《陶文圖録》） | 雁門郡（？） | 山西省朔州市 |

續表

| 序號 | 市名/亭名 | 出土地點 | 所屬郡縣 | 故址今所在地 |
|---|---|---|---|---|
| 19 | 平市 | 咸陽黃家溝秦墓 | 三川郡 | 河南孟津東 |
| 20 | 榮市 | 《陶文圖録》未注明出土地 | 三川郡 | 河南滎陽市東北 |
| 21 | 許市 | 《陶文圖録》未注明出土地 | 潁川郡 | 河南許昌縣東 |
| 22 | 安陽市 | 山東省出土(《陶文圖録》) | 陳郡(？) | 河南正陽縣 |
| 23 | 邯亭 | 河北省出土(《陶文圖録》) | 邯鄲郡 | 河北省邯鄲市 |
| 24 | 易亭 | 河北省出土(《陶文圖録》) | 邯鄲郡(？) | 河北省雄縣西北 |
| 25 | 代市 | 《陶文圖録》未注明出土地 | 代郡 | 河北蔚縣東北 |
| 26 | 淄亭 | 《陶文圖録》未注明出土地 | 齊郡 | 山東淄博市東 |
| 27 | 臨淄市 | 《陶文圖録》未注明出土地 | 齊郡 | 山東淄博市東 |
| 28 | 臨淄亭久 | 《陶文圖録》未注明出土地 | 齊郡 | 山東淄博市東 |
| 29 | 著 | 山東省出土(《陶文圖録》) | 泰山郡 | 山東濟陽縣西 |
| 30 | 茌市 | 《陶文圖録》未注明出土地 | 泰山郡 | 山東濟南市長清區東南 |
| 31 | 東武市 | 《陶文圖録》未注明出土地 | 琅琊郡 | 山東諸城市 |
| 32 | 安陸市亭 | 湖北雲夢睡虎地秦墓 | 南郡 | 湖北雲夢、安陸一帶 |
| 33 | 襄陰市 | 《陶文圖録》未注明出土地 | | 地望不明 |
| 34 | 南鄉之市① | 《陶文圖録》未注明出土地 | | 地望不明 |
| 35 | 曹市 | 《陶文圖録》未注明出土地 | | 地望不明 |
| 36 | 臨亭 | 《陶文圖録》未注明出土地 | | 地望不明 |

　　2. 秦市亭陶文的分類及其文字格式。秦市亭陶文有秦都咸陽市亭陶文和各縣邑市亭陶文兩大類，以下將兩類的文字格式分別説明如下：

　　(1)秦都咸陽市亭陶文的內容和格式：秦都咸陽市亭製陶作坊的戳印陶文主要出土於咸陽長陵車站製陶作坊遺址、宮殿遺址、塔兒坡、黃家溝、任家嘴秦墓等處；咸陽以外地區如西安北郊秦墓、尤家莊秦墓、相家巷遺址等處出土的約有 30 件，這些是《秦陶文新編》未收録的資料。《秦陶文新編》公布的資料有 79 件 34 種，並將此類陶文的格式歸納爲以下七種：

---

① 秦璽印有"南鄉、南鄉喪吏"，秦封泥有"南鄉"。

一是"咸陽亭"或"咸陽亭久"。秦封泥有"咸陽亭印、咸陽亭丞",應該是管理咸陽市亭的官署機構用印。二是僅有一"亭"字,出土於咸陽宮殿遺址的板瓦上。三是"咸陽"二字,是"咸陽亭"或"咸陽市亭"的省略,僅見一例。四是"咸陽市+人名",如:咸陽市得、咸陽市牛。五是"咸陽+人名",如:咸陽巨臣、咸陽成申。六是"咸原+人名",如:咸原少嬰、咸原少豫。七是"咸邑+人名",如:咸邑如戉、咸邑如頃。

由於後四種所舉例子中的"市、巨、成、少、如"也可能分別爲"市陽里、巨陽里、成陽里、少原里、如邑里"的省略①,故不排除這四種格式爲"咸(陽)+里名+人名",實際是民營製陶作坊陶文的可能性,所以這幾種格式是否成立,還有待於進一步的檢驗。

(2)各縣邑市亭陶文的内容和格式:各縣邑市亭陶文主要出土於關中地區的秦遺址和墓葬,甘肅、山西、河南、河北、山東、湖北也有少量出土。《秦陶文新編》收録了縣邑市亭陶文 225 件 35 種,包含縣邑名 19 個;加上我們補充的資料,秦縣邑市亭陶文中包含的縣邑名已經達到了 41 個(見上文表中所列)。此類陶文的格式可歸納爲以下八種:

| 序號 | 格式 | 陶文舉例 | 同類的秦璽印封泥 |
|---|---|---|---|
| 1 | 某亭或亭 | 杜亭、雲亭、阿亭;(阿)亭 | **都亭**;邨亭 |
| 2 | 某市或市 | 麗市、杜市、鹵市;(鹵)市 | **都市、鞏市、市印** |
| 3 | 亭印 | 亭印② | **亭印、召亭之印** |
| 4 | 某市亭 | 安陸市亭 | **市亭** |
| 5 | 某器 | 麗器 | **市器** |
| 6 | 亭久或某亭久 | 亭久;臨淄亭久、新絳亭久 | |
| 7 | 某市久 | 槐里市久③ | |
| 8 | 僅有縣邑名 | 莒、櫟、雕陰、鹵、 | |

① 參王學理《咸陽帝都記》第 297~299 頁。

② 日字格陽文戳印,内蒙古赤峰出土。見王恩田《陶文圖録》第 2270 頁。

③ "槐里"之名周時已有,不必爲秦之"廢丘",或爲秦廢丘縣之里名,參周振鶴《〈漢書·地理志〉匯釋》第 45 頁,安徽教育出版社 2006 年。

3.秦市亭陶文的特徵。將秦都咸陽市亭陶文與各縣邑市亭陶文內容和格式進行對比，可以看出二者之間的異同。二者的特點主要有以下兩點：

第一，咸陽市亭陶文除“咸陽亭”和“咸陽亭久”格式外，大多帶有陶工名，如：咸陽市得。各縣邑市亭陶文均無人名①，僅署某亭、某市，又常省略“市、亭”和縣邑名，縣邑名也經常省爲一字，如：䢴（陽）、櫟（陽）。至於縣邑陶文陶工不署名的現象，袁仲一做出了合理的解釋：咸陽市府製陶作坊不光燒造日用陶器，還爲官府兼作磚瓦，須要嚴格執行“物勒工名”的制度，以備官府稽核；而各縣邑製陶作坊的產品是面向市場的商品，印記的作用是標明某機構主管生產的產品，僅具有商標性質②。

第二，咸陽市府製陶作坊生產的磚瓦供官府使用，生產的陶器在市場上出售，其性質具有徭役性和商業性的雙重屬性。縣邑市府是本地區製陶業的管理機構，經其許可出售的產品是面向市場的商品，商業性更明顯。

此外，市亭陶文與中央官署陶文和民營製陶作坊陶文的印記也不同。中央官署陶文是“官署名（＋人名）”，不見地名；民營製陶作坊陶文在人名前加“某亭某里”；市亭陶文爲“某市亭（久）”，或省略地名，但不見人名。

## 四、民營製陶作坊陶文

民營製陶作坊生產日常生活所使用的陶器，數量很大，這些陶器作爲商品在市井上銷售，陶器上也多有戳記，是私營製陶作坊的標記。目前所見的民營製陶作坊陶文基本上都是秦都咸陽民營製陶作坊的陶文，咸陽以外僅有“雒亭楚里孫”一件。據《秦陶文新編》所列舉的種類，現將咸陽民營製陶作坊陶文的格式歸納爲以下幾種：

---

① 《秦陶文新編》收錄一件刻劃陶文“□亭□”（3243 號），“□亭”二字橫刻，在下方的第三字筆畫散亂，不識，袁先生認爲是陶工名，並將之列爲縣邑陶文帶人名的例外情況。今按：這件陶文是刻款，與常見市亭陶文的戳印不符，加之文字殘缺，第三字是否爲人名並無實據，故可以忽略不計。

② 袁仲一《秦陶文新編》第 312 頁。

| 序號 | 陶文格式 | | 陶文格式舉例 | 備　注 |
|---|---|---|---|---|
| 1 | 六字式 | 咸亭×里×器 | 咸亭完里丹器、咸亭涇里忿器<br>咸亭東里倕器 | "咸亭＋里名＋人名＋器"<br>爲完整格式 |
| | | | 咸亭沙(壽)里榮器、咸亭隊陽醜器 | 里名爲兩字則省爲一字 |
| 2 | | 咸亭×××器 | 咸亭當柳(里)昌器<br>咸亭陽安(里)吉器 | 里名爲兩字則省"里"字 |
| 3 | 四字式 | 咸×里× | 咸沙(壽)里衛、咸芮(柳)里喜 | 里名爲兩字則省爲一字 |
| | | | 咸郿里善、咸郤里高<br>咸直里章、咸卜里戎 | 省"亭、器"二字 |
| 4 | | 咸××× | 咸郿(里)小穎、咸郿(里)小有<br>咸高(里)之郝 | 人名爲兩字則省"里"字 |
| | | | 咸重成(里)遬、咸隊陽(里)枚<br>咸安處(里)捍、咸下處(里)疾 | 里名爲兩字則省"里"字 |
| 附 | | ×亭×里× | 雒亭楚里孫 | |

《秦陶文新編》所列咸陽民營製陶作坊的陶文中出現的里名有：郿
(屈)里、蒲里、商里、直里、右里、東里、涇里、郤(完)里、卜里、戎里、高里、
禾里、廣里、彡里、闟里、反里、隊陽里、白里、甘里、閭里、臣里、故倉里、沙
(壽)里、當柳里、芮(柳)里、陽安里、重成里、安處里、新安里、武都里、下
處里；再加上鼇里、中里、宜里、杲(柜)里、邑里、楚里①，共計 37 個。

此外，據王學理的研究，還可補充的里名有：咸里、旨里、市陽里、少原
里、成陽里、巨陽里、壯邑里、如邑里、陳里、利里、平沃里、桓里、于里、牛里、
黃里、重里等 16 個②。

**五、其他类陶文**

秦陶文的内容豐富多彩，除以上所列的各類陶文外，内容較重要的還
有飤官類和廄苑類陶文。

1. 飤官類陶文。秦始皇陵封土西側内外城垣之間的飤官建築遺址出

---

① 前三個里名是據殘缺陶文推斷而得；後三個里名非咸陽出土。參袁仲一《秦陶文新
　編》第 333 頁。
② 王學理《咸陽帝都記》(第五章第二節)第 293～301 頁。

土的磚瓦、陶器殘片上發現陶文 250 餘件 60 餘種。其中有麗山飤官類陶文十件，有六件見於陶壺蓋上，三件見於陶器殘片上，一件見於繭形壺上。這十件陶文均爲刻款，字體爲小篆，字形端莊秀麗。這十件陶文的内容如下：

| 序號 | 陶文内容 | 件數 | 備　注 |
|---|---|---|---|
| 1 | 麗山飤官右 | 2 | 封泥"麗山飤官"<br>"飤官丞印"<br>麗山園鍾 |
| | 麗山飤宮〈官〉右 | 1 | |
| 2 | 麗山食官右 | 1 | |
| 3 | 麗山飤官左 | 1 | |
| 4 | 麗山飤官（左？） | 1 | |
| 5 | ［麗山］食官［壺］反一斗 | 1 | |
| 6 | 麗山反 | 1 | |
| 7 | ［麗］山□廚 | 1 | |
| 8 | □□六廚 | 1 | |

以下對陶文中相關問題説明如下：

第一，《漢書·百官公卿表》奉常屬官有"諸廟寢園食官令長丞"，《後漢書·百官志》"先帝陵，每陵設食官令各一人"，本注："掌望朔時節祭祀。"可見，陶文中的"飤官"即設於始皇陵園内掌管祭祀的機構，設立的時間當在始皇既葬之後。陶文出土的内外城垣之間，經考古發掘揭示出一處四合院式的建築基址，證明這裏就是麗山食官的府寺所在處。

第二，陶文中"飤官"和"食官"並見，可見當時"飤"與"食"通用。段玉裁《説文解字注》"飤"下注："其字本作食，俗作飤。"

第三，由秦始皇陵區出土的麗山園鍾可知，始皇陵原名"麗山園"，陶文中的"麗山"爲"麗山園"之省；後世文獻寫作"驪、酈"，而秦人本寫作"麗"。

第四，秦始皇陵封土北側發現有寢殿、便殿等建築遺址，須要日祭、月祭、時祭，其承擔的事務應該較繁多，"麗山飤官左、麗山飤官右"中的"左、右"二字應理解爲始皇陵園的食官機構因爲祭祀事務繁多而分左、右曹署辦公。類似的例子在秦封泥中很常見，如私官右般–私官左般、右司空丞－左司空丞、右礜桃丞－左礜桃丞、泰醫左府－泰醫右府、右礜桃支－左礜桃支、郡左邸印－郡右邸印、櫟陽左工室－櫟陽右工室等。

2.廄苑類陶文。廄苑類陶文均出土於秦始皇陵園外城垣東側的小型馬廄坑内,從中可獲知的廄苑名稱有五種。現將睡虎地秦簡和秦璽印封泥中與這批陶文中的廄苑名稱列表如下:

| 序號 | 陶文内容 | 件數 | 秦簡 | 同類秦璽印封泥 | |
|---|---|---|---|---|---|
| 1 | 小廄 | 2 | | 小廄丞印、小廄將馬、<br>**小廄將馬、小廄南田** | 廄璽、**廄印**、廄丞之印、<br>**廄倉田印**;下廄、下廄<br>丞印;右廄、右廄丞印、<br>**右廄將馬**、都廄;御廄<br>丞印;章廄、章廄丞印、<br>**章廄將馬**、官廄丞印、<br>廄吏□丞;上家馬丞、<br>下家馬丞、涇下家馬 |
| 2 | 宫廄 | 1 | 宫廄 | 宫廄、宫廄丞印 | |
| 3 | 左廄容八斗 | 1 | | 左廄、左廄丞印、<br>**左廄將馬、左中將馬** | |
| 4 | 中廄 | 1 | 中廄 | 中廄、中廄之印、𨒅廄丞印、<br>中廄丞印、中廄將馬、中廄馬<br>府、中廄廷府 | |
| 5 | 大廄四斗三升 | 1 | 大廄 | 泰廄丞印 | |

從上可獲知秦中央的廄苑名有:小廄、中廄、大廄、左廄、右廄、下廄、宫廄、官廄、御廄、章廄,加上上家馬和下家馬,總共有 12 個廄苑名稱。《周禮·夏官司馬·校人》"天子十二閑"鄭玄注"每廄爲一閑",這與已知的秦廄苑的數量相符,雖然秦代的廄苑名稱不一定完全符合《周禮》的記載,但秦代的廄苑制度無疑是沿襲於前代。秦始皇陵區内已發現的三處馬廄坑中,用以陪葬的馬廄坑埋藏的真馬約有四五百匹,這説明秦廄苑養馬數量衆多。這些都是研究秦代廄苑制度的珍貴資料。

# 第八章　秦貨幣文字

　　《史記·秦本紀》記載的秦惠文王"初行錢"是最早明確反映秦國貨幣政策的文獻記載,而《商君書》中多次出現的"錢",一般認爲應是惠文王"初行錢"之前在秦國流通的圓錢。學界一般認爲"初行錢"發行的貨幣就是方孔圓錢秦半兩,而圓孔圓錢的時代或早於方孔的秦半兩。

　　據传世文獻和睡虎地秦簡《金布律》等記載,秦國鑄造錢幣的權力集中於中央政府,禁止私人鑄錢;圓錢、布和黄金是秦國的三種流通貨幣,而且布帛與圓錢有固定的兑换比例,即《金布律》所記"錢十一當一布,其出入錢以當金、布,以律"。

## 第一節　秦貨幣的發現與研究

### 一、民國時期秦貨幣的發現和研究

　　秦貨幣的研究開始於民國,且大多集中於貨幣制度的探討①。20 世紀 30年代丁福保編成著録貨幣最爲完備的《古錢大辭典》,其中收録秦圜形砝碼、半圜錢、兩甾錢、文信錢、長安錢和半兩錢等;王名元(《先秦貨幣史》)對秦貨幣史也有較系統的研究。

### 二、建国後 40 年间的秦貨幣的發現和研究

　　秦貨幣的發現以考古出土者爲多,出土地基本上不出秦境,境外出土者一般處於秦經略之地或軍事行動的路綫上。具體地點除了陝西關中地區②,

---

① 楊文誼《秦代幣制問題》;李超桓《秦漢時代之貨幣》;馬非百《秦漢時代的貨幣制度》《秦漢經濟史料(四)——貨幣制度》;陳篴《秦漢貨幣制探討》;湯曉非《秦漢幣制之演變及其理論之爭議》;符澤初《秦漢時代之幣制》。

② 尚志儒《鳳翔出土一批秦半兩錢》;左忠誠、郭德發《渭南縣發現秦半兩錢範和"櫟市"陶器》;秦都咸陽考古隊《咸陽市黄家溝戰國墓發掘簡報》;陳尊祥、路遠《首帕張堡窖藏秦錢清理報告》;張海雲《陝西臨潼油王村發現秦"半兩"銅母範》;曹發展《咸陽塔兒坡戰國秦墓出土"半兩"銅錢及其相關問題》。

還有秦時爲蜀郡的四川中北部地區①,甘肅、陝北、山西、河南、湖北、内蒙古等地出土的秦半兩圓錢大多是秦國軍事行動中的遺留物②,出土的秦貨幣品種主要是半兩圓錢,也有兩甾錢和六國貨幣,如安陽布和賹四化。吴鎮烽、康石父、蔡運章、陳振裕、李如森、蔣若是等學者對秦始皇統一貨幣、秦半兩錢的斷代等相關問題作了研究③。

### 三、20 世紀 90 年代以來秦貨幣的發現和研究

　　這一時期綜述秦貨幣研究的有蔡邁進、水出泰弘、張文芳等④;秦貨幣研究主要是秦半兩錢的整理與研究⑤;秦貨幣屢有出土,以半兩錢數量爲最多。王雪農、劉建民《半兩錢研究與發現》一書是集大成之作。此書上編有《半兩錢鑄行情況的歷史考察》和《半兩錢的鑄造工藝與半兩錢的分類斷代》兩個章節。作者既從歷史的角度審視半兩錢,闡述各個時期半兩錢的歷史定位;又在蔣若是半兩錢範斷代研究的基礎上,以範鑄工藝爲基礎,以不

---

① 　沈仲常等《記四川巴縣冬笋壩出土的古印及古幣》;四川省博物館《四川船棺葬發掘報告》;李復華《四川郫縣紅光公社出土戰國銅器》;何澤宇《四川高縣出土"半兩"錢範母》;四川省博物館等《青川縣出土秦更修田律木牘——四川青川縣戰國墓發掘簡報》;龍騰《四川蒲江蜀國船棺出土秦半兩和橋形幣》。

② 　周延齡等《驛馬窖藏秦錢清理及幾點看法》(甘肅慶陽驛馬鄉);關漢亨《半兩貨幣圖説》第 17 頁記甘肅寧縣長慶橋鎮出土窖藏半兩錢 2 萬多枚,兩甾錢 2 枚;王雪農、劉建民《半兩錢研究與發現》第 13 頁記神木縣墓葬出土半兩錢 100 餘市斤;山西省考古研究所、晉城市文化局、高平市博物館《長平之戰遺址永録 1 號屍骨坑出土刀幣》(出土半兩錢和安陽布各一枚);魏仁華《河南南陽發現一批秦漢銅錢》;范振安、崔宏偉《洛陽泉志》第四章之"洛寧秦半兩"和"盧氏官道口秦墓半兩",蘭州大學出版社 1999 年;楚皇城考古發掘隊《湖北宜城楚皇城戰國秦漢墓》,《考古》1980 年第 2 期;胡城《戰國墓出的半兩錢》;項春松《内蒙古赤峰地區發掘的錢幣》。

③ 　[日]稻葉一郎著,王廣琦、李應樺等譯《關於秦始皇統一貨幣的問題》;吴鎮烽《半兩錢及其相關的問題》《關於秦半兩錢幾個問題的研究》;秉石父《先秦半兩錢的發現及其他》;蔡運章《秦國貨幣試探》;陳振裕《湖北秦漢半兩錢的考古發現與研究》;李如森《戰國秦漢圜錢的起源與演變》;蔣若是《秦漢半兩錢繫年舉例》。

④ 　蔡邁進等《建國以來兩甾錢的發現和研究》;[日]水出泰弘著,秦仙梅譯《秦半兩錢》;張文芳、吴良寶《二十世紀先秦貨幣研究述評》。

⑤ 　朱活《談巴蜀秦半兩》;關漢亨《秦半兩錢幣圖説》;蔣若是《秦錢論》《論秦"半兩錢"》;錢嶼《秦半兩概述》;胡薇《半兩錢的分期問題》;汪慶正《"半兩"考議》;何清谷《秦幣探索》;楊式昭《秦半兩錢》;袁林、和廣漢《秦代墓出土半兩錢斷代問題》;王泰初《秦惠文王半兩錢的發現與研究》。

同時期的半兩錢鑄造工藝保留下來的技術特徵爲依據,對半兩錢進行分期斷代;下編分爲 10 個門類,對不同時期的半兩錢進行個別剖析。

黃錫全《先秦貨幣通論》一書設有專門討論秦國貨幣的章節,吳良寶《中國東周時期金屬貨幣研究》一書對"秦國圓錢"也有專門討論①。此外,學術界對秦封君鑄錢、兩甾錢、文信錢、圜錢始鑄年代、黃金貨幣等問題均有持續和較深入的的研究②。

## 第二節　秦貨幣的種類和文字

圓錢大約最早出現在戰國中晚期的三晉魏國,且爲圓形穿孔。受其影響,秦國大概在商鞅變法時就開始鑄造並流通了圓穿圓錢,大概在秦惠文王"初行錢"時秦國又鑄造了方穿圓錢秦半兩③。

秦國是戰國時期唯一祇用圓錢的國家,貨幣形制品種相對單一。與中原諸國圓錢上的銘文多爲鑄造地的城邑名稱不同,秦國的圓錢祇有記重銘文,而没有鑄造地之名。

### 一、圓孔圓錢

秦國圓錢分圓孔和方孔兩種類型。其中圓孔圓錢有以下兩種類型:

1. 一兩錢:一兩錢共兩種,文字分別爲"一珠重一兩　十二"和"一珠重一兩　十四"。"一珠重"即一枚圓錢之重。十二、十四可能表示標記,也有學者認爲是範次或紀年④。這兩種秦錢在秦故都雍城和咸陽曾有出土⑤。另陳直《關中秦漢陶録》卷四著録有"一珠重一兩　十四"的錢範殘石。

2. "半睘"钱:"睘"即圜字之省,"半睘"即一兩圜錢的一半,即半兩。此

---

① 吳良寶《中國東周時期金屬貨幣研究》,中國社會科學文獻出版社 2005 年。

② 郭若愚《秦"半兩"和"兩甾"錢的時代和特徵》;臧知非《秦"初行錢"的幾個問題》;蔡培桂《試論"文信錢"與吕不韋》;王善卿《"珠重一兩"錢》;杜勇《秦圓錢始鑄年代考辨》;包明軍《河南南陽市出土"兩甾"錢》;林文勛《春秋戰國至秦漢黄金貨幣性質新釋》;李祖德《試論秦漢的黄金貨幣》;何清谷《戰國晚期秦國的封君鑄錢》;姜寶蓮、袁林、秦建明《秦半兩錢陶範母的發現與相關問題》;吳榮曾《秦漢時期的行錢》;羅衛《先秦鑄幣"文信"與"長安"》;黨順民《"兩甾"錢考證》。

③④ 參黄錫全《先秦貨幣通論》第六章《圜錢》第 329～331、331 頁。

⑤ 見《陝西金融》1988 年增刊《半兩錢研究專輯》第 5 頁、85 頁;又可參吳鎮烽《半兩錢及其相關的問題》。

錢傳出於陝西,較爲少見①。

## 二、方孔圓錢之半兩錢

秦國流通的方孔圓錢主要是常見的半兩錢,半兩錢分戰國秦半兩和秦半兩。

1. 戰國秦半兩:戰國半兩錢,或稱先秦半兩錢,一般有兩個或一個寬大的鑄口茬,居錢體上下方位置,茬口扁平與錢體厚度基本等同或者略低。整體規範程度低,多地張粗糙、形體不圓、穿孔不方者,或厚或薄,錢文缺筆少畫,甚多錢文高挺者。戰國半兩錢在版式、大小重量、文字等方面都存在許多差異②;就整個半兩錢體系來説,戰國半兩錢的錢徑和重量最大最重。據王雪農、劉建民研究,先秦半兩錢分爲規整型、粗放型、餅半兩錢、兩甾型、青川小樣、先秦小字、私鑄小錢、周正大樣等類型③。

戰國半兩錢上"半兩"二字的筆畫常見連筆圓折,字體奔放自由、放逸生動;文字間架結構以疏朗爲主,字體或大或小,或大小參差,不甚考慮錢文與錢體、錢文與穿孔之間的比例關係。

2. 秦半兩錢:秦半兩錢即秦統一後鑄造流通的的半兩錢。秦半兩錢以中型爲主體,亦有大型或小型的。秦半兩錢一般有一個鑄口茬,通常窄於先秦半兩錢。規範程度不一,部分較精整規範,但整體孔不方、體不圓的現象依舊突出,錢或厚或薄,形制多種多樣。據王雪農、劉建民研究,秦半兩錢分爲大樣、大樣小篆體、中樣、中樣魚池村式、中樣秦隸體、中樣油王村範式、中樣三橋範式、中樣綏德範式、漢韻秦錢、小樣厚肉、小樣薄肉、小樣有郭、廣穿型、精製等類型④。

統一後鑄行的半兩錢在文字刻寫上仍留存有書寫特點,筆畫圓中寓方,方中寓圓,字形趨於小縮,結構趨於緊湊,可見方正小篆體和扁闊秦隸體。錢文字體開始有類型特點,一定程度上注意了錢文與穿孔之間的比例關係,文字挺拔程度有所降低。

## 三、方孔圓錢之兩甾錢

兩甾錢,分有郭和無郭兩種。除傳世品外,兩甾錢常與半兩錢伴出,出

---

① 　見《泉幣》第 2 期第 44 頁;又見汪慶正主編《中國歷代貨幣大系·先秦貨幣》圖 4067、4068。

② 　參《中國錢幣大辭典》編纂委員會編《中國錢幣大辭典·秦漢編》。

③④ 　王雪農、劉建民《半兩錢研究與發現》第 89～203、204～274 頁。

土地有四川、山西、河南、陝西、甘肅等地,尤以河南出土數量最多①。上海博物館藏兩甾錢,一般錢徑 2.9 ～ 3.2、穿寬 0.7 ～ 0.8 釐米,重 7.9 克。錢面文"兩甾","甾"即"錙"字省文,《説文》:"錙,六銖。"兩甾就是十二銖,即半兩之重。何清谷認爲兩甾錢是戰國晚期秦國的封君鑄幣之一,涇陽君公子市鑄有郭兩甾錢②。

### 四、方孔圓錢之封君鑄錢

秦國商鞅變法後,有封邑的貴族(即封君)勢力强大時公然在封邑内鑄錢,破壞王室專鑄的鑄幣制度,出現了文信錢和長安錢,即秦國封君鑄幣,與半兩錢同時流通。1991 年西安北郊墓葬出土長安、文信錢各一枚,不僅使秦封君鑄幣有了出土新品,擺脱了長期以來傳世品的約束,對於判定文信錢和長安錢的時代、性質等方面有重要意義③。

文信錢面文"文信",圓形方孔,無内外郭,形體輕小,錢面微鼓,有向外的四曲文,背平素。上海博物館藏文信錢,一般錢徑 2.3 ～ 2.5、穿寬 0.7 ～0.9 釐米,重 2.8 ～ 3.4 克。丞相吕不韋鑄文信錢,其四曲文現多認爲是"行"字,寓錢幣流行之意。

長安錢面文"長安",孔右"長"字,孔下"安"字,亦青銅鑄幣,圓形方孔,無内外郭,背平素。上海博物館藏 2 枚,一重 2.1 克,一重 2.5 克。長安君成蟜(即盛橋)鑄長安錢。

### 五、其他

1963 年陝西臨潼武家屯出土窖藏金餅 8 件④。其中 96 號直徑 6 釐米,重 253.5 克,含金量爲 99%,底刻"益兩半"。另,1929 年陝西興平念流寨曾出土窖藏金餅 7 件,1963 年徵集到。其中一件直徑 5.1 釐米,重 260 克,含金 99%,底刻"寅"字。

據簡報,前者屬戰國晚期秦國遺物,後者年代爲戰國晚期至秦代。這些刻有記重銘文金餅的出土,説明金、布和錢同爲秦國流通的主要貨幣。

---

① 參黄錫全《先秦貨幣通論》第六章《圓錢》第 326 ～ 328 頁。
② 何清谷《戰國晚期秦國的封君鑄錢》。
③ 黨順民《西安同墓出土長安、文信錢》。
④ 朱捷元、黑光《陝西省興平縣念流寨和臨潼縣武家屯出土古代金餅》。

# 第九章　秦文字在漢字史上的地位

## 一、秦文字發展序列

秦的先世居於西陲,至西周晚期而漸興,活躍於西北陝、甘一帶,歷經春秋、戰國,逐步拓展勢力,沿着渭河流域向東發展,戰國中期以後國勢更強,遠交近攻,東土各國一一不敵,終至始皇二十六年(前 221)統一全中國。《史記·秦始皇本紀》太史公曰"至周之衰,秦興,邑於西垂。自穆公以來,稍蠶食諸侯,竟成始皇"。統一之後的秦,國祚雖短,但在歷史發展上卻有相當的建樹,秦所建立的各種制度,爲漢及後代所仿,對於中國往後的發展,起了極大的作用。

秦襄公送周平王東遷有功,獲賜岐以西之地,封爲諸侯,於是始國,與列國通使聘享,到穆公時期,獨霸西戎。秦雖以宗周故地爲立國根據,但長期處於戎狄之間,與東方各國較爲隔閡,中原各國對秦也充滿歧視,《史記·秦本紀》"秦僻在雍州,不與中國諸侯之會盟,夷翟遇之",這種"諸侯卑秦"的情況,使秦在吸取周文化的同時,也因與東方的隔離而在文化上趨向保守。

這種繼承周文化又保守秦文化的態度,反映在秦的物質文明與文化藝術中,文字現象也不例外。王國維曾指出"秦居宗周故地,其文字猶有豐鎬之遺,故籀文與自籀文出之篆文,其去殷周古文反較東方文字爲近"[1]。秦與東方各國文字皆出殷周古文,而秦的保守與東方各國的求新求變,同源而殊途,演變至戰國,遂有文字異形的現象產生。秦在兼併各國的同時,罷其不與秦文合者,政治勢力統一之後,秦文字理所當然成爲官方標準,並爲漢代所繼承。在漢字發展歷史中,秦文字位於宗周古文到漢代文字之間,實居於承先啟後的橋梁地位。

---

[1]　王國維《戰國時秦用籀文六國用古文説》,《海寧王靜安先生遺書·觀堂集林》卷七第293 頁,臺北商務印書館 1979 年。

　　秦自立國始,經春秋戰國,到秦朝滅亡,約五百多年,秦系文字從繼承西周風格,逐漸發展出自己的面貌,這個過程,從傳世及近年來出土的大量秦系文字資料中,已逐漸清晰地浮現。

　　在秦國歷史上,最早的文字資料是不其簋,内容所記爲周宣王時秦莊公破西戎有功受賜,作此器以記功頌德,作器年代約在前824年左右[①]。從秦文字發展的角度來看,不其簋的銘文風格與西周晚期文字風格無别,實處於繼承時期。

　　春秋早期的秦文字資料主要約可分爲四部分:(1)甘肅禮縣出土秦公器群,器主可能是秦文公。(2)秦子器,包括流傳及新出的秦子戈、秦子矛、禮縣出土秦子鎛、新出秦子簋蓋等,器主可能是秦文公太子靜公。(3)陜西寶雞太公廟出土秦公及王姬編鐘、鎛鐘,作器者爲秦武公。(4)珍秦齋藏秦政伯喪戈、有司伯喪矛[②]。

　　以上春秋早期的秦文字資料,已經可以看出秦文字開始走出自己的風格,尤其是太公廟秦公及王姬編鐘、鎛鐘,"字體已有一定的秦篆意味"[③],這一點是有目共睹的。早於太公廟器群的大堡子山秦公器與秦子器,其字體風格與秦公及王姬鐘、鎛趨近,而與不其簋遠[④]。太公廟出土的青銅器與禮縣出土的秦公、秦子器(秦子鎛及秦子簋蓋)文字具有某種程度的篆意,可以做爲春秋早期秦正式書體的代表。其餘戈、矛等兵器文字宜視作當時比較隨意的書體。

　　春秋中期的秦文字資料闕如。春秋晚期的秦文字資料則相當豐富,包括:(1)鳳翔南指揮秦公一號大墓出土石磬銘文,爲景公四年親政時所作,辭世後以之隨葬[⑤]。(2)民國初年出土的秦公簋、宋代著録的盄和鐘,二器的器

---

①　李學勤《秦國文物的新認識》,《文物》1980年第9期第25~31頁;又李學勤《試説宣王早年曆日》,《夏商周年代學札記》(遼寧大學出版社1999年)第220~223頁指出,宣王四年(前824),依建子,九月庚子朔,戊申初九日,正合不其簋銘文"惟九月初吉戊申",是莊公伐戎當以古本《竹書紀年》所説"宣王四年"爲正。

②　蕭春源編《珍秦齋藏金》第40~47頁。

③　李學勤《秦國文物的新認識》第26頁。

④　李學勤、艾蘭《最新出現的秦公壺》;陳昭容《談新出秦公壺的時代》。

⑤　王輝、焦南鋒、馬振智《秦公大墓石磬殘銘考釋》。

主皆秦景公①。（3）石鼓文。石鼓的年代爭議極多，我們認爲石鼓文的字體距秦公簋近，離詛楚文遠，最可能的時代應爲春秋晚期，其中許多字的寫法及風格與秦景公時期的秦公簋、石磬銘文極爲相似，很有可能是同一時代的作品②。這些資料皆爲嚴謹的官方文書，字體規整，筆畫圓轉，布局漸趨向規整方正，與太公廟秦公及王姬鐘、鎛銘文筆畫的自由、隨意相較，秦公簋、石磬銘文字體顯見方正整齊。石鼓文字體與秦公簋、石磬銘文亦極相近，許多字的寫法完全相同，部分字的筆畫布局可見刻意促長引短，更顯現方整勻稱的風格。將春秋晚期秦文字資料與春秋早期相比，明顯可見秦文字規整化的程度不斷提高，漢字方塊化的趨勢更加明確。

　　春秋戰國時期是中國歷史上變革相當劇烈的時期，政治上充滿了分裂與征戰，文化上卻是多樣而豐富。諸子百家的興起、平民百姓接受教育的機會提高、製造業及商業的興盛繁榮等等社會變革，都促使文字的使用面向趨廣、參與者增多，因而留下各種不同材質的文字資料。戰國中期開始，秦文字資料豐富而多樣，大略可區分爲三類：

　　（1）典型篆體，仍承繼春秋晚期以來的風格，筆畫更趨圓轉、綫條更加流暢、結構更爲方整，戰國中期的詛楚文就清楚地呈現出此種特色③，與後來的小篆差異極小。再往下發展，經過李斯等人的整理，秦刻石字體四平八穩風格的出現，實爲水到渠成之勢，目前存字較多的琅邪刻石是秦二世時的書迹。這些篆體文字資料可作爲秦國典型官書的代表。戰國時期的兵符如杜虎符、新郪虎符及統一後的陽陵虎符，亦爲重要的官方文物，結構爲篆體，但筆畫因受錯金須先鏨刻字槽的影響而略顯方折。秦璽印、封泥多用篆體，陶器上的戳印亦同。

　　（2）草率刻劃的文字材料，因使用場合的要求，受到刻劃工具的影響，改變了春秋晚期秦文字的風格，破圓爲方，變曲爲直，形成筆畫方直的字體，以

---

① 秦公簋、秦公鐘年代爭議極多，詳見陳昭容《秦系文字研究》第二章《論秦公簋的時代》第 171～191 頁。

② 王輝與徐寶貴認爲石鼓文字與磬銘應同爲秦景公時期所作，見王輝《由"天子""嗣王""公"三種稱謂説到石鼓文的時代》；徐寶貴《石鼓文年代考辨》。

③ 詛楚文原石已佚，本文中的討論是以元代據宋拓重摹的中吳刊本爲主。

達到書寫便利的要求,風格與篆體的圓轉大異其趣。在戰國中期稍早,部分刻劃文字還能努力維持篆體的結構,例如商鞅方升、秦封宗邑瓦書等,其他多數戰國兵器則往往率簡粗糙,部分字體省減筆畫,更趨約易。事實上,戰國中晚期以後到秦及漢初,這種筆畫方折、結構篆體又間夾部分省筆近隸書因素的文字,是行用甚廣的書體,不僅是官府使用的銅器[①]、貴族祝禱用的玉版上刻劃文字如此[②],官府監製的兵器銘文也多數如此。一般人常用的陶器[③]、衡量器上記容記重、甚至部分國家標準器上的詔書亦復如此[④],瓦質墓銘也用這種書體[⑤]。這類較潦草粗疏的文字,可以“俗書”稱之。

(3)書寫於竹簡木牘上的文字,從刻劃文字中吸取方直省減、便於書寫的優點,加上毛筆柔軟特質的發揮,略帶波挑筆意,就是戰國晚期開始使用甚廣的隸書,秦及漢初亦以隸書使用最多。

總的來說,秦文字的發展,主要是朝規整化與簡化兩個方向進行。在篆體方面,從春秋時期就開始朝規整化的方向發展,到戰國時期,其規整程度提高,篆體的風格在規整化的過程中逐步完成,漢人稱李斯等人整理後的篆體爲小篆。戰國開始出現的刻劃文字(草率的俗書)及隸書的興起則是另一種簡化,表現在筆畫的破圓爲方、變曲爲直、省簡筆畫上。俗書的結構多篆隸間雜,筆意草率,而隸書在“解散篆體、粗疏爲之”的過程中以方直省簡方式表現,目前可見的以隸書抄寫的律令、文書等簡牘文字,一般而言,都較俗書整齊美觀,可能是出自較高水準的佐書隸人所寫。

就使用的範圍而言,官方正式的、嚴謹的文字都用篆體,使用範圍有限。俗書及隸書的應用較廣,所謂“秦書有八體”,實際上祇有篆體與隸體可視爲真正使用的書體,其他多爲篆、隸二體的變化與運用,或是介於篆隸之間的

---

① 例如三十四年工師文罍、二年寺工壺等。

② 近年自華山出土、現藏上海博物館的秦駰禱病玉版,見李零《秦駰禱病玉版的研究》。

③ 陶器上的戳印文字基本上爲篆體,也常受隸體影響,刻劃字迹則更草率,例如陝西鳳翔高莊秦墓出土的秦代陶缶,原發掘報告認爲“文字基本隸體,但小篆遺風尚重”(吳鎮烽、尚志儒,《陝西鳳翔高莊秦墓地發掘簡報》),實即當時習見的篆中間雜隸體因素的字體。

④ 以西安阿房宮遺址出土的高奴禾石銅權爲例,正面鑄銘爲篆體,反面加刻的始皇及二世詔書則爲粗率的刻劃。

⑤ 始皇陵西趙背户村出土墓誌瓦文。

一般日用俗書字體。

　　秦篆的風格是在殷周古文的基礎上,從不斷提高規整化的過程中逐漸完成。但要求結構端整、用筆圓轉,雖典雅美麗,書寫時則顯得繁難不便,所以使用場合受到極大的限制。相對的,刻劃方式或墨書於簡牘上,則佔有便捷的優勢,充滿生命力地活動起來。篆體成爲一種莊嚴的象徵而失去了實用的功能,很快就被刻劃與墨書所取代。到了漢代,篆體結構也逐漸簡化,圓轉的筆畫也常受隸書的影響,趨向方直,與秦篆的風格大異其趣。漢隸發展到極端講求波挑之美時,也就不再有便利的優勢,另由更便捷的草書和楷書起而代之。

## 二、秦文字的繼承和發展

　　從風格上看,秦文字從春秋開始,篆體逐漸形成,規整程度逐漸提高,終於在始皇刻石上看到十分整飭的篆體,這是小篆風格的極致呈現。若從文字結構方面來看,秦文字繼承自西周晚期,在實用層面上不停地做調整,最後呈現出異於西周晚期的文字結構,這可以從《説文》所收籀文的材料和春秋戰國秦文字資料加以比勘考察。一般説來,籀文結構比較繁複,到春秋以後,在人們日常使用文字逐漸簡化的過程中,代之以結構較簡的形體,這符合文字朝向簡化運動的規律。

　　許慎的《説文・序》中説明編纂《説文》的主要體例:“今敍篆文,合以古籀。”段玉裁注曰:“小篆因古籀而不變者多,其有小篆已改古籀、古籀異於小篆者,則以古籀附於小篆之後,曰古文作某、籀文作某,此全書之通例也。”

　　對於所收籀文、古文的性質,《説文・序》説:“及宣王太史籀著大篆十五篇,與古文或異。至孔子書六經,左丘明述春秋傳,皆以古文。”

　　段玉裁在古文“一”下注曰:“所謂今敍篆文,合以古、籀也。小篆之於古、籀,或仍之,或省改之。仍者十之八九,省改者十之一二而已。”

　　這些説法都十分精要。今日我們要討論秦文字發展過程中對西周晚期的繼承或省改,比勘《史籀篇》與春秋戰國秦文字的異同,是很直接的方式。關於《史籀》大篆十五篇,《漢書・藝文志》“《史籀》十五篇”下,班固注曰:“周宣王時太史作大篆十五篇,建武時亡六篇矣。”

　　《説文》籀文有二百二十多字,而許慎所據《史籀篇》爲建武時亡佚六篇之後所存的九篇,若機械地推算,《史籀篇》文字之異於小篆者,約在三百五十至四百之間,《史籀篇》全十五篇字數多少,今已不可詳知,但從上面推算,卻可確定在《説文》所收 9353 個單字中,籀文之異於篆文的比例並不高,相同者應佔大多數①。

以下我們略舉數例,特別以春秋戰國秦文字對《史籀篇》既有繼承又有改革的例子,説明從春秋到戰國秦文字的變動:

| 楷書 | 小篆 | 籀文 | 秦系文字資料 | 備注 |
|---|---|---|---|---|
| 中 | 中 | 中 | 中鼓　中印　中詛　中陶　中病　中泥 | |
| 迹 | 迹 | 迹 | 迹詛　迹刻　迹雲 | |
| 速 | 速 | 速 | 速雲　速陶　速鼓 | |
| 商 | 商 | 商 | 商鐘　商磬　商陶　商印 | |
| 童 | 童 | 童 | 童鐘　童瓦　童雲　童陶　童泥 | 鐘、泥 "鐘"字 |
| 則 | 則 | 則 | 則鼓　則詛　則詔　則青　則泥 | |
| 觴 | 觴 | 觴 | 觴磬　觴印 | 磬、印 "瀗"字 |

---

① 論篆籀異同的比例,不應以《説文》所收小篆字數爲準,因其中有部分爲漢代隸書以篆體寫定者,見龍宇純《中國文字學》再訂本第 378 頁,台灣學生書局 1972 年。由於秦時通行篆體字數難於估計,《三倉》共計 3300 字,應可視爲當時通行字數,卻又亡佚不可得見。此暫取《説文》字數説明,是爲明其大概,非以《説文》字數爲秦通行文字字數。

| 楷書 | 小篆 | 籀文 | 秦系文字資料 | 備注 |
|---|---|---|---|---|
| 樹 | | | 鼓　雲 | |
| 囿 | | | 鼓　篆　雲 | |
| 員 | | | 鼓　雲　放 | |
| 秦 | | | 磬　鐘　篆　詛　鼎<br>玉版　雲　印 | |
| 翼 | | | 鐘　雲 | |
| 黽 | | | 磬　篆　鼓　雲 | 磬、篆、鼓、雲"竈"字 |
| 車 | | | 其　鼓　泥　陶 | |
| 四 | | | 鐘　篆　鼓　瓦<br>青　雲　刻 | |
| 癸 | | | 鼓　權　雲　印<br>磬　瓦 | 磬"暌"字 |
| 申 | | | 其　鼓　磬　詛<br>玉版　玉版　雲　印　放 | 詛、玉版"神"字玉版"伸"字 |

　　表列的例子清楚地告訴我們,秦文字在繼承西周晚期籀文的同時,也在嘗試另種表達形式,譬如簡省筆畫,是其中大宗;又或另造形聲新字(如囷字);或將原結構寫成更爲方塊化的形體(如申字)。小篆結構雖然與籀文相同者多,而相異者多數是在尋求一種更簡易的表達,或朝聲化的方向前進。這些改變,在秦代整理文字公布的標準本上推向使用者,同時由於書同文的政策,也使得六國相異的寫法漸次被淘汰,漢代文字逐漸趨於一致,到《説文》時有了標準的小篆,整個過程並不是一蹴而就,而是經過長期的發展與逐漸演變的結果。

　　《史籀篇》成於西周末期,擷取當時日用文字,編輯成書,西土秦地居宗周故地,文字多有豐鎬之遺,故用籀體較多,但文字演變,或有省改,或另製異體,秦地也並未全然採用籀體,離《史籀篇》成書越久,籀文之用漸減,李斯等人取當世使用之篆體編定新的識字教材之後,籀體基本上就較少使用。東土各國春秋時期的文字與秦地差異不大,部分資料也與《説文》籀文相合,這可能是因《史籀篇》成書後對春秋時期的東土及西土皆有影響,戰國時東土文字承襲春秋,因而保留了部分與籀文相合的形體。唯長期的政治擾攘,諸侯力政,文化、地域上的差異漸大,以致新興別體紛紛出現,這些東土新興的異體字基本上"罕布於秦"。單就戰國時期而言,西土秦地仍採部分籀文,但也有許多異體存在,這些異體多數與後來的小篆形體相同。而東土新興的許多別體(例如《説文》古文)確實甚少影響秦文。

### 三、書同文字是歷史的必然

　　許慎在《説文解字·序》中闡述秦漢之交漢字發展的歷史,對書同文字的説法多所發明,指出:

　　　　其後諸侯力政,不統於王……分爲七國,田疇異畮,車涂異軌,律令異法,衣冠異制,言語異聲,文字異形。秦始皇帝初兼天下,丞相李斯乃奏同之,罷其不與秦文合者。斯作《倉頡篇》,中車府令趙高作《爰歷篇》,太史令胡母敬作《博學篇》,皆取史籀大篆,或頗省改,所謂小篆者也。

　　許慎將"言語異聲,文字異形"的現象歸之於戰國時期七國征戰頻仍,王室衰微,並且指明秦始皇以"罷其不與秦文合者"爲原則,同時頒訂標準本字書,以收統一之效,加之以"燒滅經書,滌除舊典"之後,又有隸書"以趣約易","古文由此絕矣"。許慎爲古文經派大將之一,他將古文之絕歸咎於秦的兼行小篆與隸書,對於"罷其不與秦文合者"的一統作法,事實上是帶着負面的批判態度。雖然如此,許慎指出秦始皇作了統一文字的工作。段玉裁在"罷其不與秦文合者"下注曰:"以秦文同天下之文。秦文即下文小篆也。《本紀》曰'二十六年書同文字'。"此應爲許慎説法的極佳注腳。

對秦始皇"書同文字"問題,近數十年來,議論者衆,大抵可歸納爲以下數種意見:(1)以小篆統一,《倉頡》《爰歷》《博學》爲統一教本、刻石文字爲同文字的標準。(2)篆隸兼行,但實際上以隸書統一爲主。(3)以秦篆爲主,進行漢字形體結構的規範和整理。(4)廢除大量區域性異體字。(5)"書同文"不是正字形,而是正用字,統一漢語的書面形態。(6)以小篆爲"書同文字"的標準是文化政策上的失敗。(7)戰國各國文字差異不大,説七國文字異形是誇大之詞,主張此説者有陳夢家等。(8)秦始皇的"書同文"指命令的格式、内容統一,不是指字體形狀的統一。

在漢字發展的歷史中,戰國時期的文字的確比較特別。這個時期的文字,變化繁複,不僅是書寫質材多樣,書寫時也較爲自由隨意,簡化、繁化、新形聲字大量産生、增添羡筆、減省筆畫、運用裝飾筆及重文合文符,甚至特別藝術化的美術字等①,且各區域間又有差異,顯現出當時文字千變萬化的多重面貌,爲歷史上其他各個時代所不及②。但是戰國文字也還是在一脈傳承的漢字基礎上作各種不同的變化,並非成爲另一種體系的文字。就其"變"的角度而言,它自然是變化多端;就其"不變"的角度而言,它其實仍有許多基本不變的成分。"大同小異"是一個含混的詞,但却很適合用來説明這個

---

① 　見林素清《戰國文字研究》,台灣大學博士學位論文,1984 年;《談戰國文字的簡化現象》,《大陸雜誌》72 卷 5 期(1986 年)第 217 ~ 228 頁;《論戰國文字的增繁現象》,《中國文字》新 13 期第 21 ~ 44 頁;《春秋戰國美術字體研究》,《史語所集刊》61 本 1 分册(1991 年)第 29 ~ 75 頁。湯餘惠《略論戰國文字形體研究中的幾個問題》,《古文字研究》第 15 輯(1986)第 9 ~ 10 頁;何琳儀《戰國文字通論》(中華書局 1989 年)第四章《戰國文字形體演變》第 184 ~ 234 頁。

② 　文字成於衆人之手,要求每個人所寫皆無二致,是不可能的,各個時代文字皆有異體是客觀的事實,但像戰國時期六國文字多樣變化的例子,則是漢字史上少見的。

問題,戰國文字是漢字系統中一群變化較多的字,儘管同中有變異,但異中仍有大同。戰國時期各國政客商賈往來頻仍,文字上的變異並未構成傳情達意的障礙,原因在此。所謂"古文是戰國時東土文字"是説戰國時東土六國有一些文字的結構與寫法和小篆系統的字有所差異,許慎將他所見到的這些有所差異的字(小異,約五百字)保留在《説文》中,至於没有差異的大部分(大同),就不重出。戰國各國文字與秦系文字同中有異,但這些差異都是在漢字基本體系下出現的變化,對當時的人而言,不致造成溝通上很大的困難。

　　戰國文字"同中有異"的"異",和各個時代文字皆有異體,不可並論。我們確實在歷代的文字中發現個人寫法不同的事實,但不曾在戰國以外的任何一個時代發現大量區域性的特殊寫法,如齊人習慣寫"乘"字作⺓,楚人則寫作⺓,燕人寫作⺓,秦人又寫成⺓;也不曾在其他時代發現某一地區的人習慣在某些字上面多加一橫筆、又習慣在某些字下多加個口。戰國時期文字異形的情況,與歷代文字中皆存在的異體,有本質上的區别。

　　戰國各地區間文字異形的現象,北文、朱德熙、裘錫圭、湯餘惠、何琳儀的文章中都曾舉出不少例字作説明①,許多學者也常隨文舉出例子。下表是參考學者已有的成果酌舉數例以作説明(限於篇幅,同一地區異體字不祇一種時,僅舉一種爲例):

| | 齊 | 楚 | 燕 | 晉 | 秦 |
|---|---|---|---|---|---|
| 馬 | | | | | |
| | 璽 0025 | 鄂君啟節 | 璽 0060 | 璽 0057 | 秦簡 |
| 襄 | | | | | |
| | 璽 5294 | 鄂君啟節 | 璽 0125 | 璽 0077 | 秦簡 |

① 北文《秦始皇書同文字的歷史作用》,《文物》1973 年第 11 期第 2～3 頁;朱德熙《朱德熙古文字論集》第 73～82 頁;裘錫圭《文字學概要》第 74～75 頁,萬卷樓圖書有限公司1994 年;湯餘惠《略論戰國文字形體研究中的幾個問題》,《古文字研究》第 15 輯,中華書局 1986 年;何琳儀《戰國文字通論》第 170 頁。

| | 齊 | 楚 | 燕 | 晉 | 秦 |
|---|---|---|---|---|---|
| 安 | 陳純釜 | 楚簡 | 璽 0012 | 璽 2760 | 秦簡 |
| 乘 | 陶 3.207 | 鄂君啟節 | 璽 0251 | 中山刻石 | 秦簡 |
| 帀 | 陳純釜 | 酓忎鼎 | 璽 0158 | 鄭令戈 | 秦簡 |
| 昌 | 璽 5390 | 璽 0178 | 璽 0882 | 璽 0006 | 秦簡 |
| 匋 | 陶 3.459 | 楚簡 | | 璽 0091 | 小篆 |
| 範 | 陶 3.859 | 璽 3517 | 璽 3646 | 璽 1825 | 小篆 |
| 孝 | 陳貽簠 | | | 鄩孝子鼎 | 秦簡 |
| 鑄 | 陳逆簠 | 楚簡 | | 中山壺 | 秦簡 |
| 市 | 陶 3.691 | 鄂君啟節 | 璽 0292 | 陶 9.4 | 秦陶 |
| 平 | 陶 3.624 | 楚簡 | 璽 0013 | 璽 0116 | 秦陶 |

| | 齊 | 楚 | 燕 | 晉 | 秦 |
|---|---|---|---|---|---|
| 丘 | | | | | |
| | 子禾子釜 | 鄂君啟節 | | 中山墓圖 | 秦簡 |
| 陰 | | | | | |
| | | 楚簡 | 璽 0215 | 璽 0077 | 秦簡 |
| 尹 | | | | | |
| | | 鄂君啟節 | 璽 2788 | 鄭令矛 | 小篆 |
| 歲 | | | | | |
| | 陳純釜 | 鄂君啟節 | | | 小篆 |
| 廚 | | | | | |
| | | 楚簡 | | 右𣪡鼎 | 秦陶 |
| 廄 | | | | | |
| | 陶 3.13 | 楚簡 | | | 秦陶 |
| 關 | | | | | |
| | 陳純釜 | 鄂君啟節 | | | 秦簡 |
| 陳 | | | | | |
| | 陳曼臣 | 龠㤡盤 | | | 小篆 |
| 長 | | | | | |
| | 璽 0022 | 楚簡 | 璽 0003 | 中山鼎 | 秦簡 |
| 爲 | | | | | |
| | 陳逆簋 | 鑄客鼎 | | 中山墓圖 | 秦簡 |

　　對於這些各地的特殊寫法,其實還可以舉出許多字例。戰國文字異形是個不容忽視的現象,這時候的文字變化多樣且富於地方色彩。近三十年戰國文字大量出土以來,戰國文字研究成爲古文字研究中一個特別的領域,已經有許多學者作深入的研究,並有很好的成績。儘管對"文字異形"是否"嚴重"有不同的看法,戰國文字各地區有所差異,並與其他時代的文字異形有本質上的不同,都是不容否定的事實。

　　戰國中期以後,政局詭譎多變。秦經商鞅變法,國勢日強。當秦對各國蠶食鯨吞之後,各國屬地紛紛落入秦的版圖,行政區域的歸併與新設、各國原有文化的融合,都是秦國軍事行動之外的當務之急。秦行政命令下達、律法布告,當以秦文字爲主,這對於消除各國區域性文字的差異,必定有所助益。雖然今日並沒有看到任何"罷其不與秦文合者"的相關秦國法令,但是"秦文"以勝利者的強勢進入各國故地,具有影響力是可以想見的。所以,秦的書同文字是隨其軍事節節勝利、版圖逐步擴大而作漸進的統一,不是激進地在始皇二十六年一聲令下,要全國各地放棄舊有的書寫習慣,遵從秦式寫法。

　　在戰國"言語異聲、文字異形"的情況下,秦隨着兵力的攻佔六國,統一文字實屬必要,這是歷史的必然。但是,究竟用甚麼方式統一? 儘管對於秦代文字統一的成效有不同的評價;以何種方式統一,也有不同的看法,但多數學者認爲"書同文"是指"文字統一",是可以肯定的。其中,尤以小篆統一文字的呼聲最大,其原因在於許慎《說文·序》對於這一段文字史有詳細的敘述和闡發,其中確然指明小篆爲統一的字模,《三倉》爲同文字的樣本。前述第(1)項是以小篆爲"同文字"的主體,第(3)項"對漢字進行規範和整理"是以小篆爲基本作討論,第(6)項認爲同文字收效甚微的主因是小篆不便書寫,獨尊小篆,有悖大眾需求。這些基本上都是以小篆立論。

　　以小篆爲同文字的樣版,以秦刻石爲同文字的代表作,從中我們看到了形體規整、綫條婉轉的精美篆體,却也可以感受到這種字體書寫上的繁難與不便,加上20世紀70年代以來,戰國秦漢竹簡帛書陸續出土,大批的簡牘資料顯現出吏民日常通用的字體,都是以綫條方折平直、形體趨於約易的隸體爲主,這種字體,簡單實用,所以有學者指出:"與其說秦始皇用小篆統一了文字,還不如説他用隸書統一了文字。"①這是從使用層面較普及的角度立論,基本上是正確的。

　　主張"漢字規範化"的學者提出"書同文"特點是:確定漢字的偏旁形體、固定偏旁位置、固定聲符形符不可隨意更改、統一筆畫數②。這個論點有某種程度的真實性③,但是若從另一個角度思考,也會得出不同的結果。以秦刻石(代表秦篆)與《説文》小篆相較爲例,兩者之間並不一致,例如:

　　偏旁形體不一:

　　　宜　泰山刻石作圖,《説文》作圖　　　建　嶧山刻石作圖,《説文》作圖

　　　野　嶧山刻石作圖,《説文》作圖　　　皇　嶧山刻石作圖,《説文》作圖

　　偏旁位置不定:

　　　臨　泰山刻石作圖,《説文》作圖　　　男　泰山刻石作圖,《説文》作圖

　　偏旁可以取代:

　　　動　嶧山刻石作圖,《説文》作圖　　　亂　嶧山刻石作圖,《説文》作圖

　　　極　嶧山刻石作圖,《説文》作圖

　　筆畫數不統一:

　　　長　泰山刻石作圖,嶧山刻石作圖,《説文》作圖

　　從上述諸例來看,秦刻石文字與《説文》小篆間字體結構互有出入④。再看秦權量上所刻始皇詔書,其結構互異相當普遍⑤。官定標準猶如此,秦是否在一統天下時刻意統一小篆的偏旁筆畫以達到漢字結構規範化的目的,確實是個問題。

———————————

①　北文《秦始皇書同文字的歷史作用》。
②　俞偉超、高明《秦始皇統一度量衡和文字的歷史功績》;高明《略論漢字形體演變的一般規律》,《考古與文物》1980 年第 2 期。
③　秦漢一統的政局客觀上有利於字體趨向規範,但能否做到固定偏旁,統一筆數,恐怕不是一紙令下就能做到的。
④　泰山刻石取絳帖本,嶧山刻石取長安本,琅邪刻石取阮元拓本。刻石及《説文》小篆文字迭經傳寫,頗有失真。此處所選,儘量以不失篆籀之正者爲主。參見楊鋭《秦漢碑篆文考》,《説文解字詁林》(鼎文書局正補合編本)第一册第 1086 ~ 1093 頁;陳韻珊《小篆與籀文關係的研究》,臺灣大學碩士學位論文第 35 ~ 102 頁,1983 年。
⑤　巫鴻《秦權研究》附有《秦權銘文結構異形表》。

提出“書同文”是正用字、統一漢語書面形態的論點,其實是相當具有建設性的。張標《“書同文”正形説質疑》説明正用字的意義是:

> 正字形和正用字是完全不同的兩個概念和兩種方法。前者主要著眼於字的形體結構,後者主要著眼於字(詞)意義用法;前者所要達到的目標是同一字形的使用要整齊劃一,後者所要達到的目標是在特定的語言環境中祇能使用某個特定的字(詞);前者是在同一個字的不同寫法中確立規範,後者是在幾個音同音近的不同字(詞)中確定一個規範。

張世超、張玉春也在文中舉出秦簡的例子,如:埋葬字作“貍”、收藏字作“臧”、駿犗字作“服”、早暮字作“蚤”、增加字作“駕”等,説明①:

> 這些字,或者從文字學的角度看,屬於假借,或者僅僅是從後代的角度看,是没有用應當用的字。實則它們各當是當時書面語中相應詞義的合法代表者,儘管它們中的一些所表達的意義與字的形體結構所反映的意義不合,確是爲社會所承認、接受的。反之,則即使字所表達的意義與形體結構相合,也要造成交際上的困難,甚至混亂。它們與那些臨時性的假借不同,自身帶有約定俗成的約束力,在當時的書面語中,違背這種制約的,就是錯誤的。這就像我們現在不能用“來”表示麥子,而用“麥”表示來去,或是用“頌”表示容貌一樣。

這兩段説明將正用字及統一書面形態的意義説得十分清楚。造成戰國秦漢文字通讀困難的原因,除了形體上的歧異之外,用字習慣的不同,再加上通假字的廣泛使用,確實是解讀困難的主因。所以,提出正用字、統一書面形態觀點解釋秦代“書同文字”的具體意義,是值得注意的。

我們試以另一種方式來檢討秦代書同文字的意義:以秦王政二十六年(前221)統一中國的年代爲準,取此年代之前約一百年及之後約一百年間的東西土文字資料作對照,將戰國晚期東西土文字的差異及一統之後的文字現象作檢視與討論,以具體的資料爲“書同文字”作説明。以三晉系平山中山國墓葬出土銘文爲例(年代約在公元前314或313年),檢查這批銘文中“不與秦文合者”在秦、漢初還留存有多少,作爲同一文字成效的具體説

---

① 張世超、張玉春《漢語言書面形態學初探》,《秦簡文字編》第25~26頁。

明。以下僅列部分中山器銘文與秦文字之差異者：

## 中山器異體文字與秦、漢初文字資料比較（略例）

| 楷 | 中山器銘 | | 秦 | 漢初 | 篆 | 備注 |
|---|---|---|---|---|---|---|
| 丘 | | 丘平者卌尺 兆域圖 | 雲 | 老子甲 孫臏 | | 説文古文 包山 鄂君啓節 |
| 去 | | 而去之遊 大鼎 | 雲 刻石 | 老子甲 縱橫 | | |
| | | 大去型罰 圓壺 | | | | |
| 地 | | 敬命新墬 圓壺 | 雲 雲 | 老子甲 孫子 | | 説文籀文 包山 |
| 棄 | | 早弃群臣 大鼎 | 雲 | 縱橫 | | 説文籀文 説文古文 包山 |
| 順 | | 敬㤗天德 大鼎 | 雲 | 老子甲 孫臏 | | |
| 恐 | | 㤹隕社稷之光 大鼎 | 雲 | 老子甲 春秋 | | 説文古文 |
| 折 | | 於虖斯（哲）哉 大鼎 | 雲 雲 | 相馬經 | | |
| 作 | | 复歔中則庶民 乍（附）大鼎 | 雲 刻石 | 老子甲 天文雜占 | | 包山簡 |

| 楷 | 中山器銘 | | 秦 | 漢　初 | 篆 | 備　注 |
|---|---|---|---|---|---|---|
| 得 | 昘 | 弗可復旻圓壺 | 得雲 得刻石 | 得老子甲 得孫子 | 得 | 説文古文 昘楚帛書 |
| 嗣 | 訊 | 胤昪孖蚤圓壺 | 嗣刻石 嗣詔版 | | 嗣 | 嗣説文古文 嗣武威儀禮 |
| | 訊 | 以戒訊王方壺 | | | | |
| 堂 | 尙 | 兩坐間百尺兆域圖 | | 堂孫子 | 堂 | 尙説文古文 |
| 兩 | 兩 | 兩堂間百尺兆域圖 | 兩雲 兩雲 | 兩老子甲 兩孫臏 | 兩 | 兩包山 |
| 時 | | 明犬之于壺而昝觀焉方壺 | 時雲 時刻石 | 時老子乙前 時六韜 | 時 | 昔説文古文 昔包山 |
| 謀 | 慐 | 慐愚(慮)大鼎 | 謀雲 | 謀孫子 謀天文 | 謀 | 母説文古文 |
| 封 | | 闢啟封疆大鼎 | 封雲 封雲 | 封孫臏 封縱橫 | 封 | 封説文古文 |
| 後 | 逡 | 邵告逡嗣方壺 | 後雲 後刻石 | 後老子甲 後孫子 | 後 | 後説文古文 逡、逡包山 |
| 貳 | 貳 | 不貳其心方壺 | 貳雲 | 貳春秋 貳縱橫 | 貳 | 貳説文古文 |

續表

| 楷 | 中山器銘 | | 秦 | 漢　初 | 篆 | 備　注 |
|---|---|---|---|---|---|---|
| 視 | [篆字] | 其牀眠忢（哀）后兆域圖 | [篆字]雲 | [篆字]老子甲 [篆字]縱橫 | [篆字] | [篆字]、[篆字]說文古文 [篆字]汗簡古文 |
| 降 | [篆字] | 天墬休命於朕邦大鼎 | [篆字]雲 [篆字]刻石 | [篆字]老子乙前 [篆字]孫臏 | [篆字] | |
| 誅 | [篆字] | 以栽不忐（順）方壺 | | [篆字]老子乙前 [篆字]孫子 | [篆字] | 栽汗簡古文 |
| 慮 | [篆字] | 忢（謀）慇大鼎 | [篆字]雲 | [篆字]老子乙前 [篆字]孫臏 | [篆字] | |
| 逢 | [篆字] | 銮郾亡道圓壺 | [篆字]雲 | [篆字]老子甲 [篆字]相馬經 | [篆字] | |
| 載 | [篆字] | 軰之夅（簡）筹（策）方壺 | [篆字]雲 | [篆字]老子甲後 [篆字]老子乙前 | [篆字] | |
| 鑄 | [篆字] | 擇郾吉金釾爲彝壺方壺 | [篆字]雲 | [篆字]蒼頡篇 | [篆字] | [篆字]三晉兵器 |
| 曹 | [篆字] | 倘曺（遭）郾君子逤方壺 | [篆字]雲 | | [篆字] | 漢印有"曺"字 |
| 純 | [篆字] | 軘德遺忢（訓）方壺 | | [篆字]相馬經 | [篆字] | |
| 上 | [篆字] | 則堂逆於天方壺 | [篆字]雲 [篆字]刻石 | [篆字]老子甲 [篆字]孫子 | [篆字] | |

| 楷 | 中山器銘 | | 秦 | 漢　初 | 篆 | 備　注 |
|---|---|---|---|---|---|---|
| 間 | 閒 | 兩坐間百尺 兆域圖 | 閒 雲 / 閒 五十二病方 | 閒 孫子 / 闈 老子甲 | 閒 | 閟 説文古文 / 閉 包山 |
| 韋 | 韋 | 以憂乎民之 佳不赮 圓壺 | 韋 雲 | 韋 老子乙前 / 韋 春秋 | 韋 | 韡 説文古文 |
| 復 | 復 | 弗可遷得 圓壺 | 復 雲 / 復 刻石 | 復 老子乙 / 復 春秋 / 復 易 | 復 | 遷 包山 / 遷 帛書 |
| 備 | 備 | 寡人斂教備惥 大鼎 | 備 雲 | 備 老子乙前 / 備 孫臏 | 備 | 備 楚帛書 |
| 廟 | 廟 | 堂勤於天 子之廟 方壺 | | 廟 老子甲後 / 廟 縱橫 | 廟 | 廟 説文古文 |
| 幼 | 幼 | 寡人學遝(童) 未通智 大鼎 | 幼 雲 | 幼 老子乙 / 幼 孫臏 | 幼 | |
| 長 | 長 | 事少(少)女 (如)張 大鼎 | 長 雲 / 長 刻石 | 長 孫臏 / 長 縱橫 | 長 | |
| 寡 | 寡 | 以猌(佐)右寡人 大鼎 | 寡 雲 | 寡 老子甲 / 寡 老子甲 | 寡 | |
| 敬 | 敬 | 敬恖天愳 大鼎 | 敬 雲 | 敬 春秋 / 敬 孫臏 | 敬 | |

| 楷 | 中山器銘 | | 秦 | 漢　初 | 篆 | 備　注 |
|---|---|---|---|---|---|---|
| 信 | 𧵳 | 余智其忠諤施 方壺 | 信 雲 | 信 老子乙前<br>信 孫臏 | 信 | |
| 憂 | 憂 | 以憂慇邦家 大鼎 | 憂 雲 | 憂 老子甲後<br>憂 老子甲 | 憂 | 秦、漢初簡亦作"憂"，包山簡作"𢛢" |
| 絶 | 絶 | 以内絶邵公之<br>業 方壺 | 絶 雲 | 絶 老子甲<br>絶 孫臏 | 絶 | 説文古文 |
| 親 | 親 | 㤅邦難新 大鼎 | 親 刻石 | | 親 | 秦、漢多作"親"，汗簡以"親"爲"親"之古文。 |
| | 親 | 新逹參軍之衆 大鼎 | 親 雲<br>親 詛楚文 | 親 老子甲　親 孫子 | 親 | |
| 奮 | 奮 | 皷枠晨(振)鐸 大鼎 | 奮 雲 | 奮 老子甲後<br>奮 孫臏 | 奮 | |
| 教 | 教 | 儆教備㤅 大鼎 | 教 雲 | 教 老子甲　教 孫子 | 教 | |
| 涕 | 涕 | 霖霖流霖　圓壺 | | 涕 老子甲後<br>涕 孫子 | 涕 | |
| 顧 | 顧 | 不顨大宜 方壺 | 顧 雲 | 顧 春秋 | 顧 | |

從上表所列,可以比較出戰國中山器銘文與秦文字相異者,到了秦漢已經極少存留。漢代基本上是繼承了秦文字的書寫習慣。其他戰國列國文字材料顯現的異形情況也大致如此。

總之,在戰國文字異形嚴重的情況之下,任何一個統一中國的政體,都必須有統一文字的措施。書同文字,是歷史的必然。至於是用何種方式統一,《説文·序》所謂"罷其不與秦文合者"最得其要,其實質内容是廢除戰國東土文字中結構與秦式寫法相異的區域性異體字。至於在字形上是以小篆或以隸書爲統一的基準,並不是關鍵所在,因爲秦篆和秦隸之間差異較大的是勢態而非結構,即使到了漢初,文字結構基本上也是承襲秦式,不過是篆意漸去,隸勢增加。秦官方正式的文書固以篆爲主,實際運用較廣的應爲隸書,統一文字,並不限於篆或隸,而是以廢棄結構上與秦相異的東土區域性異體字爲主,這纔是"罷其不與秦文合者"的實質意義。

### 四、結語

秦自西北陝、甘地區發祥,長久居於周豐鎬故地,早期文字多仍周舊。歷經春秋、戰國,秦文字從繼承西周晚期的風格,逐漸發展成圓轉規整的秦篆特色,隨着兼併東土各地的過程,逐一罷除不與秦文合者的區域性異體字,至於統一天下,秦文字成爲中國文字的主流,"書同文字"政策奠定往後兩千年文字統一的基礎。在漢字發展史上,秦文字介於西周古文與漢代近古文字之間,有承先啟後的橋梁地位。

過去由於春秋戰國秦文字資料極少,其中如石鼓文、秦公簋、盠和鐘(宋著録秦公鐘)、詛楚文等,或因時代未定,或因真僞難明,衆説紛紜,以致未能較好地利用這些材料作爲秦文字研究的基礎。近代中國考古學勃興,出土古文字材料甚多,不僅長篇銘文陸續出現,書寫工具和材質各異的秦文字資料也一一展現,這些新出土材料對於辨別舊有材料的真僞與時代問題極有助益,同時也填補了過去秦系文字資料不足的缺憾,使秦文字演變歷程的研究成爲可能。

從秦文字篆體的逐步演進過程中,我們看到漢字逐漸走向規整圓轉,在布局上的促長引短,使得文字在小方塊中完成,秦公簋字模的出現,是方塊字完成的最好説明。以戰國中期刻劃草率的文字資料和秦隸作對比,可以看出隸書的起源受到書寫工具和材質的影響，它吸收草率刻劃方式中變圓爲方、化曲爲直、減省筆畫以趨約易的優點，加上毛筆柔軟特質的發揮，就成了早期的隸書。至於“書同文字”的實質內容，可以藉由觀察秦統一前一百年間東西土文字的差異，揀出東土文字與秦文字結構相異的區域性寫法，並與統一後一百年間秦漢文字對照，發現區域性異構字存留到漢初的比例極低。這可以説明秦“書同文字”是以“罷除東土區域性文字之不與秦文合者”爲實質內容。

　　秦系文字的發展，在篆體方面是規整化程度不斷的提高，方塊字的完成，都使秦文字在漢字發展史上佔有重要地位。而大量刻劃的陶文、瓦文、兵器銘文甚或銅器銘文，則顯示出戰國以後文字使用日廣、趨於約易的要求。這種筆畫方直省簡的日用書體以及戰國中晚期新興的隸書，應用方面極廣，纔真正是實用文字的主流。同一文字更使秦文字成爲廣大中國領域中的漢字正統，影響長遠。這些現象，都顯現秦文字在漢字史上承先啟後的橋梁地位。

# 第十章　隸書起源問題

關於隸書的起源,《漢書·藝文志》說"是時始造隸書矣,起於官獄多事,苟趨省易,施之於徒隸也",《説文·序》也說"是時秦燒滅經書,滌除舊典,大發隸卒,興成役,官獄職務繁,初有隸書,以趨約易",都指出隸書起於秦兼天下之後。近幾十年間,戰國、秦及漢初文字材料大量出土,過去所無法想象的先人墨書手迹,一一展現在我們的眼前。豐富的材料使學者對於隸書的起源與演變有了新的觀點。隨着戰國文字研究的深入開展,秦隸與秦篆的關係逐漸釐清,東土文字對隸書起源是否起過作用,漢代的隸書與秦隸關係如何,都成了隸書研究中的重要課題。

本章將整理近數十年新出戰國及秦文字中的隸書資料,對隸書的起源以及隸書在戰國、秦及西漢初這一段時間中的演變略作討論。漢字發展歷史中"正體"與"俗體"的問題,以及俗體文字對隸書發展的影響,也將在此討論。

## 一、秦隸產生年代及特點

在漢簡未出土之前,討論隸書,石刻文字是唯一的資料,五鳳二年(前56)刻石及地節二年(前68)楊量買山刻石常被舉爲西漢石刻的代表。標準漢隸(八分)完成之前帶着濃厚古拙篆意、用筆方直、不帶波挑的字體,學者稱之爲"古隸"[①]。漢簡出土之後,我們可以清楚地看到西漢中期的簡牘中,已然展現標準漢隸中最具特色的波挑筆法[②]。從隸書演進的角度看,刻石的發展晚於簡牘[③]。在馬王堆竹簡帛書的出土之前,人們從來不知道西漢早期

---

① 本文的"古隸"是指八分形成之前的隸書,不是與"今隸"(楷書別稱)對稱的"古隸"。

② 裘錫圭《秦漢時代的字體》,《中國書法全集》第七卷《秦漢編·秦漢刻石卷一》第34～50頁,北京榮寶齋1993年。

③ 波挑的筆法主要來自於毛筆特質的運用,簡牘中較早呈現這種特質,刻石中的波挑應是從簡牘中領會出來加以發展的。參何應輝《論秦漢刻石的書法藝術》,《中國書法全集》第七卷《秦漢編·秦漢刻石卷一》第1～33頁,北京榮寶齋1993年。

隸書的面貌,馬王堆材料的出現,以及陸續出土的銀雀山、張家山、阜陽漢簡,纔讓我們清楚地看到八分漢隸形成之前隸書的特色。

西漢早期隸書的特色,大抵用筆方折平直,破壞了篆體圓轉的筆勢,但八分中的波勢和挑法尚未完成,衹有部分書手的字體中稍加重末筆的捺尾,略現八分中挑法的風格。關於早期隸書的特色,裘錫圭有詳盡的討論①,指出馬王堆一號漢墓遺册古隸的特質有如下幾點:(1)結體很不方整,遺册文字筆法上毫無八分的波勢和挑法,同墓出土的竹笥簽牌上的文字,有的已經初步有了波勢和挑法,但基本上仍和遺册作風相同。(2)字形有相當一部分跟篆文還很接近。(3)一方面存在着很多接近篆文的寫法,另一方面又已經出現了不少草書式的寫法。(4)文字形體很不統一,同一個字或偏旁往往有不同的寫法。文字形體不統一的現象,在隸書裏始終存在,但像馬王堆一號漢墓的隸書那樣,在同時書寫的一批文字裏存在這樣多不統一寫法的現象,在後來的隸書裏是很難看到的。

裘錫圭指出:"以上所説的四點,都反映出這種隸書的不成熟和不穩定。它顯然正處在相當劇烈的變化過程中。""馬王堆遺册所代表的古隸,在當時應該是很通行的一種字體。"②這篇文章發表時,漢初其他簡牘資料都尚未出土(或未發表)。這二十年來,漢初的簡牘資料出土甚多,裘錫圭所指出的以上四個漢初古隸的特點,依然適用於所有已經出土的漢初簡牘,證明這種古隸確實是當時很通行的一種字體。

雲夢睡虎地竹簡木牘出土,標誌着對秦簡研究新里程的開始,在此之前,没有人見到戰國時期秦國隸書的面貌③。我們有幸在近二十年間看到五批戰國至秦的簡牘④,包括:

---

① ②　裘錫圭《從馬王堆一號漢墓"遺册"談關於古隸的一些問題》。

③　雖然有些學者把權量上較簡率方折的字體稱爲秦代的隸書或"古隸",我們認爲這是當時習見的間雜篆隸二體的日用書體。

④　馬王堆帛書竹簡中有一部分字體較古、不避劉邦諱,如《老子》甲本、《春秋事語》《伊尹·九主》《天文氣象雜占》等,抄寫下限應在劉邦稱帝前。又如《足臂十一脈灸經》《五十二病方》等抄寫的年代也早,可能在秦漢之際。又 1993 年湖北江陵荆州鎮王家臺 15 號秦墓出土秦簡 800 餘支,尚未完整發表。

青川木牘　　　　　睡虎地四號秦墓木牘　　　　　睡虎地秦簡

放馬灘秦簡　　　　龍崗秦代竹簡、木牘

　　目前可見的秦隸資料涵蓋的時間範圍,從戰國晚期的早段直到秦二世亡國,前後約一百年。這些材料對於戰國秦隸的形成、漢初古隸的淵源與發展等問題,都是最佳的一手材料。根據我們的觀察,這些秦隸資料也如漢初古隸一樣,反映出不成熟與不穩定的特質,顯然也是"處在相當劇烈的變化過程中",裘錫圭指出的漢初古隸的特質,也同樣適用於秦隸中。這可從以下四方面舉例説明:

　　(1)結體不方整,漢代成熟隸書趨向扁平方整的勢態,在秦隸中是看不到的,尤其是龍崗秦簡特意向右下方傾斜的風格與八分向右方上揚的特質正好相反。從筆法上看,波勢與挑法在所有的秦隸資料中都不是必要的,這與成熟漢隸刻意誇張波挑的特質大不相同。但少數的材料中也已經有了初步的波勢與挑法,例如睡虎地四號墓的 11 號木牘和龍崗的木牘就常在末筆有下捺右拉的趨勢,雲夢簡中也常見到橫筆或末筆右揚的情形,如之字作 、上字作 、車字作 。

　　(2)字形有很大部分仍與篆文接近,如求字作 、自字作 、衣字作 、塞字作 等,這類例字甚多,寫法仍與篆同,顯示隸體從秦篆中孕育發展的過程是漸進的,時間是漫長的。

　　(3)秦隸中一方面保存許多篆文的寫法,一方面又出現不少草書的寫法,如偏旁皿常寫作 、之作 、辵作 、止作 等,這種連筆的寫法很能體現隸書趨於約易以講求速效的特點,這種情形普遍存在於秦代的隸書資料中。

　　(4)文字形體很不統一,如隸字阜旁習作 ,也作 ;水旁習作 ,偶作 ;言字習作 ,也作 ;草頭習作 ,也作 等。有時同一簡牘中就有相同偏旁不同寫法並存的現象,反映出當時隸書的書寫習慣並不完全穩定。

　　經由這些觀察,我們同意裘錫圭根據睡虎地簡牘所做的結論"秦簡所代表的隸書還衹是一種尚未完全成熟的隸書"[①],兼有篆隸、間雜草筆、寫法不定、波挑偶見(但非必要),這些特質普遍存在於目前可見的秦隸資料中。

---

①　裘錫圭《文字學概要》第 88 頁,臺北萬卷樓圖書公司 1994 年。

　　秦隸演進的過程是緩慢的、漸進的,青川木牘的年代毫無可疑,早睡虎
地的資料約六七十年,早放馬灘簡約四十年,所不同者,青川木牘挑筆較少,
橫筆的起始部分不如放馬灘簡的重按(形成類似漢隸的蠶頭),但是在改變
秦篆筆法方面,已大體具備,破圓爲方、改曲爲直、省併筆畫等,都已經出現,
例如(括弧中爲參考篆體):

| | |
|---|---|
| 九字作九(九) | 有字作有(有) |
| 辵旁作辶(辵) | 水旁作氵(水) |
| 阜旁作阝(阜) | 木旁作木(木) |
| 戈旁作戈(戈) | 羊旁作羊(羊) |
| 刀旁作刂(刀) | 首旁作首(首) |
| 禾旁作禾(禾) | 广旁作广(广) |

　　這些例字與成熟漢隸的寫法幾無二致,充分説明所謂初有隸書的年代
絕對可以提前到戰國晚期的早段,公元前 300 年之前,這是無可懷疑的。如
果考慮到這樣的變化不是一朝一夕可能完成的,那麼青川木牘所展現出來
的隸體也應前有所承,祇是目前我們還没有看到實際的材料罷了。

**二、秦隸淵源略説,兼談戰國秦篆秦隸的關係**

　　秦隸文字資料,就目前所見,可追溯到戰國晚期的早段,青川木牘已具
備早期隸書的特質:破圓爲方、變曲爲直、省筆連筆兼具等,説明這樣的字體
應該已經歷一段時間的發展,本節討論這種筆法的形成與秦篆的關係。

　　《漢書·藝文志》和《説文·序》都認爲隸書起源於秦統一天下後官獄
職務繁,始建隸書,趨於約易,施之於徒隸。衛恆《四體書勢》曰:"秦既用篆,
奏事繁多,篆字難成,即令隸人佐書曰隸字,漢因行之,獨符印璽幡信題署用
篆。隸書者篆之捷也。"

　　唐蘭指出[1]:"三家都説由於官獄多事,纔建隸書,這是倒果爲因,實際是
民間已通行的書體,官獄事繁,就不得不採用罷了。衛恆説'隸者篆之捷

―――――――――――――

[1]　唐蘭《中國文字學》第 165 頁,上海古籍出版社 1979 年據開明書店 1949 年版重印。

也’,倒是很恰當的。”

這個說法應該可信①。綜觀戰國時期的秦系文字資料,戰國早期資料闕如,中期開始出現各種書寫在不同材質上的文字資料,由於書寫方式的多樣並富於變化,正可作爲研究秦早期隸書形成過程的參考。秦在戰國中期的主要文字資料如下:

十三年大良造鞅戟(孝公十三年)

十六年大良造庶長鞅鐏(孝公十六年)

十六年大良造庶長鞅鈹(孝公十六年)

商鞅方升(孝公十八年)

十九年大良造庶長鞅殳鐏(孝公十九年)

傳世大良造庶長鞅殳鐏(時代與十九年殳鐏略同)②

秦封宗邑瓦書(惠文前元四年)

四年相邦樛斿戈(惠文前元四年)

十三年相邦義戈(惠文前元十三年)

杜虎符(惠文前元元年～十三年)

王四年相邦張儀戈(惠文後元四年)

王五年上郡守疾戈(惠文後元五年)

王六年上郡守疾戈(惠文後元六年)

王七(或十)年上郡守□戈(惠文後元七年或十年)

詛楚文(惠文後元十三年)

秦駰禱病玉版(惠文王時)

上述這些文字資料與秦隸孕育時期並行,最值得我們注意。

這些戰國中期的文字資料,可從嚴謹與草率大致分爲兩類,詛楚文是官方嚴謹字體的代表,兵器刻款大都草率,即使是中央監製的兵器亦如此(例如相邦樛斿、張儀監造的戈)。詛楚文的字體繼承石鼓文以來的風格,朝綫

---

① 衛恆認爲“篆爲隸之捷”的說法固不錯,但他所瞭解的“篆”是小篆,這與我們所說的戰國時期的秦篆有出入。

② 《雙劍誃古器物圖録》上.49。此器現藏中國歷史博物館,過去或有疑僞者,王輝《十九年大良造鞅殳鐏考》認爲此器不僞。

條圓轉、布局規整的方向發展,部分字體也改變春秋秦式寫法而與後來的小篆没有兩樣,不少學者因而認爲詛楚文的字體就是小篆,甚或懷疑其真僞①。小篆是在秦系篆體的基礎上逐漸完成的,從春秋早期的秦公及王姬鐘、景公石磬等器物銘文上已略可窺見其趨向,演變到戰國中期有像詛楚文這樣的發展,到統一前有新郪虎符、統一後有始皇及二世刻石那樣婉轉流利、典雅莊重的小篆,實爲水到渠成之勢。戰國中期與詛楚文相近的還有杜虎符銘文,結構爲篆體,但是綫條較爲方折,我們猜測是與錯金銘文須先鑿刻字槽有關。

　　另一類是兵器,刻款顯見草率,有的器仍努力保持少許圓轉的筆意,卻仍見草率,如十六年大良造鞅鐏,但是絶大多數銘文的綫條方折平直,像十三年大良造鞅戟,同爲中央監造,却有着非常剛硬的綫條,其他地方郡守監製的兵器(如上郡、漢中),銘文更是率簡。青銅兵器質地堅硬,鑿刻時不如石質易於琢磨,要鑿出婉轉如篆體風格的綫條並非易事,綫條方折平直或與此有關。尤其在戰事頻仍的時代,兵器需求自是孔急,數大量多,刻款要不草率也難。不論是中央監製或地方監製,秦兵器銘文結構基本上雖是篆體,但趨於約易苟簡,顯然可見。方折平直的綫條,加上部分字的筆畫有所省簡,與早期隸書的特色就相近了。

　　商鞅方升與秦封宗邑瓦書的風格則介於嚴謹的秦篆與簡率的兵器銘文之間。商鞅方升亦爲刻款,但畢竟爲國家的標準量器,銘文不僅記容,而且記年"十八年,齊遣卿大夫衆來聘,冬十二月乙酉",負責人是"大良造鞅",説明其慎重。對於這樣一個標準器,銘文自然草率不得,但銘刻時仍受制於堅硬的青銅質地,雖努力做到綫條上保持婉轉,但仍不時出現方折的筆畫。秦封宗邑瓦書是國家賞賜土地的憑證,也有詳細的記年"四年,周天子使卿大夫辰來致文武之酢(胙),冬十一月辛酉",負責人是"大良造庶長游",可知也是慎重的國家正式文件,銘文是以尖鋭的刻刀在稍乾的泥坯上刻字②,

———————————

① 　參看陳昭容《論詛楚文的真僞及其相關問題》。
② 　據郭子直見過實物的描述:"瓦書是先以細泥製坯,稍乾,即直接以錐刀刻字,並非先寫後刻……再經高溫窯燒,全片呈青灰色,表面有光澤,聲音清脆,最後於字畫塗朱。"見《戰國秦封宗邑瓦書銘文新釋》。

字體雖爲篆書,但轉折多方直,較方升銘文更無篆意。

　　前述兵器上方直的綫條與瓦書銘文相同,而草率省簡則過之。早期隸書結構篆隸間雜、綫條平直、筆畫省簡,其發展過程應與這些刻劃的、率簡的器物銘文有關,例如瓦書的四字作⊞、王四年相邦義戈四字作⊞;王五年上郡疾戈的奴字作𡜃;幾件戈上的造字都作𨑮,邑旁都作𠮦,年字的寫法作秊、秂,守字的寫法作𡩟、𡩠,這些都與早期隸書寫法沒有差異。到戰國晚期,秦器上的銘文也絕大多數是刻款,簡率比戰國中期猶有過之,如昭王十七年漆盒(前 290)①、昭王二十九年漆卮(前 278)②、高陵君鼎(昭王四十五年,前 262)等太后及貴族使用的器物③,也是用率簡的字體銘刻。戰國晚期簡率刻款中與秦隸寫法接近的例子就更多了,兹舉數例(包括戰國中晚期)④:

| 篆體 | 秦隸寫法 | | 草篆中接近隸書的寫法 | | 漢隸 |
|---|---|---|---|---|---|
| 大 | 大 | 放馬灘簡 | 大 | 十九年大良造鞅殳鐏 | 大 |
| | 大 | 睡虎地簡 | 大 | 十三年相邦義戈 | |
| | 大 | 龍崗簡 | 大 | 廿九年漆卮 | |
| | | | 大 | 太后車書 | |
| 北 | 北 | 放馬灘簡 | 北 | 秦封宗邑瓦書 | 北 |
| | 北 | 睡虎地簡 | 北 | 二年寺工壺 | |
| | | | 北 | 寺工敀壺 | |
| 年 | 年 | 青川木牘 | 年 | 十九年大良造鞅殳鐏 | 年 年 |
| | 年 | 放馬灘簡 | 年 | 王五年上郡疾戈 | |
| | 年 | 睡虎地簡 | 年 | 廿年相邦冉戈 | |
| | 年 | 龍崗簡 | 年 | 二年寺工壺 | |

①　常德市文物處《湖南常德寨子嶺一號楚墓》,《湖南考古》2002 下,第 402～410 頁。
②　李學勤《海外訪古記》。黄盛璋也對本器有所討論,見黄盛璋《秦二十九年漆盒》,《中國文物報》1990 年 2 月 15 日。
③　吳鎮烽《高陵君鼎考》。
④　表中所舉的例子儘量不選擇戰國晚期晚段及秦代的資料。

| 篆體 | 秦隸寫法 | | 草篆中接近隸書的寫法 | | 漢隸 |
|---|---|---|---|---|---|
| 女 | | 放馬灘簡"婦"字 | | 王五年上郡疾戈"奴"字旁 | 女 |
| | | 睡虎地簡 | | 高奴權"奴"字旁 | |
| | | 龍崗簡"如"字旁 | | 廿五年上郡守厝戈"奴"字旁 | |
| 水（偏旁） | | 青川木牘"波"字 | | 十二年上郡守壽戈"漆"字 | 氵 |
| | | 放馬灘簡"盜"字 | | 二年寺工壺"淯"字 | |
| | | 睡虎地簡（習見） | | 廿五年上郡守趞戈"漆"字 | |
| | | 龍崗簡"沒"字 | | 廿二年臨汾守曋戈"汾"字 | |
| 九 | | 青川木牘 | | 廿九年漆厄 | 九 |
| | | | | 五年相邦呂不韋戟 | |
| 言（偏旁） | | 放馬灘簡"請"字 | | 三年相邦呂不韋戟"讋"字 | 言 舌 |
| | | 睡虎地簡（習見） | | 四年相邦呂不韋戈"讋"字旁 | |
| | | 龍崗簡"詐"字旁 | | 八年相邦呂不韋戈"詔"字旁 | |
| 龍 | | 睡虎地簡 | | 三年相邦呂不韋戟"讋"字旁 | 龍 |
| | | | | 四年相邦呂不韋戟"讋"字旁 | |
| 西 | | 放馬灘簡 | | 廿年相邦冉戈 | 西 |
| | | 睡虎地簡 | | | |
| 羊 | | 青川木牘"鮮"字 | | 十三年相邦義戈"義"字 | 羊 |
| | | 放馬灘簡 | | 王四年相邦張義戈"義"字 | |
| | | 睡虎地簡 | | | |
| | | 龍崗簡 | | | |
| 宀（偏旁） | | 放馬灘簡"定"字 | | 王六年上郡守疾戈"守"字 | 宀 |
| | | 睡虎地簡（習見） | | 王七年上郡守疾戈"守"字 | |
| | | 龍崗簡"宮"字 | | 二年上郡守冰戈"守"字 | |

| 篆體 | 秦隸寫法 | | 草篆中接近隸書的寫法 | | 漢隸 |
|---|---|---|---|---|---|
| 長 | 　 | 放馬灘簡 | 　 | 十九年大良造鞅殳鐏 | 長 |
| | | 睡虎地簡 | | 十二年上郡守壽戈 | |
| | | 龍崗簡 | | □年上郡守戈 | |
| 辵（偏旁） | | 青川木牘"道"字 | | 王五年上郡疾戈"造"字 | 辵 |
| | | 放馬灘簡"遠"字 | | 王七年上郡守戈"造"字 | |
| | | 龍崗簡"道"字 | | 十三年相邦義戈"造"字 | |
| | | 睡虎地簡（習見） | | | |
| 邑（偏旁） | | 放馬灘簡"邦"字 | | 王六年上郡守疾戈"郡"字旁 | 邑 |
| | | 龍崗簡"部"字 | | 王七年上郡守戈"郡"字旁 | |
| | | 睡虎地簡（習見） | | 卅一年相邦冉戈"邦"字旁 | |
| | | | | 三年相邦呂不韋戈"邦"字旁 | |
| 者 | | 放馬灘簡 | | 廿七年上郡守趞戈"趞"字旁 | 者 |
| | | 睡虎地簡 | | | |
| | | 龍崗簡 | | | |
| | | 龍崗木牘 | | | |

　　唐蘭很早就注意到這種率簡篆體與近代分隸的關係,他指出[1]:"近古期的文字,從商以後,構造的方法,大致已定,但形式上還不斷的在演化,到周以後,形式漸趨整齊……最後就成了小篆。不過這祇是表面上的演化,在當時的民衆所用的通俗文字,却並不是整齊的、合法的、典型的,他們不需要這些,而祇要率易簡便。這種風氣一盛,貴族也沾上了,例如春秋末年的陳尚陶釜上的刻銘,已頗草率,戰國時的六國系文字是不用説了,秦系文字雖整齊,但到了戈戟上,也一樣的苟簡……這種通俗的、簡易的寫法,最後就形成了近代文字裏的分隸。"

　　裴錫圭《從馬王堆一號漢墓"遣册"談關於古隸的一些問題》也指出:"秦篆中的簡率寫法跟漢代古隸的密切關係説明了一個重要問題:隸書是在

①　唐蘭《古文字學導論》上編第 50～52 頁,臺北學海出版社 1986 年影印。

戰國時代秦國文字的簡率寫法的基礎上形成的。"

　　從以上的字例看來,我們非常支持草率篆體與隸書密不可分的關係。不過,這種草率的篆體,並不是如唐蘭所説是先使用於民間,前述的瓦書也是官方正式文書,表現出來的風格就與詛楚文的嚴謹大異其趣;商鞅方升也與大良造鞅戟頗有差異。正規篆體與俗書的差別並不在統治者與民間,而是取決於製作時的態度和工具材質,詛楚文用以祭山川鬼神,製作極爲嚴謹;虎符爲出兵憑信,亦不可馬虎,但前者琢磨於石章,後者鑿刻於銅器,圓轉與方折就有差異。青銅器上的鑄銘一般都較爲規整,刻款則較率簡,製作時不謹嚴是主因,直接以尖鋭的工具刻寫,難於婉轉,也是重要因素,材質堅硬難刻也有關係①。尤其是要應付戰國日益繁複的社會,像兵器數量龐大,刻款時破圓爲方、減省筆畫都能節省許多時間,隸書的寫法就在這一步一步的方折簡省中逐漸形成了。

　　簡率的銘刻方式對於早期隸書的形成有過一定程度的影響。戰國時期秦文字承襲了春秋以來的風格,嚴謹的文字朝結構規整、綫條圓轉方向發展,逐漸形成小篆;率簡的俗體朝簡化結構、綫條平直方向發展,形成早期隸書。爲了應付戰國以來更趨繁雜的事務,刻款較鑄款簡省時間,俗體較正體便於書寫,俗體刻款的簡省及平直,加上毛筆柔軟特質的運用,表現在簡牘上,就是我們所見到的早期隸書。

　　**四、六國率簡文字與隸書的關係**

　　前一節討論了戰國秦文字中正規的篆體(如詛楚文)、刻款綫條方直的篆體(如秦封宗邑瓦書)、兵器中綫條方直筆畫省簡的草率篆體,我們認爲戰國中期簡率的刻劃文字與隸書的起源有關,這是就秦系文字而言。六國文字對隸書的起源與發展是否有過什麼影響? 這是本節要討論的重點。

　　秦系文字中通俗草率的寫法,有別於正式的嚴謹的寫法,六國文字材料中也同樣存在嚴謹與率簡兩套書寫風格各異的寫法。前引唐蘭文中已指出近古期文字有正式整齊與率易簡便兩種,其中通俗、簡易的寫法形成了近代文字的分隸。這種通俗簡易的寫法,郭沫若稱爲"俗書",他根據信陽楚墓中

---

①　若製作態度非常嚴謹,也可能在青銅器上刻寫精緻的銘文,如中山器的銘文就是其例。

出現比較規整的鐘銘文字和草率奇異的竹簡文字,指出①:"今據信陽墓中有
兩種字體看來,可以得出一種新的説法,便是自西周以來通行於各國統治者
之間的文字有一種正規的體系,而通行於各國民間的文字又别有一種簡略
急就的體系,可以稱爲'俗書'。壽縣楚器鑄款與刻款文字也是兩個體系。
兵器銘文和印璽則多用俗書。"

　　用"俗書"來指稱東西兩土都存在的簡易急就的字體,甚是言簡意賅,衹
是這種"俗書"並不是僅通行於民間,東周不少貴族使用的器物也以簡略急
就的書體銘刻。"俗"與"不俗"取決於銘刻方式及態度,態度嚴謹者多爲鑄
銘,簡率則多用刻銘,刻銘較鑄銘顯見苟簡約易。秦系文字中除了兵器銘文
之外,銅器、陶器②、漆器上的刻劃文字、刑徒的墓誌刻銘③,也都顯出率易簡
略的特質,這些都可以稱爲"俗書"。六國文字資料,正規文字也與俗簡書體
並行,其中筆畫省簡、綫條平直的文字多半出於刻寫,前引唐蘭已指出春秋
晚期齊器陳尚釜是刻寫,又1963年山東臨朐出土的公子土折壺(前545～前
539年)的刻劃銘文④,筆畫方折約易,顯出簡率的風格⑤,對於隸書風格的形
成應有所影響。

　　戰國早期曾侯乙墓(前433～前400年)出土文字資料包括嚴謹與草率
風格,兩相對照,是最好的説明。湖北省隨縣擂鼓墩曾侯乙墓於1977年發
掘,出土有文字共12696字,書寫材質有竹、銅、石、木等,器物種類包括樂器
(鐘、磬、鼓)、禮器、用器、兵器等,書寫方式包括墨書、漆書、刻劃、鑄造,提供
了戰國早期大量且多樣的文字資料,在漢字發展史上有極重要的地位⑥。除
去竹簡(包括竹簽牌)墨書文字外,曾侯乙墓的文字可依書寫風格區分爲四

①　郭沫若《信陽墓的年代與國别》,《文物參考資料》1958年第1期。

②　秦陶器印文也多見隸書因素,但總的看來,較刻劃文字規整,參袁仲一《秦代陶文》。

③　始皇陵秦俑坑考古發掘隊《秦始皇陵西側趙背户村秦刑徒墓》第1~11頁,圖18~35。

④　齊文濤《概述近年來山東出土的商周青銅器》,《文物》1972年第5期,第12~14頁,圖
　　版五1、2。文中據銘文"公孫燻立事歲"定器名爲"公孫燻壺",實際上作器是公子土
　　折,"公孫燻立事歲"衹是記年,兹依《殷周金文集成》15.9709稱爲"公子土折壺"。

⑤　參江村治樹《戰國秦漢簡牘文字的變遷》第241頁。文中尚舉齊器子禾子釜爲例説明草
　　率字體與簡體字很接近筆記文字。

⑥　湖北省博物館編《曾侯乙墓》第483頁,文物出版社1989年。

類：（1）精美鳥篆，其中有部分錯金。（2）字型修長婉轉，裝飾意味極濃的字體。（3）規整嚴謹的字體。（4）綫條平直簡率的字體①。其中鳥篆祇出現於兵器上，第二類主要出現於重要的禮器、樂器及曾侯使用的兵器上，尤其是編鐘銘文最爲華美。第三類以用器及兵器爲主，以上三種都是鑄銘。第四種較簡率的字迹出現在編磬、編鐘掛架、鼓座、磬匣、衣箱上，其中編磬上的文字又較其餘雜器上文字稍整齊些。這些率簡的文字皆爲刻寫，這與我們前述"刻款多半綫條較平直、結構較簡易"的看法一致。

從曾侯乙墓刻寫簡率的銘文與竹簡墨書文字的對照來看，其中類似之處甚多，例如：

| | 嚴謹鑄銘 | 簡率刻銘 | 竹簡墨書 |
|---|---|---|---|
| 之 | | | |
| 大 | | | |
| 新 | | | |
| 宮 | | | |
| 反 | | | |
| 金 | | | |

從曾侯乙墓竹簡上的文字，可以看出與刻款接近而與鑄款相去甚遠的事實，祇是竹簡上還表現出刻款所沒有的毛筆趣味。竹簡文字這種綫條平直簡易的特色，加上毛筆柔軟特質的發揮，到戰國中晚期許多簡帛文字上仍然延續，並繼續朝簡約的方向發展，與後代隸書就逐漸趨近了。唐蘭説六國文字漸趨苟簡是隸書的先河，李孝定、龍宇純等也都支持這個看法②。裘錫圭認爲③："六國文字的俗體也有向隸書類型字體發展的趨勢……這種簡寫方法跟隸書改造篆文的方法極爲近似。如果秦沒有統一中國，六國文字的

①　此處暫不考慮書手的差異。

②　李孝定《中國文字的原始與演變》，《史語所集刊》45 本 2、3 分册，1974 年；龍宇純《中國文字學》（再訂本）第 370 頁，臺北學生書局 1982 年。

③　裘錫圭《文字學概要》第 88 頁，臺北萬卷樓圖書公司 1994 年。

俗體遲早也是會演變成類似隸書的新字體。"我們同意這個看法,並且認爲
這樣的發展與秦俗體字發展爲秦隸的關係没有兩樣。

　　戰國東土簡帛文字與隸書趨近的現象,早有許多學者注意到,郭沫若指
出楚帛書"體勢簡略,形態扁平,接近於後代的隸書"①,李孝定指出"傳世楚
繒書,其結構是六國古文一系,但在書法和形式上,已饒有分隸的意味"②。
顧鐵符舉長沙五里牌出土木俑題字認爲"篆書演變到隸書,主要是受了楚文
字的影響"③。馬國權認爲"像湖北睡虎地出土的秦簡、馬王堆帛書等這樣早
期的古隸,它的行格架式,波勢挑法,在戰國中晚期的楚簡文字中,已孕育了
雛形"④。林素清舉包山楚簡中許多"隸味十足"的例子説明"隸書的發展,
也吸收了楚國及其他各國古文的因素"⑤。我們同意這些學者的看法,隸書
的來源,與東周時期日漸增多的俗書有關,社會生活的日漸繁複、文字的應
用日廣,趨於約易是必要的,刻劃文字在筆畫上破圓爲方、變曲爲直,可以達
到速成的目的,寫在竹簡木牘上,刻意表達毛筆的特質並加以誇張,隸書風
格於焉出現,這種風格的形成並不因區域的分離而有所不同,戰國時期的秦
與六國在竹簡木牘文字風格的發展上有一致的趨向。戰國時期的毛筆出土
日多,製作方式相同,長鋒(2.5 釐米)的毛筆⑥,也有助於表現波挑的筆法。
雖然波挑不是早期隸書必要的特質,但是戰國時期的早期隸書中,不論東西
土,都已出現波挑的端倪,再往下經過一段時間的發展,馬王堆、銀雀山、阜
陽、張家山等漢初簡牘帛書中,波挑已經習以爲常,分隸的特色在這長時間
的發展中逐步完成。

　　就隸書風格的形成與發展而言,戰國時期東西土的簡牘文字都有共同
的經歷,所以我們同意裘錫圭説"如果秦没有統一中國,六國文字的俗體遲

---

① 　郭沫若《古代文字之辯證的發展》,《考古》1972 年第 3 期,第 8 頁。
② 　《漢字的起源與演變論叢》第 151 頁,臺北聯經出版公司 1986 年。
③ 　《座談長沙馬王堆漢墓帛書》,《文物》1974 年第 9 期,第 55 頁,顧鐵符發言記録。
④ 　馬國權《戰國楚文字略説》,《古文字研究》第 3 輯第 153 ~ 159 頁,中華書局 1980 年。
⑤ 　林素清《探討包山楚簡在文字學上的幾個問題》,《史語所集刊》66 本 4 分册,第 1125 ~
　　　1126 頁。
⑥ 　《雲夢睡虎地秦墓》第 26 ~ 27 頁,圖 19;《信陽楚墓》第 66 ~ 67 頁,圖 47 等。

早也是會演變成類似隸書的新字體"這句話。就隸書的結構而言,則早期隸書(特指統一後的秦及漢初)的結構基本上是承襲秦文字而來的,例如楚簡中的"女"字作🈐,秦簡及漢初簡作🈐;"心"字楚簡作🈐,秦簡及漢初簡作🈐;楚簡"竹"字頭作艹,秦及漢初皆作艹;楚簡"者"字作🈐、"皆"字作🈐,秦及漢初作🈐、🈐;楚簡中的"水"旁,或豎寫在左邊或橫寫在下邊,從不作彡;楚簡的"阜"旁作🈐或🈐,秦及漢初作🈐或🈐,西漢中期則承襲前期的寫法沒有改變。楚式的寫法消失了,存留下來的例子極少,如🈐、🈐等字,這應與秦文字在統一過程中"罷其不與秦文合者"有關。秦政權進入六國故地之後,人們逐漸改以新朝的寫法,經過一段時間的約定俗成,六國故有的寫法就自然逐漸被廢棄了[①]。

　　總之,談隸書的起源與發展,必須同時考慮東西土文字,就隸書風格而言,戰國東西土有相同的經歷。就隸書的結構而言,基本上是在秦文字俗體的基礎上發展起來的,東土簡牘結構與秦相異的部分,在文字統一過程中被約定俗成地罷除了,漢代隸書結構與秦隸接近原因在此。

### 五、隸書在戰國秦漢社會中廣泛應用

　　在中國歷史上,戰國時期是一段變動劇烈的時期,爲了應付日趨繁複的社會生活,銘刻習慣也從"記功頌德"轉成"物勒工名,以考其誠"爲主,在文字上也趨向於簡約。文字運用日廣,趨於約易的需求,使簡率的刻劃方式出現頻仍,文字的綫條在刻劃過程中破圓爲方、變曲爲直、省簡筆畫,以達到快速的目的。這些平直省簡的寫法,加上運用柔軟的毛筆,表現出略帶波挑趣味的書體,書寫於簡牘帛書上,就是我們看到的戰國隸書。這樣的發展在戰國時的東土或西土幾乎步調一致,往下發展開了漢代隸書的先河。在秦文字統一的過程中,不與秦文相合的六國寫法逐漸廢棄之後,秦及漢初隸書,就突顯出與戰國秦俗體的密切關聯,實際上隸書的發展過程,除了趨於約易的簡率心態外,也受到書寫工具與材質的影響,與整個戰國刻劃俗體文字是密不可分的。本文中特意列舉秦隸資料,舉出秦簡與秦文字中的草率篆體作對照,也舉曾侯乙墓刻劃文字與竹簡文字作對照,主要就是要説明這一點。

---

① 　詳參陳昭容《秦系文字研究・總論篇》第四章《秦"書同文字"問題新探》。

　　隸書雖然是從簡率的俗書中吸取快捷的書寫方式，但是表現在簡牘上的文字，却與許多出於工匠之手、潦草的俗體文字不可同日而語。不論是楚國簡帛上的文字或睡虎地、龍崗等秦簡，字迹都相當美觀，馬王堆帛書中不少作品甚至可以“優雅”來形容。其中，相信史的階層起過整理的作用。傳統認爲隸書的起源是獄吏程邈得罪始皇、幽繫雲陽十年，“删古立隸文”而成①，今天我們看到戰國中晚期的隸書及其形成發展的過程，自然不會再相信程邈創隸書的傳説，但是程邈可能是在隸書的發展過程中起過較多整理作用的史。隸書之所以稱作“隸書”，與秦漢獄吏、書佐從事文書工作有關，裘錫圭引睡虎地秦簡《法律答問》簡 194 曰：“何謂‘耐卜隸’、‘耐史隸’？卜、史當耐者，皆耐以爲卜、史隸。後更其律如它。”所謂“史隸”，不就是“隸人佐書”者嗎？在“更其律如它”之前，“令隸人佐書”一定是秦官府裏普遍存在的現象，所以官獄文書所用的簡便字體便得到了隸書之稱。②

　　這是對“隸書”名稱由來極好的解釋。

　　戰國晚期，隸書已經是書寫習慣中的主流了，百姓用這種便捷的書體寫家書、刻印章③、寫遣册、記家譜史事、抄日書以爲擇吉避凶的參考、記月名以適應秦楚社會的變遷；地方官吏也用它來抄律文、發通告、標地圖地名、編識字課本、記民間曲調④，到秦漢之間，隸書還拿來寫醫方、書典籍，使用的場合相當廣泛。相對的，規整的篆文使用場合則較爲狹窄，日用場合中大概少有人會寫類似秦刻石那樣繁縟的字體。

　　《張家山漢簡·二年律令》有《史律》提到漢初“史、卜、祝”的養成與考課，其中文字學習規定十分嚴格清楚⑤：

----

① 　見衛恆《四體書勢》“所謂小篆者”下；《書斷》引蔡邕《聖皇篇》。
② 　裘錫圭《文字學概要》第 81 頁，臺北萬卷樓圖書公司 1994 年。
③ 　江陵鳳凰山秦墓出土兩顆“泠賢”印，一爲小篆體，一爲隸體，見吳白匋《從出土秦簡帛書看秦漢早期隸書》。
④ 　《睡虎地秦墓竹簡》167 頁《爲吏之道釋文注釋·説明》：“（爲吏之道）簡文中‘除害興利’一節，每句四字，内容多爲官吏常用的詞語……推測是供學習做吏的人使用的識字課本。這種四字一句的格式，和秦代的字書《倉頡篇》《爰歷篇》《博學篇》相似。竹簡第五欄有韻文八首，由其格式可以判定是‘相’，即當時勞動人民舂米時歌唱的一種曲調。”
⑤ 　張家二四七號漢墓竹簡整理小組編《張家山漢墓竹簡（二四七號墓）》，文物出版社 2001年。

試史學童以十五篇,能風(諷)書五千字以上,乃得爲史。有(又)以八膻(體)試,郡移其八膻(體)課大史,大史誦課,取㝡(最)一人以爲其縣令史,殿者勿以爲史。三歲壹并課。取㝡(最)一人以爲尚書卒史。【簡 476】

卜學童能風(諷)書史書三千字,誦卜書三千字,卜六發中一以上,乃得爲卜,以爲官□。【簡 477】

史學童必須學會《史籀》十五篇,成爲"史"還須經過八體(大篆、小篆、刻符、蟲書、摹印、署書、殳書、隸書)考課,其中最重要的應該是篆體和隸體;卜學童主要的是以史書(隸書)爲主。在西域邊塞地區存留下來的許多習字簡牘或削衣①,其中以帶篆意的隸書爲多,也有不少具有圓筆特色的篆書②。從《史律》的規定看,篆書或八體可能是較爲高級的文官所須具備的能力,卜者以隸書爲主,而這種書體恐怕也就是當時最實用的書體。

在戰國晚期、秦漢之際,隸書的便捷,在實用的功能上取得了壓倒性的優勢,爲當時最實用的書體。直到漢代八分極力講求波挑之美,便捷的功能喪失,與隸書同時發展的草體,及漢代俗書中日漸出現更便捷的楷書,就很快取代了八分,站上實用文字的舞臺。

---

① 汪濤、胡平生、吳芳思主編《英國國家圖書館藏斯坦因所獲未刊漢文簡牘》,上海辭書出版社 2007 年。
② 邢義田《漢代〈倉頡〉、〈急就〉、八體和"史書"問題——再論秦漢官吏如何學習文字》,《古文字與古代史》第二輯第 429～468 頁,臺灣史語所 2009 年。

# 附録一　秦出土文獻統計表

## 一、1949 年之前傳世品、無明確出土地者

| 序號 | 時　間 | 名　稱 | 出土地、著録 | 備　注 |
|---|---|---|---|---|
| 1 | 隋代 | 兩詔秦權 | 《顔氏家訓》記載 | |
| 2 | 唐初 | 石鼓文 | 陝西鳳翔縣南三畤原；一説出土於陳倉（今寶雞）；現藏故宮博物院 | |
| 3 | 北宋 | 詛楚文 | 宋嘉祐年間出於鳳翔開元寺（今陝西鳳翔縣） | |
| 4 | 北宋 | 秦公鎛鐘 | 又名秦銘勳鐘、盨和鐘；《考古圖》7.9～11，《薛氏》56～58，《秦銅》16 | 《集成》00270 |
| 5 | 北宋 | 平陽權 | 《考古圖》9.23，《積古》9.2，《續考》1.3；原藏河東王氏，商承祚認爲僞 | 《秦銅》182 |
| 6 | 北宋 | 懷后石磬 | 《薛氏》8.14，《考古圖》7.16，《文物》2001 年 1 期 53 頁；原藏扶風王氏 | |
| 7 | | 卲宮盉（銅） | 《三代》14.11.4，《陶齋》5.2，《小校》9.53.3，《尊古》3.14，《秦銅》194；原藏端方 | 《集成》10357 |
| 8 | | 二年寺工礜戈 | 《陶齋》5.37，《周金》6.11；原藏端方 | 《集成》11250 |
| 9 | | 吾宜戈 | 《三代》20.5.1，《綴遺》30.29.2，《奇觚》10.7.1，《小校》10.18.3；原藏陳介祺 | 《秦銅》190《集成》10936 |
| 10 | | 五年相邦呂不韋戈 | 《三代》20.28.2～29.1，《奇觚》10.29.2～30，《小校》10.59.1；原藏陳介祺，現藏國博 | 《集成》11396 |
| 11 | | 五年相邦呂不韋戈 | 《善齋》10.35～36，《小校》10.58.1；原藏劉體智 | 《集成》11380 |
| 12 | | 蜀西工戈 | 傳湖南長沙近郊出土，湖南博藏；《湖南考古輯刊》1 輯圖版 13.5，《古文字研究》10 輯 271 頁圖 21，（鑄款） | 《集成》11008 |

| 序號 | 時　間 | 名　　稱 | 出土地、著録 | 備　注 |
|---|---|---|---|---|
| 13 | | 蜀西工戈 | 《三代》20.2.1，《小校》10.15.1，《秦銅》206；原藏劉體智 | 《集成》11009 |
| 14 | | 詔吏矛（詔事矛） | 《善齋》10.47，《小校》10.70.4，《秦銅》207；原藏劉體智，現藏上博 | 《集成》11472 |
| 15 | | 枸矛 | 《三代》20.32.4，《貞松》12.12.2，《貞圖》中71，《秦銅》202，原藏羅振玉，現藏旅順博 | 《集成》11430 |
| 16 | | 陽陵虎符 | 《秦金》1.40.2；傳出山東嶧縣，原藏羅振玉，現藏國博 | 《秦銅》97 |
| 17 | | 上黨武庫戈（鑄款） | 《夢郼》下22，《文物》1974年6期16頁圖8，《漢金》6.12.2；原藏羅振玉 | 《集成》11054 |
| 18 | | 櫟陽虎符 | 1941年英國倫敦富士比拍賣行；《近出》1256，《流散歐》350；原藏吳大澂 | |
| 19 | | 十三(？)年鞅戟 | 《三代》20.21.1～2，《貞松》12.16.1，《秦金》41；原藏桐鄉馮氏，現藏上博 | 《集成》11279 |
| 20 | | 王六年上郡守疾戈 | 《癡盦》61，《巖窟》下58；傳陝西出土；原藏李泰棻、梁上椿 | 《集成》11297 |
| 21 | | 成固戈 | 《漢金》6.12.1，《貞松補遺》下42.1；現藏故宮博物院 | 《集成》10938 |
| 22 | | 成固戈 | 《頌齋》22.1圖34，《小校》14.2；原藏容庚 | 《集成》10939 |
| 23 | | 廿一年相邦冉戈 | 《三代》20.23.2～20.24.1，《小校》10.51.1；原藏于省吾，現藏國博 | 《集成》11342 |
| 24 | | 二年上郡守暨戈 | 原藏商承祚、于省吾 | 《集成》11362 |
| 25 | | 不嬰簠蓋 | 《三代》9.48.2，《從古》10.36 | 《集成》04329 |
| 26 | | 秦子矛 | 《三代》20.40.3～4，《貞松》12.17.1；原藏容庚 | 《集成》11547 |
| 27 | | 秦子戈 | 《三代》19.53.3，《攈古》2之2.35.3，《奇觚》10.28.2，《小校》10.56.2；現藏廣博 | 《集成》11353 |
| 28 | | 四年相邦樛斿戈 | 《三代》20.26.2～27.1，《貞松》12.9.1，《雙吉》下31；原藏于省吾 | 《集成》11361 |
| 29 | | 十六年商鞅戈鐓 | 《三代》20.60.1，《雙吉》下50，《雙古》上49；傳出河南洛陽，原藏于省吾，現藏國博 | 《集成》11911 |

| 序號 | 時間 | 名　稱 | 出土地、著録 | 備　注 |
|---|---|---|---|---|
| 30 | | 商鞅量<br>（商鞅方升） | 《周金》6.124.1，《小校》11.19.1，《度量衡》81，《文物》1972 年 6 期；上博藏 | 《集成》10372 |
| 31 | | 庶長鞅<br>殳鐓 | 《雙古》上 49，《考古與文物》1996 年 5 期 26 頁圖 4，《秦文字》圖版 16，《新收》1560；國博藏 | 《秦銅》18 |
| 32 | | 丞相觸戈 | 《貞續》下 22.2～3 | 《集成》11294 |
| 33 | | 王七年上<br>郡守疾戈 | 《貞松》中 66 | |
| 34 | | 邘令戈 | 《奇觚》10.27.2 | |
| 35 | | 九年弋丘<br>令癰戈 | 《三代》20.22.1；内背面秦刻銘 2 字“高望” | 《集成》11313 |
| 36 | | 十四年相<br>邦冉戈 | 《雙古》上 48，《秦文字》圖版 38，《總集》7529 | |
| 37 | | 高奴矛 | 《三代》20.33.5，《奇觚》10.35.3，《小校》10.71.4，《秦銅》201 | 《集成》11473 |
| 38 | | 廿五年上<br>郡守厝戈 | 《周漢遺寶》55.1，《叢考》518；朝鮮平壤市樂浪郡遺址出土，原藏朝鮮平壤中學 | 《集成》11406 |
| 39 | | 新郪虎符 | 《秦金》1.41.1，《小校》14.90.1～4，《秦文字》圖版 37～41；原藏日本，現藏巴黎陳氏 | 《集成》12108 |
| 40 | | 章臺壺 | 陳直《讀金日札》謂此器著録於“《小校》四，八三”，誤。今按，《小校》四，八三共包含 3 件器物，均非此“章臺壺”；此器出處暫闕。 | |
| 41 | 民國<br>初年 | 秦公簋 | 《三代》9.33.2(蓋)，《三代》9.34.1～2(器)，《貞松》6.13，《秦銅》圖 14；傳出甘肅秦州 | 《集成》04315 |
| 42 | 30 年代 | 二十九<br>年漆奩 | 20 世紀 30 年代湖南長沙市北郊穿眼塘戰國楚墓出土；商承祚《長沙古物聞見記》一，圖版玖，《文物》1979 年 12 期，《文物報》1990 年 2 月 15 日，《楚文物圖典》303 頁，《秦文字》圖版 27，《新收》1808；美國舊金山亞洲藝術博物館藏 | |
| 43 | 1931<br>年 | 卅七年右<br>舍銀器足 | 河南洛陽市郊金村古墓出土；《古文字研究》12 輯344 頁黄盛璋文；《書道全集》第一卷 34 頁圖 58第一行摹本；《增訂洛陽金村古墓聚英》31 頁圖十六.2 | |

| 序號 | 時間 | 名　稱 | 出土地、著録 | 備　注 |
|---|---|---|---|---|
| 44 | | 四十年銀器足 | 河南洛陽市郊金村古墓出土;《古文字研究》12 輯 344 頁黃盛璋文;《書道全集》第一卷 34 頁圖 58 第二行摹本;《增訂洛陽金村古墓聚英》31 頁圖十六.1 | 殘刻 12 字 |
| 45 | 抗戰時期 | 秦封宗邑瓦書 | 《古文字研究》14 輯、秦陶文拓本 1610;陝西鄠縣灃河灘出土,陝師大博藏 | 原藏段紹嘉 |
| 46 | | 十三年相邦義戈 | 《録遺》584;原藏天津市文化局,《文物》1964 年 2 期 49 頁圖 1,秦銅 30 | 《集成》11394 |
| 47 | | 三年上郡守冰戈 | 《録遺》583;上博藏 | 《集成》11369 |
| 48 | | 漆垣戈 | 遼寧省博物館藏 | 《集成》10935 |
| 49 | | 成固戈 | 故宫博物院藏 | 《集成》10940 |
| 50 | | 少府戈 | 故宫博物院藏 | 《集成》11106 |
| 51 | | 寺工讐戈 | 故宫博物院藏 | 《集成》11197 |
| 52 | | 廿七年上守趙戈 | 故宫博物院藏;《秦铜》46 | 《集成》11374 |
| 53 | | 十二年上郡守壽戈 | 故宫博物院藏 | 《集成》11363 |
| 54 | | 寺工矛 | 故宫博物院藏 | 《集成》11452 |
| 55 | | 櫟陽武當矛 | 故宫博物院藏 | 《集成》11502 |
| 56 | | 涉戈（鑄款） | 故宫博物院藏 | 《集成》10827 |
| 57 | | 高望矛 | 故宫博物院藏 | 《集成》11492 |
| 58 | | 高望矛 | 故宫博物院藏 | 《集成》11493 |

| 序號 | 時 間 | 名 稱 | 出土地、著録 | 備 注 |
|---|---|---|---|---|
| 59 | | 中陽矛 | 國博藏 | 《集成》11494 |
| 60 | | 泥陽矛 | 故宮博物院藏 | 《集成》11460 |
| 61 | | 陽周矛 | 故宮博物院藏 | 《集成》11464 |
| 62 | | 平周矛 | 故宮博物院藏 | 《集成》11465 |
| 63 | | 平周矛 | 故宮博物院藏 | 《集成》11466 |
| 64 | | 平周矛 | 國博藏 | 《集成》11467 |
| 65 | | 秦子戈 | 《故銅》261,《秦文字》10;故宮博物院藏 | 《集成》11352 |
| 66 | | 寺工矛（武庫矛） | 上博藏 | 《集成》11533 |
| 67 | | 六年漢中守運戈 | 荆州地區博物館藏;《秦文字》圖版 19 | 《集成》11367 |
| 68 | | 卅年上郡守起戈 | 《秦文字》圖版 30;原藏故宮博物院,現藏國博 | 《集成》11370 |
| 69 | | 十三年少府矛 | 《文物》1984 年 10 期 60 頁圖 2;原藏故宮博物院,現藏國博 | 《集成》11550 |
| 70 | | 上黨武庫矛 | 國博藏 | 《集成》11500 |
| 71 | | 屬邦矛 | 國博;袁仲一《秦中央督造的兵器刻辭綜述》表一 21 號 | |
| 72 | | 上郡武庫矛 | 《古文字研究》10 輯 269 頁圖 17.3~4,《湖南考古輯刊》1 輯圖版 13.3;湖南博藏 | 《集成》11501 |
| 73 | | 洛都劍 | 故宮博物院藏 | 《集成》11574 |
| 74 | | 始皇詔方升 | 刻款,《度量衡》98,《陶齋》4.51,《貞松》12.71（《秦銅》作 12.37）,《秦金》1.28.2,《文物》1972 年 6 期 18 頁;上博藏 | 《秦銅》98 |

| 序號 | 時　間 | 名　　稱 | 出土地、著錄 | 備　注 |
|---|---|---|---|---|
| 75 | | 始皇詔方升 | 刻款,《度量衡》99;國博藏 | 《秦銅》99 |
| 76 | | 始皇詔方升 | 刻款,《秦金》1.29.1(拓本),《秦金石刻辭》8後 | 《秦銅》100 |
| 77 | | 始皇詔方升 | 刻款,《秦金》1.29.2,《秦金石刻辭》9前上後 | 《秦銅》101 |
| 78 | | 始皇詔橢量 | 刻款,《度量衡》101,《秦金》1.26.2,《小校》11.22.3,《尊古》3.32,《文物》1964年7期44頁圖9;國博藏 | 《秦銅》102 |
| 79 | | 始皇詔橢量 | 刻款,《度量衡》102,《秦金》1.27.1,《小校》11.21.4,《文物》1964年7期45頁圖10;天津博藏 | 《秦銅》103 |
| 80 | | 始皇詔橢量 | 刻款,《度量衡》103,《陶齋》4.49,《秦金》1.27.2,《小校》11.22.1,《尊古》3.30,《夢郼》中37;旅順博藏 | 《秦銅》104 |
| 81 | | 始皇詔橢量（刻款） | 《度量衡》104,《陶齋》4.46,《秦金》1.25.1,《小校》11.23.1,《尊古》3.30,《夢郼》中38;旅順博藏 | 《秦銅》105 |
| 82 | | 始皇詔橢量 | 刻款,《度量衡》105,《陶齋》4.48,《秦金》1.25.2,《小校》11.22.2,《尊古》3.31,《夢郼》中37;吉大博藏 | 《秦銅》106 |
| 83 | | 始皇詔橢量 | 刻款,《善圖》173,《陶齋》4.44,《秦金》1.24.2 | 《秦銅》107 |
| 84 | | 始皇詔橢量 | 刻款,《秦金》1.28.1(原爲閩侯陳應修《猗文閣金文拓本》) | 《秦銅》108 |
| 85 | | 武城橢量 | 刻款,《貞松》12.37.2,《秦金》1.26.1,《小校》11.20.1,《尊古》3.29,《度量衡》99,《文物》1964年7期44頁圖8;國博藏 | 《秦銅》109 |
| 86 | | 始皇詔銅權 | 刻款,《度量衡》182,《秦金》1.3.1,《貞補》中24,《雙吉》下52,《尊古》3.43;傳出西安,國博藏 | 《秦銅》110 |
| 87 | | 始皇詔銅權 | 刻款,《度量衡》186,《秦金》1.2.1,《尊古》3.44;國博藏 | 《秦銅》112 |
| 88 | | 始皇詔銅權 | 刻款,《度量衡》187,《陶齋》4.32,《夢郼》中29,《秦金》1.2.2,《小校》11.1.1;原藏羅振玉,1958年旅順登峰街道撥交,現藏旅順博 | 《秦銅》113 |

| 序號 | 時間 | 名　稱 | 出土地、著録 | 備　注 |
|---|---|---|---|---|
| 89 | | 始皇詔銅權 | 刻款,《度量衡》188;上博藏 | 《秦銅》114 |
| 90 | | 始皇詔銅權 | 刻款,《度量衡》189,《夢續》40,《秦金》1.5.1;旅順博藏 | 《秦銅》115 |
| 91 | | 始皇詔銅權 | 刻款,《度量衡》190;國博藏 | 《秦銅》116 |
| 92 | | 始皇詔銅權 | 刻款,《度量衡》191;上博藏 | 《秦銅》117 |
| 93 | | 始皇詔銅權 | 刻款,《秦金》1.6.2,《衡齋》上3,《故宮院刊》1979年4期42頁圖7;故宮博物院藏 | 《秦銅》118 |
| 94 | | 始皇詔銅權 | 刻款,《度量衡》176,《秦金》1.1.2,《陶齋》4.12,《貞松》12.32,《小校》11.3.1,《尊古》3.43;國博藏(《秦銅》圖版135附14重出) | 《秦銅》119 |
| 95 | | 始皇詔銅權 | 刻款,《陶齋》4.30,《秦金》1.1.1 | |
| 96 | | 始皇詔銅權 | 刻款,《貞松》12.34 | |
| 97 | | 始皇詔銅權 | 刻款,《貞松》12.35.1 | |
| 98 | | 始皇詔銅權 | 刻款,《貞松》12.35.2 | |
| 99 | | 始皇詔銅權 | 刻款,《貞松》12.36 | |
| 100 | | 始皇詔銅權 | 刻款,《衡齋》上3 | |
| 101 | | 始皇詔銅權 | 刻款,《窓齋》24.10.2 | |
| 102 | | 始皇詔銅權 | 刻款,《南大文物》37;南京大學考古與藝術博物館藏 | |
| 103 | | 始皇詔鐵石權 | 刻款,《度量衡》167;國博藏 | 《秦銅》120 |
| 104 | | 始皇詔鐵石權 | 刻款,《度量衡》168,《善圖》169,《陶齋》4.39,《秦金》1.12.1,《善齋》12.5,《小校》11.6.1,《尊古》3.37 | 《秦銅》121 |

| 序號 | 時 間 | 名 稱 | 出土地、著録 | 備 注 |
|---|---|---|---|---|
| 105 | | 始皇詔<br>鐵石權 | 刻款,《愙齋》24. 11. 1 | |
| 106 | | 始皇詔<br>廿四斤權 | 刻款,《善圖》170,《小校》11. 10. 2 | |
| 107 | | 始皇詔<br>廿斤權 | 刻款,《善圖》171 | |
| 108 | | 始皇詔<br>十六斤權 | 刻款,《度量衡》177,《秦金》1. 14. 2,《夢郼》中 35,<br>《國史金》2924;國博藏 | 《秦銅》<br>127 |
| 109 | | 始皇詔<br>十六斤權 | 刻款,《度量衡》178,《秦金》1. 13. 2,《夢郼》中 32,<br>《小校》11. 10. 1;鑄 3 字;旅順博藏 | 《秦銅》<br>128 |
| 110 | | 始皇詔<br>十六斤權 | 刻款,《度量衡》179,《陶齋》4. 18,《夢郼》中 34,<br>《秦金》1. 10. 2,《小校》11. 11. 1;吉大博藏 | 《秦銅》<br>129 |
| 111 | | 始皇詔<br>十六斤權 | 刻款,《陶齋》4. 16,《秦金》1. 14. 1,《小校》<br>11. 9. 2,《善齋》10,《善圖》172 | 《秦銅》<br>130 |
| 112 | | 始皇詔<br>十六斤權 | 刻款,《善圖》172 | |
| 113 | | 大騩權 | 鑄款,《度量衡》180,《陶續》2. 27,《秦金》1. 23. 2,<br>《小校》11. 15. 1;南京博物院藏 | 《秦銅》<br>131 |
| 114 | | 旬邑權 | 鑄款,《度量衡》181,《秦金》1. 24. 1,《小校》<br>11. 16. 1;天津博藏(商承祚認爲偽) | 《秦銅》<br>132、133 |
| 115 | | 始皇詔<br>八斤權 | 刻款,《度量衡》183,《秦金》1. 17. 1,《小校》<br>11. 7. 2;鑄 2 字;國博藏 | 《秦銅》<br>134 |
| 116 | | 始皇詔<br>八斤權 | 刻款,《度量衡》184,《陶齋》4. 26,《夢郼》中 30,<br>《秦金》1. 15. 1,《小校》11. 7. 1,《貞松》12. 23;旅<br>順博藏 | 《秦銅》<br>135 |
| 117 | | 始皇詔<br>銅權 | 刻款,《陶齋》4. 28,《秦金》1. 8. 1,《小校》11. 5. 1 | 《秦銅》135<br>附 1 |
| 118 | | 始皇詔<br>銅權 | 刻款,《秦金》1. 7. 1,《小校》11. 4. 4 | 《秦銅》135<br>附 2 |
| 119 | | 始皇詔<br>銅權 | 刻款,《秦金》1. 8. 2 | 《秦銅》135<br>附 3 |
| 120 | | 始皇詔<br>銅權 | 刻款,《陶齋》4. 24,《秦金》1. 9. 1(《秦金》1. 9. 2 重<br>出) | 《秦銅》135<br>附 4 |

| 序號 | 時間 | 名　稱 | 出土地、著録 | 備　注 |
|---|---|---|---|---|
| 121 | | 始皇詔銅權 | 刻款,《陶齋》4. 22,《秦金》1. 10. 1 | 《秦銅》135附 5 |
| 122 | | 始皇詔銅權 | 刻款,《秦金》1. 3. 2 | 《秦銅》135附 6 |
| 123 | | 始皇詔銅權 | 刻款,《秦金》1. 4. 2 | 《秦銅》135附 7 |
| 124 | | 始皇詔銅權 | 刻款,《秦金》1. 5. 2 | 《秦銅》135附 8 |
| 125 | | 始皇詔銅權 | 刻款,《秦金》1. 6. 1,《貞松》12. 25. 1,《小校》11. 4. 1 | 《秦銅》135附 9 |
| 126 | | 始皇詔銅權 | 刻款,《小校》11. 1. 2 | 《秦銅》135附 10 |
| 127 | | 始皇詔銅權 | 刻款,《小校》11. 3. 2 | 《秦銅》135附 11 |
| 128 | | 始皇詔銅權 | 刻款,《小校》11. 4. 2 | 《秦銅》135附 12 |
| 129 | | 始皇詔銅權 | 刻款,《小校》11. 5. 3 | 《秦銅》135附 13 |
| 130 | | 始皇詔銅權 | 刻款,《小校》11. 3. 3 | 《秦銅》135附 15 |
| 131 | | 始皇詔銅權 | 刻款,《秦金》1. 34. 3 | 《秦銅》135附 16 |
| 132 | | 始皇詔銅權 | 刻款,《秦金》1. 18. 1,《尊古》2. 42 | 《秦銅》135附 17 |
| 133 | | 始皇詔版 | 刻款,《恒軒》103,《愙齋》24. 14. 1,《秦金》1. 34. 1,《籑齋》5. 1,《小校》11. 28. 2;國博藏 | 《秦銅》136 |
| 134 | | 始皇詔版 | 鑄款,《陶齋》4. 1,《夢郼》中 39,《秦金》1. 35. 1,《小校》11. 28. 4 | 《秦銅》137 |
| 135 | | 始皇詔版 | 鑄款,《愙齋》24. 13. 1 ~ 2,《籑齋》5. 6,《秦金》1. 35. 2,《小校》11. 29. 1 | 《秦銅》138、139 |
| 136 | | 始皇詔版(殘) | 刻款,《秦金》1. 35. 3;殘存 10 字 | 《秦銅》140 |

| 序號 | 時間 | 名　稱 | 出土地、著録 | 備　注 |
|---|---|---|---|---|
| 137 | | 始皇詔版（殘） | 刻款,《筠清》5.36,《清儀》2.1,《從古》4.3,《兩罍》9.1,《愙齋》24.11.2,《簠齋》5.6,《秦金》1.36.1,殘存12字 | 《秦銅》141 |
| 138 | | 始皇詔版（殘） | 刻款,《貞松》12.38,《秦金》36前2;殘存詔書末尾5字,左下角另有2字模糊莫辨 | 《秦銅》142 |
| 139 | | 始皇詔版 | 刻款,《貞松》12.39.1 | |
| 140 | | 始皇詔版 | 刻款,1952年段紹嘉捐獻;《中國文物精華大辭典·青銅卷》1062（所述出土時、地不確）;陝博藏,館藏號3205,《通鑒》18935 | |
| 141 | | 兩詔橢量（刻款） | 《度量衡》106,《積古》9.3,《簠齋》5.2~3,《愙齋》24.8.1~2,《秦金》1.31.1,《小校》11.25.1,《奇觚》11.3;上博藏 | 《秦銅》148 |
| 142 | | 兩詔橢量（刻款） | 《度量衡》107,《簠齋》5.2,《愙齋》24.7.2,《秦金》1.32.1,《小校》11.26.1;國博藏 | 《秦銅》149 |
| 143 | | 兩詔橢量（刻款） | 《度量衡》108;《恒軒》102,《秦辭》卷上10,《愙齋》24.91~2,《簠齋》5.1,《秦金》33後,《小校》11.24;國博藏 | 《秦銅》150、151 |
| 144 | | 二世詔版（刻款） | 《筠清》5.34,《長安》2.2,《奇觚》11.2,《愙齋》24.14.2,《簠齋》5.6,《秦金》1.36.3;漏刻"號"字 | 《秦銅》161 |
| 145 | | 二世詔版（刻款） | 《長安》2.3,《恒軒》104,《奇觚》11.13,《愙齋》24.18.1,《簠齋》5.3,《秦金》1.36.4,《小校》11.35.2;殘存49字 | 《秦銅》162 |
| 146 | | 二世詔版（刻款） | 《長安》2.4,《奇觚》11.2,《愙齋》24.16.1,《簠齋》5.8,《秦金》1.37.1 | 《秦銅》163 |
| 147 | | 二世詔版（刻款） | 《愙齋》24.17.1,《秦金》1.37.2 | 《秦銅》164 |
| 148 | | 二世詔版（刻款） | 《陶齋》4.2,《夢郭》中40,《愙齋》24.15.2,《秦金》1.37.3 | 《秦銅》165 |
| 149 | | 二世詔版（刻款） | 《秦金》1.36.4 | 《秦銅》166 |
| 150 | | 二世詔版（刻款） | 《秦金》1.38.1 | 《秦銅》167 |

| 序號 | 時間 | 名　稱 | 出土地、著録 | 備　注 |
|---|---|---|---|---|
| 151 | | 二世詔版（刻款） | 《秦金》1.38.2,《恖齋》24.15.1,《簠齋》5.9 | 《秦銅》168 |
| 152 | | 二世詔版（刻款） | 《秦金》1.38.3,《恖齋》24.16.2 | 《秦銅》169 |
| 153 | | 二世詔版（刻款） | 《秦金》1.38.4,《陶齋》4.3,《小校》11.36.2;殘存52字 | 《秦銅》170 |
| 154 | | 二世詔版（刻款） | 《秦金》1.39.1,《恖齋》24.17.2,《小校》11.36.1;殘存56字 | 《秦銅》171 |
| 155 | | 二世詔版（刻款） | 《秦金》1.39.2,《恖齋》24.18.2,《簠齋》5.8,《小校》11.34.3;殘存47字 | 《秦銅》172 |
| 156 | | 兩詔詔版（刻款） | 《長安》2.1,《奇觚》11.4,《秦金》1.39.3,《恖齋》24.12.1~2,《簠齋》5.5,《小校》11.36.3;傳清光緒年間陝西長安出土,國博藏 | 《秦銅》174 |
| 157 | | 兩詔銅權（刻款） | 傳清末陝西寶雞出土;《度量衡》175,《陶齋》4.6,《秦金》1.20.1,《小校》11.14.1,《尊古初》30.40;國博藏(《秦銅》圖版135附18重出) | 《秦銅》175 |
| 158 | | 兩詔銅權（刻款） | 《陶齋》4.4,《秦金》1.19.1,《小校》11.13.1,《尊古》3.38 | 《秦銅》179.1、2 |
| 159 | | 兩詔銅權（刻款） | 《秦金》1.21.1,《小校》11.12.3 | 《秦銅》180 |
| 160 | | 美陽權 | 《度量衡》194,《恖齋》24.10.1,《秦金》1.23.1,《小校》11.18.1;上博藏 | 《秦銅》183 |
| 161 | | 咸陽亭半兩權 | 《度量衡》195;上博藏 | 《秦銅》184 |
| 162 | | 始皇詔量（刻款） | 《貞松》12.37.1 | |
| 163 | | 始皇詔量（刻款） | 《貞松》12.38.1,《秦金》1.30;柄上刻"鞸（鞣）"字 | |
| 164 | | 貧陽鼎 | 據説早年得自古董市場;《文物》1995年11期周曉《貧陽鼎跋》圖一~十一,《秦文字》圖版53~56 | 西安某氏藏 |
| 165 | | 耀縣文廟石鼓文碑 | 清順治十六(1695)年耀州知州唐翰輔刻;《秦文字》圖版244~253,陝西耀縣藥王山博物館藏 | |

## 二、1949 年之後出土、發現、發表者

| 序號 | 時間 | 名稱 | 出土地、著錄 | 備注 |
|---|---|---|---|---|
| 1 | 1950 年 | 軝簋 | 秋,河南洛陽市西工墓葬;《文物》1965 年 11 期 49 頁圖 2、4~6 | 《秦銅》203 |
| 2 | 1951 年 | 銅箕斂 | 1951 年山東省文管會撥交,出土地不詳(刻秦始皇詔 4 行 40 字);《中國歷史文物》2003 年 1 期封三,又同期《説"箕斂"》圖一(摹本) | 山東博藏 |
| 3 | 1956 年 | 始皇詔鐵石權 | 山西省左雲縣威魯鄉東辛莊;《度量衡》169,《文物參考資料》1957 年 8 期 41 頁左圖;國博藏 | 《秦銅》122 |
| 4 | | 私官戕鼎 | 西安市臨潼斜口鄉地窖村;《文物》1966 年 1 期,《秦銅》193 | 《集成》01508 |
| 5 | | 高陵君鼎 | 陝西隴縣東南鄉板橋溝;《第二屆國際中國古文字學研討會論文集》236 頁圖 2,《秦文字》圖版 22,《考古》1993 年 3 期 268 頁,《新收》815 | 陝博藏 |
| 6 | 1957 年 | 四年相邦呂不韋戈 | 7 月湖南長沙市南郊左家塘 1 號秦代墓;《文物》1958 年 10 期 73 頁左上,《考古》1959 年 9 期 457 頁圖 3,湖南省文物圖録圖版 60,《秦銅》63 | 《集成》11308 |
| 7 | | 四百十一玉璧 | 長沙左家塘秦墓 | |
| 8 | | 十八年上郡戈 | 河北易縣百福村燕下都遺址,《秦銅》41,《古文字研究》7 輯 138 頁摹本 | 《集成》11378 |
| 9 | 1959 年 | 廿一年寺工車害 | 西安市三橋鎮後圍寨;《文物》1966 年 1 期,《秦銅》93;陝博藏 | 《集成》12041 |
| 10 | 1960 年 | 王五年上郡守疾戈 | 1960 年 1 月陝博徵集品;《人文雜誌》1960 年 3 期 67 頁圖 1,《秦銅》27 | 《集成》11296 |
| 11 | | 麗山園鍾 | 始皇陵園北安溝水庫工地;《文物》1965 年 7 期 | 《秦銅》185 |
| 12 | 1961 年 | 始皇詔版 | 陝西咸陽市長陵車站北秦手工業作坊遺址金屬窖藏;《考古》1962 年 6 期圖版 2.1,《秦都咸陽考古報告》153 頁圖 138.1 | 《秦銅》144 |
| 13 | 1962 年 | 十四年屬邦戈 | 廣州東郊羅崗 4 號秦代墓;《考古》1962 年 8 期 405 頁圖 2,《考古》1975 年 4 期 206 頁圖 2 右,《秦銅》74 | 《集成》11332 |

| 序號 | 時 間 | 名 稱 | 出土地、著録 | 備 注 |
|---|---|---|---|---|
| 14 | | 年宮、棫陽宮瓦當 | 秦都雍城遺址出土 | |
| 15 | | 始皇詔版（3件） | 陝西咸陽長陵車站北秦手工業作坊遺址金屬窖藏,同出三件均殘;《考古》1974 年 1 期 20 頁圖 4.7,《秦文字》圖版 44.2,《秦都咸陽考古報告》173 頁圖 157.1 | |
| 16 | | 太后車曺 | 秦都咸陽故城,陝博藏;《考古》1974 年 1 期,《秦銅》51 | 《集成》12026 |
| 17 | | 工字形零件(夫人) | 陝西咸陽市長陵車站南;《考古》1974 年 1 期 20 頁圖 4.9,《秦文字》44.3,《通鑒》19023 | 《集成》12021 |
| 18 | | 郁郅戈 | 3 月咸陽秦都城遺址長陵車站南沙坑出土(殘戈内);《考古》1974 年 1 期 20 頁圖四:13,《秦都咸陽考古報告》圖一四四:8,施謝捷《秦兵器銘刻零釋》 | 陝考古院藏 |
| 19 | | 磚瓦陶文 | 2 月,始皇陵調查;《考古》1962 年 8 期 | |
| 20 | 1963 年 | 陶文 | 咸陽故城勘察、選點試掘;見《秦都咸陽考古報告》,《秦陶文新編》 | |
| 21 | | 始皇詔陶斗 | 山東省鄒縣紀王城出土,器腹模印始皇詔 40 字,口沿及内底銘文均爲"驫"字 | 山東博藏 |
| 22 | 1964 年 | 高奴禾石銅權 | 3 月,西安市西郊三橋鎮高窰村秦阿房宮遺址;《文物》1964 年 9 期圖版陸,1、2,43 ~ 44 頁圖 2 ~ 3,《度量衡》166,《秦銅》32;陝博藏 | 《集成》10384 |
| 23 | | 秦半兩錢 | 5 月,河南南陽明家營公社楊新莊 | |
| 24 | | 磚文(11 種) | 7 月,臨潼縣北豎穴墓出土陶文(登宮水、大水、白章等 11 種) | |
| 25 | 1965 年 | 始皇詔銅石權 | 1 月,江蘇盱眙縣東陽公社高塘村;《度量衡》170,《文物》1965 年 11 期 51 頁圖 4;南京博藏 | 《秦銅》126 |
| 26 | | 戲偆銅量 | 《文物》1965 年 5 期 3 頁圖 2;陝博藏 | 《集成》10362 |
| 27 | | 廿五年銅容器 | 《文物》1966 年 1 期(朱捷元文)9 頁圖二、三(摹本) | 陝博藏 |

| 序號 | 時 間 | 名　稱 | 出土地、著録 | 備　注 |
|---|---|---|---|---|
| 28 | 1966 年 | 半斗鼎 | 4 月,陝西咸陽市渭城區塔兒坡戰國秦墓;《秦銅》205 | 《集成》02100 |
| 29 | | 平鼎 | 4 月,陝西咸陽市渭城區塔兒坡;《文物》1975 年 6 期 74 頁圖 12,《秦銅》204 | 《集成》01236 |
| 30 | | 中攸鼎 | 4 月,陝西咸陽市渭城區塔兒坡;《文物》1975 年 6 期 70 頁圖 13.5～6 | 《集成》02228 |
| 31 | | 卅六年私官鼎 | 4 月,陝西咸陽市渭城區塔兒坡;《文物》1975 年 6 期 75 頁圖 13.1～2 | 《集成》02658 |
| 32 | | 安邑下官鍾 | 4 月,陝西咸陽市渭城區塔兒坡;《光明日報》1974 年 7 月 6 日王丕忠文圖二、三,《文物》1975 年 6 期 72 頁圖 5.6,《度量衡》附録 2 | 《集成》09707 |
| 33 | | 雍工攸壺 | 4 月,陝西咸陽市渭城區塔兒坡;《考古與文物》1983 年 6 期 4 頁圖 2,《秦銅》53 | 《集成》09605 |
| 34 | | 脩武府盉 | 4 月,陝西咸陽市渭城區塔兒坡;《文物》1975 年 6 期 74 頁圖 11,《秦銅》197 | 《集成》09939 |
| 35 | | 二年寺工壺 | 陝西咸陽市渭城區塔兒坡;《考古與文物》1983 年 6 期 5 頁圖 5,《秦文字》圖版 32,《秦銅》52 | 《集成》09673 |
| 36 | | 少府矛 | 5 月,河北易縣燕下都遺址西沈村,《秦銅》72 | 《集成》11532 |
| 37 | 1967 年 | 兩詔銅權 | 甘肅秦安縣隴城公社西漢墓地;《度量衡》192 | 《秦銅》176 |
| 38 | | 咸陽鼎 | 寧夏固原頭營鄉坪東村;《文物》1978 年 12 期,《秦文字》圖版 51 | |
| 39 | | 始皇詔銅權 | 西安市;《度量衡》185,陝博藏 | 《秦銅》111 |
| 40 | | 王氏陶罐 | 咸陽市東 50 華里紅旗鄉;《光明日報》1974 年 7 月 6 日王丕忠文《戰國秦"王氏"陶罐和魏"安邑"銅鍾——介紹咸陽出土的兩件珍貴文物》圖一 | 咸陽博藏 |
| 41 | 1970 年 | 二年少府戈 | 河北易縣北沈村;《古文字研究》7 輯 138 頁圖十(摹本) | 《秦銅》56 |
| 42 | 1971 年 | 廿年相邦冉戈 | 湖南岳陽岳陽城陵磯戰國墓葬;《湖南考古輯刊》1 輯圖版 14.13,《秦文字》圖版 25.1,《秦銅》42 | 《集成》11359 |

| 序號 | 時　間 | 名　　稱 | 出土地、著録 | 備　注 |
|---|---|---|---|---|
| 43 | 1972 年 | 廿六年蜀守武戈 | 四川涪陵小田溪 3 號戰國墓;《文物》1974 年 5 期第 74 頁圖 25,又 78 頁圖 46,《文物》1976 年 7 期 84 頁圖 3,《秦文字》圖版 36.2,《秦銅》96 | 《集成》11368 |
| 44 | 1973 年 | 兩詔銅權 | 陝西臨潼縣(今臨潼區)秦始皇陵内城西部;《度量衡》193 | 《秦銅》177、178 |
| 45 | | 麗山飤官遺址陶文 | 3 月,秦始皇陵園内城西牆外;《秦陶文》1466 ~ 1470、1473 ~ 1476、1481 | |
| 46 | | 始皇詔鐵石權 | 夏,山東文登縣簡山公社鐵權村;《度量衡》171,《文物》1974 年 7 期 94 頁圖 1 | 《秦銅》123 |
| 47 | | 杜虎符 | 西安市郊區山門口公社北沈家橋村(今屬雁塔區);《文物》1979 年 9 期圖版 8.1,《秦銅》圖 25 | 《集成》12109 |
| 48 | | 始皇詔量器(殘) | 吉林沙巴營子古城 | |
| 49 | | 五十二病方 | 12 月在湖南長沙馬王堆 3 號漢墓;《馬王堆漢墓帛書》(四),文物出版社 1985 年 | 湖南博藏 |
| 50 | | 足臂十一脈灸經 | 12 月在湖南長沙馬王堆 3 號漢墓;《馬王堆漢墓帛書》(四),文物出版社 1985 年 | 湖南博藏 |
| 51 | | 陰陽十一脈灸經甲本 | 12 月在湖南長沙馬王堆 3 號漢墓;《馬王堆漢墓帛書》(四),文物出版社 1985 年 | 湖南博藏 |
| 52 | | 脈法 | 12 月在湖南長沙馬王堆 3 號漢墓;《馬王堆漢墓帛書》(四),文物出版社 1985 年 | 湖南博藏 |
| 53 | | 陰陽脈死候 | 12 月在湖南長沙馬王堆 3 號漢墓;《馬王堆漢墓帛書》(四),文物出版社 1985 年 | 湖南博藏 |
| 54 | 1974 年 | 四年相邦呂不韋戟 | 秦始皇兵馬俑一號坑,《陝西青銅器》255 號(李西興,陝西人民美術出版社 1994 年) | |
| 55 | | 寺工矛 | 秦始皇兵馬俑一號坑 T19 八號過洞(T19G8.0205);《秦俑報告》256 頁圖 151.1 | 《秦銅》152 |
| 56 | | 寺工矛 | 秦始皇兵馬俑一號坑 T10 七號過洞(T10G7.0639);《秦俑報告》256 頁圖 151.2 | 《秦銅》153 |
| 57 | | 廿三年弩機 | 湖南長沙市馬王堆;《中國文物精華大辭典·青銅卷》1067,湖南博藏 | |

| 序號 | 時　間 | 名　稱 | 出土地、著録 | 備　注 |
|---|---|---|---|---|
| 58 | | 太官盃 | 陝西咸陽市窰店鎮黄家溝村;《考古與文物》1989年6期圖1,《近出》940,《新收》739 | 《秦銅》209 |
| 59 | | 廿三年弩機 | 湖南長沙市馬王堆;《中國文物精華大辭典·青銅卷》1067,《通鑒》18566號 | |
| 60 | | 北庫鋪首 | 咸陽長陵車站;《秦都咸陽故城遺址發現的窰址和銅器》,《考古》1974年1期 | 未發器形拓片 |
| 61 | | "上五"銘銅條 | 《秦都咸陽故城遺址發現的窰址和銅器》,《考古》1974年1期,《秦銅》44.1 | |
| 62 | | 廿一年啓封戈 | 遼寧新金縣元臺鄉出土;《考古》1980年5期許明綱、于臨祥文479頁圖一,4 | |
| 63 | | 江魚戈?? | 廣西平樂銀山嶺4號戰國墓,廣西壯族博藏;《考古學報》1978年2期238頁圖32 | 《集成》10934 |
| 64 | 1975年 | 杜虎符 | 陝西西安市郊區山門口公社北沈家橋村(今屬雁塔區);《文物》1979年9期圖版8.1,《秦銅》圖版25;陝博藏;羅福頤以爲僞(《古文字研究》11輯205頁) | 《集成》12109 |
| 65 | | 兩詔權 | 陝西臨潼縣秦始皇陵園内城西門以北300米;《秦文字》圖版47.2、48、49 | 《通鑒》18851 |
| 66 | | 廣衍矛 | 内蒙古準格爾旗上塔墓地;《文物》1977年5期圖版3.3,《秦銅》37 | 《集成》11509 |
| 67 | | 十二年上郡守壽戈 | 内蒙古準格爾旗瓦爾吐溝秦漢墓;《文物》1977年5期35頁圖9、12、圖版3.1和5,《秦銅》35 | 《集成》11404 |
| 68 | | 元年丞相斯戈 | 遼寧寬甸縣太平哨公社掛房大隊小掛房村東崗山下;《考古與文物》1983年3期22頁圖2,《近出》1189;《新收》1404 | 《秦銅》160 |
| 69 | 1975～1976年 | 睡虎地秦簡、木牘 | 冬,湖北雲夢睡虎地11號、4號秦墓出土(1100餘枚竹簡、2枚木牘);《雲夢睡虎地秦墓》;《雲夢睡虎地秦墓竹簡》 | |
| 70 | 1975年冬 | 闞輿戈 | 山西臨縣永紅鄉窰頭村窰頭古城出土;《山西出土文物》117,《集成》10929,《山西珍》164,《文物》1994年4期84頁圖4,《新收》995;山西博藏 | 《集成》10929 |
| 71 | 1976年 | 少府銀蟾蜍 | 臨潼上焦村秦墓M51出土;《考古與文物》1980年2期秦俑考古隊簡報圖,《秦始皇帝陵園考古報告(1999)》26頁 | 秦俑館藏 |

| 序號 | 時間 | 名　稱 | 出土地、著錄 | 備　注 |
|---|---|---|---|---|
| 72 | | 樂府鐘 | 2 月,臨潼始皇陵封土西北 110 米秦代建築遺址内,《考古與文物》1982 年 4 期 93 頁圖 1 | 《秦銅》186 |
| 73 | | 明瓊 | 4 月,秦始皇陵内毛家村西南;《文博》1986 年 2 期程學華文附圖,《秦文字》圖版 241、242 | |
| 74 | | 始皇詔鐵石權 | 河北圍場縣朝陽地公社大興永大隊;《度量衡》173;河北博藏 | 《秦銅》124 |
| 75 | | 始皇詔鐵石權 | 11 月,内蒙古昭烏達盟赤峰縣三眼井公社;《考古》1983 年 1 期 75 頁圖 1、2,《度量衡》174 | 《秦銅》125 |
| 76 | | 廿二年臨汾守戈 | 江西遂川縣藻林公社鵝溪大隊;《考古》1978 年 1 期 65 頁圖 3,《秦文字》圖版 36.1,《秦銅》94 | 《集成》11331 |
| 77 | | 廣州秦漢造船廠出土文字資料 | 廣州秦漢造船廠;《文物》1977 年 4 期《廣州秦漢造船廠試掘》圖三;四,1;圖版肆,2;圖七 | |
| 78 | | 吉爲元用劍 | 鳳翔縣八旗屯 C 區戰國墓葬;《文物資料叢刊》3 輯 84 頁圖 23.3,《秦銅》189 | 《集成》11586 |
| 79 | | 上袁家墓卮蓋鈕刻文 | 甘肅秦安上袁家村秦漢墓;《考古學報》1997 年 1 期圖版肆 3、4,64 頁圖六 1、4、6,《秦文字》圖版 58 | "戊"字 |
| 80 | | 上袁家墓玉璜刻文 | 甘肅秦安上袁家村秦漢墓;《考古學報》1997 年 1 期圖版柒:7,68 頁圖九 | |
| 81 | 1977 年 | 始皇詔鐵石權 | 10 月河北圍場縣龍頭山公社小錐子山大隊;《文物》1979 年 12 期 92 頁 | 同坑出 2 件 |
| 82 | | 陶文 | 3 月,始皇陵北側建築遺址(左司空、右司空、大水、左司等);《秦陶文新編》 | |
| 83 | | 元用戈 | 11 月,甘肅靈台縣景家莊周家坪 1 號春秋墓;《考古》1981 年 4 期 299 頁圖 2.1,《秦銅》187 | 《集成》11013 |
| 84 | | 櫟陽戈 | 西安市北郊大白楊廢品庫揀選;《西安文物精華——青銅器》122 頁圖版 117 | |
| 85 | | 始皇詔鐵權 | 山西榆次市第一中學内,《文物資料叢刊》5 輯 111 頁 | |
| 86 | | 秦俑二號坑馬飾文字 | 秦始皇兵馬俑二號坑;《秦文字》圖版 240 | |

| 序號 | 時　間 | 名　稱 | 出土地、著録 | 備　注 |
|---|---|---|---|---|
| 87 | | 屯留戈<br>（鑄款） | 遼寧建昌縣石佛公社湯土溝大隊西北山上；《文物》1983 年 9 期 67 頁圖 4，朝陽市博物館藏 | 《集成》10927 |
| 88 | | 鳳翔高莊<br>秦墓陶文 | 1976～1977 年發掘；《文物》1981 年 1 期《陝西鳳翔高莊秦墓發掘簡報》 | |
| 89 | 1978 年 | 秦公鐘<br>（5 件） | 1 月，陝西寶雞縣陽平公社楊家溝太公廟；《文物》1978 年 11 期，《秦銅》10. 1～10. 5，《集成》00262～00266；寶雞青銅博藏 | |
| | | 秦公鎛<br>（3 件） | 1 月，陝西寶雞縣陽平公社楊家溝太公廟；《文物》1978 年 11 期 4 頁圖 5，《集成》00267～00269，《秦銅》12. 1～12. 3，寶雞青銅博藏 | |
| 90 | | 廿六年<br>丞相守戈 | 2 月，陝西寶雞縣鳳閣嶺公社建河大隊洞室墓；《文物》1980 年 9 期 94 頁圖 2，《集成》10889，《故宮博物院院刊》2004 年 4 期 71 頁圖 4 | 《秦銅》44 |
| 91 | | 丞廣弩牙 | 2 月，陝西寶雞縣鳳閣嶺公社建河大隊洞室墓；《文物》1980 年 9 期 94 頁圖 3，《集成》11918 | 《秦銅》45 |
| 92 | | 五年吕不<br>韋戟（戈） | 太原電解銅廠從來自陝西的廢銅中揀選出；《山西大學學報》1979 年 1 期封三圖一、二，《中國文物精華大辭典》0939，《張頷學術文集》130 頁，《珍秦齋秦》221 頁 | 《秦銅》圖69 |
| 93 | | 八年相邦<br>吕不韋戈 | 6 月，陝西寶雞市配件廠工人王發順從廢銅中揀選，據説廢銅來自陝西三原縣；《文物》1979 年 12 期 17 頁圖 1，《秦銅》71；寶雞青銅博藏 | 《集成》11395 |
| 94 | | 兩詔權 | 秦始皇陵園内城西門以北 300 米，《文博》1985 年 4 期 34 頁圖，《秦文字》圖版 45～46 | 鑄款 |
| 95 | | 卅三年<br>銀盤 | 山東淄博市臨淄區大武鄉窩托村西漢齊王墓隨葬坑；《考古學報》1985 年 2 期 242 頁圖 18. 3、243 頁圖 19. 4，《考古》2004 年 4 期 70 頁圖 2 | |
| 96 | | 左工銀盤<br>（2 件） | 山東淄博市臨淄區大武鄉窩托村西漢齊王墓隨葬坑（QK1. 17～1）；《考古學報》1985 年 2 期 243 頁圖 19. 2，《考古》2004 年 4 期 70 頁圖 4 | |
| 97 | | 少府矛 | 湖南漵浦縣馬田坪 24 號戰國時期秦墓；《湖南考古輯刊》2 輯 51 頁圖 23. 1，《文博》1990 年 1 期 48 頁圖 5，《近出》1206 | 《集成》11454 |

| 序號 | 時　間 | 名　稱 | 出土地、著録 | 備　注 |
|---|---|---|---|---|
| 98 | | 廿年<br>寺工矛 | 湖南岳陽市郊七里山東風湖畔;《湖南考古輯刊》2輯 28 頁圖 4,《近出》1214 | 《集成》<br>11548 |
| 99 | | 秦陵車馬<br>坑木車馬<br>金銀泡刻文 | 11 月,始皇陵西邊陵道車馬陪葬坑;《秦文字》圖版228 ~ 239(141 件) | |
| 100 | | 木車馬<br>銀環文字 | 11 月,始皇陵西邊陵道車馬陪葬坑;《秦文字》圖版239(一"丙"字) | |
| 101 | 1979 年 | 虎豕咬鬥<br>紋金牌飾 | 共 2 件,内蒙古自治區準格爾旗西溝畔 2 號墓(M2.26);《文物》1980 年 7 期 2 頁圖 2.8 ~ 10,《考古》1982 年 5 期 517 頁圖 3 | |
| 102 | | 下官鼎 | 1979 年初陝西旬邑縣轉角村戰國石室墓;《文物》1985 年 5 期 44 頁圖 4、9,《近出》277,《新收》638;銅川博藏 | 《秦銅》<br>200 |
| 103 | | 筍鼎(荀鼎) | 1979 年初陝西旬邑縣轉角村戰國石室墓;《文物》1985 年 5 期 44 頁圖 4、9,《近出》228,《新收》637;銅川博藏 | 《秦銅》<br>199 |
| 104 | | 高奴簋(敦) | 1979 年初陝西旬邑縣轉角村戰國石室墓;《文物》1985 年 5 期 44 頁圖 5、10,《近出》431,《新收》640;銅川博藏 | 《秦銅》<br>198 |
| 105 | | 二年上<br>郡守冰戈 | 内蒙古準格爾旗納林公社;《文物》1982 年 11 期 75頁,《秦銅》55 | 《集成》<br>11399 |
| 106 | | 七年相邦<br>呂不韋戟 | 9 月,陝西西安臨潼區秦兵馬俑坑;《中國文物報》1988 年 9 期 3 版,《近出》1182 | 國博藏 |
| 107 | | 鳳翔中山鼎 | 10 月,陝西鳳翔縣高莊秦墓(M1.7);《陝金》1.152,《文物》1980 年 9 期 12 頁圖 5;鳳翔縣雍城文管所藏(秦人所加刻 2 字) | 《集成》<br>02707 |
| 108 | 1979 年<br>12 月 | 趙背户村<br>修陵人墓誌 | 秦始皇陵西南角 1600 米處的趙背户村西,發現修陵工人墓地一處,1980 年 6 月對趙背户村修陵人墓的勘探和清理工作結束,出土墓誌瓦文 18 條;《秦陶文》477 ~ 492 | |
| 109 | 1980 年 | 三年詔事鼎 | 北京市文物工作者從廢銅器中選得;《文物》1982年 9 期 27 頁圖 9,《秦銅》62 | 《集成》<br>02651 |
| 110 | | 府字銅鋻 | 冬,河南宜陽縣韓城鄉秦王寨;《文物》2005 年 8 期89 頁圖 3,《新收》370 | 宜陽<br>文化館藏 |

| 序號 | 時 間 | 名　稱 | 出土地、著錄 | 備　注 |
|---|---|---|---|---|
| 111 | | 不嬰簋<br>（器身） | 山東滕縣後荆溝西周殘墓；《文物》1981 年 9 期 26<br>頁圖三,《秦銅》4；滕州博藏 | 《集成》<br>04328 |
| 112 | | 兩詔銅權 | 10 月,臨潼晏寨公社社辦廠始皇陵封土西側；《考古<br>與文物》1985 年 4 期 105 頁右圖(未發拓本) | 《秦銅》<br>181 |
| 113 | 1981 年 | 始皇詔版 | 甘肅鎮原縣文化館徵集；《考古與文物》1982 年 4 期<br>109 頁圖 1 | 《秦銅》<br>143 |
| 114 | | 雲夢七號<br>墓門楣題字 | 雲夢睡虎地秦墓編寫組《雲夢睡虎地秦墓》6 頁圖<br>六、七,圖版七,《秦文字》圖版 226. 2 | |
| 115 | | 三年相邦<br>呂不韋戈 | 1979 ~ 1981 年秦始皇陵東側 1 號兵馬俑坑；《考古<br>與文物》1980 年 3 期 102 頁圖 3 | 《秦銅》<br>60 |
| 116 | | 三年相邦<br>呂不韋戟 | 1979 ~ 1981 年秦始皇陵東側 1 號兵馬俑坑 T10 六<br>號過洞；《秦俑報告》258 頁圖 153. 2 | 《秦銅》<br>61 |
| 117 | | 四年相邦<br>呂不韋戟 | 1979 ~ 1981 年秦始皇陵東側 1 號兵馬俑坑 T10 六<br>號過洞；《秦俑報告》258 頁圖 153. 1 | 《秦銅》<br>65 |
| 118 | | 五年相邦<br>呂不韋戟 | 1979 ~ 1981 年秦始皇陵東側 1 號兵馬俑坑 T10 十<br>號過洞；《考古與文物》1983 年 4 期 62 頁,《秦俑報<br>告》257 頁圖 153. 3,《近出》1187,《新收》644 | |
| 119 | | 七年相邦<br>呂不韋戟 | 1979 ~ 1981 年秦始皇陵東側 1 號兵馬俑坑 T10 八<br>號過洞；《秦俑報告》258 頁圖 153. 3,《文物報》1988<br>年 3 月 4 日,《新收》645 | 《秦銅》<br>70 |
| 120 | | 寺工矛 | 1979 ~ 1981 年秦始皇陵東側 1 號兵馬俑坑；《考古<br>與文物》1983 年 4 期 61 頁圖 3. 2 | 《集成》<br>11453 |
| 121 | | 十五年<br>寺工鈹 | 1979 ~ 1981 年秦始皇陵東側 1 號兵馬俑坑(T2G3. 0450)；<br>《秦俑報告》266 頁圖 159. 3,《秦銅》75 | 秦俑<br>館藏 |
| 122 | | 十五年<br>寺工鈹 | 1979 ~ 1981 年秦始皇陵東側 1 號兵馬俑坑(T2G3. 0463)；<br>《秦俑報告》266 頁圖 159. 2,《秦銅》76 | 秦俑<br>館藏 |
| 123 | | 十五年<br>寺工鈹 | 1979 ~ 1981 年秦始皇陵東側 1 號兵馬俑坑(T20G9. 0810)；<br>《秦俑報告》266 頁圖 159. 1,《秦銅》77 | 秦俑<br>館藏 |
| 124 | | 十六年<br>寺工鈹 | 1979 ~ 1981 年秦始皇陵東側 1 號兵馬俑坑(T2G3. 0448)；<br>《秦俑報告》266 頁圖 159. 4,《秦銅》78 | 秦俑<br>館藏 |
| 125 | | 十七年<br>寺工鈹 | 1979 ~ 1981 年秦始皇陵東側 1 號兵馬俑坑(T2G2. 0397)；<br>《秦俑報告》268 頁圖 161. 1,《秦銅》79 | 秦俑<br>館藏 |

| 序號 | 時　間 | 名　　稱 | 出土地、著録 | 備　注 |
|---|---|---|---|---|
| 126 | | 十七年<br>寺工鈹 | 1979～1981 年秦始皇陵東側 1 號兵馬俑坑（T2G3.0444）；<br>《秦俑報告》268 頁圖 161.2，《秦銅》83 | 秦俑<br>館藏 |
| 127 | | 十七年<br>寺工鈹 | 1979～1981 年秦始皇陵東側 1 號兵馬俑坑（T2G2.0395）；<br>《秦俑報告》267 頁圖 160.1，《秦銅》91 | 秦俑<br>館藏 |
| 128 | | 十七年<br>寺工鈹 | 1979～1981 年秦始皇陵東側 1 號兵馬俑坑（T2G2.0400）；<br>《秦俑報告》267 頁圖 160.2，《秦銅》82 | 秦俑<br>館藏 |
| 129 | | 十七年<br>寺工鈹 | 1979～1981 年秦始皇陵東側 1 號兵馬俑坑（T20G10.0882）；<br>《秦俑報告》圖版 179.1 左，《秦銅》80 | 秦俑<br>館藏 |
| 130 | | 十七年<br>寺工鈹 | 1979 年 6 月陝西臨潼縣秦始皇陵東側 1 號兵馬俑坑<br>（T2G2.0390）；《秦俑報告》267 頁圖 160.2，《秦銅》<br>84，《文物》1982 年 3 期 12 頁圖 2～4，《集成》11658 | 秦俑<br>館藏 |
| 131 | | 十七年<br>寺工鈹 | 1979～1981 年秦始皇陵東側 1 號兵馬俑坑；未著<br>録，館藏號八三 68 | 陝博藏 |
| 132 | | 十八年<br>寺工鈹 | 1979～1981 年秦始皇陵東側 1 號兵馬俑坑；《秦俑<br>報告》268 頁圖 161.3，圖版 179.1 左，《秦銅》85 | 秦俑<br>館藏 |
| 133 | | 十九年<br>寺工鈹 | 1979～1981 年秦始皇陵東側 1 號兵馬俑坑（T2G2.0401）；<br>《秦俑報告》269 頁圖 162.2，《秦銅》88 | 秦俑<br>館藏 |
| 134 | | 十九年<br>寺工鈹 | 1979～1981 年秦始皇陵東側 1 號兵馬俑坑（T20G9.0829）；<br>《秦俑報告》268 頁圖 161.4，《秦銅》86 | 秦俑<br>館藏 |
| 135 | | 十九年<br>寺工鈹 | 1979～1981 年秦始皇陵東側 1 號兵馬俑坑（T2G2.0396）；<br>《秦俑報告》269 頁圖 162.1，《秦銅》87 | 秦俑<br>館藏 |
| 136 | | 十九年<br>寺工鈹 | 1979～1981 年秦始皇陵東側 1 號兵馬俑坑（T2G3.0445）；<br>《秦俑報告》269 頁圖 162.4，《秦銅》90 | 秦俑<br>館藏 |
| 137 | | 十九年<br>寺工鈹 | 1979～1981 年秦始皇陵東側 1 號兵馬俑坑（T2G2.0398）；<br>《秦俑報告》269 頁圖 162.3，《秦銅》89 | 秦俑<br>館藏 |
| 138 | | 十九年<br>寺工鈹 | 1979～1981 年秦始皇陵東側 1 號兵馬俑坑；未著<br>録，館藏號八九 149.1 | 陝博藏 |
| 139 | | 十九年<br>寺工鈹 | 1979～1981 年秦始皇陵東側 1 號兵馬俑坑；未著<br>録，館藏號八九 149.2 | 陝博藏 |
| 140 | | 十九年<br>寺工鈹 | 1979～1981 年秦始皇陵東側 1 號兵馬俑坑；未著<br>録，館藏號八三 69 | 陝博藏 |

| 序號 | 時間 | 名　稱 | 出土地、著録 | 備　注 |
|---|---|---|---|---|
| 141 | | 寺工鈹鐓 | 1979～1981 年秦始皇陵東側 1 號兵馬俑坑(T2G2.0398)；《秦俑報告》272 頁圖 163.4，《秦銅》154 | 秦俑館藏 |
| 142 | | 46 件銅弩機刻文 | 秦俑 1 號坑東端五個探方内出土銅弩機 100 餘件，其中 46 件上刻有編號；詳參《秦俑報告》 | 《秦銅》155、156 |
| 143 | | 1 號坑車馬器刻文 | 秦俑 1 號坑東端五個探方内，共 16 件；詳參《秦俑報告》231、235、237、239 頁 | 《秦銅》159 |
| | | 秦俑 1 號坑銅絡飾管文字 | 秦俑 1 號坑(T2 過洞)共出土銅絡飾管三百餘件，少數有編號文字；《秦俑報告》235 頁圖一四〇.3 | |
| 144 | 1982 年 | 更修田律木牘 | 1979～1982 年四川青川縣城郊公社郝家坪(M50.16)；《文物》1982 年 1 期 11 頁圖 19、20，《古文字研究》19 輯(1992 年)283 頁 | 川博藏 |
| 145 | | 青川戰國墓出土其他文字資料 | 銅鼎刻文、漆器刻文、烙印戳記，陶釜刻文等；《文物》1982 年 1 期 7 頁圖十一、十二，9 頁圖十五，圖版三，9 | 川博藏 |
| 146 | | 卅三年詔事戈 | 《文物》1982 年 9 期，47 頁圖二(摹本)，《彙編》867，《新出青銅器研究》299 頁圖 1.10；英國牛津大學亞士摩蘭博物館藏 | 《秦銅》48 |
| 147 | | 兩詔橢量 | 江蘇東海縣雙店鄉竹墩大隊；《文物》1984 年 11 期 96 頁圖 2，東海縣圖書館藏 | |
| 148 | | 十七年丞相啓狀戈 | 從薊縣運往天津的廢銅中揀選；《文物》1986 年 3 期 43 頁圖 2，《秦銅》40 | 《集成》11379 |
| 149 | | 北私府銅橢量 | 9 月陝西禮泉縣藥王洞鄉南晏村出土(1986 年 6 月陝西華縣公安局查獲)；《文博》1987 年 2 期 27 頁附圖、封二，《秦銅》145、146、147 | 陝西華縣公安局藏 |
| 150 | | 二世詔版 | 陝西咸陽市渭城區長興村(長陵車站南)秦手工業作坊遺址金屬窖藏；《考古與文物》1988 年 5、6 期(合刊)131 頁圖 3，《秦文字》圖版 50，《秦都咸陽考古報告》153 頁圖 138.2；陝考古院藏 | 《秦銅》173 |
| 151 | 1983 年 | 㒸鋆量 | 春，山西解州冶煉廠廢銅中揀選；《考古與文物》1986 年 1 期 94 頁圖 1；運城博藏 | 《秦銅》195 |
| 152 | | 銅車馬當顱刻文 | 始皇陵西側陪葬阬出土 2 號銅車馬；《文物》1983 年 7 期圖版叁，2 | 《秦銅》157 |

| 序號 | 時 間 | 名 稱 | 出土地、著録 | 備 注 |
|---|---|---|---|---|
| 153 | | 銅車馬<br>彎繩朱書<br>文字 | 始皇陵西側陪葬阬出土 2 號銅車馬;《考古與文物》叢刊第一號《秦陵二號銅車馬》29 頁圖 27,《文物》1983 年 7 期 10 頁圖 26 | 《秦銅》158 |
| 154 | | 銅車馬<br>其他部位<br>文字 | 右軎刻文、御官俑右臂鑄文、後室方壺鑄文(丙、丁八、丙)、左服馬後左蹄刻文(《秦文字》圖版 47.1,此前未著録) | |
| 155 | | 王四年相<br>邦張儀戈 | 8 月廣東廣州市市區北面的象崗山南越王墓東耳室;西漢南越王墓圖版 22.1,《秦文字》圖版 17,《新收》1412 | |
| 156 | | 仲滋鼎 | 8 月,陝西永壽縣渠子鄉永壽坊;《考古與文物》1990 年 4 期,《秦文字》圖版 14,《新收》632 | 永壽<br>文化館藏 |
| 157 | | 右游銀盒 | 9 月,廣州象崗南越王墓(D2);《廣州秦漢考古三大發現》圖版 3. 121 | |
| 158 | | 麋丘戈 | 9 月,內蒙古烏蘭察布盟清水河縣賈浪村拐子上古城;《文物》1987 年 8 期 63 頁圖 1、2、4,《新收》1388 | 《秦銅》191 |
| 159 | | 廣衍中陽戈 | 9 月,內蒙古烏蘭察布盟清水河縣賈浪村拐子上古城;《文物》1987 年 8 期 63 頁圖 1、2、4,《近出》1134,《新收》1389 | 《秦銅》192 |
| 160 | | 武都矛 | 9 月,內蒙古烏蘭察布盟清水河縣賈浪村拐子上古城;《文物》1987 年 8 期 63 頁圖 3,《近出》1205,《新收》1392 | 《秦銅》208 |
| 161 | | 三年相邦<br>呂不韋矛 | 9 月,內蒙古烏蘭察布盟清水河縣賈浪村拐子上古城;《文物》1987 年 8 期 64 頁圖 6.2,《近出》1215,《新收》1390 | 《秦銅》59 |
| 162 | | 四年相邦<br>呂不韋矛 | 9 月,內蒙古烏蘭察布盟清水河縣賈浪村拐子上古城;《文物》1987 年 8 期 64 頁圖 6.1,《近出》1213,《新收》1391 | 《秦銅》66 |
| 163 | | 上郡武庫矛 | 《古文字研究》10 輯(1983 年)269 頁圖 17. 3～4,《湖南考古輯刊》1 輯圖版 13. 3,《秦銅》196,湖南博藏 | 《集成》11501 |
| 164 | | 李家崖<br>出土陶文 | 清澗李家崖秦墓出土;《考古與文物》1987 年 3 期陝北工作隊簡報,《秦文字》圖版 191.4～5 | |

| 序號 | 時間 | 名　稱 | 出土地、著錄 | 備　注 |
|---|---|---|---|---|
| 165 | 1984 年 | 周原出土陶文 | 5 月，寶雞岐山縣王家嘴村北土壕；《考古與文物》1988 年 2 期劉亮文，《秦文字》191.2 ～ 3 | |
| 166 | | 七年上郡守閒戈 | 秋，山西屯留縣；《文物》1987 年 8 期 61 頁圖 1 ～ 4，《近出》1193，《新收》974，山西所藏 | 《秦銅》33 |
| 167 | | 合陽矛 | 河南宜陽縣韓城鄉東關村；《中原文物》1988 年 3 期 810 頁圖 2，《新收》292 | 《通鑒》定爲秦 |
| 168 | 1985 年 | 卅年上郡守起戈 | 遼寧遼陽市老城東郊沙坨子村；《考古》1992 年 8 期 757 頁圖 2，《秦文字》圖版 30，《近出》1192，《新收》1406 | 遼陽博藏 |
| 169 | | 楊家山秦墓出土印章、半兩錢 | 漢中楊家山秦墓出土印章（陰文篆刻“趙忠”2 字）；《文博》1985 年 5 期何新成文圖五；半兩錢（計有 1246 枚）《文博》1985 年 5 期何新成文圖四 | 漢中博藏 |
| 170 | 1986 年 | 鳳翔縣南指揮村陶文 | 元月，鳳翔縣南指揮村秦墓；《考古與文物》1987 年 6 期 21 頁圖四，《秦文字》圖版 192.6 ～ 14 | |
| 171 | | 秦東陵 1 號陵園陶文 | 春，《考古與文物》1987 年 4 期 26 頁圖九、27 頁圖十一；《秦文字》圖版 193.17、19 ～ 27，194.32 ～ 36，195.37 | |
| 172 | | 秦東陵 2 號陵園陶文 | 《考古與文物》1990 年 4 期 29 頁圖十一，《秦文字》圖版 196.39 ～ 50 | |
| 173 | | 岳山木牘 | 《考古學報》2000 年 4 期江陵岳山秦漢墓圖版拾陸，1、2 | 荆州館藏 |
| 174 | | 十五年上郡守壽戈 | 6 月内蒙古自治區伊克昭盟伊金霍洛旗紅慶河鄉哈什拉村牛家渠；《秦文字》圖版 23，《考古》1990 年 6 期 551 頁圖 2，《近出》1201 | 《集成》11405 |
| 175 | | 放馬灘秦簡、地圖 | 甘肅天水放馬灘秦墓 M1；竹簡、木板地圖；《天水放馬灘秦簡》（2009 年） | |
| 176 | | 廿七年蜀守戈 | 湖南張家界市（原稱大庸市）三角坪戰國墓；《古文字研究》26 輯 213 頁 | |
| 177 | | 卅六年邦師扁壺 | 《文物》1986 年 4 期左得田文；隨州館藏 | |
| 178 | 1987 年 | 六年上郡守閒戈 | 3 月，河南登封縣告成鄉八方村；《華夏考古》1991 年 3 期 31 頁圖 4.2、3，《近出》1194，《新收》568 | |

| 序號 | 時間 | 名　稱 | 出土地、著錄 | 備　注 |
|---|---|---|---|---|
| 179 | | 韓峪鄉戰國秦墓出土陶文 | 春,臨潼韓峪鄉劉莊村戰國秦墓;《考古與文物》1987 年 5 期簡報圖四,《秦文字》圖版 200. 56 ~ 59,202. 61 ~ 69,203. 75 ~ 78,204. 79 ~ 90,205. 91 ~ 102,206,207 | |
| 180 | | 廿五年上郡守厝戈 | 1987 年 3 月河南登封縣告成鄉八方村;《華夏考古》1991 年 3 期 31 頁圖 4. 1、30 頁圖 3. 2,《近出》1198,《新收》567 | |
| 181 | | 卜淦戈 | 4 月,陝西隴縣邊家莊春秋墓;《考古與文物》1990 年 3 期 66 頁圖 3,《近出》1174,《新收》816;寶雞青銅博藏 | 《秦銅》188 |
| 182 | | 九年相邦呂不韋戟 | 9 月,四川青川縣白水區白河鄉;《文物》1992 年 11 期 93 頁圖 4、5,《考古》1991 年 1 期 17 頁圖 3、4,《秦文字》圖版 35,《近出》1199,《新收》1398 | |
| 183 | | 上郡守戈（定陽戈） | 《文博》1988 年 6 期 39 頁圖 2,《秦銅》36,《秦文字》圖版 20（《考古學報》1974 年 1 期黃盛璋文云傅大佑藏此戈拓本,但未附圖） | 《集成》11363 |
| 184 | 1988 年 | 寺工矛 | 1988 年初北京市文物商店收購,據説出土於山西省南部;《文物》1989 年 6 期 73 頁圖 2,《近出》1212,《新收》2002 | 《秦銅》95 |
| 185 | 1989 年 | 卅八年上郡守慶戈 | 山西高平市北城區鳳和村;《文物》1998 年 10 期 79 頁圖 4,《近出》1185,《新收》986 | 高平博藏 |
| 186 | | 卅三年相邦冉戈 | 1989 年河南馮莊採集品;《河南省博物館藏青銅器選》148 | 河南博藏 |
| 187 | | 西安茅坡光華膠鞋廠秦墓陶文、半兩錢 | 1989 年 ~ 1990 年,西安茅坡光華膠鞋廠秦墓;《西安南郊秦墓·第一編》137 頁 ~ 140 頁圖一二四 ~ 圖一二八;半兩錢:《西安南郊秦墓·第一編》31 頁圖 20:5 ~ 9;39 頁圖 30:5 | 西安文保所藏 |
| 188 | | 龍崗秦簡、木牘、陶瓮、釜、漆奩 | 10 月,湖北省雲夢城郊龍崗六號墓;《江漢考古》1990 年 3 期,《考古學集刊》第 8 輯（1994 年 12 月）,《雲夢龍崗秦簡》;《龍崗秦簡》 | |
| 189 | 90 年代 | 旬陽壺 | 20 世紀 90 年代陝西旬陽縣漢墓;《考古與文物》1987 年 2 期 109 頁圖 1. 2,《秦文字》圖版 57 | 陝博藏 |
| 190 | 1990 年 | 白水戈 | 《尊古齋古兵精拓》92 頁;施謝捷《秦兵器銘刻零釋》 | |

| 序號 | 時間 | 名　稱 | 出土地、著録 | 備　注 |
|---|---|---|---|---|
| 191 | | 雕陰鼎 | 陝西黃龍縣出土;《秦文字》圖版 52 | |
| 192 | | 臨潼城東側秦墓磚文 | 4 月,臨潼縣城東側秦墓;《考古與文物》1993 年 1 期 12 頁圖二,《秦文字》圖版 203. 70 ~ 74, 208 ~ 213 | |
| 193 | | 任家嘴秦墓陶文 | 1990 年 11 月至 1991 年 1 月,咸陽秦都城遺址以西任家嘴秦墓;《任家嘴秦墓》240 頁圖一八三、241 頁圖一八四 | |
| 194 | | 楊家山秦墓漆木器 | 湖北江陵縣荆州鎮黃山村楊家山 135 號秦墓;《文物》1993 年 8 期(江陵楊家山 135 號秦墓發掘簡報)7 頁圖十六 ~ 十八,8 頁圖十九、二〇 | 荆州博藏 |
| 195 | 1991 年 | 左樂兩詔鈞權 | 8 月,陝西華縣赤水鎮喬家村;《文博》1992 年 1 期封三,《秦文字》圖版 42 ~ 43 | 西安碑林博藏 |
| 196 | | 雕陰陶罐 | 陝西黃龍縣文化館收集;《秦陵秦俑研究動態》1991 年 3 期齊鴻浩文,《秦文字》圖版 191. 1 | |
| 197 | 1992 年 | 秦芷陽陶窯陶文 | 4 ~ 12 月,臨潼韓峪鄉油王村西;《考古與文物》1995 年 5 期 25 頁圖十五,《秦文字》圖版 214. 202 ~ 204, 215. 205 ~ 211 | |
| 198 | | 卅年銀耳杯 | 山東淄博市臨淄商王村田齊墓地;《文物》1997 年 6 期 23 頁,《考古》2004 年 4 期 72 頁圖 8. 2 | 《新收》1078 |
| 199 | | 卅一年銀耳杯 | 山東淄博市臨淄商王村田齊墓地;《文物》1997 年 6 期 24 頁圖 28. 1,《考古》2004 年 4 期 72 頁圖 8. 1 | 臨淄博藏 |
| 200 | | 始皇詔權（刻款） | 《燕園聚珍——北京大學賽克勒考古與藝術博物館展品選粹》(北京大學考古系編,文物出版社 1992 年)104,拓本暫缺;館藏號 1951. 78. 8 | |
| 201 | 1993 年 | 陵里車壹 | 《文物天地》1993 年 1 期 23 頁 | |
| 202 | | 眉縣白家遺址陶文 | 眉縣白家村古城址;《考古與文物》1996 年 6 期簡報圖五,《秦文字》圖版 225 | |
| 203 | | 魯陽戈（鑄款） | 臺北古越閣《商周青銅兵器》32(1993 年),臺灣古越閣藏 | |
| 204 | | 周家臺 30 號墓秦簡 | 湖北省荆州市沙市區關沮鄉清河村周家臺 30 號秦墓(竹簡 381 枚、木牘 1 枚);《關沮秦漢墓簡牘》共 389 枚(空白簡 14 枚) | |

| 序號 | 時　間 | 名　　稱 | 出土地、著錄 | 備　注 |
|---|---|---|---|---|
| 205 | | 周家臺 30 號秦墓漆器 | 6 月,荆州市沙市區關沮鄉清河村周家臺 30 號秦墓出土漆器 6 件;《關沮秦漢墓簡牘》圖版五一,圖七、八(又見《周家臺 30 號秦墓漆器烙印刻劃文字摹本表》148 頁) | 周梁玉橋博藏 |
| 206 | | 王家臺 15 號秦墓出土文字資料 | 木式盤 1 件、木骰子 23 件,湖北江陵縣荆州鎮郢北村王家臺 15 號秦墓;《文物》1995 年 1 期(《江陵王家臺 15 號秦墓》)42 頁圖一四 | 荆州博藏 |
| 207 | | 秦公 1 號墓漆筒墨書 | 鳳翔南指揮村秦公一號大墓;袁仲一、劉鈺《秦文字類編》附錄《漆器及其它木器上的文字及刻符》(553 頁,摹本),《秦文字》圖版 226.1 | |
| 208 | | 王家臺秦墓竹簡 | 3 月湖北省江陵縣荆州鎮郢北村王家臺十五號秦墓;《王家臺秦墓竹簡概述》 | 共 813 枚 |
| 209 | | 三年相邦呂不韋矛 | 4 月,遼寧撫順市順城區李石寨鎮河東村;《考古》1996 年 3 期 86 頁圖 1,《新收》1405 | 《近出》1216 |
| 210 | | 卅四年工師文戈 | 8 月,西安市公安局送交,傳出甘肅禮縣;《于省吾先生百年誕辰紀念文集》96 頁圖 1,《秦文字》圖版 28,《陝西歷史博物館徵集文物精粹》13,《新收》1334 | 陝博藏 |
| 211 | | 秦公鼎甲 | 10 月,從香港購得,甘肅禮縣永坪鄉趙坪村大堡子秦公墓地出土;《上博館刊》7 期 24 頁圖 1,《考古與文物》1997 年 5 期 82 頁圖 1,《秦文字》圖版 1,《近出》293 | 上博藏 |
| 212 | | 秦公鼎乙 | 10 月,從香港購得,甘肅禮縣永坪鄉趙坪村大堡子秦公墓地出土;《上博館刊》7 期 24 頁圖 2,《考古與文物》1997 年 5 期 83 頁圖 21,《秦文字》圖版 2,《近出》294 | 上博藏 |
| 213 | | 秦公鼎 A | 10 月,從香港購得,甘肅禮縣永坪鄉趙坪村大堡子秦公墓地出土;《上博館刊》7 期 25 頁圖 3,《考古與文物》1997 年 5 期 83 頁圖 3,《秦文字》圖版 5,《近出》295 | 上博藏 |
| 214 | | 秦公鼎 B | 10 月,從香港購得,甘肅禮縣永坪鄉趙坪村大堡子秦公墓地出土;《上博館刊》7 期 26 頁圖 4,《考古與文物》1997 年 5 期 83 頁圖 4,《秦文字》圖版 6,《近出》296 | 上博藏 |

| 序號 | 時　間 | 名　　稱 | 出土地、著録 | 備　注 |
|---|---|---|---|---|
| 215 | | 秦公鼎 | 秋,甘肅禮縣永坪鄉趙坪村大堡子秦公墓地(M3採1);《文物》2000年5期77頁圖4.1,《秦文字》圖版8.1,《新收》1337 | 甘肅所藏 |
| 216 | | 秦公鼎 | 秋,甘肅禮縣永坪鄉趙坪村大堡子秦公墓地,禮縣公安局繳獲;《秦文字》圖版8.2 | 甘肅所藏 |
| 217 | | 秦公簋丙 | 秋,甘肅禮縣永坪鄉趙坪村大堡子秦公墓地,禮縣公安局繳獲;《秦文字》圖版8.3 | |
| 218 | | 秦公簋（殘） | 秋,甘肅禮縣永坪鄉趙坪村大堡子秦公墓地;《文物》2000年5期77頁圖4.1,《新收》1342,蓋、器同銘,各6字,蓋銘未發 | 甘肅所藏 |
| 219 | | 秦公簋 A（蓋器同銘） | 從香港購得,甘肅禮縣永坪鄉趙坪村大堡子秦公墓地;《上博館刊》7期26頁圖5,《考古與文物》1997年5期83頁圖5,《秦文字》圖版3,《近出》424,《新收》1343(器) | 上博藏 |
| 220 | | 秦公簋 B（蓋器同銘） | 從香港購得,甘肅禮縣永坪鄉趙坪村大堡子秦公墓地;《上博館刊》7期27頁圖7,《考古與文物》1997年5期84頁圖6,《秦文字》圖版4,《近出》423,《新收》1344(器) | 上博藏 |
| 221 | 1994年 | 秦公壺甲、乙 | 甘肅禮縣永坪鄉趙坪村大堡子秦公墓地;美國紐約古董店拉利行(James Lall & Co.)1994年6月出版的圖録54,《考古與文物》1995年4期64頁圖1,《文物報》1994年10月30日,《秦文字》圖版9.1~2,《近出》955、956,《新收》1347、1348 | 紐約古董店拉利行藏 |
| 222 | | 秦公壺 | 甘肅禮縣永坪鄉趙坪村大堡子秦公墓地;《文物報》2004年2月27日7版,《新收》1346,倫敦佳士得拍賣行藏;約與大堡子秦公墓地其他器物同時出土 | |
| 223 | | 秦子元用戈 | 6月,西安市公安局打擊走私文物繳獲,據説出土於甘肅某地;《容庚先生百年紀念文集》571頁圖2,《秦文字》13,《新收》1349 | 未發拓片 |
| 224 | | 公戈 | 6月,西安市公安局打擊走私文物繳獲,據説出土於甘肅某地;吳鎮烽《秦兵新發現》文,未附圖 | 鑄款 |
| 225 | | 莒陽斧 | 12月山東沂南縣磚埠鎮任家村;《文物》1998年12期25頁圖2,《近出》1244 | 沂南文管所 |

| 序號 | 時間 | 名　稱 | 出土地、著録 | 備　注 |
|---|---|---|---|---|
| 226 | 1995 年 | 十九年大良造鞅殳鐏（商鞅殳鐏） | 陝西咸陽渭城區塔兒坡咸陽石油鋼管鋼繩廠；《塔兒坡秦墓》134 頁圖 102，《考古與文物》1996 年 5 期 5 頁圖 5，《秦文字》圖版 15，《近出》1249，《新收》737 | |
| 227 | | 塔兒坡秦墓陶文 | 陝西咸陽渭城區塔兒坡咸陽石油鋼管鋼繩廠；《考古與文物》1996 年 5 期圖三，《秦文字》圖版 216. 212 ～ 224，217. 225 ～ 234，218. 235 ～ 243，219. 244 ～ 252，220. 253 ～ 258 | |
| 228 | | 劉寨村秦遺址陶文 | 臨潼新豐鎮劉寨村秦遺址；《考古與文物》1995 年 4 期圖一、二，《秦文字》圖版 221. 259 ～ 265，222. 266 ～ 277，223. 278 ～ 285（採集 71 件，公布 27 件） | 採集品 |
| 229 | 1996 年 | 商字瓦當 | 4 月，丹鳳戰國商邑古城址；《秦文字》圖版 224 | |
| 230 | | 秦景公石磬 | 1982 ～ 1986 年陝西鳳翔縣南指揮鄉南指揮村秦景公墓；《秦文字》圖版 59 ～ 85，《秦公大墓石磬殘銘考釋》圖 1 ～ 26 | |
| 231 | | 十三年上郡守壽戈 | 11 月長春"于省吾先生百年誕辰學術討論會"張光裕、吳振武《武陵新見古兵三十六器集録》公布資料，香港某氏藏；《秦文字》圖版 21，《新收》1902 | |
| 232 | | 五十年詔事戈 | 11 月長春"于省吾先生百年誕辰學術討論會"張光裕、吳振武《武陵新見古兵三十六器集録》公布資料，香港某氏藏；《秦文字》圖版 31，《新收》2003 | |
| 233 | | 八年丞甬戈 | 11 月長春"于省吾先生百年誕辰學術討論會"張光裕、吳振武《武陵新見古兵三十六器集録》公布資料，香港某氏藏；《秦文字》圖版 34，《新收》2004 | |
| 234 | | 廿四年葭明戈 | 11 月長春"于省吾先生百年誕辰學術討論會"張光裕、吳振武《武陵新見古兵三十六器集録》公布資料，香港某氏藏；《秦文字》圖版 26. 2，《新收》2005 | |
| 235 | 1996 ～ 1997 年 | 秦封泥 | 西安北郊相家巷村出土大量秦封泥；詳參《秦璽印封泥職官地理研究·附録》 | |
| 236 | 1998 年 | 廿四年上郡守臧戈 | 5 月，安徽潛山縣梅城鎮公山崗戰國墓；《考古學報》2002 年 1 期 112 頁圖 19，《文物研究》12（1999 年 12 月）260 頁，《新收》1329 | |
| 237 | | 秦公鎛 | 1998 年從法國巴黎購得，傳甘肅禮縣永坪鄉趙坪村大堡子秦公墓地出土；《上博館刊》2002 年 9 期 39 頁圖 3，《新收》1345 | 上博藏 |

| 序號 | 時　間 | 名　　稱 | 出土地、著録 | 備　注 |
|---|---|---|---|---|
| 238 | | 卅四年蜀守戈 | 《容庚先生百年紀念文集》572 頁圖 3、4,《秦文字》圖版 29,《新收》1769 | 陝博藏 |
| 239 | | 蜀西工戈 | 陝西渭南市臨渭區出土;《容庚先生百年紀念文集》572 頁圖 5(圖版漏排),《通鑒》16960 號(有器形、銘文) | 陝博藏 |
| 240 | | 始皇陵 K9801 出土石質甲冑刻劃文字 | 《秦始皇帝陵園考古報告(1999)》98 頁圖五八 | 陝考古院藏 |
| 241 | | 始皇陵 K9801 出土陶俑刻劃文字 | 《秦始皇帝陵園考古報告(1999)》179 頁圖八五、八七;又圖版四八:1、2 | 陝考古院藏 |
| 242 | | 洛陽市西郊于家營秦墓出土陶文 | 洛陽市西郊于家營秦墓;《中原文物》1998 年 2 期黃吉軍文圖一 | 洛陽文物二隊 |
| 243 | 1999 年 | 十七年太后漆盒 | 1 月,湖南常德市德山寨子嶺 1 號戰國楚墓;《考古與文物》2002 年 5 期 64 頁 | 常德文物處 |
| 244 | | 秦駰玉版(2 件) | 陝西華陰市華山下鄉村;《故宮博物院院刊》2000 年 2 期 43 頁圖 1 | |
| 245 | | 高望戈 | 《文物》1999 年 4 期樊瑞平、王巧蓮《正定縣文物保管所收藏的兩件戰國有銘銅戈》 | 正定文管所藏 |
| 246 | | 始皇陵内城南垣出土陶文 | 《秦始皇陵園考古報告(2000)》50～51 頁圖三一、三二,又圖版 23～30,又報告表一《内城南垣出土建築材料上的陶文》 | 陝考古院藏 |
| 247 | 2000 年 | 永用鼎 | 2000 年在美國芝加哥藝術博物館展出;《秦陵秦俑研究動態》2000 年 4 期史黨社文 | 香港徐展堂藏 |
| 248 | | 永用鼎 | 《秦陵秦俑研究動態》2000 年 4 期史黨社文;美國賽克勒博物館藏 | |
| 249 | | 秦東陵採集陶文 | 《秦文字》圖版 192.15、16,193.18,194.28～31,195.38,197,198.52、53,199,200.55,201 | |
| 250 | | 南杜村秦遺址陶文 | 《考古與文物》2000 年 1 期王望生文圖 1～4 | |
| 251 | | 秦文字瓦當 | 《考古與文物》2000 年 3 期焦南峰等文 66 頁圖一、67 頁圖二、68 頁圖三、四 | |

| 序號 | 時　間 | 名　　稱 | 出土地、著録 | 備　注 |
|---|---|---|---|---|
| 252 | | 相家巷遺址陶文 | 4月,西安北郊相家巷遺址,筒瓦戳印(陰文);《西安相家巷遺址秦封泥的發掘》圖九,1;圖版壹,6 | 西安研究室藏 |
| 253 | | 六年相邦疾戈 | 董珊《戰國題銘與工官制度》稱自藏摹本 | |
| 254 | 2001年 | 卅七年上郡守慶戈 | 5月陝西歷史博物館徵集;《陝西歷史博物館徵集文物精粹》9頁,《新收》1768 | 陝博藏 |
| 255 | | 宜工銅權 | 西安市閻良區塬頭村出土;《陝西歷史博物館徵集文物精粹》103頁上圖 | 陝博藏 |
| 256 | | 始皇陵內城北牆出土陶文 | 《秦始皇陵園考古報告(2001~2003)》265頁圖110 | |
| 257 | 2002年 | 少府戈 | 河南宜陽縣韓城鄉城角村東南宜陽古城;《文物》2004年9期89頁圖3,《珍秦齋秦》135頁董珊文圖一,《新收》369 | |
| 258 | | 卅四年少府戈 | 2001年~2002年湖北襄樊市襄陽王坡春秋墓地;《襄陽王坡東周秦漢墓》165頁圖3、4,《珍秦齋秦》220頁圖2(含戈鐓) | |
| 259 | | 銅鈁、蒜頭壺、印章、半兩錢 | 《襄陽王坡東周秦漢墓》161頁圖一一九,163頁圖一二一,172頁圖一二七,176頁圖一二九·7、8 | |
| 260 | | 里耶秦簡 | 湖南湘西里耶古城遺址,有字者約17000枚;《里耶發掘報告》 | 部分資料 |
| 261 | | 始皇詔鐵權(刻款) | 《文物》2002年1期87頁圖1、2;權面刻簡省始皇詔,現存12字 | 咸陽博藏 |
| 262 | | 西安茅坡郵電學院秦墓陶文 | 2001年~2002年西安茅坡郵電學院秦墓;《西安南郊秦墓·第二編》324~325頁圖一三四~一三五 | 西安文保所藏 |
| 263 | | 西大博物館藏陶文 | 《百年學府聚珍——西北大學歷史博物館藏品集》圖七三、七五、七六 | |
| 264 | | 寶豐寺秦墓出土陶文 | 涇陽寶豐寺秦墓;《文博》2002年5期陳秋歌等文圖四:1~4 | 咸陽所藏 |

| 序號 | 時 間 | 名　稱 | 出土地、著錄 | 備　注 |
|---|---|---|---|---|
| 265 | 2003 年 | 瀍丘弩機 | 弩機爲秦人繳獲趙器,懸刀上"瀍丘"2 字爲秦人刻銘;吴鎮烽 2003 年 9 月在陝西考古研究所鑒定時見到,後陝西歷史博物館購藏;《文物》2006 年 4 期封三.3 | 陝博藏 |
| 266 | | 西安潘家莊世家星城秦墓陶文、半兩錢 | 2003 年西安潘家莊世家星城秦墓;《西安南郊秦墓·第三編》703 ～ 717 頁圖一八九 ～ 二二三;半兩錢:《西安南郊秦墓·第三編》695 頁圖一八五,15 ～ 22 | 西安文保所藏 |
| 267 | | 山任窯址出土陶文、半兩錢 | 《秦始皇陵園考古報告(2001 ～ 2003)》220 ～ 234 頁圖 82 ～ 87;半兩錢:218 頁 | 陝考古院藏 |
| 268 | | 鳳凰臺古城出土陶文 | 《秦始皇陵園考古報告(2001 ～ 2003)》63 頁:圖33;又圖版 5 | 陝考古院藏 |
| 269 | | 新豐井址出土甲片、冑片及礪石刻劃文字 | 《秦始皇陵園考古報告(2001 ～ 2003)》圖版 115、119 ～ 121,249 頁圖 97,表 19 新豐井址出土甲片、冑片及礪石刻劃文字統計表 | 陝考古院藏 |
| 270 | 2004 年 | 秦子編鐘 | 日本美秀(MIHO)博物館藏,傳出甘肅禮縣;祝中熹、李永平《遥望星宿——甘肅考古文化叢書·青銅器》116 頁 | 2 套共 8 枚 |
| 271 | 2005 年 | 十年寺工戈 | 秦始皇陵兵馬俑坑;《文物》2006 年 3 期 69 頁圖3.1 | |
| 272 | | 七年相邦吕不韋戟 | 秦始皇陵兵馬俑坑;《文物》2006 年 3 期 69 頁圖三,2;圖六、七(矛圖及摹本均未見) | |
| 273 | | 南陽拆遷辦秦墓印章 | 河南南陽市拆遷辦秦墓(印文"楊差");《華夏考古》2005 年 3 期簡報圖五,10 | |
| 274 | | 始皇詔橢量(刻款) | 《故宫文物月刊》272 期(2005 年 11 月);臺灣故宫博物院藏;《中銅》106 | |
| 275 | 2006 年 | 秦子戈 | 《考古與文物》2003 年 2 期 81 頁圖 2,《珍秦齋秦》38 頁,《新收》1530 | 蕭春源藏 |
| 276 | | 王廿三年家丞戈 | 《故宫博物院院刊》2004 年 4 期 70 頁圖 2、3,《珍秦齋秦》68 頁 | 蕭春源藏 |
| 277 | | 王八年内史操戈 | 《故宫博物院院刊》2005 年 3 期 50 頁圖 2、3,《珍秦齋秦》56 頁,《新收》1904 | 蕭春源藏 |

續表

| 序號 | 時間 | 名稱 | 出土地、著録 | 備注 |
|---|---|---|---|---|
| 278 | | 秦子簋蓋 | 《故宫博物院院刊》2005 年 6 期 22 頁圖 1,《珍秦齋秦》30 頁 | 蕭春源藏 |
| 279 | | 咸陽方壺 | 《故宫博物院院刊》2006 年 2 期 87 頁圖 38～40,《珍秦齋秦》119～120 頁 | 蕭春源藏 |
| 280 | | 十四年匽氏戟 | 《故宫博物院院刊》2006 年 2 期 66 頁圖 2～4,《珍秦齋秦》60 頁 | 蕭春源藏 |
| 281 | | 廿一年相邦冉戈 | 《故宫博物院院刊》2006 年 2 期 68 頁圖 6～8,《珍秦齋秦》64 頁 | 蕭春源藏 |
| 282 | | 卅年詔事戈 | 《故宫博物院院刊》2006 年 2 期 70 頁圖 10～12,《珍秦齋秦》74～75 頁 | 蕭春源藏 |
| 283 | | 卅二年相邦冉戈 | 《故宫博物院院刊》2006 年 2 期 73 頁圖 15～21,《珍秦齋秦》80～82 頁 | 蕭春源藏 |
| 284 | | 元年上郡假守暨戈 | 《故宫博物院院刊》2006 年 2 期 77～79 頁圖 23～27,《珍秦齋秦》92～94 頁 | 蕭春源藏 |
| 285 | | 相邦吕不韋戈 | 《故宫博物院院刊》2006 年 2 期 83 頁圖 29～31,《珍秦齋秦》98～99 頁 | 蕭春源藏 |
| 286 | | 十六年少府戈 | 《故宫博物院院刊》2006 年 2 期 84 頁圖 32,《珍秦齋秦》102 頁 | 蕭春源藏 |
| 287 | | 廿三年少府戈 | 《故宫博物院院刊》2006 年 2 期 85 頁圖 33～35,《珍秦齋秦》106 頁 | 蕭春源藏 |
| 288 | | 秦政伯喪戈 | 《珍秦齋秦》42 頁(2006 年 3 月) | 蕭春源藏 |
| 289 | | 秦政伯喪戈 | 《珍秦齋秦》43 頁(2006 年 3 月) | 蕭春源藏 |
| 290 | | 有司伯喪矛 | 《珍秦齋秦》46 頁(2006 年 3 月) | 蕭春源藏 |
| 291 | | 有司伯喪矛 | 《珍秦齋秦》47 頁(2006 年 3 月) | 蕭春源藏 |
| 292 | | 上郡假守鼂戈 | 《珍秦齋秦》88～89 頁(2006 年 3 月) | 蕭春源藏 |
| 293 | | 少府戈 | 《珍秦齋秦》110 頁(2006 年 3 月) | 蕭春源藏 |

**續表**

| 序號 | 時 間 | 名 稱 | 出土地、著録 | 備 注 |
| --- | --- | --- | --- | --- |
| 294 | | 高奴戈 | 《珍秦齋秦》114 頁(2006 年 3 月) | 蕭春源藏 |
| 295 | | 始皇詔權 | 《珍秦齋秦》124～125 頁(2006 年 3 月) | 蕭春源藏 |
| 296 | | 信宫罍 | 《珍秦齋秦》128～131 頁(2006 年 3 月) | 蕭春源藏 |
| 297 | | 襄犨<br>義陽戈 | 《珍秦齋秦》134、135、137、138 頁(2006 年 3 月) | 蕭春源藏 |
| 298 | | 雍戈 | 《珍秦齋秦》140 頁(2006 年 3 月) | 蕭春源藏 |
| 299 | | 宜陽鼎 | 4 月,法籍華人高美斯捐贈;《戰國銅鼎回歸記》6 頁上圖、下圖(拓本)、7 頁(摹本)、8～9 頁圖(照片)、10 頁圖;《秦陵秦俑研究動態》2007 年 1 期封二;《文博》2007 年 3 期 16～17 頁圖 1～5;《收藏》2007 年 9 期王輝文附摹本 | 秦俑館藏 |
| 300 | | 秦子鎛 | 2006 年下半年甘肅禮縣永坪鄉趙坪村大堡子山 5 號樂器坑;《中國歷史文物》2008 年 4 期圖版 2,《文物》2008 年 1 期 27 頁圖 31 | 甘肅所藏 |
| 301 | | 秦子戈 | 9 月,《屈萬里先生誕辰國際學術研討會論文集》268 頁圖 1 | 香港<br>某氏藏 |
| 302 | | 秦子戈 | 9 月,《屈萬里先生誕辰國際學術研討會論文集》268 頁圖 2 | 香港<br>某氏藏 |
| 303 | | 秦子盉<br>(乙器) | 《古代文明》第五卷 303 頁圖二,3(梁雲文) | 美國 |
| 304 | | 西安北郊<br>秦墓陶文 | 西安北郊秦墓出土;《西安北郊秦墓》 | 陜考古<br>院藏 |
| 305 | 2007 年 | 嶽麓秦簡 | 12 月,海外收購 2000 餘枚 | 嶽麓<br>書院藏 |
| 306 | 2008 年 | 秦公鼎丙 | 《首陽吉金》131 頁;甘肅禮縣永坪鄉趙坪村大堡子秦公墓地出土 | 范季融藏 |
| 307 | | 秦公鼎丁 | 《首陽吉金》132 頁;甘肅禮縣永坪鄉趙坪村大堡子秦公墓地出土 | 范季融藏 |
| 308 | | 秦公鼎戊 | 《首陽吉金》134 頁;甘肅禮縣永坪鄉趙坪村大堡子秦公墓地出土 | 范季融藏 |
| 309 | | 秦公簋甲 | 《首陽吉金》138 頁;甘肅禮縣永坪鄉趙坪村大堡子秦公墓地出土 | 范季融藏 |

| 序號 | 時間 | 名　稱 | 出土地、著録 | 備　注 |
|---|---|---|---|---|
| 310 | | 秦公簋乙 | 《首陽吉金》138 頁;甘肅禮縣永坪鄉趙坪村大堡子秦公墓地出土 | 范季融藏 |
| 311 | | 十六年商鞅鈹 | 《首陽吉金》183 頁 | 范季融藏 |
| 312 | | 兩詔橢量 | 《首陽吉金》186 頁 | 范季融藏 |
| 313 | | 秦公壺 | 《文博》2008 年 2 期封 2.9 | 劉雨海藏 |
| 314 | | 右六廏石權（宮廏權） | 吳鎮烽 2008 年 4 月見於西安;《通鑒》18951 號 | 未著録 |
| 315 | | 元年相邦疾戈 | 僅見内部照片;施謝捷《秦兵器銘刻零釋》;《湖南博物館館刊》第 5 輯王輝文圖一～四 | 珍秦齋藏 |
| 316 | | 十二年丞相啓顛戈 | 《文物》2008 年 5 期 68 頁圖 2、3;吳鎮烽《通鑒》16606 號與 17236 號重複 | |
| 317 | | 鞅字繭形壺 | 甘肅禮縣永坪鄉趙坪村大堡子;《文物》2008 年 9 期 12 頁圖二一、二九 | 甘肅所藏 |
| 318 | | 始皇詔權（鑄款） | 2008 年 11 月吳鎮烽見於上海崇源拍賣公司,原藏西安柯莘農;《通鑒》18865 | 未著録 |
| 319 | | 秦刻銘銀環 | 王多慶、柴略《甘肅秦安發現秦國刻銘銀環》圖一、二(《亞洲文明》第四輯,三秦出版社 2008 年) | |
| 320 | | 直陶雍弩機 | 弩機 2;河北保定市徐占勇達觀齋 | 達觀齋藏 |
| 321 | | 枸矛 | 《出土文獻與古文字研究》2 輯 101 頁圖 | 某私人藏家 |
| 322 | | 石邑戈 | 《出土文獻與古文字研究》2 輯 105 頁圖 | 達觀齋藏 |
| 323 | | 十七年商鞅殳鐏 | 通高 5.6、上口徑 2.4 釐米,范炳南藏;《通鑒》18546 號 | |
| 324 | | 西安尢家莊秦墓陶文 | 西安尢家莊秦墓;《西安尢家莊秦墓》 | 陝考古院藏 |
| 325 | 2009 年 | 高陵君弩機 | 洛陽理工學院文物館徵集品,傳甘肅天水市出土;《中國歷史文物》2009 年 1 期 49 頁圖 1～3 | |

| 序號 | 時間 | 名　稱 | 出土地、著錄 | 備　注 |
|---|---|---|---|---|
| 326 | | 十九年<br>上郡守遒戈 | 安徽桐城出土;《考古與文物》2009 年 3 期劉釗、江小角文圖一、圖二 | |
| 327 | | 七年<br>丞相奐戈 | 加拿大蘇致準藏;《中國歷史文物》2009 年 2 期梁雲文圖一～三 | |
| 328 | | 西安文保所<br>藏陶文 | 西安市藍田縣出土("將行内者");館藏編號 098;《陶文圖録》2033 頁 | |
| 329 | | 晏南石板<br>刻文 | 秦始皇陵園内外城之間晏南村;《秦文字》圖版227 | |
| 330 | | 秦國錢幣 | 陝西、四川、河南等各地多處出土;封君鑄錢、圜錢、半兩、兩甾 | |
| 331 | | 秦官印<br>(璽印) | 各種傳世及考古發掘品,總共 218 種 241 枚 | |
| 332 | | 秦吉語印 | 約 60 枚 | |
| 333 | | 秦官印<br>(封泥) | 1995 年以來西安北郊相家巷、六村堡、高陵及河南平輿古城村等地陸續出土秦封泥。這些秦封泥收藏於海内外數十家公私機構,總數有 1000 餘種6700 多枚。 | |
| 334 | | 秦封泥單字印、私印、吉語印 | 總共約 162 枚 | |
| 335 | | 相里石臼 | 《通向文明之路》200 頁《記秦廿二年石臼》刊有摹本 | 北京某氏藏 |

**收藏單位簡稱**

寶雞青銅博:陝西省寶雞市青銅器博物館

常德文物處:湖南省常德市文物管理處

川博:四川省博物館

甘肅所:甘肅省文物考古研究所

高平博:山西省高平市博物館

廣博:廣州市博物館

廣西壯族博:廣西壯族自治區博物館

國博:國家博物館(原中國歷史博物館)

漢中博:陝西省漢中市博物館

河北博:河北省博物館

河南博:河南省博物院(原河南省博物館)

河南所:河南省文物考古研究所

湖北博:湖北省博物館

湖南博:湖南省博物館

湖南所:湖南省文物考古研究所

吉大博:吉林大學歷史系博物館

荆州博:湖北省荆州市博物館

遼寧博:遼寧省博物館

遼陽博:遼寧省遼陽市博物館

臨潼博:陝西省西安市臨潼區(原爲縣)博物館

臨淄博:山東省臨淄市博物館

旅順博:遼寧省大連市旅順博物館

洛陽文物二隊:河南省洛陽市第二文物工作隊

南京博:南京博物院

秦俑館:秦始皇帝陵兵馬俑博物館

山東博:山東省博物館

山西博:山西省博物館

山西所:山西省考古研究所

陝博:陝西歷史博物館

陝考古院:陝西省考古研究院(原稱所)

陝師大館:陝西師範大學博物館

上博:上海博物館

天津博:天津歷史博物館

西安碑林博:西安市碑林博物館

西安書法博:西安市中國書法藝術博物館

西安文保所:西安市文物保護考古所

西安文管會:西安市文物管理委員會

西安研究室:中國社會科學院考古研究所西安研究室

西大博:西北大學文博學院歷史博物館

咸陽博:陝西省咸陽市博物館

咸陽所:陝西省咸陽市文物考古研究所

沂南文管所:山東省沂南縣文物管理所

永壽文化館:陝西省永壽縣文化館

雲夢博:湖北省雲夢縣博物館

珍秦齋:澳門特別行政區蕭春源珍秦齋

正定文管所:河北省正定縣文物管理所

中大文物館:香港中文大學文物館

周梁玉橋博:湖北省荆州市周梁玉橋博物館

(收藏單位用全稱者略)

### 引書簡稱

《長安》:劉喜海《長安獲古編》,1852 年。

《癡盦》:李泰棻《癡盦藏金》,1941 年。

《從古》:徐同柏《從古堂款識學》,1886 年。

《叢考》:郭沫若《金文叢考》,1932 年。

《度量衡》:邱隆等《中國古代度量衡圖集》,1981 年。

《故銅》:故宮博物院《故宮青銅器》,1999 年。

《故圖》:臺灣故宮、博物院聯合管理處《故宮銅器圖録》,1958 年。

《簠齋》：鄧實《簠齋吉金録》，1918 年。

《漢金》：容庚《漢金文録》，1931 年。

《恒軒》：吴大澂《恒軒所見所藏吉金録》，1885 年。

《衡齋》：黄濬《衡齋金石識小録》，1935 年。

《集成》：中國社會科學院考古研究所《殷周金文集成》，1984 ~ 1994 年。

《積古》：阮元《積古齋鐘鼎彝器款識》，1804 年。

《近出》：劉雨、盧岩《近出殷周金文集録》，2002 年。

《攈古》：吴式芬《攈古録金文》，1895 年。

《愙齋》：吴大澂《愙齋集古録》，1896 年。

《兩罍》：吴雲《兩罍軒彝器圖釋》，1856 年。

《録遺》：于省吾《商周金文録遺》，1957 年。

《夢郼》：羅振玉《夢郼草堂吉金圖》，1917 年。

《奇觚》：劉心源《奇觚室吉金文述》，1902 年。

《秦辭》：羅振玉《秦金石刻辭》，1914 年。

《秦金》：容庚《秦金文録》，1931 年。

《秦銅》：王輝《秦銅器銘文編年集釋》，1990 年。

《秦文字》：王輝、程學華《秦文字集證》，1999 年。

《清儀》：張廷濟《清儀閣所藏古器物文》，1925 年。

《三代》：羅振玉《三代吉金文存》，1937 年。

《頌齋》：羅振玉《頌齋吉金圖録》，1933 年。

《善齋》：劉體智《善齋吉金録》，1934 年。

《首陽吉金》：胡盈瑩、范季融《首陽吉金——胡盈瑩、范季融藏中國古代青銅
　　器》，2008 年。

《雙吉》：于省吾《雙劍誃吉金圖録》，1933 年。

《雙古》：于省吾《雙劍誃古器物圖録》，1940 年。

《陶齋》：端方《陶齋吉金録》，1908 年。

《陶續》：端方《陶齋吉金續録》，1909 年。

《通鑒》：吴鎮烽《商周金文資料通鑒》（光盤），2012 年。

《小校》：劉體智《小校經閣金文拓本》，1935 年。

《新收》：陳昭容、袁國華、黃銘崇《新收殷周青銅器銘文器影彙編》，2006 年。

《續考》：趙九成《續考古圖》，1162 年。

《薛氏》：薛尚功《歷代鐘鼎彝器款識法帖》，1144 年。

《珍秦齋秦》：蕭春源《珍秦齋藏金——秦銅器篇》，2006 年。

《貞松》：羅振玉《貞松堂集古遺文》，1930 年。

《貞松補遺》：羅振玉《貞松堂集古遺文補遺》，1931 年。

《貞續》：羅振玉《貞松堂集古遺文續編》，1934 年。

《貞圖》：羅振玉《貞松堂吉金圖》，1935 年。

《中銅》：《中國青銅器全集》，1995 年。

《周金》：鄒安《周金文存》，1916 年。

《周漢遺寶》：［日］原田淑人《周漢遺寶》，1932 年。

《綴遺》：方濬益《綴遺齋彝器款識考釋》，1935 年。

《總集》：嚴一萍《金文總集》，1983 年。

《尊古》：黃濬《尊古齋所見吉金圖》，1936 年。

# 附録二　秦文字研究論著要目

## 一、秦文字綜合研究

陳　鴻:《出土秦系文獻詞語研究》,中山大學博士後出站報告 2009 年。

陳昭容:《秦系文字研究:從漢字史的角度考察》,《史語所專刊》(103)
　　2003 年。

凡國棟:《秦郡新探——以出土文獻爲主要切入點》,武漢大學博士學位論文
　　2010 年。

何家興:《戰國文字分域研究》,安徽大學博士學位論文 2010 年。

何琳儀:《戰國文字通論》(訂補),江蘇教育出版社 2003 年。

洪燕梅:《〈説文〉未收録之秦文字研究——以《睡虎地秦簡》爲例》,臺灣文
　　津出版社 2006 年。

華學涑:《秦書八體原委》,天津博物院 1921 年印本。

———:《秦書集存》,天津博物院石印本 1922 年。

單曉偉:《秦文字疏證》,安徽大學博士學位論文 2010 年。

史黨社:《秦關北望——秦與"戎狄"文化的關係研究》,復旦大學博士學位
　　論文 2009 年。

———:《日出西山——秦人歷史新探》,陝西人民出版社 2013 年。

田　靜:《秦史研究論著目録》,陝西人民教育出版社 1999 年。

王　輝:《秦銅器銘文編年集釋》,三秦出版社 1990 年。

———:《秦出土文獻編年》,臺灣新文豐出版公司 2000 年。

———:《〈秦出土文獻編年〉續補(一)》,《秦文化論叢》第 9 輯,西北大學出
　　版社 2002 年。

———:《一粟集——王輝學術文存》,臺灣藝文印書館 2002 年。

———:《高山鼓乘集——王輝學術文存二》,中華書局 2008 年。

王輝、程學華:《秦文字集證》,臺灣藝文印書館 2010 年修訂版。

王輝、王偉:《秦出土文獻編年訂補》,三秦出版社 2014 年。

———:《〈秦出土文獻編年〉續補(二)》《秦文化論叢》第 13 輯,三秦出版社 2006 年。

———:《〈秦出土文獻編年〉續補(四)》,《秦文化論叢》第 15 輯,三秦出版社 2008 年。

王輝、楊宗兵:《〈秦出土文獻編年〉續補(三)》《秦文化論叢》第 14 輯,三秦出版社 2007 年。

王輝主編,杨宗兵、彭文、蔣文孝編:《秦文字編》,中華書局 2015 年。

王學理:《咸陽帝都記》,三秦出版社 1999 年。

王學理、梁雲:《秦文化》,文物出版社 2001 年。

袁仲一、劉鈺:《秦文字類編》,陝西人民教育出版社 1993 年。

———:《秦文字通假集釋》,陝西人民教育出版社 1999 年。

趙孝龍:《秦職官研究——以出土文獻爲中心》,安徽大學碩士學位論文 2010 年。

## 二、秦文字字體、構形和隸變研究

北　文:《秦始皇“書同文字”的歷史作用》,《文物》1973 年第 11 期。

晁福林:《如何評價秦始皇“書同文”的歷史作用》,《學習與探索》1981 年第 2 期。

陳毅棟:《再考隸書所起——以雲夢睡虎地秦簡隸書爲據》,《湖北職業技術學院學報》2008 年第 3 期。

陳　立:《戰國文字構形研究》,臺灣大學博士學位論文 2004 年。

陳紹棠:《從近年出土文字史料看秦代書同文的基礎及其貢獻》,《新亞書院學術年刊》第 18 期,1976 年。

陳一梅:《論秦的文字制度》,《西北大學學報》(哲社版)2005 年第 6 期。

———:《“自爾秦書有八體”獻疑》,《文博》2005 年第 6 期。

陳昭容:《秦書八體原委——附論新莽六書》,《中國文字》新 21 期,1996 年 12 月。

———:《秦“書同文字”新探》,《史語所集刊》68 本 3 分册,1997 年。

———:《隸書起源問題重探》,《南大語言文化學報》(2.2),1997 年。

———:《秦文字發展序列——從漢字發展歷史看秦文字的傳承與演變》,《兵馬俑秦文化》,臺北歷史博物館 2000 年。

———:《秦代書同文的意義及其影響》,《歷史文物月刊》2001 年第 1 期。

陳　直:《秦始皇六大統一政策的考古資料》,《歷史教學》1963 年第 8 期。

尺　蠖:《讀陶希聖“李斯始發明篆書”》,《“中央”日報》1975 年 7 月 27 日。

叢文俊:《論隸書研究》,吉林大學博士學位論文 1991 年。

董志翹:《從出土戰國文字材料看“隸變”》,《淮北煤炭師範學院學報》(社科版)1987 年第 4 期。

傅嘉儀:《戰國秦“封宗邑瓦書”及其書法》,《書法研究》1996 年第 5 期。

古敬恒、孫建波:《小篆對籀文的省改與秦人的思想傾向》,《徐州師院學報》(哲社版)1994 年第 1 期。

韓復智:《關於秦始皇“書同文字”的問題》,《傅樂成教授紀念文集》,1985 年。

郝　茂:《秦簡文字系統之研究》,新疆大學出版社 2001 年。

何清谷:《西周籀文與秦文字》,《西周史論文集》,陝西人民教育出版社 1993 年。

何　燕:《秦的文字統一政策及其得失》,《浙江師範大學學報》(社科版)1999 年第 5 期。

洪燕梅:《論秦文字之繁化現象》,第十四屆中國文字學全國學術研討會論文,臺灣中山大學 2003 年。

———:《秦金文與〈説文〉小篆書體之比較》,臺灣《政大中文學報》2006 年第 5 期。

黃大榮:《試論“隸變”及其對漢字發展的作用》,《貴州文史叢刊》1992 年第 4 期。

黃靜吟:《秦簡隸變研究》,臺灣花木蘭文化出版社 2011 年。

黃文傑:《篆隸字形來源問題探討》,《論衡叢刊》第 1 輯,中山大學出版社 1999 年。

姜玉梅:《秦簡文字與小篆之比較》,《江西省語言學會 2007 年年會論文集》。

黎東明:《秦系文字研究》,首都師範大學博士學位論文 1999 年。

李文福:《從秦權銅版詔書看秦隸》,《中國文物報》2002 年 6 月 19 日。

李裕民:《重評秦始皇統一文字》,《晉陽學刊》2001 年第 4 期。

連蔚勤:《秦漢篆文形體比較研究》,臺灣東吳大學博士學位論文 2010 年。

林允富:《從秦"書同文"和唐"正字學"看繁體字的回潮》,《西北大學學報》
（哲社版）1996 年第 1 期。

劉寶民:《秦統一文字》,《歷史教學》1980 年第 1 期。

羅衛東:《春秋金文構形系統研究》,上海教育出版社 2005 年。

馬子雲:《秦代篆書與隸書淺説》,《故宮博物院院刊》1980 年第 4 期。

毛惠明:《從天水秦簡看秦統一前的文字及其書法藝術》,《書法》1990 年第
4 期。

牛克誠:《簡册體制與隸書的形成》,《中日書法史論研討會論文集》,文物出
版社 1994 年。

潘良楨:《秦代文字與書藝略論》,《復旦學報》1992 年第 5 期。

裘錫圭:《從馬王堆一號漢墓"遣册"談關於古隸的一些問題》,《考古》1974
年第 1 期。

［日］大西克也著,任鋒譯,宋起圖校:《"殹""也"之交替》,《簡帛研究 2001
（下册）》,廣西師範大學出版社 2001 年。

［日］浦野俊則:《秦、漢簡牘帛書的書體和隸書之形成》,《二松學舍大學論
集》,1979 年。

上海書畫出版社編:《秦文字草化研究》,《書法研究》（總第 134 期）,上海書
畫出版社 2007 年。

史　鑒:《秦系文字與"書同文"》,《語文建設》1995 年第 5 期。

宋瑂映:《〈秦簡〉文字與〈説文〉小篆字形比較研究》,北京師範大學博士學
位論文 1997 年。

譚世保:《秦始皇的"車同軌""書同文"新評》,《中山大學學報》（哲社版）
1980 年第 4 期。

唐　莉:《戰國文字義符系統特點研究》,陝西師範大學碩士學位論文
2004 年。

陶希聖:《李斯發明篆書問題平議》,《中華文化復興月刊》8 卷 11 期,1975 年。

王麗惠:《秦、楚金文書體比較研究》,臺灣政治大學碩士學位論文 2005 年。

王　路:《秦始皇統一文字質疑》,《湖北師院學報》(哲社版)1987 年第 2 期。

王世民:《秦始皇統一中國的歷史作用——從考古學上看文字、度量衡和貨
　　幣的統一》,《考古》1973 年第 6 期。

王子今:《秦代民間簡字舉例》,《秦文化論叢》第 6 輯,西北大學出版社
　　1998 年。

偉　明:《秦始皇"書同文字"的歷史作用》,《光明日報》1973 年 11 月 6 日。

吳白匋:《從出土秦簡帛書看秦漢早期隸書》,《文物》1978 年第 2 期。

吳欣潔:《春秋金文形構演變研究》,臺灣成功大學碩士學位論文 2004 年。

吳振紅:《〈嶽麓書院藏秦簡〉(壹)書體研究》,湖南大學碩士學位論文
　　2011 年。

奚椿年:《論"初有隸書"》,《社會科學探索》1991 年第 3 期。

———:《"書同文字"政策的實施及其失敗:從出土文物看秦始皇統一全國
　　文字的工作》,《江海學刊》1990 年第 4 期。

向　曙:《試爲"李斯始發明篆書"進一解》,《"中央"日報》1975 年 8 月 5 日。

謝光輝:《秦文字形體研究》,《古文字與漢語史論集》,中山大學出版社
　　2002 年。

謝宗炯:《秦書隸變研究》,臺灣成功大學碩士學位論文 1988 年。

徐無聞:《小篆爲戰國文字説》,《西南師範學院學報》(社科版)1984 年第
　　2 期。

徐筱婷:《秦系文字構形研究》,臺灣彰化師範大學碩士學位論文 2001 年。

徐　勇:《略論小篆字體的産生和流變——兼評秦始皇以小篆統一文字的歷
　　史作用》,《天津師大學報》(哲社版)1985 年第 2 期。

許學仁:《戰國文字分域與斷代研究》,臺灣師範大學博士學位論文 1986 年。

言鞏達:《試論秦隸及其在書法史上的地位》,《南藝學報》1981 年第 2 期。

楊宗兵:《秦文字字體研究》,北京師範大學博士學位論文 2005 年。

———:《秦文字"草化"研究》,《書法研究》(總第 134 期),上海書畫出版社
　　2007 年。

尹顯德：《小篆產生以前的隸書墨蹟——介紹青川戰國木牘兼説“初有隸書”
　　問題》，《書法》1983 年第 3 期。

俞偉超、高明：《秦始皇統一度量衡和文字的歷史功績》，《文物》1973 年第
　　12 期。

禹　　斌：《秦始皇統一文字的歷史意義》，《光明日報》1973 年 9 月 25 日。

袁仲一：《從考古資料看秦文字的發展演變》，《秦漢論集》，陝西人民出版社
　　1992 年。

張　　標：《“書同文”正形説質疑》，《河北師範大學學報》（哲社版）1986 年第
　　1 期。

張滌華等：《論秦始皇的“書同文”》，《光明日報》1974 年 8 月 25 日。

張克濟：《東周秦文化蠡探》，臺灣政治大學碩士學位論文 1987 年。

張鐵民：《秦權量詔書並非隸書》，《中國文物報》1991 年 10 月 20 日。

張曉明：《春秋戰國金文字體演變研究》，齊魯書社 2006 年。

張玉金：《隸變中偏旁變形的文化成因》，《歷史教學》1992 年第 8 期。

趙平安：《隸變研究》，河北大學出版社 1993 年。

———：《論秦國歷史上的三次“書同文”》，《河北大學學報》（哲社版）1994
　　年第 3 期。

鍾　　漢：《戰國歷史上第一次漢字改革——論秦始皇的“書同文字”》，《山東
　　師院學報》（哲社版）1975 年第 1 期。

鍾鳴天、左德承：《從雲夢秦簡看秦隸》，《書法》1983 年第 3 期。

朱翠萍：《秦代簡帛用字研究》，中國人民大學碩士學位論文 2006 年。

朱德熙、裘錫圭：《七十年代出土的秦漢簡册和帛書》，《語文研究》1982 年第
　　1 期；後收入《朱德熙古文字論集》，中華書局 1995 年。

## 三、秦銅器、兵器題銘（附詔版權量、符節）

安徽省文物考古研究所等：《安徽潛山公山崗戰國墓發掘報告》，《考古學
　　報》2002 年第 1 期。

白光琦：《秦公壺應爲東周初期器》，《考古與文物》1995 年第 4 期。

陳邦懷：《金文叢考三則》，《文物》1964 年第 2 期。

陳　林:《秦兵器銘文編年集釋》,復旦大學碩士學位論文 2012 年。

陳　平:《〈寺工小考〉補議》,《人文雜誌》1983 年第 2 期。

———:《試論關中秦墓青銅容器的分期問題》,《考古與文物》1984 年第 3、4 期。

———:《"蜀月""蜀守"與"皋月"小議——涪陵廿六年秦戈兩關鍵銘文釋讀辨正》,《文博》1985 年第 5 期。

———:《試論春秋型秦兵的年代及有關問題》,《考古與文物》1986 年第 5 期;收入《燕秦文化研究——陳平學術文集》,北京燕山出版社 2003 年。

———:《秦子戈、矛考》,《考古與文物》1986 年第 2 期。

———:《試論戰國秦兵的年代及有關問題》,《中國考古學研究論集——紀念夏鼐先生考古五十週年》,三秦出版社 1987 年。

———:《秦子戈矛考補議》,《考古與文物》1990 年第 1 期。

———:《遼陽新出四十年上郡守起戈銘補釋》,《考古》1994 年第 9 期。

———:《淺談禮縣秦公墓地遺存與相關問題》,《考古與文物》1998 年第 5 期。

———:《燕秦文化研究——陳平學術文集》,北京燕山出版社 2003 年。

陳平、楊震:《内蒙伊盟新出十五年上郡守壽戈銘考》,《考古》1990 年第 6 期。

陳松長:《湖南張家界出土戰國銘文戈小考》,《古文字研究》第 25 輯,中華書局 2004 年。

陳　澤:《秦子鐘與西垂嘉陵》,《天水日報》2000 年 10 月 9 日。

———:《秦公簋銘文考釋與器主及作器時代的推定》,《古代文明研究通訊》第 9 期,2001 年。又輯入《秦西垂文化論集》,文物出版社 2005 年。

———:《西垂文化研究》,五洲文明出版社 2005 年。

陳昭容:《秦公簋的時代問題:兼論石鼓文的相對年代》,《史語所集刊》64 本 4 分册,1993 年。

———:《談新出秦公壺的時代》,《考古與文物》1995 年第 4 期。

———:《談甘肅禮縣大堡子山秦公墓地及文物》,《大陸雜誌》95 本 5 分,1997 年。

陳　直:《讀金日札》,中華書局 2008 年。

程學華:《秦始皇陵園發現的權與秦代衡值》,《文博》1985 年第 4 期。

丁耀祖:《臨潼縣附近出土秦代銅器》,《文物》1965 年第 7 期。

董　珊:《戰國題銘與工官制度》,北京大學博士學位論文 2002 年。

———:《論陽城之戰與秦上郡戈的斷代》,《古代文明》第 3 卷,文物出版社
　　2004 年。

———:《秦子姬簋蓋初探》,《故宮博物院院刊》2005 年第 6 期。

———:《讀珍秦齋藏秦銅器札記》,《珍秦齋藏金——秦銅器篇》,澳門基金
　　會 2006 年。

———:《四十八年上郡守瘼戈考》,《珍秦齋藏金——秦銅器篇》,澳門基金
　　會 2006 年。

———:《珍秦齋藏秦伯喪戈、矛考釋》,《故宮博物院院刊》2006 年第 6 期;
　　又載《珍秦齋藏金——秦銅器篇》,澳門基金會 2006 年。

樊瑞平、王巧蓮:《正定縣文物保管所收藏的兩件戰國有銘銅戈》,《文物》
　　1999 年第 4 期。

方建軍:《秦子鎛的器主和時代》,復旦大學出土文獻與古文字研究中心網
　　站:http://www. gwz. fudan. edu. cn/SrcShow. asp? Src_ID = 898(2009 年 9
　　月 8 日)。

馮國瑞:《天水出土秦器匯考》,隴南叢書編印社 1944 年。

傅天佑:《對秦〈石邑戈〉銘文解釋的商榷》,《江漢考古》1986 年第 3 期。

甘肅省文物考古研究所:《禮縣圓頂山春秋秦墓》,《文物》2002 年第 2 期。

岡村秀典:《秦漢金文の研究視角》,《古代文化》43 卷第 9 期,1991 年。

廣州市文化局:《廣州秦漢考古三大發現》,廣州出版社 1999 年。

郭沫若:《殷周青銅器銘文研究·秦公毁韻讀》,日本文求堂 1930 年(大東書
　　局 1931 年)。

———:《兩周金文辭大系圖録考釋》(增訂本),上海書店出版社影印本
　　1999 年。

郭淑珍:《"宜工"銅權考》,《秦陵秦俑研究動態》2005 年第 2 期。

何琳儀:《秦文字辨析舉例》,《人文雜誌》1987 年第 4 期。

何新成:《漢中楊家山秦墓發掘簡報》,《文博》1985 年第 5 期。

《河南省博物館藏青銅器選》,香港攝影藝術出版社 1999 年。

河南省文物研究所:《河南登封縣八方村出土五件銅戈》,《華夏考古》1991 年第 3 期。

洪燕梅:《秦金文研究》,臺灣政治大學博士學位論文 1998 年。

胡順利:《關於秦國杜虎符的鑄造年代》,《文物》1983 年第 8 期。

胡雲鳳:《秦金文文例研究》,臺灣靜宜大學碩士學位論文 2000 年。

———:《秦文例流變考》,第十一屆中國文字學全國學術研討會論文集 2000 年,臺灣。

胡正明:《丞相啓即昌平君説商榷》,《文物》1988 年第 3 期。

湖北省文物考古研究所、襄樊市考古隊、襄陽區文物管理處:《襄陽王坡東周秦漢墓》,科學出版社 2005 年。

湖南省文管會:《長沙左家塘秦代木槨墓清理簡報》,《考古》1959 年第 9 期。

華義武、史潤梅:《介紹一件先秦有銘銅矛》,《文物》1986 年第 6 期。

黃懷信:《關於"阿房宮"之名》,《文博》1999 年第 2 期。

黃　濬:《尊古齋古兵精拓》,上海古籍出版社 1990 年。

黃盛璋:《試論戰國秦漢銘刻中从"酉"諸奇字及其相關問題》,《古文字研究》第 10 輯,中華書局 1983 年。

———:《寺工新考》,《考古》1983 年第 9 期。

———:《新出戰國金銀器銘文研究(三題)》,《古文字研究》第 12 輯,中華書局 1985 年。

———:《新出秦兵器銘刻新探》,《文博》1988 年第 6 期。

———:《秦俑坑出土兵器銘文與相關制度發覆》,《文博》1990 年第 5 期。

———:《秦兵器制度及其發展變遷新考》(提要),《秦文化論叢》第 3 輯,西北大學出版社 1994 年。

———:《秦兵器分國、斷代與有關制度研究》,《古文字研究》第 21 輯,中華書局 2001 年。

黃錫全:《介紹新見秦政白喪矛戈》,《社會科學戰綫》2005 年第 3 期。

賈臘江:《秦早期青銅器科技考古學研究》,西北大學博士學位論文 2010 年。

賈振國:《西漢齊王墓隨葬器物坑》,《考古學報》1985 年第 2 期。

江西省博物館、遂川縣文化館:《記江西遂川出土的幾件秦代銅兵器》,《文物》1978 年第 1 期。

蔣詩堂:《戰國文字域別特點考察的原則之探討》,《湖南社會科學》2002 年第 2 期。

蔣文孝、劉占成:《秦俑坑新出土銅戈、戟研究》,《文物》2006 年第 3 期。

柯昌濟:《韡華閣集古録跋尾》,1935 年。

郎保利:《長平古戰場出土三十八年上郡戈及相關問題》,《文物》1998 年第 10 期。

李朝遠:《上海博物館新獲秦公器研究》,《上海博物館集刊》第 7 期,上海書畫出版社 1996 年;後收入《青銅器學步集》,文物出版社 2007 年。

————:《上海博物館新藏秦器研究》,《上海博物館集刊》2002 年第 9 期,上海書畫出版社 2002 年;後收入《青銅器學步集》,文物出版社 2007 年。

————:《倫敦新見秦公壺》,《中國文物報》2004 年 2 月 27 日;後收入《青銅器學步集》,文物出版社 2007 年。

————:《新出秦公器銘文與籀文》,《考古與文物》1997 年第 5 期。

————:《新見秦式青銅鍑研究》,《文物》2004 年第 1 期。

李純一:《中國上古樂器綜論》,文物出版社 1996 年。

李丁生:《潛山縣出土"二十四年上郡守臧"戈考》,《文物研究》第 12 輯,黄山書社 1999 年。

李光軍、宋蕊:《咸陽博物館收藏兩件帶銘銅壺》,《考古與文物》1983 年第 6 期(二年寺工壺)。

————:《二年寺工師壺、雍工敃壺銘文再釋》,《考古與文物》1993 年第 4 期。

李復華:《四川郫縣紅光公社出土戰國銅器》,《文物》1976 年第 10 期。

李　零:《春秋秦器試探——新出秦公鐘鎛銘與過去著録秦公鐘簋銘的對讀》,《考古》1979 第 6 期。

李令福:《秦都咸陽廄苑考》,《中國古都研究》(十五),三秦出版社 2004 年。

李學勤:《戰國時代的秦國銅器》,《文物參考資料》1957 年第 8 期。

————:《戰國題銘概述》,《文物》1959 年第 7～9 期。

————:《北京揀選青銅器的幾件珍品》,《文物》1982 年第 9 期(三年詔事鼎）。

———:《試論山東新出青銅器的意義》,《文物》1983 年第 12 期。

———:《東周與秦代文明》,文物出版社 1984 年。

———:《湖南戰國兵器銘文選釋》,《古文字研究》第 12 輯,中華書局 1985 年。

———:《秦公簋年代的再推定》,《中國歷史博物館館刊》第 13～14 輯,文物出版社 1989 年。

———:《秦國文物的新認識》,《文物》1980 年第 9 期;又收入《新出青銅器研究》,文物出版社 1990 年。

———:《秦孝公、秦惠文王時期銘文研究》,《中國社科院研究生院學報》1992 年第 5 期;又收入《綴古集》,上海古籍出版社 1998 年。

———:《"秦子"新釋》,《文博》,2003 年第 5 期。

———:《論秦子簋蓋及其意義》,《故宮博物院院刊》2005 年第 6 期。

李學勤、艾蘭:《最新出現的秦公壺》,《中國文物報》1994 年 10 月 30 日。

李學勤、鄭紹宗:《論河北近年出土的戰國有銘青銅器》,《古文字研究》第 7 輯,中華書局 1982 年。

李永平:《新見秦公墓文物及相關問題探識》,《故宮文物月刊》1999 年第 5 期。

李仲操:《八年呂不韋戈考》,《文物》1979 年第 11 期。

———:《羽陽宮鼎銘考釋》,《文博》1986 年第 6 期。

———:《二十六年秦戈考》,《文博》1989 年第 1 期。

———:《平陽秦公鐘銘文考釋》,《黄盛璋先生八秩華誕紀念文集》,中國教育文化出版社 2005 年。

禮縣秦西垂文化研究會、禮縣博物館:《秦西垂文化論集》,文物出版社 2005 年。

梁　雲:《"秦子"諸器的年代及有關問題》,《古代文明》第 5 卷,文物出版社 2006 年。

———:《甘肅禮縣大堡子山青銅樂器坑探討》,《中國歷史文物》2008 年第 4 期。

———:《秦戈銘文考釋》,《中國歷史文物》2009 年第 2 期。

林劍鳴:《秦公鐘、鎛銘文釋讀中的一些問題》,《考古與文物》1980 年第 2 期。

林清源:《兩周青銅勾兵銘文匯考》,臺灣東海大學碩士學位論文 1987 年。

———:《〈殷周金文集成〉新收戰國秦戈考釋》,《于省吾教授百年誕辰紀念文集》,吉林大學出版社 1996 年。

劉芮方:《秦庶長考》,《古代文明》2010 年第 3 輯。

劉曉華:《咸陽市出土的秦銅盉》,《考古與文物》1989 年第 6 期。

劉餘力、褚衛紅:《洛陽宜陽縣城角村發現戰國有銘銅戈》,《文物》2004 年第 9 期。

劉餘力、周建亞、潘付生:《高陵君弩機考》,《中國歷史文物》2009 年第 1 期。

劉占成:《秦俑坑出土的銅鈹》,《文物》1982 年第 3 期。

劉　釗:《兵器銘文考釋(四則)》,《出土文獻與古文字研究》第 2 輯,復旦大學出版社 2008 年。

劉　釗、江小角:《安徽桐城出土秦十九年上郡守謿戈考》,《考古與文物》2009 年第 3 期。

盧連成:《秦國早期文物的新認識》,《中國文字》新 21 期,臺灣藝文印書館 1996 年。

盧連成、楊滿倉:《陝西寶雞縣太公廟村發現秦公鐘、秦公鎛》,《文物》1978 年第 11 期。

呂樹芝:《秦國杜縣虎符》,《歷史教學》1981 年第 6 期。

羅福頤:《商周秦漢青銅器銘文辨僞錄》,《古文字研究》第 11 輯,中華書局 1985 年。

羅振玉:《貞松堂集古遺文》,清同治庚午刊本(1870 年,又 1930 年刊本)。

———:《秦金石刻辭》,上虞羅氏永慕園叢書 1914 年。

———:《秦公敦跋》,《雪堂類稿·丙·金石跋尾》,遼寧教育出版社 2003 年。

馬承源:《商鞅方升與戰國量制》,《文物》1972 年第 6 期。

馬非百:《關於秦國杜虎符之鑄造年代》,《文物》1979 年第 11 期。

———:《秦集史·金石志》,中華書局 1982 年。

馬振智:《關於甘肅禮縣大堡子山秦公墓地的幾個問題》,《陝西歷史博物館館刊》第 10 輯,三秦出版社 2003 年。

聶新民:《秦公鐘鎛銘文的考釋與研究》,《秦文化論叢》第 7 輯,西北大學出版社 1999 年。

彭適凡:《江西遂川出土秦戈銘文考釋質疑》,《江西社會科學》1982 年第 5 期。

———:《秦始皇十二年銅戈銘文考》,《文物》2008 年第 5 期。

彭曦、許俊成:《穆公篡蓋銘文簡釋》,《考古與文物》1981 年第 6 期。

平　心:《釋鬼薪與顧山》,《學術月刊》1957 年第 5 期。

秦　兵:《〈寺工小考〉一文資料補正》,《人文雜誌》1983 年第 1 期。

《秦銘刻文字選》,上海書畫出版社 1976 年。

《秦始皇金石刻辭注》,上海人民出版社 1975 年。

秦俑考古隊:《臨潼上焦村秦墓清理簡報》,《考古與文物》1980 年第 2 期。

饒宗頤:《從秦戈皋月談〈爾雅〉月名問題》,《文物》1983 年第 10 期。

容　庚:《秦金文録》,中央研究院歷史語言研究所 1931 年。

———:《秦公鐘篡之時代》,《考古社刊》1937 年第 6 期。

山東省淄博市博物館:《西漢齊王墓隨葬器物坑》,《考古學報》1985 年第 2 期。

陝西歷史博物館:《尋覓散落的瑰寶——陝西歷史博物館徵集文物精粹》,三秦出版社 2001 年。

陝西省博物館:《西安市西郊高窰村出土秦高奴銅石權》,《文物》1964 年第 9 期。

———:《陝西省博物館鑒選一批歷史文物》,《文物》1965 年第 5 期。

———:《介紹陝西省博物館收藏的幾件戰國時期的秦器》,《文物》1966 年第 1 期。

陝西省博物館、文管會:《秦都咸陽故城遺址發現的窰阯和銅器》,《考古》1974 年第 1 期。

陝西省考古研究所:《秦都咸陽考古報告》,科學出版社 2004 年。

———:《考古年報 2006》。

———:《西安北郊秦墓》,三秦出版社 2006 年。

———:《西安尤家莊秦墓》,陝西科學技術出版社 2008 年。

陝西省考古研究所、秦始皇兵馬俑博物館:《秦始皇帝陵園考古報告 1999》,科學出版社 2000 年。

———:《秦始皇帝陵園考古報告 2000》,文物出版社 2006 年。

———:《秦始皇帝陵園考古報告 2001～2003》,文物出版社 2007 年。

申茂盛:《秦"工師文缶"考辨》,《秦文化論叢》第 9 輯,西北大學出版社 2002 年。

施拓全:《秦代金石及其書法研究》,臺灣高雄師範大學碩士學位論文 1991 年。

施謝捷:《秦兵器銘刻零釋》,《安徽大學學報》(哲社版)2008 年第 4 期。

石志廉:《春秋秦公簋銘文》,《書法叢刊》第 9 輯,1985 年。

史黨社:《美國博物館展藏的二件秦鼎》,《秦陵秦俑研究動態》2000 年第
　　4 期。

史黨社、田静:《從稱謂角度説"秦子"》,《中國歷史文物》2010 年第 4 期。

《首陽吉金——胡盈瑩、范季融藏中國古代青銅器》,上海古籍出版社 2008 年。

四川省博物館、重慶市博物館、涪陵縣文化館:《四川涪陵地區小田溪戰國土
　　坑墓清理簡報》(廿年蜀守武戈),《文物》1974 年第 5 期。

蘇　輝:《秦、三晉紀年兵器研究》,中國社會科學院碩士學位論文 2002 年。

孫常叙:《秦公及王姬鎛、鐘銘文考釋》,《吉林師範大學學報》(哲社版)1978
　　年第 4 期。

孫　機:《説"箕斂"》,《中國歷史文物》2003 年第 1 期。

孫慰祖、徐谷甫:《秦漢金文彙編》,上海書店出版社 1997 年。

臺北古越閣:《商周青銅兵器》,1993 年。

陶正剛:《山西屯留出土一件平周戈》,《文物》1987 年第 8 期。

———:《山西近年出土銘文兵器的國別與編年》,《古文字研究》第 21 輯,中
　　華書局 2006 年。

田鳳嶺、陳雍:《新發現的十七年丞相啓狀戈》,《文物》1986 年第 3 期。

田廣金、郭素新:《西溝畔匈奴墓反映的諸問題》,《文物》1980 年第 7 期。

田　静:《秦宮廷文化》,《歷史月刊》2001 年第 1 期。

田静、史黨社:《〈秦出土文獻編年〉與秦史研究》,《文博》2001 年第 3 期。

田亞岐:《秦國早期的逐漸强盛和對戎狄的戰爭》,《秦文化論叢》第 3 輯,西
　　北大學出版社 1993 年。

童恩正等:《從四川兩件銅戈上的銘文看秦滅巴蜀後統一文字的進步措施》,
　　《考古》1976 年第 7 期。

王博文：《甘肅鎮原縣富坪出土秦二十六年銅詔版》,《文物》2005 年第 12 期。

王　剛：《秦漢假官、守官問題考辨》,《史林》2005 年第 2 期。

王光永：《鳳翔縣發現羽陽宮銅鼎》,《考古與文物》1981 年第 1 期。

王國維：《兩周金石文韻讀·盄和鐘》,廣倉學宭叢書 1917 年；又輯入《海寧
　　王忠慤公遺書》,1928 年。

———：《觀堂集林》卷七(《秦新郪虎符跋》)、卷十八(《秦陽陵虎符跋》),
　　中華書局 1959 年。

———：《觀堂集林》卷十八(《秦公敦跋》),中華書局 1959 年。

王紅武、吳大焱：《陝西寶雞鳳閣嶺公社出土一批秦代文物》,《文物》1980 年
　　第 9 期。

王　輝：《關於秦子戈矛的幾個問題》,《考古與文物》1986 年第 6 期。

———：《二年寺工壺、雍工敢壺銘文新釋》,《人文雜誌》1987 年第 3 期。

———：《秦器銘文叢考》,《文博》1988 年第 2 期。

———：《秦器銘文叢考(續)》,《考古與文物》1989 年第 5 期。

———：《讀〈秦子戈矛補議〉書後》,《考古與文物》1990 年第 1 期。

———：《周秦器銘考釋》,《考古與文物》1991 年第 6 期。

———：《秦兵三戈考》,《陝西歷史博物館館刊》第 4 輯,三秦出版社 1997 年。

———：《也談禮縣大堡子山秦公墓地及其銅器》,《考古與文物》1998 年第 5 期。

———：《秦史三題》,《陝西歷史博物館館刊》第 6 輯,陝西人民教育出版社
　　1999 年。

———：《珍秦齋藏秦銅器銘文選釋(八篇)》,《故宮博物院院刊》2006 年第
　　2 期。

———：《新見秦宜陽鼎跋》,《秦陵秦俑研究動態》2007 年第 1 期；又載《收
　　藏》2007 年第 9 期。

———：《秦子簋蓋補釋》,《華學》第 9、10 輯,上海古籍出版社 2008 年。

———：《珍秦齋藏元年相邦疾戈跋》,《湖南博物館館刊》第 5 輯,嶽麓書社
　　2008 年；又收入《高山鼓乘集——王輝學術文存二》,中華書局 2008 年。

王輝、蕭春源：《新見銅器銘文考跋二則》,《考古與文物》2003 年第 2 期。

———：《珍秦齋藏王二十三年秦戈考》,《故宮博物院院刊》2004 年第 4 期。

———:《珍秦齋藏王八年内史操戈考》,《故宫博物院院刊》2005 年第 3 期。

王丕忠:《戰國秦"王氏"陶罐和魏"安邑"銅鍾——介紹咸陽出土的兩件珍
　　貴文物》,《光明日報》1974 年 7 月 6 日。

王慎行:《從兵器銘刻看戰國秦之冶鑄手工業》,《人文雜誌》1985 年第 5 期。

王　偉:《從秦子簋蓋詞語説到秦子諸器——兼與董珊先生商榷》,《寧夏大
　　學學報》(社科版)2008 年第 3 期。

王文靜:《新出戰國燕秦兵器銘文研究》,安徽大學碩士學位論文 2009 年。

王學理:《秦俑兵器芻論》,《考古與文物》1983 年第 4 期。

吴　焯:《"秦人"考》,《中國社會科學院歷史所學刊》(第二集),商務印書館
　　2004 年。

吴　昊:《秦金石文字系統研究》,華東師範大學碩士學位論文 2003 年。

吴永琪主編:《戰國銅鼎回歸記——捐贈實録》,秦始皇兵馬俑博物館編印
　　本,2007 年。

吴鎮烽:《新出秦公鐘銘考釋與有關問題》,《考古與文物》1980 年第 1 期。

———:《高陵君鼎考》,《第二屆國際中國古文字學術研討會論文集》,香港
　　中文大學 1993 年。

———:《工師文罍考》,《陝西歷史博物館館刊》第 4 輯,西北大學出版社
　　1997 年。

———:《秦兵新發現》,《容庚先生百年誕辰紀念文集》,廣東人民出版社
　　1998 年;收入吴鎮烽《考古文選》,科學出版社 2002 年。

———:《近年新出現的銅器銘文》,《文博》2008 年第 2 期。

無　戈:《寺工小考》,《人文雜誌》1981 年第 3 期。

———:《古代兵器的重要發現》,《人文雜誌》1981 年第 6 期。

———:《〈寺工小考〉一文資料補正》,《人文雜誌》1983 年第 1 期。

伍士謙:《秦公鐘考釋》,《四川大學學報》(哲社版)1980 年第 2 期。

西安市文物保護考古所:《西安文物精華——青銅器》,世界圖書出版公司
　　(西安)2005 年。

咸陽市博物館:《陝西咸陽塔兒坡出土的銅器》,《文物》1975 年第 6 期。

蕭春源:《珍秦齋藏金——秦銅器篇》,澳門基金會 2006 年。

徐家國、劉兵：《遼寧撫順市發現戰國青銅兵器》,《考古》1996 年第 3 期。

徐龍國：《山東臨淄戰國西漢墓出土銀器及相關問題》,《考古》2004 年第
　4 期。

徐日輝：《早期秦與西戎關係考》,《寧夏社會科學》2005 年第 1 期。

徐衛民：《秦漢歷史地理研究》,三秦出版社 2005 年。

許俊臣：《甘肅鎮原縣發現一枚秦詔版》,《考古與文物》1982 年第 4 期。

許明綱、于臨祥：《遼寧新金縣後元台發現銅器》,《考古》1980 年第 5 期。

許玉林、王連春：《遼寧寬甸縣發現秦石邑戈》,《考古與文物》1983 年第 3 期。

延娟芹：《秦子簋蓋銘文及其相關問題考釋》,《蘭州大學學報》(哲社版)
　2009 年第 2 期。

楊　寬：《上郡守疾戈考釋》,《中央日報·文物週刊》33 期,1947 年 5 月;收
　入《楊寬古史論文選集》,上海人民出版社 2003 年。

楊樹達：《積微居金文説》之《秦公簋跋》(1942 年)、《秦公簋再跋》(1951
　年),科學出版社 1959 年。

姚生民：《陝西淳化出土戰國秦銅簋》,《考古與文物》1982 年第 1 期。

伊盟準格爾旗文化館：《内蒙古準格爾旗出土一件上郡青銅戈》,《文物》1982
　年第 11 期。

滎經古墓發掘小組：《四川滎經古城坪秦漢墓葬》,《文物資料叢刊》第 4 輯,
　1981 年。

雍城考古隊：《鳳翔高莊戰國秦墓葬發掘簡報》,《文物》1980 年第 9 期。

于豪亮：《四川涪陵的秦始皇二十六年銅戈》,《考古》1976 年第 1 期;收入
　《于豪亮學術文存》,中華書局 1985 年。

于省吾：《雙劍誃吉金文選·秦公鐘銘》,北平石印本 1933 年。

———：《商周金文録遺》,科學出版社 1957 年。

袁仲一：《秦代金文、陶文雜考三則》,《考古與文物》1982 年第 4 期。

———：《論秦的廄苑制度——從秦陵馬廄坑出的刻辭談起》,《考古與文
　物》叢刊第 2 號《古文字論集一》,1983 年。

———：《秦中央督造的兵器刻辭綜述》,《考古與文物》1984 年第 5 期。

早期秦文化聯合考古隊：《2006 年甘肅禮縣大堡子山祭祀遺址發掘簡報》,

《文物》2008 年第 11 期。

張光裕:《新見〈秦子戈〉二器跋》,屈萬里先生百歲誕辰國際學術研討會(臺灣)論文,2006 年。

張光裕、吳振武:《武陵新見古兵三十六器集錄》,《中國文化研究所學報》新第 6 期,香港中文大學出版社 1997 年。

張國維:《山西運城發現的秦髹盉量》,《考古與文物》1986 年第 1 期。

張　頷:《揀選古文物秦漢二器考釋》,《山西大學學報》(哲社版)1979 年第 1 期。

張金光:《秦制研究》,上海古籍出版社 2004 年。

張懋鎔、劉棟:《卜淦□高戈考論》,《考古與文物》1990 年第 3 期。

張懋鎔、蕭琦:《秦昭王二十五年高陵君鼎考論》,《考古》1993 年第 3 期。

張雙慶:《秦金石銘刻文字研究》,香港中文大學碩士學位論文 1975 年。

張天恩:《對〈秦公鐘考釋〉中有關問題的一些看法》,《四川大學學報》(哲社版)1980 年第 4 期。

———:《秦器三論》,《文物》1993 年第 10 期。

———:《禮縣等地所見早期秦文化遺存有關問題芻論》,《文博》2001 年第 3 期。

張文立:《秦學術史探賾》(秦俑秦文化叢書),陝西人民出版社 2003 年。

張占民:《論秦兵器的鑄造管理制度》,《文博》1985 年第 6 期。

———:《秦兵器題銘考釋》,《古文字研究》第 14 輯,中華書局 1986 年。

———:《"秦石邑戈"補考》,《考古與文物》1986 年第 4 期。

張占民、程學華:《秦陵文物精華》,陝西人民美術出版社 2000 年。

張政烺:《"十又二公"及其相關問題》,《顧頡剛先生九十誕辰紀念論文集》,巴蜀書社 1990 年。

———:《秦漢刑徒的考古資料》,《北京大學學報》(哲社版)1958 年第 3 期;又載《歷史教學》2001 年第 1 期(上郡戈)。

趙化成等:《禮縣大堡子山秦子"樂器坑"相關問題探討》,《文物》2008 年第 11 期。

趙康民:《秦始皇陵原名麗山》,《考古與文物》1980 年第 3 期(麗山園鍾)。

趙曉軍、刁淑琴:《洛陽宜陽發現秦銅鑒及其相關問題》,《文物》2005 年第
　　8 期。

趙孝龍、胡香蓮:《秦工官考》,《黑龍江史志》2010 年第 1 期。

鄭師許:《論所謂秦式銅器》,《嶺南學報》4 卷 2 期,1935 年。

周萼生:《五年上郡殘戟考》,《人文雜誌》1960 年第 3 期

周廣濟、方志軍、謝言、馬明遠:《2006 年度張家川回族自治縣馬家塬戰國墓
　　地發掘簡報》,《文物》2008 年第 9 期。

周世榮:《湖南楚墓出土古文字叢考》,《湖南考古輯刊》第 1 輯,嶽麓書社
　　1982 年。

─────:《湖南戰國秦漢魏晉銅器銘文補記》,《古文字研究》第 19 輯,中華書
　　局 1992 年。

朱德熙:《戰國記容銅器刻辭考釋四篇》,《語言學論叢》1958 年第 2 期;收入
　　《朱德熙古文字論集》,中華書局 1995 年。

朱德熙、裘錫圭:《戰國銅器銘文中的食官》,《文物》1983 年第 3 期;收入《朱
　　德熙古文字论集》,中华书局 1995 年。

朱捷元:《介紹陝西省博物館收藏的幾件戰國時的秦器》,《文物》1966 年第
　　1 期。

朱捷元、黑光:《陝西省興平縣念流寨和臨潼縣武家屯出土古代金餅》,《文
　　物》1964 年第 7 期。

朱力偉:《東周與秦兵器銘文中所見的地名》,吉林大學碩士學位論文 2004 年。

朱幟、振甫:《河南舞陽出土的周、漢兵器》,《考古》1994 年第 3 期。

祝中熹:《秦西垂陵區出土青銅器銘中的“秦子”問題》,《絲綢之路》2009 年
　　第 2 期。

祝中熹、李永平:《遥望星宿──甘肅文化考古叢書·青銅器》,敦煌文藝出
　　版社 2004 年。

淄博市博物馆、齐故城博物馆:《臨淄商王墓地》,齊魯書社 1997 年。

鄒寶庫:《釋遼陽出土的一件秦戈銘文》,《考古》1992 年第 8 期。

左得田:《湖北隨州市發現秦國銅器》,《文物》1986 年第 4 期。

作　銘:《最近長沙出土呂不韋戈的銘文》,《考古》1959 年第 9 期。

### 附1:秦詔版權量

敖漢旗文化館:《敖漢旗老虎山遺址出土的秦代鐵權和鐵器》,《文物》1976
　　年第5期。

陳夢東:《陝西發現一件兩詔秦量》,《文博》1987年第2期。

陳夢家:《戰國度量衡略説》,《考古》1964年第6期。

程學華:《秦始皇陵園發現的斤權與秦代衡制》,《文博》1985年第4期。

戴君仁:《跋秦權量銘》,《中國文字》第12期,1964年。

龔心銘:《商鞅量考》,《浦口湯泉小志》1925年。

國家計量總局:《中國古代度量衡圖集》,文物出版社1981年。

侯學書:《秦權量詔版文字結體筆畫方折成因考》,《徐州師範大學學報》(哲
　　社版)2004年6期。

───:《秦詔鑄刻於權量政治目的考》,《江海學刊》2004年第6期。

蔣英炬、吴文祺:《山東文登發現的秦代鐵權》,《文物》1974年第7期。

駢宇騫:《始皇廿六年詔書"則"字解》,《文史》第5輯,1978年。

《秦二世權》,《藝林旬刊》第1期,1928年1月1日。

《秦量》,《藝林月刊》第58期,1924年10月。

《秦權量詔版》,震亞圖書局1918年。

《秦始皇殘陶文字》,《藝林旬刊》第17期,1928年6月11日。

《秦詔版》,《藝林月刊》第68期,1935年8月。

邱光明:《試論戰國容量制度》,《文物》1981年第10期。

商承祚:《秦權的使用及辨僞》,《學術研究》1965年第3期;又載《古文字研
　　究》第3輯,中華書局1980年。

史樹青、許青松:《秦始皇二十六年詔書及其大字詔版》,《文物》1973年第
　　2期。

孫常敘:《則、濾度量則、則誓三事試解》,《古文字研究》第7輯,中華書局
　　1982年。

唐　蘭:《"商鞅量"與"商鞅量尺"》,《國學季刊》1935年5卷4號。

巫　鴻:《秦權研究》,《故宮博物院院刊》1979年第4期。

張文質:《秦詔版訓讀異議》,《河北師範大學學報》(哲社版)1982年第3期。

張延峰:《咸陽博物館收藏的一件秦鐵權》,《考古與文物》2002 年第 1 期

趙瑞雲、趙曉榮:《秦詔版研究》,《文博》2005 年第 2 期。

────:《〈秦詔版研究〉續》,《文博》2005 年第 2 期。

朱捷元:《關於"兩詔秦橢量"的定名及其它》,《文博》1988 年第 4 期。

紫溪(羅福頤):《古代量器小考》,《文物》1964 年第 7 期。

**附 2:秦符節**

陳昭容:《戰國至秦的符節──以實物資料爲主》,《史語所集刊》66 本 1 分,
　　1995 年。

陳　直:《秦兵甲之符考》,《西北大學學報》(哲社版)1979 年第 1 期。

陳尊祥:《杜虎符真偽考辨》,《文博》1985 年第 6 期。

戴應新:《秦杜虎符的真偽及其有關問題》,《考古》1983 年第 11 期。

黑　光:《西安市郊發現秦國杜虎符》,《文物》1979 年第 9 期。

侯錦郎:《新郪虎符的再現》,臺灣《故宮季刊》10 卷 1 期,1975 年。

胡順利:《關於杜虎符的年代》,《文物》1983 年第 1 期。

呂樹芝:《秦國杜縣虎符》,《歷史教學》1981 年第 6 期。

馬非百:《關於秦國杜虎符之鑄造年代》,《文物》1982 年第 11 期。

唐　蘭:《懷鉛隨録·新郪虎符作於秦王政十七年滅韓後》,《申報·文史》
　　第 29 期,1948 年 6 月 26 日。

王關成:《東郡虎符考》,《考古與文物》1994 年第 1 期。

────:《漫説秦漢虎符》,《文史知識》1994 年第 12 期。

────:《再談東郡虎符辨偽》,《考古與文物》1995 年第 2 期。

王翁如:《秦代新郪虎符是怎樣發現的》,《歷史教學》1993 年第 12 期。

楊培均:《"杜虎符"縱橫談》,《陝西歷史博物館館刊》第 10 輯,三秦出版社
　　2003 年。

曾維華:《秦國杜虎符鑄造年代考》,《學術月刊》1998 年第 5 期。

張克復:《我國古代的軍事符契檔案──新郪虎符及其它》,《檔案》1990 年
　　第 6 期。

朱捷元:《秦國杜虎符小議》,《西北大學學報》(哲社版)1983 年第 1 期。

## 四、秦簡牘

　　本部分列睡虎地、青川、放馬灘、龍崗、周家臺、里耶、嶽麓書院、王家臺、岳山九批秦簡牘的研究論著。外文著作一般祇收已譯爲中文者。

### 1. 秦簡牘綜合論著

曹延尊、徐元邦:《簡牘資料論著目録》,《考古學集刊》(二),1982 年。

常儷馨:《秦簡異體字研究》,西南大學碩士學位論文 2011 年。

陳　晶:《秦律貲刑考辨》,吉林大學碩士學位論文 2008 年。

陳　偉:《關於秦簡牘綜合整理與研究的幾點思考》,《簡帛》第 4 輯,上海古籍出版社 2009 年。

陳文豪:《二十世紀出土秦漢簡帛概述》,《簡牘學研究》第 3 輯,甘肅人民出版社 2002 年。

———:《2000～2003 年簡帛論著目録》,《出土文獻研究》第 6 輯,上海古籍出版社 2004 年。

———:《簡帛研究與簡帛學》,《新出土文獻與古代文明研究》,上海大學出版社 2004 年。

程鵬萬:《簡帛格式研究》,吉林大學博士學位論文 2006 年。

[日]大川俊雄:《秦漢時期的帛書的出土和研究的介紹》,《古代文化》43 卷 9 期,1991 年 9 月。

[日]大庭脩:《中國出土簡牘研究文獻目録》,《木簡研究》創刊號,1979 年;又載《簡牘研究譯叢》第 1 輯,中國社會科學出版社 1983 年。

董平均:《出土秦律漢律所見封君食邑制度研究》,黑龍江人民出版社 2007 年。

段莉芬:《秦簡釋詞》,臺灣東海大學碩士學位論文 1988 年。

方　勇:《秦簡牘文字編》,福建人民出版社 2012 年。

[日]冨谷至著,柴生芳、朱恒嘩譯:《秦漢刑罰制度研究》,廣西師範大學出版社 2006 年。

[日]冨谷至著,王啓發譯:《21 世紀的秦漢史研究——從簡牘材料出發》,《簡帛研究 2001(下册)》,廣西師範大學出版社 2001 年。

傅榮珂:《出土秦簡與秦文化之研究——從睡虎地秦簡、龍崗秦簡、里耶秦簡
　　談起》,《2009 年華語言與華文化教育國際研討會論文集》,臺灣玄奘大學
　　2009 年。

甘肅省文物考古研究所、甘肅省簡牘保護研究中心編:《甘肅簡牘百年論著
　　目録》,中華書局 2008 年。

高　　恒:《秦漢法制論考》,廈門大學出版社 1994 年。

———:《秦漢簡牘中法制文書輯考》,社會科學文獻出版社 2008 年。

高　　敏:《簡牘研究入門》,廣西人民出版社 1989 年。

葛　　鵬:《秦牘六種研究》,安徽大學碩士學位論文 2009 年。

郭淑珍、王關成:《秦刑罰概述》,陝西人民教育出版社 1993 年。

［韓］尹在碩:《韓國的秦簡研究(1979～2008)》,《簡帛》第 4 輯,上海古籍出
　　版社 2009 年。

何兹全:《簡牘學與歷史學》,《簡帛研究》第 1 輯,法律出版社 1993 年。

胡　　波:《秦簡副詞研究》,西南大學碩士學位論文 2010 年。

胡平生、李天虹:《長江流域出土簡牘與研究·長江流域出土的秦簡》,湖北
　　教育出版社 2004 年。

胡　　偉:《秦簡人稱代詞研究》,華南師範大學碩士學位論文 2005 年。

黃文傑:《秦至漢初簡帛形近字辨析》,《簡帛研究》第 3 輯,法律出版社
　　1998 年。

———:《秦至漢初簡帛文字研究》,商務印書館 2008 年。

黃展岳:《秦漢簡牘述略》,《史學史研究》1991 年 3 期。

吉仕梅:《秦漢簡帛語言研究》,巴蜀書社 2004 年。

《簡帛文獻語言研究》,社會科學文獻出版社 2009 年。

［日］江村治樹:《戰國秦漢簡牘文字的變遷》,《東方學報》第 52 期,1981 年。

李豐娟:《秦簡字詞集釋》,西南大學博士學位論文 2011 年。

李　　靜:《秦簡牘研究論著目録》(截止 2008 年底),《簡帛》第 4 輯,上海古
　　籍出版社 2009 年。

李均明:《古代簡牘》,文物出版社 2005 年。

———:《秦漢簡牘文書分類輯解》,文物出版社 2009 年。

李　　力:《"隸臣妾"身份再研究》,中國法制出版社 2007 年。

李學勤:《簡帛佚籍與學術史·秦簡研究》,江西教育出版社 2004 年。

李　　玉:《秦漢簡牘帛書音韻研究》,當代中國出版社 1994 年。

林清源:《簡牘帛書標題格式研究》,臺灣藝文印書館 2004 年。

林文慶:《秦律刑徒制度研究》,臺灣中國文化大學碩士學位論文 1988 年。

劉海年:《戰國秦代法制管窺》,法律出版社 2006 年。

劉正成主編:《中國書法全集 5、6》(秦漢簡牘帛書一、二),榮寶齋出版社
　　1997 年。

樓　　蘭:《構件視角的秦簡牘文和楚簡帛文構形差異比較研究》,華東師範大
　　學博士學位論文 2009 年。

魯唯一著,張書生譯:《秦漢簡帛與秦漢史研究》,《簡帛研究》第 1 輯,法律出
　　版社 1993 年。

陸錫興:《七十年代以來的秦漢簡帛文字研究》,《南昌大學學報》(哲社版)
　　2000 年第 3 期。

馬今洪:《簡帛發現與研究》,上海書店出版社 2002 年。

孟鳳芹:《秦簡幾個語法問題的研究》,華東師範大學碩士學位論文 2011 年。

駢宇騫、段書安:《本世紀以來出土簡帛概述·資料篇、論著目錄篇》,臺灣萬
　　卷樓圖書有限公司 2003 年。

───:《二十世紀出土簡帛綜述》,文物出版社 2006 年。

饒宗頤:《饒宗頤二十世紀學術文集·簡帛學》(第三卷),臺灣新文豐出版
　　有限公司 2003 年;又中國人民大學出版社 2009 年。

沈頌金:《二十世紀簡帛學研究》,學苑出版社 2003 年。

───:《海外簡牘研究綜述》,《文史知識》1992 年第 11 期。

───:《從秦簡看秦代的歷史地位》,《陝西歷史博物館館刊》第 10 輯,三秦
　　出版社 2003 年。

宋作軍:《秦簡中所載刑徒問題初探》,吉林大學碩士學位論文 2008 年。

孫　　鶴:《秦簡牘書研究》,北京大學出版社 2009 年。

[日]藤田勝久:《中國古代國家與社會系統──長江流域出土資料之研
　　究》,汲古書院 2009 年。

王國維著,胡平生、馬月華校注:《簡牘檢署考校注》,上海古籍出版社2004 年。

王　惠:《秦簡律目衒微》,華東政法大學碩士學位論文 2009 年。

王澤強:《戰國秦漢竹簡研究》,蘇州大學博士學位論文 2003 年。

吴振紅:《〈嶽麓書院藏秦簡(壹)〉書體研究》,湖南大學碩士學位論文2011 年。

夏利亞:《秦簡文字集釋》,華東師範大學博士學位論文 2011 年。

謝桂華:《百年來的簡帛發現與簡帛學的發展》,《光明日報》2001 年 9 月6 日。

邢義田:《秦漢簡牘與帛書研究文獻目録(1905—1985)》,《秦漢史論稿》,臺灣東大圖書公司 1987 年。

徐在國:《戰國文字論著目録索引·秦簡牘》,綫裝書局 2007 年(收録 1976 ~2003 年大陸、港澳臺及日本等學者的秦簡牘專著 108 部,論文 1746 篇)。

閻曉軍:《出土文獻與古代司法檢驗史研究》,文物出版社 2005 年。

楊志飛:《論秦簡中遣册量少的原因》,蘭州大學碩士學位論文 2010 年。

于振波:《近三十年大陸及港臺簡帛發現、整理與研究綜述》,《中國秦漢史研究會通訊》2001 年第 2 期;又載《南都學壇》2002 年第 1 期。

———:《秦漢法律與社會》,湖南人民出版社 2000 年。

張伯元:《出土法律文獻研究》,商務印書館 2005 年。

張金光:《秦制研究》,上海古籍出版社 2004 年。

張世超、張玉春:《秦簡文字編·秦簡與〈説文〉文字異同表》,[日]中文出版社 1990 年。

張顯成:《簡帛文獻學通論》,中華書局 2004 年。

———:《秦簡逐字索引》,四川大學出版社 2010 年。

趙　超:《簡牘帛書的發現與研究》,福建人民出版社 2005 年。

趙汝清:《日本學者簡牘研究述評》,《簡牘學研究》(一),甘肅人民出版社1997 年。

鄭良樹:《竹簡帛書論文集》,臺北源流出版社 1982 年。

鄭有國:《中國簡牘學綜論》,華東師範大學出版社 1989 年。

———:《簡牘學綜論·秦簡的出土及研究》,華東師範大學出版社 2008 年。

———:《簡牘學綜論·中國出土簡牘論著目録、西方論著簡目、日文論著簡目》,華東師範大學出版社 2008 年。

朱翠萍:《秦代簡帛用字研究》,中國人民大學碩士學位論文 2006 年。

朱湘蓉:《秦簡語言性質初探》,《陝西師範大學繼續教育學報》2007 年第 1 期。

莊園晨:《秦簡辭彙研究——以〈龍崗秦簡〉〈周家臺秦墓簡牘〉〈睡虎地秦墓竹簡〉爲材料》,華東師範大學碩士學位論文 2012 年。

## 2. 睡虎地秦簡牘

　　本目録祇收專門或主要以睡虎地秦簡爲研究對象的論著。論著中僅涉及睡虎地秦簡或以秦漢簡牘爲整體研究對象的論著目録參看《秦簡牘綜合論著》;日文著作可參看馬彪《日本雲夢秦簡研究文獻目録(1977~2004)》,簡帛網:http://www. bsm. org. cn/show_article. php? id = 47(2005 年 11 月 6 日)。本目録不收早期明顯帶有階級鬥爭色彩並且對今日學術研究參考價值較小的論著。

白於藍:《睡虎地秦簡〈爲吏之道〉校讀札記》,《江漢考古》2010 年第 3 期。

帛書出版社編輯部:《雲夢秦簡研究》,臺灣帛書出版社 1986 年。

蔡鏡浩《〈睡虎地秦墓竹簡〉注釋補正》,《文史》第 29 輯,中華書局 1988 年。

曹旅寧:《秦律中所見貲甲盾問題》,《求索》2001 年第 6 期。

———:《秦律新探》,中國社會科學出版社 2002 年。

———:《秦律〈廄苑律〉考》,《中國經濟史研究》2003 年第 3 期。

———:《從秦簡〈公車司馬獵律〉看秦律的歷史淵源》,《簡帛研究 2002、2003》,廣西師範大學出版社 2005 年。

———:《陳勝吳廣起義原因"失期"辨析》,http://www. bsm. org. cn/show_article. php? id = 582(2007 年 6 月 17 日)。

———:《釋秦律"拔其鬚眉"及"斬人髮結",兼論秦漢的髮刑》,http://www. bsm. org. cn/show_article. php? id = 711(2007 年 9 月 1 日)。

———:《秦漢法律簡牘中的"庶人"身份及法律地位問題》,http://www. bsm. org. cn/show_article. php? id = 773(2008 年 1 月 5 日)。

———:《睡虎地秦簡〈編年記〉性質探測》,《史學月刊》2010 年第 2 期。

曹延尊、徐元邦:《簡牘資料論著目録》,《考古學集刊》(二),中國社會科學出版社 1982 年。

晁福林:《"南郡備警"説質疑》,《江漢論壇》1980 年第 6 期。

陳長琦:《〈睡虎地秦墓竹簡〉譯文商榷(二則)》,《史學月刊》2004 年第 11 期。

陳家寧:《〈睡虎地秦墓竹簡〉日書甲種"詰"篇鬼名補正(一)》,《簡帛》第 1 輯,上海古籍出版社 2006 年。

陳抗生:《"睡簡"雜辨》,《中國歷史文獻研究集刊》第 1 期,湖南人民出版社 1980 年。

陳水星:《從睡虎地秦簡看秦代的告訴制度》,《和田師範專科學校學報》2005 年第 1 期。

陳松長:《睡虎地秦簡"關市律"辨正》,《史學集刊》2010 年第 4 期。

陳　偉:《睡虎地秦簡〈語書〉的釋讀問題(四則)》,http://www.bsm.org.cn/show_article.php? id＝97(2005 年 11 月 18 日)。

———:《睡虎地日書〈艮山〉試讀》,http://www.bsm.org.cn/show_article.php? id＝91(2005 年 11 月 16 日)。

———:《睡虎地秦簡〈語書〉的釋文問題》,《湖南省博物館館刊》第 4 輯,嶽麓書社 2007 年。

陳偉武:《睡虎地秦簡核詁》,《中國語文》1998 年第 2 期。

陳文傑:《睡虎地秦墓竹簡通假字略論》,《山東教育學院學報》1999 年第 1 期。

陳英傑:《讀〈睡虎地秦墓竹簡〉札記》,《古文字研究》第 24 輯,中華書局 2002 年。

陳玉璟:《秦簡詞語札記》,《安徽師範大學學報》(社科版)1985 年第 1 期。

陳振裕、劉信芳:《睡虎地秦簡文字編》,湖北人民出版社 1993 年。

陳　直:《略論雲夢秦簡》,《西北大學學報》(哲社版)1977 年第 1 期。

陳治國:《睡虎地秦簡釋文商榷一則》,《中國歷史文物》2007 年第 3 期。

———:《睡虎地秦簡中"泛蘇"及公車司馬獵律新解》,《中國歷史文物》

2006 年第 5 期。

［日］成家徹郎撰，王維坤譯:《睡虎地秦簡〈日書・玄戈〉》,《文博》1991 年
　　第 3 期。

［日］池田知久:《睡虎地夢秦簡〈語書〉與墨家思想》,《池田知久簡帛研究論
　　集》,中華書局 2006 年。

崔南圭:《睡虎地秦簡語法研究》,臺灣東海大學博士學位論文 1994 年。

［日］大庭脩:《中國簡牘研究現狀》,《木簡研究》創刊號,1979 年。

代　生:《也談雲夢睡虎地秦簡〈魏律〉——從有關姜太公的經歷説起》,《史
　　林》2009 年第 3 期。

戴世君:《秦簡札記一則》, http://www. bsm. org. cn/show_article. php？ id =
　　784(2008 年 1 月 29 日)。

———:《雲夢秦律注譯商兌(五則)》, http://www. bsm. org. cn/show_arti-
　　cle. php？ id = 791(2008 年 2 月 16 日)。

———:《雲夢秦律注譯商兌(續)》, http://www. bsm. org. cn/show_article.
　　php？ id = 822(2008 年 4 月 26 日)。

———:《雲夢秦律注譯商兌(續二)》, http://www. bsm. org. cn/show_arti-
　　cle. php？ id = 833(2008 年 5 月 27 日)。

———:《雲夢秦律注譯商兌(續三)》, http://www. bsm. org. cn/show_arti-
　　cle. php？ id = 854(2008 年 7 月 19 日)

———:《雲夢秦律新解(六則)》,《江漢考古》2008 年第 4 期。

党江舟:《從〈秦簡〉看秦律對兩性關係的調整及其現實意義》,《河南省政法
　　管理幹部學院學報》2001 年第 1 期。

鄧　薇:《從睡虎地秦簡看秦檔案及庫房的管理》,《黑龍江史志》2010 年第
　　9 期。

東　山:《首屆中國簡牘學國際學術研討會綜述》,《簡帛研究》第 1 輯,法律
　　出版社 1993 年。

竇文良、彭豔芬:《〈雲夢睡虎地秦簡〉與中下級官吏的法律約束》,《河北青
　　年管理幹部學院學報》2009 年第 4 期。

杜忠浩:《睡虎地秦簡〈語書〉稱名小議》,《第一屆金石書法學術研討會論文

集》,1991 年。

方　勇:《讀秦簡札記兩則》,http://www. bsm. org. cn/show_article. php? id
　=819(2008 年 4 月 16 日)。

———:《讀秦簡札記三則》,http://www. gwz. fudan. edu. cn/SrcShow. asp?
　Src_ID=877(2009 年 8 月 25 日)。

———:《讀睡虎地秦簡〈日書〉札記二則》,http://www. gwz. fudan. edu. cn/
　SrcShow. asp? Src_ID=943(2009 年 10 月 18 日)。

———:《秦簡札記四則》,《長春師範學院學報》(社科版)2009 年第 5 期。

馮春田:《關於秦墓竹簡中有無'補充式'以及'疑問句疑問代詞賓語的位
　置'問題——與王鍈同志商榷》,《語言研究》1983 年第 1 期。

———:《〈睡虎地秦墓竹簡〉某些語法現象分析》,《中國語文》1984 年第
　4 期。

———:《秦墓竹簡選擇問句分析》,《中國語文》1987 年第 1 期。

———:《秦簡語法札記》,《語言學論叢》第 18 輯,商務印書館 1993 年。

———:《秦簡簡文中的"……(之)謂殹(也)"式及其相關句式》,《第一屆
　國際先秦漢語語法研討會論文集》,嶽麓書社 1994 年。

傅榮珂:《睡虎地秦簡刑律研究》,臺灣商鼎文化出版社 1992 年。

傅振倫:《雲夢秦墓牒記考釋》,《社會科學戰綫》1978 年第 4 期。

甘　露:《睡虎地秦簡中的連謂句和兼語句》,《青海師專學報》2001 年第 3
　期;又載《黔西南民族師專學報》2001 年第 3 期。

甘肅文物考古研究所:《秦漢簡牘論文集》,甘肅人民出版社 1989 年。

高　恒:《讀秦漢簡牘札記》,《簡帛研究》第 1 輯,法律出版社 1993 年。

高　敏:《雲夢秦簡初探》,河南人民出版社 1979 年。

———:《雲夢秦簡初探》(增訂本),河南人民出版社 1981 年。

———:《秦簡、漢簡研究的狀況及展望》,《簡牘研究入門》,廣西人民出版
　社 1989 年。

———:《睡虎地秦簡初探》,臺灣萬卷樓出版公司 2000 年。

高明士:《日本對雲夢秦簡的研究》,《"中央"日報》1981 年 6 月 20 日。

———:《雲夢秦簡與秦漢史研究——以日本的研究成果爲中心》,臺灣《食

貨月刊》復刊第 11 卷 3 期,1981 年。

———:《日本研究雲夢秦簡情況簡介》,《中國史研究動態》1983 年第 3 期。

高明、張純德:《秦簡日書"建除"與彝文日書"建除"比較研究》,《江漢考古》
　　1993 年第 2 期。

高一勇:《秦律"法律答問"問句類型》,《古漢語研究》1993 年第 1 期。

[日]工藤元男:《雲夢秦簡〈日書〉與秦史研究》,《秦漢史論叢》(五),法律
　　出版社 1992 年。

———:《秦内史》,《日本中青年學者論中國史·上古秦漢卷》,上海古籍出
　　版社 1995 年。

———:《睡虎地秦簡所見秦代國家與社會》,日本創文社 1998 年。

[日]工藤元男著,莫枯譯:《雲夢秦簡〈日書〉所見法與習俗》,《考古與文物》
　　1993 年第 5 期。

[日]工藤元男著,廣瀬薫雄、曹峰譯:《睡虎地秦簡所見秦代國家與社會》,
　　上海古籍出版社 2010 年。

宮長爲:《雲夢秦簡所見財政管理——讀〈睡虎地秦墓竹簡〉札記》,《史學集
　　刊》1996 年第 3 期。

郭　程:《睡虎地秦簡和張家山漢簡的法律材料與秦漢"親親相隱"制度研
　　究》,西南大學碩士學位論文 2010 年。

郭永秉:《睡虎地秦簡〈封診式·出子〉"保"字解》,http://www. gwz. fudan.
　　edu. cn/SrcShow. asp? Src_ID = 268(2007 年 12 月 17 日)。

韓連琪:《睡虎地秦簡〈編年記〉考證》,《中華文化論叢》1981 年第 2 期。

郝　茂:《秦國簡牘文字的出土與纂研》,《新疆師範大學學報》(社科版)
　　1999 年第 4 期。

———:《秦簡中的傳承字與新出字》,《新疆大學學報》(社科版)2000 年第
　　1 期。

———:《秦簡新構字論析》,《語言研究》2002 年第 1 期。

何雙全:《近年來新出土簡牘的整理與研究》,《中國史研究動態》1983 年第
　　9 期。

何宗昌:《雲夢秦簡中秦律之研究》,國防管理學院碩士學位論文 2003 年。

［荷蘭］何四維:《1975 年湖北發現的秦文書》,《通報》第 65 卷,1978 年。

———:《秦律遺文》(Remnants of Ch'in Law),萊登,1985 年。

賀潤坤:《雲夢秦簡〈日書〉"寓人""寄者"身份考》,《文博》1991 年第 3 期。

———:《雲夢秦簡〈日書·門〉圖初探》,《簡牘學報》第 15 期,1993 年。

———:《從雲夢秦簡〈日書〉看秦民間的災變與救災》,《江漢考古》1994 年
第 2 期。

———:《從雲夢秦簡〈日書〉的良、忌日看〈氾勝之書〉的五穀忌日》,《文博》
1995 年 1 期。

———:《雲夢秦簡〈日書〉所反映的秦國社會階層》,《江漢考古》1995 年第
1 期。

———:《從雲夢秦簡看秦社會有關捕盜概況》,《簡帛研究》第 2 輯,法律出
版社 1996 年。

———:《雲夢秦簡〈日書〉"行"及有關秦人社會活動考察》,《江漢考古》
1996 年第 1 期。

———:《雲夢秦簡〈日書〉中所反映秦人的衣食狀況》,《江漢考古》1996 年
第 4 期。

洪燕梅:《睡虎地秦簡文字研究》,臺灣政治大學碩士學位論文 1993 年。

———:《〈説文〉未收錄之秦文字研究:以〈睡虎地秦簡〉爲例》,臺灣文津出
版公司 2006 年。

侯乃峰:《睡虎地秦簡日書"畏人所"旁解》,http://www. jianbo. org/admin3/
list. asp? id＝1116(2004 年 3 月 6 日)。

呼林貴:《〈日書〉反映的秦民宅建築初探》,《考古學研究》,三秦出版社
1993 年。

胡　波:《秦簡介詞"以"淺論》,《簡帛語言文字研究》第 4 輯,巴蜀書社
2010 年。

胡平生:《秦田律——讀史札記》,《文史》第 20 輯,中華書局 1983 年。

胡　偉:《論秦簡中的"某"非第一人稱代詞》,《華南師範大學學報》(社科
版)2005 年第 2 期。

———:《秦簡第一人稱代詞研究》,《語文學刊》2006 年第 9 期。

———:《秦簡第二人稱代詞謙敬功能研究》,《殷都學刊》2009 年第 2 期。

———:《秦簡第二人稱代詞時間性和地域性研究》,《殷都學刊》2009 年第 2 期。

胡文輝:《〈日書〉起源考》,《簡帛研究》第 2 輯,法律出版社 1996 年。

———:《馬王堆〈太一出行圖〉與秦簡〈日書·出邦門〉》,《江漢考古》1997 年第 3 期。

———:《秦簡〈日書·出邦門篇〉新證》,《文博》1998 年第 1 期。

《湖北省雲夢縣發掘十二座戰國末期至秦的秦墓,出土一批秦代的法律、文書竹簡》,《人民日報》1976 年 3 月 28 日。

湖北孝感地區第二期亦工亦農文物考古訓練班:《湖北雲夢睡虎地十一座秦墓發掘簡報》,《文物》1976 年第 9 期。

黃愛梅:《戰國末期至西漢初年的婦女婚姻家庭生活——以睡虎地秦簡和張家山漢簡爲主要研究對象》,《史林》2009 年第 3 期。

黃留珠:《"史子""學室"與"喜揄史"——讀雲夢秦簡札記》,《人文雜誌》1983 年第 2 期。

———:《秦簡"敖童"解》,《歷史研究》1997 年第 5 期。

黃盛璋:《雲夢秦簡〈編年記〉初步研究》,《考古學報》1977 年第 1 期。

———:《雲夢秦簡辨正》,《考古學報》1979 年第 1 期。

黃文傑:《睡虎地秦簡文字形體研究》,中山大學碩士學位論文 1992 年。

———:《睡虎地秦簡疑難字試釋》,《江漢考古》1992 年第 4 期。

———:《睡虎地秦簡文字形體的特點》,《中山大學學報》(哲社版)1994 年第 2 期。

———:《秦系簡牘文字譯釋商榷》,《中山大學學報》(哲社版)1996 年第 3 期。

———:《秦至漢初簡帛形近字辨析》,《簡帛研究》第 3 輯,法律出版社 1998 年。

———:《睡虎地秦簡異構字探析》,《學術研究》2010 年第 6 期。

黃展岳:《雲夢秦律簡論》,《考古學報》1980 年第 1 期。

吉仕梅:《〈睡虎地秦墓竹簡〉語料的運用與大型語文辭書之編纂》,《中國語文通訊》1989 年第 6 期。

———:《〈睡虎地秦墓竹簡〉封閉性詞類研究》,四川大學碩士學位論文 1993 年。

———:《睡虎地秦墓竹簡介詞考察》,《西南民族學院學報》1998 年第 5 期。

———:《睡虎地秦墓竹簡連詞考察》,《樂山師範學院學報》2003 年第 2 期。

———:《睡虎地秦墓竹簡副詞考察》,《西南民族學院學報》2003 年第 5 期。

———:《睡虎地秦墓竹簡語料的利用與漢語辭彙語法之研究》,《漢語史研究輯刊》第 1 輯(上),巴蜀書社 1998 年。

———:《睡虎地秦墓竹簡中的詞語訓釋》,《中國語文》2003 年第 5 期。

季　勳:《雲夢睡虎地秦簡概述》,《文物》1976 年第 5 期。

賈麗英:《簡牘所見"棄妻""去夫亡""妻棄"考》,http://www. bsm. org. cn/ show_article. php? id=869(2008 年 8 月 30 日)。

———:《小議"隸"的身份》,《中國社會科學報》2009 年 9 月 10 日。

[日]江村治樹:《戰國秦漢簡牘文字的變遷》,《東方學報》第 55 册,1981 年。

江慶伯:《睡簡〈爲吏之道〉與墨學》,《陝西師範大學學報》(哲社版)1983 年第 3 期。

蔣秀碧:《討論雲夢秦簡中所見隸臣妾身份的前提》,《時代文學》2009 年第 1 期。

———:《雲夢秦簡中所見隸臣妾身份研究》,《時代文學》2009 年第 2 期。

———:《雲夢秦簡中所見隸臣妾的社會地位及歷史作用》,《時代文學》2009 年第 3 期。

蔣英炬:《讀〈説秦簡中"女筆"之"筆"〉的一點意見》,《中國文物報》1994 年 12 月 25 日 4 版。

金甲鈞:《試論雲夢睡虎地秦簡"編年記"——談"吏誰從軍"解》,《史原》總 17 期,1989 年。

金良年:《雲夢秦簡〈日書〉"啻"篇研究》,《中華文史論叢》第 51 輯,1993 年。

———:《"五種忌"研究——以雲夢秦簡〈日書〉爲中心》,《史林》1999 年第 2 期。

金岷彬:《睡虎地秦簡對於造紙術發明探討的文獻證據——關於古代造紙術的討論》,http://www. gwz. fudan. edu. cn/SrcShow. asp? Src_ID = 305(2008年1月13日)。

———:《從秦簡裏的"貲"字看秦社會》,http://www. gwz. fudan. edu. cn/SrcShow. asp? Src_ID = 332(2008年2月2日)。

———:《有"紙"字的秦簡文轉寫討論——古代中國造紙術起源研究之八》,http://www. gwz. fudan. edu. cn/SrcShow. asp? Src_ID = 506(2008月9月16日)。

金善珠:《秦律的形成與發展》,臺灣大學博士學位論文1991年。

孔祥軍:《秦簡牘所載農田形制與管理研究》,《南京農業大學學報》(社科版)2009年第1期。

堀　毅:《秦漢法制史論考》,法律出版社1988年。

———:《睡虎地秦簡〈編年記〉考》,《秦漢法制史論考》,法律出版社1988年。

———:《日本的睡虎地秦簡研究》,《秦漢史論叢》(四),西北大學出版社1989年。

李　超:《也談秦代"隱官"》,http://www. bsm. org. cn/show_article. php? id = 1182(2009年11月27日)。

李國蘭:《從睡虎地秦簡看秦國的控制制度》,《重慶理工大學學報》(社科版)2010年第1期。

李家浩:《讀睡虎地秦簡〈日書〉"占盜疾等"札記三則》,《北京大學古文獻研究所集刊》(一),北京燕山出版社1999年。

———:《睡虎地秦簡〈日書〉"楚除"的性質及其它》,《史語所集刊》70本4分,1999年;收入《著名中年語言學家自選集・李家浩卷》,安徽教育出版社2002年。

李建平:《從先秦簡牘看〈漢語大字典〉量詞釋義的闕失》,《德州學院學報》2005年第5期。

———:《從楚秦簡帛文獻看先秦漢語數量詞發展的地域特徵》,《廣西社會科學》2010年第2期。

李　力:《發現最初的混合法:從睡虎地秦簡到張家山漢簡》,《河北法學》2010 年第 2 期。

李　立:《雲夢秦簡"牛郎織女"簡文辨正》,《長江大學學報》(社科版)2008 年第 6 期。

李茂華:《試論〈睡虎地秦墓竹簡〉的語料價值》,《青年文學家》2009 年第 3 期。

李明曉:《〈睡虎地秦簡〉語言文字論著目錄》,簡帛研究:http://www. jianbo. org/Mlhc/2002/limingxiao01. htm(2002 年 8 月 27 日)。

———:《〈睡虎地秦墓竹簡〉詞語札記——兼談〈漢語大詞典〉〈漢語大字典〉釋義之缺失》,《簡帛語言文字研究》第 1 輯,巴蜀書社 2002 年。

———:《〈睡虎地秦墓竹簡〉法律用語研究》,西南師範大學碩士學位論文 2003 年。

李銘建:《雲夢秦簡語法現象舉隅》,《中山大學研究生學刊》1985 年第 3 期。

李淑怡:《〈睡虎地秦墓竹簡〉詞語選釋》,中山大學碩士學位論文 2008 年。

李巍巍:《睡虎地秦簡中所見文書制度探討》,吉林大學碩士學位論文 2009 年。

李文瀾:《先秦、六朝"人日"風俗的演變及其意義——睡虎地〈日書〉與〈荆楚歲時記〉所見"人日"的比較研究》,《長江文化論集》,湖北教育出版社 1995 年。

李孝林:《睡虎地 11 號秦墓竹簡反映的時代》,《重慶工學院學報》(社科版) 2008 年第 8 期。

李學勤:《秦簡的古文字學考察》,《雲夢秦簡研究》,中華書局 1981 年。

———:《睡虎地秦簡〈日書〉與楚、秦社會》,《江漢考古》1985 年第 4 期。

———:《睡虎地秦簡中的〈艮山圖〉》,《文物天地》1991 年第 4 期。

李艷君:《秦簡中的盜律》,《遼寧師專學報》2006 年第 5 期。

里仁書局編:《睡虎地秦墓竹簡》,臺灣里仁書局 1981 年。

栗　勁:《〈睡虎地秦墓竹簡〉譯注斠補》,《吉林大學學報》(社科版)1984 年第 5 期。

———:《秦律通論》,山東人民出版社 1985 年。

連劭名:《睡虎地秦簡〈日書〉及〈詰〉篇補證》,《江漢考古》2001 年第 1 期。

———:《雲夢秦簡〈詰〉篇考述》,《考古學報》2002 年第 1 期。

梁文偉:《雲夢秦簡編年記相關史事核斠——兼論編年記性質》,臺灣大學博
　　士學位論文 1981 年。

林富士:《試釋睡虎地秦簡中的"瘴"與"定殺"》,《史原》總 15 期,1986 年。

———:《"日書"正文標題與内容分類表》,《漢代的巫者》附表一,日本稻鄉
　　出版社 1988 年。

林劍鳴:《秦國封建社會各階級分析——讀〈睡虎地秦墓竹簡〉札記》,《西北
　　大學學報》(哲社版)1980 年第 2 期。

———:《日本學者對中國簡牘的研究》,《中國史研究動態》1985 年第
　　12 期。

———:《秦簡〈日書〉校補》,《文博》1992 年第 1 期。

———:《〈睡〉簡與〈放〉簡〈日書〉比較研究》,《文博》1993 年第 5 期。

林清源:《睡虎地秦簡標題格式析論》,《史語所集刊》73 本 4 分册,2002 年。

林文華:《睡虎地秦簡金布律釋文》,臺灣《美和技術學院學報》第 19 期,
　　1990 年。

劉道超:《秦簡〈日書〉五行觀念研究》,《周易研究》2007 年第 4 期。

劉　方:《試析〈睡虎地秦墓竹簡〉中的同音假借》,《寧夏大學學報》(哲社
　　版)1985 年第 4 期。

劉海年:《雲夢秦簡〈語書〉探析》,《學習與探索》1984 年第 6 期。

劉　桓:《秦簡偶札》,《簡帛研究》第 3 輯,廣西教育出版社 1998 年。

劉樂賢:《五行三合局與納音説——讀饒宗頤先生〈秦簡中的五行説與納音
　　説〉》,《江漢考古》1992 年第 1 期。

———:《睡地虎秦簡〈日書〉〈詰咎篇〉研究》,《考古學報》1993 年第 4 期。

———:《睡虎地秦簡日書的内容、性質及相關問題》,《中國社會科學院研究
　　生院學報》1993 年第 1 期。

———:《睡虎地秦簡〈日書〉"反支篇"及其相關問題》,《簡帛研究》第 1 輯,
　　法律出版社 1993 年。

———:《睡虎地秦簡日書"四瀘日"小考》,《考古》1993 年第 4 期。

———:《睡虎地秦簡日書〈玄戈篇〉新解》,《文博》1994 年第 4 期。

———:《睡虎地秦簡〈日書〉研究》,臺灣文津出版社 1994 年。

———:《睡虎地秦簡〈日書〉注釋商榷》,《文物》1994 年第 10 期。

———:《睡虎地秦簡日書"人字篇"補釋》,《江漢考古》1995 年第 2 期。

———:《睡虎地秦簡日書"人字篇"研究》,《江漢考古》1995 年第 1 期。

———:《睡虎地秦簡〈日書〉研究二十年》,《中國史研究動態》1996 年第
　10 期。

———:《睡虎地秦簡〈日書〉中的"往亡"與"歸忌"》,《簡帛研究》第 2 輯,
　法律出版社 1996 年。

———:《睡虎地秦簡〈日書〉"龍"試釋》,《揖芬集——張政烺先生九十華誕
　紀念文集》,社會科學文獻出版社 2002 年。

———:《睡地虎秦簡〈日書〉釋讀札記》,《華學》第 6 輯,紫禁城出版社
　2003 年。

———:《睡虎地 77 號漢墓出土的伍子胥故事殘簡》,http://www. bsm. org.
　cn/show_article. php？id＝1029(2009 年 4 月 18 日)。

劉　煉:《從楚秦〈日書〉看冠禮的擇日問題》,http://www. bsm. org. cn/show
　_article. php？id＝426(2006 年 9 月 24 日)。

劉紹剛:《從簡牘帛書看隸書的形成與發展》,首屆中國簡牘學國際學術研討
　會,1991 年。

劉　偉:《睡虎地秦簡〈日書·詰咎〉篇中的鬼、神和怪》,《通化師範學院學
　報》2008 年第 5 期。

劉向明:《試釋睡虎地秦簡〈編年記〉所載"喜□安陸□史"》,《江西社會科
　學》2004 年第 3 期。

———:《從出土簡牘看秦漢"隱官"的主要來源》,《嘉應學院學報》2006 年
　第 5 期。

———:《從睡虎地秦簡看縣令史與文書檔案管理》,《中國歷史文物》2009
　年第 3 期。

劉信芳:《關於雲夢秦簡編年記的補書、續編和削改等問題》,《江漢考古》
　1991 年第 3 期。

———:《雲夢秦簡〈日書·馬〉篇試釋》,《文博》1991 年第 4 期。

———:《秦簡牘所見楚國〈日書〉試析》,《文博》1992 年第 4 期。

———:《〈日書〉四方四維與五行淺説》,《考古與文物》1993 年第 2 期。

———:《〈日書〉驅鬼術發微》,《文博》1996 年第 4 期。

劉玉華:《秦漢地方吏治探微——以雲夢秦簡和張家山漢簡之〈效律〉爲例》,《江蘇警官學院學報》2009 年第 1 期。

劉　釗:《談睡虎地秦簡中的“潰”字》,《古漢語研究》1995 年第 3 期。

———:《讀秦簡字詞札記》,《簡帛研究》第 2 輯,法律出版社 1996 年。

———:《秦簡考釋一則》,http://www. jianbo. org/Wssf/2003/liuzhao03. htm（2003 年 5 月 1 日）。

———:《説秦簡中“女筆”之“筆”》,《出土簡帛文字叢考》,臺灣古籍出版有限公司 2004 年。

———:《睡虎地秦簡“詰“篇“詰咎”一詞別解》,《古文字考釋叢稿》,嶽麓書社 2005 年。

———:《説秦簡“右剽”一語並論歷史上的官馬標識制度》,http://www. gwz. fudan. edu. cn/SrcShow. asp? Src_ID = 682（2009 月 1 月 30 日）。

龍堅毅:《從秦簡〈日書〉看秦人盜竊問題》,《中國社會經濟史研究》2004 年第 2 期。

龍仕平:《秦簡中的量詞及其歷時演變》,《西華師範大學學報》（社科版）2009 年第 4 期。

———:《〈睡虎地秦墓竹簡〉文字研究》,西南大學博士學位論文 2010 年。

樓　蘭:《睡虎地秦墓竹簡字形系統定量研究》,華東師範大學碩士學位論文 2006 年。

———:《從睡虎地秦簡看漢字基礎構形元素的演化》,《重慶文理學院學報》（社科版）2007 年第 4 期。

———:《睡虎地秦簡文字構形系統特點考察》,《重慶社會科學》2007 年第 6 期。

———:《睡虎地秦簡文字異構關係探析》,《廣西社會科學》2008 年第 9 期。

———:《戰國秦簡牘文、楚簡帛文本體比較研究綜述》,《廣西社會科學》

2010 年第 8 期。

陸　平:《試釋秦簡〈日書〉中的"操蔡"》,http://www.gwz.fudan.edu.cn/
SrcShow.asp? Src_ID = 361(2008 年 2 月 29 日)。

———:《試論日書建除表的抄寫傳統》,http://www.bsm.org.cn/show_arti-
cle.php? id = 1037(2009 年 4 月 25 日)。

陸錫興:《釋〈爲吏之道〉中的"勞悍袤暴"》,《文史》第 33 輯,中華書局
1990 年。

———:《睡虎地秦簡合成詞研究》,《江西社會科學》2004 年第 10 期。

路　得:《説睡虎地秦簡〈爲吏之道〉的"事有幾時"》,http://www.bsm.org.
cn/show_article.php? id = 586(2007 年 6 月 27 日)。

吕　利:《秦簡中的贖——睡虎地秦墓竹簡研讀札記》,《山西大學學報》(哲
社版)2007 年第 5 期。

羅開玉:《秦國"什伍"、"伍人"考——讀雲夢秦簡札記》,《四川大學學報》
(哲社版)1981 年第 2 期。

馬　彪:《日本雲夢秦簡研究文獻目録(1977～2004)》,簡帛研究網站:ht-
tp://www.bsm.org.cn/show_article.php? id = 47(2005 年 11 月 6 日)。

馬非百:《雲夢秦簡中所見的歷史新證舉例》,《鄭州大學學報》(哲社版)
1978 年第 2 期。

———:《雲夢秦簡大事記集傳》,《中國歷史文獻研究集刊》第 2 期,湖南人
民出版社 1981 年。

馬先醒:《舉世笑談〈睡虎地秦墓竹簡〉》,《簡牘學報》第 7 期,1980 年。

繆全吉:《秦簡"爲吏之道"簡析》,新加坡國立大學中文系"漢學研究之回顧
與前瞻國際會議"論文,1991 年。

倪　婉:《雲夢睡虎地秦簡的考古學意義》,《武漢大學學報》(哲社版)2002
年第 6 期。

彭邦炯:《從新出秦簡再探秦内史與大内、少内和少府的關係》,《考古與文
物》1987 年第 5 期。

彭　浩:《秦〈户律〉和〈具律〉考》,《簡帛研究》第 1 輯,法律出版社 1993 年。

———:《秦簡〈效律〉"飲水"釋義》,《文物》2001 年第 12 期。

————:《睡虎地秦簡“王室祠”與〈齋律〉考辨》,《簡帛》第 1 輯,上海古籍出版社 2006 年。

————:《睡虎地秦墓竹簡〈徭律〉補説》,《簡帛》第 5 輯,上海古籍出版社 2010 年。

錢　玄:《秦漢帛書簡牘中的通假字》,《南京師範學院學報》1980 年第 3 期。

秦照芬:《秦簡〈日書〉數術的探討》,《史學集刊》第 27 期,1995 年。

裘錫圭:《〈睡虎地秦墓竹簡〉注釋商榷》,《文史》第 13 輯,中華書局 1982 年;後收入《古文字論集》,中華書局 1992 年。

————:《讀簡帛文字資料札記》,《簡帛研究》第 1 輯,法律出版社 1993 年。

饒宗頤:《秦簡中的五行説與納音説》,《古文字研究》第 14 輯,中華書局 1986 年。

————:《雲夢秦簡〈日書〉賸義》,《饒宗頤二十世紀學術文集》第三卷,中國人民大學出版社 2009 年。

饒宗頤、曾憲通:《雲夢秦簡〈日書〉研究》,香港中文大學 1982 年;後收入《楚地出土文獻三種研究》,中華書局 1993 年;又見《饒宗頤二十世紀學術文集》第三卷,中國人民大學出版社 2009 年。

[日]籾山明:《秦代審判制度的復原》,《日本中青年學者論中國史·上古秦漢卷》,上海古籍出版社 1995 年。

單育辰:《秦簡“柀”字釋義》,《江漢考古》2007 年第 4 期。

商慶夫:《睡虎地秦簡“編年記”的作者及思想傾向》,《文史哲》1980 年第 1 期。

————:《再論秦簡“編年記”作者的思想傾向》,《文史哲》1987 年第 6 期。

尚民傑:《雲夢〈日書〉與五行學説》,《文博》1997 年第 2 期。

————:《雲夢〈日書〉星宿記日探討》,《文博》1999 年第 2 期。

————:《睡虎地秦簡〈日書〉中的“土神”、“土禁”》,《陝西歷史博物館館刊》第 7 輯,三秦出版社 2000 年。

沈　剛:《睡虎地秦簡〈日書〉所見的秦時民間信仰活動探微》,《西安財經學院學報》2009 年第 1 期。

沈明德:《臺灣學者研究睡虎地秦簡概況》,《簡牘學報》第 18 期,簡牘學會

2002 年。
沈頌金:《中日兩國學者研究秦簡〈日書〉評述》,《中國史研究動態》1994 年第 4 期。
沈祖春:《秦簡〈日書〉"夫妻同衣"新解》,《重慶工學院學報》2006 年第 6 期。
———:《先秦簡牘〈日書〉詞語札記——〈漢語大字典〉、〈漢語大詞典〉收詞釋義補正》,《重慶文理學院學報》(社科版)2006 年第 6 期。
施謝捷:《秦簡文字考釋札記》,《簡帛研究》第 3 輯,廣西教育出版社 1998 年。
石　峰:《〈睡虎地秦墓竹簡〉動詞研究》,四川大學碩士學位論文 1998 年。
———:《秦簡動詞研究與大型工具書》,《雲南電大學報》2000 年第 2 期。
———:《秦簡中的繫詞"是"》,《古漢語研究》2000 年第 3 期。
石　録:《古漢語複音詞研究綜述——兼談睡虎地秦墓竹簡中的複音詞》,《湖北師範院學學報》(社科版)1999 年第 3 期。
史黨社:《試論雲夢秦簡〈日書〉中楚文化色彩》,《陝西歷史博物館館刊》第 3 輯,1996 年。
睡虎地秦墓竹簡整理小組:《睡虎地秦墓竹簡》(8 開綫裝本),文物出版社 1977 年。
———:《睡虎地秦墓竹簡》(32 開平裝本),文物出版社 1978 年。
———:《睡虎地秦墓竹簡》(8 開精裝本),文物出版社 1990 年。
宋豫卿:《秦司空研究——以睡虎地秦簡資料爲主》,臺灣文化大學碩士學位論文 1983 年。
孫　鶴:《試論秦簡牘書與秦小篆的關係》,《湖北大學學報》(哲社版)2004 年第 4 期。
———:《秦簡牘書與西周文字的傳承關係》,《中國文化研究》2007 年第 4 期。
孫曉春:《睡虎地秦墓竹簡譯注商兑》,《史學集刊》1985 年第 2 期。
臺灣簡牘學會編輯部:《簡牘學報》第 10 期(《秦簡研究專號》),1981 年。
唐婉晴:《簡析〈睡虎地秦墓竹簡〉中的"計"與"癐籍"》,《科教文匯》2008 年第 1 期。

王東明、羅揚新：《出土秦漢簡牘書法》，《中國書法》1982 年第 1 期。

王光華：《試析秦簡〈日書〉辰、戌、丑、未四季土》，《求索》2006 年第 9 期。

王貴元：《秦簡字詞考釋四則》，《中國語文》2001 年第 4 期。

王化平：《秦簡〈爲吏之道〉及相關問題研究》，四川大學碩士學位論文
　　2003 年。

王　輝：《馬王堆帛書〈六十四卦〉校讀札記》，《古文字研究》第 14 輯，中華
　　書局 1986 年。

王建民：《〈睡虎地秦墓竹簡〉量詞封閉式研究》，重慶市語言學會第二屆年
　　會論文，1999 年。

———：《睡虎地秦墓竹簡量詞考察》，《康定民族師專學報》2001 年第 3 期。

王建民、趙立偉：《〈睡虎地秦墓竹簡〉對大型語文辭書編纂的價值》，《簡牘
　　學研究》第 3 輯，甘肅人民出版社 2002 年。

王景星：《雲夢睡虎地秦簡的研究價值分析》，《蘭台世界》2010 年第 5 期。

王美宜：《睡虎地秦墓竹簡通假字初探》，《寧波師專學報》（教育科學版）
　　1982 年第 1 期。

王三峽：《秦簡"久刻識物"相關文字的解讀》，《長江大學學報》（社科版）
　　2007 年第 2 期。

王勝利：《〈雲夢秦簡日書初探〉商榷》，《江漢論壇》1987 年第 11 期。

王維坤：《睡虎地秦簡〈日書·玄戈〉再析》，《陳直先生紀念文集》，西北大學
　　出版社 1992 年。

王　偉：《睡虎地秦簡辛組簡臆説》，http://www. jianbo. org/admin3/list. asp?
　　id＝1224（2004 年 6 月 30 日）。

———：《秦律十八種·徭律應析出一條〈興律〉説》，《文物》2005 年第
　　10 期。

王　瑛：《雲夢睡虎地秦簡所見某些語法現象》，《語言研究》1982 年第 1 期。

王　勇：《從秦簡看戰國晚期秦國農業生產的技術選擇》，《湖南大學學報》
　　（社科版）2009 年第 2 期。

王裕巽：《戰國後期秦國半兩貨幣制度考略——雲夢睡虎地簡牘試探》，《錢

幣博覽》2005 年第 4 期。

王志平：《睡虎地〈日書·玄戈篇〉探源》,《文博》1999 年第 5 期。

王子今：《睡虎地秦簡〈日書〉所見行歸宜忌》,《江漢考古》1994 年第 2 期。

———：《睡虎地秦簡〈日書〉甲種"以見君上數達"解》,《陝西歷史博物館館刊》第 7 輯,三秦出版社 2000 年。

———：《睡虎地〈日書〉甲種〈稷辰〉疏證》,《簡帛研究 2001》,廣西教育出版社 2001 年。

———：《睡虎地秦簡〈日書〉甲種〈病〉篇釋讀》,《秦文化論叢》第 10 輯,三秦出版社 2003 年。

———：《睡虎地秦簡〈日書〉甲種疏證》,湖北教育出版社 2003 年。

魏德勝：《〈睡虎地秦墓竹簡〉雜考》,《中國文化研究》1997 年第 4 期。

———：《〈睡虎地秦墓竹簡〉複音詞簡論》,《語言研究》1999 年第 2 期。

———：《睡虎地秦墓竹簡中的連詞》,《語言文化教學研究集刊》第 3 輯,華語教學出版社 1999 年。

———：《〈睡虎地秦墓竹簡〉語法研究》,首都師範大學出版社 2000 年。

———：《〈睡虎地秦墓竹簡〉中的複音詞對〈漢語大詞典〉的補充》,《辭書研究》2000 年第 5 期。

———：《睡虎地秦墓竹簡中的幾個虛詞》,《漢語史研究集刊》第 3 輯,巴蜀書社 2000 年。

———：《〈睡虎地秦墓竹簡〉宜忌詞語考釋》,第二屆漢語史學術研討會論文(成都),2001 年。

———：《以秦墓竹簡印證〈説文〉説解》,《中國語文》2001 年第 4 期。

———：《雲夢秦簡與〈説文〉的用字》,《簡帛語言文字研究》第 1 輯,巴蜀書社 2002 年。

———：《睡虎地秦墓竹簡辭彙研究》,華夏出版社 2003 年。

———：《雲夢秦簡中的官職名》,《中國文化研究》2005 年第 2 期。

溫英明：《睡虎地秦簡字形研究》,北京師範大學碩士學位論文 2010 年。

吳昌廉：《秦簡所見"迹天田"初探》,《簡牘學報》(13),1990 年。

吳福助：《秦簡"語書"校釋》,臺灣《東海中文學報》第 5 期,1985 年。

———:《秦簡"語書"論考》,臺灣《東海中文學報》第 7 期,1987 年。

———:《新版〈睡虎地秦簡〉擬議》,《東海中文學報》第 8 期,1988 年。

———:《睡虎地秦簡論考》,臺灣文津出版社 1994 年。

———:《睡虎地秦簡十四年研究述評》,《睡虎地秦簡論考》,臺灣文津出版社 1994 年。

———:《睡虎地秦簡文獻類目》,臺灣《中華文化學報》創刊號,1994 年 6 月。

吳　昊:《睡虎地秦簡法律文化研究》,華東師範大學博士學位論文 2006 年。

吳小強:《秦簡〈日書〉與秦漢社會的生命意識》,《廣州師院學報》(社科版) 1997 年第 1 期。

———:《秦簡〈日書〉與秦漢時期的生殖文化》,《簡帛研究》第 3 輯,廣西教育出版社 1998 年。

———:《秦簡〈日書〉集釋》,嶽麓書社 2000 年。

———:《睡虎地秦簡〈日書〉占卜用語習慣與規律分析》,《古籍整理研究學刊》2010 年第 4 期。

吳益中:《關於雲夢秦簡中"男子"一稱——與高敏先生商榷》,《江漢考古》 1987 年第 1 期。

吳振武:《古璽和秦簡中的"穆"字》,《文史》第 38 輯,中華書局 1994 年。

武家璧:《雲夢秦簡日夕表與楚曆問題》,http://www.jianbo.org/admin3/ 2005/wujiabi001.htm(2005 年 6 月 6 日)。

武秀豔:《秦律中"嗇夫"問題考證》,《黑龍江教育學院學報》2004 年第 3 期。

孝感地區第二期亦工亦農文物考古訓練班:《湖北雲夢睡虎地 11 號秦墓發掘簡報》,《文物》1976 年第 6 期。

謝　巍:《睡虎地秦簡〈編年記〉爲年譜說》,《江漢論壇》1983 年第 5 期。

邢義田:《雲夢簡簡介——附對"爲吏之道"及墓主喜職務性質的臆測》,《食貨月刊》第 9 卷 4 期,1979 年。

熊　克:《"吏誰從軍"——讀雲夢秦簡札記》,《中國史研究》1979 年第 3 期。

熊鐵基:《釋〈南郡守騰文書〉——讀雲夢秦簡札記》,《中國史研究》1979 年第 3 期。

徐富昌:《睡虎地秦簡研究》,臺灣文史哲出版社 1993 年。

───:《睡虎地秦簡通假字研究》,《臺大中文學報》第 21 期,2004 年。

許信昌:《秦簡日書數術的探討》,臺灣大學碩士學位論文 1993 年。

薛瑞澤:《從出土文獻看城旦舂刑名的適用範圍》,《中原文物》2006 年第
　　6 期。

薛英群:《說幾條簡文的詮釋》,《西北師院學報》(哲社版)1982 年第 4 期。

閆喜琴:《從秦簡〈日書〉分析秦人重出遊的原因》,《隴東學院學報》2009 年
　　第 1 期。

嚴　　賓:《"隱宮""隱官"辨析》,《人文雜誌》1990 年第 3 期。

嚴　　翔:《簡牘中的歷史──從雲夢秦簡看秦朝貨幣管理》,《現代商業》2008
　　年第 6 期。

晏昌貴:《簡帛〈日書〉歲篇合證》,《湖北大學學報》(哲社版)2003 年第 1 期。

楊　　洪:《〈睡虎地秦墓竹簡〉詞彙研究》,華東師範大學碩士學位論文 2008 年

楊劍虹:《睡虎地秦簡〈編年記〉作者及其政治態度(兼與陳直、商慶夫同志
　　商榷)》,《江漢考古》1984 年第 3 期。

───:《從雲夢秦簡看秦代手工業和商業的若干問題》,《江漢考古》1989
　　年第 2 期。

───:《秦簡"語書"窺測──兼論〈編年記〉作者不是楚人》,《江漢考古》
　　1992 年第 4 期。

楊小英:《睡虎地秦簡與秦楚婚俗研究》,武漢大學碩士學位論文 2005 年。

伊　　強:《睡虎地秦簡〈為吏之道〉補說》,http://www. bsm. org. cn/show_arti-
　　cle. php? id = 1197(2009 年 12 月 28 日)。

[韓]尹在碩:《睡虎地秦簡〈日書〉所見"室"的結構與戰國末期秦的家族類
　　型》,《中國史研究》1995 年第 3 期。

[日]永田英正:《中國雲夢秦簡研究現狀》,《木簡研究》第 2 輯,1980 年。

游逸飛:《說"繫城旦舂"──秦漢刑期制度新論》,http://www. bsm. org. cn/
　　show_article. php? id = 1194(2009 年 12 月 18 日)。

于豪亮:《雲夢秦簡所見官職述略》,《文史》第 8 輯,中華書局 1980 年;又《于
　　豪亮學術文存》,中華書局 1985 年。

于振波:《簡牘所見秦名田制蠡測》,http://www. bsm. org. cn/show_article.

php？ id＝143（2005 年 12 月 24 日）。

———：《從"公室告"與"家罪"看秦律的立法精神》，http：//www. bsm. org.
　　cn/show_article. php？ id＝161（2005 年 12 月 31 日）。

余宗發：《雲夢秦簡——佚書研究》，臺灣師範大學碩士學位論文 1983 年。

俞志慧：《秦簡〈爲吏之道〉的思想史意義——從其集錦特色談起》，http：//
　　jianbo. sdu. edu. cn/admin3/2007/yuzhihui002. htm（2007 年 6 月 23 日）。

雲夢秦簡整理小組：《雲夢秦簡部分釋文》（南郡守騰文書、大事記等），《光
　　明日報》1976 年 4 月 6 日。

雲夢秦墓竹簡整理小組：《雲夢秦簡釋文（一）》，《文物》1976 年第 6 期。

———：《雲夢秦簡釋文（二）》，《文物》1976 年第 7 期。

———：《雲夢秦簡釋文（三）》，《文物》1976 年第 8 期。

《雲夢睡虎地秦墓》編寫組：《雲夢睡虎地秦墓》，文物出版社 1981 年。

雲夢縣委宣傳部、雲夢秦漢文化研究會編：《雲夢睡虎地秦竹簡出土三十週
　　年紀念文集》，2005 年（除序言外，共收録論文 35 篇，論著目録 3 篇①）。

---

① 《雲夢睡虎地秦竹簡出土三十週年紀念文集》所收論文目録如下：王紅星《序言》，《文
　　物》特刊《湖北雲夢發現一千多支保存完整的秦簡》（1976 年 3 月 25 日），萬忠恕《雲夢
　　睡虎地秦墓竹簡出土記》，陳抗生《雲夢秦簡出土與整理親歷記》，《雲夢睡虎地秦墓》編
　　寫組《雲夢睡虎地秦簡概述》，董樂生《睡虎地秦簡主人——喜》，曹旅寧《雲夢秦簡研究
　　概況》，許華《從睡虎地秦簡看秦楚文化的碰撞與交融》，陳偉《睡虎地秦簡〈語書〉的釋
　　讀問題（四則）》，《秦朝法律體系》（網摘），《秦代的法律制度》（網摘），李永秦《試論秦
　　法》，于振波《秦漢法律與吏治》，《秦代的刑事法律》（網摘），郭佳《秦朝的贖刑》，韓樹
　　峰《秦漢律令中的"完"刑》，《秦代的審計處理制度》（網摘），張建國《秦令與睡虎地秦
　　簡相關問題略析》，劉玉堂《楚秦起訴制度之異同》，陳振裕《從雲夢秦簡看秦國的農業
　　生産》，董樂生《從秦簡看古安陸縣治的地理位置》，張澤棟《楚秦安陸地望考辨——兼
　　述"□郢"》，鄒大海《雲夢秦簡與先秦數學》，左德承《從雲夢秦簡看秦隸》，王華貴《雲夢
　　秦簡是書法藝術從篆轉變到隸的標誌》，劉釗《雲夢秦簡"詰"篇"詰咎"一詞別解》《讀
　　〈龍崗秦簡〉札記》，王三峽《雲夢秦簡"久刻職（識）牣"相關文字的討論》，李明曉《試析
　　雲夢秦簡法律用語的音節結構》《雲夢秦簡語言文字論著目録》，武家璧《雲夢秦簡日夕
　　表與楚曆問題》，王勝利《〈日書〉"除"篇、"官"篇月星關係考》，彭斌武《秦代文物説雲
　　夢》，尹在碩《"室"的結構與戰國末期秦的家族類型》，馬彪《論日本睡虎地秦簡研究的
　　團隊特徵——從早稻田大學秦簡研究會到長江流域文化研究所》，《日本雲夢秦律研究
　　文獻目録（1977～2004）》，劉信芳、梁柱《雲夢龍崗秦簡綜述》，《雲夢睡虎地秦墓》編寫
　　組《雲夢秦代木牘家信概述》，雲夢秦簡研究資料簡目（1976 年～2003 年，散見論文）。

早稻田大學秦簡研究會:《雲夢睡虎地秦墓竹簡"爲吏之道"譯注初稿（一）》,［日］《史滴》第 9 期,1988 年。

———:《雲夢睡虎地秦簡"封診式"譯注初稿（二）》,［日］《史滴》1993 年。

———:《雲夢睡虎地秦墓竹簡"封診式"譯注初稿（三）》,［日］《史滴》1993 年。

曾憲通:《説𣪠𣪠及其它》,《江漢考古》1992 年第 8 期。

曾仲珊:《〈睡虎地秦墓竹簡〉中的數詞和量詞》,《求索》1981 年第 2 期。

張　東:《睡虎地秦墓竹簡所見社會保障相關内容研究》,《文博》2008 年第 6 期。

張富春:《先秦民間祈財信仰研究——以睡虎地秦簡〈日書〉爲中心》,《四川大學學報》（哲社版）2005 年第 6 期。

張金光:《論秦漢的學吏教材——睡虎地秦簡爲訓吏教材説》,《文史哲》2003 年第 6 期。

張茂發:《〈睡虎地秦墓竹簡〉動詞配價研究》,西南大學碩士學位論文 2008 年。

張銘洽:《秦簡〈日書〉建除法試析》,中國秦漢史研究會第四屆年會暨國際學術討論會,1989 年。

———:《〈秦簡日書集釋〉與日書研究》,《文博》2001 年第 5 期。

———:《秦簡〈日書〉之"建除法"試析》,《紀念林劍鳴教授史學論文集》,中國社會科學出版社 2002 年。

張銘新:《關於秦律中的"居"——〈睡虎地秦墓竹簡〉注釋質疑》,《考古》1981 年第 1 期。

張平轍:《讀秦簡牘發微》,《蘭州大學學報》（哲社版）1985 年第 2 期。

張　强:《近年來秦簡〈日書〉研究評介》,《文博》1995 年第 3 期;又《簡帛研究》第 2 輯,法律出版社 1996 年。

張世超:《"通錢"解——秦簡整理札記之二》,《古籍整理研究學刊》1986 年第 4 期。

張世超、張玉春:《釋閒——秦簡整理札記》,《古籍整理研究學刊》1985 年第 3 期。

———:《〈睡虎地秦墓竹簡〉校注簡記》,《古籍整理研究學刊》1985 年第 4 期。

張守中:《睡虎地秦簡文字編》,文物出版社 1994 年。

張　松:《睡虎地秦簡與張家山漢簡反映的秦漢親親相隱制度》,《南都學壇》(社科版)2005 年第 6 期。

張維慎:《試析秦簡醫籍中的"菫"》,《秦文化論叢》第 11 輯,三秦出版社 2004 年。

張衛星:《秦簡貲甲考》,《秦文化論叢》第 11 輯,三秦出版社 2004 年。

張聞玉:《雲夢秦簡〈日書〉初探》,《江漢論壇》1987 年第 4 期。

張顯成:《論簡帛文獻的詞彙史研究價值——兼論其漢語史研究價值》,《簡帛研究》第 3 輯,廣西教育出版社 1998 年。

張玉金:《出土戰國文獻語法研究的回顧與展望》,《華南師範大學學報》(社科版),2007 年第 6 期。

張政烺:《秦律"葆子"釋義》,《文史》第 9 輯,中華書局 1980 年。

趙立偉:《睡虎地秦墓竹簡四種用字研究》,重慶市第二屆語言年會論文,1999 年。

———:《秦簡所見稱數法考察》,《語言文史論集》,西南師範大學出版社 2000 年。

———:《〈睡虎地秦墓竹簡〉通假字初探》,《西南師範大學學報》(社科版)2000 年校慶增刊。

———:《〈睡虎地秦墓竹簡〉通假字、俗字研究》,西南師範大學碩士學位論文 2002 年。

———:《〈睡虎地秦墓竹簡〉通假字研究》,《簡帛語言文字研究》第 1 輯,巴蜀書社 2002 年。

趙平安:《秦漢簡牘通假字的文字學研究》,首屆中國簡牘學國際學術研討會,1991 年。

———:《秦至漢初簡帛文字與假借改造字字源考證》,《簡帛研究》第 2 輯,法律出版社 1996 年。

———:《睡虎地秦簡"伊闕"和"旅二卻"新詮》,《中文自學指導》1997 年第

1 期。

趙　岩:《〈睡虎地秦墓竹簡·日書乙種〉札記(四則)》,http://www. bsm.
org. cn/show_article. php? id＝1024(2009 年 4 月 14 日)。

———:《〈睡虎地秦墓竹簡·日書乙種〉札記(續五則)》,http://www. bsm.
org. cn/show_article. php? id＝1033(2009 年 4 月 21 日)。

———:《睡虎地秦墓竹簡札記(續)》,http://www. bsm. org. cn/show_arti-
cle. php? id＝1044(2009 年 5 月 5 日)。

趙浴沛:《睡虎地秦墓簡牘所見秦社會婚姻、家庭諸問題》,《中國社會經濟史
研究》2003 年第 4 期。

鄭　剛:《〈睡虎地秦簡日書疏證〉導論》,中山大學碩士學位論文 1989 年。

———:《論睡虎地秦簡日書的結構特徵》,《中山大學學報》(哲社版)1993
年第 4 期。

鄭良樹:《論雲夢秦簡"大事記"之史料價值》,臺灣《故宮季刊》1978 年第
3 期。

———:《論雲夢〈大事記〉之史料價值》《讀雲夢〈大事記〉札記》,《竹簡帛
書論文集》,中華書局 1982 年。

中華書局編輯部:《雲夢秦簡研究》,中華書局 1981 年。

鍾如雄:《秦簡〈日書〉中的判斷詞"是"》,《西南民族學院學報》(哲社版)
2002 年第 2 期。

周　群:《秦簡〈秦律雜抄〉譯文商榷》,《史學月刊》2007 年第 1 期。

周曉瑜:《秦代"隱官""隱宮""宮某"考辨》,《文獻》1998 年第 4 期。

朱德熙、裘錫圭:《戰國時代的"料"和秦漢時代的"半"》,《文史》第 8 輯,中
華書局 1980 年。

———:《七十年來出土的秦漢簡册和帛書》,《語文研究》1982 年第 1 期。

朱紹侯:《秦漢簡牘與軍功爵制研究》,《光明日報》2002 年 5 年 31 日。

朱湘蓉:《從〈敦煌懸泉漢簡〉看〈睡虎地秦墓竹簡〉"荔"字的通假問題》,
《敦煌學輯刊》2004 年第 2 期。

———:《〈睡虎地秦墓竹簡〉詞語札記十則》,《古籍整理研究學刊》2006 年
第 5 期。

———:《〈睡虎地秦墓竹簡〉通假辨析九則》,《語言科學》2008 年第 2 期。

朱曉海:《建除名稱臆説》,《簡帛》第 3 輯,上海古籍出版社 2008 年。

朱興國:《睡虎地秦簡〈日書〉赤帝臨日“不可具”考釋》,http://jianbo. sdu.
　　edu. cn/admin3/2007/zhuxingguo004. htm(2007 年 10 月 27 日)。

鄒大海:《從〈算數書〉和秦簡看上古糧米的比率》,《自然科學史研究》2003
　　年第 4 期。

———:《睡虎地秦簡與先秦數學》,《考古》2005 年第 6 期。

### 3. 睡虎地 M4 木牘

黃盛璋:《雲夢秦墓兩封家信中有關歷史地理的問題》,《文物》1980 年第
　　8 期。

王裕巽:《戰國末期秦國商品貨幣關係及半兩錢鑄行規模:湖北雲夢出土兩
　　件木牘家信研究》,《錢幣博覽》1997 年第 3 期。

辛德勇:《秦始皇三十六郡新考》(上、下),《文史》第 1、2 輯,中華書局
　　2006 年。

《雲夢睡虎地秦墓》編寫組:《雲夢秦代木牘家信概述》,《雲夢睡虎地秦竹簡
　　出土 30 週年紀念文集》,2005 年。

### 4. 青川木牘

陳昌遠:《商鞅“開阡陌”辨》,《農業考古》1986 年第 1 期。

丁光勳:《青川郝家坪秦墓木牘研究之我見》,《歷史教學問題》1986 年第
　　2 期。

[日]渡邊信一郎:《阡陌制論》,《東洋史研究》43 卷 4 期,1985 年。

高大倫:《張家山漢簡〈田律〉與青川木牘〈爲田律〉比較研究》,《簡帛語言文
　　字研究》第 1 輯,巴蜀書社 2002 年。

胡澱咸:《四川青川秦墓爲田律木牘考釋——並略論我國古代田畝制度》,
　　《安徽師範大學學報》(社科版)1983 年第 3 期。

胡平生:《秦田律——讀史札記》,《文史》第 20 輯,中華書局 1983 年。

———:《青川秦墓木牘“爲田律”所反映的田畝制度》,《文史》第 19 輯,中
　　華書局 1983 年。

胡平生、韓自強:《解讀青川秦木牘的一把鑰匙》,《文史》第 26 輯,中華書局

1986 年;又《胡平生簡牘文物論集》,臺灣蘭台出版社 2000 年。

黄盛璋:《青川新出秦田律木牘及其相關問題》,《文物》1982 年第 9 期。

———:《青川秦牘〈田律〉爭議問題總平議》,《農業考古》1987 年第 2 期。

黄家祥:《青川木牘隸書墨蹟探源》,《出土文獻研究》第 7 輯,上海古籍出版社 2005 年。

———:《四川青川出土秦〈爲田律〉木牘的重要價值》,《四川文物》2006 年第 2 期。

李根蟠:《簡論青川秦牘〈爲田律〉》,《農史研究》第 10 輯,1990 年。

李均明、何雙全:《散見簡牘合輯·四川青川縣郝家坪 50 號秦墓木牘》,文物出版社 1990 年。

李　零:《釋"利津𨽻"和戰國人名中的𨽻與𨽻字》,《出土文獻研究續集》,文物出版社 1989 年。

———:《論秦田阡陌制度的復原及其形成綫索——郝家坪秦牘〈爲田律〉研究述評》,《中華文史論叢》1987 年第 1 期;後收入《李零自選集》,廣西師範大學出版社 1998 年。

李學勤:《青川郝家坪木牘研究》,《文物》1982 年第 10 期;後收入《李學勤文集》,上海辭書出版社 2005 年。

李昭和:《青川出土木牘文字簡考》,《文物》1982 年第 1 期。

———:《古隸小議——青川木牘書體淺説》,《四川文物》1996 年增刊。

林劍鳴:《青川秦墓木牘内容探討》,《考古與文物》1982 年第 6 期。

劉奉光:《秦墓〈爲田律〉文字釋解》,《新疆大學學報》(哲社版)2002 年第 6 期。

劉洪濤:《釋青川木牘〈田律〉的"利津關"》,http://www. bsm. org. cn/show_article. php? id＝810(2008 年 3 月 29 日)。

羅二虎:《四川秦律與稻作農業》,《四川大學學報》(哲社版)2001 年第 4 期。

羅開玉:《秦在巴蜀的經濟管理制度試析——説青川秦牘、"成亭"漆器印文和蜀戈銘文》,《四川師範大學學報》(社科版)1982 年第 4 期。

———:《青川秦牘〈爲田律〉所規定的"爲田"制》,《考古》1988 年第 8 期。

———:《青川秦牘〈爲田律〉再研究》,《四川文物》1992 年第 3 期。

———:《青川秦牘〈爲田律〉研究》,《簡牘學研究》第 2 輯,甘肅人民出版社 1998 年。

[日]楠山脩作:《讀青川秦墓木牘》,《東方學》第 79 期,1990 年。

四川省博物館等:《青川縣出土秦更修田律木牘——四川青川縣戰國墓發掘 簡報》,《文物》1982 年第 1 期。

湯餘惠:《戰國銘文選·秦青川木牘》,吉林大學出版社 1993 年。

唐嘉弘:《論青川墓群文化及政治經濟問題》,《先秦史新探》,河南大學出版 社 1988 年。

田宜超、劉釗:《秦田律考釋》,《考古》1983 年第 6 期。

王 雲:《關於青川秦牘的年代》,《四川文物》1989 年第 5 期。

魏天安:《"阡陌"與"頃畔"釋義辨析》,《河南大學學報》(哲社版)1989 年第 4 期。

肖 輝:《青川木牘輯考》,安徽大學碩士學位論文 2007 年。

徐喜辰:《"開阡陌"辨析》,《吉林大學學報》(哲社版)1986 年第 2 期。

徐中舒、伍仕謙:《青川木牘簡論》,《古文字研究》第 19 輯,中華書局 1992 年。

許學仁輯:《青川木牘研究論文要目》(1982 年至 1997 年),http://www. bsm. org. cn/show_article. php? id = 387(2006 年 7 月 30 日)。

楊 寬:《釋青川秦牘的田畝制度》,《文物》1982 年第 7 期。

于豪亮:《釋青川秦墓木牘》,《文物》1982 年第 1 期;又《于豪亮學術文存》, 中華書局 1985 年。

[日]原田浩:《青川秦墓木牘考》,《史海》第 35 輯,1998 年。

張金光:《論秦青川木牘中的"爲田"制度》,《文史哲》1985 年第 6 期。

———:《青川秦牘〈更修爲田律〉適用範圍管見》,《四川文物》1993 年第 5 期。

周 波:《青川木牘隷字補議》,《古籍研究》總第 53 期,安徽大學出版社 2008 年。

祝中熹:《青川秦牘田制考辨》,《簡帛研究》第 2 輯,法律出版社 1996 年。

**5. 天水放馬灘秦簡、木板地圖**

曹方向:《讀秦漢簡札記(三則)》,http://www. bsm. org. cn/show_article.

php? id＝895（2008 年 11 月 11 日）。

―――:《讀〈天水放馬灘秦簡〉小札》,http://www. bsm. org. cn/show_arti-
cle. php? id＝1151（2009 年 10 月 3 日）。

―――:《秦簡〈志怪故事〉6 號簡芻議》,http://www. bsm. org. cn/show_arti-
cle. php? id＝1169（2009 年 11 月 7 日）。

曹旅寧:《從天水放馬灘秦簡看秦代的棄市》,《廣東社會科學》2000 年第
5 期。

曹婉如:《有關天水放馬灘秦墓出土地圖的幾個問題》,《文物》1989 年第
12 期。

陳應時:《再談〈呂氏春秋〉的生律法――兼評〈從放馬灘秦簡律書再論呂氏
春秋生律次序〉》,《音樂研究》2005 年第 4 期。

程少軒:《放馬灘簡式圖補釋》,《中國文字》新 36 期,臺灣藝文印書館,
2011 年。

程少軒、蔣文:《略談放馬灘簡所見三十六禽（稿）》,http://www. guwenzi.
com/SrcShow. asp? Src_ID＝974（2009 年 11 月 11 日）。

戴念祖:《試析秦簡〈律書〉中的的樂律與占卜》,《文物》2002 年第 1 期。

鄧文寬:《天水放馬灘秦簡"月建"應名"建除"》,《文物》1990 年第 8 期。

方建軍:《秦簡〈律書〉生律法再探》,《黃鐘》(武漢音樂學院學報)2010 年第
4 期。

方　勇:《讀〈天水放馬灘秦簡〉小札》(一),http://www. bsm. org. cn/show_
article. php? id＝1156（2009 年 10 月 17 日）。

―――:《讀〈天水放馬灘秦簡〉小札》(二),http://www. gwz. fudan. edu. cn/
SrcShow. asp? Src_ID＝941（2009 年 10 月 15 日）。

―――:《讀〈天水放馬灘秦簡〉小札》(三),http://www. gwz. fudan. edu. cn/
SrcShow. asp? Src_ID＝942（2009 年 10 月 17 日）。

―――:《讀放馬灘秦簡〈志怪故事〉札記(一)》,http://www. gwz. fudan.
edu. cn/SrcShow. asp? Src_ID＝965（2009 年 11 月 6 日）。

復旦大學出土文獻與古文字研究中心研究生讀書會:《天水放馬灘秦簡〈日
書・盜篇〉研讀》,http://www. gwz. fudan. edu. cn/SrcShow. asp? Src_ID＝

951(2009 月 10 月 24 日)。

甘肅省文物考古研究所編:《天水放馬灘秦簡》,中華書局 2009 年。

甘肅省文物考古研究所、甘肅省簡牘保護研究中心編:《甘肅簡牘百年論著
目録·天水放馬灘秦簡》,中華書局 2008 年。

甘肅文物考古研究所等:《甘肅天水放馬灘戰國秦漢墓群的發掘》,《文物》
1989 年第 2 期。

谷　傑:《從放馬灘秦簡〈律書〉再論〈吕氏春秋〉生律次序》,《音樂研究》
2005 年第 3 期。

何雙全:《天水放馬灘秦簡甲種〈日書〉考述》,《秦漢簡牘論文集》,甘肅人民
出版社 1989 年。

———:《天水放馬灘秦簡綜述》,《文物》1989 年第 2 期。

———:《天水放馬灘秦墓出土地圖初探》,《文物》1989 年第 2 期。

胡平生:《是長髮不是長鼻》,http://www. bsm. org. cn/show_article. php? id
=1144(2009 年 9 月 16 日)。

胡文輝:《放馬灘〈日書〉小考》,《文博》1999 年第 6 期。

李金梅、李重申:《甘肅放馬灘秦簡中的養生與體育符號》,《敦煌研究》2005
年第 6 期。

李學勤:《放馬灘簡中的志怪故事》,《文物》1990 年第 4 期。

林劍鳴:《從放馬灘〈日書〉(甲種)再論秦文化的特點》,《簡帛研究》第 1 輯,
法律出版社 1993 年;又載《周秦文化研究》,陝西人民出版社 1998 年。

劉　静:《讀放馬灘簡小札》,http://www. bsm. org. cn/show_article. php? id
=982(2009 年 1 月 24 日)。

劉　青:《放馬灘秦簡〈日書〉乙種集釋》,武漢大學碩士學位論文 2010 年。

劉信芳:《〈天水放馬灘秦簡綜述〉質疑》,《文物》1990 年第 9 期。

劉治立:《隴右文化研究的奇葩——讀〈天水放馬灘木板地圖研究〉》,《中國
歷史地理論叢》2003 年第 3 期。

———:《敬瞥先秦地圖文化之輝煌——讀〈天水放馬灘木板地圖研究〉》,
《中國測繪》2004 年第 5 期。

吕亞虎:《讀〈天水放馬灘秦簡〉小札》,http://www. bsm. org. cn/show_article. php? id＝1159(2009 年 10 月 24 日)。

———:《讀〈天水放馬灘秦簡〉札記二則》,http：//www. bsm. org. cn/show_
article. php? id＝1163(2009 年 10 月 27 日)。

———:《〈天水放馬灘秦簡〉殘簡綴合二則》,http：//www. gwz. fudan. edu.
cn/SrcShow. asp? Src_ID＝953(2009 年 10 月 27 日)。

———:《〈放簡〉簡序重排二則》,http：//www. bsm. org. cn/show_article.
php? id＝1164(2009 年 10 月 28 日)。

———:《〈天水放馬灘秦簡〉缺、誤字訂補幾則》,http：//www. bsm. org. cn/
show_article. php? id＝1166(2009 年 10 月 31 日)。

———:《〈天水放馬灘秦簡〉識小一則》,http：//www. bsm. org. cn/show_arti-
cle. php? id＝1167(2009 年 11 月 3 日)。

———:《〈天水放馬灘秦簡〉識小》,《簡帛》第 5 輯,上海古籍出版社
2010 年。

———:《〈天水放馬灘秦簡〉校讀札記》,《西安財經學院學報》2010 年第
3 期。

毛惠明:《從天水秦簡看秦統一前的文字及其書法藝術》,《書法》1990 年第
4 期。

秦簡整理小組:《天水放馬灘秦簡甲種〈日書〉釋文》,《秦漢簡牘論文集》,甘
肅人民出版社 1989 年。

饒宗頤:《論天水秦簡中之"中鳴"、"後鳴"與古代以音律配合時刻制度》,
《簡牘學研究》第 2 輯,甘肅人民出版社 1998 年。

任步雲:《放馬灘出土竹簡〈日書〉芻議》,《西北史地》1989 年第 3 期。

任　攀:《讀〈天水放馬灘秦簡〉札記一則》,http：//www. gwz. fudan. edu. cn/
SrcShow. asp? Src_ID＝944(2009 年 10 月 18 日)。

蘇建洲:《試論〈放馬灘秦簡〉的"莫食"時稱》,《中國文字》新 36 期,臺灣藝
文印書館,2011 年。

孫占宇:《放馬灘秦簡乙 360—366 號"墓主記"説商榷》,《西北師範大學學
報》(社科版)2010 年第 5 期。

———:《天水放馬灘秦簡整理與研究現狀述評》,《中國史研究動態》2009

年第 12 期。

萬　　方:《中國古地圖——放馬灘一號秦墓出土地圖》,《書屋》2006 年第
　　2 期。

王　　輝:《〈天水放馬灘秦簡〉標題小議》,《陝西歷史博物館館刊》第 17 輯,
　　三秦出版社 2010 年。

———:《〈天水放馬灘秦簡〉校讀記》,http://www. bsm. org. cn/show_arti-
　　cle. php? id = 1278(2010 年 7 月 30 日)。

吴宏岐:《中國地圖學史研究的一部力作——評雍際春著〈天水放馬灘木板
　　地圖研究〉》,《天水師範學院學報》2004 年第 1 期。

晏昌貴:《放馬灘秦簡乙種〈日書〉有關五音的簡文》,http://www. bsm. org.
　　cn/show_article. php? id = 1146(2009 年 9 月 22 日)。

———:《放馬灘秦簡中的〈大禹〉逸文》,http://www. bsm. org. cn/show_arti-
　　cle. php? id = 1154(2009 年 10 月 13 日)。

———:《〈天水放馬灘秦簡〉〈日書〉乙種分篇釋文》(稿),《簡帛》第 5 輯,
　　上海古籍出版社 2010 年。

———:《放馬灘簡〈邸丞謁御史書〉中的時間與地點》,《出土文獻》第 4 輯,
　　中西書局 2013 年。

雍際春:《近年來關於天水放馬灘木板地圖研究的回顧與展望》,《中國史研
　　究動態》1997 年第 5 期。

———:《天水放馬灘地圖注記及其內容初探》,《中國歷史地理論叢》1998
　　年第 1 期。

———:《天水放馬灘木板地圖研究》,甘肅人民出版社 2002 年。

雍際春、陳逸平:《天水放馬灘秦墓出土的地圖繪製者與年代問題新探》,《陝
　　西歷史博物館館刊》第 9 輯,三秦出版社 2002 年。

雍際春、党安榮:《天水放馬灘木板地圖版式組合與地圖復原新探》,《中國歷
　　史地理論叢》2000 年第 4 期。

岳維宗:《論天水放馬灘秦墓地圖中的“邽丘”非指邽縣》,《中國歷史地理論
　　叢》1997 年第 1 期。

張　　寧:《放馬灘〈墓主記〉的文學價值》,《秦漢史論叢》第 7 輯,中國社會科

學出版社 1998 年。

張修桂:《天水〈放馬灘地圖〉的繪製年代》,《復旦大學學報》(哲社版)1991
年第 1 期。

——:《兩千三百多年前的〈放馬灘地圖〉》,《地理知識》1992 年第 1 期。

趙　岩:《放馬灘秦簡日書札記二則》,http://www. bsm. org. cn/show_article.
php? id = 1153(2009 年 10 月 10 日)。

鍾守華:《秦簡〈天官書〉的中星和古度》,《文物》2005 年第 3 期。

朱玲玲:《放馬灘戰國地圖與先秦時期的地理學》,《鄭州大學學報》(哲社
版)1992 年第 1 期。

祝中熹:《對放馬灘木板地圖的幾點新認識》,《隴右文博》2001 年第 2 期。

子　居:《讀〈略談放馬灘簡所見三十六禽〉零識》,http://jianbo. sdu. edu.
cn/admin3/2009/ziju001. htm(2009 年 11 月 13 日)。

### 6. 江陵岳山 M36 木牘

荆州地區博物館、湖北省江陵縣文物局:《江陵岳山秦漢墓》,《考古學報》
2000 年第 4 期。

楊　芬:《岳山秦牘〈日書〉考釋八則》,《簡帛》第 5 輯,上海古籍出版社
2010 年。

### 7. 龍崗秦簡牘

鄧躍敏:《從郭店楚簡到龍崗秦簡看"所"字的發展》,《四川教育學院學報》
2009 年第 4 期。

韓劍南:《〈龍崗秦簡〉虛詞研究》,《成都紡織高等專科學校學報》2009 年第
4 期。

洪燕梅:《試論雲夢龍崗 M6 號秦墓及木牘》,第一屆古文字與出土文獻學術
研討會論文,臺灣 2000 年。

胡平生:《雲夢龍崗六號秦墓墓主考》,《文物》1996 年第 8 期。

——:《雲夢龍崗秦簡〈禁苑律〉中的"塓(墻)"字及相關制度》,《江漢考
古》1991 年第 2 期;又《胡平生簡牘文物論集》,臺灣蘭台出版社 2000 年。

——:《雲夢龍崗秦簡考釋校正》,《簡牘學研究》第 1 輯,甘肅人民出版社
1996 年;又《胡平生簡牘文物論集》,臺灣蘭台出版社 2000 年。

湖北省文物考古研究所、孝感地區博物館、雲夢縣博物館:《雲夢龍崗秦漢墓地第一次發掘簡報》,《江漢考古》1990 年第 3 期。

———:《湖北雲夢龍崗秦漢墓地第二次發掘簡報》,《江漢考古》1993 年第 1 期。

———:《雲夢龍崗 6 號秦墓及出土簡牘》,《考古學集刊》第 8 輯,1994 年。

黄愛梅:《睡虎地秦簡與龍崗秦簡的比較》,《華東師專學報》1997 年第 4 期。

黄留珠:《讀雲夢秦簡札記三則》,《周秦漢唐研究論集》三秦出版社 1998 年。

黄盛璋:《揭開"告地策"諸迷——從雲夢龍崗秦墓、邗江胡場漢墓木牘説起》,《故宫文物月刊》第 14 卷第 8 期(總 164 期)。

———:《雲夢龍崗六號秦墓木牘與告地策》,《中國文物報》1996 年 7 月 14 日。

———:《龍崗秦墓簡牘"事""吏""史"書告地策定名及其引起問題》,《中國文物報》1997 年 12 月 14 日。

李學勤:《雲夢龍崗木牘試釋》,《簡牘學研究》第 1 輯,甘肅人民出版社 1996 年。

梁　柱:《雲夢龍崗發現秦代墓葬和法律文書》,《江漢考古》1990 年第 1 期。

梁　柱、劉信芳:《雲夢龍崗秦代簡牘述略》,《簡帛研究》第 1 輯,法律出版社 1993 年。

劉國勝:《雲夢龍崗簡牘考釋補正及其相關問題的探討》,《江漢考古》1997 年第 1 期。

劉信芳:《雲夢秦簡"事""吏"二字及所謂"告地策"》,《中國文物報》1996 年 8 月 25 日。

———:《關於雲夢龍崗秦牘"沙羨"的地望問題》,《文物》1997 年第 11 期。

劉信芳、梁柱:《雲夢龍崗秦簡》,科學出版社 1997 年。

———:《雲夢龍崗秦簡綜述》,《江漢考古》1990 年第 3 期;又載《雲夢睡虎地秦簡出土三十週年紀念文集》,2005 年。

劉金華:《〈雲夢龍崗秦簡〉所見之秦代苑政》,《文博》2002 年第 1 期。

劉　釗:《讀〈龍崗秦簡〉札記》,《簡帛語言文字研究》第 1 輯,巴蜀書社 2002 年;又《古文字考釋叢稿》,嶽麓書社 2005 年。

馬　彪:《〈算數書〉之"益奭""與田"考——從〈龍崗秦簡〉到〈張家山漢簡〉
　　的考察》,http://www. bsm. org. cn/show_article. php? id＝467(2006 年 11
　　月 22 日)。

南玉泉:《龍崗秦律所見程田制度及其相關問題》,《簡帛研究 2001》,廣西師
　　範大學出版社 2001 年。

王貴元:《秦簡字詞考釋四則》,《中國語文》2001 年第 4 期。

王　甜:《〈龍崗秦簡〉詞彙語法研究》,天津師範大學碩士學位論文 2007 年。

熊昌華:《〈龍崗秦簡〉語法研究》,西南大學碩士學位論文 2010 年。

許學仁:《龍崗秦簡研究文獻要目(1990～2002)》,http://www. bsm. org. cn/
　　show_article. php? id＝382(2006 年 7 月 19 日)。

楊懷源《〈龍崗秦簡〉句讀獻疑》,http://www. jianbo. org/admin3/html/yang-
　　huaiyuan03. htm(2004 年 9 月 20 日)。

楊振紅:《龍崗秦簡諸"田""租"簡釋義補正——結合張家山漢簡看名田宅
　　制的土地管理和田租徵收》,《簡帛研究 2004》,廣西師範大學出版社
　　2006 年。

于青明:《龍崗秦簡禁苑律研究》,上海師範大學碩士學位論文 2007 年。

張小鋒、許瑞源:《關於兩枚雲夢龍崗秦簡的再考釋》,《山東師範大學學報》
　　(哲社版)1998 年增刊。

趙平安:《雲夢龍崗秦簡釋文注釋訂補》,《江漢考古》1999 年第 3 期;又《簡
　　牘學研究》第 3 輯,甘肅人民出版社 2002 年。

———:《雲夢龍崗秦簡釋文注釋校補——附論"書同文"的歷史作用》,《簡
　　帛研究匯刊》第 1 輯,臺灣中國文化大學 2003 年。

中國文物研究所、湖北省文物考古研究所編:《龍崗秦簡》,中華書局
　　2001 年。

朱湘蓉:《龍崗秦簡"粲"字再考》,《青海師專學報》2006 年第 4 期。

### 8. 江陵王家臺 M15 秦簡

蔡運章:《論秦簡〈比〉卦的宇宙生成模式》,《河南科技大學學報》(社科版)
　　2004 年第 4 期。

———:《秦簡〈寡〉〈天〉〈善〉諸卦解詁——兼論〈歸藏易〉的若干問題》,

《中原文物》2005 年第 1 期。

蔡運章、戴霖:《秦簡〈歸妹〉卦辭與“嫦娥奔月”神話》,《史學月刊》2005 年第 9 期。

陳仁仁:《從楚地出土易類文獻看〈周易〉文本早期形態》,《周易研究》2007 年第 3 期。

荊州地區博物館:《江陵王家臺 15 號秦墓》,《文物》1995 年第 1 期。

柯鶴立(ConstanceA. Cook):《兆與傳説:關於新出〈歸藏〉簡書的幾點思考》,《新出簡帛研究——新出簡帛國際學術研討會論文集》,文物出版社 2004 年。

李家浩:《王家臺秦簡“易占”爲〈歸藏〉考》,《傳統文化與現代化》1997 年第 1 期。

李尚信:《讀王家臺秦墓竹簡“易占”札記》,《周易研究》2008 年第 2 期。

連劭名:《江陵王家臺秦簡與〈歸藏〉》,《江漢考古》1996 年第 4 期。

———:《江陵王家臺秦簡〈歸藏〉筮書考》,《中國哲學史》2001 年第 3 期。

梁韋弦:《王家臺秦簡“易占”與殷易〈歸藏〉》,《周易研究》2002 年第 3 期。

———:《秦簡〈歸藏〉與汲塚書》,《齊魯學刊》2003 年第 6 期。

———:《關於數位卦與六十四卦符號體系之形成問題》,《周易研究》2007 年第 1 期。

廖名春:《王家臺秦簡〈歸藏〉管窺》,《周易研究》2001 年第 2 期。

林忠軍:《王家臺秦簡〈歸藏〉出土的易學價值》,《周易研究》2001 年第 1 期。

倪晉波:《王家臺秦簡〈歸藏〉與先秦文學——兼證其年代早於〈易經〉》,《晉陽學刊》2007 年第 2 期。

彭公璞、程二行:《〈歸藏〉非殷人之易考》,《周易研究》2004 年第 2 期。

任俊華:《〈歸藏〉〈坤乾〉源流考——兼論秦簡〈歸藏〉兩種摘抄本的由來與命名》,《周易研究》2002 年第 6 期。

史善剛、董延壽:《王家臺秦簡〈易〉卦非“殷易”亦非〈歸藏〉》,《哲學研究》2010 年第 3 期。

田笠(Stephen Field):Some Observations on Milfoil Divination,《新出簡帛研究——新出簡帛國際學術研討會論文集》,文物出版社 2004 年。

王葆玹:《從秦簡〈歸藏〉看易象説與卦德説的起源》,《新出簡帛研究——新
　　出簡帛國際學術研討會論文集》,文物出版社 2004 年。

王　　輝:《王家臺秦簡〈歸藏〉索隱——兼論其成書年代》,《古文字研究》第
　　24 輯,中華書局 2002 年。

———:《王家臺秦簡〈歸藏〉校釋(28 則)》,《江漢考古》2003 年第 1 期。

王明欽:《試論〈歸藏〉的幾個問題》,《一劍集》,中國婦女出版社 1996 年。

———:《王家臺秦墓竹簡概述》,《新出簡帛研究——新出簡帛國際學術研
　　討會論文集》,文物出版社 2004 年。

王　　寧:《秦墓〈易占〉與〈歸藏〉之關係》,《考古與文物》2000 年第 1 期。

———:《對秦簡〈歸藏〉幾個卦名的再認識》,http://www. jianbo. org/Wssf/
　　2002/wangning04. htm(2002 年 10 月 12 日)。

———:《傳本〈歸藏〉輯校》,http://www. gwz. fudan. edu. cn/SrcShow. asp?
　　Src_ID = 1003(2009 年 11 月 30 日)。

蕭從禮:《〈周易〉卦名用商〈易〉略考》,http://www. bsm. org. cn/show_arti-
　　cle. php? id = 1078(2009 年 6 月 11 日)。

邢　　文:《秦簡〈歸藏〉與〈周易〉用商》,《文物》2000 年第 2 期。

———:《〈歸藏〉的分篇及其學派》,《新出簡帛研究——新出簡帛國際學術
　　研討會論文集》,文物出版社 2004 年。

朱淵清:《王家臺〈歸藏〉與〈穆天子傳〉》,《周易研究》2002 年第 6 期。

### 9. 周家臺 M30 秦簡(關沮秦簡)

曹方向:《周家臺秦簡補釋一則》,http://www. bsm. org. cn/show_article. php?
　　id = 985(2009 年 1 月 31 日)。

———:《試説秦簡"垤穴"及出土文獻所見治鼠措施》,http://www. bsm.
　　org. cn/show_article. php? id = 1126(2009 年 8 月 4 日)。

陳榮傑:《周家臺秦簡〈病方及其它〉構詞法分析》,《樂山師範學院學報》(社
　　科版)2005 年第 9 期。

陳　　偉:《讀沙市周家臺秦簡札記》,http://www. jianbo. org/Wssf/2002/chen-
　　wei02. htm(2002 年 5 月 5 日)。

———:《讀沙市周家臺秦簡札記》,http://www. bsm. org. cn/show_article.

php？id＝33（2005 年 11 月 2 日）。

陳文豪：《周家臺 30 號秦墓出土〈秦始皇三十四年曆譜〉的性質》，http：//
　　www. bamboosilk. org/admin3/html/chenwenhao01. htm（2003 年 12 月 1
　　日）。

程鵬萬：《周家臺秦墓所出秦始皇三十六、三十七年曆譜簡的重新編聯》，《史
　　學集刊》2006 年第 3 期。

鄧文寬：《出土秦漢簡牘"曆日"正名》，《文物》2003 年第 4 期。

方　勇：《讀關沮秦簡札記四則》，《長春師範學院學報》（社科版）2009 年
　　5 期。

韓劍南、郝晉陽：《〈周家臺秦簡〉虛詞研究》，《淮北煤炭師範學院學報》（哲
　　社版）2004 年 4 期。

湖北省荆州市周梁玉橋遺址博物館：《關沮秦漢墓清理簡報》，《文物》1999
　　年第 6 期。

──────：《關沮秦漢墓簡牘》，中華書局 2001 年。

黃一農：《周家臺 30 號秦墓曆譜新探》，《文物》2002 年第 10 期。

李忠林：《周家臺秦簡曆譜試析》，http：//jianbo. sdu. edu. cn/admin3/2008/
　　lizhonglin001. htm（2008 年 4 月 22 日）。

林雅芳：《〈天水放馬灘秦簡〉、〈周家臺秦簡〉及〈里耶秦簡〉詞語通釋》，華東
　　師範大學碩士學位論文 2009 年。

劉國勝：《關於周家臺秦簡 69－130 號的簡序編排問題》，《簡帛》第 4 輯，上
　　海古籍出版社 2009 年。

劉金華：《周家臺秦簡醫方試析》，《甘肅中醫》2007 年第 6 期。

劉樂賢：《從周家臺秦簡看古代的"孤虛"術》，《出土文獻研究》第 7 輯，上海
　　古籍出版社 2005 年。

劉信芳：《周家臺秦簡曆譜校正》，《文物》2002 年第 10 期。

龍永芳：《周家臺秦簡〈日書〉之"戎曆日"圖符説》，《出土文獻研究》第 7 輯，
　　上海古籍出版社 2005 年。

──────：《古代孤虛術小議──兼論周家臺秦簡中的孤虛法》，《荆門職業技
　　術學院學報》2007 年第 2 期。

呂亞虎：《出土簡帛資料所見出行巫術淺析》，《江漢論壇》2007 年第 11 期。

———：《周家臺秦簡注釋商兌二則》，http://www.bsm.org.cn/show_article.
php? id=865（2008 年 8 月 16 日）。

潘　飛：《〈關沮秦簡〉文字編》，安徽大學碩士學位論文 2010 年。

彭錦華：《周家臺 30 號秦墓竹簡"秦始皇三十四年曆譜"釋文與考釋》，《文
物》1999 年第 6 期。

———：《周家臺 30 號秦墓簡牘綜述》，《簡帛研究 2002～2003》，廣西師範
大學出版社 2005 年。

彭錦華、劉國勝：《沙市周家臺秦墓出土綫圖初探》，《簡帛研究 2001》，廣西
師範大學出版社 2001 年。

汪桂海：《出土簡牘所見漢代的臘節》，《中國歷史文物》2007 年第 3 期。

王貴元：《周家臺秦墓簡牘釋讀補正》，《考古》2009 年第 2 期。

夏德安：《周家臺的術數簡》，《簡帛》第 2 輯，上海古籍出版社 2007 年。

嚴世鉉：《幾條周家臺秦簡"祝由方"的討論》，中國南方文明學術研討會，臺
灣 2003 年。

楊繼文：《周家臺秦簡文字字形研究》，西南大學碩士學位論文 2009 年。

張培瑜：《根據新出曆日簡牘試論秦和漢初的曆法》，《中原文物》2007 年第
5 期。

張培瑜、彭錦華：《周家臺三○號秦墓曆譜竹簡與秦、漢初的曆法》，《關沮秦
漢墓簡牘》，中華書局 2001 年。

張培瑜、張健：《新出四組秦漢曆譜與秦漢初曆法》，《簡牘學報》第 18 期，
2002 年。

張佩慧：《周家臺三○號秦簡論考》，臺灣政治大學碩士學位論文 2005 年。

趙平安：《周家臺 30 號秦墓竹簡"秦始皇三十四年曆譜"的定名及其性質》，
《長沙三國吳簡暨百年來簡帛發現與研究國際學術討論會論文集》，中華
書局 2005 年。

### 10. 里耶秦簡牘

卜憲群：《秦漢之際鄉里吏員雜考——以里耶秦簡爲中心探討》，《南都學
壇》（社科版）2006 年第 1 期。

蔡萬進:《里耶秦簡研讀三題》,《湖南大學學報》(社科版)2007 年第 1 期。

蔡萬進、陳朝雲:《里耶秦簡秦令三則探析》,《許昌學院學報》2004 年第 6 期。

曹旅寧:《從里耶秦簡看秦的法律制度——讀里耶秦簡札記》,《秦文化論叢》第 11 輯,三秦出版社 2004 年。

———:《里耶秦簡〈祠律〉考述》,《史學月刊》2008 年第 8 期。

曹硯農:《試讀里耶——歷史空缺的填補》(上),《中國文物報》2002 年 11 月 22 日第 7 版、12 月 6 日第 7 版連載。

柴煥波、張春龍、龍京沙:《龍山里耶出土大批秦代簡牘》,《中國文物報》2002 年 8 月 9 日第 1 版。

陳蒲清:《長沙是楚國"洞庭郡"的首府》,《長沙大學學報》2006 年第 3 期。

陳松長:《〈湘西里耶秦代簡牘選釋〉校讀(八則)》,《簡牘學研究》第 4 輯,甘肅人民出版社 2004 年。

陳　偉:《里耶秦簡中公文傳遞記録的初步分析》,《歷史地理學的新探索與新動向——慶賀朱士光教授七十華秩暨榮休論文集》,三秦出版社 2008 年。

———:《秦蒼梧、洞庭二郡芻論》,《歷史研究》2003 年第 5 期。

陳偉主編:《里耶秦簡牘校釋》(第一卷),武漢大學出版社 2012 年。

陳治國:《從里耶秦簡看秦的公文制度》,《中國歷史文物》2007 年第 1 期。

———:《從新出簡牘再探秦漢的大内與少内》,http://www. bsm. org. cn/show_article. php? id＝774(2008 年 1 月 8 日)。

———:《里耶秦簡"守"和"守丞"釋義及其他》,《中國歷史文物》2006 年第 3 期;又刊於 http://www. bsm. org. cn/show_article. php? id＝787,2008 年 2 月 6 日。

崔殿堯:《里耶秦簡中所見"縣嗇夫"新證》,《學理論》2010 年第 5 期。

凡國棟:《里耶秦簡研究目録》,http://www. bsm. org. cn/show_article. php? id＝527(2007 年 2 月 24 日,按此目録起止時間爲 2002 年~2007 年)。

———:《里耶秦簡研究回顧與前瞻》,《簡帛》第 4 輯,上海古籍出版社 2009 年(此文後附有截止 2008 年年底的《里耶秦簡》研究目録:報告類 4 條,中文論文 126 條,學位論文 3 條,著作 1 條,日文論文 25 條)。

范毓周:《關於湖南龍山里耶出土秦代簡牘郵書檢的幾個問題》,http://www. jianbo. org/Wssf/2002/fanyuzhou11. htm(2002 年 8 月 15 日)。

高　榮:《秦漢的郵與郵人》,《簡牘學研究》第 4 輯,甘肅人民出版社 2004 年。

——:《秦代的公文記録》,《魯東大學學報》(哲社版)2006 年第 3 期。

何介鈞:《"秦三十六郡"和西漢增置郡國考證》,《黃盛璋先生八秩華誕紀念文集》,中國教育文化出版社 2005 年。

胡平生:《讀里耶秦簡札記》,《中國文物報》2003 年 9 月 12 日、19 日。

——:《讀里耶秦簡札記(二)》,《中國文物報》2003 年 9 月 27 日。

——:《里耶秦簡 8－455 號木方性質芻議》,《簡帛》第 4 輯,上海古籍出版社 2009 年。

——:《里耶簡所見秦朝行政文書的製作與傳送》,《簡帛研究 2008》,廣西師範大學出版社 2010 年。

胡平生、李天虹:《湘西里耶秦簡》,《長江流域出土簡牘與研究》,湖北教育出版社 2004 年。

湖南省文物考古研究所:《湖南龍山縣里耶戰國秦漢城址及秦代簡牘》,《考古》2003 年第 7 期。

——:《里耶發掘報告》,嶽麓書社 2007 年。

——:《里耶秦簡(壹)》,文物出版社 2012 年。

湖南省文物考古研究所等:《湖南龍山里耶戰國—秦代古城一號井發掘簡報》,《文物》2003 年第 1 期。

湖南省文物考古研究所、湘西土家族苗族自治州文物處:《湘西里耶秦代簡牘選釋》,《中國歷史文物》2003 年第 1 期。

黃海烈:《里耶秦簡與秦代地方官署檔案管理》,《黑龍江史志》2006 年第 1 期。

——:《里耶秦簡與秦代地方官制》,《北方論叢》2005 年第 6 期。

黃錫全:《湘西里耶地理木牘補議》,《湖南博物館館刊》第 4 輯,嶽麓書社 2007 年。

黎明釗:《里耶秦簡:户籍檔案的探討》,《中國史研究》2009 年第 2 期。

黎明釗、馬增榮:《試論里耶秦牘與秦代文書學的幾個問題》,《簡帛》第 5 輯,
　　上海古籍出版社 2010 年。

李　　超:《由里耶幾條秦簡看秦代的法律文書程式》,http://www. bsm. org.
　　cn/show_article. php? id＝903(2008 年 11 月 29 日)。

李東升:《秦代全國置三十六郡嗎?》,《記者觀察》2003 年第 3 期。

李海勇:《楚人對湖南的開發及其文化融合與演變》,武漢大學博士學位論文
　　2003 年。

李　　力:《論"徒隸"的身份——從新出里耶秦簡入手》,《出土文獻研究》第 8
　　輯,上海古籍出版社 2007 年。

李　　斯:《里耶秦簡所見縣主官稱謂新考》,《内蒙古農業大學學報》(社科
　　版)2009 年第 3 期。

李學勤:《初讀里耶秦簡》,《文物》2003 年第 1 期。

———:《眉縣青銅器、里耶秦簡的内容及其文字學價值》,《中國書畫》2003
　　年第 5 期。

李政、曹硯農:《關注里耶——"湘西里耶秦簡學術研討會"掃描》,《中國文
　　物報》2002 年 8 月 9 日第 5 版。

[日]里耶秦簡講讀會:《里耶秦簡譯注》,《中國出土資料研究》第 8 號,
　　2004 年。

———:《里耶秦簡研究筆記》,《中國出土資料研究》第 9 號,2005 年。

林進忠:《里耶秦簡"貲贖文書"的書手探析》,《湖南大學學報》(社科版)
　　2010 年 4 期。

劉金華:《秦漢簡牘"九九殘表"述論》,《文博》2003 年第 3 期。

劉精盛:《辛勤耕耘結碩果　簡帛考古出新篇——王煥林教授〈里耶秦簡校
　　詁〉述評》,《吉首大學學報》(社科版)2009 年第 2 期。

劉　　静:《讀里耶小札》,http://www. bsm. org. cn/show_article. php? id＝907
　　(2008 年 12 月 9 日)。

劉樂賢:《里耶秦簡和孔家坡漢簡中的職官省稱》,《文物》2007 年第 9 期。

劉　　敏:《關於里耶秦户籍檔案簡的幾點臆測》,《歷史檔案》2008 年第 4 期。

劉　　瑞:《里耶秦代木牘零拾》,《中國文物報》2003 年 5 月 30 日第 5 版。

劉向明:《從出土簡牘看秦漢"隱官"的主要來源》,《嘉應學院學報》2006 年第 5 期。

劉欣寧:《里耶戶籍簡牘與"小上造"再探》,http://www. bsm. org. cn/show_article. php? id = 751(2007 年 11 月 20 日)。

羅仕傑:《里耶秦簡地理問題初探》,《簡牘學報:勞貞一先生百歲冥誕紀念論文集》,2006 年總第 19 期。

馬　怡:《里耶秦簡選校》,http://www. bsm. org. cn/show_article. php? id = 86(2005 年 11 月 14 日);http://www. bsm. org. cn/show_article. php? id = 95(2005 年 11 月 18 日);http://www. bsm. org. cn/show_article. php? id = 113(2005 年 11 月 24 日連載)。

———:《漢代的計時器及相關問題》,《中國史研究》2006 年第 3 期。

———:《里耶秦簡中幾組涉及校券的官文書》,《簡帛》第 3 輯,上海古籍出版社 2008 年。

明星、李穎:《迄今我國最早的乘法口訣表驚現湘西里耶》,《中國文物報》2002 年 7 月 24 日第 1 版。

彭　浩:《讀里耶"祠先農"簡》,《出土文獻研究》第 8 輯,上海古籍出版社 2007 年 11 月。

彭開科、張浩:《里耶秦簡揭開秦史之謎》,《民族論壇》2002 年第 9 期。

彭秀軍:《秦簡"快行"釋義》,《人民日報》(海外版)2003 年 5 月 13 日第 8 版。

饒宗頤:《酉水流域出土秦簡地理一些看法》,http://www. jianbo. org/Wssf/2002/raozhongyi03. htm(2002 年 7 月 18 日)。

———:《由明代"二酉山房"談秦人藏書處與里耶秦簡》,《中國歷史文物》2003 年第 1 期。

———:《古酉水、酉墳考——里秦簡所見"酉陽"與古史》,《第四屆國際中國古文字學研討會論文集》,香港中文大學 2003 年;後收入《饒宗頤新出土文獻論證》,上海古籍出版社 2005 年。

日　安:《里耶識小》,http://www. jianbo. org/admin3/list. asp? id = 1034(2003 年 11 月 2 日)。

［日］籾山明:《龍山里耶秦簡》,木簡學會討論會報告,2004 年。

———:《中國古代訴訟制度の研究》,京都大學學術出版會 2006 年。

沈頌金:《湘西里耶秦簡的價值及其研究》,《中國史研究動態》2003 年第 8
　　期;又載《二十世紀簡帛學研究》,學苑出版社 2003 年。

史志龍:《秦"祠先農"簡再探》,《簡帛》第 5 輯,上海古籍出版社 2010 年。

守　彬:《秦蒼梧郡考》,《出土文獻研究》第 7 輯,上海古籍出版社 2005 年。

宋　超:《"先農"與"神農炎帝"——以里耶、周家臺秦簡爲中心的討論》,中
　　國(寶雞)炎帝・姜炎文化與民生高層學術論壇會議論文,2009 年。

宋艷萍、邢學敏:《里耶秦簡"陽陵卒"簡蠡測》,《簡帛研究 2004》,廣西師範
　　大學出版社 2006 年。

蘇衛國:《重新定位"縣嗇夫"的思考》,《史學月刊》2006 年第 4 期。

［日］藤田勝久著,曹峰譯:《〈史記〉的取材與出土資料——里耶秦簡所反映
　　的秦代社會》,http://jianbo. sdu. edu. cn/admin3/2008/tengtianshengjiu002.
　　htm(2008 年 7 月 17 日)。

———:《中國出土資料和古代社會——以資訊傳遞爲視角》,《資料學方法
　　探討》第 4 號,2005 年。

———:《里耶秦簡和秦代郡縣社會》,《愛媛大學法文學部論集》(人文學科
　　編)第 19 號,2005 年。

———:《里耶秦簡的文書形態與資訊傳遞》,《簡帛研究 2006》,廣西師範大
　　學出版社 2008 年。

田旭東:《里耶秦簡所見的秦代戶籍格式和相關問題》,《四川文物》2009 年
　　第 1 期。

田忠進:《里耶秦簡隸校詮譯與詞語匯釋》,湖南師範大學碩士學位論文 2010
　　年。

汪桂海:《從湘西里耶秦簡看秦官文書制度》,《簡帛》第 4 輯,上海古籍出版
　　社 2009 年。

王春芳、吳紅松:《從里耶簡看秦代文書和文書工作》,《大學圖書情報學刊》
　　2005 年第 2 期。

王焕林:《里耶秦簡釋地》,《社會科學戰綫》2004 年第 3 期。

———:《里耶秦簡叢考》,《吉首大學學報》(社科版)2005 年第 4 期。

———:《里耶秦簡文字書法論略》,http://www.jianbo.org/admin3/list.asp? id=1415(2005 年 8 月 15 日)。

———:《里耶秦簡 J1(8)134 考釋》,《簡帛》第 1 輯,上海古籍出版社 2006 年。

———:《里耶秦簡九九乘法表初探》,《吉首大學學報》(社科版)2006 年第 1 期。

———:《秦簡"當騰騰"音義商兑》,《吉首大學學報》(社科版)2006 年第 3 期。

———:《〈湘西里耶秦簡選釋〉補正》,《中國歷史文物》2006 年第 4 期。

———:《里耶秦簡校詁》,中國文聯出版社 2007 年。

———:《里耶秦簡所見戍卒索隱》,《簡帛研究 2005》,廣西師範大學出版社 2008 年。

王三峽:《秦簡"久刻識物"相關文字的解讀》,《江漢考古》2006 年第 1 期。

王  偉:《里耶秦簡貲贖文書所見陽陵地望考》,《考古與文物》2007 年第 4 期。

王文西:《讀里耶里程簡札記》,《船山學刊》2007 年第 3 期。

王子今:《秦漢時期湘江洞庭水路郵驛的初步考察——以里耶秦簡和張家山 漢簡爲窗口》,《湖南社會科學》2004 年第 5 期。

邢義田:《湖南龍山里耶 J1(8)157 和 J1(9)1~12 號秦牘的文書構成、筆迹 和原檔存放形式》,《簡帛》第 1 輯,上海古籍出版社 2006 年。

———:《龍山里耶秦遷陵縣城遺址出土某鄉南陽里户籍簡試探》,http:// www.bsm.org.cn/show_article.php? id=744(2007 年 11 月 3 日)。

徐少華、李海勇:《從出土文獻析楚秦洞庭、黔中、蒼梧諸郡縣的建置與地 望》,《考古》2005 年第 11 期。

晏昌貴:《張家山漢簡釋地六則》,《江漢考古》2005 年 2 期。

———:《里耶秦簡的文書與資訊系統》,《簡帛》第 3 輯,上海古籍出版社 2008 年。

晏昌貴、鍾煒:《里耶秦簡牘所見陽陵考》,http://www.bsm.org.cn/show_article. php? id = 37(2005 年 11 月 3 日)。

———:《里耶秦簡所見的陽陵與遷陵》,《中國歷史地理論叢》2006 年第
　4 期。

楊廣成:《里耶秦簡"户籍簡"研究綜述》,《黑龍江史志》2010 年第 13 期。

楊宗兵:《里耶古城與里耶秦簡》,《文史知識》2004 年第 8 期。

———:《里耶秦簡縣"守""丞""守丞"同義説》,《北方論叢》2004 年第
　6 期。

———:《里耶秦簡釋義商榷》,《中國歷史文物》2005 年第 2 期。

[韓]尹在碩:《韓國的秦簡研究(1979~2008)》,《簡帛》第 4 輯,上海古籍出
　版社 2009 年。

于振波:《里耶秦簡中的"除郵人"簡》,《湖南大學學報》(社科版)2003 年第
　3 期。

———:《秦漢時期的郵人》,《簡牘學研究》第 4 輯,甘肅人民出版社
　2004 年。

———:《從簡牘資料看"閭左"的身份》,《簡帛》第 1 輯,上海古籍出版社
　2006 年。

———:《説"縣令"確爲秦制——讀里耶秦簡札記》,《中國歷史文物》2006
　年第 3 期。

張春龍:《里耶秦簡中的祠先農簡》,臺灣《第三屆簡帛學術討論會論文集》,
　2005 年。

———:《里耶秦簡校券和户籍簡》,《中國簡帛學國際論壇 2006 論文集》,武
　漢大學 2006 年。

———:《里耶秦簡祠先農、祠窖和祠隄校券》,《簡帛》第 2 輯,上海古籍出版
　社 2007 年。

———:《里耶秦簡所見的户籍和人口管理記録》,《里耶古城·秦簡與秦文
　化研究——中國里耶古城·秦簡與秦文化國際學術研討會論文集》,科學
　出版社 2009 年。

張春龍、龍京沙:《21 世紀重大考古發現:湘西里耶秦簡復活秦國歷史》,《中
　國國家地理》2002 年第 9 期。

———:《里耶秦簡⑨1～⑨12綜論》,《湖南省博物館館刊》第2輯,嶽麓書社2005年。

———:《里耶秦簡三枚地名里程木牘略析》,《簡帛》第1輯,上海古籍出版社2006年。

———:《湘西里耶秦簡8-455號》,《簡帛》第4輯,上海古籍出版社2009年。

張金光:《秦貲、贖之罰的清償與結算問題——里耶秦簡JI(9)1～12簡小記》,《西安財經學院學報》2010年第4期。

張俊民:《里耶秦簡"卒署"辨》,http://www. jianbo. org/Wssf/2003/zhangjunmin02. htm(2003年8月15)。

———:《秦代的討債方式——讀〈湘西里耶秦代簡牘選釋〉》,《陝西歷史博物館館刊》第10輯,三秦出版社2003年。

———:《龍山里耶秦簡二題》,《考古與文物》2004年第4期。

———:《里耶秦簡二題》,http://www. bsm. org. cn/show_article. php? id = 405(2006年8月23日)。

張榮強:《湖南里耶所出"秦代遷陵縣南陽里戶版"研究》,《北京師範大學學報》(社科版)2008年第4期。

張偉權:《屈賦"洞庭"與里耶秦簡"洞庭"的解讀》,《中南民族大學學報》(社科版)2008年第5期。

趙炳清:《秦代無長沙、黔中二郡略論——兼與陳偉、王煥林先生商榷》,《中國歷史地理論叢》2005年第4期。

———:《秦洞庭郡略論》,《江漢考古》2005年第2期。

中國社會科學院考古研究所等:《里耶古城·秦簡與秦文化研究——中國里耶古城·秦簡與秦文化國際學術研討會論文集》,科學出版社2009年。

鍾　煒:《里耶秦簡牘所見歷史地理及相關問題》,武漢大學碩士學位論文2004年。

———:《戰國秦朝洞庭平原中心城邑的產生及演變》,《鄖陽師範高等專科學校學報》2005年第2期。

———:《楚秦黔中郡與洞庭郡關係初探》,《湖北大學學報》(哲社版)2005

年第 4 期。

————:《里耶秦簡所見遷陵的鄉里結構》,http://www. bsm. org. cn/show_article. php？id=124(2005 年 12 月 5 日)。

————:《秦洞庭、蒼梧兩郡源流及地望新探》,http://www. bsm. org. cn/show_article. php？id=135(2005 年 12 月 18 日)。

————:《試探洞庭兵輸内史及公文傳遞之路綫》,http://www. bsm. org. cn/show_article. php？id=114(2005 年 11 月 25 日)。

————:《洞庭與蒼梧郡新探》,《南方論刊》2006 年第 10 期。

————:《里耶秦簡所見縣邑考》,《河南科技大學學報》(社科版)2007 年第 2 期。

鍾煒、晏昌貴:《楚秦洞庭蒼梧及其源流演變》,《江漢考古》2008 年第 2 期。

周宏偉:《傳世文獻中没有記載過洞庭郡嗎》,《湖南師範大學學報》(社科版)2003 年第 3 期。

————:《蠻衾:楚人俗稱的一個新寫法》,http://www. bsm. org. cn/show_article. php？id=873(2008 年 9 月 9 日)。

周其俊:《里耶古城出土兩萬秦簡》,《中國地名》2002 年第 5 期。

周振鶴:《秦代漢初的銷縣——里耶秦簡識小》,http://www. jianbo. org/admin3/list. asp？id=1054(2003 年 12 月 1 日)。

————:《秦代洞庭、蒼梧兩郡懸想》,《復旦大學學報》(哲社版)2005 年第 5 期。

朱紅林:《里耶秦簡"金布"與〈周禮〉中的相關制度》,《華夏考古》2007 年第 2 期。

朱湘蓉:《從敦煌漢簡看里耶簡文書詞語的訓釋》,《敦煌學輯刊》2006 年第 3 期。

鄒水傑:《秦代縣行政主官稱謂考》,《湖南師範大學學報》(社科版)2006 年第 2 期。

————:《里耶簡牘所見秦代縣廷官吏設置》,《咸陽師範學院學報》2007 年第 3 期。

## 11. 嶽麓書院藏秦簡

蔡偉(執筆):《嶽麓簡〈爲吏治官及黔首〉部分簡文釋文》,http://www. gwz.

fudan. edu. cn/SrcShow. asp？Src_ID＝1000（2009 年 11 月 27 日）。

曹旅寧：《嶽麓秦簡“奔警律”補考》，http：//www. bsm. org. cn/show_article.
　php？id＝1038（2009 年 4 月 25 日）。

———：《嶽麓書院秦簡 0552 號與秦代傅籍之年》，http：//www. bsm. org. cn/
　show_article. php？id＝1035（2009 年 4 月 22 日）。

———：《嶽麓書院藏秦簡“馮將軍毋擇”補考》，http：//www. bsm. org. cn/
　show_article. php？id＝1041（2009 年 4 月 28 日）。

———：《嶽麓秦簡所見秦令雜考》，http：//www. bsm. org. cn/show_article.
　php？id＝1042（2009 年 5 月 2 日）。

———：《嶽麓秦簡〈挾兵令〉考》，http：//www. bsm. org. cn/show_article.
　php？id＝1043（2009 年 5 月 5 日）。

———：《嶽麓秦簡中的一條内史雜律》，http：//www. bsm. org. cn/show_arti-
　cle. php？id＝1048（2009 年 5 月 9 日）。

———：《嶽麓秦簡中的一條關市律》，http：//www. bsm. org. cn/show_article.
　php？id＝1054（2009 年 5 月 16 日）。

———：《嶽麓秦簡中涉及有罪罰當戌者的秦令》，http：//www. bsm. org. cn/
　show_article. php？id＝1129（2009 年 8 月 11 日）。

———：《嶽麓書院新藏秦簡叢考》，《華東政法大學學報》2009 年第 6 期。

陳松長：《秦代宦學讀本的又一個版本——嶽麓書院藏秦簡〈爲吏治官及黔
　首〉略説》，http：//www. bsm. org. cn/show_article. php？id＝1150（2009 年 10
　月 1 日）。

———：《秦代避諱的新材料——嶽麓書院藏秦簡中的一枚有關避諱令文略
　説》，http：//www. bsm. org. cn/show_article. php？id＝1158（2009 年 10 月 20
　日）。

———：《嶽麓書院藏秦簡〈爲吏治官及黔首〉略説》，《出土文獻研究》第 9
　輯，中華書局 2009 年。

———：《嶽麓書院藏秦簡中的郡名考略》，《湖南大學學報》（社科版）2009
　年第 2 期。

———：《嶽麓書院藏秦簡中的行書律令初論》，《中國史研究》2009 年第

3 期。

————:《嶽麓書院所藏秦簡綜述》,《文物》2009 年第 3 期。

陳　偉:《嶽麓書院秦簡 0552 號小考》,http://www. bsm. org. cn/show_arti-
　cle. php? id=1030(2009 年 4 月 19 日)。

————:《嶽麓書院藏秦簡"馮將軍毋擇"小考》,http://www. bsm. org. cn/
　show_article. php? id=1031(2009 年 4 月 20 日)。

————:《"奔警律"小考》,http://www. bsm. org. cn/show_article. php? id=
　1036(2009 年 4 月 22 日)。

————:《嶽麓書院秦簡行書律令校讀》,http://www. bsm. org. cn/show_arti-
　cle. php? id=1177(2009 年 11 月 21 日)。

————:《嶽麓秦簡〈爲吏〉與〈説苑〉對讀》,http://www. bsm. org. cn/show_
　article. php? id=1186(2009 年 12 月 7 日)。

————:《嶽麓書院秦簡考校》,《文物》2009 年第 9 期。

————:《嶽麓書院秦簡校讀》,《簡帛》第 5 輯,上海古籍出版社 2010 年。

————:《"江胡"與"州陵"——嶽麓書院藏秦簡中的兩個地名初考》,《中國
　歷史地理論叢》2010 年第 1 期。

鄧　星:《嶽麓書院所藏秦簡研究綜述》,《科教導刊》2010 年第 8 期。

方　勇:《讀嶽麓秦簡札記一則》,http://www. gwz. fudan. edu. cn/SrcShow.
　asp? Src_ID=794(2009 年 5 月 19 日)。

————:《讀嶽麓書院藏秦簡札記二則》,http://www. bsm. org. cn/show_arti-
　cle. php? id=1180(2009 年 11 月 24 日)。

魯家亮:《讀嶽麓書院秦簡行書律令札記》,http://www. bsm. org. cn/show_
　article. php? id=1178(2009 年 11 月 21 日)。

彭　浩:《嶽麓書院藏秦簡〈數〉中的"救(求)"字》,http://www. bsm. org.
　cn/show_article. php? id=1184(2009 年 11 月 30 日)。

王　偉:《嶽麓書院藏秦簡所見秦郡名稱補正》,《考古與文物》2010 年第
　5 期。

王　勇:《五行與夢占——嶽麓書院藏秦簡〈占夢書〉的占夢術》,《史學集
　刊》2010 年第 4 期。

肖燦、朱漢民：《嶽麓書院藏秦簡〈數書〉中的土地面積計算》,《湖南大學學報》(社科版)2009 年第 2 期。

———:《嶽麓書院藏秦簡〈數〉的主要内容及歷史價值》,《中國史研究》2009 年第 3 期。

———:《周秦時期穀物測算法及比重觀念——嶽麓書院藏秦簡〈數〉的相關研究》,《自然科學史研究》2009 年第 4 期。

———:《勾股新證——嶽麓書院藏秦簡〈數〉的相關研究》,《自然科學史研究》2010 年第 3 期。

肖永明：《讀嶽麓書院藏秦簡〈爲吏治官及黔首〉札記》,《中國史研究》2009 年第 3 期。

許道勝、李薇：《從用語"術"字的多樣表達看嶽麓書院秦簡〈數〉書的性質》,《史學集刊》2010 年第 4 期。

于　薇：《試論嶽麓秦簡中"江胡郡"即"淮陽郡"》,http://www. bsm. org. cn/show_article. php? id＝1090(2009 年 6 月 18 日)。

———:《嶽麓秦簡 0480 簡中的"陰密"》,http://www. bsm. org. cn/show_article. php? id＝1089(2009 年 6 月 17 日)。

于振波：《秦律令中的"新黔首"與"新地吏"》,《中國史研究》2009 年第 3 期。

嶽麓書院秦簡整理小組：《嶽麓書院藏秦簡(壹)》,上海辭書出版社 2010 年。

———:《嶽麓書院藏秦簡(貳)》,上海辭書出版社 2011 年。

———:《嶽麓書院藏秦簡(叁)》,上海辭書出版社 2013 年。

趙寵亮：《嶽麓書院秦簡行書律令釋讀補正》,http://www. bsm. org. cn/show_article. php? id＝1189(2009 年 12 月 7 日)。

周運中：《江胡郡即江夏郡考》,http://www. bsm. org. cn/show_article. php? id＝1127(2009 年 8 月 8 日)。

———:《嶽麓秦簡江胡郡新考》,http://www. bsm. org. cn/show_article. php? id＝1142(2009 年 9 月 12 日)。

朱漢民、肖燦：《從嶽麓書院藏秦簡〈數〉看周秦之際的幾何學成就》,《中國史研究》2009 年第 3 期。

# 五、秦漆木器

陳振裕:《湖北出土戰國秦漢漆器文字初探》,《古文字研究》第 17 輯,中華書局 1989 年。

李如森:《戰國秦漢漆器銘文淺論》,《天津社會科學》1987 年第 5 期。

李學勤:《戰國題銘概述》(下),《文物》1959 年第 9 期。

———:《論美澳收藏的幾件文物》,《文物》1979 年第 12 期。

———:《東周與秦代文明》第 289~290 頁,文物出版社 1984 年。

———:《海外訪古記》,《文博》1986 年第 5 期。

羅開玉:《秦在巴蜀的經濟管理制度試析——説青川秦牘、"成亭"漆器印文和蜀戈銘文》,《四川師範大學學報》(社科版)1982 年第 4 期。

潘　齋:《秦漢漆文詮次》,《故宮學術季刊》1 卷 4 期,1984 年。

沈仲常、黃家祥:《從出土戰國漆器文字看"成都"的得名》,《四川文物》1985 年第 4 期。

王輝、尹夏清、王宏:《八年相邦薛君、丞相殳漆豆考》,《考古與文物》2011 年第 2 期。

肖亢達:《雲夢睡虎地秦墓漆器針刻銘記探析——兼談秦代"亭""市"地方官營手工業》,《江漢考古》1984 年第 2 期。

朱學文:《有關漆器銘文的幾個問題》,《考古與文物》2012 年第 3 期。

左德承:《雲夢睡虎地出土秦漢漆器圖録》,湖北美術出版社 1986 年。

# 六、秦石刻

## 1. 綜論

郭沫若:《古代銘刻匯考四種》,東京文求堂 1933 年。

———:《古代銘刻匯考續編》,東京文求堂 1934 年。

康寶文:《秦始皇刻石題銘研究》,香港中文大學碩士學位論文 1988 年。

林志強:《戰國玉石文字述評》,《中山大學研究生學刊》1990 年第 4 期。

劉　鯤:《東周玉石文字研究》,福建師範大學碩士學位論文 2006 年。

陸和九:《秦六石説》,《民大中國文學系叢刊》1 卷 1 期,1934 年。

呂佩珊:《秦石刻文字分期研究》,臺灣高雄師範大學碩士學位論文 2005 年。

容　庚:《古石刻零拾》,北京琉璃廠來熏閣本 1934 年。

商承祚:《石刻篆文編》,科學出版社 1957 年。

———:《〈石刻篆文編〉字説》(27 則),《中山大學學報》(哲社版) 1980 年第 1 期。

王建莉:《戰國玉石文字研究述略》,《集寧師專學報》2000 年第 1 期。

張雙慶:《秦金石銘刻文字研究》,香港中文大學碩士學位論文 1972 年。

趙　超:《中國古代銘刻與文書研究五十年》,《考古》1999 年第 9 期。

### 2. 石鼓文(民國以來)

蔡秋瑩:《石鼓文研究》,臺灣政治大學碩士學位論文 2002 年。

陳昭容:《秦公簋的時代問題:兼論石鼓文的相對年代》,《史語所集刊》64 本 4 分,1993 年。

戴君仁:《石鼓文的時代文辭及其字體》,《大陸雜誌》5 卷 7 期,1952 年。

———:《重論石鼓的時代》,《大陸雜誌》26 卷 7 期,1963 年。

———:《石鼓文偶箋》,《中國文字》6 卷 23 册,1967 年。

———:《石鼓文偶箋之二》,《中國文字》10 卷 42 册,1971 年。

鄧散木:《石鼓斠釋》,中華書局 1985 年。

董　珊:《石鼓文考證》,《出土文獻與古文字研究》第 3 輯,復旦大學出版社 2010 年。

段　颺:《論石鼓乃秦德公時遺物及其他》,《學術月刊》1961 年第 9 期。

[日]赤塚忠:《石鼓文の新研究》,《甲骨學》第 11 號,日本甲骨學會 1976 年。

[日]福雄雅一:《石鼓文解説及釋文》,東京二玄社影印後勁本 1985 年。

[日]高田忠周:《古籀篇・石鼓釋文》,古籀篇刊行會 1925 年。

[日]古華山農:《石鼓文地名考》,《國學雜誌》1、2、3 期,1915 年。

官波舟:《石鼓文製作年代考》,《寶雞社會科學》2006 年第 2 期。

———:《石鼓文:"發現"還是"出土"》,《寶雞社會科學》2008 年第 4 期。

郭沫若:《石鼓文研究》,東京文求堂書店 1933 年。

———:《郭沫若全集・考古編第九卷・石鼓文研究》,科學出版社 1982 年。

韓長耕:《先秦石鼓簡説》,《史學史研究》1984 年第 4 期。

韓　偉:《北園地望及石鼓詩之年代小議》,《考古與文物》1981 年第 4 期。

胡建人:《石鼓和石鼓文考略——兼論郭沫若的襄公八年説》,《寶雞文理學院學報》(社科版)1994 年第 3 期。

———:《石鼓文歷代拓本考》,《寶雞文理學院學報》(社科版)1995 年第 2 期。

黄奇逸:《石鼓文年代及相關諸問題》,《古文字研究論文集》,《四川大學學報叢刊》第 10 輯,四川人民出版社 1982 年。

賴炳偉:《石鼓文綜述》,吉林大學碩士學位論文 1997 年。

———:《石鼓文年代再研究》,《吉林大學古籍所建所十五週年紀念文集》,吉林大學出版社 1998 年。

———:《石鼓文字數考》,《古文字研究》第 22 輯,中華書局 2000 年。

李鐵華:《秦文公石鼓文敘事史詩》,《尋根》1994 年第 2 期。

———:《石鼓新響》,三秦出版社 1994 年。

———:《石鼓文十議》,《傳統文化與現代化》1995 年第 3 期。

李向陽:《秦石鼓文與漁獵文化研究》,陝西師範大學碩士學位論文 2007 年。

李仲操:《石鼓最初所在地及其刻石年代》,《考古與文物》1981 年第 2 期。

———:《石鼓出土及其在唐宋的聚、散、遷》,《人文雜誌》1993 年第 2 期。

———:《石鼓山和石鼓文》,《文博》1999 年第 1 期。

劉寶才、韓星:《石鼓文與早期秦文化》,《追尋中華文明的踪迹——李學勤先生學術活動五十週年紀念文集》,復旦大學出版社 2002 年。

劉　星:《石鼓詩文復原》,暨南大學出版社 2004 年。

羅君惕:《秦刻十碣時代研究》,《考古學社社刊》第 3 期,考古學社 1935 年。

———:《秦刻十碣考釋》,齊魯書社 1983 年。

羅振玉:《石鼓文考釋》,1916 年影印本。

馬　衡:《跋郭沫若〈石鼓文研究〉》,《凡將齋金石叢稿》,中華書局 1977 年。

———:《北宋拓石鼓文跋》,《凡將齋金石叢稿》,中華書局 1977 年。。

———:《明安國藏拓獵石碣跋》,《凡將齋金石叢稿》,中華書局 1977 年。

———:《石鼓爲秦刻石考》,《凡將齋金石叢稿》,中華書局 1977 年。

馬幾道:《秦石鼓》(華裔學志叢書第 19 種),文物出版社 1988 年。

馬敘倫:《石鼓爲秦文公時物考》,《北平圖書館館刊》1933 年第 2 期。

———:《石鼓文疏記引辭》,《北平圖書館館刊》1933 年第 6 期。

———:《石鼓釋文序》,《圖書館學學刊》第 8 卷 2 期,1934 年。

———:《石鼓文疏記》,商務印書館 1935 年。

———:《跋石鼓文研究》,《東方雜誌》第 34 卷 18、19 期合刊,1937 年。

那志良:《石鼓通考》,臺灣《中華叢書》委員會 1958 年。

倪晉波:《1923 年以來的"石鼓文"研究述要》,《寶雞文理學院學報》(社科版)2006 年第 4 期。

泮振允:《石鼓與籀文》,《書法研究》1983 年第 2 期。

彭　曦:《石鼓文刻石探源》,《文博》1993 年第 6 期。

[日]平勢隆郎:《史記東周紀年の再編について》,《新編史記東周年表》,東京大學東洋文化研究所 1995 年。

琦　楓:《我國最早的三種石刻》,《紫禁城》1982 年第 5 期。

裘錫圭:《關於石鼓文的時代問題》,《傳統文化與現代化》1995 年第 1 期。

任　熹:《石鼓文概述》,《考古學社社刊》第 5 期,考古學社 1936 年。

沈兼士:《石鼓文研究三事質疑》,《輔仁學志》13 卷 1、2 期合刊,1945 年。

[日]松井如流:《周石鼓文解説》,東京二玄社影印安國本 1958 年。

宋鴻文:《石鼓文新探》,《貴州文史叢刊》1993 年第 4 期。

———:《石鼓文新探(續)》,《貴州文史叢刊》1993 年第 5 期。

蘇瑩輝:《石鼓文刻於秦靈公三年説補正》,《大陸雜誌》5 卷 12 期,1952 年。

譚步雲:《"秦雍十碣"解惑》,《康樂集——曾憲通教授七十壽慶論文集》,中山大學出版社 2006 年。

唐　蘭:《石鼓文刻於秦靈公三年考》,《申報・文史週刊》1~2 期,1947 年 12 月 6 日、13 日。

———:《關於石鼓文的時代答童書業先生》,《申報・文史週刊》第 13 期,1948 年 3 月 6 日。

———:《論石鼓文用"避"不用"朕"——再答童書業先生》,《申報・文史週刊》第 21 期,1948 年 5 月 1 日。

———:《關於石鼓文用"避"字問題答文史編者的一封公開信》,《申報·文史週刊》28 期,1948 年 6 月 19 日。

———:《石鼓年代考》,《故宫博物院院刊》1958 年第 1 期。

涂白奎:《〈石鼓文·汧沔篇〉釋讀三則》,《古文字研究》第 22 輯,中華書局 2000 年。

王國維:《與馬叔平論石鼓書》,《王靜安先生遺書·觀堂別集補遺》,商務印書館 1940 年。

———:《明拓石鼓文跋》,《觀堂集林·別集》卷一,中華書局 1959 年。

———:《與友人論石鼓書》,《觀堂集林·別集》卷一,中華書局 1959 年。

王　輝:《由"天子""嗣王""公"三種稱謂説到石鼓文的時代》,《中國文字》新 20 期,1995 年。

———:《〈石鼓文·吴人〉集釋——兼再論石鼓文的時代》,《中國文字》新 29 期,2003 年。

———:《石鼓文年代再討論》,《黄盛璋先生八秩華誕紀念文集》,中國教育文化出版社 2005 年。

———:《〈石鼓文通考〉序》,《文博》2006 年第 4 期。

[日]小南一郎:《石鼓文製作の年代背景》,《東洋史研究》56.1,1997 年。

[日]筱田倖夫:《石鼓文製作年代考》,《二松學舍大學論集》,1997 年。

徐寶貴:《石鼓文詩句"四介既簡"試解》,香港中文大學《中國文化研究所學報》1990 年第 21 卷。

———:《石鼓作原鼓"𪚏罟"試解》,《中國文字》新 15 期,臺灣藝文印書館 1991 年。

———:《石鼓文年代考辨》,《國學研究》第 4 卷,北京大學出版社 1997 年。

———:《〈石鼓文·車工篇〉"弓兹以寺"考釋》,《華學》第 3 輯,紫禁城出版社 1998 年。

———:《石鼓文與詩經語言的比較研究》,《人文論叢》(1999 年卷),武漢大學出版社。

———:《石鼓文的次序》,《中國古文字研究》第 1 輯,吉林大學出版社 1999 年。

———:《石鼓文漁獵研究》,《華學》第 4 輯,紫禁城出版社 2000 年。

———:《石鼓文的學術及藝術價值》,《故宮學術季刊》第 19 卷第 3 期, 2002 年。

———:《郭沫若〈石鼓文研究〉摹本及釋文辨正》,《考古學報》2007 年第 3 期。

———:《石鼓文考釋四篇》,《社會科學戰綫》2007 年第 6 期。

———:《石鼓文整理研究》,中華書局 2008 年。

———:《石鼓文〈作原〉石的佚失及成臼俱在唐時》,《考古與文物》2008 年 第 3 期。

徐　暢:《石鼓文年代研究綜述》,《中國書法全集·第四集》,榮寶齋 1996 年。

———:《石鼓文刻年新考》,《考古與文物》2003 年第 4 期。

徐自強:《唐蘭對石鼓文的研究及其相關問題》,《故宮博物院院刊》2001 年 第 4 期。

許若石:《我國最早的石刻文字——石鼓文》,《光明日報》1984 年 5 月 1 日。

嚴一萍:《吴人——讀石鼓文小記》,《中國文字》第 48 册,1973 年。

楊壽祺:《石鼓年代研究》,《考古學社社刊》第 3 期,考古學社 1935 年。

楊文明:《石鼓文全集》,雲南人民出版社 1999 年。

楊宗兵:《石鼓製作緣由及其年代新探》,《中國歷史文物》2004 年第 4 期。

———:《秦石鼓文形體特徵、書寫風格論析》,《陝西師範大學學報》(哲社 版)2005 年第 2 期。

———:《〈石鼓文新解〉辯》,《故宮博物院院刊》2005 年第 2 期。

———:《石鼓文及其時代研究評述》,《考古與文物》2006 年第 3 期。

易越石:《石鼓文書法與研究》,香港志蓮净苑 1998 年。

———:《石鼓文通考》,上海人民出版社 2009 年。

尹博靈:《石鼓文鑒賞》,江蘇教育出版社 1992 年。

張光遠:《先秦石鼓存詩考》,臺灣 1966 年。

———:《石鼓詩之文史論證》,臺灣 1968 年。

張世超:《石鼓文研究的最新成果——〈石鼓文整理研究〉評介》,《古籍整理研究學刊》2009 年第 1 期。

張勛燎:《唐代關於石鼓文的研究及其評價》,《徐中舒先生九十壽辰紀念文
　　集》,巴蜀書社 1990 年。

張政烺:《獵碣考釋》,《史學論叢》第 1 册,1934 年。

趙經都:《石鼓文新解》,紫禁城出版社 2002 年。

周　　鼎:《石鼓文》,江蘇廣陵古籍刻印社 1987 年。

　　3. 詛楚文(民國以來)

陳世輝:《〈詛楚文〉補釋》,《古文字研究》第 12 輯,中華書局 1985 年。

陳　　偉:《〈詛楚文〉時代新證》,《江漢考古》1988 年第 3 期。

陳煒湛:《詛楚文獻疑》,《古文字研究》第 14 輯,中華書局 1986 年。

陳昭容:《從秦系文字演變的觀點論詛楚文的真僞及其相關問題》,《史語所
　　集刊》62 本 4 分,1998 年。

―――:《論詛楚文的真僞及其相關問題》,《秦系文字研究》(第四章),《史
　　語所專刊》(103),2003 年。

高新賀:《〈詛楚文〉疏證》,中山大學碩士學位論文 2010 年。

郭會格:《〈詛楚文〉再研究》,北京師範大學碩士學位論文 2007 年。

姜亮夫:《秦詛楚文考釋——兼釋亞駝大沈久湫兩辭》,《蘭州大學學報》(哲
　　社版)1980 年第 4 期。

[日]林泰輔:《秦詛楚文考》,《書苑》3 卷 5 號,1913 年。

吕　　靜:《關於詛楚文的再探討》,《出土文獻》第 5 輯,科學出版社 1999 年。

吕佩珊:《秦駔玉版與秦詛楚文文字研究》,《第十六屆中區文字學國際學術
　　研討會論文集》,臺灣 2005 年。

潘嘯龍:《從〈詛楚文〉看楚懷王前期的朝政改革》,《江漢論壇》1986 年第
　　10 期。

裘錫圭:《詛楚文"亞駝"考》,《文物》1998 年第 4 期。

施蟄存:《秦刻石文·詛楚文》,《金石叢話》,中華書局 2005 年。

史黨社、田静:《郭沫若〈詛楚文考釋〉訂補》,《文博》1998 年第 3 期。

孫常敍:《孫常敍古文字論集·詛楚文義新説》,東北師範大學出版社
　　1998 年。

孫作雲：《秦〈詛楚文〉釋要——兼論〈九歌〉的寫作年代》，《河南師範大學學報》（哲社版）1982 年第 1 期。

吳郁芳：《〈詛楚文〉三神考》，《文博》1987 年第 4 期。

楊　　寬：《秦〈詛楚文〉所表演的“詛”的巫術》，《文學遺產》1995 年第 5 期。

趙平安：《從“著者石章”的解釋看詛楚文刻石的形制》，《學術研究》1992 年第 1 期。

————：《詛楚文辨疑》，《河北大學學報》（哲社版）1992 年第 2 期。

### 4. 秦駰禱病玉版

郭永秉：《秦駰玉版銘文考釋中的幾個問題》，《復旦史學集刊第一輯——古代中國：傳統與變革》，復旦大學出版社 2005 年。

洪燕梅：《秦曾孫駰玉版研究》，臺灣銘傳大學第六屆中國訓詁學全國學術研討會，臺灣 2003 年。

侯乃峰：《秦駰禱病玉版銘文集釋》，《文博》2005 年第 6 期。

李家浩：《秦駰玉版文字研究》，《北京大學中國古文獻研究中心集刊》第 2 輯，北京燕山出版社 2001 年。

李　　零：《秦駰禱病玉版的研究》，《國學研究》第 6 卷，北京大學出版社 1999 年。

李學勤：《秦玉牘索隱》，《故宮博物院院刊》2000 年第 2 期。

連劭名：《秦惠文王禱祠華山玉簡文研究》，《中國歷史博物館館刊》2000 年第 1 期。

————：《秦惠文王禱詞華山玉簡文研究補正》，《中國歷史博物館館刊》2000 年第 2 期。

劉金華：《論秦駰玉牘研究四種及其相關問題》，《漢中師範學院學報》（社科版）2002 年第 1 期；又載《考古與文物》2002 年漢唐考古增刊。

劉昭瑞：《秦禱病玉簡、望祭與道教投龍儀》，《四川文物》2005 年第 2 期。

呂佩珊：《秦駰玉版與秦封邑瓦書文字研究》，《第七屆中區文字學學術研討會論文集》，臺灣 2004 年。

————：《秦駰玉版與秦詛楚文文字研究》，《第十六屆中區文字學國際學術研討會論文集》，臺灣 2005 年。

王　輝:《秦曾孫駰告華大山明神文考釋》,《考古學報》2001 年第 2 期。

王美傑:《秦駰玉版研究》,東北師範大學碩士學位論文 2007 年。

翁宇翔:《秦駰玉版"怵、戁、惑、惷"並釋》,《現代語文》(語言研究版)2007 年
　　第 6 期。

徐筱婷:《秦駰玉版研究》,《第十三屆全國暨海峽兩岸中國文字學學術研討
　　會論文集》,臺灣萬卷樓圖書有限公司 2002 年。

曾憲通、楊澤生、肖毅:《秦駰玉版文字初探》,《考古與文物》2001 年第 1 期。

周鳳五:《〈秦惠文王禱祠華山玉版〉新探》,《史語所集刊》72 本 1 分,2001 年。

### 5. 石磬文字

李學勤:《秦懷后磬研究》,《文物》2000 年第 1 期。

馬振智:《秦公大墓石磬文字連綴及有關問題》,《陝西歷史博物館館刊》第 9
　　輯,三秦出版社 2002 年。

王　輝:《遧磬辨偽》,《古文字研究》第 19 輯,中華書局 1992 年。

王輝、焦南峰、馬振智:《秦公大墓石磬殘銘考釋》,《史語所集刊》67 本 2 分,
　　1996 年。

徐寶貴:《懷后磬年代考》,《古文字研究》第 24 輯,中華書局 2002 年。

### 6. 秦始皇刻石

白　煦:《經歷坎坷的秦李斯泰山刻石》,《文物天地》1992 年第 4 期。

陳志良:《泰山石刻考(附表)》,《説文月刊》第 1 期,1943 年。

[日]稻葉一郎:《秦始皇的巡狩和刻石》,《書記》第 25 期,1989 年。

丁毅華:《秦始皇帝的政綱宣言和心理紀録——秦始皇東巡刻石文辭評議》,
　　《秦陵秦俑研究動態》1992 年第 1 期。

方　冶:《明拓〈嶧山刻石〉》,《書法叢刊》1981 年第 1 期。

馮佐哲、楊升南、王宇信:《秦刻石是秦始皇執行法家路綫的歷史見證》,《考
　　古》1975 年第 1 期。

公　木:《李斯秦刻石銘文解説》,《理論學習》1978 年第 1 期。

韓祖倫:《秦始皇紀功刻石的文字學價值》,《秦文化論叢》第 11 輯,三秦出版
　　社 2004 年。

[日]鶴間和幸:《試復原秦始皇東巡刻石文》,《秦俑秦文化研究》,陝西人民

出版社 2000 年。

金其楨:《秦始皇刻石探疑》,《北京大學學報》(哲社版)2001 年第 6 期。

李發林:《泰山頂無字碑爲秦封誌石辨》,《華夏考古》1992 年第 2 期。

李錦山:《泰山無字碑考辨》,《文物》1975 年第 3 期。

李域錚:《嶧山刻石》,《西安晚報》1983 年 7 月 9 日。

林劍鳴:《秦始皇會稽刻石辨析》,《學術研究》1994 年第 7 期。

林　鈞:《記琅邪臺秦刻石東面釋文》,《史語所週刊》百期紀念號,1929 年。

雒長安:《秦"嶧山刻石"》,《文博》1984 年第 2 期。

門宗耀:《始皇東巡第一刻石》,《文史知識》1992 年第 7 期。

琦　楓:《秦刻石及其拓本的流傳》,《紫禁城》1982 年第 4 期。

容　庚:《古石刻零拾·秦泰山刻石考釋》,1934 年。

———:《秦始皇刻石考》,《燕京學報》第 17 期,1935 年。

孫小平:《論泰山刻石和琅邪刻石拓本反映的不同書風》,《重慶師院學報》
　　1996 年第 4 期。

王秋方:《泰山殘刻 29 字拓本》,《中國歷史文物》2003 年第 3 期。

王曉亭:《瑰麗多彩的泰山石刻》,《書法》1981 年第 4 期。

王曉亭、翟所淦:《秦〈泰山刻石〉歷險記》,《文物天地》1981 年第 3 期。

王孝甫:《琅邪臺秦碑考證》,《北平華北日報讀書週刊》第 46 期,1935 年 9
　　月 16 日。

王學理:《始皇刻石與摩崖遺風》,《成都大學學報》1989 年第 1 期。

王昭溪、胡新立:《秦相名作——嶧山刻石》,《中國文物報》1993 年 4 月
　　11 日。

[日]文字文化研究所:《石鼓與秦漢碑刻》,東京文字文化研究所 1989 年。

吳福助:《秦始皇刻石考》,臺灣文史哲出版社 1994 年。

無　聞:《現存秦漢魏晉篆隸石刻表》,《詞典研究叢刊》1981 年第 3 期。

楊守敬輯:《縮摹泰山石經峪刻字》,刻本 1907 年。

姚淦銘:《秦代刻石書藝之研究》,《鐵道師院學報》1994 年第 3 期。

臧知非:《秦始皇會稽刻石與吳地社會新論——林劍鳴先生〈秦始皇會稽刻
　　石辨析〉補正》,《秦文化論叢》第 11 輯,三秦出版社 2004 年。

張光遠:《秦國文化與史籀作石鼓詩考》,臺灣《故宮文物月刊》第 14 卷 2 期,
　　1979 年。

鄭建芳:《始皇東巡第一刻石》,《中國文物報》1998 年 1 月 18 日。

# 七、秦璽印封泥

北京文雅堂:《相家巷出土秦封泥百品》(兩册原拓),文雅堂出版 2000 年
　　(原書未見)。

曹錦炎:《古璽通論》,上海書畫出版社 1996 年。

———:《古代璽印》,文物出版社 2002 年。

曹樹銘:《秦璽考》,香港萬有圖書公司 1966 年。

陳根遠:《西安秦封泥出土地在秦地望芻議》,《秦陵秦俑研究動態》1998 年
　　第 1 期。

陳漢弟:《伏廬藏印》,上海書店 1987 年。

陳介祺:《十鐘山房印舉》,北京中國書店 1985 年。

陳瑞泉:《秦"樂府"小考》,《天津音樂學院學報》(天籟)2005 年第 4 期。

陳菽玲:《從秦封泥看篆刻藝術》,《中國文化月刊》第 260 期,2001 年。

陳曉捷:《"走士"考》,《周秦漢唐研究(1)》,三秦出版社 1998 年。

———:《學金小札》,《考古與文物》叢刊《古文字論集二》,2001 年。

陳曉捷、周曉陸:《新見秦封泥五十例考略——爲秦封泥發現十週年而作》,
　　《秦陵秦俑研究動態》2006 年第 2 期;又《碑林集刊》第 11 輯,陝西人民美
　　術出版社 2005 年。

陳　雍:《讀印雜記》,《故宮博物院院刊》1993 年第 1 期。

陳重亨:《戰國秦系璽印研究》,臺灣藝術大學碩士學位論文 2007 年。

戴山青:《中國歷代璽印集粹》,綫裝書局 2001 年。

樊如霞:《秦代官印封泥出土》,《北京檔案》2000 年第 6 期。

———:《"封泥"與秦政文化》,《蘭台世界》2001 年第 3 期。

———:《"封泥"檔案與秦政文化》,《檔案與建設》2001 年第 4 期。

伏海翔:《陝西出土古代璽印》,上海書店 2005 年。

傅嘉儀:《篆字印匯》,上海書店 1999 年。

———:《新出土秦代封泥印集》,西泠印社 2002 年。

———:《秦封泥彙考》,上海書店出版社 2007 年。

傅嘉儀、羅小紅:《漢長安城新出土封泥——西安中國書法藝術博物館館藏
　　封泥初探》,《收藏》1997 年第 6 期。

傅嘉儀、倪志俊:《秦封泥欣賞》,《收藏》1997 年第 6 期。

傅嘉儀主編:《中國歷代印風系列·歷代印陶封泥印風》,重慶出版社
　　1999 年。

高廣仁:《海岱區所見秦帝國烙印》,《文博》2000 年第 2 期。

[日]谷風信:《中國の封泥》,日本株式會社/二玄社 1998 年(原書未見)。

韓建武、師小群:《陝西歷史博物館藏印叢考》,《文博》1997 年第 4 期。

韓　麗:《新出秦印研究》,安徽大學碩士學位論文 2009 年。

韓天衡、孫慰祖:《古玉印集存》,上海書店出版社 2002 年。

湖南省博物館:《湖南省博物館藏古璽印集》,上海書店 1991 年。

湖南省文物考古研究所:《里耶發掘報告》,嶽麓書社 2007 年。

湖南省文物考古研究所等:《湖南龍山里耶戰國—秦代古城一號井發掘簡
　　報》,《文物》2003 年第 1 期。

黃留珠:《秦封泥窺管》,《西北大學學報》(哲社版)1997 年第 1 期。

[日]雞肋室輯:《秦官印封泥聚》(兩冊原拓),日本現代中國藝術中心 1998
　　年(原書未見)。

[日]吉開將人:《南越印章二題》,《中國古璽印學國際研討會論文集》,香港
　　中文大學文物館 2000 年。

吉林大學歷史系文物陳列室:《吉林大學藏古璽印選》,文物出版社 1987 年。

[日]菅原石廬:《中國古璽印精選》,大阪書籍株式會社 2004 年。

[日]菅原一廣:《對魚鈕官印的考察》,《中國古璽印學國際研討會論文集》,
　　香港中文大學文物館 2000 年。

金懷英:《秦漢印典》,上海書畫出版社 1997 年。

康殷、任兆鳳:《印典》,國際文化出版公司 1993 年~1994 年。

賴非主編:《山東新出土古璽印》,齊魯書社 1998 年。

李　陵:《漢長安城出土印泥的斷代與用途》,《中國文物報》1997 年 11 月

9 日。

李學勤:《戰國題銘概述》(上),《文物》1959 年第 7 期。

———:《秦封泥與秦印》,《西北大學學報》(哲社版)1997 年第 1 期。

———:《秦封泥與齊陶文中的"巷"字》,《陝西歷史博物館館刊》第 8 輯,三秦出版社 2001 年。

李知君:《戰國璽印文字研究》,高雄師範大學碩士學位論文 1999 年。

林麗卿:《秦封泥地名研究》,臺灣師範大學碩士學位論文 2001 年。

林素清:《華夏之美·篆刻》,臺北市幼獅文化,1991 年。

———:《先秦古璽文字研究》,臺灣大學碩士學位論文 1974 年。

劉　江:《戰國各國私印初分》,《西泠印社國際印學研討會論文集》,西泠印社 1999 年。

劉慶柱:《新獲漢長安城遺址出土封泥研究》,《石璋如先生百年壽誕紀念文集——考古·歷史·文化》,臺灣南天書局 2002 年。

劉慶柱、李毓芳:《西安相家巷遺址秦封泥考略》,《考古學報》2001 年第 4 期。

劉　瑞:《也談長安城出土封泥的斷代與用途》,《秦陵秦俑研究動態》1997 年第 3 期。

———:《秦漢時期的將作大匠》,《中國史研究》1998 年第 4 期。

———:《"左田"新釋》,《周秦漢唐研究》第 1 冊,三秦出版社 1998 年。

———:《秦信宮考——試論秦封泥出土的性質》,《陝西歷史博物館館刊》第 5 輯,西北大學出版社 1998 年。

———:《秦"屬邦""臣邦"與"典屬國"》,《民族研究》1999 年第 4 期。

———:《1997～2001 年間秦封泥研究》,《中國史研究動態》2000 年第 9 期。

———:《秦工室考略》,《考古與文物》叢刊《古文字論集(二)》,2002 年。

———:《1997～2002 年間西安相家巷出土秦封泥研究綜述》,《秦文化論叢》第 10 輯,三秦出版社 2003 年。

劉正成主編:《中國書法全集 92·先秦璽印卷》,榮寶齋 2003 年。

陸德富:《戰國時代官私手工業的經營形態》,復旦大學博士學位論文 2011 年。

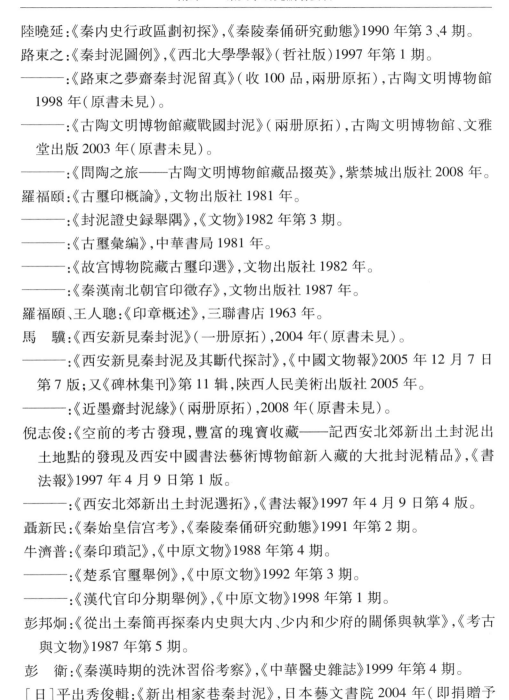

陸曉延:《秦内史行政區劃初探》,《秦陵秦俑研究動態》1990 年第 3、4 期。

路東之:《秦封泥圖例》,《西北大學學報》(哲社版)1997 年第 1 期。

———:《路東之夢齋秦封泥留真》(收 100 品,兩冊原拓),古陶文明博物館 1998 年(原書未見)。

———:《古陶文明博物館藏戰國封泥》(兩冊原拓),古陶文明博物館、文雅堂出版 2003 年(原書未見)。

———:《問陶之旅——古陶文明博物館藏品掇英》,紫禁城出版社 2008 年。

羅福頤:《古璽印概論》,文物出版社 1981 年。

———:《封泥證史録舉隅》,《文物》1982 年第 3 期。

———:《古璽彙編》,中華書局 1981 年。

———:《故宮博物院藏古璽印選》,文物出版社 1982 年。

———:《秦漢南北朝官印徵存》,文物出版社 1987 年。

羅福頤、王人聰:《印章概述》,三聯書店 1963 年。

馬　驥:《西安新見秦封泥》(一冊原拓),2004 年(原書未見)。

———:《西安新見秦封泥及其斷代探討》,《中國文物報》2005 年 12 月 7 日第 7 版;又《碑林集刊》第 11 輯,陝西人民美術出版社 2005 年。

———:《近墨齋封泥緣》(兩冊原拓),2008 年(原書未見)。

倪志俊:《空前的考古發現,豐富的瑰寶收藏——記西安北郊新出土封泥出土地點的發現及西安中國書法藝術博物館新入藏的大批封泥精品》,《書法報》1997 年 4 月 9 日第 1 版。

———:《西安北郊新出土封泥選拓》,《書法報》1997 年 4 月 9 日第 4 版。

聶新民:《秦始皇信宮考》,《秦陵秦俑研究動態》1991 年第 2 期。

牛濟普:《秦印瑣記》,《中原文物》1988 年第 4 期。

———:《楚系官璽舉例》,《中原文物》1992 年第 3 期。

———:《漢代官印分期舉例》,《中原文物》1998 年第 1 期。

彭邦炯:《從出土秦簡再探秦内史與大内、少内和少府的關係與執掌》,《考古與文物》1987 年第 5 期。

彭　衛:《秦漢時期的洗沐習俗考察》,《中華醫史雜誌》1999 年第 4 期。

[日]平出秀俊輯:《新出相家巷秦封泥》,日本藝文書院 2004 年(即捐贈予

南京藝蘭齋美術館所藏秦封泥,共 250 枚）。

錢君匋、葉路淵:《鈢印源流》,北京出版社 1998 年。

秦進才、武峰:《秦印淺談》,《歷史知識》1983 年第 1 期。

裘錫圭:《從出土文字資料看秦和西漢時代國有農田的經營》,《中國考古學
　　與歷史學之整合研究》,臺北 1997 年。

饒宗頤:《古酉水、酉墳考——里耶秦簡所見“酉陽”與古史》,《饒宗頤新出
　　土文獻論證》,上海古籍出版社 2005 年。

任　　隆:《試論秦官印及其藝術特色》,《文博》1996 年第 6 期。

———:《秦國歷史上的丞相》,《説古道今》1997 年第 4 期。

———:《秦封泥官印考》,《秦陵秦俑研究動態》1997 年第 3 期。

———:《秦封泥官印續考》,《秦陵秦俑研究動態》1998 年第 3 期。

———:《西安北郊新出土秦封泥的印學意義》,《中國書法》1998 年第 6 期。

———:《從秦封泥的發現看秦手工業的發展》,《秦俑秦文化研究——秦俑
　　學第五屆學術研討會論文集》,陝西人民出版社 2000 年。

———:《秦代的封泥》,《中國檔案》2000 年第 9 期。

———:《秦封泥文字的書法價值》,《書法》2000 年第 3 期。

———:《一個由遺棄物組成的“秦代中央檔案館”》,《中國檔案》2001 年第
　　1 期。

沙孟海:《談秦印》,《書法研究》1983 年第 3 期。

上海書畫出版社:《上海博物館藏印選》,上海書畫出版社 1979 年。

尚志儒:《秦永巷的設置及相關問題》,《文博》1997 年第 2 期。

史黨社、田靜:《新發現秦封泥叢考》,《秦文化論叢》第 6 輯,西北大學出版社
　　1998 年。

雙聖軒:《雙聖軒集拓秦官印封泥》（兩册原拓,收録 100 枚）,雙聖軒出版
　　1997 年（原書未見）。

斯　　路:《秦封泥的斷代研究》,《碑林集刊》第 6 輯,陝西人民美術出版社
　　2000 年。

———:《秦式封泥的斷代與辨僞》,《秦俑秦文化研究》,陝西人民出版社
　　2000 年。

［日］松村一德編：《封じる》,《平成 10 年度企畫展圖録》,日本茨城縣古河市篆刻美術館 1998 年( 所收秦封泥見岐嶇《古印趣話》,三秦出版社 2006 年)。

孫慰祖：《中國古代封泥》,上海人民出版社 2002 年。

───:《孫慰祖論印文稿》,上海書店出版社 1999 年。

───:《新見秦封泥官印考略》,原載香港 1996 年 7 月 12 日《大公報》藝林版;後收入《珍秦齋藏印──秦印篇》,臨時澳門市政局 2000 年。

───:《封泥發現與研究》,上海書店出版社 2002 年。

───:《〈秦漢南北朝官印徵存〉注釋補正》,《中國歷史文物》2002 年第 3 期。

───:《可齋論印新稿》,上海辭書出版社 2003 年。

───:《可齋論印三集》,上海辭書出版社 2007 年。

───:《從秦官印和封泥看浙江、江東在秦代的隸屬關係》,《中國文物報·文物考古週刊》2010 年 9 月 17 日。

孫慰祖等:《古封泥集成》,上海書店出版社 1996 年。

滕瑞豐:《怎樣辨識秦官印與漢初官印》,《中國文物報》2000 年 2 年 20 日。

天津市歷史博物館考古部、寶坻縣文化館:《寶坻秦城遺址試掘報告》,《考古學報》2001 年第 1 期。

天津藝術博物館:《天津藝術博物館藏古璽印選》,文物出版社 1997 年。

田靜、史黨社:《新發現秦封泥中的“上淓”及“南宮”“北宮”問題》,《人文雜誌》1997 年第 6 期。

仝晰綱:《秦漢鄉官里吏考》,《山東師範大學學報》( 哲社版)1995 年第 6 期。

童衍方:《中國璽印發展概述──秦漢印( 一)》,《書與畫》1987 年第 2 期。

───:《中國璽印發展概述──秦漢印( 二)》,《書與畫》1987 年第 3 期。

汪桂海:《漢印制度雜考》,《歷史研究》1997 年第 3 期。

王翰章:《陝西出土歷代璽印選編》,三秦出版社 1990 年。

王翰章、王長啓:《陝西出土歷代璽印續編》,三秦出版社 1993 年。

王　輝:《也談西安北郊出土封泥的斷代》,《中國文物報》1998 年 1 月 7 日。

───:《秦印考釋三則》,《中國古璽印國際研討會論文集》,香港中文大學

2000 年。

————:《秦印封泥考釋(五十則)》,《四川大學考古專業創建四十週年暨馮漢驥教授百年誕辰紀念文集》,四川大學出版社 2001 年。

————:《西安中國書法藝術博物館藏秦封泥選釋(10 則)》,《文物》2001 年第 12 期。

————:《西安中國書法藝術博物館藏秦封泥選釋續》,《陝西歷史博物館館刊》第 8 輯,三秦出版社 2002 年。

————:《秦封泥的發現及其研究》,《文物世界》2002 年第 2 期。

————:《釋秦封泥中的三個地名》,《秦文化論叢》第 10 輯,三秦出版社 2003 年。

王人聰:《新出歷代璽印集録》,香港中文大學文物館專刊之二,1982 年。

————:《新出歷代璽印集釋》,香港中文大學文物館專刊之三,1987 年。

————:《論西漢田字格官印及其年代下限》,《故宮博物院院刊》1988 年第 4 期。

————:《秦漢魏晉南北朝官印研究》,香港中文大學文物館專刊之四,1990 年。

————:《古璽印與古文字論集》,香港中文大學文物館專刊之九,2000 年。

王人聰、游學華:《中國歷代璽印藝術》,浙江省博物館、香港中文大學文物館 2000 年。

王廷洽:《中國印章史》,華東師範大學出版社 1996 年。

王　偉:《秦璽印封泥職官地理研究》,陝西師範大學博士學位論文 2008 年。

王獻唐:《臨淄封泥文字》,山東省立圖書館拓本 1936 年。

————:《五燈精舍印話》,齊魯書社 1985 年。

王玉清、傅春喜:《新出汝南郡秦漢封泥集》,上海書店出版社 2009 年。

王之厚:《山東省博物館藏封泥零拾》,《文物》1990 年第 10 期。

温廷寬:《漫談璽印》,《文藝研究》1980 年第 1 期。

文雅堂:《相家巷出土秦封泥》(十四冊原拓),日本藝文書院 2005 年(原書未見)。

————:《秦封泥集》(兩冊原拓),北京文雅堂 2007 年(原書未見)。

吳昌廉:《秦代職官人物考略》,《簡牘學報》1976 年第 4 期。

吳鴻清:《中國古代璽印大典》,中央廣播電視大學出版社 2002 年。

吳榮曾:《西漢骨簽中所見的工官》,《考古》2000 年第 9 期。

吳振武:《陽文秦印輯録》,《中國古璽印學國際研討會論文集》,香港中文大
　　學文物館 2000 年。

吳鎮烽:《陝西歷史博物館館藏封泥》(上),《考古與文物》1996 年第 4 期。

———:《陝西歷史博物館館藏封泥》(下),《考古與文物》1996 年第 6 期。

西泠印社、中國印學博物館:《青泥遺珍·新出戰國秦漢封泥特展圖録》,西
　　泠印社出版社 2010 年。

———:《青泥遺珍——戰國秦漢封泥文字國際學術研討會論文集》,西泠印
　　社出版社 2010 年。

肖曉暉:《戰國秦楚璽印文字比較研究》,北京師範大學碩士學位論文
　　2000 年。

蕭春源:《珍秦齋古印展》,澳門市政廳編印 1993 年。

———:《珍秦齋藏印·秦印篇》,澳門臨時澳門市政局 2000 年。

———:《珍秦齋藏印·戰國篇》,澳門市政廳 2001 年。

蕭高洪:《秦印的特點及其形成的文化背景》,《江西文物》1990 年第 3 期。

[日]小林斗盦:《中國璽印類編》,天津人民美术出版社 2004 年。

辛德勇:《秦始皇三十六郡新考》,《文史》2006 年第 1、2 期,中華書局
　　2006 年。

徐　暢:《寓石齋璽印考》,《考古與文物 2005 年增刊——古文字論集三》,
　　2005 年。

———:《先秦璽印圖説》,文物出版社 2009 年。

徐暢主編:《中國歷代印風系列·先秦印風》,重慶出版社 1999 年。

徐冬梅:《秦封泥文字字形研究》,河北大學碩士學位論文 2010 年。

許海斌:《秦漢璽印封泥字體研究》,南昌大學碩士學位論文 2005 年。

許雄志:《古璽印精華》,河南美術出版社 2006 年。

———:《秦印技法解析》,重慶出版社 2005 年。

———:《鑒印山房藏古璽印精華》,河南美術出版社 2006 年。

許雄志主編:《秦印文字彙編》,河南美術出版社 1999 年。

————:《中國歷代印風系列‧秦代印風》,重慶出版社 1999 年。

楊廣泰:《秦官印封泥聚》,北京文雅堂 2000 年。

————:《原拓新出秦封泥》(十二冊原拓),北京文雅堂 2001 年(原書未見)。

————:《新出封泥彙編》(一函四冊),西泠印社出版社 2010 年。

葉其峰:《試釋幾方工官璽印》,《故宮博物院院刊》1979 年第 2 期。

————:《西漢官印叢考》,《故宮博物院院刊》1986 年第 1 期。

————:《秦漢南北朝官印鑒別方法初論》,《故宮博物院院刊》1989 年第
　3 期。

————:《古璽印與古璽印鑒定》,文物出版社 1997 年。

————:《戰國官署璽——兼談古璽印的定義》,《中國古璽印學國際研討會
　論文集》,香港中文大學文物館 2000 年。

————:《古璽印通論》,上海古籍出版社 2006 年。

游國慶:《戰國古璽文字研究》,臺灣中央大學碩士學位論文 1991 年。

————:《珍秦齋古印展釋文補説》,《中國文字》新 19 期,1994 年。

余華青:《新發現的封泥資料與秦漢宦官制度研究》,《西北大學學報》(哲社
　版)1997 年第 1 期。

袁祖亮:《戰國秦漢魏晉南北朝時期的相國與丞相》,《鄭州大學學報》(哲社
　版)1988 年第 6 期。

曾憲通:《論齊國“遅盟之璽”及其相關問題》,《容庚先生百年誕辰紀念文
　集》,廣東人民出版社 1998 年。

張冬煜:《秦印與秦陶文》,《西北大學學報》(哲社版)1999 年第 2 期。

張金光:《秦鄉官制度及鄉、亭、里關係》,《歷史研究》1997 年第 6 期。

張懋鎔:《試論西安北郊出土封泥的年代與意義》,《西北大學學報》(哲社
　版)1997 年第 1 期。

張榮、馬雲賢編:《古璽印精品‧封泥》,北京工藝美術出版社 2001 年。

張錫瑛:《中國古代璽印》,地質出版社 1995 年。

張英等:《吉林出土古代官印》,文物出版社 1992 年。

趙　超:《試談幾方秦代的田字格印及有關問題》,《考古與文物》1982 年第

6 期。

趙　明:《古印匋、封泥代表作品技法解析》,重慶出版社 2006 年。

趙平安:《秦西漢誤釋未釋官印考》,《歷史研究》1999 年第 1 期。

———:《秦西漢官印論要》,《考古與文物》2002 年第 3 期。

———:《戰國文字中的鹽及相關資料研究》,《華學》第 6 輯,紫禁城出版社
　　2003 年。

———:《秦西漢印的文字學考察》,《康樂集——曾憲通教授七十壽慶論文
　　集》,中山大學出版社 2006 年。按:此文後注有"1997 年 10 月寫畢"字樣。

中國社科院考古所漢長安城考古隊:《西安相家巷遺址秦封泥的發掘》,《考
　　古學報》2001 年第 4 期。

中國璽印篆刻全集編輯委員會(莊新興、茅子良卷主編):《中國璽印篆刻全
　　集》第 1、2 卷(璽印),上海書畫出版社 1999 年。

周天游:《秦樂府新議》,《西北大學學報》(哲社版)1997 年第 1 期。

周偉洲:《新發現的秦封泥與秦代郡縣制》,《西北大學學報》(哲社版)1997
　　年第 1 期。

周曉陸:《秦封泥的考古學發現與初步研究》,《史學論衡》(上册),北京師範
　　大學出版社 2002 年。

———:《秦封泥所見安徽史料考》《安徽大學學報》(哲社版)2003 年第
　　3 期。

———:《秦封泥所見江蘇史料考》,《江蘇社會科學》,2003 年第 2 期。

———:《秦封泥與中原古史》,《中州學刊》2003 年第 6 期。

———:《新蔡東周城址發現"秦式"封泥》,《新蔡故城戰國封泥的初步考
　　察》,《文物》2005 年第 1 期。

———:《秦封泥與甘肅古史研究》,《甘肅社會科學》2005 年第 6 期。

周曉陸、陳曉潔:《秦漢封泥對讀》,《西北大學學報》(哲社版)1997 年第
　　1 期。

周曉陸、陳曉捷:《新見秦封泥中的中央職官印》,《秦文化論叢》第 9 輯,西北
　　大學出版社 2002 年。

周曉陸等:《西安出土秦封泥補讀》,《考古與文物》1998 年第 2 期。

———:《於京新見秦封泥中的地理内容》,《西北大學學報》(哲社版)2005
年第 4 期。

———:《在京新見秦封泥中的中央職官内容——紀念相家巷秦封泥發現十
週年》,《考古與文物》2005 年第 5 期。

———:《秦封泥再讀》,《考古與文物》2002 年第 5 期。

周曉陸、劉瑞:《九十年代之前所獲秦式封泥》,《秦陵秦俑研究動態》1998 年
第 1 期;又見《西北大學學報》(哲社版)1998 年第 1 期。

———:《新見秦封泥中的地理内容》,《秦陵秦俑研究動態》2001 年第 4 期。

周曉陸、路東之:《空前的收穫,重大的課題——古陶文明博物館藏秦封泥綜
述》,《西北大學學報》(哲社版)1997 年第 1 期。

———:《秦封泥集》,三秦出版社 2000 年。

周曉陸、路東之等:《秦封泥再讀》,《考古與文物》2002 年第 5 期。

周曉陸、路東之、龐睿:《秦代封泥的重大發現——夢齋藏秦封泥的初步研
究》,《考古與文物》1997 年第 1 期。

周曉陸、孫聞博:《秦封泥與河北古史研究》,《文物春秋》,2005 年第 5 期。

周曉陸主編:《二十世紀出土璽印集成》(全 3 册),中華書局 2009 年。

——————:《相家巷出土秦封泥》,日本藝文書院 2005 年。

周雪東:《秦漢内官、造工考》,《西北大學學報》(哲社版)1998 年第 2 期。

朱　晨:《秦封泥集釋》,安徽大學碩士學位論文 2005 年。

———:《秦封泥研究》,安徽大學博士學位論文 2011 年。

莊新興:《古璽印精品集成》,上海古籍出版社 1998 年。

———:《戰國璽印分域編》,上海書店出版社 2000 年。

**秦私印、成語印論著目録**

陳光田:《戰國秦漢吉語格言璽集釋》,吉林大學碩士學位論文 1999 年。

———:《戰國璽印分域研究·秦私印》,嶽麓書社 2009 年。

陳　直:《兩漢經濟史料論叢·璽印製造》,中華書局 2008 年。

董　珊:《秦郝氏印箴言款考釋——〈易·損〉"懲忿窒欲"新證》,《考古與文
物》1999 年第 3 期。

房占紅:《淺論漢代吉語印章大量流行的概況及原因》,《遼寧工學院學報》

2006 年第 4 期。

黄賓虹:《周秦印談》,《黄賓虹金石篆刻叢編》,人民美術出版社 1998 年。

李東琬:《箴言古璽與先秦倫理思想》,《北方文物》1997 年第 2 期。

李家浩:《從戰國"忠信"印談古文字中的異讀現象》,《北京大學學報》(哲社版)1987 年第 2 期。

劉　釗:《關於秦印姓名的初步考察》,《出土文獻與傳世典籍的詮釋》,上海古籍出版社 2010 年;又《書馨集——出土文獻與古文字論叢》,上海古籍出版社 2013 年。

琦　楓:《戰國時期的箴言璽和吉語璽》,《紫禁城》1992 年第 5 期。

田河、朱立偉:《秦印複姓初步統計》,《古籍整理研究學刊》2005 年第 3 期。

王　輝:《秦印探述》,《文博》1990 年第 5 期。

王人聰:《考古發現所見秦私印述略》,《南方文物》1994 年第 4 期;又《古璽印與古文字論集》,香港中文大學 2000 年。

―――:《戰國吉語、箴言璽考釋》,《故宮博物院院刊》1997 年第 4 期;又《古璽印與古文字論集》,香港中文大學 2000 年。

王獻唐:《五燈精舍印話》,齊魯書社 1985 年。

魏永年:《吉語印》,《老年教育(書畫藝術)》2007 年第 5 期。

吳振武:《釋戰國"可以正民"成語璽》,《湖南省博物館文集》,嶽麓書社 1991 年;又《印林》第 16 卷第 4 期(總第 94 期),1995 年。

蕭春源:《秦私印概論》,《珍秦齋藏印·秦印篇》,2000 年。

葉其峰:《戰國成語璽析義》,《故宮博物院院刊》1983 年第 1 期。

袁　旃:《吉語印》,《故宮博物院院刊》1985 年第 8 期。

張榮、馬雲間:《吉語璽印》,北京工藝美術出版社 2001 年。

[日]中野遵著,蔣進譯:《吉語印概說》,《印學論壇》,西泠印社 1993 年。

## 八、秦陶文　瓦當

陳國英:《秦都咸陽考古工作三十年》,《考古與文物》1988 年第 5、6 期。

陳建貢:《中國磚瓦陶文大字典》,世界圖書出版公司(西安)2001 年。

陳全方、尚志儒:《秦都雍城新出陶文研究》,《文博》1987 年第 4 期。

陳曉捷：《臨潼新豐鎮劉寨村秦遺址出土陶文》，《考古與文物》1996 年第
　　4 期。

陳　　直：《秦漢瓦當概述》，《文物》1963 年第 11 期；又載《摹廬叢著七種》，齊
　　魯書社 1981 年。

————：《關中秦漢陶錄》，天津古籍出版社 1953 年，中華書局 2006 年新版。

————：《考古論叢：秦陶券與秦陵文物》，《西北大學學報》（哲社版）1957 年
　　第 1 期；後收入陳直《讀金日札・讀子日札》第 193～195 頁，中華書局
　　2008 年。

陳直題識，周天游輯釋：《〈摹廬藏瓦〉題識輯存》，《文博》1991 年第 5 期。

程學華：《秦始皇陵園魚池遺址發現"麗山𦾭府"陶盤》，《考古與文物》1988
　　年第 4 期。

程學華、董虎利：《秦陵徭役刑徒墓》，陝西旅遊出版社 1992 年。

崔　　璿：《秦漢廣衍故城及其附近的墓葬》，《文物》1977 年第 5 期。

董　　珊：《從〈新編全本季木藏陶〉談到古陶文的發現與研究》，《書品》2000
　　年第 1 期。

傅嘉儀：《秦印陶概述》，西泠印社 85 週年學術論文，1988 年（油印本）。

————：《戰國秦"封宗邑瓦書"及其書法》，《書法研究》1996 年第 5 期。

————：《歷代印陶封泥印風》，重慶出版社 1999 年。

————：《秦漢瓦當》，陝西旅遊出版社 1999 年。

————：《中國古代瓦當藝術》，上海書店出版社 2002 年。

高　　敏：《秦漢時期的亭》，《雲夢秦簡研究》，中華書局 1981 年。

高　　明：《古陶文彙編》，中華書局 1990 年。

高明、葛英會《古陶文字徵》，中華書局 1991 年。

顧廷龍：《古陶文舂錄》，國立北平研究院 1936 年。

郭子直：《戰國秦封宗邑瓦書銘文新釋》，《古文字研究》第 14 輯，中華書局
　　1986 年。

韓天衡：《古瓦當文編》，世界圖書出版公司（上海）1996 年。

韓釗、魏軍：《淺議"華市"瓦當》，《考古與文物》2001 年第 2 期。

何琳儀：《古陶雜識》，《考古與文物》1994 年第 4 期。

呼林貴、劉合心：《新發現"商"字瓦當的時代淺議》，《秦文化論叢》第 7 輯，西北大學出版社 1999 年。

湖南省文物考古研究所等：《湖南龍山里耶戰國—秦代古城一號井發掘簡報》，《文物》2003 年第 1 期。

黃吉軍：《談"河市""河亭"和秦墓斷代》，《中原文物》1998 年第 2 期。

黃盛璋：《秦封宗邑瓦書及其相關問題考辨》，《考古與文物》1991 年第 3 期。

黃展岳：《早期墓誌的一些問題》，《文物》1995 年第 12 期。

姜寶蓮、趙強：《陝西澄城良周秦漢宮殿遺址調查簡報》，《文博》1998 年第 4 期。

姜彩凡：《秦文字瓦當述略》，《秦文化論叢》第 10 輯，三秦出版社 2003 年。

焦南峰、王保平、周曉陸、路東之：《秦文字瓦當的確認和研究》，《考古與文物》2000 年第 3 期。

金祥恒：《匋文編》，臺灣藝文印書館 1964 年。

李先登：《河南登封陽城遺址出土陶文考釋》，《古文字研究》第 7 輯，中華書局 1982 年。

李學勤：《戰國秦四年瓦書考釋》，《聯合書院三十週年紀念論文集》1987 年；後收入《李學勤學術文化隨筆》，中國青年出版社 1999 年。

林　泊：《秦東陵出土的部分陶文》，《考古》1991 年第 5 期。

———：《臨潼驪山北麓發現秦人磚槨墓》，《文博》1991 年第 6 期。

臨潼縣博物館：《秦始皇陵北二、三、四號建築遺址》，《文物》1979 年第 12 期。

臨潼縣博物館、臨潼縣文管會：《臨潼縣東側第一號秦墓清理簡報》，《考古與文物》1993 年第 1 期。

劉　亮：《周原發現秦陶印文》，《考古與文物》1988 年第 2 期。

劉亮、王周應：《秦都雍城新出土的秦漢瓦當》，《文博》1994 年第 3 期。

劉慶柱：《戰國秦漢瓦當研究》，《漢唐與邊疆考古研究》第 1 輯，科學出版社 1994 年。

劉慶柱、李毓芳：《秦都咸陽遺址陶文叢考》，《古文字論集》（一）（《考古與文物》叢刊第二號），1983 年。

劉秋蘭:《秦代陶文研究》,臺灣師範大學碩士學位論文 1994 年。

劉占成:《"麗山"與"麗邑"》,《文博》1984 年第 3 期。

───:《秦兵馬俑陶文淺析》,《中國考古學研究論集──紀念夏鼐先生考古五十週年》,三秦出版社 1987 年。

───:《秦東陵陶文補釋》,《考古與文物》1990 年第 5 期。

呂卓民:《從考古資料看秦漢時期咸陽的製陶業》,《文博》1989 年第 3 期。

羅開玉:《秦國鄉、里、亭新考》,《考古與文物》1982 年第 5 期。

羅振玉:《秦漢瓦當文字》,石印本 1914 年。

羅振玉、程敦:《秦漢瓦當文字》,齊魯書社 1981 年。

馬振智、焦南峰:《蘄年、棫陽、年宮考》,《陝西省考古學會第一屆年會論文集》,《考古與文物》叢刊第三號,1983 年。

毛炳鈞:《陶文二題》,《文博》1990 年第 5 期。

南陽市文物考古研究所:《河南南陽市拆遷辦秦墓發掘簡報》,《華夏考古》2005 年第 3 期。

齊鴻浩:《黃龍發現秦陶文》,《秦陵秦俑研究動態》1991 年第 3 期。

錢君匋等:《瓦當匯編》,上海人民美術出版社 1988 年。

秦都咸陽考古工作站:《秦都咸陽第一號宮殿建築遺址簡報》,《文物》1976 年第 11 期。

───:《秦都咸陽古窯址調查與試掘簡報》,《考古與文物》1986 年第 3 期。

秦都咸陽考古隊:《咸陽市黃家溝戰國墓發掘簡報》,《考古與文物》1982 年第 6 期。

───:《咸陽長陵車站一帶考古調查》,《考古與文物》1985 年第 3 期。

───:《秦咸陽宮第二號建築遺址發掘簡報》,《考古與文物》1986 年第 4 期。

───:《秦始皇陵西側"麗山飤官"建築遺址清理簡報》,《文博》1987 年第 1 期。

《秦始皇陵園出土一批陶文》,《人民日報》1984 年 7 月 24 日。

秦俑博物館、寶雞市陳倉區博物館:《寶雞市陳倉區寧王村遺址調查簡報》,《秦文化論叢》第 11 輯,三秦出版社 2004 年。

秦俑考古隊:《臨潼上焦村秦墓清理簡報》,《考古與文物》1980 年第 2 期。

———:《秦始皇陵東側陪葬墓的發掘簡報》,《考古與文物》1980 年第 2 期。

———:《秦始皇陵東側馬廄坑鑽探清理簡報》,《考古與文物》1980 年第 4 期。

———:《秦始皇陵園陪葬坑鑽探清理簡報》,《考古與文物》1982 年第 1 期。

———:《臨潼縣陳家溝遺址調查簡記》,《考古與文物》1985 年第 1 期。

———:《秦代陶窯遺址調查清理簡報》,《考古與文物》1985 年第 5 期。

裘錫圭:《戰國文字中的"市"》,《考古學報》1980 年第 3 期。

饒尚寬:《再論秦封宗邑瓦書的日辰與曆法問題》,《考古與文物》1993 年第 2 期。

任　隆:《秦磚印文與篆刻藝術》,《秦陵秦俑研究動態》1996 年第 3 期。

陝西省博物館:《秦漢瓦當》,文物出版社 1964 年。

陝西省博物館、文管會:《秦都咸陽故城遺址發現的窯址和銅器》,《考古》1974 年第 1 期。

陝西省考古所秦漢室:《新編秦漢瓦當圖錄》,三秦出版社 1986 年。

陝西省考古研究所:《陝西眉縣白家遺址發掘簡報》,《考古與文物》1996 年第 6 期。

———:《隴縣店子秦墓》,三秦出版社 1998 年。

———:《西安北郊戰國鑄銅工匠墓發掘簡報》,《文物》2003 年第 9 期。

———:《秦都咸陽考古報告》,科學出版社 2004 年。

———:《西安北郊秦墓》,三秦出版社 2006 年。

陝西省考古研究所、臨潼縣文管會:《秦東陵第一號陵園勘察記》,《考古與文物》1987 年第 4 期。

———:《秦東陵第二號陵園調查鑽探簡報》,《考古與文物》1990 年第 4 期。

陝西省考古研究所秦陵工作站、臨潼縣文管會:《陝西臨潼劉莊戰國墓地調查清理簡報》,《考古與文物》1989 年第 5 期。

陝西省考古研究所秦陵考古隊、臨潼縣考古工作隊:《秦芷陽製陶作坊遺址清理簡報》,《考古與文物》1995 年第 5 期。

陝西省考古研究所、秦始皇兵馬俑博物館:《秦始皇帝陵園考古報告

（1999）》，科學出版社 2000 年。

———:《秦始皇陵園内城南牆試掘簡報》,《考古與文物》2002 年第 2 期。

陝西省考古研究院、秦始皇兵馬俑博物館:《秦始皇帝陵園考古報告
　（2000）》,文物出版社 2006 年。

———:《秦始皇帝陵園考古報告 2001～2003》,文物出版社 2007 年。

陝西省考古研究所陝北考古工作隊:《陝西清澗李家崖東周、秦墓發掘簡
　報》,《考古與文物》1987 年第 3 期。

陝西省考古研究所、始皇陵秦俑坑考古發掘隊:《秦始皇陵兵馬俑坑一號坑
　發掘報告（1974～1984）》,文物出版社 1988 年。

陝西省考古研究院:《西安尤家莊秦墓》,陝西科學技術出版社 2008 年。

陝西省社會科學院考古研究所渭水隊:《秦都咸陽故城遺址的調查和試掘》,
　《考古》1962 年第 6 期。

陝西省文物管理委員會:《秦始皇陵調查簡報》,《考古》1962 年第 8 期。

陝西省雍城考古隊:《陝西鳳翔高莊秦墓地發掘簡報》,《考古與文物》1981
　年第 1 期。

———:《鳳翔馬家莊春秋秦一號建築遺址第一次發掘簡報》,《考古與文
　物》1982 年第 5 期。

———:《1982 年鳳翔雍城秦漢遺址調查簡報》,《考古與文物》1984 年第 2 期。

———:《秦都雍城鑽探試掘簡報》,《考古與文物》1985 年第 2 期。

———:《鳳翔馬家莊一號建築群遺址發掘簡報》,《文物》1985 年第 2 期。

尚志儒:《秦封邑瓦書的幾個問題》,《文博》1986 年第 6 期。

尚志儒、趙叢蒼:《陝西鳳翔八旗屯西溝道秦墓發掘簡報》,《文博》1986 年第
　3 期。

施謝捷:《陝西出土秦陶文字叢釋》,《考古與文物》1998 年第 2 期。

始皇陵秦俑坑考古發掘隊:《秦始皇陵西側趙背户村秦刑徒墓》,《文物》1982
　年第 3 期。

———:《陝西臨潼魚池遺址調查簡報》,《考古與文物》1983 年第 4 期。

孫德潤、毛富玉:《秦都咸陽出土陶文釋讀小議》,《考古與文物》1981 年第
　1 期。

陶　　榮:《甘肅崇信出土的秦戳記陶器》,《文物》1991 年第 5 期。

田亞岐:《秦漢瓦當淺説》,《西安教育學院學報》2000 年第 1 期。

田亞岐、王保平:《鳳翔南指揮兩座小型秦墓的清理》,《考古與文物》1987 年
　　第 6 期。

汪中文:《秦封宗邑瓦書文補釋》,《魯實先先生學術討論會論文集》,臺灣萬
　　卷樓圖書有限公司 1993 年。

王昌富:《商州孝義發現秦代陶文》,《秦陵秦俑研究動態》2000 年第 2 期。

王恩田:《陶文圖録·秦國與秦代》(卷六),齊魯書社 2006 年。

王　　暉:《關於戰國秦封宗邑瓦書的幾個問題》,《秦陵秦俑研究動態》1994
　　年第 1 期。

王　　輝:《説"麗山茜府"》,《考古與文物》1988 年第 4 期。

———:《〈黄龍發現秦陶文〉補正》,《秦陵秦俑研究動態》1992 年第 1 期。

———:《秦文字釋讀訂補(八篇)》,《考古與文物》1997 年第 5 期。

———:《咸陽塔兒坡新出陶文補讀》,《陝西歷史博物館館刊》第 5 輯,西北
　　大學出版社 1998 年。

王丕忠:《戰國秦"王氏"陶罐和魏"安邑"銅鍾——介紹咸陽出土的兩件珍
　　貴文物》,《光明日報》1974 年 7 月 6 日。

王望生:《西安臨潼新豐南杜秦遺址陶文》,《考古與文物》2000 年第 1 期。

王學理:《亭里陶文的解讀與秦都咸陽的行政區劃》,《古文字研究》第 14 輯,
　　中華書局 1986 年。

王延林、徐谷甫:《古陶字彙》,上海書店 1984 年。

王鏞主編:《中國書法全集九·秦漢金文陶文卷》,榮寶齋 1992 年。

王子今、周蘇平、焦南峰:《陝西丹鳳商邑遺址》,《考古》1989 年第 7 期。

吳梓林:《秦都咸陽遺址新發現的陶文》,《文物》1964 年第 7 期。

西安市文管會:《秦漢瓦當》,陝西人民美術出版社 1985 年。

西安市文物保護考古所:《西安南郊秦墓》,陝西人民出版社 2004 年。

西安市文物局文物處、西安市文物保護考古所:《秦阿房宮遺址考古調查報
　　告》,《文博》1998 年第 1 期。

西北大學文博學院:《百年學府聚珍——西北大學歷史博物館藏品集》,文物

出版社 2002 年。

咸陽市文管會、咸陽市博物館、咸陽地區文管會：《秦都咸陽第三號宮殿建築
　　遺址發掘簡報》，《考古與文物》1981 年第 2 期。

咸陽市文物考古研究所：《咸陽石油鋼管廠秦墓清理簡報》，《考古與文物》
　　1996 年第 5 期。

───：《咸陽塔兒坡戰國墓發掘簡報》，《文博》1997 年第 4 期。

───：《塔兒坡秦墓》，三秦出版社 1998 年。

───：《涇陽寶豐寺秦墓發掘簡報》，《文博》2002 年第 5 期。

───：《任家嘴秦墓》，科學出版社 2005 年。

徐衛民：《秦瓦當概論》，臺灣《歷史月刊》2001 年第 2 期。

徐錫臺等：《周秦漢瓦當·周秦瓦當概述》，文物出版社 1988 年。

楊宏娥：《稀世珍寶秦封宗邑瓦書的研究》，《陝西檔案》1993 年第 4 期。

姚生民：《漢甘泉宮遺址勘察記》，《考古與文物》1980 年第 2 期。

───：《漢雲陵、雲陵邑勘察記》，《考古與文物》1982 年第 4 期。

───：《陝西淳化出土秦漢市亭陶文陶器》，《考古與文物》1984 年第 3 期。

［日］伊藤滋：《秦漢瓦當文》，東京金羊社 1995 年。

俞偉超：《秦漢時代的亭、市陶文》，《先秦兩漢考古學論集》，文物出版社
　　1985 年。

袁仲一：《秦代的市、亭陶文》，《考古與文物》1980 年第 1 期。

───：《秦代民營製陶作坊的陶文》，《考古與文物》1980 年第 1 期。

───：《秦代金文、陶文雜考三則》，《考古與文物》1982 年第 4 期。

───：《論秦的廄苑制度──從秦陵馬廄坑出土的刻辭談起》，《古文字論
　　集》（一）（《考古與文物》叢刊第二號），1983 年。

───：《秦代徭役性官營製陶作坊的陶文》，《陝西省考古學會第一屆年會
　　論文集》，《考古與文物叢刊》第三號，1983 年。

───：《秦陵兵馬俑的作者》，《文博》1986 年第 4 期。

───：《秦代陶文》，三秦出版社 1987 年。

───：《秦始皇陵兵馬俑研究》，文物出版社 1990 年。

───：《讀秦惠文王四年瓦書》，《中國考古學研究論集──紀念夏鼐先生

考古五十週年》,三秦出版社 1987 年;又收入《秦文化論叢》第 1 輯,西北大學出版社 1993 年。

———:《秦始皇陵的考古發現與研究》,陝西人民出版社 2002 年。

———:《秦陶文新編》,文物出版社 2009 年。

袁仲一、程學華:《秦代中央官署製陶業的陶文》,《考古與文物》1980 年第 3 期。

———:《秦始皇陵西側刑徒墓地出土的瓦文》,《中國考古學會第二屆年會論文集》,文物出版社 1982 年;又收入《秦俑研究文集》陝西人民美術出版社 1990 年。

岳　起:《咸陽塔兒坡秦墓新出陶文》,《文博》1998 年第 1 期。

———:《再論咸陽塔兒坡秦墓新出陶文——與王輝先生討論》,《文博》2001 年第 1 期。

張冬煜:《秦印與秦陶文》,《西北大學學報》(哲社版)1999 年第 2 期。

張海雲:《芷陽遺址調查簡報》,《文博》1985 年第 3 期。

張麗華:《秦漢文字瓦當賞析》,《美術研究》1989 年第 4 期。

張天恩:《"禁圃"瓦當及禁圃有關問題》,《考古與文物》2001 年第 5 期。

張占民、程學華:《秦陵文物精華》,陝西人民美術出版社 2000 年。

趙化成:《秦東陵芻議》,《考古與文物》2000 年第 3 期。

趙力光:《中國古代瓦當圖典》,文物出版社 1998 年。

趙璐、侯海英:《秦漢時期的陶文、瓦文和磚文》,《華夏文化》2001 年第 2 期。

鄭　超:《戰國秦漢陶文研究概述》,《古文字研究》第 14 輯,中華書局 1986 年。

中國社會科學院考古研究所内蒙古工作隊:《赤峰蜘蛛山遺址的發掘》,《考古學報》1979 年第 2 期。

中國社會科學院考古研究所、西安市文物保護考古所阿房宮考古工作隊:《阿房宮前殿遺址的考古勘探與發掘》,《考古學報》2005 年第 2 期。

《中原文物》編輯部:《秦漢瓦當》,《中原文物》特刊之八,1987 年。

周寶宏:《古陶文形體研究》,社會科學文獻出版社 2002 年。

周進集藏,周紹良整理,李零分類考釋:《新編全本季木藏陶》,中華書局

1998 年。

周天游:《"秦缶"考》,《西北大學學報》(哲社版)1983 年第 1 期。

朱德熙:《戰國陶文和璽印中的"者"字》,《古文字研究》第 1 輯,中華書局
　　1979 年。

朱德熙、裘錫圭:《戰國文字研究六種》,《考古學報》1972 年第 2 期。

左忠誠、郭德發:《渭南縣發現秦半兩錢範和"櫟市"陶器》,《考古與文物》
　　1981 年第 2 期。

[日]佐原康夫:《秦漢陶文考》,《古代文化》41,1989 年。

# 九、秦貨幣

包明軍:《河南南陽市出土"兩甾"錢》,《中國錢幣》1996 年第 2 期。

蔡邁進等:《建國以來兩甾錢的發現和研究》,《中國錢幣》1998 年第 2 期。

蔡培桂:《試論"文信錢"與呂不韋》,《山東師範大學學報》(社科版)1995 年
　　第 4 期。

蔡運章:《秦國貨幣試探》,《中州錢幣》1986 年第 3 期;收入《甲骨金文與古
　　史新探》,中國社科會科學出版社 1996 年。

曹發展:《咸陽塔兒坡戰國秦墓出土"半兩"銅錢及其相關問題》,《陝西錢幣
　　論文集》,2000 年 8 月。

曹錦炎:《先秦貨幣銘文釋讀拾掇》,《浙江金融》1987 年增刊。

晁岱衛:《徐州出土先秦半兩》,《江蘇錢幣》2008 年第 3 期。

陳隆文:《有關戰國秦半兩錢的流通問題——兼論秦經濟統治力的擴張與形
　　成》,《鄭州大學學報》(哲社版)2005 年第 4 期。

陳振裕:《湖北秦漢半兩錢的考古發現與研究》,《江漢考古》1988 年第 3 期。

陳　筬:《秦漢貨幣制探討》,《清華週刊》41 卷 7 期,1934 年。

陳尊祥:《手帕張堡藏秦錢的整理與研究》,《陝西金融》1986 年增刊。

陳尊祥、路遠:《首帕張堡窖藏秦錢清理報告》,《中國錢幣》1987 年第 3 期。

陳尊祥、錢興:《陝西長安張堡秦錢窖藏》,《考古與文物》1987 年第 5 期。

黨順民:《西安同墓出土長安、文信錢》,《中國錢幣》1994 年第 2 期。

———:《"兩甾"錢考證》,《西部金融》2009 年錢幣研究增刊。

［日］稲葉一郎著,王廣琦、李應樺等譯:《關於秦始皇統一貨幣的問題》,《河北師範大學學報》(哲社版)1979 年第 4 期。

杜維善:《半兩考》(上下册),上海書畫出版社 2000 年。

———:《也説陝西鳳翔高莊秦墓出土半兩》,《中國錢幣》1991 年第 1 期。

杜　勇:《秦圜錢始鑄年代考辨》,《陝西師範大學學報》(哲社版)1996 年第 1 期。

方成軍:《安徽池州發現秦"半兩"錢銅範》,《安徽錢幣》2008 年第 3 期。

符澤初:《秦漢時代之幣制》,《財政學報》2 卷 1 期,1943 年。

關漢亨:《秦半兩錢幣圖説》,《中國錢幣論文集》(二),中國金融出版社 1992 年。

———:《半兩貨幣圖説》,上海書店出版社 1995 年。

———:《秦代官鑄半兩錢》,《中國錢幣》2006 年第 4 期。

郭若愚:《談談先秦錢幣的幾個問題》,《中國錢幣》1991 年第 2 期。

———:《秦"半兩"和"兩甾"錢的時代和特徵》,《中國錢幣》1990 年第 2 期;後收入《先秦鑄幣文字考釋和辨僞》,上海書店出版社 2001 年。

———:《先秦鑄幣文字考釋和辨僞》,上海書店出版社 2001 年。

韓崗、趙華錫:《山東諸城出土半兩錢範介紹與研究》,《中國錢幣》1992 年第 2 期。

何清谷:《秦幣辨疑》,《中國錢幣》1996 年第 2 期。

———:《秦幣春秋》,《歷史月刊》1996 年第 7 期。

———:《秦幣探索》,《陝西師範大學學報》(哲社版)1996 年第 1 期。

———:《秦幣考略》,《陝西歷史博物館館刊》第 5 輯,西北大學出版社 1998 年。

———:《戰國晚期秦國的封君鑄錢》,《秦文化論叢》第 9 輯,西北大學出版社 2002 年;又載《考古與文物》增刊(先秦考古)2002 年。

何澤宇:《四川高縣出土"半兩"錢範母》,《考古》1982 年第 1 期。

胡百川:《先秦早期貨幣——橋形陶錢》,《中國文物報》1989 年 3 月 3 日。

胡　城:《戰國墓出的半兩錢》,《陝西金融・錢幣專輯》第 15 期,1991 年。

胡　薇:《半兩錢的分期問題》,《錢幣博覽》1994 年第 3 期。

胡一方、黨順民、趙曉明：《陝西出土秦半兩銅錢範相關問題探討》，《中國錢幣》2004 年第 2 期。

黃錫全：《先秦貨幣研究》，中華書局 2001 年。

———：《先秦貨幣通論》，紫禁城出版社 2002 年。

姜寶蓮：《秦漢半兩錢範的研究》，《考古與文物》2004 年第 5 期。

姜寶蓮、袁林、秦建明：《秦半兩錢陶範母的發現與相關問題》，《秦文化論叢》第 10 輯，三秦出版社 2003 年。

蔣若是：《秦漢半兩錢範斷代研究》，《中國錢幣》1989 年第 4 期。

———：《秦漢半兩錢繫年舉例》，《中國錢幣》1989 年第 1 期。

———：《秦錢論》，《陝西金融·錢幣專輯》，1993 年。

———：《陝西、洛陽所見秦漢金屬冥錢述略》，《中國錢幣》1994 年第 2 期。

———：《論秦“半兩錢”》，《華夏考古》1994 年第 2 期。

———：《秦漢錢幣研究》，中華書局 1997 年。

康石父：《先秦半兩錢的發現及其他》，《考古》1985 年第 6 期。

李超桓：《秦漢時代之貨幣》，《社會科學論叢》3 卷 1 期，1931 年。

李厚志、孫志文：《咸陽長陵車站出土的秦錢》，《中國錢幣》1991 年第 2 期。

李虎仁、朱國平：《秦漢貨幣的年代問題》，《東南文化》1995 年第 1 期。

李如森：《戰國秦漢圜錢的起源與演變》，《史學集刊》1988 年第 4 期。

———：《先秦金屬鑄幣研究芻議》，《史學集刊》1991 年第 2 期。

李祖德：《試論秦漢的黃金貨幣》，《中國史研究》1997 年第 1 期。

林　泊：《秦始皇帝陵發現秦鑄錢作坊》，《秦陵秦俑研究動態》1993 年第 1 期。

林文勳：《春秋戰國至秦漢黃金貨幣性質新釋》，《雲南學術探索》1996 年第 3 期。

劉占成：《秦俑坑出土的半兩錢》，《文博》1989 年第 3 期。

劉志榮、劉鵬：《秦半兩錢始鑄於何時》，《華夏文化》1998 年第 3 期。

龍　騰：《四川蒲江蜀國船棺出土秦半兩和橋形幣》，《中國錢幣》1999 年第 2 期。

盧茂村：《貴池出土的“秦半兩”錢範簡介》，《安徽金融研究》1987 年第 2 期。

吕長禮:《"半兩錢"小考》,《安徽金融研究》1988 年增刊。
羅　衛:《先秦鑄幣"文信"與"長安"》,《收藏界》2008 年第 9 期。
雒　雷:《秦代貨幣考》,《中國錢幣》1989 年第 1 期。
馬　聰:《張家川縣發現"鑽孔"半兩》,《西部金融》2009 年錢幣研究增刊。
馬非百:《秦漢時代的貨幣制度》,《婀南政治月刊》3 卷 1 期,1931 年。
———:《秦漢經濟史料(四)——貨幣制度》,《食貨》3 卷 2 期,1935 年。
馬飛海:《先秦貨幣的若干問題》,《中國錢幣論文集》(二),中國金融出版社 1992 年。
孟西安:《西安發現秦鐵半兩古幣》,《人民日報》1995 年 6 月 22 日。
甌　燕:《試論秦漢黄金爲"上幣"》,《中國錢幣》1989 年第 1 期。
龐文龍:《岐山縣博物館館藏古貨幣述略》,《中國錢幣》1993 年第 1 期。
彭信威:《中國貨幣史》,上海人民出版社 1965 年。
千家駒、郭彦剛:《中國古代貨幣史綱要》,上海人民出版社 1986 年。
錢劍夫:《秦漢貨幣史稿》,湖北人民出版社 1986 年。
錢　輿:《秦半兩概述》,《錢幣博覽》1994 年第 1 期。
秦都咸陽考古隊:《咸陽市黄家溝戰國墓發掘簡報》,《考古與文物》1982 年第 6 期。
沙忠平:《安康出土秦半兩錢舉證》,《西部金融》2009 年錢幣研究增刊。
山西省考古研究所、晉城市文化局、高平市博物館:《長平之戰遺址永録 1 號屍骨坑出土刀幣》,《文物》1996 年第 6 期(出土半兩錢和安陽布各一枚)。
商承祚等:《先秦貨幣文編》,書目文獻出版社 1983 年。
尚志儒:《鳳翔出土一批秦半兩錢》,《陝西日報》1980 年 3 月 17 日。
———:《秦墓出土的半兩錢》,《陝西金融》1984 年增刊。
沈仲常等:《記四川巴縣冬笋壩出土的古印及古幣》,《考古通訊》1955 年第 6 期。
[日]水出泰弘著,秦仙梅譯:《秦半兩錢》,《秦俑秦文化研究》,陝西人民出版社 2000 年。
四川省博物館:《四川船棺葬發掘報告》,文物出版社 1960 年。
四川省博物館等:《青川縣出土秦更修田律木牘——四川青川縣戰國墓發掘

簡報》,《文物》1982 年第 1 期。

湯曉非:《秦漢幣制之演變及其理論之爭議》,《説文月刊》3 卷 2、3 期,1941 年。

田亞岐:《鳳翔出土秦代半兩錢銅範》,《陝西日報》1987 年 10 月 19 日。

汪慶正:《十五年以來古代貨幣資料的發現和研究中的若干問題》,《文物》
    1965 年第 1 期。

———:《"半兩"考議》,《上海博物館集刊》第 6 期,上海古籍出版社 1992 年。

汪慶正主編:《中國歷代貨幣大系·先秦貨幣》,上海人民出版社 1988 年。

———:《中國歷代貨幣大系·秦漢三國兩晉南北朝貨幣》,上海辭書出版社
    2002 年。

王桂枝、廷晶平:《寶雞博物館所藏的幾件錢範(秦、新莽)》,《文博》1985 年
    第 6 期。

王家祐:《"半兩"錢年代問題——兼與遜時先生商榷》,《考古》1962 年第 9 期。

王名元:《先秦貨幣史》,中山大學 1947 年 12 月。

王明先:《異形異文"半兩"舉例》,《中國文物報》1989 年 10 月 27 日。

王儒林:《河南南陽市發現半兩錢範》,《考古》1964 年第 6 期。

王善卿:《"珠重一兩"錢》,《西安金融》1995 年第 6 期。

王泰初:《西安發現剪鑿半兩》,《中國錢幣》1996 年第 2 期。

———:《秦惠文王半兩錢的發現與研究》,《西部金融》2009 年錢幣研究
    增刊。

王獻唐:《中國古代貨幣通考》,青島出版社 2005 年。

王雪農、劉建民:《秦錢新品餅半兩》,《中國錢幣》1994 年第 2 期。

———:《半兩錢研究與發現》,中華書局 2005 年。

王雪農、祁生:《安澤出土秦半兩錢的整理與研究》,《中國錢幣學會成立十週
    年紀念文集》,中國金融出版社 1992 年。

王  英:《秦咸陽遺址出土的半兩錢》,《秦漢論集》,陝西人民出版社 1992 年。

王裕巽:《先秦半兩錢始鑄時間試考》,《中國錢幣》1991 年第 3 期。

———:《戰國末期秦國商品貨幣關係及半兩錢鑄行規模:湖北雲夢出土兩
    件木牘家信研究》,《錢幣博覽》1997 年第 3 期。

———:《戰國後期秦國半兩貨幣制度考略——雲夢睡虎地簡牘試探》,《錢

幣博覽》2005 年第 4 期。

王裕巽、徐蔚一：《秦、西漢"上幣"新釋》,《中國錢幣》1988 年第 1 期;《陝西
　　金融・半兩錢研究專輯》1988 年增刊。

王毓銓：《中國古代貨幣的起源和發展》,中國社會科學出版社 1990 年。

魏仁華：《河南南陽發現一批秦漢銅錢》,《考古》1964 年第 11 期。

吳榮曾：《秦漢時期的行錢》,《中國錢幣》2003 年第 8 期。

吳鎮烽：《半兩錢及其相關的問題》,《陝西金融》1984 年增刊。

———：《關於秦半兩錢幾個問題的研究》,《陝西金融・錢幣專輯》( 10 )
　　1988 年增刊。

項春松：《内蒙古赤峰地區發掘的錢幣》,《考古》1984 年第 2 期。

肖安順：《秦半兩錢鑄造年代管窺》,《鄭州大學學報》( 哲社版)1987 年第 3 期。

蕭　清：《中國古代貨幣史》,人民出版社 1984 年。

徐達元、郭四榮：《背陰文"半兩"錢成因探討》,《中國錢幣》1989 年第 4 期。

楊　槐：《從統計學觀點重新認識"青川七錢"》,《西部金融》2009 年錢幣研
　　究增刊。

楊式昭：《秦半兩錢》,《歷史文物月刊》2000 年第 5 期。

———：《秦代半兩貨幣在歷史上的意義與影響》,《歷史文物月刊》2000 年
　　第 12 期。

楊文誼：《秦代幣制問題》,《現代評論》3 卷 58 期,1926 年。

袁林、和廣漢：《秦代墓出土半兩錢斷代問題》,《西安金融》2002 年第 9 期。

———：《西安北郊明珠花園秦墓出土半兩錢》,《西安金融》2003 年第 11 期。

臧知非：《秦"初行錢"的幾個問題》,《秦陵秦俑研究動態》1993 年第 1 期。

曾詠霞：《試析成都新都戰國墓出土的半兩錢》,《中國錢幣》2004 年第 2 期。

章書範：《秦半兩——中國古代貨幣形制的統一》,《安徽金融研究》1987 年
　　增刊。

張德臣：《秦咸陽都城遺址出土標準半兩》,《西安金融》2002 年第 4 期。

張海雲：《陝西臨潼油王村發現秦"半兩"銅母範》,《中國錢幣》1987 年第 4 期。

張　頷：《古幣文編》,中華書局 1986 年。

張　南：《秦漢貨幣史論》,廣西人民出版社 1991 年。

張童心:《禹王城陶質半兩錢模考》,《文物季刊》1992 年第 3 期。

張文芳、吳良寶:《二十世紀先秦貨幣研究述評》,《中國錢幣論文集》第 4 輯,
　　中國金融出版社 2002 年。

張振才:《"秦半兩"淺議》,《安徽金融研究》1988 年增刊。

趙叢蒼、延晶平:《鳳翔縣高家河村出土的窖藏秦半兩》,《考古與文物》1991
　　年第 3 期。

趙付光:《南陽又發現"兩甾"錢》,《中州錢幣論叢》1991 年。

趙　沛:《秦幣三等説》,《秦文化論叢》第 3 輯,西北大學出版社 1994 年。

鄭家相:《中國古代貨幣發展史》,三聯書店 1958 年。

中國錢幣大辭典編纂委員會:《中國錢幣大辭典·秦漢編》,中華書局 1998 年。

周延齡等:《驛馬窖藏秦錢清理及幾點看法》,《陝西金融·錢幣專輯》第 10
　　期,1988 年。

周延齡、林振榮:《從環綫墓葬出土的戰國半兩錢談隴東早期貨幣》,《甘肅金
　　融》1987 年增刊。

————:《長慶橋窖藏錢幣及所見的問題》,《陝西金融》秦漢錢幣研究專輯,
　　1996 年。

朱　活:《論秦始皇統一貨幣》,《文物》1974 年第 8 期。

————:《談巴蜀秦半兩》,《四川文物》1990 年第 1 期。

朱卓鵬、馬傳德:《戰國秦半兩》,《錢幣漫話》,上海教育出版社 1989 年。

左忠誠、郭德發:《渭南縣發現秦半兩錢範和"櫟市"陶器》,《考古與文物》
　　1981 年第 2 期。

# 後　記

　　我 1967 年從陝西師範大學中文系畢業，正好趕上文化大革命，又因家庭成份不好，於是被分配到秦巴山區的白河縣，先是勞動鍛煉一年，接着教中學，一待十年。

　　1978 年，我考取四川大學歷史系研究生，師從徐中舒先生學習古代文字。1980 年寫碩士論文《殷人火祭說》，討論的是殷墟甲骨文。畢業後到陝西省考古研究所工作，依所裏的規矩，先到咸陽窰店、鳳翔八旗屯秦都雍城、咸陽工地參加考古發掘。1982 年末，我到《考古與文物》編輯部做考古編輯，直到 2003 年。

　　陝西是周秦王畿地區，出土西周金文、春秋戰國秦文字資料歷來居全國之冠。自己是學古文字的，所以經常會看到周秦文字的最新出土資料，這些引發了我濃厚的研究興趣。比如鳳翔南指揮秦公一號大墓出土殘編磬銘文多條，不幾天後我就看到了，單位也要求我儘快對之做出解釋。因爲這些機緣，從上世紀 80 年代初起，學習和研究秦文字，便成爲我工作的重點。我最初作秦銅器銘文研究，逐步擴大到秦陶文、石刻、璽印封泥，近年又擴大到簡牘。三十多年來，我的研究範圍涉及西周金文、戰國六國文字，乃至漢簡，但其中心祇有兩個：一是秦文字研究，一是古文字通假字整理。

　　2007 年，我打算寫一本通論性的小書，對先前的秦文字研究做一個階段性的小結，將學界和自己的一些認識加以歸納、去取、綜述，以爲這對自己、對同行都是有益的。

　　開始寫作之後，纔發現因材料的龐雜，任務艱巨，不是一個人短時間內能够完成的，於是邀請到臺灣中研院史語所陳昭容研究員以及我的學生王偉（陝西師大文學院副教授）參預其事。對他們的工作，我是極爲感謝的。

　　本書各章的執筆人是：王輝，第一～五章；王偉，第六～八章，以及兩種附錄；陳昭容，第九～十章。最後由我根據全書的體例統稿。我們力圖寫出一本對普通讀者和專業研究者都有用的書,所以既注意了行文的可讀性,又力求内容有一定的深度;對學界的種種意見,既有綜述,也有評議,而其結論,則反映我們目前的認識。本書涉及的資料及研究時間下限一般爲2009年,但在修改的過程中部分章節則延至2013年5月以前,以求反映秦文字研究的最新動態。六年多來,我們爲此做出了自己的努力,但是否能達到目的,則要聽取同行的意見,我們衷心希望得到批評與指教。

對秦文字,我的認識也是逐漸深化的,有的觀點現在與三十年前或二十年前不同,當以後來的看法爲準,比如"秦子",我1986年的文章認爲是前出子,現在則覺得陳平先生原先的看法("秦子"爲文公太子静公)是有道理的;又如秦駰玉版的"駰"我最初未確定是誰,現在則同意多數學者的意見:"駰"即秦惠文王"駟"("駰"是"駟"的訛字)。但對有些問題,經過思考,我仍堅持自己的看法,比如秦人的族源,我原來傾向於東來説,後來則傾向西來説。近年,隨着甘肅甘谷毛家坪等考古工作的進展,特別是清華楚簡《繫年》提到"飛廉東逃於商蓋氏。成王伐商蓋,殺飛廉,西遷商蓋之民於邾虘,以御奴虘之戎,是秦先人",東來説是目前的主流意見,但我仍傾向西來説,以爲考古證據仍有另作解釋的空間,《繫年》的説法時代偏晚,且有種種漏洞,不能遽作定論。

還要説明的是,我們三人對秦文字涉及的絶大多數問題看法是一致的,但對個別問題仍存在分歧。對各人執筆章節中的不同意見,我在統稿中都儘量加以保留,而不强求一致。這也算是一種學術自由與民主的體現罷。

饒宗頤先生以97歲的高齡爲本書題署,至爲感激。秦陵博物院曹瑋院長、中國秦文研究會賈雪陽會長、秦文研究所巫民選先生後期爲我們提供了很多幫助,中華書局秦淑華先生在審稿中做了大量的工作,同窗陳復澄兄爲題寫扉頁,謹此致謝。

王　輝

2013 年 9 月 12 日

於陝西省考古研究院